Regulação do Exercício das Responsabilidades Parentais nos Casos de Divórcio

Regulação do Exercício das Responsabilidades Parentais nos Casos de Divórcio

Maria Clara Sottomayor
Professora Auxiliar da Escola de Direito do Porto
Universidade Católica Portuguesa
Doutora em Direito Civil

6.ª Edição
Revista, aumentada e actualizada

REGULAÇÃO DO EXERCÍCIO
DAS RESPONSABILIDADES PARENTAIS
NOS CASOS DE DIVÓRCIO
AUTORA
Maria Clara Sottomayor
EDITOR
EDIÇÕES ALMEDINA, S.A.
Rua Fernandes Tomás nºs 76-80
3000-167 Coimbra
Tel.: 239 851 904 • Fax: 239 851 901
www.almedina.net • editora@almedina.net
DESIGN DE CAPA
FBA.
PRÉ-IMPRESSÃO
EDIÇÕES ALMEDINA, S.A.
IMPRESSÃO E ACABAMENTO
PAPELMUNDE

Dezembro, 2014
DEPÓSITO LEGAL
386016/14

Os dados e as opiniões inseridos na presente publicação são da exclusiva responsabilidade do(s) seu(s) autor(es).
Toda a reprodução desta obra, por fotocópia ou outro qualquer processo, sem prévia autorização escrita do Editor, é ilícita e passível de procedimento judicial contra o infractor.

 GRUPOALMEDINA

BIBLIOTECA NACIONAL DE PORTUGAL – CATALOGAÇÃO NA PUBLICAÇÃO

SOTOMAIOR, Maria Clara

Regulação do exercício das responsabilidades nos casos de divórcio. – 6ª ed. rev., aum. e actualizada. - (Monografias)
ISBN 978-972-40-5856-6

CDU   347

*À minha Mãe,
que cuidando de mim
me ensinou a cuidar dos outros.*

*À Mariana,
ao Dinis Pedro,
à Catarina,
à Inês,
ao Francisco José,
à Francisca e à Clarisse,
minhas sobrinhas e meus sobrinhos,
para que deixem os sonhos
ser a medida dos seus passos.*

PREFÁCIO À SEXTA EDIÇÃO

Desde 1998 que tenho vindo a fazer actualizações e desenvolvimentos deste livro sobre um tema que continua a ser apaixonante e sempre em constante mutação imposta pela investigação científica e, sobretudo, pela vida das pessoas.

Na sexta edição abordo as recomendações da Convenção do Conselho da Europa para a Prevenção e o Combate à Violência Contra as Mulheres e a Violência Doméstica, designada por Convenção de Istambul, no que diz respeito às medidas de protecção das mulheres e das crianças, vítimas de violência doméstica, nos processos em que se discute o regime de guarda e de convívio destas com os pais após o divórcio ou a separação. Trata-se apenas de uma confirmação do que tenho defendido há mais de uma década em face de uma prática judiciária que tem persistido em desvalorizar a violência doméstica nos processos de divórcio e de regulação das responsabilidades parentais, em separar os processos cíveis dos penais e em idealizar a família pós-divórcio, impondo à criança a relação com ambos os pais mesmo quando um deles está indiciado ou condenado por crime de violência doméstica.

Outra questão muito em voga – a da residência alternada da criança – também é agora estudada à luz dos mais recentes estudos empíricos sobre a matéria, do direito comparado e da jurisprudência, chamando-se a atenção para os riscos que esta solução comporta para os casos de conflitualidade entre os pais e para as crianças de tenra idade. Mesmo nos casos em que os pais estão de acordo e revelam capacidade de cooperação para pôr este modelo em prática, a auscultação da vontade das crianças é decisiva, pois algumas – e aqui só uma determinação individualizada pode ser eficaz – não se adaptam a um modus vivendi que é exigente para a organização das suas vidas quotidianas e que pode representar para elas uma sobrecarga física e psíquica.

O terceiro problema que agora aparece tratado de forma mais desenvolvida é a questão de saber se o quantum da prestação a cargo do Fundo de Garantia de Alimentos Devidos a Menores pode ser superior àquele que foi fixado para o progenitor judicialmente obrigado. Optei pela tese da natureza autónoma da prestação a cargo do Fundo em relação à obrigação de alimentos do progenitor devedor, com a possibilidade de aumento do seu quantum, de acordo com os critérios fixados na lei (art. 3.º, n.º 5 do DL n.º 164/99). Esta solução é a que mais se adequa à letra da lei e aos objectivos do legislador, bem como à natureza desta prestação como um meio de combate à pobreza enquadrado no sistema não contributivo. Também se revela decisivo na fixação do sentido da lei o princípio da interpretação conforme à Constituição, pois o julgador está vinculado à solução que mais promova os direitos fundamentais das crianças à integridade e ao livre desenvolvimento da personalidade (arts 25.º e 26.º da CRP), ao desenvolvimento integral (art. 69.º, n.º 1 da CRP) e a uma vida digna (arts. 1.º e 24.º da CRP).

Por último, procedi a uma actualização jurisprudencial acerca do direito das crianças ao convívio com os progenitores não residentes, da utilização do conceito de alienação parental nas decisões judiciais e do conteúdo da noção de actos de particular importância para o efeito do exercício conjunto das responsabilidades parentais.

Porto, 8 de Setembro de 2014

Maria Clara Sottomayor

PREFÁCIO À QUINTA EDIÇÃO

A 5ª edição deste trabalho justifica-se não só pelas alterações legislativas introduzidas pela Lei 61/2008, mas também, sobretudo, pela grande actividade dos Tribunais, no processo cada vez mais complexo da aplicação do direito, o qual deu lugar a uma rica e variada jurisprudência sobre o interesse da criança. E porque o julgador ou a julgadora não deve estar só neste processo, procuro dar um contributo, através da investigação e da reflexão que a vida académica permite, para uma administração da justiça mais atenta ao interesse da criança e que proteja os direitos dos cidadãos e cidadãs mais vulneráveis, acima de qualquer legalismo, ideologia ou experiência pessoal de quem decide.

Procedi, portanto, à análise das principais decisões dos Tribunais superiores relativas à regulação do exercício das responsabilidades parentais, desde 2002 até hoje, não me tendo sido possível, contudo, ser exaustiva, devido ao elevado número de acórdãos publicados, fruto do aumento do número de divórcios e de conflitos judiciais.

Tratei temas novos, como a tese da síndrome de alienação parental, criada nos EUA, e agora na moda em Portugal, chamando a atenção para os perigos da sua utilização pelos Tribunais de Família e denunciando a forma acrítica como por vezes é aplicada pelos profissionais da psicologia, envolvendo discriminação das mulheres e das crianças, através de uma "psiquiatrização" indevida e não fundamentada do seu comportamento. Não há soluções simples para problemas complexos e é preferível que os Tribunais resolvam cada caso com base nos seus próprios factos, ouvindo a criança com empatia, em vez de basearem as suas decisões em teorias de base ideológica e não científica. Aprofundei os temas da violência doméstica e do abuso sexual de crianças, salientando a necessidade de a prova ser recolhida e avaliada por profissionais com competência especializada e propondo medidas de protecção para as mulheres e crianças vítimas. As alegações de violência doméstica, maus tratos ou abuso sexual, em processos de regulação de responsabilidades parentais, não se podem presumir falsas nem podem ser tratadas como meros conflitos a resolver em sede de mediação familiar. Estas alegações devem ser cuidadosamente investigadas, pois correspondem ao exercício de um direito fundamental de queixa e a um dever de protecção das crianças.

Tratei, também, à luz da jurisprudência do Tribunal Europeu dos Direitos Humanos, a questão da confiança da guarda das crianças a terceira pessoa e a necessidade de fazer prevalecer *critérios sócio-afectivos de parentalidade sobre os biológicos, quando estes estão desligados da responsabilidade e dos cuidados diários da criança, desde o nascimento ou idades muito precoces.*

Desenvolvi o tema da obrigação de alimentos, sobretudo, na parte relativa à obrigação do Fundo de Garantia de Alimentos devidos a Menores, nas questões que mais controvérsia têm gerado na jurisprudência: o momento a partir do qual surge a obrigação do Fundo e a possibilidade de fixação judicial de uma pensão a cargo do progenitor cujo paradeiro é desconhecido.

Esperando ser útil a todos/as os/as profissionais que colaboram na administração da justiça,

Porto, Maio de 2011

Maria Clara Sottomayor

PREFÁCIO À QUARTA EDIÇÃO

Nesta nova edição procedo a uma actualização bibliográfica e jurisprudencial, utilizando, nalguns pontos deste trabalho, um estudo realizado no Tribunal de Família e de Menores de Coimbra, de acordo com o qual, a maior parte dos conflitos sobre a regulação do exercício do poder paternal se referem à obrigação de alimentos e/ou ao regime de visitas.

De entre a jurisprudência que escolhi incluir nesta nova edição, saliento duas decisões judiciais que rejeitam o exercício conjunto do poder paternal ou por falta de acordo dos pais ou pelo facto de o tribunal ter entendido que tal solução lesava o interesse dos filhos. Também considerei importante comentar algumas decisões sobre alimentos devidos a filhos maiores, as quais, com base em motivos de ordem processual, recusam injustificadamente a execução da obrigação de alimentos ou permitem a cessação automática dos pagamentos, após a maioridade do filho, sem exigir ao obrigado a prova dos motivos da cessação em processo judicial. Por último, refiro também uma decisão inovadora que condenou o progenitor sem a guarda, o pai, pelo crime de subtracção de menores, impondo-lhe simultaneamente uma obrigação de indemnizar a mãe pelo sofrimento causado a esta pela privação do convívio com os filhos.

Em relação a alterações legislativas, comento a recente desjurisdicionalização da regulação do exercício do poder paternal, nos casos de divórcio por mútuo consentimento.

Introduzi também uma nova posição sobre os processos de incumprimento do regime de visitas, os quais, pelo traumatismo que causam aos filhos, devem ser considerados como processos urgentes. Tratei, ainda, com maior pormenor, a questão das famílias monoparentais, à luz de um estudo recentemente publicado em Portugal e abordei, pela primeira vez, a subtracção de menores no plano internacional, fenómeno cada vez mais comum devido ao aumento dos casamentos binacionais.

Quero, ainda, aproveitar esta oportunidade para exprimir, por escrito, a minha gratidão à Dra. Rosa Martins e ao Dr. Nuno Salter Cid, pelo seu espírito de solidariedade e de colaboração, assim como pelo apoio que me têm dado.

Porto, 22 de Março de 2002

Maria Clara Sottomayor

PREFÁCIO À TERCEIRA EDIÇÃO

Não nos limitamos a fazer uma mera reimpressão, pois, entendemos importante proceder a um comentário às últimas alterações legislativas relativas ao exercício do poder paternal em caso de divórcio (Lei nº 59/99 de 30 Junho), inserindo as modificações que o art. 1906º do Código Civil tem sofrido no contexto da evolução histórica do instituto do poder paternal e na distância, que sempre se verificou, entre a lei, que reflecte a ideologia de quem a elabora, e a realidade sociológica. Por outras palavras: quer nas sociedades
patriarcais quer nas sociedades modernas, formalmente igualitárias, são as mulheres, salvo casos excepcionais, que cuidam dos filhos no dia-a-dia. Esquecer esta evidência empírica é desvalorizar os laços emocionais criados entre a criança e a mãe e decidir com base em critérios económicos como tem feito alguma jurisprudência.

A igualdade, no estádio actual da sociedade, é apenas uma igualdade idealista, professada teoricamente, ao nível do discurso, mas sem correspondência nas práticas familiares. Mesmo o exercício conjunto do poder paternal reproduz, na prática, o modelo tradicional – residência da criança com a mãe e direito de visita do pai – sendo concedidos ao pai direitos sem os correspondentes deveres relativos ao cuidado quotidiano dos filhos.

A adesão ou simpatia que o exercício conjunto do poder paternal possa gerar está mais relacionada com a convicção de cada um, relativamente aos papéis sexuais e ao que deve ser o comportamento correcto dos pais relativamente aos filhos, do que com as reais potencialidades da relação entre os pais após o divórcio. Não é uma opção realista supor que a maior parte dos pais têm a capacidade de cooperação necessária para exercer em conjunto o poder paternal. Pais preparados para tal função constituem casos raros, e fazem-no, independentemente do que diga a lei, pois, a família rege-se por critérios de auto-regulamentação. A finalidade da lei sobre a regulação do exercício do poder paternal é proteger o interesse do menor e não alterar os papéis do homem e da mulher. Para prosseguir este último objectivo, já temos, no Código Civil (art. 1671º), nas normas relativas aos efeitos do casamento, a igualdade de direitos e deveres dos cônjuges, o princípio da direcção conjunta da família e a ausência de pré-fixação de papéis familiares.

Tratamos também, com maior desenvolvimento do que em edições anteriores, da relação entre a violência doméstica contra as mulheres e o exercício conjunto do poder paternal, dada a verificação de que a violência continua após o divórcio e de que está relacionada com abusos cometidos contra os menores.

Introduzimos um novo capítulo sobre o controlo judicial dos acordos de regulação do poder paternal em ordem a proteger o interesse do menor e a combater a feminização da pobreza, pois, estes acordos são, muitas vezes, o resultado de negociações em que a mãe, por receio de perder a guarda dos filhos, consente em montantes de alimentos mais baixos. Neste contexto, fazemos uma referência à mediação familiar, recentemente introduzida no nosso país, assinalando os perigos causados às crianças pelos excessos cometidos nos E.U.A., sobretudo, nos Estados em que a mediação é obrigatória.

Outra questão que nos conduziu a uma maior reflexão foi o facto de as decisões judiciais relativamente ao direito de visita sobrevalorizarem os direitos dos pais em detrimento do interesse do menor. O objectivo das decisões de regulação do poder paternal não é igualizar os direitos dos pais mas proteger o interesse do menor, entendido como a estabilidade da sua vida e o seu equilíbrio emocional. Ordenar direitos de visita contra a vontade de adolescentes ou em detrimento da saúde psíquica do menor é levar longe de mais a intervenção do Estado na família. Sabe-se que, na maior parte dos casos, estas decisões não são cumpridas, e que, quando o são, apenas contribuem para agravar o sofrimento do menor. Consequentemente, defendemos, de acordo com a evolução mais recente do direito de menores, o direito de o menor ser ouvido nos processos de regulação do poder paternal e de os seus sentimentos e vontade serem respeitados.

Abordamos, nesta edição, pela primeira vez, a questão da mudança de cidade ou de país do progenitor a quem foi confiado o filho, como causa de alteração de regulação do poder paternal, tendo em conta o interesse da criança, a liberdade de circulação do progenitor guarda, o direito de visita do progenitor sem a guarda e os limites à intervenção do Estado na família.

Por último, em matéria de obrigação de alimentos devidos a filhos menores, após o divórcio, acrescentaremos ao nosso trabalho, uma referência à nova legislação vigente sobre a garantia dos alimentos devidos a menor (Lei n.º 75/98, de 19 de Novembro regulamentada pelo Decreto-Lei n.º 164/99), à forma processual do pedido de alimentos e uma descrição do perfil sociológico da mulher autora de acções de divórcio litigioso e de acções de alimentos. Frisamos também que o fundamento da obrigação de alimentos é a responsabilidade pelo facto de se pôr um filho no mundo e não a relação afectiva realmente existente. Daí que o cumprimento da obrigação de alimentos não esteja dependente do cumprimento do regime de visitas.

Em anexo, apresentamos a nova redacção do art.1906.º do Código Civil, a legislação relativa à obrigação de alimentos devidos a menores assim como a legislação de protecção a mulheres vítimas de violência.

Aproveitamos este ensejo para salientar a necessidade de introduzir nos curriculum das Faculdades de Direito, e, sobretudo, na preparação de magistrados, cadeiras de especialização em história da família, sociologia da família e psicologia infantil, dado o aumento de conflitos judiciais em torno da regulação do exercício do poder paternal em casos de divórcio e relativos a medidas de protecção a menores em perigo. Caso contrário, a situação mais comum será a de os magistrados decidirem com base nas suas ideias pré-concebidas relativamente ao que pensam ser os papéis do homem e da mulher na família e ao que julgam ser as necessidades da criança. Ideias estas, normalmente, influenciadas pelas suas próprias experiências e concepções pessoais, sem consideração da realidade social e da defesa do interesse concreto de cada criança. Consideramos decisiva, para o bom tratamento judicial dos casos relativos a menores, a existência de magistrados especializados em Direito da Família e a criação de uma secção de Direito da Família nos Tribunais da Relação. As questões de direito da família não levantam problemas jurídicos complicados mas antes problemas sociais e humanos que exigem uma sensibilidade especial que só a experiência pode fornecer. Por outro lado, as melhores soluções no plano teórico nem sempre são as mais adequadas no plano prático, que é aquele que interessa a uma jurisprudência ajustada à realidade das famílias e ao interesse dos menores. Neste contexto, existe claramente um fosso entre as concepções populares acerca do divórcio e a investigação científica, a qual demonstra que o relacionamento frequente do menor com ambos os pais, quando estes estão em conflito, causa àquele graves perturbações psíquicas. É fundamental, em matéria de regulação do poder paternal, ter em conta a realidade social e proteger o menor dos conflitos entre os pais. A tentativa de tornar a família pós-divórcio, no que diz respeito à relação pais-filhos, semelhante à família fundada no casamento, através da imposição do exercício conjunto do poder paternal, não está de acordo nem com a realidade social nem com os resultados das ciências sociais e potencia o aumento da intervenção do Estado na vida privada das pessoas.

ABREVIATURAS

A.L.D.	Actualité Législative Dalloz
art.	artigo
Am. J. Psychiatry	American Journal of Psychiatry
BGB	Bürgerlichen Gesetzbuch
BMJ	Boletim do Ministério da Justiça
C.C.	Código Civil
CEDH	Convenção Europeia dos Direitos Humanos
CJ	Colectânea de Jurisprudência
C.P.	Código Penal
C.P.C.	Código de Processo Civil
CRC	Conservatória do Registo Civil
C.R.P.	Constituição da República Portuguesa
DFP	Il Diritto di Famiglia e delle Persone
D.L.	Decreto-Lei
FamLQ	Family Law Quarterly
FamRZ	Zeitschrift für das gesamte Familienrecht
FGDAM	Fundo de Garantia de Alimentos a Menores
LPCJP	Lei de Protecção de Crianças e Jovens em Perigo
LTE	Lei Tutelar Educativa
M.J.	Ministério da Justiça
MP	Ministério Público
NGCC	Nuova Giurisprudenza Civile Commentata
O.T.M.	Organização Tutelar de Menores
RC	Relação de Coimbra
R.D.E.S.	Revista de Direito e Estudos Sociais
RE	Relação de Évora
RG	Relação de Guimarães
RL	Relação de Lisboa
R.L.J.	Revista de Legislação e Jurisprudência
RP	Relação do Porto
RTDC	Revue trimestrielle de droit civil
RTDF	Revue trimestrielle de droit familial
S.T.J.	Supremo Tribunal de Justiça
TEDH	Tribunal Europeu dos Direitos Humanos

INTRODUÇÃO

Noção e natureza jurídica das "responsabilidades parentais": as responsabilidades parentais como cuidado parental

Para a Teoria Geral do Direito Civil, a função jurídica das responsabilidades parentais consiste no suprimento da incapacidade negocial de exercício dos filhos/as menores de 18 anos, não emancipados[1]. Esta definição das responsabilidades parentais refere-se à actividade jurídico-negocial da criança, em relação à qual os pais, como representantes legais, actuam em nome da criança. Contudo, uma concepção redutora das responsabilidades parentais à função de representação dos menores significa uma visão autoritária do poder paternal, demasiado rígida e formalista para aspectos relacionados com a sua conduta pessoal e social[2]. Defendemos, antes, uma concepção personalista de responsabilidades parentais, em que a criança é considerada não apenas como um sujeito de direito susceptível de ser titular de relações jurídicas[3], mas como uma *pessoa* dotada de sentimentos, necessidades e emoções, a quem é reconhecido um espaço de autonomia e de auto-determinação[4], de acordo com a sua maturidade[5]. Daí que a menoridade não seja um *bloco* mas

---

[1] Sobre a menoridade como incapacidade de exercício e os seus meios de suprimento, *vide* HÖRSTER, H. E., *A Parte Geral do Código Civil Português, Teoria Geral do Direito Civil*, Livraria Almedina, Coimbra – Reimpressão, 2000, p. 317-332 e MOTA PINTO, *Teoria Geral do Direito Civil*, 4ª edição, Coimbra Editora, Coimbra, 2005, p. 228-234.

[2] Neste sentido *vide* GUIMARÃES, Maria Nazareth Lobato, *Ainda Sobre Menores e Consultas de Planeamento Familiar*, Revista do Ministério Público, 1982, p. 193-201.

[3] Sobre a aparente neutralidade ideológica da pandectística e sobre a desumanização do jurídico criada por uma parte geral que considera a pessoa como mero elemento da relação jurídica, *vide* ORLANDO DE CARVALHO, *Para uma Teoria da Relação Jurídica Civil, I, A Teoria Geral da Relação Jurídica, Seu Sentido e Limites*, Centelha, 1981, 2ª edição actualizada, em particular, p. 60.

[4] Sobre o direito da criança à auto-determinação, *vide* FREEMAN, Michael, *The Moral Status of Children*, Kluwer Law International, 1997, p. 56-58, p. 111-114.

[5] Cfr. OLIVEIRA, Guilherme de, *O acesso dos menores aos cuidados de saúde*, RLJ, Ano 132º, 1999, nº 3898, p. 16-17.

constitua um processo de evolução gradual[6] ou de emancipação progressiva[7], reconhecendo a lei à criança, nalguns aspectos[8], uma maioridade sectorial ou especial[9]. No direito europeu, questiona-se o princípio da incapacidade de exercício de direitos, em que os pais actuam como representantes dos/as filhos/as, e propõe-se a sua substituição, a partir de uma determinada idade, pelo instituto da assistência, permitindo aos/às adolescentes o direito de participação e reconhecendo a sua autonomia[10]. O regime da incapacidade

---

[6] Cfr. HÖRSTER, H. E., *A Parte Geral...ob.cit.*, p. 322, a propósito do art. 127º do Código Civil.

[7] Cfr. GUIMARÃES, Maria Nazareth Lobato, *ob.cit.*, p. 196 e p. 201, nota 10.

[8] Para além da maioridade religiosa prevista no art. 1886º, veja-se, ainda, o direito de o/a filho/a ser ouvido/a pelo tribunal, nos casos de falta de acordo entre os pais quanto a questões de particular importância (art. 1901º, nº 3); as excepções à incapacidade de menores (art. 127º); o direito de o menor com mais de 14 anos ser ouvido sobre quem há-de ser o seu tutor (art. 1931º, nº 2); o direito de requerer ao tribunal a nomeação de curador especial (art. 1891º, nº 1); a convocação do conselho de família pelo maior de 16 anos (art. 1957º, nº 1); o direito de o adoptando maior de doze anos consentir na adopção (art. 1981º, nº 1 al. a); o direito de os filho/as do adoptante maiores de 12 anos serem ouvidos no processo de adopção (art. 1984, al. a); o direito de oposição das crianças maiores de doze anos às medidas de protecção decididas pelas Comissões de Protecção de Menores (art. 10º, nº 1 da LPCJP – Lei nº 147/99, de 1 de Setembro de 1999); o direito de acesso a consultas de planeamento familiar e à educação sexual (art. 5º da Lei nº 3/84, de 24 de Março; Portaria nº 52/85, de 26 de Janeiro e Lei nº 120/99, de 11 de Agosto); o direito de o maior de 16 anos prestar consentimento, desde que tenha o discernimento necessário para avaliar o seu sentido e alcance no momento em que o presta, no que diz respeito a intervenções médicas e cuidados de saúde (art. 38º, nº 3 do Código Penal); o direito, a partir dos 14 anos, de receber ou recusar intervenções terapêuticas e internamentos (arts 5º, nº 3 e 7º al. b) da Lei de Saúde Mental, lei nº 36/98, de 24 de Julho); direitos de audição nos processos de promoção e de protecção (arts 84º, nº 1; 94º, nº 1; 105º, nº 2; 112º e 114º da LPCJP); direitos de defesa, de audição, de constituição de advogado e de requerer serviços de mediação, direitos de privacidade e de informação, nos processos tutelares educativos (arts 42º, nº 2; 45º, nº 1 al. a), 46º, nº 1, 47º e 98º da LTE); direito de audição nos processos de regulação das responsabilidades parentais (arts 175º O.T.M., 147º O.T.M. e art. 4º, al. i) da LPCJP); liberdade de associação a partir dos 14 anos (Lei 124/99, de 20 de Agosto); capacidade para celebrar contratos de trabalho a partir dos 16 anos, nos termos dos artigos 68º a 70º CT; direito da criança maior de 12 anos ter a iniciativa processual da constituição de uma relação de apadrinhamento civil (art. 10º, nº 1, al. f) da Lei 103/2009, de 14 de Setembro); direito da criança à participação e audição obrigatória na escolha dos padrinhos (art. 11º, nº 6 da Lei 103/2009, de 14 de Setembro); obrigatoriedade de consentimento da criança maior de 12 anos para a constituição da relação de apadrinhamento (art. 18º, nº 1, al. a) da Lei 103/2009, de 14 de Setembro); direito das crianças com 16 anos ou mais a prestar o consentimento para o apoio às vítimas de violência doméstica, dependendo esta intervenção unicamente do seu consentimento; direito das crianças entre os 12 e os 16 anos prestarem consentimento juntamente com o representante legal, mas nos casos em que este está ausente ou é o agente do crime, a intervenção depende unicamente do consentimento da criança; direito de as crianças com menos de 12 anos serem ouvidas sobre a intervenção, de acordo com a sua maturidade (art. 9º da Lei 112/2009, de 16 de Setembro).

[9] Cfr. GUIMARÃES, M. N. L., *ob. cit.*, p. 198; OLIVEIRA, Guilherme de, *O acesso dos menores...ob. cit.*, p. 17.

[10] Cf. LEMOULAND, Jean-Jacques, *L'assistance du mineur, une voie possible entre l'autonomie et la représentation*, RTDC, 1997, pp. 1-24; MARTINS, Rosa, *Poder Paternal vs autonomia da criança e do adolescente?*, Lex

de exercício revelou-se demasiado rígido, autoritário e limitativo da liberdade dos/as filhos/as, sobretudo na esfera pessoal, apresentando a figura da assistência uma maior flexibilidade e adaptabilidade ao desenvolvimento progressivo das crianças. Todavia, a autonomia da criança não pode conduzir a um individualismo extremo, pois os/as filhos/as são membros de uma família, vivendo em estreita conexão com os pais, e essa ligação, sobretudo na vertente afectiva, faz com que os pais sejam aqueles que em princípio estão em melhor posição para orientar e educar a criança, durante a sua menoridade. Esta, pela sua fragilidade, carece de um protecção jurídica, social e afectiva especial, sendo aconselhável que pais e filhos/as não sejam colocados em posições antagónicas mas numa relação de compreensão recíproca e de interdependência[11]. A própria lei reconhece que a relação de filiação é estabelecida não só no interesse dos filhos/as mas também no interesse dos pais, estabelecendo, entre pais e filhos/as, deveres recíprocos de auxílio, assistência e respeito (artº 1874º). Por outro lado, o respeito pela autonomia da criança significa que as relações pais-filhos/as não são relações hierárquicas e que os/as filhos/as não constituem um mero prolongamento dos pais, antes, têm o direito ao respeito como pessoas diferentes destes. Utilizamos, a este respeito, as expressões – *o direito de a criança ser ela própria* e o *direito à diferença* – contra a homogeneização de modelos a que por vezes tendem as famílias em relação às crianças, que vêem assim bloqueado, através de uma educação para a sujeição ao poder, o desenvolvimento do seu espírito crítico e do pensamento problematizante.

Por força da Lei nº 61/2008, de 31 de Outubro, abandonamos, agora, o hábito legal e jurisprudencial da expressão poder paternal e substituimo-la pela expressão "responsabilidades parentais"[12]. Conforme temos vindo a

---

Familiae, Ano 1, nº 1, 2004, pp. 71-73; SOTTOMAYOR, Maria Clara, *Autonomia do Direito das Crianças*, in *Estudos em Homenagem a Rui Epifânio*, Coimbra – 2010, pp. 79-88. Sobre o regime jurídico da incapacidade por menoridade, no direito português, contendo uma resenha das soluções europeias sobre o reconhecimento de autonomia aos menores, *vide* GUICHARD, Raúl, *Sobre a incapacidade dos menores no direito civil e a sua justificação*, Revista de Ciências Empresariais, nº 6, 2005, pp. 103-148. Propondo uma reforma das incapacidades de exercício de maiores, *vide* TRABUCO, Cláudia, *O regime das incapacidades e do respectivo suprimento: perspectivas de reforma*, Themis, 2008, pp. 313-330.

[11] Para uma conciliação entre a autoridade dos pais e a auto-determinação do menor, *vide* MEULDERS-KLEIN, M. T., *Droits Des Enfants Et Responsabilités Parentales: Quel Juste Équilibre?*, in MEULDERS-KLEIN, *La Personne, La Famille et Le Droit, 1968-1998, Trois Décennies de Mutations en Occident*, Bruylant, Bruxelles, LGDJ, Paris, 1999, p.345-348, p. 354 e p. 362.

[12] Em sentido contrário ao que se passou nos direitos europeus, que alteraram as expressões tradicionais que significavam poder e domínio para expressões modernas que manifestam a ideia de responsabilidade e de cuidado (no direito alemão a expressão *elterliche Sorgerecht*) e que são neutras quanto ao sexo (direito francês *autorité parentale* e no direito inglês *parental authority*), a reforma de 77 manteve a expressão poder paternal, de cariz patriarcal, que faz lembrar a ideia

defender, a palavra *"poder"* significa posse, domínio e hierarquia e, de acordo com a concepção de família actualmente pressuposta pela Constituição e pelo Código Civil, a família deve ser participativa e democrática, bem como baseada na igualdade entre os seus membros e em deveres mútuos de colaboração. A palavra *"paternal"* refere-se à preponderância do pai que caracteriza a família patriarcal, definida pela posição hierarquicamente superior do chefe masculino, em relação à mulher e aos/às filhos/as. A este propósito gostaríamos de recordar a obra de Eliana Guimarães e a forma como intitulou a sua obra, "O Poder Maternal"[13], realçando a função social da maternidade na educação dos novos cidadãos. Preferimos, contudo, expressões como *"responsabilidade parental"* ou *"cuidado parental"*, que exprimem uma ideia de compromisso diário dos pais para com as necessidades físicas, emocionais e intelectuais dos filhos/as.

A linguagem também contém uma norma e faz parte de um conceito amplo de Direito que abrange para além das leis, os costumes sociais e a cultura. Se a linguagem tem um cariz patriarcal, tal significa que a cultura, apesar da alteração das leis pelos orgãos de soberania, continua a ser patriarcal, e que a sociedade e a família vivem num *patriarcado implícito*. A mudança social não se opera só, nem principalmente, através da lei, e a linguagem é um instrumento de mudança. O abandono da expressão poder paternal não significa qualquer complexo de inferioridade das mulheres, mas apenas trazer para a linguagem aquilo que sempre foi a realidade da vida das mulheres e das crianças: o cuidado diário e a responsabilidade pelos/as filhos/as.

A natureza jurídica do cuidado ou da responsabilidade parental consiste numa *função* destinada a promover o desenvolvimento, a educação e a protecção dos/as filhos/as menores não emancipados[14]. Esta função não significa

---

de domínio inerente à *patria potestas* do direito romano. Entendeu-se que seria difícil encontrar novas expressões para substituir a expressão poder paternal em figuras como a regulação do exercício do poder paternal ou a inibição. Cfr. MOITINHO DE ALMEIDA, *Efeitos da Filiação*, Reforma do Código Civil, Ordem dos Advogados, Lisboa, 1981, p. 145. Em sentido contrário, *vide* LEITE DE CAMPOS, Diogo, *Direito da Família e das Sucessões*, 2ª edição, Revista e Actualizada, Livraria Almedina, Coimbra – 1997, p. 370, propondo a expressão poder "parental".

[13] *Vide* GUIMARÃES, Eliana, *O Poder Maternal*, Livraria Morais, Lisboa, 1930.

[14] Para uma caracterização das responsabilidades parentais como poder funcional ou função *vide* PEREIRA COELHO/GUILHERME DE OLIVEIRA, *Curso Direito da Família*, Volume I, Introdução. Direito matrimonial, 4ª edição, Coimbra Editora, 2008, pp. 152-153; MENEZES CORDEIRO, *Tratado de Direito Civil Português*, I, *Parte Geral*, Tomo I, 2005, Coimbra, pp. 349-350; CASTRO MENDES/TEIXEIRA DE SOUSA, *Direito da Família*, AAFDL, 1990/1991, p. 339-340; MOTA PINTO, *Teoria Geral do Direito Civil*, 4ª edição, Coimbra Editora, 2005, p. 179. Rejeitando a caracterização do poder paternal como poder funcional e definindo-o como um verdadeiro direito subjectivo, que existe para o desenvolvimento do filho/a e também para o bem dos pais e para a realização da sua personalidade, *vide* GOMES DA SILVA, *Tratado de Direito Civil*, volume II, p. 215.

que os pais sejam funcionários do Estado, encarregado de definir a forma como as crianças são educadas. A função parental engloba, como a doutrina tem defendido[15], um conjunto de direitos-deveres dos pais para com os/as filhos/as, direitos-deveres que abrangem direitos fundamentais dos pais face ao Estado, nos termos do art 36º da Constituição, cuja natureza é atingida pelo facto de lhe estarem associados deveres, sendo, portanto, o poder paternal configurado como um conjunto de direitos-deveres ou poderes-deveres com dupla natureza. Aceitando esta dupla natureza dos direitos dos pais, a doutrina tem analisado as responsabilidades parentais, tentando conciliar a sua finalidade altruística, a favor do interesse dos/as filhos/as, com o interesse dos pais, pois a situação ideal é a de coincidência de interesses entre pais e filhos/as[16]. Os direitos dos pais à educação e companhia dos/as filhos/as têm sido considerados, pela doutrina e pela jurisprudência, como autênticos direitos de personalidade dos pais[17], dirigidos à realização da sua personalidade[18] e assumindo as características de direitos-deveres irrenunciáveis, inalienáveis e originários, e cujo exercício é controlado pela ordem jurídica[19]. Estas concepções baseiam-se na necessidade de manter uma esfera de autonomia da família perante a intervenção do Estado. Por isso alguma doutrina inclui os direitos familiares pessoais na categoria dos direitos subjectivos[20], como símbolo da protecção de um espaço de liberdade dos pais face ao Estado, ou distingue, no conteúdo das responsabilidades parentais, um aspecto interno – a função educativa – e um aspecto externo – a função de representação – assumindo a primeira a natureza de direito subjectivo e a segunda a natureza de poder funcional[21].

O conceito de direito subjectivo esteve sujeito a uma evolução, sendo concebido actualmente não como um conceito exclusivamente individualista mas antes como uma posição de poder que pode ser limitada pela realização

---

[15] *Vide* PEREIRA COELHO/GUILHERME DE OLIVEIRA, *Curso de Direito da Família*, ob. cit., pp. 152-153; CASTRO MENDES/TEIXEIRA DE SOUSA, *Direito da Família*, AAFDL, 1990/1991, pp. 338-340; DUARTE, Maria de Fátima Abrantes, *O Poder Paternal*, AAFDL, 1989, pp. 41-42; MOTA PINTO, C. A., *Teoria Geral do Direito Civil*, ob. cit., p. 179, HÖRSTER, H. E., *A Parte Geral... ob. cit.*, p. 256-257.
[16] Cfr. LEITE DE CAMPOS, *Lições de Direito da Família e Sucessões*, ob. cit., p. 369.
[17] *Vide* LEITE DE CAMPOS, *Lições de Direito da Família e Sucessões*, ob. cit., p. 106 e BAPTISTA-LOPES, M. M./DUARTE-FONSECA, A. C., *Aspectos da relação jurídica entre pais e filhos/as*, Infância e Juventude, Justiça – Os caminhos de mudança, 1991, Número especial, p. 232.
[18] Cfr. PIRES DE LIMA/ANTUNES VARELA, *Código Civil Anotado*, vol. V, Coimbra Editora, 1995, p. 331.
[19] Cfr. HÖRSTER, H. E, *A Parte Geral...ob. cit.*, p. 256-257.
[20] Cfr. HÖRSTER, H. E, *A Parte Geral... ob. cit.*, p. 255; GERNHUBER/COESTER-WAHLJEN, *Lehrbuch das Familienrecht*,München, 1994.
[21] Cfr. MIRANDA, Jorge, *Sobre o poder paternal*, RDES, Janeiro-Dezembro, Ano XXII, 1990, p. 38.

do interesse de outrem ou do interesse social[22]. Contudo, o grau de funcionalização dos direitos de crédito e dos direitos reais é diferente da funcionalização dos direitos familiares pessoais, pois, enquanto que o exercício dos primeiros é, em princípio, livre, só intervindo uma reacção da ordem jurídica em casos de flagrante contraste com a sua função, nos segundos, o seu titular deve "exercer os direitos de certo modo, do modo que for exigido pela sua função"[23], a qual consiste na promoção do desenvolvimento das crianças e na realização das suas necessidades emocionais, materiais, físicas e intelectuais. A noção de direito subjectivo não se ajusta a esta realidade, pois, é uma noção estrutural, um poder, em cujo conteúdo falta a dimensão humana e altruísta de zelar por interesses alheios. As responsabilidades parentais são, portanto, definidas de forma unitária, não como uma espécie de direito subjectivo mas como um poder funcional[24], cujo exercício é obrigatório ou condicionado[25], em que se acentua a funcionalização dos direitos dos pais ao interesse dos/as filhos/as, os quais não estão na livre disponibilidade do titular do direito-dever[26]. Na era da criança, em que a sociedade começa gradualmente a formar consciência dos maus tratos e abusos cometidos pelos pais contra as crianças, são os direitos destas que devem ser acentuados e valorizados como direitos, liberdades e garantias de natureza análoga (arts. 16º e 17º da CRP) e não os direitos dos pais, que assumem a natureza de responsabilidades perante as crianças.

Mas, ao esquema da relação jurídica, traduzido em direitos e obrigações, devem ser associados a realidade e os factos da vida. Consequentemente, o essencial do conteúdo das responsabilidades parentais consiste nos cuidados quotidianos a ter com a saúde, a segurança e a educação da criança, através

---

[22] Sobre o conceito de direito subjectivo, *vide* MAIORCA, Carlo, *Diritto Soggettivo*, in *Enciclopedia Giuridica Treccani*, Roma, 1989, p. 11-17.

[23] Cfr. PEREIRA COELHO/GUILHERME DE OLIVEIRA, *Curso de Direito da Família, ob. cit.*, p. 153.

[24] Cfr. PEREIRA COELHO/GUILHERME DE OLIVEIRA, *Curso de Direito da Família, ob. cit.*, pp. 152-153; CASTRO MENDES, *Teoria Geral do Direito Civil*, vol. II, AAFDL, 1983, p. 48-49, para quem o direito subjectivo, como expressão da autonomia e da liberdade da pessoa, é um poder de conteúdo egoísta, devido à coincidência entre o titular do poder e o interesse que se visa realizar enquanto no poder funcional há uma dissociação subjectiva entre a titularidade e o interesse protegido. Em sentido diferente, negando esta dissociação e afirmando que "um bom exercício do poder paternal é sempre do interesse dos pais *e* dos filhos/as, seja ele entendido em sentido objectivo como no subjectivo" *vide* MENEZES CORDEIRO, *Tratado... ob. cit.*, p. 350. Vide também CARVALHO FERNANDES, Luís A., *Teoria Geral do Direito Civil*, I, *Introdução, Pressupostos da Relação Jurídica*, 5ª edição, Lisboa, 2009, p. 273, definindo as responsabilidades parentais como um instituto complexo que inclui para além de poderes funcionais, direitos subjectivos, deveres jurídicos e um caso de obrigação natural, previsto no nº 2 do art. 1895º, e entendendo que a visão do instituto como poder funcional constitui uma visão limitada do mesmo.

[25] CASTRO MENDES, *Teoria Geral do Direito Civil, ob. cit.*, p. 48-49.

[26] *Idem* p. 48-49.

dos quais esta se desenvolve intelectual, física e emocionalmente. O conceito de cuidado é, assim, o centro da relação entre pais e filhos/as. O *cuidado parental* é uma *instituição altruísta*, dirigida a fazer prevalecer o interesse da criança sobre o interesse do adulto e materializada em actos de sacrifício diários, que foram e são desempenhados quase exclusivamente por mulheres[27]. A auto--realização dos pais como uma das finalidades inerentes ao cuidado parental assume, não um cariz autoritário e individualista, como nas concepções tradicionais de poder paternal, mas um cariz altruístico, que se concretiza na relação afectiva e na comunicação com a criança, no respeito pela sua personalidade, assim como na atitude de colocar os interesses da criança acima dos seus. A pessoa adulta que realiza estas tarefas quotidianas, em caso de separação dos pais, deve ser aquela que, por ter uma relação mais próxima com a criança, é mais competente para exercer os direitos-deveres em relação a esta.

Historicamente, por força do sistema patriarcal, o desempenho do cuidado não coincidia com a detenção dos poderes de representação, educação e de decisão em relação aos/às filhos/as. Os direitos das mulheres dentro da família foram objecto da luta das feministas durante o século XIX e até à década de 70 do século XX, que introduziu, no direito civil, o princípio da igualdade dos cônjuges. A abolição do poder marital, da posição do marido como chefe da família e como representante dos filhos/as menores e das incapacidades da mulher casada significou o triunfo da afectividade e dos laços emocionais em relação à criança sobre a relação de poder entre o pai e os/as filhos/as. Contudo, o sexismo e a hierarquização das relações familiares em função do género não desapareceram dos costumes e das práticas sociais. Actualmente, na era da igualdade formal, urge implantar um conceito de *igualdade social*, dirigido a eliminar as desigualdades de facto que persistem na sociedade e a reconhecer o valor social do cuidado das crianças e de outros dependentes, deficientes e idosos. O valor do cuidado está ligado ao género feminino, pois foram as mulheres, através da maternidade, que trouxeram este valor à Humanidade. O facto de as mulheres terem sido, ao longo da história, um grupo social discriminado fez com que as tarefas de cuidado dos outros fossem desvalorizadas, sendo objecto da mesma invisibilidade imposta às mulheres. É importante que este valor, que define o grau de humanismo de uma sociedade, se torne num valor de todos, homens e mulheres, e que lhe seja atribuído um significado económico, social e político relevante, pois dele depende a sobrevivência da espécie humana.

---

[27] Sobre os motivos psicológicos e sociológicos que explicam que o cuidado de crianças esteja ligado ao género feminino *vide* CHODOROW, Nancy J., *The Reproduction of Mothering, Psychoanalysis and the Sociology of Gender*, California, 1978 e WEST, Robin, *Caring for Justice*, New York, 1997, p. 117-120.

1. O processo de regulação do exercício das responsabilidades parentais

O processo de regulação do exercício das responsabilidades parentais está regulado nos artigos 174º a 185º da O.T.M. e artigos 1905º a 1912º do Código Civil, e aplica-se não só a situações de divórcio, separação de pessoas e bens, declaração de nulidade ou anulação do casamento, mas também aos casos de separação de facto, de ruptura da união de facto e ainda, aos casos de progenitores que nunca viveram em condições análogas às dos cônjuges.

A legitimidade para intentar o processo judicial pertence aos pais ou só a um deles, sendo um o requerente e o outro o requerido, após o trânsito em julgado da sentença de divórcio ou de separação judicial de pessoas e bens (art. 174º, nº 1), e ao MP, na hipótese de nenhum dos pais ter a iniciativa de pedir a homologação do acordo ou de este não ser homologado (art. 174º, nº 2 da O.T.M.). Se os pais estão separados de facto, romperam a união de facto ou nunca viveram em condições análogas às dos cônjuges, têm legitimidade, para requerer a regulação, para além de qualquer dos pais, o MP (art. 183º, nº 3 da O.T.M.), podendo a necessidade de intervenção judicial ser comunicada ao MP por qualquer pessoa. Esta legitimidade tem, sobretudo, relevância, nos casos de crianças cujos pais nunca viveram em condições análogas às dos cônjuges e que são particularmente vulneráveis a situações de pobreza e abandono.

O objecto do processo incide sobre quatro questões: a determinação da residência da criança, o modelo de exercício das responsabilidades parentais (unilateral, misto ou conjunto), o regime de convívio entre a criança e o progenitor não residente vulgarmente conhecido como regime de visitas e a pensão de alimentos devida pelo progenitor não residente à criança.

1.1. A substituição da noção de guarda pela de residência

Cumpre assinalar que a lei 61/2008 introduziu, na designação destas questões, uma mudança conceitual que importa analisar: o abandono da noção de guarda prevista no art. 1905º, nº 2 do C.C., na redacção anterior à lei 61/2008, e a sua substituição pela noção de residência utilizada no art. 1906º, mas que estranhamente não foi acompanhada no art. 1907º, norma que utiliza a noção de guarda, quando se refere à confiança dos cuidados da criança a terceiras pessoas.

Pensamos que o legislador quis, para atender a pressões de grupos de pais-homens divorciados, demonstrar que não adoptou o sistema antigo de guarda única, utilizando um conceito mais asséptico e vazio – a residência – que não teria as conotações exclusivistas do conceito de guarda. Esqueceu-se, contudo, de manter a coerência do raciocínio no art. 1907º, em que não está em causa uma opção entre o pai e a mãe, porque a guarda é retirada a ambos.

Em relação a esta mudança legislativa, a nossa posição vai no sentido de considerar o conceito de residência idêntico ao de guarda. A determinação da residência da criança junto de um dos pais não pode significar apenas o estabelecimento do local e da pessoa com quem a criança coabita no dia-a-dia. Tem que significar, também, a prestação de cuidados básicos e o exercício dos direitos-deveres de educação e de protecção da criança no quotidiano, caso contrário estaria a esvaziar-se a função fundamental do progenitor que desempenha o papel de cuidador primário ou de pessoa de referência da criança, o que não pode ter sido a intenção da lei, sob pena de contrariar a coerência axiológica do sistema assente na prioridade do interesse da criança. Em consequência, considera-se que o domicílio da criança é o do progenitor residente, junto de quem o Tribunal fixa a residência habitual, não obstante o convívio com o outro. O progenitor residente assume uma posição equivalente à do progenitor que tem a guarda, nos termos do art. 85º, nº 1 que define o domicílio legal dos menores. A assimilação do conceito de residência ao de guarda tem importantes efeitos jurídicos, por exemplo para efeitos fiscais, de prestações sociais, de determinação do Tribunal competente e de aplicação da Convenção de Haia sobre os aspectos civis do rapto de crianças[28], devendo considerar-se que a deslocação não autorizada do progenitor residente para o estrangeiro não é ilícita, uma vez que este detém a guarda enquanto direito de fixar a residência da criança e de prestação de cuidados pessoais (art. 5º da Convenção de Haia), não se verificando os pressupostos do accionamento da Convenção de Haia para obter o regresso imediato da criança ao país de origem.

1.2. Critério legal de decisão

O art. 1906º do C.C., nos seus nºs 5 e 7, em consonância com o art. 180º e 177º, nº 1 da O.T.M., prescreve que nos casos de divórcio, separação judicial de pessoas e bens, declaração de nulidade e anulação do casamento[29], a determinação da residência da criança e os direitos de visita devem ser decididos pelo Tribunal, de acordo com o interesse da criança, critério que o juiz deve concretizar, tendo em atenção "todas as circunstâncias relevantes, designadamente o eventual acordo dos pais e a disponibilidade manifestada por cada um deles para promover relações habituais da criança com o filho" (art. 1906º, nº 5) e que inclui o interesse da criança "de manter uma relação de grande proximidade com os dois progenitores" (art. 1906º, nº 7). Na expressão "todas as circunstâncias relevantes", o julgador deve atender aos

---

[28] Sobre esta questão *vide infra* pp. 139-155.
[29] Estas normas são também aplicáveis aos cônjuges separados de facto (art. 1909º C.C.) e aos pais que não vivem em condições análogas às dos cônjuges (art. 1912º C.C.). "Para que se verifique o pressuposto da separação de facto, como fundamento do pedido de regulação do exercício das responsabilidades parentais, não se exige que os pais residam em casas distintas, bastando que entre eles não exista qualquer comunhão de vida". *Vide* o acórdão do Tribunal da Relação de Lisboa de 06/12/94 in Base de Dados do M. J. No mesmo sentido *vide* acórdão da Relação do Porto, de 13/4/1979, B.M.J., 287, p. 366.

tradicionais critérios da jurisprudência ligados à determinação, por todos os meios de prova, de qual dos pais, na constância do casamento ou da vida em comum, desempenhou, em termos predominantes, as tarefas de cuidado primárias em relação à criança no dia-a-dia (a regra da pessoa de referência)[30], em vez de atender a critérios de igualdade formal entre os pais ou a critérios psicológicos, insusceptíveis de medição objectiva, ou de se deixar envolver pelos conflitos parentais e por situações que são transitórias no momento do divórcio.

O critério do interesse da criança também é utilizado, no art. 1906º, nº 2, como fundamento para uma decisão judicial que determine o exercício exclusivo das responsabilidades parentais pelo progenitor residente contrariamente ao princípio geral de exercício conjunto consagrado no nº 1 do art. 1906º. Como concretização deste critério, no contexto do exercício das responsabilidades parentais, o Tribunal deve atender ao conflito parental, à relação dos progenitores entre si e à relação do progenitor não residente com a criança, decretando o exercício exclusivo das responsabilidades parentais a favor da pessoa de referência da criança, em situações de alta conflitualidade parental, violência doméstica e, em geral, incapacidade de comunicação e de colaboração entre os pais[31].

1.3. Forma de processo

À supremacia do interesse da criança e à sua natureza jurídica de conceito indeterminado a ser preenchido pelo/a juiz/a, corresponde, no plano processual, o princípio de que o processo de regulação das responsabilidades parentais é um processo de jurisdição voluntária (art. 150º O.T.M.), o que significa que não há, nele, um conflito de interesses a compor, mas só um interesse a regular, embora possa haver um conflito de opiniões ou representações acerca do mesmo interesse[32]. Neste sentido, a doutrina costuma afirmar que a função do tribunal nos processos de jurisdição voluntária é de natureza materialmente administrativa e não propriamente jurisdicional[33]. Nos termos

---

[30] Sobre este critério, o mais indicado para decidir uma disputa de guarda entre os pais, por ser o mais objectivo, porque evita a intervenção excessiva dos Tribunais em assuntos privados da família ou nos conflitos parentais, e porque permite decisões mais rápidas e consentâneas com a vontade da criança e com a estabilidade da sua relação afectiva principal, vide infra pp. 57 e ss.

[31] Sobre os critérios para definir as excepções ao princípio geral do exercício conjunto, vide infra pp. 254-259.

[32] Cfr. MANUEL DE ANDRADE, *Noções Elementares de Processo Civil*, Coimbra Editora, 1979, p. 72.

[33] Idem, p. 72 e BAPTISTA MACHADO, *Introdução ao Direito e ao Discurso Legitimador*, Almedina, Coimbra, 1983, p. 259. Das decisões ou resoluções proferidas em processo de jurisdição voluntária não é admissível recurso para o S.T.J. (art. 1411º, nº 2 C.P.C/2007, reproduzido no art. 988º, nº 2 C.P.C/2013). Sobre este ponto vide Assento do S.T.J. de 06/04/65 in B.M.J., nº 146, p. 325; acórdão do S.T.J. de 07/10/83 in B.M.J., nº 328, p. 509; acórdão do S.T.J. de 12/01/94; acórdão do S.T.J. de 18/10/94 e acórdão do

do art. 986, nº 2 do C.P.C., o/a juiz/a dispõe de poderes inquisitórios para efectuar as diligências de averiguação e de instrução reputadas necessárias e decide segundo os critérios fixados no art. 987.º do C.P.C, ou seja, o/a julgador/a não está sujeito a critérios de legalidade estrita, devendo adoptar antes, em cada caso, a solução que julgue mais conveniente e oportuna. "A expressão 'em cada caso' foi inserida na lei para significar que o/a julgador/a, em vez de se orientar por qualquer conceito abstracto de humanidade ou de justiça pura, deve olhar para o caso concreto e procurar descobrir a solução que melhor serve os interesses em causa[34]. Estes princípios não significam, contudo, que a lei remeta os juízes para os seus critérios pessoais, devendo os/as magistrados/as dos Tribunais de Família receber formação especializada para se evitar o casuísmo e a disparidade de decisões para casos semelhantes.

1.4. Modos de atribuição da guarda/residência

A determinação do progenitor a quem é atribuída a guarda pode ser feita de dois modos – por acordo dos pais ou mediante uma decisão judicial. No divórcio por mútuo consentimento administrativo (requerido nas CRC), os pais devem apresentar um acordo sobre o exercício das responsabilidades parentais

---

S.T.J. de 04/07/96, recolhidos na Base Jurídico-Documental do M.J., STJ 27-05-2008 (Relatora: MARIA DOS PRAZERES); STJ 15-11-2009 (Relatora: MARIA DOS PRAZERES BELEZA) in *Base Jurídico-Documental www.dgsi.pt*. Contudo, sempre que se trate de uma questão de direito, o recurso para o STJ deve ser admissível. O STJ tem entendido que o preenchimento do conceito de interesse da criança é uma mera questão de facto a ser resolvida com base em critérios de conveniência e de oportunidade. Com todo o respeito, pensamos que o preenchimento do conceito é uma questão de direito, na medida em que há normas imperativas que devem ser utilizadas para densificar e concretizar o conceito, o qual não depende somente dos factos provados nem pode estar dependente da discricionariedade do julgador. É o caso do cumprimento do direito de audição obrigatória da criança previsto no art. 4º al. i) da LPCJP e da observância dos critérios interpretativos delineados pelo TEDH quanto à noção de interesse da criança e de vida familiar, os quais são parte integrante do art. 8º da CEDH, adquirindo, portanto, a mesma força vinculativa para os Tribunais nacionais que tem a Convenção Europeia dos Direitos Humanos. Neste sentido, admitindo recursos para o STJ, que questionam a aplicabilidade dos pressupostos normativos ou requisitos em que se fundamenta a mesma decisão, designadamente aspectos de conformidade constitucional ou supra nacional de tais normativos, *vide* STJ, 21-10-2010 (ÁLVARO RODRIGUES) in *Base Jurídico-Documental do M.J., www.dgsi.pt*. Outra questão relevante é a dos efeitos do recurso, o qual tem efeitos devolutivos (art. 185º, nº 1 da O.T.M.), devendo a decisão judicial do tribunal inferior, mesmo na pendência do recurso, ser imediatamente cumprida. Contudo, também aqui a lei permite alguma flexibilidade, admitindo que o tribunal fixe o efeito suspensivo do recurso, por força do art. 159º da O.T.M., segundo o qual salvo disposição expressa, os recursos terão o efeito que o tribunal fixar, devendo entender-se que a substância prevalece sobre as questões processuais, podendo o interesse da criança exigir uma solução excepcional. Na avaliação do interesse da criança, para o efeito da fixação do efeito do recurso, deve ser considerada uma noção ampla de perigo, que abrange o perigo emocional ou psíquico gerado pela separação da criança dos adultos com a sua guarda, de facto ou de direito, e com quem a criança estabeleceu laços afectivos profundos.
[34] Cfr. ALBERTO DOS REIS, *Processos Especiais II*, Coimbra, Coimbra Editora, p. 400-401.

relativamente aos/às filhos/as menores, acordo que deve ser fiscalizado pelo MP junto do Tribunal Judicial de 1ª instância competente, para que este se pronuncie, no prazo de 30 dias, sobre a conformidade do acordo ao interesse da criança (art. 1776º-A, nº 1 e art. 14º, nº 4 do DL nº 272/2001). Na hipótese de o MP entender que o acordo não protege o interesse dos/as filhos/as e de os pais não alterarem o acordo no sentido proposto pelo MP, a homologação será recusada e o Conservador não pode decretar o divórcio, devendo o processo de divórcio ser integralmente remetido ao tribunal de Comarca a que pertença a Conservatória (art. 14º, nº 7 do DL nº 272/2001, art. 1776º-A, nº 4 e 1778º).

No divórcio por mútuo consentimento judicial (requerido directamente no Tribunal ou por remessa da Conservatória), o juiz aprecia os acordos apresentados e convida os pais a alterá-los no caso de estes não acautelarem o interesse da criança (art. 1778ºA, nº 2). Na hipótese de não terem sido apresentados acordos, o juiz fixa as consequências do divórcio, como se se tratasse de um divórcio sem consentimento de um dos cônjuges (art. 1778º A, nº 3). No divórcio sem consentimento de um dos cônjuges por ruptura do casamento (art. 1781º), o juiz tenta obter o acordo para a regulação das responsabilidades parentais, fixando um regime provisório, nos casos de falta de acordo (art. 1407º, nº 2 do CPP). O acordo eventualmente obtido será submetido a homologação judicial, nos quinze dias seguintes ao trânsito em julgado da sentença proferida na respectiva causa (art. 174º, nº 1 da O.T.M.)[35], mas quando não tenha sido pedida homologação do acordo ou este não seja homologado, será notificado oficiosamente o MP, que, nos quinze dias imediatos, deverá requerer a regulação (art. 174º, nº 2 da O.T.M.).

A nova redacção do art. 1906º, nº 5 parece, contudo, ter retirado força jurídica ao acordo dos pais, no que diz respeito à determinação da residência e do regime de visitas, pois refere-se ao acordo como um factor a ter em consideração pelo juiz na decisão e não como um modo de regulação do exercício das responsabilidades parentais sujeito a homologação judicial, conforme a redacção anterior do art. 1905º, nº 1. Verifica-se, portanto, uma contradição entre as normas da Organização Tutelar de Menores, que continuam a considerar o acordo como um modo de regulação distinto da decisão judicial, e o art. 1906º, nº 5, que parece sugerir que o juiz não pratica um acto de homologação ou de recusa de homologação do acordo, seguido de decisão judicial na segunda hipótese, mas decide sempre a questão através de uma sentença reguladora, podendo divergir do acordo dos pais, em função de outras circunstâncias. Claro que deve manter-se, neste contexto, o dever de fundamentação das decisões judiciais, cabendo ao juiz esclarecer os motivos

---

[35] O prazo é de 15 dias e não de 10, por força do disposto no art. 6º do DL nº 329-A/95, de 12-10.

da sua não concordância com o acordo apresentado, para permitir a qualquer dos pais recorrer contra a decisão.

Julgamos, contudo, que o facto de a Organização Tutelar de Menores não ter sido revogada significa que o mecanismo da homologação/recusa de homologação se deve manter, como aliás decidiu o legislador, no art. 1905º, em relação à fixação de alimentos devida aos menores. O julgador, no caso de homologar um acordo que consagre o exercício unilateral das responsabilidades parentais, deve, no entanto, fundamentar o acto de homologação com base no interesse da criança, por força do art.1906º, nº 2. Em qualquer caso, e mesmo que o princípio adoptado pelos pais seja o do exercício conjunto, o juiz deve fiscalizar, no exercício dos seus poderes inquisitórios e de investigação, a conformidade dos acordos apresentados ao interesse da criança conforme temos defendido, devendo para o efeito ouvir a opinião da criança, exigida pelo princípio da audição obrigatória previsto no art. 4º al. i) da LPCJP e no art. 12º da Convenção dos Direitos da Criança.

Estranhamente, o legislador manteve em relação ao acordo que fixa os alimentos, na nova redacção do art. 1905º, a sua natureza de modo de regulação sujeito a homologação, com a advertência de que a homologação será recusada se o acordo não corresponder ao interesse da criança, e sem conter qualquer referência ao poder de decisão do julgador, na hipótese de recusa de homologação. Esta omissão do legislador não deve, todavia, implicar que os pais, perante a recusa de homologação, tenham que intentar uma acção autónoma de alimentos, ao abrigo do art. 186º da O.T.M., tendo o juiz do processo de regulação das responsabilidades parentais, por razões de economia processual e de proximidade com os factos, competência para decretar o montante da pensão de alimentos que entender adequado em função dos critérios do art. 2004º e do interesse da criança a manter o nível de vida de que gozava na constância do matrimónio ou da união dos pais.

1.5. A quem pode ser atribuída a guarda/residência da criança

O art. 1906º, nº 5 estabelece o regime da residência habitual ou principal, junto de um dos pais. Esta será a situação-regra, não estando o Estado legitimado para uma intervenção maior na família, após o divórcio, do que aquela permitida pelos critérios de perigo definidos no art. 3º da LPCJP. Contudo, o MP deve requerer, no processo de regulação das responsabilidades parentais, uma medida de promoção e protecção de crianças em perigo, ao abrigo do art. 148º, nº 3, al. b) da O.T.M., solicitando a medida de confiança a pessoa idónea (art. 35º, al. c) da LPCJP) e a confiança da guarda e do exercício das responsabilidades parentais a terceira pessoa ao abrigo do art. 1907º do C.C., se a criança estiver em perigo, nas circunstâncias descritas no art. 1918º e 3º da LPCJP, ou se tal solução for no seu melhor interesse, por exemplo, porque desde tenra idade está confiada de facto à guarda e cuidados de terceiros. Nestes casos, haverá uma conjugação entre as decisões que apliquem medidas tutelares cíveis e as medidas de protecção da criança (art. 148º da O.T.M.) ou uma apensação do processo de regulação das responsabilidades parentais ao processo de promoção e protecção da criança (art. 154º, nº 1 da O.T.M.), sendo competente o tribunal do processo que tiver sido instaurado em primeiro lugar.

1.6. Acordos de regulação das responsabilidades parentais e controlo judicial

1.6.1. Âmbito do controlo judicial

O acordo dos pais relativo ao exercício do responsabilidades parentais, após o divórcio, quer se trate de um divórcio sem consentimento de um dos cônjuges quer de um divórcio por mútuo consentimento, está sujeito a controlo judicial. Nos termos dos arts. 1905º e 1906º, os acordos dos pais relativos aos alimentos devidos à criança e forma de os prestar, bem como os acordos relativos à fixação de residência, visitas e exercício das responsabilidades devem ser controlados pelos tribunais. Nos processos de divórcio por mútuo consentimento administrativos, requeridos nas CRC (art. 12º do DL 272/2001), a homologação dos acordos dos cônjuges sobre a prestação de alimentos ao cônjuge que deles careça[36], o exercício do responsabilidades parentais[37] e o destino da casa de morada da família (art. 1775º) constituem um requisito prévio do divórcio, o qual não será decretado, se o MP entender que o acordo relativo ao exercício das responsabilidades parentais não acautela o interesse da criança ou se os cônjuges não se conformarem com as alterações propostas pelo M.P., ou ainda se o/a conservador/a não homologar os restantes acordos, por não acautelarem suficientemente os interesses de um dos cônjuges, devendo, nestes casos, o processo de divórcio ser remetido para o Tribunal (arts. 1776º-A, nº 4, 1778º e 1778º A).

---

[36] Sobre o controlo judicial dos acordos que consagram a obrigação de alimentos entre cônjuges, quer no caso do divórcio por mútuo consentimento quer no caso dos divórcios litigiosos, *vide* TOMÉ, Maria João Carreiro Vaz, *O Direito à Pensão de Reforma Enquanto Bem Comum do Casal*, Universidade de Coimbra, 1997, Coimbra Editora, p. 341-343, especialmente, p. 342, onde se salienta que, nos acordos pressupostos dos divórcios por mútuo consentimento, o controlo judicial é mais esbatido, uma vez que o juiz desconhece a causa do divórcio.

[37] O acordo quanto ao exercício das responsabilidades parentais deve conter a fixação da pensão de alimento aos/às filhos/as menores. Cfr. acórdão do Tribunal da Relação do Porto, de 13/03/97 *in* Base de Dados do M. J., *www.dgsi.pt*.

Um dos perigos do acordo dos pais relativo ao excercício das responsabilidades parentais é a possibilidade de ter sido simulado com a finalidade de apressar o divórcio, dividindo ficticiamente a guarda dos/as filhos/as e o exercício das responsabilidades por ambos os pais, mas adiando realmente a resolução da questão para mais tarde. Consequentemente, as entidades competentes (o juiz ou o M.P.) devem verificar, se a vontade dos pais estava esclarecida, se foi uma vontade livre, e se a solução adoptada corresponde à vontade real destes.

O Tribunal assume um dever de protecção das crianças, como a parte mais fraca dentro da família, e também um dever de protecção dos cônjuges, sobretudo, daquele que fica com a guarda do/a filho/a e que, normalmente, é a mulher, mais desfavorecida economicamente e mais sujeita a chantagens, pois, em regra, não considera, diferentemente dos homens, a guarda do/a filho/a como uma questão negociável.

O controlo dos acordos, no que diz respeito à obrigação de alimentos devidos aos/às filhos/as e à prestação de alimentos entre cônjuges, constitui um meio de atenuar o fenómeno da feminização da pobreza[38]. As mulheres, mesmo quando trabalham, ganham menos do que os homens, pois, nas empresas não se aplica o princípio a trabalho igual, salário igual. Por outro lado, as mulheres divorciadas são o grupo em que há mais mulheres desempregadas[39]. Contudo, a prática judiciária confirma sistematicamente os acordos por falta de tempo e de meios para proceder a uma investigação que permita um controlo efectivo. O acordo é encarado como um bem em si e os operadores judiciários preferem concentrar o esforço nos casos litigiosos. Nos processos de divórcio por mútuo consentimento administrativos, julgamos que os Conservadores podem assumir um papel activo, colaborando com o M.P., no controlo dos acordos de regulação das responsabilidades parentais. De um ponto de vista dos princípios jurídicos, não há nenhuma presunção segundo a qual o acordo dos pais seja conforme ao interesse da criança.

---

[38] Sobre o crescimento das famílias monoparentais, *vide* CANÇO, Dina, *As Mulheres no Censo de 1991*, Comissão para a Igualdade de Direitos das Mulheres, 1996. Sobre a taxa de pobreza das mulheres divorciadas, *vide* BRAGA DA CRUZ, Ana Maria, *Cobrança da Pensão de Alimentos*, in SOTTOMAYOR, Maria Clara/TOMÉ, Maria João, *Congresso de Direito da Família e Política Social*. Universidade Católica Portuguesa, Centro Regional do Porto, Editora Universidade Católica, Porto, 2001. Para uma solução jurisprudencial destinada a evitar a pobreza da mulher dona de casa e mãe, após o divórcio *vide* TOMÉ, Maria João Carreiro Vaz, *O Direito à Pensão de Reforma... ob.cit.*, p. 403-468, onde a autora, baseando-se no valor económico do trabalho doméstico da mulher, defende que o direito à pensão de reforma, enquanto direito de formação sucessiva de natureza patrimonial, formado na constância do casamento, constitui, ao abrigo do art. 1724º, al. a) e al. b), um bem comum do casal a ser partilhado pelos ex-cônjuges, após o divórcio.

[39] Cfr. TORRES, Anália, *O Divórcio em Portugal...ob. cit.*, p. 213-215.

No momento do divórcio, os pais, muitas vezes estão motivados por interesses pessoais e interesses económicos e não estão em condições emocionais de encontrarem decisões determinadas exclusivamente pelo interesse dos filhos//as. As mulheres, com receio de perderem a guarda dos filhos num processo litigioso, aceitam soluções de residência alternada ou restrições à sua liberdade de deslocação, desfavoráveis às crianças e lesivas para os direitos fundamentais das mulheres, como o caso de um acordo apresentado numa Conservatória, segundo o qual a mãe não se poderia deslocar a uma distância superior a 45 km da residência onde vivia com a criança, sem autorização do outro progenitor.

No entanto, no caso de o M.P. ou o juiz rejeitarem o acordo dos pais terão que fundamentar a decisão. Não é uma mera discordância em relação ao acordo que permite ao M.P. ou ao juiz propor ou impor uma solução diferente, considerada mais favorável para a criança, por exemplo, uma proibição de deslocação do progenitor guarda, a atribuição da guarda ao progenitor mais religioso, ou a rejeição da solução por não concordar com o estilo de vida de um dos pais ou com os seus valores educativos. Tal constituiria uma violação do direito dos pais à educação dos filhos/as e à liberdade de circulação. Os casos típicos que fundamentam um controlo judicial são os acordos de residência alternada, os acordos em que a criança foi utilizada como moeda de troca por um dos pais para obter vantagens financeiras, em que o montante da obrigação de alimentos representa um valor inferior ao custo real de educar uma criança e às necessidades desta, em que um dos pais renuncia ao direito de visita ou à prestação de alimentos, em que a atribuição da guarda a um dos pais está condicionada pela atribuição da casa de morada de família ao outro, em que se consagra uma limitação do direito de visita condicionada por uma redução da obrigação de alimentos. Para que os alimentos ordenados sejam conformes às necessidades da criança e às possibilidades do obrigado, os rendimentos do progenitor sem a guarda, o valor do seu património e o seu nível de vida devem ser efectivamente verificados pelos tribunais. Também os acordos que consagram a guarda conjunta devem ser especialmente controlados[40] a fim de se verificar se tais acordos constituem um processo de evitar uma decisão difícil quanto à guarda dos/as filhos/as, se os pais são sinceros na opção que

---

[40] A este propósito, vide o acórdão do Tribunal da R.L., de 18/01/2001: "A nova redacção do nº 1 do art. 1906º do C. Civil, introduzida pela Lei 59/99, de 30/06, veio permitir que os pais acordem que as responsabilidades parentais seja exercido em comum quanto às questões relativas à vida dos filhos/as como se estivessem na constância do matrimónio. Tal, porém, não afectou o poder de o tribunal interferir ou não no acordo sobre o exercício das responsabilidades parentais quando os pais do menor estejam em completa harmonia quanto à sua regulação. A tal conclusão se chega por via do disposto no art. 1905º, nº 1 do mesmo Código que não foi objecto de alteração. Aí se estabelece que no caso de divórcio os acordos dos pais estão sujeitos a homologação do tribunal que poderá recusá-la se o acordo não corresponder ao interesse do menor. No mesmo sentido, os arts. 1776º, nº 2 e 1778º."

fizeram ou se utilizam a guarda conjunta para obter vantagens financeiras e não devido a um empenhamento sério na educação dos/das filhos/as. Quanto aos acordos de alternância de residência, salvo casos excepcionais, não devem ser permitidos, sobretudo tratando-se de crianças em idade pré-escolar. Caso se trate de filhos/as adolescentes, estes deverão ser ouvidos pelo tribunal quanto à conveniência do acordo.

1.6.2. A mediação familiar

O facto de os acordos dos pais não serem sentidos por estes, tem como consequência um aumento dos processos de incumprimento e de alteração dos acordos de regulação do responsabilidades parentais. Surge, então, para resolver preventivamente este problema, um novo processo de composição não jurisdicional de conflitos, conduzido por uma equipa de juristas e de psicólogos: a mediação familiar. Trata-se de um serviço gratuito e voluntário, cujo objectivo é reduzir a conflitualidade parental no momento do divórcio, promover nos pais uma atitude conciliadora e facilitadora da negociação do conflito familiar" e "desdramatizar o processo de ruptura familiar"[41]. O acordo relativo ao destino dos filhos/as assim atingido tem que ser homologado pelo tribunal que mantém o seu dever de averiguar da sua conformidade ao interesse da criança (art. 1906º, nº 5).

A mediação, como movimento social, surge ligada a programas políticos que visam reduzir os custos da Justiça e a movimentos de inspiração cristã baseados na crença da reconciliação. Contudo, a promessa e as expectativas que cria são superiores à realidade, revelando a prática, que, a mediação não constitui uma panaceia para os problemas gerados pelo divórcio.

Em Portugal, o projecto "Mediação familiar em conflito parental" foi criado em Maio de 1997, com "o objectivo de implantar um serviço de mediação familiar em matéria de regulação do exercício do responsabilidades parentais, com carácter experimental, limitado territorialmente à Comarca de Lisboa, fundado em equipas técnicas multidisciplinares, em articulação com os tribunais e acessível aos casais em situação de ruptura."[42] Com a lei nº 133/99, de 28 de Agosto, foi aditado à Organização Tutelar de Menores, o art. 147º-D, que prevê que em qualquer estado da causa e sempre que o entenda conveniente, o juiz pode, oficiosamente, com o consentimento dos pais, ou a requerimento destes, determinar a intervenção de serviços de mediação.

Em 2007, a mediação familiar foi alargada a novas zonas do país, criou--se o Sistema de Mediação Familiar, que flexibiliza a prestação desta via de

---

[41] Cfr. Despacho nº 12 368/97, DR – II Série, nº 283, 9-12-1997, p. 15039-15040.
[42] Vide Despacho nº 12 368/97, DR – II Série, cit., p. 15039.

resolução de conflitos, e procedeu-se ao alargamento das matérias de forma a abranger, para além da regulação, alteração e incumprimento do regime de exercício das responsabilidades parentais, casos de divórcio e separação de pessoas e bens, conversão da separação em divórcio, reconciliação dos cônjuges separados, atribuição e alteração de alimentos, provisórios ou definitivos, privação do direito ao uso dos apelidos do outro cônjuge e autorização do uso dos apelidos do ex-cônjuge ou da casa de morada da família[43].

O novo regime jurídico do divórcio introduzido pela Lei 61/2008, de 31 de Outubro, num esforço de dinamizar e atribuir efeitos práticos a uma figura ainda pouco conhecida e utilizada, consagrou no Código Civil (art. 1774º) um dever de a Conservatória do registo civil ou o tribunal informarem os cônjuges sobre a existência e os objectivos dos serviços de mediação familiar[44].

A mediação pretende ser um meio extra-judicial e informal de resolução dos conflitos parentais que estimula a cooperação entre as partes, permite a estas exprimir as suas emoções e elimina a hierarquia que caracteriza a relação juiz/parte e advogado/cliente, revelando-se um processo mais humano do que o sistema judicial. No entanto, a mediação, nos países onde há muito se pratica, como o caso dos E.U.A., não realizou as suas promessas, tendo surgido muitas críticas a este instituto, sobretudo nos Estados em que o recurso à mediação é obrigatório. Por um lado, quando se trata de mediação obrigatória tal constitui uma violação do direito fundamental dos cidadãos a recorrer aos tribunais e uma intromissão do Estado na vida privada da família. Por outro lado, mesmo a mediação voluntária tem-se revelado contrária aos interesses das crianças e aos interesses da figura primária de referência, normalmente, a mãe. As crianças não costumam ser ouvidas pelos mediadores familiares, cujo único objectivo é atingir um acordo e não proteger o interesse da criança. A atitude das mães, quando receiam legitimamente a negligência do outro progenitor em relação ao cuidado do filho/a ou quando foram vítimas de abusos por parte do marido, é considerada histerismo e falta de capacidade de cooperação[45].

---

[43] Cf. Despacho do Ministério da Justiça nº 18778/2007 D. R., II Série, nº 161, de 22 de Agosto de 200, art. 4º.

[44] Sobre o conteúdo e alcance deste dever de informação e sobre as críticas à deficiente concretização do processo de mediação, por falta de observância de regras e de supervisão, vide XAVIER, Rita Lobo, *Mediação Familiar e Contencioso Familiar: Articulação da actividade de mediação com um processo de divórcio*, BFDC, Estudos em Homenagem ao Prof. Doutor Jorge de Figueiredo Dias, volume IV, Coimbra, 2010, pp. 1136-1137 e 1139-1143.

[45] Cfr. BRUCH, Carol S., *And How Are the Children? The Effects of Ideology and Mediation on Child Custody and Children's Well Being in the United States*, International Journal of Law and the Family, 4, 1988, p. 106 e p. 119, em que a autora relata que a insistência de uma mãe, em que o/a filho/a de tenra idade não pernoitasse em casa do pai porque este bebia e fumava na cama, foi caracterizada pelo mediador como uma necessidade de controlo por parte da mãe. No mesmo sentido, chamando a

Situações de desequilíbrio de poderes entre as partes, como a violência doméstica, os maus tratos infantis, o consumo de aditivos e doenças do foro psicológico ou mental devem ser excluídas da mediação familiar[46], não

atenção para o facto de que as alegações da mãe contra comportamentos negligentes ou abusivos do pai em relação aos/às filhos/as são consideradas reacções patológicas daquela, *vide* FINEMAN, Martha, *Dominant Discourse, Professional Language, and Legal Change in Child Custody Decision-making*, Harvard Law Review, volume 101, 1988, p. 766 e MASON, Mary Ann, *The Custody Wars, Why Children are Losing the Legal Battle and What We Can Do About it*, Basic Books, 1999, p. 235. *Vide* também os casos relatados por GRILLO, Tina, *The Mediation Alternative: Process Dangers for Women*, The Yale Law Journal, volume 100, nº 6, 1991, p. 1562-1563, p. 1569-1570 e p. 1594: Caso I: "O pai não entregou o/a filho/a à mãe na data combinada, o dia de acção de graças, alegando que o voo era caro e que só levaria o/a filho/a no dia de Natal, deixando-o durante esse período ao cuidado da madrasta. O menor regressou no Natal a casa da mãe, revelando-se pela primeira vez na vida violento e agressivo em relação a outras crianças. Questionando o filho/a, a mãe descobriu que este não tinha ficado ao cuidado da madrasta, conforme o prometido, mas de um centro de *baby-sitting* em que o professor usava regularmente castigos corporais para punir as crianças, método ao qual a mãe do menor se opunha e ao qual este nunca tinha antes sido sujeito. No processo de mediação, a mãe pede que lhe seja confiada a guarda do filho/a porque entende que o ex-marido foi falso, indigno da sua confiança e colocou em risco o bem estar emocional e físico do/a filho/a. A mediadora não lhe permite alegar estes argumentos, dizendo que esta história pertence ao passado; o que interessa é planear o futuro. A mediadora afirma, ainda, que a pouca participação do pai, nos cuidados prestados nos primeiros anos do filho/a, é um factor irrelevante. A mediadora diz ainda que o progenitor que tem a criança junto de si é responsável pela escolha da terceira pessoa que cuida do menor na sua ausência e que a mãe do menor tem que aprender a desistir de exercer controlo." Caso II: "A mãe do menor entrou para uma profissão mal paga num infantário para poder ter o filho/a junto de si enquanto trabalhava. O pai continuava a trabalhar num horário caótico requerido pelos caminhos-de-ferro. O mediador, depois de determinar que os pais iriam praticar um sistema de guarda conjunta física, perguntou ao pai que horário mais lhe convinha e este respondeu que não podia estar amarrado a um horário porque o seu trabalho não o permitia. Quando a mãe protestou que ela e o menor precisavam de um horário certo e previsível e que tinha passado toda a sua vida de casada à mercê dos caprichos do patrão do marido, o mediador sorriu e disse "Creio que você, depois disto tudo, não se divorciou dos caminhos-de-ferro." "Os pais separaram-se quando o filho/a tinha 14 meses. Mesmo antes da separação, a mãe assumia a responsabilidade total pelo filho/a, uma vez que o emprego do marido nos caminhos-de-ferro implicava que ele tivesse fora de casa três noites por semana num horário que mudava constantemente. Quando o marido regressava à cidade preferia passar o tempo com amigos e não com a mulher e com o filho/a. Depois da separação, o pai via o filho/a esporadicamente até que, quando o filho/a fez dois anos, o pai mudou para outro Estado que ficava a 1000 milhas. O pai raramente visitava o filho/a e pagava alimentos irregularmente. Quando o filho/a fez três anos e meio, o pai casou. A partir desta altura, o pai ficou ansioso para se relacionar com o/a filho/a e a mãe começou a enviar o/a filho/a para visitar o pai. (...) a mediadora recomendou que o menor passasse metade do tempo com cada um dos pais, apesar da dificuldade de arranjar viagens frequentes de longa distância para o menor. Quando a mãe protestou, alegando que por causa do horário de trabalho do pai do menor, este não teria contacto com nenhum dos pais quando se encontrasse em casa do pai, a mediadora tornou claro que se a mãe não concordasse em dividir a guarda do/da filho/a nos termos em que tinha sugerido, ela recomendaria ao tribunal que confiasse a guarda do menor exclusivamente ao pai."

[46] Cfr. FARINHA, António, *Relação entre a Mediação Familiar e os Processos Judiciais*, in SOTTOMAYOR, Maria Clara/TOMÉ, Maria João, *Direito da Família e Política Social*, Congresso realizado na Universidade Católica Portuguesa, Porto, 1 a 3 de Outubro de 1998, em vias de publicação.

devendo, em qualquer caso, ser penalizado o progenitor que prefere recorrer ao sistema judicial. Nos EUA, em muitos Estados, devido à *friendly parent provision*, o progenitor que bloqueia o acordo é punido numa decisão judicial de guarda única, para além de a lei atribuir ao mediador o poder de fazer uma recomendação ao tribunal, recomendação essa, normalmente seguida pelos tribunais[47]. A mediação familiar funcionando como uma forma de incentivar a cooperação entre os pais, não permite a um dos pais exprimir a sua raiva[48], nos casos em que o outro foi o culpado no divórcio e/ou não assumiu as suas responsabilidades em relação aos/às filhos/as, na constância do casamento.

Outra crítica à mediação familiar, revelada pelo resultado de estudos sobre as decisões adoptadas, quando a resolução do conflito se fez por mediação familiar, revela que o número de decisões de divisão da guarda física da criança em caso de relações parentais altamente conflituosas é elevado (um terço das decisões de guarda conjunta), indicando que os mediadores familiares usam esta solução para resolver situações difíceis[49].

Os serviços de mediação familiar criados em Portugal também visam fomentar a co-parentalidade[50]. Espera-se, contudo, que o papel do mediador familiar em relação ao exercício conjunto das responsabilidades parentais seja meramente informativo, devendo este, apenas, dar sugestões aos pais, e não pressioná-los a adoptar uma determinada solução. O progenitor que cuida da criança no dia-a-dia deve ter o direito de escolher exercer ou não em conjunto o responsabilidades parentais, caso contrário, poderá surgir em Portugal, a mesma tentação verificada nos mediadores dos EUA de recorrer à guarda conjunta como uma forma de evitar decisões difíceis, em casos de alta conflitualidade. Até porque, em matéria de divórcio, existe um fosso entre as assunções sociais acerca do que é melhor para as crianças – a manutenção da relação destas com ambos os pais, numa tentativa de ignorar o próprio divórcio, considerado sempre como danoso para os/as filhos/as – e as ciências

---

[47] Cfr. GRILLO, Trina, *The Mediation Alternative... ob. cit.*, p. 1554-1555.
[48] A sociedade tem a expectativa de que a mulher seja mais cooperativa do que o homem e inibe a expressão de raiva nestas, o mesmo se passando no processo de mediação. Cfr. GRILLO, Tina, *The Mediation Alternative...ob. cit.*, p. 1573-1577. As proibições internas e culturais de exprimir raiva, nas mulheres, provocam uma maior probabilidade de aquelas que utilizam a mediação sofrerem de depressão quando comparadas com as mulheres que recorrem ao sistema judicial. *Vide* os estudos citados por GRILLO, Tina, *The Mediation Alternative...ob. cit.*, p. 1578. Também o facto de na mediação não ser permitida a investigação da culpa e a responsabilização de cada um pelos seus actos, (*idem* p. 1578-1579), desencoraja as pessoas de lutarem pelo seus direitos quando foram injuriadas, afectando a própria capacidade da percepção da injúria. *Idem* p. 1565.
[49] Cfr. MACCOBY, E. E./MNOOKIN, R.H., *Dividing the Child: Social and Legal Dilemmas of Custody*, Cambridge, MA/London, Harvard University Press, 1992, p. 273.
[50] Cfr. Despacho nº 12 368/97, DR – II Série, nº 283 – 9-12-1997, p. 15040.

sociais, as quais comprovam que a relação das crianças com ambos os pais, quando estes estão em conflito, provoca nos/nas filhos/as perturbações de comportamento, agressividade e depressão[51].

A crítica feminista da mediação familiar chama ainda a atenção para o facto de o sistema judicial beneficiar mais as mulheres, pois, a mediação familiar favorece a parte que goza de um poder social inerente maior: o homem[52]. Com efeito, por razões históricas e culturais, a socialização dos papéis sexuais atribui a cada um dos sexos um poder social desigual, sendo a mulher, normalmente, a parte mais fraca. Os mediadores são pessoas inseridas numa sociedade cujas representações valorizam menos o feminino[53] e, portanto, não estão imunes aos mesmos preconceitos que afectam a generalidade das pessoas. Para além de que, tem sido denunciada uma maior falta de neutralidade dos mediadores do que a revelada pelo poder judicial e uma tendência do mediador para projectar a sua experiência pessoal nas soluções adoptadas[54].

Concluímos, portanto, que a mediação familiar só é adequada em certos casos, em que os pais são capazes de se enfrentar um ao outro sem medo ou intimidação e desde que a criança tenha o seu próprio representante[55]. A mediação deve ser voluntária e reconhecida como um processo que deve ser usado cautelosamente e de uma forma pensada[56].

---

[51] Cfr. JOHNSTON, Janet R./KLINE, Marsha/TSCHANN, Jeanne M., *Ongoing Postdivorce Conflict: Effects on Children of Joint Custody and Frequent Access*, American Journal of Orthopsychiatry, 1989, vol. 59, p. 576.

[52] Cfr. MASON, Mary Ann, *The Custody Wars...ob. cit.*, p. 235 e BRUCH, Carol, *And How Are the Children?... ob. cit.*, p. 120, onde a autora refere que as relações de poder existentes no casamento estão presentes na mediação. Um exemplo comum é o controlo masculino dos diálogos homem-mulher através de técnicas como a monopolização da palavra e o uso de interrupções (FISHMAN 1983; ZIMMERMAN e WEST 1975).

[53] *Vide* os estudos referidos por BARBOSA, Madalena, *Invisibilidade e Tectos de Vidro*, Comissão para a Igualdade dos Direitos das Mulheres, 1998.

[54] Cfr. GRILLO, Tina, *The Mediation Alternative...* p. 1587:" O conceito de imparcialidade baseia-se na ideia de um observador sem uma perspectiva. Mas qualquer observador inevitavelmente vê de uma particular perspectiva, seja esta perspectiva reconhecida ou não. Os mediadores, como todos os outros seres humanos, têm preconceitos, valores e pontos de vista. Todos tiveram experiências nas suas vidas que influenciam a forma como reagem aos outros, independentemente de algo que os outros possam fazer." "A grande intimidade entre as partes e o mediador, que torna a mediação um processo potencialmente construtivo, pode facilitar a projecção, por parte do mediador, dos seus próprios conflitos e o perigo de transferências e contra-transferências". *Idem* p. 1590. *Vide* também p. 1588-1590, relativamente às diferenças entre o sistema judicial e a mediação familiar, as quais permitem uma maior imparcialidade do primeiro: a distância psicológica e física entre o juiz e as partes, as formalidade do processo judicial; obrigação de considerar apenas certos tipos de prova em contraposição com a proximidade entre o mediador e as partes; a natureza informal do processo de mediação; a falta de tentativas de limitar o material que pode ser considerado na sessão (alguns factos considerados relevantes no processo de mediação estão apenas emocionalmente ligados ao processo). Tudo isto torna a mediação um ambiente em que os preconceitos do mediador podem manifestar-se com facilidade. *Idem* p. 1589.

[55] Cfr. MASON, Mary Ann, *The Custody Wars... ob. cit.*, p. 238.

[56] Cfr. GRILLO, Tina, *The Mediation Alternative... ob. cit.*, p. 1550.

1.6.3. A desjurisdicionalização das questões relativas às responsabilidades parentais

A mediação familiar enquadra-se num contexto de "desjudiciarização" do direito da família, permitindo a divisão de competências entre o julgador e profissionais das outras ciências sociais, sem significar, contudo, uma delegação do poder de decisão. Entendemos que assim deve ser mantido o instituto, sem que seja afectado, com o objectivo de descongestionar os tribunais e acelerar as decisões, o poder de investigação do juiz acerca dos factos de cada caso e a competência do julgador para tomar a decisão última acerca da homologação ou não dos acordos. O poder judicial, nas suas decisões, adopta critérios sociais e morais, estranhos à ideologia dos profissionais das outras áreas, os quais sob a aparência de cientificidade, impõem concepções em relação às quais não existe consenso nem na ciência nem na sociedade. Por força do estatuto constitucional da magistratura, da tradição de imparcialidade, da dignidade social e simbolismo que lhe são reconhecidos e da sua formação específica, orientada para a tomada de decisões, os tribunais são, por excelência, o órgão adequado para a defesa dos direitos, liberdades e garantias dos cidadãos, sobretudo, dos mais fracos, as crianças. Neste sentido, entendemos que os magistrados devem exercer efectivamente o seu poder para controlar e alterar os acordos de regulação do exercício das responsabilidades parentais apresentados pelos pais.

Os acordos de regulação das responsabilidades parentais não são processos que "não consubstanciem verdadeiros litígios" como os classifica o preâmbulo do DL nº 272/2001, mas são, antes, pelo facto de envolverem crianças, casos a que deve corresponder uma reserva de intervenção judicial. A elevada percentagem de divórcios por mútuo consentimento[57] não significa a ausência de conflito parental e conjugal mas antes a vontade de não expôr a vida pessoal no Tribunal e a procura de um processo mais rápido de obter o divórcio, em contraposição com a demora e os custos dos processos litigiosos[58]. Os acordos de regulação das responsabilidades parentais não são necessariamente elaborados por pais que optaram por um divórcio civilizado, que revelam maturidade, preocupação pelos filhos/as, respeito recíproco e capacidade de separar os seus conflitos pessoais da sua relação enquanto pais. Juristas com experiência nestas matérias sabem que os acordos de divórcio por mútuo consentimento, por vezes, escondem anos de negociações acerca da partilha de

---

[57] Os divórcios por mútuo consentimento, em 1999, representavam 86,9% do total do número de divórcios. Estatísticas Demográficas 1999, INE in *Portugal 2001, Situação das Mulheres*, CIDM, 2001. Este valor subiu, em 2005, para 93,6%. Cfr. INE, *www.ine.pt*.
[58] Sobre este ponto, *vide* TORRES, Anália, *Divórcio em Portugal. Ditos e Inter-ditos*, 1996, p. 233.

bens entre os cônjuges, da pensão de alimentos ao cônjuge que dela carece, conflitos em que as crianças são usadas como moeda de troca. Só a experiência e a vocação dos Tribunais para tomar decisões difíceis conferem a um órgão competência para tratar de casos tão delicados como a regulação do responsabilidades parentais. Por outro lado, a maior distância em relação ao poder judicial e o simbolismo que lhe está associado são susceptíveis de induzir as partes a pensar melhor nas suas decisões em relação aos/às filhos/as e a assumir uma maior responsabilidade pelas mesmas. Reconhecemos que, na prática, os tribunais raramente exercem os poderes de investigação que a lei lhes confere, limitando-se a confirmar sistematicamente os acordos dos pais. Contudo, cremos que a melhor solução para a falta de tempo e de meios dos tribunais seria conferir aos juízes uma formação especializada em direito das crianças e uma equipa de técnicos com uma função coadjuvante no exercício da actividade de investigação. Os Tribunais, ou em sua substituição, o M.P., conforme prevê a lei, devem controlar efectivamente a liberdade do acordo, as circunstâncias em que ele foi feito e a adequação do montante de alimentos fixado às necessidades da criança. É importante, para que o acordo seja consciente, que as partes sejam informadas sobre qual a solução que obteriam se a questão fosse decidida num processo judicial litigioso, pois, só assim podem avaliar a razoabilidade do acordo e em que medida os seus interesses e os dos filhos/as estão protegidos. Por outro lado, há no processo judicial meios de investigação sobre os rendimentos das partes, inexistentes num processo mais informal. Todavia, uma vez que os divórcios por mútuo consentimento são requeridos nas Conservatórias do Registo Civil e que os conservadores têm um papel na elaboração dos acordos de regulação das responsabilidades parentais, a pedido dos interessados (art. 272º, nº 2 do CRC), os conservadores, porque têm um contacto mais directo com a população, devem colaborar com o M.P. na apreciação dos acordos, elaborando pareceres sobre os mesmos e sugerindo diligências ao M.P. para apreciação da capacidade e voluntariedade das partes, bem como do interesse da criança.

No que diz respeito à regulação do responsabilidades parentais, e porque o interesse das crianças é um valor superior à necessidade de descongestionar os tribunais, julgamos que a solução mais adequada não é desjurisdicionalizar a questão mas preparar e equipar os tribunais para as decisões que dizem respeito ao dever de protecção das crianças.

1.7. O critério legal nos casos litigiosos: o interesse da criança

O legislador ao consagrar o critério do interesse da criança adoptou a técnica legislativa dos conceitos indeterminados, que permite obter uma osmose entre o Direito e a realidade. O recurso a esta técnica legislativa é uma característica das normas de direito da família muito utilizada entre nós, após a Reforma de 1977. O legislador entendeu que um texto legal não pode jamais apreender o fenómeno familiar na sua infinita variedade e imensa complexidade[59] e emite ao tribunal um comando a fim de que este decida de acordo com os interesses e direitos da parte mais fraca no litígio. Contudo, esta técnica legislativa, adoptada por um legislador que confiou no bom senso da magistratura, revelou-se inadequada por ser demasiado aberta e permeável às convicções pessoais e preconceitos dos juízes.

Este conceito é dotado de uma especial expressividade, funcionando como uma "noção mágica"[60], de força apelativa e tendência humanizante[61]. Tal não significa, contudo, que a nossa época tenha caído numa sobrevalorização dos interesses e direitos da criança como alguns afirmam. As crianças foram sempre e continuam a ser, hoje, um grupo social discriminado, alvo de violência e de abandono por parte dos adultos. A noção de interesse da criança serve para centralizar as decisões judiciais numa nova noção de criança, titular de direitos fundamentais e dotada de capacidade natural de auto-determinação de acordo com a sua maturidade. O que é criticável, nesta matéria, não é a centralização normativa nos direitos e interesses da criança, política legislativa e social da nossa época e que urge aprofundar e concretizar, mas, por vezes, a deficiente técnica legislativa de algumas normas ou diplomas legais, bem como a sua dispersão e fragmentação[62].

O interesse da criança, dado o seu estreito contacto com a realidade, não é susceptível de uma definição em abstracto que valha para todos os casos. Este critério só adquire eficácia quando referido ao interesse de cada criança, pois há tantos interesses da criança como crianças. Contudo, o julgador não pode ficar isolado, de forma individualista, com o caso concreto. Deve, antes, conhecer a sociedade em que está inserido e um conjunto de regras gerais e científicas sobre o desenvolvimento das crianças e as suas necessidades específicas em cada estádio de desenvolvimento. O legislador não remeteu o/a juiz/a para critérios de oportunidade do caso concreto nem conferiu ao julgador poderes discricionários, devendo este, na aplicação da norma, auscultar a moral social.

Dentro do conceito de interesse da criança como critério de decisão, é possível distinguir, à semelhança do que faz HECK, em relação aos conceitos

---

[59] CFR. HÉLÉNE GAUDEMET-TALLON, *De quelques paradoxes en matiére de droit de la famille*, RTDC, 1981, p. 731.
[60] Cfr. CARBONNIER, *Les notions a contenu variable dans le droit français de la famille*, in *Les notions a contenu variable en droit*, Études publiées par Chaïn Perelman e Raymond Vandler Elst, Bruxelles, 1984, p. 108
[61] Cfr. GERNHUBER, *Kindeswohl und Elternwille*, FamRZ 1973, nº 5, p. 230.
[62] Neste sentido, *vide*, também, RIVERO HERNANDEZ, *El Interés del Menor*, Dykinson, Madrid, 2007, pp. 53-54.

jurídicos indeterminados, uma zona – o núcleo do conceito – passível de ser preenchida através do recurso a valorações objectivas, e outra zona – o halo do conceito – em que o grau de incerteza seria maior. De qualquer modo, mesmo que em determinada hipótese o juiz se situasse no extremo mais indeterminado, nunca estaríamos perante uma desvinculação total do julgador ou perante o arbítrio deste. Conforme afirma English "antes surgem aí, a mais dos limites legais e supra legais da decisão pessoal regras teleológicas e axiológicas que não podem na verdade determinar materialmente com rigor a decisão, mas lhe dão um suporte lógico"[63]. A fundamentação das sentenças também assume, neste âmbito, um papel decisivo, pois permite aos seus destinatários identificar os factores que levaram o juiz à decisão e o peso que lhes foi atribuído, permitindo-lhes recorrer para um tribunal superior, em caso de abuso de poderes discricionários.

O núcleo do conceito de interesse da criança, em relação ao qual dispomos de dados mais seguros, serve de critério para a escolha entre os dois pais, naquele conjunto de situações em que um dos pais põe em perigo a vida, a saúde física ou mental dos/as filhos/as e nos casos em que um dos progenitores não tem com os/as filhos/as uma relação afectiva positiva, devido à ausência ou desinteresse deste pelo/a filho/a. Torna-se, assim, claro que o interesse da criança exige que esta seja confiada à guarda do outro progenitor, em relação ao qual não se verificam estas causas de exclusão. Estas casos decidem-se de acordo com critérios legais, fornecidos pela Constituição e pelo Código Civil, ao consagrarem, o direito da criança à protecção da sociedade e do Estado, com vista ao seu desenvolvimento integral (art. 69º, nº 1 da C.R.P.), ao atribuir aos pais o poder-dever de educação dos filhos/as (art. 36º, nº 5 da C.R.P.), o dever dos pais de promover o desenvolvimento físico, intelectual e moral dos/as filhos/as (art. 1885º, nº 1 do C.C.) e de não pôr em perigo a segurança, a saúde, a formação moral ou a educação das crianças (art. 1918º, nº 1 do C.C.).

O processo de decisão começa, pois, por uma selecção negativa, isto é, pela procura de aspectos a apontar fortemente contra a atribuição da guarda a um dos pais. Na ausência de tais factores, isto é, se nenhum dos pais for claramente incapaz para receber a guarda da criança, a decisão final torna-se bastante mais difícil e incerta, entrando o julgador naquilo a que chamamos o halo do conceito. O halo do conceito é constituído por aqueles casos, que são normalmente a maioria, em que ambos os pais são progenitores psicológicos. Por exemplo, um litígio entre dois pais, igualmente ligados afectivamente à criança e igualmente capazes de cuidar dela, em que as únicas diferenças

---

[63] Cfr. ENGLISH, Karl, *Introdução ao Pensamento Jurídico*, Fundação Calouste Gulbenkian, 5ª edição, p. 206.

trazidas a julgamento seriam as seguintes: um dos pais é mais afectuoso e condescendente com a criança enquanto que o outro é mais frio e disciplinado; um dos pais promove mais a super-protecção da criança e o outro, por sua vez, educa os/as filhos/as em direcção à autonomia pessoal; um dos pais oferece aos/às filhos/as uma vida no campo enquanto que o outro vive numa grande cidade; um proporciona à criança um ambiente de forte estímulo intelectual, dando-lhe o outro mais carinho e compreensão.

Os casos referidos, extremos no grau de incerteza e na dificuldade da decisão, conferem ao juiz um excesso de poder na valoração dos factos. Com efeito, nem os princípios fundamentais fornecidos pela Constituição, nem as normas éticas ou sociais da comunidade são susceptíveis de fornecer a solução do litígio. Os primeiros devido à sua indeterminação e carácter programático e as segundas, devido à falta de homogeneidade existente numa sociedade pluralista e democrática quanto aos padrões de educação mais adequados. Neste sentido, "decidir o que é melhor para uma criança põe uma questão não menos crucial do que os objectivos e valores da vida em si."[64]

Neste tipo de decisões, as que geram uma maior agonia ao julgador, entra sempre em jogo, inevitavelmente o seu sentimento, embora este processo seja inconsciente e não se possa medir. A este respeito, diz Carbonnier que os Tribunais de Família "têm de decidir de acordo com a sensibilidade." Por isso, conclui que esta é a originalidade da técnica legislativa dos conceitos indeterminados, quando aplicada ao direito de família: "a originalidade de não ser, como noutros lugares, pelo menos exclusivamente, um instrumento de adaptação racional, mas incluir pelo menos uma parte de variabilidade sentimental"[65]. A este propósito diz o autor que o coração deve ter o seu lugar no direito com o mesmo título da razão. Trata-se de um novo campo a investigar: a lógica do coração"[66].

Sem pretender analisar o problema do papel do sentimento no direito[67], pois trata-se de uma questão de filosofia do direito que não cabe no objecto do nosso trabalho, apenas queremos dizer que todas estas afirmações de

---

[64] Cfr. MNOOKIN/WEISBERG, *Child, Family and State, Problems and Materials on Children and the Law*, 2ª ed., Little, Brown and Company, Boston, 1989, p. 641.
[65] *Idem* p. 111.
[66] Cfr. CARBONNIER, *Notions a contenu variable, ob.cit.*, p. 110.
[67] Sobre a relação entre a vida afectiva dos indivíduos e a ordem jurídica, sobre-tudo no direito da família, um direito impregnado de sentimentos, *vide* GÉRARD CORNU, *Du Sentiment en Droit Civil*, Annales de la Faculté de Droit de Liége, 1963, p. 189-206. *Vide* ainda o que diz o mesmo autor, GÉRARD CORNU, *La bonté du législateur*, RTDC, 1991, p. 283 e ss. sobretudo as p. 286-287, sobre os institutos jurídicos que se fundam numa bondade do legislador e que fazem um apelo ao coração do juiz, a quem o legislador confia, por se encontrar mais próximo das pessoas e das situações, uma missão de benevolência.

Carbonnier têm um contributo a dar para o nosso problema. Com efeito, nas questões de família, e em particular no nosso caso, a descoberta do "justo" faz apelo a processos psicológicos de decisão não inteiramente racionalizáveis, o que não significa que sejam irracionais. No entanto, o julgador não pode seguir acriticamente a conclusão a que o conduz o seu sentimento jurídico, pois nele poderiam estar contidos os seus preconceitos, a sua experiência pessoal da vida, a sua visão do mundo. Tem sido denunciado, quer em Portugal quer noutros países europeus, como a Inglaterra, que o carácter indeterminado do conceito de interesse da criança conduz à falta de transparência das decisões judiciais[68] tomadas de acordo com as convicções pessoais do julgador disfarçadas ou encobertas pelo carácter apelativo do interesse da criança, critério que se tem revelado inútil porque permite legitimar qualquer decisão[69]. Na verdade, este critério carece de ser definido pelo legislador para vincular mais fortemente o juiz à lei e evitar decisões distintas para casos semelhantes, solução inaceitável num Estado de Direito e que viola o direitos dos cidadãos à igualdade e à segurança jurídica. O conceito de interesse da criança não remete o julgador para os seus critérios e sentimentos pessoais. No processo de aplicação do direito, quando está em causa o preenchimento de conceitos indeterminados ou de cláusulas gerais, o julgador deve recorrer à dimensão interdisciplinar do direito e à moral social, que acentuam a importância para a criança da continuidade da relação afectiva com a sua pessoa de referência. Neste contexto, tem plena relevância e eficácia prática o dever de administração da Justiça em nome do Povo (art. 202º, nº 1 da CRP), essencial para a legitimação e democratização da Justiça.

Como diz LARENZ[70] "(...), o sentimento pessoal do juiz não é senão o sentimento individual, qualquer outra pessoa poderá partilhar ou não par-

---

[68] JOHN EEKELAAR, *Beyond the welfare principle*, Child and Family Law Quarterly, 2002, p. 237.
[69] No direito inglês, a indeterminação do critério do interesse da criança foi substituída, no *Children Act* de 1989, Part I, Secção 1, § 3, pela indicação de factores que o julgador deve ter em conta na investigação e na decisão de cada caso: (a) os desejos e sentimentos da criança, de acordo com a sua idade e maturidade; (b) as necessidades físicas, emocionais e educacionais da criança; (c) o efeito provável, na criança, de uma alteração das suas circunstâncias; (d) a idade, sexo, formação cultural, e todas as características que o tribunal considere relevantes; (e) os danos que a criança tenha sofrido ou esteja em risco de sofrer; (f) a capacidade dos pais e de terceiras pessoas para satisfazer as necessidades das crianças. Esta técnica legislativa foi adoptada para proporcionar maior consistência e clareza à lei e auxiliar os pais e as crianças a compreender quais os critérios que servem de base às decisões judiciais. Cf. JEREMY ROCHE, *The Children Act 1989: Once a Parent Always a Parent?*, The Journal of Social Welfare & Family Law, 1991, nº 5, p. 348. Segundo JOHN EEKELAAR, *Regulating Divorce*, Oxford, 1991, p. 127, o tribunal deve considerar os factores enunciados na *check list*, podendo a decisão ser alterada, em sede de recurso, se o juiz ignorar algum destes factores.
[70] Cfr. LARENZ, *Metodologia da Ciência do Direito*, 2ª edição, Fundação Calouste Gulbenkian, p. 145.

tilhar desse sentimento; ninguém poderá afirmar que o seu próprio sentimento é mais infalível que o de outrem." O juiz deve então, nas palavras de LARENZ, "(...) perguntar pelos fundamentos do que é que permite considerar como 'correcto' o resultado que primeiramente foi achado 'de acordo com o sentimento'"[71]. Deve também identificar os motivos que desencadearam aquele processo psicológico e separar aqueles que são puramente pessoais daqueles que sejam susceptíveis de consenso social, procurando decidir, na maior medida possível, com base nestes últimos, ou pelo menos fundamentar a decisão clara e exaustivamente, tornando transparentes os factores que determinaram a sua decisão, o que permitirá identificar os seus erros, a fim de recorrer contra ela.

1.8. Factores relevantes para determinar o interesse da criança

O interesse da criança, como vimos, é um conceito indeterminado e que deve ser concretizado pelo juiz de acordo com as orientações legais sobre o conteúdo do responsabilidades parentais: a) a segurança e saúde da criança, o seu sustento, educação e autonomia (art. 1878º); b) o desenvolvimento físico, intelectual e moral da criança (art. 1885, nº 1); c) a opinião da criança[72] (art. 1878º, nº 2; art. 1901º, nº 1). A lei permite a participação da criança na Conferência em que o juiz ouve os pais e tenta obter o acordo destes (art. 175º da Organização Tutelar de Menores). A autorização judicial para a participação da criança depende da idade e da maturidade desta[73]. Dados os inconvenientes do envolvimento da criança no conflito dos pais, melhor seria que a sua opinião fosse recolhida e

---

[71] Idem p. 145

[72] Sobre a relevância da opinião do filho/a, sobretudo, na fase da adolescência *vide* o acórdão do Tribunal da Relação do Porto, de 17/01/95 e o acórdão do Tribunal da Relação de Lisboa, de 04/07/96 in Base de Dados do M.J., e o acórdão do Tribunal da Relação de Coimbra, de 13/1/1978, C.J., Ano III, Tomo I, p. 250.

[73] A idade relevante para este efeito será, de acordo com outras disposições legais, os 12 ou 14 anos. Cfr. o art.1901º, nº 1 que aponta a idade de 14 anos como a idade a partir da qual a criança deve ser ouvido pelo tribunal num conflito entre os pais em torno de decisões de particular importância relativamente ao filho/a menor e o art. 1981º, nº 1 al. a) que indica os 12 anos como a idade a partir da qual o adoptando pode exprimir a sua opinião em caso de adopção. A participação do menor nas decisões que lhe dizem respeito está relacionada com a mudança da estrutura da família patriarcal, hierarquizada e autoritária para uma família participativa, democrática e baseada em deveres de respeito, auxílio e assistência recíprocos entre pais e filhos/as (art. 1874º, nº 1), em que aos/às filhos/as menores é reconhecida autonomia na organização da sua vida de acordo com a sua maturidade (art. 1878, nº 1) e em que as suas aptidões e inclinações devem ser respeitadas pelos pais, no exercício do direito – dever de educação (art. 1885º). Veja-se também o art. 127º, relativo às excepções à incapacidade dos menores e o art. 1881º, que prevê o direito de o menor praticar, por acto próprio, os actos puramente pessoais (nº 1) e o direito de o menor ser representado por um curador, se houver conflito de interesses cuja resolução dependa de autoridade pública, entre qualquer dos pais e o filho/a sujeito às responsabilidades parentais (nº 2).

levada ao processo por um representante nomeado pelo Tribunal ou escolhido pelo própria criança[74]. No momento do divórcio, a situação mais comum é a de os pais se envolverem em acusações de culpa, usando a criança como forma de retaliação ou como moeda de troca, para além disto, os advogados são sempre defensores dos interesses dos adultos, seus clientes, a quem devem lealdade e os juízes estão demasiado sobrecarregados de trabalho para poderem atender, com a profundidade necessária, ao interesse da criança. Consequentemente, é imprescindível a participação no processo deste representante da criança, para entrevistar a criança e trazer ao conhecimento do juiz a vontade da criança, as suas necessidades e as suas relações emocionais mais fortes, quer se trate de um caso litigioso quer se trate de um caso consensual, pois, também neste último, os interesses da criança podem ter sido negligenciados em benefício dos interesses económicos dos pais.

De acordo com estes critérios, a guarda da criança deve ser confiada ao progenitor que promove o seu desenvolvimento físico, intelectual e moral, que tem mais disponibilidade para satisfazer as suas necessidades e que tem com a criança uma relação afectiva mais profunda. A preferência da criança, quando esta queira e possa exprimi-la[75], coincidirá, normalmente, com os critérios anteriores.

Para obter informações sobre estes elementos, o tribunal pode ordenar um inquérito sobre a situação social, moral e económica dos pais e da criança e ordenar a realização de exames psicológicos aos pais e aos/às filhos/as sobre a personalidade destes e sobre a dinâmica das suas relações mútuas (art. 178º, nº 3 da O.T.M.). O tribunal pode também ouvir a criança, os seus avós e outros parentes (art. 175º, nº 1 O.T.M.) e as testemunhas oferecidas pelos pais (art. 178, nº 2 O.T.M.).

O direito da família, como direito jurisprudencial, que confia, devido aos conceitos vagos e genéricos de que o legislador lança mão, no bom senso dos juízes, reveste-se de grande criatividade, flexibilidade e realismo nesta área da atribuição da guarda dos/as filhos/as.

O interesse da criança, como vimos, é um exemplo desse tipo de conceitos, e como tal, comporta conteúdos diversos conforme cada caso concreto. Daí que seja importante recorrer à prática judicial para observar quais os factores que orientam a jurisprudência na procura do interesse da criança. A lei não

---

[74] No sentido de que o menor deve ter um representante em todos os processos que envolvam o seu destino vide artigos 3º e 4º da Convenção Europeia Sobre o Exercício dos Direitos da Criança, Estrasburgo, 1996 e o art. 12º da Convenção dos Direitos da Criança de 1989.

[75] A criança tem também o direito de se afastar o processo e de não ser pressionada a optar por um dos pais. Sobre este direito do menor vide GOMES, Júlio, *A Mediação e o Divórcio. A Experiência Norte--Americana*, Scientia Juridica, Tomo XXXVIII, 1989, p. 109 e KING, Michael, *Playing the Symbols – Custody and the Law Comission*, Family Law, vol. 117, 1987, p. 189 e ss.

teria sentido se o trabalho do legislador não fosse completado pelo do juiz."[76] Verifica-se, portanto, um "subjectivismo judiciário"[77] aplicado à interpretação do interesse da criança, à criação e à avaliação de sub-critérios destinados a concretizar o seu conteúdo.

Da análise da jurisprudência resultam uma série de sub-critérios ou factores que servem de fundamento à determinação do interesse da criança. Estes factores são tantos e tão variados como as situações de facto que surgem perante o tribunal, mas apesar da sua heterogeneidade é possível enumerá--los. Podemos dividi-los em factores relativos à criança e factores relativos aos pais. Os primeiros englobariam as necessidades físicas, afectivas, intelectuais e materiais da criança, a sua idade, sexo e grau de desenvolvimento físico e psíquico[78], a continuidade das relações afectivas da criança, a adaptação da criança ao ambiente extra-familiar de origem (escola, comunidade, amigos, actividades não escolares), assim como os efeitos de uma eventual mudança de residência causados por uma ruptura com este ambiente[79], o seu comportamento social e a preferência por ela manifestada. Os segundos abrangem a capacidade dos pais para satisfazer as necessidades dos/as filhos/as, o tempo disponível para cuidar destes, a saúde física e mental dos pais, o sexo destes (a preferência maternal ou o princípio da atribuição da guarda ao progenitor que tem o mesmo sexo da criança), a continuidade da relação de cada um dos pais com a criança, o afecto que cada um dos pais sente pela criança, e a estabilidade do ambiente que cada um pode facultar aos/às filhos/as. Entendemos que as condições financeiras dos pais, ou seja, a capacidade destes para satisfazer as necessidades materiais da criança, não devem ser utilizadas como factor de atribuição da guarda, pois tal implicaria uma discriminação das mulheres que recebem geralmente salários mais baixos do que os homens ou que estão em desvantagem pelo facto de terem ficado em casa a cuidar dos filhos/as ou de terem apenas trabalhado em tempo parcial[80]. A relação afectiva deve prevalecer sobre os critérios financeiros. Para proteger os interesses materiais da criança existe um outro mecanismo – a obrigação de alimentos – mais adequado do que atribuir a guarda ao progenitor com mais possibilidades económicas. Existem, ainda, outros factores que contri-

---

[76] HÉLÈNE GAUDEMET-TALLON, *De quelques paradoxes en matiére de droit de la famille*, ob. cit., p. 734.
[77] Expressão de JACQUES COMMAILLE, *Familles sans Justice?*, Le Centurion, 1982, p. 153.
[78] Para um caso em que o menor foi confiado à guarda da mãe, devido à sua pouca idade e para evitar nova mudança na sua vida, *vide* o acórdão do Tribunal da Relação do Porto de 14/12/92 *in* Base de Dados do M.J.
[79] Como exemplo de decisões orientadas pela necessidade de proteger a estabilidade da vida da criança e de não a desenraizar do seu ambiente, *vide* os acórdãos do Tribunal da Relação do Porto de 18/05/93 e de 10/01/91 *in* Base de Dados do M.J. *www.dgsi.pt*.
[80] *Vide* DAVID CHAMBERS, *Rethinking the Substantive Rules for Custody Disputes in Divorce*, Michigan Law Review, vol. 83, nº 3, 1984, p. 540. No mesmo sentido, MNOOKIN, *Child Custody Adjudication: Judicial Function in the Face of Indeterminacy*, Law and Contemporary Problems, vol. 39, 1975, p. 284.

buem para a decisão final mas que nada têm a ver com o interesse da criança. São eles, por exemplo, condições geográficas, como a proximidade da casa de cada um dos pais da escola dos filhos/as, condições materiais, como as características físicas de cada casa. Não concordamos com este critério, pois, se o progenitor que carece de uma casa com condições para acolher a criança tem uma melhor relação afectiva com esta, estas insuficiências económicas devem ser supridas de outra forma que não a entrega da guarda ao outro progenitor[81]. Já poderão ser relevantes, do ponto de vista do interesse da criança, a companhia dos outros irmãos[82] e a assistência prestada a um dos pais por outros membros da família, por exemplo, os avós.

O método utilizado para determinar o interesse da criança envolve assim uma multiplicidade de factores. Com efeito, dada a impossibilidade de definir *a priori* um interesse que valha para todas as crianças de uma determinada idade ou sexo, impõe-se uma determinação individualizada para cada criança. Neste sentido, os autores americanos afirmam que "cada caso deve ser decidido com base nos seus próprios factos"[83], pois "os casos de guarda são como impressões digitais, não há dois exactamente iguais."[84] Contudo, é importante dividir os casos por grupos ou tipos, que merecem o mesmo tratamento, para que as decisões judiciais não se tornem imprevisíveis e distintas para casos semelhantes, consequências que afectam a segurança jurídica e a igualdade entre os cidadãos.

A decisão final é encontrada através de uma investigação dos factos de cada caso concreto, ponderando em seguida, o tribunal, todos os elementos relevantes para a decisão. No entanto, esta ponderação não permite resolver o problema de forma aritmética ou quantitativa, pois os vários factores podem ser valorados e interpretados de forma diferente pelos juízes, não havendo uniformidade na jurisprudência quanto ao peso relativo a atribuir a cada

---

[81] Neste sentido, *vide* o acórdão do Tribunal da Relação de Lisboa, de 04/11/83 *in* Base de Dados do M. J., onde se diz: "Se as condições habitacionais em que a mãe vive, fora da casa-morada de família, forem o obstáculo sério à entrega àquela de crianças que lhe deviam ser confiadas, deve a referida casa ser-lhe atribuída; e o acórdão do Tribunal da Relação de Lisboa, de 07/04/92 *in* Base de Dados do M.J. onde se afirma que "Tendo 11 anos a menor e 5 anos o menor, tendo-se ressentido da separação dos pais e da deles menores, sendo a mãe boa mãe sendo embora superior o vencimento do pai, devem ser confiados ambos os menores à mãe, que vive com a mãe dela. Sobre a atribuição da casa de morada de família em casos de divórcio *vide* CID, Nuno de Salter, *A Protecção da Casa de Morada de Família no Direito Português*, Almedina, Coimbra, 1996, p. 292-360.
[82] Trata-se do princípio da não separação dos irmãos também seguido pela nossa jurisprudência. Cfr. o acórdão do Tribunal da Relação de Lisboa, de 25/02/93 *in* Bases de Dados do M. J.
[83] Cfr. entre outros, JEFF ATTKINSON, *Criteria for Deciding Child Custody in the Trial and Appelate Courts*, FamLQ, vol. XVIII, 1984, p. 32, 42 e HENRY FOSTER/DORIS JONAS FREED, *Life With Father*, FamLQ, vol. XI, nº 4, 1978, p. A 28 e A 29.
[84] JOHN W. ESTER, *Maryland Custody Law – Fully Commited to the Child's Best Interest?*, Maryland Law Review, 1982, vol. 41, nº 2, p. 273.

um deles. Na verdade, estes critérios não são fixos nem imutáveis, mas antes fluídos e sujeitos a uma livre apreciação por parte do juiz. A fim de limitar este poder discricionário e de facilitar o controlo das decisões judiciais, seria aconselhável que o legislador definisse o conceito de interesse da criança e indicasse os elementos que o juiz deveria obrigatoriamente investigar e considerar na decisão. Esta técnica legislativa visa conferir à lei maior clareza e tornar mais preciso o conceito de interessse da criança, providenciando ao julgador uma orientação sobre o que nós, como sociedade, acreditamos ser melhor para as crianças. Evitam-se, assim, que as decisões de atribuição da guarda dos filhos/as sejam demasiado difíceis para o julgador e imprevisíveis para os pais, encorajando-os a lutar pela guarda dos/as filhos/as.

O conjunto de factores indicado pelo legislador deve abranger a relação afectiva da criança com cada um dos pais, a disponibilidade de cada um deles para prestar à criança os cuidados necessários à sua saúde, alimentação e educação social, cultural e moral, o grau de desenvolvimento da criança e as suas necessidades, a preferência da criança e a continuidade das relações afectivas e do ambiente em que tem vivido. No caso de o juiz ignorar algum destes factores, a decisão poderá ser alterada pelos tribunais superiores. No entanto, uma norma deste tipo não eliminaria em absoluto a discricionariedade dos tribunais, pois, por um lado, estes factores podem entrar em conflito uns com os outros, e por outro, o legislador não especifica o peso que deve ser dado a cada factor, mantendo-se uma margem de subjectividade do juiz relativamente à ponderação entre os vários factores referidos.

Alguns destes factores transformam-se em presunções implícitas ou explícitas usadas pelos tribunais por razões de conveniência judicial, tornando assim, as decisões mais rápidas, fáceis e económicas. É o caso da preferência maternal para crianças de tenra idade e do critério da figura primária de referência.

1.8.1. A preferência maternal para crianças de tenra idade

A regra judicial de atribuição da guarda dos filhos/as tem sido, superado o critério da culpa no divórcio, a preferência maternal para crianças de tenra idade, considerando-se crianças de tenra idade, crianças mais velhas, pré-adolescentes. Esta regra é acompanhada por outras regras como a não separação dos irmãos e a preferência do progenitor que tem o mesmo sexo da criança, quando esta não é de tenra idade[85]. A preferência maternal não constitui uma violação do princípio da igualdade quando acompanhada de factores, que avaliados pelo julgador, à luz do interesse da criança, apontam para que a guarda seja confiada à mãe. Trata-se apenas de um argumento

---

[85] Cfr. acórdão da Relação de Évora, de 19/5/1979, B.M.J., 290, p. 488.

retórico ou de um "adorno decorativo" da fundamentação da sentença e não de uma discriminação em razão do sexo[86].

A preferência maternal é uma regra que remonta ao período pós revolução industrial e que representa o resultado da luta das primeiras feministas pelos direitos das mães à guarda dos filhos/as e pelo abandono da visão da criança como propriedade do pai[87]. Inicialmente, esta regra aplicava-se apenas em relação a crianças até aos três anos de idade, mas não para crianças mais velhas[88]. A aplicação generalizada da preferência maternal só teve lugar após a Reforma de 1977, sendo a questão da guarda dos filhos/as perspectivada à luz da maternidade e do carácter insubstituível da acção da mãe na educação do filho, sobretudo, quando este é de tenra idade[89]. A preferência maternal representa, assim, um triunfo do laço emocional da criança com o progeni-

---

[86] Cfr. SOTTOMAYOR, Maria Clara, *Exercício das responsabilidades parentais relativamente à pessoa do filho/a após o divórcio ou a separação judicial de pessoas e bens*, Universidade Católica Portuguesa – Editora, Porto, 1995, p. 160-161.

[87] MASON, Mary Ann, *From Father's Property to Children's Rights, The History of Child Custody in the United States*, Columbia University Press/New York, 1994.

[88] No direito antigo, a mãe tinha a guarda dos filhos/as até aos três anos e o pai, após aquela idade (Ordenações, L1, tit. 88, 10 e L4, tit. 99). No domínio do Código Civil de 1867, seguia-se a mesma regra da guarda maternal até aos três anos de idade. Veja-se art. 1136º do Projecto do Código de Seabra, o qual dispunha que os filhos/as menores de três anos são confiados ao cuidado da mãe *in* DIAS FERREIRA, *Código Civil Portuguez Anotado*, vol. III, Imprensa Nacional, Lisboa, 1872, p. 46. No mesmo sentido *vide* o acórdão do STJ, de 8 de Março de 1870 publicado em nota ao art. 138º do Código de Seabra *in* DIAS FERREIRA, *Código Civil Portuguez Anotado*, vol. I, Lisboa, Imprensa Nacional, 1870, p. 182 e os acórdãos da Relação de Lisboa, de 24 de Abril de 1890, Gaz. Rel. Lisboa, IV, p. 555 e 662 *apud* CUNHA GONÇALVES, *Tratado de Direito Civil*, vol. VI, Coimbra, 1932, nº 201, nota 2. Na Lei do Casamento de 1910, a regra da preferência maternal foi alargada. Em caso de anulação do casamento, as crianças do sexo feminino de todas as idade e as do sexo masculino até aos seis anos de idade eram confiadas à mãe, se ambos os cônjuges estivessem de boa fé (art. 34º). Se a mãe estivesse de má fé, mesmo assim assumiria a guarda dos filhos/as, sem distinção de sexo, até aos três anos de idade (art. 35º). Estas regras eram aplicáveis analogicamente aos casos de divórcio. Cfr. CUNHA GONÇALVES, *Tratado de Direito Civil*, volume VII, Coimbra, 1932, p. 104.

[89] Cfr. Acórdão da Relação de Évora, de 12 de Julho de 1979, *in* Infância e Juventude, 1980, nº 3, p. 51: "A orientação jurisprudencial dominante, segundo a qual, pela natureza das coisas, pelas realidades da vida quotidiana, por razões que se prendem com a própria natureza humana, uma criança de tenra idade deve, em regra, ser confiada à guarda e cuidados da mãe, salvo se existirem razões ponderosas em contrário, não viola qualquer norma constitucional, designadamente os artigos 13º, nº 2, e 18º, nº 1 da Constituição vigente"; "(...) a problemática não pode deixar de ser vista dum ângulo objectivo e perspectivada à luz de toda a temática da lei fundamental, nomeadamente, da concernente à maternidade, surgindo a acção da mãe como insubstituível na educação do/a filho/a, sobretudo quando este é de tenra idade." *Idem* p. 55. No mesmo sentido *vide* o acórdão da Relação de Évora, de 13/6/78, *in* C.J., Ano IV-1978, Tomo 4, p. 1389, o acórdão da Relação de Lisboa, de 31/5/78, in J.R., 14/5/1979, o acórdão da Relação de Évora, de 12/7/1979, B.M.J., 292, p. 450, o acórdão da Relação de Évora, de 19/5/1979, B.M.J., 290, p. 488, o acórdão da Relação de Évora, de 12/2/1981, B.M.J., 306, p. 306, o acórdão da Relação de Évora, de 7/5/1981, *in* C.J., Ano VI, Tomo 3, p. 269, acórdão da Relação de Lisboa, de 4/11/1983, *in* C.J., Ano VIII-1983, Tomo 5, p. 104, acórdão da Relação do Porto, de 12/1/1984, B.M.J., 333, p. 523, acórdão da Relação de Évora, de 18/1/1984, B.M.J., 335, p. 362.

tor que cuida dela no dia-a-dia sobre critérios patriarcais, que consideravam o/a filho/a como propriedade do pai. Contudo, a negação da guarda dos/as filhos/as às "mães desviantes", por promiscuidade, adultério ou por viverem em união de facto[90], constitui uma forma de impôr códigos de conduta, provenientes da ideologia patriarcal, às mulheres, sendo estas avaliadas por critérios mais exigentes do que os homens[91].

Nos E.U.A., a partir dos anos 70, a preferência maternal foi criticada pelo movimento feminista, em virtude de conferir à mulher um estatuto de subordinação na sociedade e na família e de provocar a discriminação desta no local de trabalho. Contudo, ainda são as mães a rea-lizar a maioria das tarefas de cuidado dos/as filhos/as[92] e negar o valor da maternidade é criar desvantagens para as mulheres e para as crianças[93]. Desde logo, desvantagens económicas que vão acentuar a pobreza das famílias monoparentais, pois, as mães, com medo de perderem a guarda dos/as filhos/as, acordam em obrigações de alimentos de montante mais reduzido ou concedem contrapartidas ao ex. cônjuge, na partilha de bens.

Entre nós, o critério da preferência maternal tem sido dominante na jurisprudência até à última década, altura em que na jurisprudência publicada se registaram mudanças relativamente aos critérios de decisão tradicionais[94].

---

[90] Cfr. Acórdão da Relação de Lisboa, de 17 de Julho de 1920, segundo o qual, tendo sido o divórcio decretado com fundamento no adultério da mulher, deve o/a filho/a, embora de quatro anos e meses ser confiado ao pai e o acórdão da Relação de Lourenço Marques de 27 de Agosto de 1968, *Sumários Jurídicos*, vol. de 1971-1972, p. 379: " Não deve ser entregue à mãe uma filha de cinco anos de idade, quando o divórcio foi proferido contra ela, por adultério e que continua a viver em mancebia".

[91] Cfr. FINEMAN, Martha Albertson, *The Neutered Mother, the Sexual Family and Other Twentieth Century Tragedies*, New York, 1995, p. 78.
Sobre a influência da moral dupla no direito penal *vide* BELEZA, José Manuel Pizarro, *O princípio da igualdade e a lei penal. O crime de estupro voluntário simples e a discriminação em razão do sexo*, in Estudos em Homenagem ao Prof. Teixeira Ribeiro, Coimbra, 1983, p. 437-608.

[92] INFANTE, Fernanda, *Alguns dados sobre o quotidiano das famílias portuguesas*, Resultados de um inquérito, Seminário Tempo para o Trabalho, Tempo para a Família, Direcção-Geral da Família, Fundação Calouste Gulbenkian, 10 e 11 de Novembro de 1988.

[93] Abolindo a preferência maternal, a legislação "está mais avançada" do que o desenvolvimento da sociedade, gerando "um desfasamento idealista entre a realidade dos factos e a lei. "A lei pode presumir uma igualdade sem existência real, criando, assim, consequências imprevistas e involuntárias quanto à situação das mulheres". A recusa da preferência maternal em casos de atribuição das responsabilidades parentais "não só veio enfraquecer a posição das mulheres, como veio criar mais uma série de conflitos entre os pais, pelo facto de eles já não poderem contar com uma certeza quanto à solução que a Lei aplica. Gera-se, assim, uma situação que, muito provavelmente, não tem nada a ver com o "melhor interesse dos filhos/as" como pretendia o legislador." *Vide* DAHL, Tove Stang, *O Direito das Mulheres, Uma Introdução à Teoria do Direito Feminista*, Universitetsforlaget AS, 1987, Tradução Portuguesa, Fundação Calouste Gubkenkian, 1993, p. 7-8.

[94] Na jurisprudência não publicada continua a seguir-se o critério da preferência maternal. *Vide* os acórdãos do Tribunal da Relação do Porto de 28/10/97 e de 22/04/97, *in* Base de Dados do M.J. onde se afirma, respectivamente, o seguinte: "A mãe é o progenitor naturalmente mais dotado para proporcionar ao filho/a o carinho e a compreensão necessários aos desenvolvimento harmónico da

Os tribunais fundamentam-se em regras de experiência e na natureza das coisas, citando simultaneamente o Princípio VI da Declaração Universal dos Direitos da Criança de 1959: "a criança de tenra idade não deve, salvo em circunstâncias excepcionais, ser separada da mãe". Esta regra funciona como uma presunção judicial refutável pela prova da incapacidade da mãe para cuidar da criança devido, normalmente, ao seu comportamento moral[95]-[96] ou ao seu estado mental[97].

personalidade deste"; "Um filho/a de tenra idade não deve ser separado da sua mãe, a não ser que razões excepcionais, no interesse do próprio menor, aconselhem solução diversa". No mesmo sentido, *vide* também os acórdãos da Relação do Porto de 24/05/90; de 9/01/90; de 03/11/94 e os acórdãos da Relação de Lisboa de 24/05/90; de 31/01/91, de 17/12/91, de 13/02/92, de 02/04/92, de 23/02/94 e de 09/01/96 *in* Base de Dados do M.J. Na jurisprudência publicada do final da década de 80 *vide* o acórdão da Relação de Coimbra de 1988/04/19, *in* C.J., Tomo 2, ano XII, p. 66 e acórdão da Relação de Évora de 1989/02/23, *in* C.J., Tomo 1, Ano XIV, p. 255.

[95] Cfr. acórdão da Relação de Lisboa de 5 de Julho de 1974, BMJ, nº 239, 253, em que o convívio da menor de três anos com a mãe era causa de traumatismos psíquicos para aquela, devido ao mau porte moral da mãe. A mancebia da mãe desacompanhada de mau porte moral não basta para afastar os/as filhos/as do convívio com a mãe, sobretudo, tratando-se de crianças de tenra idade (5 anos) ou do sexo feminino. Cfr. da Relação de Évora, de 12 de Fevereiro de 1981, BMJ, 306, 306 e acórdão da Relação do Porto, de 12 de Janeiro de 1984, 333, 523. O comportamento moral da mãe constituía normalmente um ponto de discussão nos litígios relativos à guarda dos filhos/as trazido ao processo pelo pai, mesmo que nada ficasse provado. Cfr. acórdão da Relação de Coimbra, de 13 de Outubro de 1978, *in* Infância e Juventude, 1979, nº 1, p. 43-46; acórdão da Relação de Évora de 12 de Julho de 1979, *in* Infância e Juventude, 1980, nº 3, p. 51-56; acórdão da Relação de Évora, de 19 de Maio de 1979, *in* Infância e Juventude, 1980, nº 3, p. 39-46. Ainda, recentemente, há decisões que aplicam a preferência maternal, condicionada pela ausência de comportamentos contrários a códigos morais. *Vide* acórdão do Tribunal da Relação do Porto de 01/02/93, *in* Base de Dados do M. J.: "Na regulação das responsabilidades parentais há que ter em conta na decisão respeitante à guarda de menor nascida em 1990 filha de pais separados que é a mãe quem melhor sabe dispensar-lhe os cuidados necessários, só assim se não devendo entender quando ela tenha um comportamento ético-social censurável pernicioso para a formação do filho/a". Para uma decisão em que foi superada a moral dupla de avaliação do comportamento do homem e da mulher *vide* o acórdão do Tribunal da Relação do Porto de 1/06/92 *in* Base de Dados do M.J.: "Apesar de a mãe ter trabalhado num bar, como "alternadeira", nada há a desaconselhar que lhe seja entregue o filho/a, tanto mais que abandonou aquele serviço e está em condições de capazmente o educar. A sua entrega ao pai é que é de desaconselhar, não só porque transigiu e fomentou a infidelidade da mulher para disso obter proveito económico, mas também porque, por razões de trabalho, o teria de confiar a uma tia paterna que, apesar de parentesco chegado, não deixa de ser uma estranha". No mesmo sentido, não sendo o adultério ou a mancebia da mãe, motivos para que a guarda dos/as filhos/as lhe fosse retirada *vide* acórdão do Tribunal da Relação do Porto de 09/01/90 e o acórdão da Relação de Lisboa de 24/09/90 *in* Base de Dados do M.J.

[96] À antiga exclusão da mãe em virtude de adultério segue-se actualmente a exclusão do progenitor homossexual. *Vide* o acórdão do Tribunal da Relação de Lisboa de 09/01/96 *in* Base de Dados do M.J. onde se afirma que "Sendo notório que a sociedade se vem mostrando mais tolerante com situações em que os pais de menores se assumem como homossexuais e vivem, separados da mulher, com outros homens em comunhão de mesa, leito e habitação, não é um ambiente desta natureza o mais salutar e adequado ao normal desenvolvimento moral, social e mental de uma criança, designadamente dentro do modelo dominante da nossa sociedade. Trata-se de uma anormalidade e uma criança não deve crescer à sombra de situações anormais". O Tribunal Europeu dos Direitos do Homem entendeu, no acórdão de 21 de Dezembro de 1999, que a Relação de Lisboa praticou uma diferença de tratamento com base

Actualmente, a preferência maternal tem sido criticada pela jurisprudência[98] e por parte da classe média urbana que quer construir uma sociedade em que vigore uma interfungibilidade de papéis na família. Veja-se a este propósito, o aparecimento de associações de pais divorciados, defendendo os direitos dos homens nas decisões de guarda dos/as filhos/as. O fundamento das decisões já não são as antigas assunções sobre a maternidade[99] mas os novos papéis que o homem e a mulher praticam na família e o gradual desaparecimento da mãe tradicional, dona de casa e totalmente dedicada à educação dos/as filhos/as. Em consequência, a guarda dos/as filhos/as foi concedida a homens com horários de trabalho flexíveis em comparação com mulheres que trabalham a tempo inteiro e a homens que vivem com os avós paternos da criança e com irmãos consanguíneos deste ou que têm uma

na orientação sexual, distinção que viola o art. 8º em conjugação com o art. 14º da Convenção Europeia dos Direitos do Homem. A este propósito, entendemos que a orientação sexual ou o comportamento sexual dos pais são aspectos da personalidade dos adultos que dizem respeito à sua vida íntima, e que são, portanto, distintos da sua disponibilidade para atender às necessidades físicas e emocionais dos/as filhos/as, da qualidade da relação afectiva e dos cuidados prestados aos/às filhos/as.

[97] Vide o acórdão do Tribunal da Relação do Porto de 30/04/92, in Base de Dados do M.J.: "Em princípio, segundo a jurisprudência, deve ser entregue à mãe a criança de tenra idade, a menos que a circunstâncias excepcionais o desaconselhem; Assim, apesar de muito amor e carinho que a mãe, como o pai, demonstram pelo filho/a menor, com 3 anos de idade, é de confiar este aos cuidados daquele se se prova que a mãe padece de oligofrenia, no grau débil mental, revelando grande dificuldade de autodeterminação", e o acórdão do Tribunal da Relação de Lisboa de 17/06/93 in Base de Dados do M.J., o qual confia a guarda ao pai devido a doença psiquiátrica da mãe.

[98] Vide os acórdãos do Tribunal da Relação do Porto de 31/01/2000 e de 18/11/99, in Base de Dados do M.J., onde se lê, respectivamente, o seguinte: "A arte de cuidar verdadeiramente de um/a filho/a não tem sexo", consiste e corporiza-se nos cuidados quotidianos dispensados à criança acompanhado da consciência de se ser directamente responsável por ela" e "Em face do princípio da igualdade dos cidadãos perante a lei, esbateram-se as especificidades que justificavam o entendimento de que uma mulher cuida sempre melhor de um filho/a menor de tenra idade do que um homem; por isso, ultrapassada a fase da mama, já não há razão para que o menor deva ser entregue, em princípio, à mãe". No mesmo sentido vide o acórdão da Relação de Lisboa de 14 de Janeiro de 1999, CJ, Ano XXIV, Tomo I-1999, p. 78-81 e o acórdão da Relação do Porto de 16 de Novembro de 1999, CJ, Ano XXI, Tomo V-1999, p. 194 em que foram decisivos, para a entrega ao pai, no primeiro caso, o facto de a mãe residir na Alemanha e, no segundo o facto de os laços afectivos entre o menor e a mãe serem escassos.

[99] Um inquérito realizado a juízes, nos EUA, sobre os factores usados na fundamentação das sentenças revelam que a maternidade é um factor praticamente insignificante na determinação do interesse da criança. Só 10, 6% dos juízes interrogados consideravam a maternidade o factor principal na decisão enquanto que 46,5% consideravam o factor mais importante, a estabilidade económica e 33,3%, referiram que davam prevalência ao progenitor que incutisse mais regras de disciplina nos filhos/as. Cfr. REIDY, Thomas J./SILVER, Richard M./CARLSON, Alan, *Child Custody Decisions: A Survey of Judges*, Family Law Quarterly, vol. 23, 1989, p. 75. Pelo contrário, a maternidade era o principal factor mencionado nas sentenças em 1960, enquanto que nos anos 90, quase nunca era referido. Cfr. MASON, Mary Ann, *The Custody Wars... ob. cit.*, p. 21.

nova companheira que cuida da criança[100], a homens que cuidaram dos/as filhos/as durante o período de separação de facto que precede o divórcio. Mas de alguma forma, nestas decisões, ainda se notam as antigas convicções sobre o conceito de boa mãe, típicas do século XIX, porque as mulheres são penalizadas por trabalharem a tempo inteiro, porque vivem em coabitação com um homem[101], por terem uma "profissão instável e socialmente pouco apreciada"[102], ou pelo facto de ganharem menos do que o pai da criança[103].

O facto de as mães que trabalham fora de casa perderem a guarda ilustra que os tribunais consideram que as mulheres, para serem boas mães, deviam assumir o papel tradicional de donas de casa[104]. Contudo, uma sociedade que tem a expectativa que as mulheres trabalhem e sejam economicamente independentes, não pode depois puni-las por esse facto. Relativamente à

---

[100] Cfr. sentença do Tribunal Judicial de Ponte de Lima, Corpus Iuris, Ano II, Dezembro de 1993, p. 20 e ss. e os acórdãos do Tribunal da Relação de Lisboa de 25/01/96 e de 19/03/91 in Base de Dados do M.J.

[101] Cfr. Acórdão do Tribunal da Relação do Porto de 17 de Maio de 1994, CJ, Ano XIX, Tomo III – 1994, p. 200; Sentença do Tribunal Judicial de Ponte de Lima, Corpus Iuris, Ano II, Dezembro de 1993, nº 21, p. 20.

[102] Cfr. o acórdão de 25/01/96 do Tribunal da Relação de Lisboa in Base de Dados, referindo-se à profissão da mãe que "alterna" num bar.

[103] Cfr. Sentença de 16 de Novembro de 1995 do Tribunal Judicial de Beja, Sub Iudice, nº 4, Outubro-Dezembro, 1996, p. 98. Referindo-se também às condições económicas do pai vide os acórdãos do Tribunal da Relação do Porto de 18/11/1999 e de 31/01/2000, in Base de Dados do M.J. onde se lê, respectivamente, que o desenvolvimento do menor tem necessariamente a ver com "conforto, comodidade e acesso a tecnologias ou outros recursos"; "sendo o pai que, no momento, reúne melhores condições económicas, sociais, profissionais e familiares para assegurar e promover a realização do interesse do menor". No mesmo sentido, considerando relevante a precariedade da situação económica e habitacional da mãe para atribuir a guarda ao pai, que tinha o apoio da avó e da companheira do pai para tomar conta do menor vide o acórdão do Tribunal da Relação de Lisboa de 19/03/91, in Base de Dados do M.J.

[104] Sobre a discriminação das mulheres nos processos de regulação das responsabilidades parentais vide POLIKOFF, Nancy, *Why Mothers Are Losing: A Brief Analysis of Criteria Used in Child Custody Determinations*, Women's Law Reporter, 1982, vol. 7, nº 3, p. 236 e ss. A autora refere três grupos de factores que contribuem para prejudicar a mãe: a) os recursos económicos mais elevados do pai; b) o trabalho da mulher; c) o segundo casamento do pai. Estudos feitos na Suiça demonstram também que os homens que, num processo litigioso, assumem a guarda dos filhos/as, são homens com uma melhor integração social e estabilidade profissional e com rendimentos mais altos, quando comparados com as mulheres, geralmente de um nível sócio-económico mais baixo. FAVRE, Xavier/BETTSCHART, Walter, *Direitos de guarda e de visita de filhos/as de pais separados ou divorciados:a peritagem pelo psiquiatra infantil*, Infância e Juventude, 1991, nº 1, p. 9-29, em especial, p. 20-21 e 24. Estas características da população masculina e feminina que se divorcia, correspondem também às características da população portuguesa quanto aos menores rendimentos das mulheres, problemas de emprego e poucas habilitações profissionais destas. Cfr. ANÁLIA TORRES, *O Divórcio em Portugal*, ob.cit., p. 213-215. Daí que seja provável que as decisões de regulação das responsabilidades parentais, em Portugal, tal como indicam as decisões publicadas acima citadas, sigam também os critérios que resultam de estudos realizados noutros países.

coabitação temos mais um reflexo da moral dupla vigente na sociedade para o estilo de vida do homem e da mulher. A propósito das condições económicas dos pais, já noutro lugar afirmamos que este critério não é relevante para decidir acerca da guarda dos/as filhos/as[105]. O interesse da criança está ligado à qualidade e profundidade das relações afectivas desta, sendo depois as carências materiais de um dos pais compensadas pela obrigação de alimentos a pagar pelo outro.

É importante frisar, neste contexto, que a transformação dos papéis do homem e da mulher não pode ser utilizada como critério para decidir os conflitos a propósito da regulação do responsabilidades parentais. Estudos sociais demonstram que estas modificações ainda não se realizaram: nas classes sociais mais desfavorecidas, praticam-se modelos rígidos de divisão de tarefas e, mesmo casais com instrução universitária, embora professem o valor da igualdade, só numa minoria de casos pratica efectivamente estes valores[106]. A entrada das mulheres no mercado de trabalho[107] não foi acompanhada de uma partilha igualitária de tarefas no lar, e ainda continuam a ser as mães a dispender mais esforço e tempo no cuidado dos filhos/as, mesmo quando trabalham a tempo inteiro, gastando, em média, três vezes mais horas do que os homens em trabalho doméstico e cuidado de crianças[108]. Consequentemente, a penalização das mulheres que trabalham não está de acordo com o interesse da criança, constituindo apenas o resultado das expectativas superiores que a sociedade tem em relação à mãe e de um duplo critério de valoração dos papéis de ambos os sexos, sempre mais exigente para com a mulher do que para com o homem. A vida de uma mãe que trabalha é uma vida híbrida pois realiza várias tarefas ao mesmo tempo: a profissão, o cuidado dos filhos/as e a organização doméstica. Há todo um trabalho mental e físico que é realizado predominantemente pela mãe, como as instruções

---

[105] MARIA CLARA SOTTOMAYOR, *Exercício das responsabilidades parentais relativamente à pessoa do filho após o divórcio ou a separação judicial de pessoas e bens*, Estudos e Monografias, Universidade Católica Portuguesa – Editora, Porto 1995, p. 83, nota 197.

[106] ANÁLIA TORRES, *Divórcio em Portugal*, ob. cit, 46-48 e p. 161.

[107] A taxa de participação das mulheres entre os 25 e os 34 anos no mercado de trabalho subiu de um valor inferior a 20% nos anos sessenta para mais de 80% em 1994. Esta taxa é uma das mais altas da Europa só ultrapassada pela Dinamarca. No entanto, na Dinamarca é comum o trabalho em part-time, o que não sucede em Portugal. Em 2008, a taxa de actividade feminina, para as mulheres entre os 25 e os 34 anos, foi de 86,9%, tendo subido, no 3º trimestre de 2010 para 88,6%. Cfr. *www.ine.pt*.

[108] Segundo os dados do 4º Inquérito Europeu às Condições de Trabalho conduzido em 2005, as mulheres dependem, por semana, com trabalho não pago (trabalho doméstico e cuidado de crianças) mais 16 horas do que os homens. Cfr. MARCELINO, Catarina et al., *Relatório sobre o progresso da igualdade de oportunidades entre mulheres e homens no trabalho, no emprego e na formação profissional – 2006/2008*, Lisboa, CITE, 2009, in http://www.cite.gov.pt/assts.cite/downloads/Relat_Lei10.pdf.

à pessoa que toma conta do/a filho/a durante o seu horário de trabalho, a orientação das actividades da criança, assistência em caso de doença do/a filho/a, levantar-se a meio da noite para atender a criança, deitá-la e acordá-la de manhã, prestação de cuidados básicos de higiene, vestuário e alimentação, ensino de regras de etiqueta e de disciplina, educação social, moral e cultural etc. Em consequência desta proximidade física, no dia-a-dia, entre a mãe e a criança, cria-se entre estas uma relação psicológica mais profunda. Esta relação originária permite que, mesmo quando a criança é mais velha, seja a mãe o progenitor que tem com o/a adolescente uma melhor capacidade de comunicação, conhece melhor a sua personalidade e presta mais atenção às suas mudanças de comportamento e de necessidades e, que, portanto, está em melhor posição para educar, aconselhar e dar apoio emocional aos/às filhos/as. Consequentemente, as estatísticas, que revelam que o número de crianças confiadas à mãe representa cerca de 90%[109], não podem ser consideradas uma discriminação dos homens como um todo. Trata-se apenas do resultado dos padrões de vida praticados pelos pais na constância do casamento. Por outro lado, para compreendermos o significado destes números, temos que considerar que estes abrangem não só os casos litigiosos mas também os casos em que os pais chegam a um acordo homologado pelo juiz ou pelo M.P. Nestes últimos casos, são os homens que reconhecem não ter disponibilidade ou interesse em ficar com a guarda dos/as filhos/as, sendo apenas as mães a querer assumir o cuidado destes/as[110]. Os homens só excepcionalmente pedem a guarda dos/as filhos/as, e mesmo quando o fazem nem sempre tal significa uma vontade real de ficar com os filhos/as, mas uma estratégia para obter vantagens económicas ou não pagar alimentos, ou, ainda, uma forma de controlo sobre a mulher vítima de violência de género[111].

---

[109] Cfr. Estatísticas da Justiça 2002, segundo as quais, nas decisões sobre a guarda, 806 crianças foram confiadas à guarda do pai, 8856 à guarda da mãe e 276 à guarda conjunta. *Vide* Estatísticas da Justiça 2002, www.dgpj.mj.pt.
[110] Concluindo que a guarda não é "(...) motivo muito frequente de conflito entre os pais porque quase sempre as mães querem ficar com os filhos/as enquanto que os pais só mais raramente o desejam" vide SIMÕES, M. C. T./ATAÍDE, M. R. S., *Conflito parental e regulação do exercício das responsabilidades parentais: Da perspectiva jurídica à intervenção psicológica*, Psychologica, nº 26, 2001, p. 252. O estudo realizado pela autoras, no Tribunal de Família e de Menores de Coimbra, demonstrou que o principal motivo do conflito parental são as questões dos alimentos e do direito de visita, constituindo as situações de conflito em torno da guarda das crianças apenas 26% dos casos. *Idem* p. 252 e quadro da p. 251. Um estudo realizado nos EUA demonstra que MNOOKIN, *Dividing the Child: Social and Legal Dilemmas of Custody*, Harvard University Press, 1992. Em França, só em 7% dos casos é que ambos os pais pedem a guarda dos filhos/as. Cfr. CORNU, Gérard, *Droit Civil – La Famille*, Paris, Montchrestien, 1991, p. 537-538.
[111] Cfr. SCHULMANN, Joane/PITT, Valerie – *Second Thoughts on Joint Child Custody: Analysis of Legislation and Its Implications for Women and Children*, in Jay Folberg Editor, *Joint Custody and Shared Parenting*, The

A fim de determinar o peso real da preferência maternal no sistema judicial seria necessário isolar os casos litigiosos e comparar, neste âmbito, o número de casos de guarda maternal com o número de casos guarda paternal. Nunca foram realizados estes estudos em Portugal mas tudo leva a crer, sobretudo, pela evolução recente da jurisprudência, que a diferença entre estes dois valores não seja tão grande como indicam as estatísticas oficiais, sendo até provável que os valores sejam bastante aproximados[112-113].

Este fenómeno de neutralização da mãe[114], na linguagem judicial, contém em si o perigo de desvalorização das tarefas tradicionais da maternidade, sobrevalorizando-se as condições económicas dos pais como critério de decisão em detrimento da relação emocional e afectiva com os/as filhos/as. "A igualdade torna a mãe uma categoria legal vazia, retirando às mães da vida real a protecção da sua especificidade"[115].

Os tribunais não podem substituir o estereótipo da maternidade tradicional pelo estereótipo da igualdade, negligenciando a investigação sobre quem desempenha, de facto, numa família, as tarefas de cuidado e de protecção dos/as filhos/as menores. A relação afectiva com os/as filhos/as não é uma abstracção mas uma realidade humana profunda e construída através de múltiplos gestos e actos de auto-sacrifício realizados no dia-a-dia. A representação neutra da Mãe só existe no discurso legal. Na experiência da sociedade, a figura simbólica da mãe continua a existir e a funcionar[116] em moldes tradicionais, pois, a maioria das mulheres continua a ter uma vida baseada no género feminino tal como foi socialmente construído e a

---

Association of Family and Conciliation Courts, 1984, p. 219 e ss e WEITZMAN, Lenore, *The Divorce Revolution*, 1985, New York Free Press, p. 310-311.

[112] Neste sentido, *vide* os estudos referidos por POLIKOFF, Nancy, *Why Mothers are Losing... ob. cit.*, p. 236 e ss. relativamente a um tribunal de Los Angeles, em que 63% dos homens que pediram a guarda dos filhos/as, ganharam a acção de regulação das responsabilidades parentais; em Nova York, 50% dos homens ganharam a guarda dos filhos/as e em Minneapolis, 45%. Em França, os tribunais de 1ª instância não praticam uma política discriminatória dos homens. Cfr. MAZEL, Annie, *Conflit Parental et Pères Gardiens*, J.C.P. – Doctrine, 1985, p. 3214 e CORNU, Gérard, *Droit Civil, La Famille, ob. cit.*, p. 537-538. Nos 7% de casos em que o pai e a mãe reivindicam a guarda dos filhos/as, os tribunais atribuem a guarda indiferentemente, conforme a garantia que um e outro oferecem.

[113] Para uma análise da preferência maternal, *vide* SOTTOMAYOR, Maria Clara, *A preferência maternal e os critérios judiciais de atribuição da guarda dos filhos/as após o divórcio*, Revista de Direito e Justiça, vol. IX, 1995, Tomo 2, p. 169 e ss. e *Divórcio, Poder Paternal e realidade social: Algumas questões*, Revista de Direito e Justiça, vol. XI, 1997, Tomo 2, p. 161.

[114] Esta expressão é utilizada por FINEMAN, Martha Albertson, *The Neutered Mother... ob. cit.*, que liga este fenómeno a uma sociedade em que as crianças e os valores do cuidado pelos outros são suspeitos e que nos abandona a todos a uma noção restrita de intimidade e de conexão.

[115] Cfr. FINEMAN, Martha Albertson, *The Neutered Mother... ob. cit.*, p. 67.

[116] Cfr. FINEMAN, *The Neutered Mother... ob. cit.*, p. 84.

viver a maternidade como o valor prioritário em relação a todos os outros aspectos da vida.

Propomos, portanto, um critério de decisão da guarda dos filhos/as, que ainda que seja neutro, contenha em si todas as tarefas de cuidado, educação, apoio e sacrifício realizadas em relação às crianças, durante a constância do casamento.

1.8.2. A regra da figura primária de referência

Neste sentido, o critério que nos parece mais correcto e conforme ao interesse da criança, é que esta seja confiada à pessoa que cuida dela no dia-a-dia, o chamado *Primary Caretaker*[117] ou figura primária de referência. Esta regra permite, por um lado, promover a continuidade da educação e das relações afectivas da criança e por outro, atribuir a guarda dos/as filhos/as ao progenitor com mais capacidade para cuidar destes e a quem estes estão mais ligados emocionalmente. A figura primária de referência será também, em regra, aquele progenitor com quem a criança prefere viver. Dentro do elenco de tarefas contidas no conceito de cuidado das crianças recebem primazia aquelas que consistem na satisfação das suas necessidades básicas (a alimentação, o acto de acordar e de deitar a criança, a assistência na doença, o ensino de regras de etiqueta e de higiene) sobre aquelas que estão ligadas à interacção social e actividades lúdicas. As tarefas que implicam maior sacrifício são aquelas que pesam mais na aplicação do critério, pois, o sacrifício realizado pela criança cria uma relação emocional mais profunda entre o progenitor e a criança e significa um maior investimento na formação e no crescimento dos/as filhos/as. O sacrifício permite presumir a devoção da pessoa de referência à criança e que esta retribui a mesma devoção[118]. Neste sentido, entendemos

---

[117] O critério do *Primary Caretaker* foi definido por uma famosa decisão do Supremo Tribunal de West Virginia (Garska v. McCoy, 68, 278, S.E. 2d, 1981, p. 362) da seguinte maneira: O *Primary Caretaker* é aquele progenitor que tem a primeira responsabilidade pelo desempenho *inter alia* dos seguintes deveres de cuidado e sustento de uma criança: (1) preparação e planeamento de refeições, (2) banho, higiene, vestuário; (3) compra, limpeza e cuidado com as roupas; (4) cuidados médicos, incluindo enfermagem e transporte para os médicos; (5) planos para interacção social com amigos depois da escola, por exemplo, transportar a criança para a casa dos amigos ou para encontros de escuteiros.; (6) planeamento de cuidados alternativos, i.e., '*babysitting*', infantários etc.; (7) deitar a criança na cama à noite, atender à criança a meio da noite; acordá-la de manhã; (8) disciplina, i.e. ensino de boas maneiras e de hábitos de cuidados pessoais; (9) educação religiosa, moral, social e cultural etc.; (10) ensino de capacidades elementares, i.e., ler, escrever e contar.

[118] Cfr. FINEMAN, M. A., *The Illusion of Equality, The Rhetoric and Reality of Divorce Reform, Uhe University of Chicago Press*, 1991, p. 102. Note-se, ainda, que o sacrifício do progenitor que investe mais na carreira para providenciar apoio económico à família, produz para este vantagens financeiras colaterais que se mantêm durante toda a sua vida, enquanto o progenitor que acomoda a sua carreira às necessidades dos

que a atribuição da guarda deve ser uma compensação pelo investimento feito no cuidado e na educação da criança[119].

Uma vez que, na nossa sociedade, ainda são as mães que cuidam dos filhos/as de tenra idade, é natural que na maioria dos casos sejam estas a preencher estes requisitos[120]. Quando, pelo contrário, seja o pai a figura primária de referência, será este a obter a guarda dos/as filhos/as. Trata-se de um critério neutro em relação ao sexo, que não contém em si a mensagem segundo a qual o cuidado dos filhos/as cabe às mulheres. Defende-se, até, que, a longo prazo este critério funciona como um incentivo para os homens colaborarem no cuidado dos/as filhos/as de tenra idade[121].

A continuidade na relação psicológica principal da criança é essencial para o seu bem-estar, principalmente, quando a estabilidade da família se rompe com o divórcio ou com a separação dos pais.

O critério da figura primária de referência está de acordo com as orientações da lei acerca do conteúdo das responsabilidades parentaise do poder-dever de educação – promoção do desenvolvimento físico, moral e intelectual da criança (art. 1885º); protecção da segurança, da saúde, da formação moral e da educação da criança (art. 1918º) – e com todas as normas que consideram a vontade da criança como um facto decisivo na resolução de questões que dizem respeito à sua vida (art. 1878º, nº 2 e 1901º, nº 3). A atribuição da guarda do/a filho/a à figura primária de referência constitui a solução mais conforme ao interesse da criança, pois permite promover, em regra, a continuidade do ambiente e da relação afectiva principal da criança e está também de acordo com a preferência desta. Trata-se também de uma regra fácil de aplicar pelos tribunais, evitando-se o recurso a teorias psicológicas e a medições, sempre difíceis e subjectivas, das diferenças subtis da relação afectiva da criança com cada um dos pais. A identificação da figura primária de referência pode ser realizada através das alegações dos pais, dos avós da criança, professores, vizinhos que conheçam bem os costumes da família e

---

filhos/as, para se dedicar a estes, não tem com esta atitude, vantagens económicas, mas apenas vantagens na ligação afectiva com os filhos/as. Daí que o sacrifício pelos filhos/as, o qual tem repercussões na relação afectiva com o filho/a, se deva reflectir nos critérios de atribuição da guarda. Idem p. 181.
[119] No mesmo sentido, FINEMAN, M. A., *The Illusion of Equality*, ob. cit., p. 83 e p. 181.
[120] A este propósito, *vide* os estudos de TORRES, Anália, *Divórcio em Portugal, Ditos e Interditos*, Celta Editora, 1996, p. 115 e p. 161, figura 3.2., relativos às características dos casais que se divorciam: nos casais com menor instrução escolar e cultural há uma divisão rígida de papéis sexuais, nos casais com instrução universitária verifica-se uma contradição entre a adesão a normas de indeferenciação dos papéis masculinos e femininos no casamento e as práticas efectivas a respeito da partilha do trabalho doméstico e dos cuidados com os filhos/as, os quais são suportados, sobretudo, pela mulher.
[121] *Vide* MARTHA FINEMAN, *Dominant Discourse, Professional Language and Legal Change in Child Custody Decisionmaking*, Harvard Law Review, vol. 101, nº 4, 1988, p. 770 e ss.

através do inquérito social. Ficam, assim, dispensadas avaliações psiquiátricas complicadas, que atrasam e encarecem o processo, e evita-se a falibilidade de juízos de prognose ou de previsões sobre o comportamento futuro dos pais e sobre a adaptação da criança. Para além disto, a regra da figura primária de referência postula uma intervenção mínima do Estado na família, encoraja o acordo entre os pais e impede o uso abusivo dos conflitos em torno da regulação das responsabilidades parentaispara obter vantagens financeiras. Por último, está de acordo com a realidade social em relação à divisão de papéis entre os pais, com as normas de consenso social acerca do que é melhor para uma criança e com um método jurídico baseado na experiência[122], que tem em conta não só aspectos jurídicos mas também sociológicos e psicológicos, porque o Direito está ao serviço da vida[123].

A regra da figura primária de referência é um critério funcional e objectivo, relacionado com a realização de tarefas concretas prestadas aos filhos/ /as. Na maioria das famílias é claramente um dos pais que desempenha o essencial das tarefas de cuidado físico e psíquico dos/as filhos/as e a quem estes estão mais ligados afectivamente. Os casos de igualdade de facto na responsabilidade quotidiana pelo cuidado dos filhos/as são raros[124] e em caso de separação dos pais, estes tendem a manter os padrões de cooperação praticados durante a constância do casamento. Na hipótese de falta de acordo entre estes pais, deve ter-se em conta para tomar uma decisão, a relação emocional do/a filho/a com cada um dos pais, pois, há pessoas que cuidam dos/as filhos/as mas que são emocionalmente mais desligadas destes, sendo preferido o progenitor com quem esta ligação emocional é mais profunda. O processo é mais complicado, exigindo uma avaliação da relação emocional por um profissional especialista em psicologia. Se não houver qualquer diferença na profundidade e intensidade da relação afectiva, devem ser utilizados outros critérios: a vontade da criança, desde que esta tenha maturidade suficiente para se exprimir e que a participação no processo não lhe cause danos psicológicos; preferência pelo progenitor que permite a relação da criança com o outro ou por aquele que tem o apoio dos avós para cuidar da criança. No entanto, a criança pode ser demasiado pequena para exprimir uma preferência ou não o querer fazer, a qualidade das relações

---

[122] Cfr. BELEZA, Teresa Pizarro, *Género e Direito: Da Igualdade ao Direito das Mulheres*, Themis, ano I, nº 2, 2000, p. 48.
[123] Cfr. HECK, P., *Begriffsbildung und Interessenjurisprudenz*, Tübingen, 1932, p. 24.
[124] *Vide* RAMIREZ, Maria Eduarda/PENHA, Maria Teresa/LOFF, Pedro, *Criança Portuguesa – que Acolhimento?*, Rede Europeia de Acolhimento de Crianças, Comissão das Comunidades Europeias, Novembro de 1988, p. 63, cujos autores afirmam que têm a percepção de que o homem culturalmente mais evoluído assume mais frequentemente a plenitude da paternidade desde o nascimento.

afectivas é difícil de medir e a capacidade de permitir o contacto da criança com o outro progenitor pode ser simulada ou ser idêntica relativamente a ambos os pais. Se for necessário avaliar o tipo de educação dada pelos pais aos/às filhos/as, deve dar-se prevalência àquele que promove o desenvolvimento da personalidade e das potencialidades da criança e que permite o crescimento desta em ordem à conquista de uma progressiva autonomia. Este último critério está de acordo com a lei que aponta, em vários preceitos, a importância do respeito, por parte dos pais, pela opinião da criança e pela sua liber-dade de opção e autonomia[125].

Em última análise, a decisão, desde que fundamentada e tenha seguido um procedimento lógico e conforme aos princípios gerais de direito, terá que ser apenas um acto de decisão subjectivamente recto, do qual o juiz dará contas apenas perante a sua consciência[126].

Nos casos em que apesar de ter sido a mãe a cuidar dos/as filhos/as de tenra idade, foi o pai que, numa fase mais adiantada da vida do filho, assumiu sozinho a educação deste, existindo entre ambos, no momento presente, uma boa relação afectiva, o juiz deverá ter em conta a situação actual, decidindo de acordo com os critérios acima referidos: preferência da criança, relação afectiva desta com os pais e continuidade. O critério do da figura primária de referência foi desenvolvido de forma a aplicar-se a crianças mais velhas[127] e também deve servir como critério nestas decisões, se a colaboração de um dos pais na educação dos/as filhos/as foi predominante relativamente ao outro ou se passou a ser a partir do momento da separação de facto do casal, dependendo o peso deste último factor do período de tempo em que a criança viveu num ambiente estável e gratificante, da adaptação da criança a esse ambiente e da necessidade de manutenção do mesmo. Este princípio não é uma sanção para o progenitor que colabora menos na educação dos/as filhos/as ou que, por razões profissionais ou outras, se afasta destes. O que se pretende

---

[125] *Vide* os. arts. 1901º, nº 2, última parte, 1878º, nº 2, 1885º, nº 1 e nº 2, última parte, todos do Código Civil.

[126] ENGISH, *Introdução ao Pensamento Jurídico*, Fundação Calouste Gulbenkian, 5º edição, Lisboa, p. 201.

[127] CAROL BRUCH (*vide* The American Law Institute, Conference on the Law and Public Policy of Family Dissolution, Conference Materials January, 4, 1990, University of Wisconsin Law School, Marygold S. Mellism, § 5.06.) defende a aplicação deste critério para crianças de todas as idades e modifica a lista de factores enunciada em *Garska v. McCoy*, de forma a abranger as crianças mais velhas: orientar interacções sociais tais como clubes, grupos de jogos, recreação após a escola, participação em desportos e visitas a amigos; repartição e supervisionação das ocupações diárias; providenciar e supervisionar a educação da criança, incluindo a educação religiosa, moral, cultural e social e assistência nos trabalhos de casa; fornecer conselho e apoio ao processo de desenvolvimento e ao bem-estar emocional da criança; planear e supervisionar interacções com outros membros da família, incluindo irmãos e membros da grande família.

é proteger, na medida do possível, o interesse da criança, já perturbada pela alteração que o divórcio dos pais gera na sua vida.

Na aplicação deste princípio deve, contudo, advertir-se juízes e mediadores familiares para que se evite um critério duplo na apreciação do papel de uma mulher como mãe e no papel de um homem como pai. De acordo com a mentalidade gerada nas sociedades patriarcais, é natural que no inconsciente das pessoas, se insinuem critérios mais exigentes para as mulheres do que para os homens, ou seja, padrões considerados satisfatórios quando se trata de um homem já são insuficientes quando se trata de uma mulher[128].

1.8.3. Evolução da jurisprudência quanto aos critérios da preferência maternal e da pessoa de referência

A jurisprudência tem evoluído para uma valorização crescente das tarefas de prestação de cuidados e das relações afectivas, em detrimento de critérios formais, assentes em presunções desligadas dos factos do caso ou nos vínculos biológicos.

Os Tribunais voltaram a afirmar como adequado o Princípio 6º da Declaração dos Direitos da Criança Proclamada pela Resolução da Assembleia Geral das Nações Unidas nº 1386 (XIV), de 20 de Novembro de 1959, segundo o qual «*salvo em circunstâncias excepcionais, a criança de tenra idade não deve ser separada da sua mãe*». Contudo, não se trata de qualquer violação do princípio da

---

[128] *Vide*, a este propósito, a observação de POLIKOFF, Nancy, *Why Mothers are losing... ob. cit.* p. 239: "Um homem que trabalhe a tempo inteiro e que providencie alguma assistência na educação dos filhos/as, mesmo limitada, é considerado um pai dedicado, enquanto que uma mulher com um emprego a tempo inteiro e que desempenha simultaneamente, algumas das funções da figura primária de referência, mas não todas, é considerada uma "meia-mãe". A este propósito nota-se que as expectativas da sociedade ainda apontam para que seja a mulher a sacrificar-se pelos filhos/as enquanto que do homem apenas se espera uma "ajuda pontual", que lhe permite ter autonomia para um maior investimento na carreira profissional e uma vida pessoal mais livre. Neste sentido, são as mulheres que têm "remorsos" quando trabalham fora de casa e que orientam a sua vida pessoal e profissional em função dos filhos/as. Sobre a ética de cuidado das mulheres, de quem dizem as ciências sociais e a psicologia que têm de aprender a cuidar delas mesmas enquanto que os homens têm de aprender a cuidar dos outros *vide* GRILLO, Trina, *The Mediation Alternative... ob. cit.*, p. 1601-1603, e a bibliografia citada nas notas 262 e 269, especialmente, AREEN, *The Need for Caring*, Michigan Law Review, vol 86, 1988, p. 1067, 1073 e NORWOOD, R., *Women Who Love Too Much*, 1985; RUSSIANOFF, P., *Why Do I Think I'm Nothing Without a Man?*, 1981. No mesmo sentido *vide* o estudo de GILLIGAN, Carol, *In a different voice*, Harvard University Press, 1982, 1993, em que se defende que as mulheres valorizam mais a responsabilidade pelos outros e os homens a sua autonomia. A explicação feminista para estas diferenças entre o homem e a mulher reside no facto de durante séculos as mulheres terem sido dominadas pelas sociedades patriarcais e de os processos de socialização acentuarem nas mulheres a interioridade, o sentimento de responsabilidade e a definição do eu pela relação com os outros. Referindo a ética de cuidado como uma forma de as mulheres se idealizarem a si mesmas e como o único meio de a sociedade permitir a participação das mulheres na vida pública *vide* MACKINNON, C., *Toward a Feminist. Theory of the State*, Harvard University Press, 1991.

igualdade dos sexos mas de uma afirmação retórica para simbolizar o valor do cuidado e do afecto pelas crianças, sendo, neste sentido, perfeitamente admissível este princípio, num contexto social e cultural em que são as mães que prestam os cuidados aos filhos e que com eles mantêm uma relação de maior proximidade.

Veja-se, por exemplo, na jurisprudência dos Tribunais superiores, os seguintes acórdãos:

> «(...) É que não existem maiores momentos de intimidade, de interacção, de partilha, de risos e de mimos que a hora do banho, a hora do deitar, do pôr o pijama, de ler/ouvir uma história antes de adormecer, de aconchegar o cobertor à noite, de ir buscar e pôr à escola, de conhecer os amiguinhos e os professores. São momentos únicos e que não podem ser desperdiçados a favor de uma ama (por melhor que cuide da criança em causa) quando existe uma progenitora disponível e capaz» (acórdão do Tribunal da Relação de Lisboa, de 12-11-2009; Relator: CARLOS MARINHO)

> «Por isso, na falta de um tal acordo, impõe-se atribuir a guarda da criança ou ao pai ou à mãe; ora, tratando-se de criança de tenra idade (criança com cerca de dois anos e meio), é de atribuir à mãe a guarda da criança principalmente quando se constatam fortes laços afectivos entre a criança e a mãe." (acórdão do Tribunal da Relação de Lisboa, de 14-12-2006; Relator: BRUTO DA COSTA)

No acórdão da Relação de Lisboa, de 12-11-2009, os factos que fundamentam a confiança à mãe são, não o género feminino desta, mas o trabalho nocturno do pai que não coincide com os ciclos de vigília da criança, o facto de este raramente prestar cuidados à filha e a confiar a terceiros (ama e avó paterna) e de ter obstado ao convívio da criança com a mãe, violando um direito inalienável da criança. O Tribunal reconhece que foi a mãe que cuidou da criança desde o nascimento, promovendo o seu desenvolvimento e educação, e constituindo a referência existencial da criança.

No acórdão da Relação de Lisboa, de 14-12-2006, o Tribunal, apesar de entender que a orientação tradicional a favor da entrega da criança de tenra idade à mãe não é consistente, pois uma mulher apenas por ser mulher não tem necessariamente mais qualidades para cuidar de uma criança pequena, considera que a atribuição da guarda à mãe é a solução mais adequada ao interesse da criança, devido aos fortes laços afectivos entre a mãe e a filha e à falta de investimento do pai na prestação de cuidados básicos, optando por deixar o desempenho destas funções à sua mãe, avó paterna da criança[129].

---

[129] No mesmo sentido, *vide* RC 27-10-2009 (Relator: FRANCISCO CAETANO), in *Base jurídico-Documental do MJ, www.dgsi.pt*: "Não é a tenra idade da criança que cegamente pode determinar a sua entrega à mãe, antes o critério de qual dos progenitores constitui o ponto de referência emocional para a criança."

O Tribunal da Relação de Lisboa, no acórdão de 09-06-2006 (Relatora: MARIA DO ROSÁRIO MORGADO), confirma a guarda paternal, rejeitando o princípio 6º da Declaração dos Direitos da Criança[130], num caso em que a mãe vivia numa situação relacional com um indivíduo com adição a estupefacientes e ligado a práticas criminais, sendo essa relação marcada por conflitualidade a que as crianças terão assistido, e em que a vida profissional da mãe se caracteriza, nas palavras do Tribunal "por alguma precariedade e instabilidade"[131]. Vivendo os menores com o pai, desde Maio de 2006, situação de facto confirmada por um regime provisório proferido num processo de alteração de regulação das responsabilidades parentais, o Tribunal terá achado que desinserir as crianças do seu ambiente actual para outro mais instável seria contrário à "(...) necessidade de dar aos menores estabilidade emocional". Contudo, não consta na matéria de facto qual dos progenitores era a pessoa de referência das crianças, na constância do casamento, referindo-se apenas o papel do pai, após os filhos viverem na sua companhia:

> "Mantém uma boa relação afectiva com os filhos. Assume as tarefas de levar e ir buscar os filhos à escola, contactar com as educadoras, levá-los ao médico, à terapia da fala e outras actividades lúdicas dos menores. Em conjunto com a companheira articulam de modo organizado as tarefas domésticas e parentais."

Pensamos que a regra da pessoa de referência deve pertencer sempre à investigação factual dos Tribunais, e constituir o ponto de partida e critério das decisões judiciais[132], o qual só poderá ser afastado em situações de perigo para a criança nos termos do art. 3º da LPCJP. Neste caso, o Tribunal aplicou o princípio da manutenção do *status quo*, que favorecia o pai, até porque considerou que a entrega à mãe seria susceptível de colocar as crianças em perigo, devido ao comportamento do companheiro desta.

O Tribunal da Relação do Porto, no acórdão de 06-05-2007 (Relator: PEREIRA DA SILVA)[133], confia a guarda de uma criança de três anos ao pai,

---

[130] Cf. TRL, acórdão de 09-06-2009 (Relatora: MARIA DO ROSÁRIO MORGADO), in *Base Jurídico-Documental do MJ*, www.dgsi.pt; CJ, 2009, Tomo III, pp. 106-110): "Na sociedade actual, a mulher vem perdendo o monopólio da função doméstica e do papel de guardiã em relação aos filhos, justificando-se confiar a guarda destes ao pai quando se conclua que ele tem melhores condições para lhes proporcionar o bem-estar indispensável ao seu desenvolvimento harmonioso."

[131] Cf. TRL, acórdão de 09-06-2009 (Relatora: MARIA DO ROSÁRIO MORGADO), in *Base Jurídico-Documental do MJ*, www.dgsi.pt

[132] No mesmo sentido, considerando que os critérios usados pela jurisprudência, para determinar a guarda, antes de entrada em vigor da lei 61/2008, permanecem válidos, e que o critério mais correcto é o da figura primária de referência, vide PINHEIRO, Jorge Duarte, *O Direito da Família Contemporâneo*, ob. cit., p. 346.

[133] Cf. *Base Jurídico-Documental do MJ*, www.dgsi.pt. Na fundamentação do acórdão, o Tribunal utilizou argumentos relacionados com a mudança de papéis dos homens e das mulheres na família, concluindo que "Não existe fundamento constitucional/legal para o tratamento diferenciado (a priori) entre uns e

alterando a decisão de 1ª instância, uma vez que, desde os 4 meses, era a tia paterna, a qual residia na mesma habitação do pai e da criança, que prestava os cuidados básicos a esta, tendo-se construído entre ambas uma relação afectiva de grande proximidade, semelhante à filiação:

> "O que o processo nos revela é que a mãe do menor D... (entendida como a figura do seu mundo que encarna aquela função maternal, de envolvimento, de referência, de pano de fundo de constância), desde os quatro meses de idade até agora, tem sido a irmã do Pai (...)."

No acórdão do Tribunal da Relação de Lisboa, de 13-03-2008 (PEDRO LIMA GONÇALVES), o tribunal confia a guarda à mãe, num processo de alteração intentado pelo pai, com base no art. 182º da O.T.M., e fundado na deslocação da mãe com os/as filhos/as da cidade de Coimbra para Ponta Delgada, para evitar que se crie uma nova instabilidade na vida das crianças e para proteger a continuidade da vivência com a mãe[134]. Na fundamentação do acórdão, o Tribunal esclareceu que não se tratou de um preconceito a favor da mãe, apesar de o pai ter sido, na constância do casamento, um progenitor participativo e empenhado, que cuidava dos/as filhos/as enquanto a mãe investia na carreira profissional, tendo o progenitor gozado três meses de licença de parentalidade aquando do nascimento de um dos filhos e tendo estado ausente do serviço, em média 17 dias por ano, ao abrigo de licença por assistência à família.

Quanto à invocação do critério da pessoa de referência, neutro quanto ao género, mas centralizado na determinação de qual dos progenitores cuidou predominantemente da criança, desde o seu nascimento, a jurisprudência tem-no utilizado, nalguns casos, de forma errónea, hipervalorizando factos sucedidos na fase da deterioração da relação do casal e da separação de facto, e que apontam para um papel de cuidador do pai, em detrimento da prestação de cuidados realizada pela mãe, desde o nascimento da criança.

---

outros no que se trata à guarda, cuidado, educação e sustento da prole, excepção feita àquele período de vida das crianças, em que existe uma necessária dependência dos filhos à mãe, por imposições filogenéticas." Na verdade, do que efectivamente se tratou não foi de um caso de assunção pelo pai do papel de cuidador nem de desinteresse deste papel por parte da mãe. Há indícios no processo de que a mulher era vítima de agressões físicas, uma vez que formulou queixa-crime contra o companheiro, tendo sido este o factor que a levou a sair da casa de morada de família e que conduziu o progenitor a delegar os cuidados da criança à sua irmã, que passou a desempenhar a função maternal, em substituição da mãe. Em contextos de violência doméstica do pai contra a mãe, somos de opinião que, mesmo perante situações de facto de guarda paternal, nunca os Tribunais devem atribuir a guarda ao agressor, devido ao perigo da transmissão geracional de comportamentos agressivos para a criança. Sobre esta questão, *vide infra* pp. 244-247.

[134] Cf. *Base Jurídico Documental do MJ, www.dgsi.pt*

A vinculação afectiva ao/à cuidador/a da criança faz-se desde tempos muito precoces, sendo os cuidados básicos, nos primeiros anos de vida, decisivos para o estabelecimento de vinculações securizantes, cuja continuidade é fundamental para o desenvolvimento equilibrado da criança. Veja-se o caso decidido pelo Tribunal da Relação de Lisboa, acórdão de 08-03-2007 (Relator: NETO NEVES), em que a guarda foi atribuída ao pai, devido às dificuldades da mãe à adaptação ao divórcio (menor disponibilidade e falta de regularidade no acompanhamento das crianças, dificuldade em avaliar as necessidades afectivas dos/as filhos/as), tendo sido desvalorizado o papel cuidador da mãe até à data da separação de facto do casal. Parece, também, ter havido uma discriminação da mulher por sair à noite, numa fase em que, desentendida com o marido, o casal se encontrava a viver na mesma casa em separação de facto, e por delegar tarefas na sua irmã e agregado de origem. A atribuição de valor negativo, embora de forma subtil, a esta delegação contrasta com a avaliação positiva que o Tribunal faz do facto de o pai contar com o apoio dos avós paternos, mais um sinal do critério duplo de avaliação do comportamento do homem e da mulher.

Um outro exemplo, em que o critério da pessoa de referência foi aplicado a favor do pai, baseou-se, também, em acontecimentos sucedidos na fase da ruptura do casal e no facto de a mãe ter sido levada para casa de familiares, devido a um problema de saúde provocado "pelo descontrolo emocional em que o casal se encontrava", o que permitiu a consolidação de uma situação de facto de permanência do pai, na casa de morada de família, com a sua filha[135]. Contudo, apesar de haver partilha entre os pais nas tarefas de cuidado da criança ("desde cedo, os pais cooperavam na prestação de cuidados de higiene, alimentação, saúde, manutenção de rotinas e estimulação da criança"), foram desvalorizados factos essenciais para a definição do conceito de pessoa de referência: a mãe amamentou a filha até aos doze meses, era a mãe que adormecia a filha, que a vestia de manhã e que cuidava dela na doença, factos centrais na criação da vinculação afectiva, enquanto o pai se dedicava a tarefas que implicavam menos interacção física com a criança, como o planeamento e elaboração das refeições, e o transporte para a creche. Foi também a mãe que mais sacrificou a sua vida profissional pela filha, elemento, também, a analisar na noção de pessoa de referência, tendo passado a trabalhar, depois do nascimento desta, em horário de jornada contínua e depois, em horário flexível para acompanhar a filha. Esta decisão não respeitou, portanto, os elementos integradores no critério da pessoa de referência,

---

[135] f. TRC, acórdão de 06-02-2007, (Relator: CARDOSO DE ALBUQUERQUE), in *Base Jurídico Documental do MJ*, www.dgsi.pt.

que em nossa opinião, apontavam para a continuidade dos vínculos afectivos precoces mãe-filha. Reconhecemos que se tratava de um caso particularmente difícil, em que ambos pais amavam muito a filha, que tinha, com ambos, uma relação afectiva excelente, e compreendemos o receio do Tribunal em alterar a situação de facto, entretanto, criada e centralizada na relação pai-filha. Contudo, o critério da pessoa de referência serve precisamente para tornar as decisões mais objectivas, sendo avaliado o papel dos pais, não na fase transitória da separação de facto e do conflito, mas durante a vida em comum do casal e logo desde o nascimento, nomeadamente, o sacrifício que cada um deles fez na sua vida pessoal e profissional pelos filhos, durante os seus primeiros anos de vida, decisivos para o desenvolvimento equilibrado da criança e para o estabelecimento de vinculações afectivas precoces. Julgamos que, no domínio da afectividade, foram, também, desvalorizados elementos indiciadores de uma forte relação afectiva entre mãe e filha, como os factos referidos no nº 16 da lista de facto provados na 1ª instância, onde se afirma que "A B... quando ia ter com a mãe ao emprego desta saltava-lhe para o colo assim que chegava", no nº 73 ("A requerente sempre foi uma mãe extremosa para a menor e continua a sê-lo, preocupando-se em lhe pôr creme para o sol, em vestir-lhe o casaco para andar um metro e em arrefecer o carro antes da menina entrar em dias de calor"; no nº 74 ("mesmo actualmente, a requerente pergunta o que a filha comeu ao almoço ou jantar."). Quanto à rejeição da criança relativamente à mãe, pensamos que o Tribunal não avaliou o grau de liberdade da sua opinião e sentimentos, na medida em que consta dos factos provados que a menina disse na escola que não ia com a mãe porque o pai não deixava (nº 52), afirmando-se, nos factos 56 e 57, que "A criança evita falar da mãe e normalmente quando alguém lhe coloca a questão muda de assunto ou não responde" (nº 56) e que, "Contudo, quando se fala da mãe com um discurso agradável é visível um brilhozinho nos olhos" (nº 57).

No acórdão da Relação de Guimarães, de 22-01-2009 (Relatora: ISABEL ROCHA), o Tribunal confiou a criança, filha de dois emigrantes portugueses em França, ao pai, que veio residir para Portugal, onde constituiu uma segunda família, enquanto a mãe continuou a trabalhar em França. O tribunal reconheceu, na sentença, que ambos os pais são idóneos e que a criança tem laços afectivos com ambos, não tratando, contudo, na fundamentação da sentença, a questão de saber qual dos progenitores cuidou predominantemente da criança na constância do casamento, critério decisivo, conforme defendemos, para determinar, com o mínimo de intervenção do Estado, qual dos pais deve ficar com a residência da criança. Por outro lado, alguns factores que a jurisprudência tem utilizado para recusar a guarda da criança, como a oposição do pai ao convívio da criança com a mãe[136] e o "facto consumado" consubstanciado na retenção da criança em Portugal pelo pai[137], quando o filho veio passar férias com os avós paternos, não foram valorados negativamente contra o progenitor, apesar de o Tribunal ter considerado que o comportamento deste era censurável. Foram determinantes na decisão, a circunstância de o progenitor ter constituído uma nova família e a situação de facto de permanência da criança em Portugal, acompanhada da sua integração familiar e social, a qual se fosse rompida, segundo a avaliação psicológica da criança, criaria riscos de desestruturação na sua identidade. Não se avaliou, contudo, o impacto, no desenvolvimento da criança, do afastamento da mãe e das rupturas nos seus vínculos afectivos à mãe, tendo o Tribunal, para salvaguardar a relação afectiva da criança com a mãe, advertido o progenitor que, se não facilitar tais contactos, pondo em causa o interesse do filho, a decisão em causa pode vir a ser alterada.

O Tribunal da Relação de Lisboa, no acórdão de 14-04-2005 (Relator: MANUEL GONÇALVES)[138], aplicou o critério da pessoa de referência de forma correcta, dando prioridade aos laços afectivos e à prestação de cuidados, atribuindo a guarda das crianças à mãe, com quem os filhos sempre residiram, apesar de desempregada:

> "É sabido que a criança tem necessidade de crescer e de se desenvolver numa atmosfera calma e em ambiente de serena integração familiar, **com salvaguarda da satisfação da sua necessidade básica de continuidade de relações afectivas, cuja quebra pode criar sentimentos de insegurança e afectar o seu normal desenvolvimento.**" "Com efeito, ainda que em condições deficientes, motivadas sobretudo, pela situação económica, que com a prestação de alimentos por parte do pai poderá ser melhorada, é com ela que se estabeleceram os laços afectivos mais fortes."

No mesmo sentido, veja-se o acórdão da Relação de Lisboa, de 02-12-2010 (Relatora: MARIA AMÉLIA AMEIXOEIRA), onde se afirma o seguinte, a propósito de um caso em que um pai, que residia no estrangeiro e não pagava alimentos, pediu a guarda da filha, que vivia em Portugal com a mãe há quatro anos, alegando carência económica da mãe e problemas de saúde desta, susceptíveis de afectar a sua capacidade de ganho, bem como atitudes repressivas da mãe com a criança, que contudo, não foram consideradas uma situação de perigo pela Comissão de Protecção de Crianças e Jovens em Perigo.

---

[136] Cf. RL 14-12-2004 (Relator: CARLOS VALVERDE) e 26-04-2007 (Relator: OLINDO GERALDES), in *Base Jurídico-Documental*, www.dgsi.pt
[137] STJ 15-11-2009 (Relatora: MARIA DOS PRAZERES BELEZA), in *Base Jurídico-Documental* www.dgsi.pt
[138] Cf. *Base Jurídico-Documental do MJ*, www.dgsi.pt

> "Deve ser atribuída à mãe a guarda de menor de 8 anos de idade, que com aquela sempre viveu, em cujo meio familiar, social e escolar se encontra inserida e integrada, mesmo que o agregado familiar da mãe apresente algumas carências económicas. A circunstância de o pai ter um melhor nível de vida económica do que a mãe não é critério relevante na opção pela confiança da guarda a tal progenitor, quando o mesmo não contribui com a pensão de alimentos fixada em decisão provisória e reside num outro país, integrado no seu próprio agregado familiar com o qual a menor não tem relação."

O Tribunal da Relação de Lisboa, neste acórdão, reconheceu a tese de que uma criança desinserida do seu ambiente normal, para ser entregue a um progenitor com quem não tem convivido, sofre danos emocionais:

> "A menor que agora tem oito anos não vive com o pai desde os quatro anos, nunca viveu com este, nem com a respectiva família na L, nem este revela qualquer especial quadro, para além de uma melhor situação económica, para ficar com a guarda da filha. Retirar a menor do ambiente familiar e do progenitor com quem sempre viveu para a colocar num outro ambiente familiar, neste caso o do pai, num país diferente, com uma língua e costumes diferentes, a conviver com outros familiares ou terceiros que não conhece e em ambientes sociais e escolares que lhe são estranhos poder-se-ia estar a abalar a estrutura emocional da menor, sem razões justificativas." (RL 02-12-2010, Relatora: MARIA AMÉLIA AMEIXOEIRA)

Aplicando o critério da pessoa de referência em relação ao progenitor que cuida da criança no dia-a-dia, para salvaguarda da continuidade da vida da criança e da sua relação afectiva principal, veja-se o acórdão da Relação do Porto, 20-10-2009 (Relatora: SÍLVIA PIRES):

> "A criança exige uma figura parental adulta que dela cuide, que preencha as suas necessidades afectivas e que, quotidianamente, de forma contínua, se responsabilize por ela. Se as tarefas relacionadas com o cuidado e com responsabilização diária da criança são exclusiva e predominantes desempenhadas por um dos pais, a preservação desta relação privilegiada da criança com esse progenitor é a solução que melhor promove a estabilidade da vida do menor, já sujeita à tensão e à perturbação da dissociação parental".

O Tribunal da Relação de Évora, no acórdão de 17-04-2008 (Relator: MATA RIBEIRO), reconhecendo que ambos os progenitores tinham objectivamente condições para poderem criar os filhos, concluiu pela atribuição da guarda das crianças à mãe, tendo ponderado os seguintes factos do caso: a mãe cuidou dos filhos desde o nascimento, não tendo exercido actividade profissional, entre Dezembro de 2001 até Abril de 2004, enquanto o pai nunca sacrificou o seu trabalho para prestar assistência aos filhos em caso de doença; a mãe nunca impediu a relação das crianças com o pai enquanto o pai retirou as crianças da companhia da mãe e impediu contactos; as crianças queriam viver com a mãe e os avós maternos com quem tinham fortes laços afectivos. Na sequência destes factos, o Tribunal deu "especial relevância à disponibilidade, capacidade e preferência maternal", "já que a apelante sempre foi uma <u>mãe presente</u>, nada constando, a qualquer título, em seu desabono." Neste caso, a invocação da preferência maternal não representa qualquer violação do princípio da igualdade, mas resulta, de forma inequívoca, dos factos provados relativamente à prestação de cuidados, à relação afectiva, à vontade das crianças e ao carácter moralmente superior da mãe, no respeito pelos filhos e pela relação das crianças com o pai.

O Tribunal da Relação de Coimbra (acórdão de 02-06-2009, Relator: COSTA FERNANDES)[139] confirmou a decisão do Tribunal de Família e de Menores de Coimbra, atribuindo a guarda e o exercício das responsabilidades parentais à mãe, num caso em que os pais eram ambos pessoas de referência das crianças, com base no princípio da não separação dos irmãos, uma vez que a mãe tinha uma filha de uma anterior relação, que não devia ser separada dos irmãos, e na forte vinculação afectiva das crianças à mãe, tendo sido os factos alegados pelo pai (as constantes saídas da mãe da casa de morada de família e a sua relação extra-conjugal) considerados secundários em face dos critérios afectivos.

Como critérios da fixação provisória da residência da criança, o Tribunal da Relação de Lisboa, no acórdão de 25-10-2012 (Relatora: ANA AZEREDO COELHO), confirmando a sentença do tribunal de 1.ª instância, deu especial relevo à «tenra idade» da criança, que aconselha a que esta fique a residir com a mãe, e à manutenção da menor no ambiente em que vivia antes da separação dos pais, salvaguardada pela atribuição à mãe da casa de morada de família.

1.8.4. A regra da não separação de irmãos

Este princípio, de origem judicial, tem sido invocado com frequência nas decisões sobre a atribuição da guarda dos/as filhos/as, sobretudo nos casos em que as crianças viviam juntas antes da separação, como consequência da necessidade da criança na continuidade das suas relações sociais e afectivas. A sua importância é tal, que o próprio legislador, no código civil espanhol, decidiu emitir directivas ao julgador neste sentido[140]. O fundamento de tal princípio reside na ideia de que os filhos de pais divorciados, já traumatizados

---

[139] Cf. *Base Jurídico-Documental do MJ, www.dgsi.pt*
[140] *Vide* o art. 92º, nº 5 do Código Civil espanhol.

com o afastamento de um dos pais, ainda sofreriam mais com a separação entre irmãos, o que afectaria negativamente o seu desenvolvimento humano e psicológico. A jurisprudência parte do princípio de que as relações entre irmãos devem ser encorajadas de forma a permitir a sua associação no dia-a--dia, a participação em experiências comuns e o seu apoio mútuo. Os dados das ciências sociais confirmam esta assunção da jurisprudência, indicando que o desenvolvimento moral das crianças, e especialmente o seu sentido de justiça e reciprocidade, são fortemente promovidos pelo crescimento com os irmãos. Em situações de sofrimento ou de vitimação por maus-tratos, a relação de solidariedade e de afecto entre irmãos, mais do que a relação com os pais, permite a recuperação psicológica da criança. A antropologia tem concluído que as crianças são uma tribo ou um grupo social quase-autónomo dos adultos, com regras próprias, e que a aprendizagem, a comunicação e a socialização se processam mais entre pares do que com os adultos[141]. Não existe só o amor de mãe e o amor de pai. Existe, também, o amor de irmão e o amor de irmã. A fraternidade, valor tão importante para a qualidade de uma sociedade, aprende-se, por excelência, nas relações entre irmãos e irmãs.

A medida de separação dos/as irmã(o)s, contudo, tem sido usada, na jurisprudência, em casos excepcionais[142]. Como exemplos desta situação, podemos referir a forte preferência de um adolescente por um dos pais e animosidade pelo outro, a quem o interesse dos seus irmãos mais novos

---

[141] Cf. HEINZE, Eric, *The Universal Child?*, in *Of Innocence and Autonomy, Children, Sex and Human Rights*, 2000, pp. 16-17.

[142] Na jurisprudência portuguesa, *vide* STJ 17-05-2007 (Relator: GIL ROQUE), in *Base Jurídico-Documental do MJ, www.dgsi.pt*, confirmando as decisões do Tribunal de 1ª instância e da Relação de Guimarães que decretaram a confiança da guarda do filho mais velho, já com idade próxima da maioridade, ao pai, e do filho mais novo, à mãe, para respeitar a vontade dos adolescentes. Para a doutrina espanhola, o critério da não separação dos irmãos só pode ser excluído quando assim o aconselhe o verdadeiro interesse dos filhos, tendo de ser a exclusão justificada pelos cônjuges, no próprio acordo, ou pelo juiz. Cf. SEISDEDOS MUIÑO, *ob. cit.*, p. 322 e RIVERO HERNÁNDEZ, *Las relaciones paterno-filiales (Titulo, ejercicio y contenido de la patria potestad, guarda y cuidados y regimen de visitas) como contenido del convenio regulador*, in *Los convenios reguladores de las relaciones conyugales, paterno-filiales y patrimoniales en las crisis del matrimonio*, Pamplona, Ediciones Universidad de Navarra, S.A., 1984, pp. 87-88 nota 14. Este último autor cita como possíveis causas de exclusão o número de filhos, as condições de *habitat* dos cônjuges, os seus meios económicos e aptidões educacionais, as relações dos irmãos entre si ou de algum deles com um dos pais. A jurisprudência espanhola admite a separação dos irmãos se esta for a vontade dos menores (Tribunal de Família de Granada, sentença de 25 de Maio de 1982, *apud* SEISDEDOS MUIÑO, Ana, *La Patria Potestad Dual*, Universidad del País Vasco, 1988, p. 322, nota 348), ou para respeitar uma situação de facto já criada (JPI de Arenys de Mar, sentença de 28 de Janeiro de 1985, RJC, *Jurisprudencia*, 1985, p. 557, *apud* SEISDEDOS MUIÑO, *ob. cit.*, p. 322, nota 348). Para atenuar os efeitos negativos que a separação dos irmãos pode produzir na sua relação mútua, RIVERO HERNÁNDEZ, *Las relaciones paterno-filiales...*, *ob. cit.*, p. 88 nota 14, propõe que seja estabelecido um regime de visitas inteligente e bem orientado, que proporcione aos irmãos ocasiões para se verem e relacionarem.

exige que sejam confiados; o caso de a família ser muito numerosa e haver uma necessidade económica e/ou de espaço de separar os/as irmãos/ãs; o caso de haver uma relação perturbada entre os irmãos, já existente antes da separação dos pais e que possa ser um obstáculo à superação da crise e ao posterior desenvolvimento psicológico das crianças[143]. Recentemente, o Tribunal da Relação de Lisboa, por acórdão de 18 de Outubro de 2012 (Relatora: ANA LUÍSA GERALDES), admitiu a homologação de um acordo em que os pais estipulavam que, após a emigração do progenitor para o Brasil, a filha de 11 anos ficaria entregue à guarda e cuidados da mãe e a de 15 anos à guarda e cuidados dos avós paternos, continuando ambas a residir em Portugal e sendo assegurado o convívio recíproco das irmãs entre si e destas com o pai. O motivo invocado pelos pais para o acordo foi a incapacidade de a mãe sustentar as duas filhas. Em sede de princípio, entendemos que este motivo – incapacidade económica da mãe – não é válido para justificar, do ponto de vista do interesse das crianças, a separação das irmãs, pois, conforme temos defendido, os critérios de atribuição da guarda devem ser afectivos e não económicos, devendo a carência do progenitor guarda ser suprida com o pagamento de uma pensão de alimentos aos filhos menores pelo progenitor sem a guarda ou pelos ascendentes da criança na impossibilidade deste, conforme impõe a lei (arts. 1905º, 2004.º e 2009º do C.C.). Contudo, uma vez que houve acordo entre os pais, os avós e a filha já adolescente de 15 anos, na falta de prova de que este acordo não foi livre ou foi determinado por motivos ilícitos, compreende-se que a Relação de Lisboa tenha aderido ao princípio da auto-regulação da família.

Por vezes, a jurisprudência[144] separa os irmãos para equilibrar os direitos dos pais, ou seja, para que nenhum dos pais se sinta espoliado dos seus direitos sobre os filhos, satisfazendo-se assim o desejo de ambos de obter a guarda. Tal solução não nos parece admissível, pois os interesses das crianças são superiores aos interesses dos pais e o objectivo dos processos de regulação das responsabilidades parentais não é a igualdade entre os pais mas a realização dos direitos das crianças ao afecto e à estabilidade. Como um bom exemplo da protecção do direito das crianças à companhia dos irmãos[145], temos o acórdão do Tribunal da Relação do Porto (Relatora: ANA PAULA LOBO):

---

[143] Cf. DELL'ANTONIO, Annamaria, *Il bambino conteso*, Milano, Giuffrè Editore, 1983, p. 113. A autora acrescenta que a jurisprudência italiana não concede grande importância a esta hipótese.

[144] *Vide*, por exemplo, a jurisprudência francesa. Cfr. BARTHELET, Bernardette, *Les conséquences du divorce à l'égard de l'enfants*, Thése, Joyon, 1986, p. 200, afirmando que certos tribunais aplicam esta medida como solução oportuna, porque permite que os pais se sintam iguais.

[145] No mesmo sentido, *vide* RC 12-10-2004 (Relator: ISAÍAS PÁDUA) in *Base Jurídico-Documental do MJ*, *www.dgsi.pt*: "É hoje inquestionável, a nível das diversas ciências que estudam o desenvolvimento das

"Esta unidade familiar não pode ser recusada a estas duas crianças, nela se recriará dia a dia o seu sentimento de pertença, primeiro à família e depois ao mundo e aos seus valores. Estas duas crianças não podem crescer como se fossem estranhas, como se cada uma fosse filha única, uma mais do pai e outra mais da mãe porque a sua realidade é muito mais rica e podem, desde cedo, partilha-la e reinventá-la uma ao lado da outra, mesmo quando brigarem. Cada uma encontrará na outra, se viverem em conjunto, o reconhecimento da diferença, o aprendizado de unir-se e separar-se, e as primeiras trocas afetivo-emocionais, da construção da identidade de cada uma. Cada uma terá a sua história em constante transformação, por acção de factores internos e externos, em interacção com as mudanças sociais. É na família que aprendemos a definir-nos como diferentes e enfrentar os conflitos de crescimento e para isso será importante que as duas meninas tenham possibilidade de viver juntas pela paixão de estarem juntas, e juntas assistirem à entrada de uns e à saída de outros, numa aprendizagem constante de mudança, actualização e fortalecimento da rede de afectos. Se estiverem juntas poderão ter a mesma família, compartilhando a mesma cultura, as mesmas crenças, onde cada uma poderá exercer uma função distinta e complementar, numa interdependência recíproca capaz de controlar o seu equilíbrio. Ambas serão um todo mais que as partes, e estarão mais preparadas emocionalmente para enfrentar a vida. Se viverem separadas, mesmo que daqui a alguns anos acabem a passar as férias de verão juntas terão perdido a possibilidade de se terem visto crescer e interferirem reciprocamente no futuro da outra. O processo de crescimento é rico e criativo e a intimidade destas irmãs só será possível se conviverem uma com a outra ao longo da sua vida. Se isso não acontecer, poderão vir a ser amigas até, mas nunca experimentarão a magia de serem capazes de se reconhecerem uma à outra, na escuridão de uma gruta, entre milhões de pessoas. Estas crianças precisam de afecto e o que vem da irmã não poderá ser compensado por ninguém. (...) Colocado como sendo do maior interesse das menores que vivam e cresçam juntas, todos os demais interesses sejam dos progenitores, sejam dos avós hão-de ficar subordinados a esta determinação."

1.8.5. O interesse da criança em manter uma relação de grande proximidade com o progenitor a quem não seja confiada e a disponibilidade manifestada para promover a relação da criança com o outro progenitor

Entre os factores relevantes para concretizar o conteúdo do conceito de interesse da criança, o legislador, na lei 84/95, considerava o interesse da criança em manter com aquele progenitor a quem não seja confiada uma

crianças, que os irmãos devem crescer juntos, sendo isso importante para o seu desenvolvimento harmonioso, formação das suas personalidades e para o seu equilíbrio afectivo-psicológico".

relação de grande proximidade, como um factor importante para orientar a actividade do juiz.

A lei nº 61/2008, mantendo esta cláusula no art. 1906º, nº 7, acrescenta no art. 1906, nº 5, *in fine*, como critério de determinação da residência e das visitas, a disposição de cada um dos pais para favorecer as relações da criança com o outro progenitor[146]. O mesmo critério deverá ser seguido quando se trate de analisar a conformidade do acordo ao interesse da criança. Neste sentido, um acordo em que não fique previsto o direito de visita do progenitor sem a guarda ou em que o regime de visitas seja demasiado restritivo não deverá ser homologado pelo juiz, sem uma investigação cuidadosa sobre as razões de tal medida.

A disposição de cada um dos pais para consentir no contacto da criança com o outro progenitor pode detectar-se, analisando o conflito pré-judicial[147] entre os pais. Com efeito, o juiz pode observar um tal grau de hostilidade de um dos pais em relação ao outro que lhe permita prever, com relativa segurança, que aquele progenitor que oculta a criança do outro, se obtiver a guarda dos filhos/as, tentará cortar as relações da criança com o seu ex--cônjuge. O comportamento dos pais durante o processo seria usado como critério de atribuição da guarda dos filhos/as, sendo a guarda recusada àquele progenitor que, pelo seu comportamento, revelasse querer afastar o outro da vida da criança, pois este comportamento causa uma dor adicional à criança e revela falta de preocupação pelo equilíbrio desta[148].

---

[146] No E.U.A. e no Canadá este critério também está consagrado legislativamente. Nos E.U.A. chama-se à norma que consagra este princípio *"Friendly Parent Provision"*. Esta norma aparece normalmente em conjugação com uma preferência pela guarda conjunta. Vide, p. ex., o § 4600 do estatuto do Estado da California que diz o seguinte: "A guarda deve ser atribuída pela seguinte ordem de preferência de acordo com a secção 4608: aos dois pais conjuntamente de acordo com a secção 4600.5, ou a qualquer dos pais. Ao emitir uma ordem de guarda a favor de um dos pais, o tribunal deve considerar, entre outros factores, qual dos pais, com maior probabilidade, permitirá ao filho/a ou filhos/as manter um contacto frequente e contínuo com o progenitor que não detém a guarda, no sentido da Secção 4608, e não deve preferir nenhum dos progenitores em razão do seu sexo." No Canadá o *Divorce Act* de 1985, Secção 16. (10) contém a mesma solução: "Ao emitir uma ordem segundo esta secção, o tribunal deve aplicar o princípio de que a criança deve manter tanto contacto com cada um dos pais quanto for consistente com o seu interesse e deve ter em consideração a vontade da pessoa que procura obter a guarda para facilitar esse contacto".

[147] No entanto, esta solução tem o inconveniente de permitir uma imiscuição do juiz nos conflitos entre os pais, correndo-se o risco de agravamento destes conflitos e da instrumentalização da criança. Neste sentido, veja-se o acórdão do Tribunal da Relação de Lisboa de 24/11/92 *in* Base de Dados do M.J., onde se afirma: "Não se deve confundir o interesse dos filhos, único atendível na regulação das responsabilidades parentais, com os conflitos entre os pais, sendo, por isso, despida de interesse a questão de saber qual deles tem culpa nesses conflitos".

[148] Este critério foi seguido no acórdão do Tribunal da Relação de Lisboa, de 11/11/90 e no acórdão de 14/02/95 do Tribunal da Relação do Porto, *in* Base de Dados do M.J., onde se diz, respectivamente,

Pensamos, contudo, que este facto tem apenas um valor relativo, constituindo um aspecto da investigação do tribunal, sem excluir todas as outras circunstâncias do caso e não podendo nunca transformar-se num critério de decisão absoluto e único. Na verdade, na maioria dos casos de conflito, será muito difícil determinar qual dos pais bloqueou o acordo, pois cada um dos pais faz uma proposta que é recusada pelo outro, invocando a seu favor o interesse da criança. No fundo, este critério não consegue fugir à complexidade que caracteriza a indeterminação do critério do interesse da criança, exigindo do tribunal a avaliação de outros factores, sobretudo a prestação de cuidados diários e a relação afectiva. Por outro lado, este princípio está sujeito a manipulações por parte dos pais e é susceptível de conduzir a chantagens entre estes, em detrimento daquele que for mais avesso a correr riscos mas que pode ser o progenitor com mais aptidão para educar a criança.

Neste sentido, a lei, quando se refere à relação de proximidade da criança com ambos os pais, apenas fornece ao juiz uma indicação que funciona como um factor, entre outros, para determinar o interesse da criança.

Esta intenção da lei de favorecer a relação da criança com ambos os pais não tem necessariamente efeitos positivos para a criança. A experiência norte-americana tem demonstrado que este critério introduz distorções no poder negocial das partes, nomeadamente, enfraquecendo a posição das mulheres que querem a guarda dos/as filhos/as, as quais normalmente assumiram durante a constância do casamento, o papel de figura primária de referência em relação aos/às filhos/as. Aquelas, se recusarem a guarda conjunta, por entenderem que tal medida não é no interesse dos seus/as filhos/as, ficam prejudicadas numa decisão de guarda única em virtude de o seu comportamento revelar falta de capacidade de cooperação, cedendo, então, na guarda conjunta, ou concedendo vantagens económicas ao outro progenitor, para não se sujeitarem a perder a guarda totalmente. Quanto mais incapaz é o progenitor que pede a guarda conjunta ou direitos de visita amplos mais força negocial ganha[149]. A guarda conjunta é assim requerida de má fé e com o objectivo de ameaça ou pressão em assuntos económicos. Esta situação tem sido denunciada principalmente nos E.U.A., em relação aos Estados que, em combinação com a guarda conjunta, aplicam uma *"friendly*

---

o seguinte: "Um progenitor que, sem mais, impede o filho de contactar com o outro progenitor, alimentando-lhe sentimentos de aversão, procede por forma moralmente reprovável e justifica um juízo negativo quanto à sua idoneidade para assumir a guarda do menor" e "Não oferece essas garantias o progenitor que, retendo abusivamente as filhas, confiadas à mãe, com os seus comentários, desfavoráveis àquela, permite que aquelas passem a rejeitá-la, quando antes por ela nutriam indesmentível afecto".

[149] Cfr. JON ELSTER, *Solomonic Judgements, Against the best interests of the child*, The University of Chicago Law Review, vol. 54, nº 1, 1987, p. 1 e ss.

parent provision" como critério de atribuição da guarda única, quando os pais não concordam com a guarda conjunta[150]. O resultado destes processos de negociação consiste num número cada vez maior de famílias monoparentais femininas a viver numa situação de pobreza.

Esta cláusula de *"friendly parent provision"* pune, com a perda da guarda, as mulheres vítimas de violência que recusam visitas para protegerem as crianças, contribuindo para que os tribunais fixem a residência da criança junto do progenitor agressor, expondo a criança à violência e a modelos educativos, em que a violência é usada como um instrumento para resolver conflitos.

1.8.6. A aplicação do critério da pessoa de referência a terceiras pessoas e a noção de perigo psicológico

a) A relevância jurídica da guarda de facto

Na sociedade, sempre houve situações em que as crianças são entregues pelos pais biológicos, por doença, abandono, dificuldades financeiras, emigração, toxicodependência, etc, a terceiras pessoas da família alargada ou não, como os avós, padrinhos, madrinhas ou tios/as que cuidam da criança desde o nascimento ou desde idade muito precoce, estabelecendo com ela laços semelhantes à filiação[151]. A lei atribui relevância jurídica a estas situações, classificando-as como guarda de facto, figura definida pelo art. 5º, al. b) da LPCJP como "a relação que se estabelece entre a criança ou o jovem e a pessoa que com ela vem assumindo, continuadamente, as funções essenciais próprias de quem tem as responsabilidades parentais"[152], bem como reconhece, aos seus titulares, direitos específicos para tutelarem o seu papel de cuidadores e a relação afectiva estabelecida com a criança, designadamente, direitos de informação, de consentir na intervenção das comissões de protecção, de consultar o processo, de constituir advogado, de audição, de requerimento de diligências e meios de prova, e direitos de participação na conferência, assim como direito de recurso (arts. 4º, als. h) e i); 5º, al. f); 7º; 9º, 72º, nº 1; 85º; 88º, nº 1; 93º, al. a); 103º, nº 1; 104º, nº 1; 107º, nº 1, al. b) e nº 3; 112º; 114º, nº 1; 123º, todos da LPCJP).

As pessoas com a guarda de facto têm, também, o direito de requerer a intervenção do tribunal, intentando um processo judicial de promoção e de

---

[150] Cfr. JOANNE SCHULLMAN/VALERIE PITT, *Second Thoughts On Joint Child Custody... ob. cit.*, p. 214 e ss.
[151] Sobre a importância crescente dos afectos, no direito da família e no direito da filiação, e a concorrência destes com os laços de sangue, *vide* OLIVEIRA, Guilherme de, *O sangue, os afectos e a imitação da natureza*, Lex Familiae, Ano 5º, nº 10, 2008, pp. 9-16.
[152] Esta mesma noção já constava do art. 8º, nº 5 do DL n º 185/93, de 22 de Maio, no contexto da confiança administrativa da criança, a qual só pode ser decidida se não houver oposição do representante legal e de quem tiver a guarda de facto (art. 8º, nº 3).

protecção, na situação do art. 105º, nº 2 da LPCJP. Recentemente, foi-lhes reconhecido, pelo Tribunal Constitucional, por força do direito de acesso à tutela jurisdicional efectiva (art. 20º, nº 1 da CRP), legitimidade processual para recorrer de uma decisão proferida no âmbito de um processo de regulação do exercício do poder paternal, que ordenava a entrega da criança ao pai biológico, retirando-a dos detentores da guarda de facto[153]. A lei de protecção de crianças e jovens em perigo dá relevância às relações afectivas, prevendo como medidas de protecção a uma criança em perigo, nos termos do art. 3º, a colocação da criança sob a guarda de um familiar com quem resida ou a quem seja entregue (art. 40º) e a confiança a pessoa idónea, a qual consiste na colocação da criança ou do jovem sob a guarda de uma pessoa que, não pertencendo à sua família, com ela tenha estabelecido uma relação de afectividade recíproca (art. 43º). Estes direitos e princípios de participação e de respeito pelas relações afectivas de facto são também aplicáveis aos processos tutelares cíveis, por força do art. 147º A da O.T.M..

Desde a Reforma de 1977 que o Código Civil reconhece à pessoa a quem a criança está confiada de facto legitimidade para intentar uma acção de inibição do exercício do poder paternal, quando qualquer dos pais infrinja culposamente os deveres para com os filhos, com grave prejuízo destes, ou quando, por inexperiência, ausência ou outras razões, não se mostre em condições de cumprir aqueles deveres (art. 1915º, nº 1 do Código Civil), e uma acção de limitação do exercício do poder paternal, em caso de perigo para a segurança, saúde, formação moral e educação da criança (art. 1918º do Código Civil).

b) *As responsabilidades parentais e o direito da criança à continuidade das vinculações afectivas precoces*

A cultura moderna e a lei acentuam mais a responsabilidade do adulto do que os seus direitos, e reconhecem à criança a qualidade de sujeito, titular de direitos fundamentais, como o direito ao desenvolvimento integral, consagrado no art. 69º da CRP, o qual engloba o direito ao respeito pelas suas relações afectivas profundas, parte integrante do seu "EU"[154].

---

[153] Cf. Acórdão do Tribunal Constitucional nº 52/2007, de 30 de Janeiro de 2007, in *www.oa.pt*. No mesmo sentido já se tinha pronunciado o STJ, no acórdão de 11-12-2001, in *Base Jurídico-Documental do MJ, www.dgsi.pt*, de que foi relator o Conselheiro PINTO MONTEIRO, reconhecendo à família de acolhimento que aceita a guarda de uma criança de dois anos, em situação de perigo, legitimidade para agravar da decisão judicial que ordenou a entrega dessa criança à mãe biológica.

[154] Cf. LEANDRO, Armando, *Direito e Direitos dos Menores, Síntese da situação em Portugal no domínio civil e no domínio para-penal e penal*, Infância e Juventude, nº especial, 1991, p. 263; ROCHA, Maria Dulce, *Adopção*

O discurso dos direitos parentais acentua mais o que é devido aos pais do que aquilo que eles devem à criança, acabando por reconhecer direitos a pais que nunca cumpriram ou cumpriram, de forma defeituosa, as suas obrigações para com os filhos. Quebra-se, assim uma ideia básica, inerente à justiça social e à igualdade, que exige reciprocidade entre direitos e obrigações. Os tão proclamados direitos em relação às crianças não podem deixar de ser, em primeiro lugar, direitos merecidos ou conquistados através da assunção de responsabilidades, da prestação de cuidados e da construção de uma relação afectiva de qualidade, caso contrário, a sociedade, através dos Tribunais, está a premiar a irresponsabilidade e a actuar em sentido oposto à realização do interesse da criança.

Na era dos direitos da criança, em que a sociedade pretende ser uma sociedade centrada na criança e não nos interesses do adulto, o centro do processo de regulação das responsabilidades parentais ou de promoção e protecção não é a personalidade dos progenitores analisada em abstracto, em termos de capacidade/incapacidade parental, mas a pessoa da criança, as suas necessidades, sentimentos e emoções.

A jurisprudência já tem defendido que a guarda das crianças pode ser confiada a terceiras pessoas, desde que o interesse da criança o reclame, ainda que a criança tenha pais em condições de exercer as responsabilidades parentais[155].

Nos conflitos entre pais biológicos, que não exercem o poder paternal nem cuidam da criança, e terceiros com a guarda de facto, o critério decisivo resulta da perspectiva da criança em relação à situação e do seu interesse em não ser separada da família afectiva, que de facto se responsabiliza por ela.

– *Consentimento – Conceito de Abandono*, Revista do Ministério Público, Ano 23º, Outubro – Dezembro 2002, Nº 92, pp. 98 e 107; SOTTOMAYOR, Maria Clara, *Qual é o interesse da criança? Identidade biológica versus relação afectiva*, in AAVV, in Volume Comemorativo dos 10 Anos do Curso de Pós-Graduação "Protecção de Menores – Prof. Doutor F. M. Pereira Coelho", nº 12, Faculdade de Direito da Universidade de Coimbra, Centro de Direito da Família, Coimbra, 2009, pp. 23-60.

[155] Cf. RL 20-10-2005 (Relator: PEREIRA RODRIGUES), in *Base Jurídico-Documental do MJ*, www.dgsi.pt. Neste caso, o Tribunal confiou a guarda da criança ao seu irmão mais velho e cunhada, a quem foi reconhecido o papel de "figuras de referência na afectividade, educação e sustento", enquanto "(...) a mãe não tem vindo a exercer as funções inerentes ao poder paternal, pois que a menor, há mais de sete anos, tem estado aos cuidados dos requeridos (irmão e cunhada) e a mesma recusa-se a ir viver com a mãe (...)." No mesmo sentido, confiando a guarda aos avós maternos, vide RL 01-04-2004 (Relator: PEREIRA RODRIGUES), in *Base Jurídico-Documental do MJ*, www.dgsi.pt e RP 28-10-2008 (Relator: MÁRIO ANTÓNIO MENDES SERRANO), confiando, numa acção de regulação do poder paternal intentada pelo M.P., a guarda de uma criança à tia-avó, em cujo agregado familiar aquela se integra desde o seu nascimento, devido à separação dos progenitores (que nunca foram casados nem viveram em condições análogas às dos cônjuges) e à falta de condições destes, bem como ao desinteresse que ambos têm revelado pela criança.

O interesse da criança tem sido analisado como um conceito indeterminado, que carece de preenchimento valorativo. A introdução deste critério representou um avanço na lei, na doutrina e na jurisprudência. Contudo, o seu carácter vago e elástico abrange, potencialmente, uma variedade de sentidos e presta-se a interpretações subjectivas, de acordo com as opiniões pessoais do julgador, caracterizando-se algumas decisões judiciais pela imposição à criança do sofrimento da separação das pessoas que identifica como pai e como mãe, para salvaguardar os direitos dos pais biológicos[156]. Neste contexto, seria importante que o legislador, em vez de deixar, aos Tribunais, uma tão ampla margem de liberdade da decisão, se comprometesse com uma definição do conceito, vinculando os Tribunais ao respeito pela continuidade dos cuidados prestados à criança e da relação afectiva recíproca[157].

A noção de interesse da criança, apesar da sua aparente subjectividade, não pode ser vista como um conceito multiforme, que torna todos os discursos equivalentes, porque formalmente justificados pelo mesmo interesse. Num conflito entre adultos, em que ambas as partes legitimam a sua posição com o interesse da criança, esta noção, como conceito jurídico, não abre a porta às concepções pessoais do juiz, nem torna indiferente a argumentação das partes, sob pena de cairmos na arbitrariedade e na identificação do interesse da criança com o interesse dos progenitores biológicos, independentemente da qualidade da relação afectiva e da função parental. A noção de interesse da criança não é um vazio ou o arbítrio, a que cada um atribui o significado que bem entende, mas contém uma zona, definida como o núcleo do conceito, passível de ser preenchida através do recurso a valorações objectivas. A manutenção da estabilidade da vida familiar da criança e dos seus laços afectivos profundos – a verdade afectiva e sociológica da criança – introduz uma zona de consenso dentro do conceito de interesse da criança, que evita o subjectivismo judiciário e limita a discricionariedade judicial.

c) *A noção de criança em perigo*

A noção de perigo subjacente ao art. 1918º, que fundamenta nos termos do art. 1907º, nº 1, a confiança da guarda da criança a uma terceira pessoa, está

---

[156] RC 25-09-2007 (Relator: JACINTO MECA) e RG 24-04-2008 (Relator: GOUVEIA BARROS), in *Base Jurídico-Documental do MJ, www.dgsi.pt*
[157] Para uma definição do conceito de interesse da criança de forma a abranger a manutenção das relações afectivas, *vide* ROCHA, Dulce, *O Superior Interesse da Criança na perspectiva do respeito pelos seus direitos*, Instituto de Apoio à Criança, 2008, p. 20, propondo uma nova alínea no art. 4º da LPCJP, com a seguinte redacção: "Primado da continuidade das relações psicológicas profundas – a intervenção deve respeitar o direito da criança à preservação das relações afectivas estruturantes de grande significado e de referência para o seu saudável e harmónico desenvolvimento, devendo prevalecer as medidas que garantam a continuidade de uma vinculação securizante."

concretizada no art. 3º da Lei de Protecção de Crianças e Jovens em Perigo, que contém uma enumeração meramente exemplificativa.

A criança, que desde o seu nascimento ou idade muito precoce foi criada por terceiras pessoas com quem construiu fortes laços afectivos semelhantes à filiação, é uma criança em perigo, em termos psicológicos, para efeitos dos art. 3º e seguintes da Lei de Protecção. A criança que vive nestas condições, sem que a relação afectiva construída com as pessoas que cuidam de si esteja protegida por uma decisão judicial, vive numa situação de instabilidade e de insegurança, pelo facto de, a qualquer momento, poder ser reclamada pelos pais biológicos e desinserida da "família de facto", que sempre conheceu e amou. A separação das pessoas que se habituou a amar, como pai e como mãe, causa à criança uma dor semelhante à morte dos pais[158]. Trata-se, portanto, de um perigo psicológico e emocional profundíssimo para uma criança, e ao qual os Tribunais não podem ser insensíveis, fazendo prevalecer o vínculo biológico sobre a continuidade e a qualidade dos laços afectivos estabelecidos entre a criança e a sua "família de facto".

A separação da criança das pessoas que, independentemente dos laços biológicos, desempenharam a função parental, causa às crianças danos psicológicos e de saúde mental, como depressões, fúrias violentas, adaptação superficial às outras pessoas, angústias, risco de instabilidade afectiva ou fuga[159], assim como a experiência de um sofrimento emocional e um retrocesso no desenvolvimento[160], que os Tribunais têm de considerar nas suas decisões. A criança é uma pessoa e não uma cidadã de segunda categoria ou um ser inanimado, sem sentimentos e vontade própria.

A psicologia verifica que a constituição mental das crianças difere da dos adultos, não podendo nós os adultos transpor para as crianças, aquilo que são as nossas necessidades, convicções ou sonhos. Enquanto o funcionamento psíquico dos adultos se processa por linhas mais ou menos fixas, as crianças mudam constantemente de um estádio de desenvolvimento para outro, precisando, por isso, da estabilidade das condições externas da sua vida para ultrapassarem com sucesso cada um dos estádios de desenvolvimento[161]. As crianças medem a passagem do tempo de modo diferente dos adultos, não pelo relógio e pelo calendário, mas pela sua sensação íntima do tempo, baseada

---

[158] Cf. JOSEPH GOLDSTEIN/ANNA FREUD/ALBERT J. SOLNIT, *No Interesse da Criança?*, ob. cit., p.18.
[159] Cf. MAURICE BERGER, *A criança e o sofrimento da separação* (tradução portuguesa do original *L'Enfant et la souffrance de la séparation*, Paris, 1997), Lisboa, 2003, p. 72.
[160] Cf. JOSEPH GOLDSTEIN/ANNA FREUD/ALBERT J. SOLNIT, *No Interesse da Criança?*, (tradução brasileira de *Beyond the Best Interests of the Child*, Free Press, 1979), São Paulo, 1987, p. 18.
[161] *Ibidem*, p. 8

na urgência das suas necessidades instintivas e emocionais[162]. Este aspecto da personalidade da criança resulta numa "(...) grande intolerância a adiamentos de gratificação ou a frustrações e na sensibilidade intensa quanto à duração das separações"[163]. Os Tribunais devem ter em conta que as crianças não são adultos em miniatura. As crianças, ao contrário dos adultos, não são capazes de lidar com as incertezas da vida através da razão. As suas actividades são comandadas pelo lado irracional da mente humana, reagindo a qualquer ameaça contra a sua segurança emocional com "(...) ansiedades, recusas, ou distorção da realidade, inversão ou deslocamento de sentimentos – reacções que não têm condições de serem controladas, e antes as colocam à mercê dos acontecimentos."[164]

Para evitar a consumação do dano emocional da separação, nas situações em que os pais biológicos intentam um processo de regulação das responsabilidades parentais, exigindo judicialmente a entrega de uma criança de quem nunca cuidaram, o MP deve requerer ao tribunal a aplicação de uma medida judicial de protecção (art. 148º, nº 3, al. b) da O.T.M.), a confiança a pessoa idónea (arts. 35º, al. c) e 43º da Lei de Protecção), ou, no caso de se verificarem os pressupostos do art. 1978º, a confiança a pessoa seleccionada para futura adopção (arts. 35º, al. g) e 38º A) da Lei de Protecção)[165]. Dado o carácter provisório e limitado no tempo das medidas de protecção de criança em perigo, previstas nas alíneas a) a f) do art. 35º da LPCJP, o MP deve requerer, para que a situação jurídica da criança fique definida, a confiança da guarda a terceira pessoa e a limitação do exercício das responsabilidades parentais dos progenitores, de acordo com o processo prescrito nos artigos 194º e seguintes da O.T.M.[166] ou num processo de regulação das responsabilidades parentais. A jurisprudência não tem sido unânime quanto à forma de processo, havendo decisões judiciais que entendem que o processo previsto nos arts 194º e ss da O.T.M. só se aplica à inibição do poder paternal, pois a sua tramitação não é adequada à urgência exigida pela adopção de providências de protecção, decidindo, então, que a forma de processo a utilizar para os casos de limitação do exercício do poder paternal deverá ser a acção

---

[162] *Ibidem*, p. 8
[163] *Ibidem*, p. 8
[164] *Ibidem*, p. 9
[165] Realçando o papel do MP na promoção da adopção e defendendo que "a família deve ser sinónimo de comunidade de laços afectivos e não necessariamente ligadas pelo sangue", *vide* NORBERTO MARTINS, *O papel do Ministério Público no sistema de protecção e no encaminhamento para a adopção*, Revista do Ministério Público, Jan-Mar 2005, Nº 101, pp. 53-66, em especial, pp. 65-66.
[166] RP 07-06-2005 (Relator: EMÍDIO COSTA), in *Base Jurídico-Documental do MJ*, www.dgsi.pt

tutelar comum prevista no art. 210º da O.T.M.[167]. Nada obsta, contudo, em nossa opinião, que o MP possa intentar uma acção de regulação de exercício das responsabilidades parentais, para nela pedir a confiança da guarda a terceira pessoa e uma limitação do exercício das responsabilidades parentais nos termos dos arts 1907º, 1918º e 1919º, dada a subordinação de todas as formas processuais ao interesse da criança e a possibilidade de adaptação das mesmas à situação concreta da criança, de acordo com o predomínio da conveniência ou da equidade sobre a legalidade, nos termos do art. 1410º do C.P.C., característica dos processos de jurisdição voluntária (art. 150º da O.T.M.). O argumento de que estes processos se referem apenas, como o próprio nome indica, aos pais, não é decisivo. O art. 1905º, nº 2, na redacção anterior à Lei 61/2008, abrangia como decisões alternativas, no contexto de divórcio ou separação dos pais, a confiança da guarda a qualquer um dos pais ou a terceira pessoa, nas situações do art. 1918º. Apesar de esta norma ter sido alterada pela Lei 61/2008, referindo-se actualmente, apenas, aos alimentos devidos pelo progenitor não residente, esta alteração não significa uma exclusão da hipótese da confiança da guarda da criança a terceiros nos processos de regulação do exercício das responsabilidades parentais, uma vez que a lei 61/2008 prevê a entrega a terceiros no art. 1907º, norma colocada na mesma secção que os artigos 1905º e 1906º.

---

[167] RC 22-05-2007, (Relator: ARTUR DIAS), in *Base Jurídico-Documental do MJ*, www.dgsi.pt. Na fundamentação da decisão, a Relação de Coimbra afirma que o processo de regulação do poder paternal intentado pelo MP não é o adequado a pedir a confiança da guarda e o exercício de uma parte das responsabilidades parentais para terceira pessoa (arts 1918º e 1919º), pois estes processos têm como pressuposto a titularidade do poder paternal e a inexistência de acordo entre os pais quanto à guarda e exercício das responsabilidades parentais. Contudo, o Tribunal deu provimento ao recurso do MP, revogando a decisão recorrida de arquivamento e ordenando a convolação do processo, entendendo que já constavam elementos nos autos, como as declarações prestadas pelo pai e pela avó materna com quem a criança residia, bem como o conteúdo dos inquéritos sociais, que indiciam com segurança que existe um perigo para a criança, pelo menos potencialmente, ordenando, em consequência, o prosseguimento dos autos para ser proferida decisão sobre a confiança ou não da guarda à avó. No caso *sub iudice*, a mãe tinha falecido e o pai era toxicodependente, tendo declarado, na Conferência de regulação do poder paternal, que não tinha condições para assumir a guarda da filha, concordado com a confiança à avó materna com quem a criança residia ao abrigo, inicialmente, de uma medida de protecção de apoio junto de outro familiar e, mais tarde, ao abrigo de uma medida de acolhimento familiar, de carácter prolongado, concretizada no agregado familiar da avó materna. A decisão do Tribunal de 1ª instância, revogada pelo MP, assentava no argumento lógico-formal, já por nós criticado neste trabalho, segundo o qual, perante o falecimento da mãe, o exercício do poder paternal recai automaticamente no progenitor sobrevivo, por força do art. 1904º, não havendo portanto, nada a regular na presente acção. O tribunal recorrido considerou que a via mais adequada seria a da inibição do poder paternal e a subsequente instauração de tutela, ou, na hipótese da situação não legitimar a inibição, a instauração de uma acção com vista à limitação do poder paternal, não tendo decidido pela convolação do processo, porque não foram alegados factos que permitissem esta convolação.

Quer a confiança a pessoa idónea decretada num processo de promoção e protecção, quer a atribuição da guarda a terceira pessoa proferida num processo de regulação das responsabilidades parentais, devem ser acompanhadas de uma decisão que limite ou iniba o exercício do poder paternal dos pais biológicos, concedendo o exercício das responsabilidades parentais à terceira pessoa que cuida da criança e em cuja família esta está inserida, nos termos do art. 1907º, nº 2, nos casos em que seja previsível o prolongamento da situação de perigo ou de incapacidade dos pais. Estas decisões, contudo, caracterizam-se pela sua livre modificabilidade (art. 1920º A e 1916º e 1411º do C.P.C.), podendo, a todo o tempo, os pais biológicos, alegando a cessação do perigo ou requerendo o levantamento da limitação ou da inibição das responsabilidades parentais, pedir a entrega dos filhos, provocando esta possibilidade legal angústia e sofrimento nas crianças, que se sentem ameaçadas na sua existência afectiva. Com a lei do apadrinhamento civil será possível conferir a esta relação afectiva entre as crianças e os seus cuidadores um carácter tendencialmente permanente, na medida em que se trata de um modelo de acolhimento definitivo, exercendo os padrinhos/madrinhas as responsabilidades parentais até à maioridade (art. 7º, nº 1). Esta nova figura distingue-se da adopção plena, pois os pais biológicos têm direitos de visita e de informação (art. 8º), e da adopção restrita, porque, para ser decretado um apadrinhamento, os pressupostos legais são menos exigentes, e os efeitos também são diferentes: o apadrinhamento não altera os apelidos da criança, nem produz efeitos sucessórios, diferentemente da adopção, quer restrita quer plena. Distingue-se da tutela pela sua dimensão afectiva e porque não se extingue com a maioridade, gerando entre padrinhos e afilhados deveres de alimentos recíprocos (art. 21º).

A lei do apadrinhamento[168] confere um maior protagonismo à criança, exigindo a sua audição, independentemente da idade (art. 11º, nº 6), conferindo-lhe um papel activo processualmente a partir dos 12 anos, atribuindo-lhe a iniciativa de constituir uma relação de apadrinhamento (art. 10º, nº 1, al. e) e permitindo a nomeação de advogado, pelo MP, para representar a criança (art. 10º, nº 2), assim como o direito de designar os padrinhos (art. 11º, nº 2).

d) A noção de vida familiar segundo a jurisprudência do TEDH

A jurisprudência do TEDH constitui, hoje, não só um meio auxiliar interpretativo da Constituição mas também um meio de invenção ou desenvolvi-

---

[168] Lei 113/2009, de 11 de Setembro, regulamentada pelo DL nº 121/2010, de 27 de Outubro.

mento de direitos fundamentais[169]. Este processo de interpretação das normas constitucionais ou de desenvolvimento de direitos fundamentais, com base na jurisprudência do TEDH, deve também ser aplicado na área dos direitos das crianças, nomeadamente, como fundamentação jurídica do direito da criança à manutenção das suas relações afectivas principais. Este direito da criança decorre do direito ao desenvolvimento, consagrado na norma do art. 69º, nº 1 da CRP interpretada à luz da jurisprudência do TEDH, que reconhece a natureza de vida familiar à relação afectiva entre a criança e a família de acolhimento, negando aos pais biológicos o direito de desinserir a criança do seu ambiente familiar actual[170].

Os Tribunais nacionais devem, assim, adoptar os critérios interpretativos delineados pelo TEDH e atender à interpretação evolutiva e dinâmica relativamente à noção de vida familiar, a qual se torna parte integrante do art. 8º da Convenção e adquire a mesma força vinculativa, sempre que através dela seja possível obter uma protecção mais favorável de direitos fundamentais, nomeadamente, de direitos das crianças. Os Tribunais nacionais estão, assim, vinculados à interpretação uniforme seguida pelo TEDH, no que diz respeito à noção de vida familiar e à prevalência dos interesses das crianças sobre os interesses dos adultos, sob pena de uma condenação do Estado, no caso de ser adoptada uma interpretação biologista do conceito de interesse da criança, que desconsidere o sofrimento provocado à criança com a separação relativamente aos seus cuidadores.

Da jurisprudência do TEDH resulta que a noção de interesse da criança, consagrada no art. 4º, al. a) da LPCJP, consiste na manutenção das relações afectivas da criança com os seus cuidadores, e que a noção de família inerente ao art. 4º, al. g) da LPCJP abrange a relação afectiva da criança com as pessoas a cuja guarda foi confiada e que cuidam dela como filha, independentemente dos laços de sangue. O TEDH admite, também, o dano da separação sofrido pela criança, quando afastada das suas pessoas de referência, como um perigo emocional ou psicológico para a sua saúde, sendo de acordo com este sentido que os Tribunais nacionais devem interpretar a noção de perigo do art. 3º da LPCJP.

A noção de vida familiar caracteriza-se pela sua indeterminação e plasticidade, cabendo ao Tribunal definir casuisticamente que realidades sociais e afectivas constituem família à luz da Convenção, assistindo-se actualmente a um movimento de dilatação desta noção, abrangendo outras formas de

---

[169] Cf. JOÃO RAMOS DE SOUSA, «Apresentação: ainda há juízes em Estrasburgo», in *Sub Judice – Direitos Humanos no Tribunal Europeu*, nº 28, Abril/Setembro 2004, p. 8.
[170] Cf. MARIA CLARA SOTTOMAYOR, *Qual é o interesse da criança? Identidade biológica versus relação afectiva*, ob. cit., pp. 23-60.

convivência afectiva entre pessoas sem ligação de parentesco, casamento ou adopção. Para proceder ao alargamento da noção de vida familiar, o TEDH tem seguido os critérios da efectividade dos laços interpessoais e da aparência de família, que atendem à existência de coabitação, à dependência financeira, e, sobretudo, aos laços de afectividade, efectivamente vividos, independentemente dos laços formais ou biológicos.

No que diz respeito às relações entre adultos cuidadores e crianças, a relevância crescente da relação afectiva tem conduzido não só ao reconhecimento de novas formas de família, mesmo na ausência de laço biológico, como também à afirmação de que a relação biológica, só por si, é insuficiente para integrar o conceito de vida familiar protegido pelo art. 8º da CEDH.

A protecção conferida pelo art. 8º da CEDH à vida familiar tem sido alargada pelo TEDH aos adultos que mantêm com as crianças de quem cuidam, laços afectivos estreitos de tipo parental, classificando a relação afectiva entre avós e netos como «vida familiar» protegida pelo art. 8º da CEDH (*Marckx v. Belgium* e *Hokkanen v. Finland*[171]), reconhecendo a existência de vida familiar entre sobrinho e tio, a quem foi concedido um direito de visita, apesar de não estar previsto no direito interno inglês, que só concedia direito de visita aos pais (*Boyle v. Reino Unido*[172]). O Tribunal Europeu, em nome do interesse da criança e da prevalência da paternidade sócio-afectiva sobre a paternidade biológica, protege as famílias recombinadas formadas pela mãe da criança, o seu companheiro ou marido e a criança filha de uma relação da mãe com um terceiro. Neste contexto, o TEDH considerou que, a adopção pelo marido da mãe, sem consentimento do progenitor biológico (*Söderbäck v. Sweden*[173]) e a exclusão do direito de visita do pai biológico, para proteger a integração da criança numa família reconstituída e o interesse da criança em ser afastada do conflito entre os pais (*Garcia v. Switzerland* [174]), são decisões que não violam o art. 8º da CEDH.

O TEDH também tem entendido que a relação entre crianças e famílias de acolhimento constitui vida familiar para o efeito do art. 8º, impedindo a transferência da guarda para os pais biológicos (*Rieme v. Sweden, K. and T. v. Finland* e *Görgülü v. Germany*[175]).

---

[171] Cf. *Marckx v. Belgium*, Acórdão do TEDH, de 13 de Junho de 1979; *Bronda v. Italy*, Decisão do TEDH, de 9 de Junho de 1998; *Hokkanen v. Finland*, Recurso nº 19823/92, Acórdão do TEDH, de 23-09-1994.
[172] *Boyle v. Reino Unido*, Acórdão do TEDH, de 28-02-1994.
[173] *Söderbäck v. Sweden*, Acórdão do TEDH, de 20-10-1998.
[174] *Garcia v. Switzerland*, Decisão da Comissão Europeia dos Direitos Humanos, de 14 de Março de 1985, sobre a queixa nº 10148/82.
[175] *Rieme v. Sweden*, Acórdão do TEDH, de 22-04-1992; *K. and T. v. Finland* Recurso nº 25702/94, Acórdão do TEDH, de 12-07-200; *Görgülü v. Germany*, Recurso nº 74969/01, acórdão do TEDH, de 26-05-2004.

Ao alargamento da noção de família corresponde o entendimento do TEDH, segundo o qual o mero vínculo biológico de parentalidade, sem uma relação pessoal próxima entre a criança e o progenitor biológico, não constitui uma relação familiar protegida pelo art. 8º (*Lebbink v. The Netherlands*[176]), a qual depende da natureza da relação dos pais biológicos entre si e do interesse manifestado pelo pai em relação à criança, antes e depois do nascimento (*Nylund v. Finland*[177]). O facto de um progenitor biológico ter perfilhado tarde a criança (10 meses após o nascimento), não efectuar visitas e não pagar alimentos, faz com que o TEDH negue a esta relação biológica de paternidade o estatuto de vida familiar protegida pelo art. 8º da CEDH (*Boughanemi v. France*[178]).

Mesmo nos casos em que o TEDH entende que a intervenção do Estado na família biológica violou, num momento inicial, os direitos parentais, o TEDH considera que, com o decurso do tempo, depois de se consolidar a integração da criança na família de acolhimento, a decisão de transferência da guarda para os terceiros e de restrição do direito de visita dos pais biológicos não viola os direitos destes, os quais não incluem o poder de desintegrar a criança do seu ambiente e das suas relações afectivas principais (*K. and T. v. Finland*)[179]. Neste caso, o Tribunal Europeu considerou que, apesar de a colocação imediata do recém-nascido, no sistema público de protecção, com restrições ao direito de visita dos pais, ter violado o direito à vida familiar protegido pelo art. 8º da Convenção, os pais biológicos não podiam invocar o art. 8º para requerer a entrega da criança, a qual seria susceptível de lesar a saúde e o desenvolvimento desta, que vivia com uma família de acolhimento, desde os 7 meses de idade. Em *Görgülü v. Germany*[180], o TEDH reafirma a sua doutrina, segundo a qual, no juízo de ponderação entre os interesses dos pais e os interesses da criança, deve ser atribuída particular importância aos interesses desta, não podendo um progenitor invocar o art. 8º para requerer medidas que prejudiquem a saúde e o desenvolvimento da criança. Nesta decisão, o TEDH não se pronunciou sobre a existência de vida familiar entre a família de acolhimento e a criança, pois não era essa a relação que reclamava protecção junto do Tribunal, mas sim a relação biológica entre o progenitor e a criança. O Tribunal Europeu, apesar de reconhecer o valor de vida familiar à relação biológica, para efeitos do art. 8º da CEDH,

---

[176] *Lebbink v. The Netherlands*, Recurso nº 45582/99, Acórdão do TEDH, de 1-09- 2004.
[177] *Nylund v. Finland*, Decisão do TEDH, de 29-06-1999, sobre a admissibilidade da queixa nº 27110/95.
[178] *Boughanemi v. France*, Recurso nº 000022070/93, Acórdão do TEDH, de 24-04-1996.
[179] *K. and T. v. Finland*, Recurso nº 25702/94, Acórdão do TEDH, de 12-07-2001.
[180] Cf. *Görgülü v. Germany*, Recurso nº 74969/01, Acórdão do TEDH, de 26-05-2004.

nega, contudo, ao progenitor, o poder de exigir a entrega da criança, pois a separação da criança da sua família de acolhimento constituía uma decisão contrária ao interesse da criança e um evento traumático, susceptível de causar danos psicológicos graves e irreparáveis.

Em *Rieme v. Sweden*[181], o TEDH decidiu que não violava o art. 8º a decisão do Tribunal Sueco de proibir a transferência da guarda da família de acolhimento para o pai biológico, estando esta interferência na vida familiar do progenitor em conformidade com a lei e com objectivos legítimos de protecção da saúde e dos direitos da criança. Tratava-se de uma criança sensível, frágil e vulnerável, que sofria de problemas psicossomáticos. A criança tinha sido confiada, pelos serviços sociais, a uma família de acolhimento, desde tenra idade, através de uma medida de protecção com carácter duradouro, e estava profundamente enraizada neste ambiente familiar, onde se sentia segura. O TEDH considerou que a separação da família de acolhimento conduziria a mudanças perturbadoras na vida da criança, envolvendo um risco de agravar os seus problemas, decidindo que o interesse da criança prevalece sobre o interesse do progenitor.

Em *Hokkanen v. Finland*[182], o TEDH não considerou a entrega da guarda da criança aos avós maternos, que tinham cuidado dela a pedido do pai biológico, após a morte da mãe, uma violação do art. 8º da CEDH, embora, inicialmente, a não execução coerciva do direito de visita do pai tivesse sido uma violação do seu direito ao respeito pela vida familiar protegido pelo art. 8º.

O Tribunal Europeu dos Direitos Humanos considerou que a decisão judicial de um Tribunal finlandês que não permitiu ao progenitor biológico o estabelecimento da paternidade nem a impugnação da presunção relativamente ao marido da mãe não violava o art. 8º da CEDH, em virtude de a relação meramente biológica não merecer protecção como vida familiar e em respeito pelo interesse da criança na integração na nova família constituída pela mãe e pelo seu marido, fazendo prevalecer a paternidade sócio-afectiva sobre a paternidade biológica (*Nylund v. Finland*[183]). Reconheceu, ainda, o Tribunal, que, apesar de a mãe ter impedido o contacto do pai biológico com a criança, não pode ser ignorado que, de facto, nunca se formou qualquer laço emocional entre o progenitor biológico e a criança, não constituindo a relação meramente biológica uma relação familiar para efeitos do art. 8º (*Nylund v. Finland*[184]).

---

[181] Cf. *Rieme v. Sweden*, Acórdão do TEDH, de 22-04-1992.
[182] *Hokkanen v. Finland*, Recurso nº 19823/92, Acórdão do TEDH, de 23-09-1994.
[183] *Nylund v. Finland*, Decisão do TEDH, de 29-06-1999, sobre a admissibilidade da queixa nº 27110/95.
[184] *Nylund v. Finland*, Decisão do TEDH, de 29-06-1999, sobre a admissibilidade da queixa nº 27110/95.

e) A jurisprudência nacional da afectividade

Os Tribunais, apesar da permanência das concepções biologistas, presentes por convicção pessoal de alguns magistrados ou por falta de reflexão de outros[185], atribuem, de forma crescente, a guarda a terceira pessoa, normalmente os avós da criança, rejeitando a prevalência do vínculo biológico de parentalidade e atendendo ao critério da prestação de cuidados, mesmo que a mãe ou o pai biológico não sejam incapazes nem criem situações de perigo para os filhos[186]. Veja-se o caso decidido pelo Tribunal da Relação do Porto, acórdão

---

[185] Como exemplos de casos de jurisprudência biologista, que ordena a separação das crianças das suas pessoas de referência para serem entregues a progenitores biológicos que desconhecem ou com quem mantiveram contactos esporádicos, negando a verificação de qualquer perigo psíquico para a criança com a separação, *vide* RG 21-06-2007 (Relator: ANTÓNIO GONÇALVES), in *Base Jurídico-Documental do MJ*, www.dgsi.pt, para quem a separação de uma criança de 5 anos, em relação aos seus avós adoptivos, com quem vivia no Brasil e mantinha fortes laços de afecto familiar, não atenta de forma violenta contra a sua integridade psicossomática; RC 25-09-2007 (Relator: JACINTO MECA), em que o Tribunal decidiu, num processo de regulação do poder paternal, em que eram requerente e requerida, respectivamente, um progenitor e uma progenitora, que nunca tinham coabitado com a filha, desinserir a criança da sua família de facto para a entregar a um progenitor biológico desconhecido da criança. O tribunal considerou, identificando parentalidade com vínculo biológico, que a posição jurídica destes pais, em relação à criança, era semelhante à dos pais divorciados ou separados que vivem numa unidade familiar com os filhos antes do divórcio, considerando os laços de sangue decisivos na definição do conceito de interesse da criança e confundindo a persistência do progenitor na reivindicação da guarda com amor, esquecendo que a criança precisa de um pai logo após o nascimento, e que não é justo que seja a criança a suportar as consequências das dúvidas do progenitor quanto à paternidade nem dos atrasos da justiça; RG 24-04-2008 (Relator: GOUVEIA BARROS), revogando uma decisão do Tribunal de Barcelos que atribuía a guarda de uma criança à família de acolhimento, que dela cuidava desde os 17 meses, e ordenando a sua entrega à mãe biológica de nacionalidade russa que aguardava, em Centro de Acolhimento Temporário, a concretização de medida de expulsão para o seu país. O Tribunal negou a existência de qualquer perigo na separação da criança relativamente à família de acolhimento e no desenraizamento do seu ambiente normal de vida, tendo interpretado o princípio da prevalência da família como se este abrangesse, apenas, a família biológica, de forma contrária ao que tem sido entendimento uniforme da jurisprudência do TEDH, a qual reconhece o carácter de vida familiar às relações afectivas entre a criança e a família de acolhimento, bem como a existência de um perigo para a criança na separação relativamente aos seus cuidadores.

[186] Esta solução veio a ser adoptada, pela Lei 61/2008, na redacção dada ao art. 1907º, o qual afirma que a criança pode ser confiada a terceiros por acordo ou decisão judicial, ou quando se verifique algumas das circunstâncias previstas no art. 1918º, admitindo implicitamente que a criança seja confiada a terceiros, na ausência de perigo, se tal solução for justificada no interesse da criança. O legislador terá querido fazer face à noção demasiado restritiva de perigo defendida por alguns tribunais, permitindo um alargamento das situações de confiança a terceiros. Pensamos, contudo, que a formulação não foi feliz, porque pode entrar em conflito com a norma do art. 36º, nº 6 da CRP, que garante aos pais a inseparabilidade em relação aos seus filhos, salvo quando estes cumpram para com estes os seus deveres fundamentais. Neste sentido, defendendo a inconstitucionalidade da norma, *vide* BOLIEIRO/GUERRA, *A criança e a família*, ob. cit., pp. 166-167. Teria sido preferível uma alteração do art. 3º da LPCJ, de forma a introduzir, na enumeração das situações de perigo, uma nova alínea com

de 23-11-2006 (Relatora: DEOLINDA VARÃO), em que a guarda foi atribuída à avó materna, que assumiu, ao longo dos últimos 12 anos, todos os cuidados com os netos e a responsabilidade de orientação dos seus processos educativos, e com quem estes mantêm uma relação profunda de afecto:

> "O caso dos autos configura precisamente uma daquelas situações em que o interesse destes impõe que essa guarda e cuidados seja atribuída a uma terceira pessoa. Essa terceira pessoa é aquela que deles cuidou durante toda a infância, acompanhando as fases cruciais do seu desenvolvimento e crescimento, com resultados tais que, tendo eles entrado já no período crítico da adolescência, apresentam personalidades equilibradas e mantêm com ela uma relação afectiva de tal forma forte que pretendem que a situação se mantenha."

No mesmo sentido, se orienta o Tribunal da Relação do Porto, acórdão de 26-06-2008 (Relatora: ANA PAULA LOBO), que inibiu os pais do exercício do poder paternal para confiar a criança à guarda da avó:

> "O poder paternal é um poder-dever, não é um meio de recuperação de toxicodependentes, nem é adequado achar que as crianças estão bem com uns pais que não garantem o seu sustento, por que não trabalham com regularidade, que não garantem a sua estabilidade emocional, porque não dispõem dela, que a levam para casa desta avó ou daquela e que tanto a irão buscar como a deixarão pelo tempo que lhes convier".

O princípio da pessoa de referência como critério de decisão, nos processos de regulação das responsabilidades parentais, em que está em causa

---

a seguinte redacção, conforme defendeu ROCHA, Dulce, *O Superior Interesse da Criança na perspectiva do respeito pelos seus direitos*, Instituto de Apoio à Criança, 2008, p. 20: Considera-se que a criança ou o jovem está em perigo quando, designadamente, se encontra numa das seguintes situações: "d) Está aos cuidados de terceiros, durante período de tempo em que se observou o estabelecimento com estes de forte relação de vinculação, e em simultâneo com o não exercício pelos pais das suas funções parentais". Apesar de a correcta interpretação do art. 3º, que contém uma enumeração meramente exemplificativa, incluir já as crianças cujos pais não exercem as funções parentais, esta posição não é unânime nos Tribunais nem é defendida pela doutrina de referência. Cf. BORGES, Beatriz Marques, Almedina, Coimbra, 2007, p. 36: "Encontrando-se os pais, os representantes legais ou de facto numa situação de incumprimento dos seus deveres funcionais (...), tal não basta para que, desde logo, se verifique uma "intervenção" das entidades competentes para defesa e/ou protecção da criança/jovem." Julgamos, diferentemente, que, mesmo que a criança esteja ao cuidado de terceiros que zelam bem pela sua segurança, saúde e educação, a criança está em perigo psicológico, se a relação afectiva com os cuidadores não tem a cobertura de uma decisão judicial, a qual, se não for requerida por quem tem a guarda de facto, deve sê-lo pelo MP, para obstar à reivindicação tardia dos pais, como tantas vezes sucede na prática.

a intervenção de terceiros cuidadores que reclamam a guarda, já foi aplicado pelo STJ, como a solução mais adequada à promoção do interesse da criança, conforme tem sido defendido pela doutrina[187]:

> "É o superior interesse da criança que norteia toda a regulação do exercício do poder paternal, e, modernamente, tem-se entendido que o factor relevante para determinar esse interesse é constituído pela regra da figura primária de referência, segundo a qual a criança deve ser confiada à pessoa que cuida dela no dia-a-dia. Por outro lado, este critério está em harmonia com as orientações legais acerca do conteúdo do poder paternal e com as que consideram a vontade da criança como um factor decisivo na resolução de questões que dizem respeito à sua vida. A regra da <u>figura primária de referência</u> é um critério objectivo e funcional, relacionado, como se disse, com o dia-a-dia da criança, ou seja, com a realização de tarefas concretas prestadas ao menor, no quotidiano"[188].

Esta decisão representa, também um avanço na noção de perigo, identificando um perigo psicológico ou emocional para a criança na retirada desta da companhia da tia, que cuida da criança desde tenra idade, a pedido da mãe:

> "Na verdade e conforme muito bem se diz na sentença proferida na 1ª instância, retirar neste momento a menor DD do ambiente em que sempre viveu e que reconhece como sendo o seu meio de vida (...) seria alterar radicalmente a vida desta criança, causando-lhe perturbação e inquietação emocional e afastando-a do ambiente securizante que até hoje proporcionou que crescesse e se desenvolvesse em ternos francamente satisfatórios". Por mais que aceitemos a existência de como um "direito subjectivo" dos pais a terem os filhos consigo, é no entanto o denominado "interesse superior da criança" – conceito abstracto a preencher face a cada caso concreto – que deve estar acima de tudo. Se esse "interesse subjectivo" dos pais não coincide com o "interesse superior" do menor, não há outro remédio senão seguir este último interesse. Ora, face ao que ficou dito, cremos que a segurança, a saúde e a educação da DD seriam postos em perigo se se interrompesse a continuidade da relação que tem com a tia e com o ambiente familiar envolvente."(sublinhado nosso).

A noção de perigo psíquico, como fundamento da confiança da guarda da criança a terceiros cuidadores contra a vontade dos pais biológicos que reclamam a sua guarda, foi também aplicada pelo Tribunal da Relação de

---

[187] Cf. SOTTOMAYOR, Maria Clara, *Regulação do exercício do poder paternal nos casos de divórcio*, Livraria Almedina, Coimbra, 4ª reimpressão da 4ª edição, pp.
[188] Cf. STJ, 04-02-2010, (Relator: OLIVEIRA VASCONCELOS) in *Base Jurídico-Documental do MJ, www.dgsi.pt*

Lisboa, no acórdão de 17-11-2009 (Relatora: CRISTINA COELHO)[189], num caso em que a criança vivia há 9 anos com um casal a quem foi entregue pela progenitora, tendo criado com este casal profundos laços afectivos e tendo deles recebido o tratamento de filha. O Tribunal confia a criança ao casal, com a seguinte finalidade e fundamento:

> "(...) para dar cobertura legal à situação de confiança em que a menor se encontra, e com vista a obstar a decisão arbitrária da progenitora no sentido de fazer cessar o "acordo" estabelecido com o casal, sendo certo que do retorno ao agregado materno pode resultar perigo para a menor nos termos do art. 1918º".

> (...) "A menor necessita de estabilidade e certeza, de saber com quem está e em que moldes, e de ter confiança em que a situação não tem a virtualidade de se alterar, radicalmente, de um momento para o outro, por vontade unilateral de uma pessoa, que não obstante ser sua mãe, não tem desenvolvido um relacionamento como tal"

1.9. Alteração da regulação das responsabilidades parentais – a mudança de cidade ou de país do progenitor guarda

A lei afirma o princípio da modificabilidade das decisões de regulação do responsabilidades parentais, em caso de não cumprimento por ambos os pais[190] ou quando ocorra uma circunstância superveniente (art. 182º da O.T.M.)[191]. Contudo, as modificações às decisões iniciais de regulação das responsabilidades parentais devem ser excepcionais a fim de não ser prejudicada a necessidade da criança relativamente à estabilidade do ambiente

---

[189] Cf. TRL 17-11-2009, in *www.dgsi.pt*

[190] O não cumprimento da sentença por parte de ambos os pais como causa de modificação das decisões de regulação das responsabilidades parentais refere-se, sobretudo, a alterações do regime de visitas ou da obrigação de alimentos. Relativamente à alteração do progenitor a quem é confiada a guarda, o não cumprimento do direito de visita por parte do progenitor guarda, só em casos excepcionais, em que a proibição seja sistemática e prejudique gravemente o menor, conduzirá à alteração da decisão inicial, tendo ainda, a possível alteração de ser testada à luz do interesse do menor, pois, normalmente, a defesa da estabilidade do ambiente do menor e da continuidade da relação afectiva com a figura primária de referência exigirão a manutenção do *status quo*, apesar do não cumprimento do regime de visitas. Criticando o carácter pseudo-científico do chamado *"síndroma de alienação parental"* criado por Gardner (*Recent Trends in Divorce and Custody, Academy Forum*, American Academy of Psychoanalysis, 1985), a sua aplicabilidade a todos os casos de recusa de direito de visita e a transferência da guarda para o progenitor que a criança rejeita, vide BRUCH, Carol S., *Parental Alienation Syndrome: Junk Science in Child Custody Determinations*, European Journal of Law Reform, Volume 3, nº 3, p. 383-404.

[191] *Vide* o acórdão do Tribunal da Relação de Lisboa de 16/01/97 *in* Base de Dados do M.J.: "As decisões (...) podem ser alteradas pelo juiz que as proferiu, logo que cir-cunstâncias supervenientes ou ignoradas pelo julgador justifiquem a modificação".

em que vive e à continuidade nas suas relações pessoais[192]. Conforme temos vindo a defender, o art. 182º da O.T.M. deve ser interpretado restritivamente no sentido de que só alterações de circunstâncias que tenham um repercussão grave na saúde, segurança, educação ou vida da criança servirão de fundamento para alterar a regulação inicial[193]. A discricionariedade judicial para modificar a guarda está substancialmente limitada, desempenhado a defesa da estabilidade do ambiente e das relações afectivas da criança, um factor decisivo a favor do progenitor com quem a criança tem vivido até ao momento.

Neste contexto, levanta-se, contudo, uma questão, que tem ocupado os tribunais norte-americanos[194], e que devido à crescente mobilidade da população europeia pode também verificar-se em Portugal, embora a mudança geográfica dentro de um país com pequena extensão como Portugal não tenha o mesmo impacto que a questão apresenta nos E.U.A. Trata-se, então, do seguinte problema: se o progenitor que tem a guarda da criança planear

---

[192] Neste sentido, *vide* o acórdão do Tribunal da Relação do Porto de 30/09/99, *in* Base de Dados do M.J. onde se afirma que: "Havendo profunda ligação da menor a ambos os progenitores, a eventual retirada da mesma do convívio materno poderia constituir factor potencialmente gerador da ocorrência de insanáveis divergências entre aqueles, com o consequente reflexo no estado e desenvolvimento psíquicos da menor". A jurisprudência costuma exigir que a circunstância superveniente, para justificar a alteração da decisão, seja significativa. Cfr. acórdão do Tribunal da Relação do Porto de 14/01/92 e acórdão do Tribunal da Relação do Porto de 26/02/91, *in* Base de Dados do M.J. Considerando o aspecto psíquico dos pais como um factor justificativo da alteração da regulação das responsabilidades parentais, devido à larga influência que tem na formação da personalidade dos filhos/as, *vide* acórdão do Tribunal da Relação do Porto de 30/1/90, *in* Base de Dados do M.J. No mesmo sentido, *vide* o acórdão da Relação de Coimbra, de 2 de Novembro de 1994, CJ, Tomo V-1994, p. 36 e ss. Para uma crítica a esta decisão, *vide* SOTTOMAYOR, Maria Clara, *A preferência maternal ... ob. cit.*, p. 189-190. Considerando o relacionamento da mãe com o novo companheiro como uma circunstância que não justifica a alteração da regulação das responsabilidades parentais, *vide* o acórdão do Tribunal da Relação de Lisboa, de 27/01/94, *in* Base de Dados do M.J. Considerando o segundo casamento de um dos pais como um factor que pode justificar uma alteração das responsabilidades parentais *vide* o acórdão do Tribunal da Relação de Lisboa, de 06/02/92 *in* Base de Dados do M.J. Recusando a alteração em virtude de a menor estar bem integrada no ambiente familiar e escolar em que se encontra com o pai *vide* acórdão do Tribunal da Relação do Porto de 6/11/90 *in* Base de Dados do M.J.; afirmando que se deve manter a guarda do menor ao pai por força da continuidade e da estabilidade das relações afectivas do menor com o pai, *vide* o acórdão do Tribunal da Relação de Lisboa de 13/07/95 *in* Base de Dados do M.J.

[193] Cfr. SOTTOMAYOR, Maria Clara, *Exercício das responsabilidades parentais... ob. cit.*, p. 272, nota 729.

[194] Cfr. BODENHEIMER, Brigitte M., *Progress Under the Uniform Child Custody Jurisdiction Act and Remaining Problems: Punitive Decrees, Joint Custody, and Excessive Modifications*, California Law Review, Volume LXV, 1977, p. 978-1014; BRUCH, Carol S./BOWERMASTER, Janet M., *The Relocation of Children and Custodial Parents: Public Policy, Past and Present*, Family Law Quarterly, Volume 30, Nº 2, 1996, p. 245-303; BRUCH, Carol S., *Public Policy and the Relocation of Custodial Households in the United States, in* SOTTOMAYOR, Maria Clara/TOMÉ, Maria João, *"Direito da Família e Política Social"*, Congresso realizado na Universidade Católica Portuguesa, Centro Regional do Porto, 1 a 3 de Outubro de 1998, em vias de publicação.

mudar de cidade ou de país, desenraizando a criança do seu ambiente normal e diminuindo a quantidade do contacto desta com o outro progenitor, deve a decisão inicial de regulação das responsabilidades parentaisser alterada?

Os ex-cônjuges, por vezes, planeiam mudar de residência, para outra cidade ou país, por razões profissionais (procura de um novo emprego, frequência de um curso ou estágio de formação profissional) ou por razões pessoais (um segundo casamento, união a outros membros da família alargada como os avós da criança)[195]. Quando é o progenitor guarda a mudar, esta circunstância irá dificultar o exercício do direito de visita do outro progenitor, factor susceptível de criar conflitos judiciais em torno da regulação do responsabilidades parentais.

Entendemos que este problema deve ser analisado de um ponto de vista da legitimidade do Estado para intervir no exercício de um direito fundamental dos cidadãos – a liberdade de circulação (direito de deslocação e de emigração: art. 44º da C.R.P.) – e sob a perspectiva do interesse da criança e da protecção da sua relação afectiva com a figura primária de referência.

Para este efeito devem ter-se em consideração vários factores: a relação afectiva da criança com cada um dos pais; o impacto da mudança geográfica sobre a personalidade da criança (importância da relação da criança com vizinhos, amigos, escola)[196]; a vontade da criança, a partir da adolescência; as consequências, para a relação entre o progenitor guarda e a criança, de uma proibição judicial de mudar de país; as consequências, para a criança, de uma alteração da decisão de regulação das responsabilidades parentais a favor do outro progenitor e da ruptura na relação afectiva com a figura primária de referência.

1.9.1. Impacto da mudança de país na estabilidade da vida da criança

Este impacto da mudança de país consiste nos danos que decorrem da deslocação para a criança, por exemplo, a ruptura em relação ao ambiente

---

[195] Nos E.U.A., devido à grande mobilidade da população e à grande extensão do território, esta situação é bastante comum e os tribunais podem exigir que o progenitor guarda obtenha a autorização do ex-cônjuge ou de uma decisão judicial, para abandonarem o local onde a família viveu antes do divórcio. Sobre este problema, *vide* BRUCH, Carol S., *Public Policy and the Relocation of Custodial Households in the United States, in* Congresso Direito da Família e Política Social, Universidade Católica Portuguesa, Porto, Outubro 1998.

[196] Considerando a residência do pai no estrangeiro, a guarda deve ser atribuída à mãe com quem a criança tem vivido, na casa da avó materna, devido aos laços afectivos existentes entre a criança e a mãe, a avó, a irmã da criança e o companheiro da mãe e, ainda, devido à integração da criança na escola onde formou relações de camaradagem com os colegas. Cfr. acórdão do Tribunal da Relação de Lisboa de 11/12/90 *in* Base de Dados do M.J.

habitual da criança composto pela família alargada, a escola, os amigos, e a dificuldade de adaptação a outra cultura, ambiente e língua. Contudo, estes danos não se presumem nem se devem confundir com os incidentes normais de uma mudança. Terá que ser o progenitor não residente a alegar e a provar esses danos, os quais terão de ser suficientemente graves para fundamentar a intervenção do Estado na família, de acordo com os critérios consagrados nos artigos 3.º e 4.º da LPCJP.

O dano criado pela mudança de país terá, ainda, que ser ponderado com outros danos que a criança sofrerá se o progenitor guarda for proibido de se deslocar e de realizar o seu projecto de vida, ou com os danos provocados pelo afastamento da figura primária de referência da vida quotidiana da criança, no caso de a guarda ser transferida a favor do outro progenitor. Por último, a ruptura na estabilidade social da vida da criança não constitui fundamento para a intervenção do Estado na família, pois, os pais casados gozam em absoluto da liberdade de mudarem de terra ou de país, sem que o Estado pretenda controlar os efeitos desta decisão na personalidade das crianças.

A prática judicial, nos EUA, revelou que o que está em causa, nestes processos, não é uma preocupação com a estabilidade da vida da criança mas sim a protecção do direito de visita do progenitor sem a guarda[197].

1.9.2. A vontade da criança

Só a vontade da criança, se for adolescente, será um factor decisivo para a modificação da regulação do responsabilidades parentais, pois esta pode estar de tal forma integrada na sua vida escolar e social que não queira enfrentar um rompimento com o ambiente em que tem vivido. Contudo, se o outro progenitor for negligente no cuidado dos/as filhos/as e colocar em perigo a saúde, a segurança ou a educação da criança, a vontade deste não é relevante.

---

[197] Cfr. BRUCH, *Public Policy and the Relocation of Custodial Households in the United States*, ob. cit. Neste sentido, a autora salienta que mudanças que envolvem 50 a 150 milhas são normalmente permitidas sem consideração pelos efeitos da ruptura geográfica e social na estabilidade da vida do menor; se o progenitor guarda muda efectivamente de terra, a guarda é transferida para o outro progenitor, mesmo que esta mudança envolva todas as rupturas que a mudança do progenitor guarda envolvia mais a perda da figura primária de referência; se o progenitor guarda já se mudou quando o assunto é levantado em Tribunal pelo outro progenitor, alguns tribunais decidem que o progenitor guarda tem que mudar outra vez para o local onde vive o progenitor sem a guarda.

1.9.3. A relação da criança com o progenitor sem a guarda

As restrições de mudança geográfica são fundamentadas normalmente no interesse da criança a manter um contacto frequente com ambos os pais[198]. Contudo, em manifesta contradição com este princípio, verifica-se que as decisões judiciais restringem apenas a liberdade do progenitor guarda de mudar de residência nunca a liberdade do progenitor sem a guarda[199]. Nos E.U.A também não há decisões que imponham ao progenitor sem a guarda o exercício do direito de visita através de uma sanção pecuniária compulsória ou que concedam ao progenitor guarda indemnizações por danos causados pelo não exercício do direito de visita, incluindo o valor dos serviços prestados pelo progenitor guarda[200]. O mesmo se passa em Portugal, onde o direito de visita tem sido considerado pelos tribunais como um direito dos pais e não como um dever.

A relação do progenitor sem a guarda com o/a filho/a pode, de facto, ser mantida, através de estadias mais prolongadas da criança junto do progenitor sem a guarda, durante as férias, o que até permite uma relação mais natural do que os tradicionais fins-de-semana alternados. Por outro lado, os modernos meios de comunicação, por exemplo, telefax, telefone, cassetes audio ou video, internet, permitem, com toda a facilidade, um diálogo diário entre o progenitor e o filho. A qualidade da relação da criança com o progenitor sem a guarda é um valor mais importante do que a quantidade e a frequência das visitas, a qual não constitui um factor relacionado com o nível de funcionamento psicológico dos/as filhos/as após o divórcio[201].

De qualquer forma, não se pode presumir que a manutenção de uma relação frequente com o progenitor sem a guarda seja sempre positiva para a criança. Nos casos de relações parentais altamente conflituosas ou de violência doméstica, a relação das crianças com ambos os pais afecta de forma dramática a estabilidade emocional e comportamental dos/as filhos/as, que se tornam mais agressivos, deprimidos, e pouco comunicativos[202].

---

[198] Neste sentido, *vide* o acórdão do Tribunal da Relação de Lisboa de 23/04/91, *in* Base de Dados do M.J., em que se confirma a atribuição da guarda do menor ao pai, em virtude de a mãe pretender deslocar-se para o Canadá, e de o menor estar atento e ansioso sobre a possibilidade de perder o contacto frequente com o pai. Em sentido diferente, confiando a guarda à mãe que se encontra emigrada na Suíça e referindo que o regime de visitas do menor ao pai terá que ficar condicionado por essa situação de facto, *vide* o acórdão do Tribunal da Relação do Porto de 17/01/92 *in* Base de Dados do M.J.
[199] Cfr. CAROL S. BRUCH, *Public Policy and the Relocation of Custodial Households in the United States*, ob. cit.
[200] *Idem*.
[201] Cfr. WALLERSTEIN, Judith, *Children of Divorce: Report of a Ten-Year follow – Up of Early Latency-Age Children*, American Journal of Orthopsychiatry, 1987, vol. 57, p. 208.
[202] Cfr. JOHNSTON, Janet R./KLINE, Marsha/TSCHANN, Jeanne M., *Ongoing Postdivorce Conflict...* ob. cit., p. 576.

1.9.4. A relação afectiva da criança com o progenitor guarda/pessoa de referência

A relação da criança com a sua pessoa de referência sofre inevitavelmente com a alteração da regulação das responsabilidades parentais a favor do outro progenitor. E para o desenvolvimento da criança é menos traumatizante a redução do contacto com o progenitor sem a guarda do que uma ruptura na relação com o progenitor com quem tem vivido, que será aquele com quem construiu uma relação afectiva mais forte[203]. A investigação sobre os efeitos do divórcio demonstra que o bom funcionamento da família após o divórcio está associado a uma relação próxima com um progenitor guarda consciencioso, à diminuição do conflito entre os pais e a uma capacidade de cooperação razoável entre estes[204].

Os Tribunais, nestas decisões, devem considerar ainda o impacto que terá, para a família, o facto de a autorização à deslocação não ser concedida, pois, mesmo que o progenitor guarda opte por não se deslocar, tal situação afecta negativamente a sua saúde psíquica e a sua relação com a criança[205]. Com a agravante de, nos casos de violência doméstica, a mulher ser obrigada a viver perto do homem que ameaça a sua vida, defrontando-se sempre com a dificuldade de provar a violência em tribunal, pois, a violência doméstica contra as mulheres não merece ainda, em Portugal, a devida atenção por parte dos tribunais, sobretudo, quando o agressor é um homem que goza de boa imagem social.

A questão da mudança de residência deve ser analisada à luz das alternativas disponíveis, no caso de se proibir a deslocação. Neste contexto,

---

[203] Nos EUA, os tribunais chegam ao ponto de atribuir automaticamente a guarda ao outro progenitor, mesmo sem ter em consideração a capacidade deste para assumir a responsabilidade de ser a figura primária de referência. Por exemplo, casos em que a guarda é transferida ao outro progenitor, estando este, anteriormente, sujeito a um regime de visitas supervisionado. Cfr. BRUCH, Carol S., *Public Policy and the Relocation of Custodial Households... ob. cit.* Estas decisões, nas palavras da autora, não constituem decisões legítimas baseadas no interesse da criança mas antes uma forma de chantagem judicial para pressionar o progenitor guarda a não mudar de Estado.

[204] Cfr. KLINE, Marsha/TSCHANN, Jeanne/JOHNSTON, Janet/WALLERSTEIN, *Judith, Children's Adjustement in Joint and Sole Physical Custody Families*, Developmental Psychology, vol. 25, nº 3, 1989, p. 430 e ss.

[205] A este respeito a investigação conduzida por Judith Wallerstein (*vide* WALLERSTEIN Judith/TANKE, Tony J., *To Move or Not to Move: Psychological and Legal Considerations in the Relocation of Children Following Divorce*, Family Law Quarterly, Volume 30, Nº 2, 1996, p. 315) demonstra que pais que desistem dos seus projectos de uma vida nova para manter a guarda dos filhos/as, sentem-se deprimidos e perturbados, condições que afectam a qualidade do desempenho das suas funções parentais. Por outro lado, as crianças têm sentimentos de angústia e de culpa pela renúncia que o progenitor guarda foi obrigado a fazer e "sentem-se aterrorizadas durante os processos judiciais que envolvem o exame psiquiátrico da criança, a separação do progenitor guarda e a ruptura da unidade familiar". *Idem* p. 311.

nenhuma das soluções é a ideal. Portanto, terá que se optar pela menos má, a qual constitui, salvo casos excepcionais de perigo para a saúde ou para a segurança da criança (art. 1918º), a permanência da criança junto da sua figura primária de referência. Esta solução é a mais conforme à lei, pois, é o progenitor guarda ou o detentor da residência que exerce o poder-dever de fixar a residência da criança (art. 85º, nº 1 e art. 1887º, e art. 192º da O.T.M.), e evita simultaneamente uma intervenção excessiva do Estado na família. Com efeito, o Estado não tem legitimidade para impedir os/as seus/suas cidadã(o)s de se deslocarem, de prosseguirem a sua vida pessoal e profissional, assim como de fixarem residência onde bem entenderem. Desde que a relação da criança com a figura primária de referência seja uma relação que funciona em termos normais, este progenitor deve ter a liberdade de optar por mudar de cidade ou de país, levando a criança consigo. Se o Estado reconhece a necessidade que os adultos têm de recorrer ao divórcio para se auto-realizarem, não pode depois obrigar os ex-cônjuges a viver na mesma localidade e a abdicar do direito de refazer a sua vida pessoal ou de aproveitarem novas oportunidades profissionais, mesmo que tal afecte o exercício do direito de visita por parte do outro progenitor[206].

A conflitualidade em torno desta questão contribui, ela própria, para lesar o interesse da criança, vítima dos conflitos entre os pais, e para gerar nesta sentimentos de incerteza e de insegurança. Uma solução, que favoreça a estabilidade da relação da figura primária de referência com o/a filho/a e a sua liberdade de opção relativamente à deslocação, evita o surgimento deste tipo de conflitos e diminui as despesas do Estado com litígios judiciais.

1.9.5. Contexto do litígio judicial

Nos casos em que ambos os pais concordam com a mudança de país, os serviços sociais e os Tribunais não intervêm nas decisões da família, mesmo que haja danos para a criança com a deslocação. O problema só surge, quando o progenitor sem a guarda recusa a autorização e pede a permanência da criança junto de si, no país de origem.

O conflito judicial ocorre porque o progenitor sem a guarda receia o enfraquecimento da sua relação com a criança ou que a deslocação cause danos a esta. Alguns progenitores também pedem a guarda porque não confiam nas capacidades educativas do progenitor com quem a criança reside, e, para muitos pais, é particularmente preocupante o custo económico das visitas. Contudo, noutros casos, a intenção do progenitor não residente não

---

[206] No mesmo sentido, *vide* MACCOBY, E. E./MNOOKIN, R. H., *Dividing the Child: Social and Legal Dilemmas of Custody*, 1992, Cambridge, MA/London, Harvard University Press, p. 295.

é a protecção da criança mas o exercício de controlo sobre o outro progenitor ou fazer uma batalha contra este. Os Tribunais devem estar atentos à factualidade de cada caso, para distinguirem estas situações e não contribuírem para aumentar o stress na vida da criança com processos demasiado morosos. Neste contexto, não se podem esquecer regras de elementar bom senso e lógica, de acordo com as quais, depois de um divórcio, a família não pode permanecer como antes e que as separações e os divórcios têm um preço inevitável, sob pena de a solução óptima ser a limitação do direito ao divórcio com a consequente limitação da liberdade dos adultos, solução que, neste momento, a sociedade e o poder político rejeitam.

Os Tribunais não devem presumir, como fazem alguns tribunais nos EUA, que os progenitores residentes visam com a deslocação provocar um afastamento da criança em relação ao outro progenitor[207]. Normalmente, o que se passa, é que as mulheres, a maior parte dos progenitores com a guarda, enfrentam, depois do divórcio, situações de pobreza, e pretendem legitimamente melhorar a sua situação económica, emigrando para outro país com mais oportunidades, ou então refizeram a sua vida, casando com um homem de outro país, com quem pretendem constituir uma segunda família, factor que promove a adaptação da criança e melhora o seu bem-estar psíquico.

Neste tema, verifica-se, também, uma grave discriminação entre o progenitor guarda e o progenitor sem a guarda. Este último é livre de mudar de residência e de alterar a relação que tem com os filhos, independentemente de qualquer avaliação do impacto da mudança, na estabilidade e nas necessidades da criança, bem como nos custos das visitas. Já o progenitor residente, que coabita com a criança, para levar esta consigo, quando muda de residência para o estrangeiro, precisa de autorização do outro progenitor ou do respectivo suprimento judicial, sujeitando-se a um processo judicial moroso e dispendioso, em que vão ser avaliados os danos da deslocação para a criança e o impacto, no desenvolvimento desta, da redução do convívio com o progenitor sem a guarda. O progenitor residente pode ser colocado numa opção difícil: ou parte para o estrangeiro, separando-se da criança de quem cuida desde o nascimento, ou renuncia aos seus projectos de vida, permanecendo no país de origem. Os Tribunais, conhecedores deste dilema, usam

---

[207] Com efeito, alguns tribunais norte-americanos e também os técnicos que fazem as avaliações psicológicas ou os relatórios sociais especulam com frequência e sem fundamento nos factos, alegando que uma mãe que se desloca de Estado pretende dificultar as visitas e inconscientemente alienar os filhos do outro progenitor, mesmo quando cumpriu escrupulosamente os regimes de visita. Denunciando esta situação, vide BRUCH, Carol, *Sound Research or Wishful Thinking in Child Custody Cases? Lessons from Relocation Law*, Family Law Quarterly, Volume 40, Number 2, 2006, p. 284, nota 9.

por vezes, uma ameaça de transferência de guarda para o outro progenitor, para evitar a deslocação da mãe, obrigando desta forma as mulheres a renunciar ao segundo casamento ou ao novo emprego, processo que não parece legítimo, num quadro legislativo que liberalizou o divórcio para permitir a auto-realização dos adultos.

1.9.6. A jurisprudência portuguesa em relação à mudança de país da pessoa de referência da criança

No recente acórdão do Tribunal da Relação do Porto, de 20-10-2009 (Relatora: SÍLVIA PIRES)[208], o Tribunal autorizou que a mãe deslocasse a filha de nove anos para Inglaterra, onde residia e trabalhava, num caso de exercício conjunto das responsabilidades parentais, em que o progenitor recusou autorização à deslocação. A decisão fundamentou-se na existência de fortes laços afectivos entre a criança e a mãe e na vontade daquela ouvida em audiência de julgamento, factores que o Tribunal considerou mais relevantes do que o desenraizamento do ambiente normal de vida em Portugal e do que a diminuição do convívio com o progenitor:

> "É notória a existência de fortes laços afectivos entre a D.......... e a mãe, com quem sempre viveu desde a separação dos pais e até à ida da mãe para Inglaterra. A menor manifestou vontade de viver com a mãe no estrangeiro, sendo de considerar relevante esta preferência, considerando a sua idade e ligação afectiva com a Requerente. Nessas condições, e sendo necessário optar por um deles – sempre no interesse da menor – cremos que a opção pela mãe será a mais adequada e equilibrada (...). É verdade que a atribuição à mãe do exercício do poder paternal privará, em caso de saída para o estrangeiro, o pai de contactos tão frequentes como aqueles que agora tem com a filha, mas o mesmo aconteceria se houvesse motivos para optar pela atribuição daquele exercício ao Requerido, esgotadas que estão, face ao desacordo necessário, outras opções."

No acórdão de 17-04-2008, o Tribunal da Relação de Évora (Relator: MATA RIBEIRO) também afirma, em relação a uma mãe luso-americana, que vive em Portugal e tem os filhos à sua guarda, o seguinte:

> "Mesmo que se tivesse provado que a requerida pretendia ir viver para os Estados Unidos, o que de forma alguma ficou demonstrado (...), tal facto por si só, não obstaculizava, à confiança dos menores desde que, se demonstrasse que a ida dos menores para os Estados Unidos na com-

---

[208] Cf. *Base Jurídico-Documental do MJ*, www.dgsi.pt

panhia da mãe servia melhor os legítimos interesses destes. Não podem é os pais separados, à priori, ver em cada um dos companheiros de quem se separaram, um potencial "raptor" dos filhos, só pelo facto de ter ligações ao estrangeiro. (...) Mas cessada a relação matrimonial, não pode impor ao seu ex-cônjuge, que não continue em busca do bem-estar ou da felicidade, nem que para tal tenha de emigrar para um país estrangeiro. (...) Quem é que nos dava garantias nesta época de globalização, em que a livre circulação de pessoas é uma realidade, que tendo sido atribuída a confiança dos menores ao pai, este não poderia procurar melhor futuro bem como a sua felicidade no estrangeiro e deixar o país na sua busca."

O Tribunal da Relação de Lisboa, no acórdão de 13-08-2008 (Relator: PEDRO LIMA GONÇALVES)[209] não transferiu a guarda das crianças para o pai conforme este requereu, com base no art. 182º da O.T.M., aquando da deslocação da mãe com os filhos de Coimbra para Ponta Delgada. O tribunal fundamentou a decisão na necessidade de proteger a estabilidade emocional das crianças, mantendo a guarda junto da mãe para evitar a criação de uma nova instabilidade na vida daquelas e para proteger a continuidade da vivência com a mãe. Na fundamentação do acórdão, o Tribunal esclareceu que não se tratou de um preconceito a favor da mãe, apesar de o pai ter sido, na constância do casamento, um progenitor participativo e empenhado.

1.9.7. Outros factores de alteração da guarda na jurisprudência

O Tribunal da Relação de Évora, no acórdão de 13-01-2005 (Relator: ÁLVARO RODRIGUES), considerou decisivo, para alterar a guarda de um adolescente de catorze anos, a sua vontade de ir viver com o pai[210]:

"A vontade do menor, que tem idade e discernimento suficiente para poder decidir aquilo que efectivamente pretende da sua vida, designadamente quando se reporta a, com qual dos progenitores pretende viver, deve ser respeitada, se não houver, do ponto de vista da salvaguarda dos seus superiores interesses, razão válida que o desaconselhe."

O STJ negou a alteração da guarda requerida pelo pai, a favor da avó paterna[211], entendendo que a decisão de atribuir a guarda da criança transitoriamente a esta para depois, de forma automática, a entregar ao pai, quando este sair da prisão, é completamente despropositada, tendo o Tribunal que analisar, em cada momento, qual a melhor solução para a criança e não

---

[209] Cf. Base Jurídico Documental do MJ, www.dgsi.pt
[210] Cf. RE 13-01-2005, in *Base Jurídico-Documental do MJ*, *www.dgsi.pt*
[211] Cf. STJ 07-02-2008 (Relator: MOREIRA CAMILO), in *Base Jurídico-Documental do MJ*, *www.dgsi.pt*

antecipar cenários, entendendo que que não estavam provados factos constitutivos da noção de circunstâncias supervenientes prevista no art. 182º da O.T.M., que justificassem a alteração do acordo, segundo o qual, a guarda e o exercício do poder paternal pertenciam à mãe, cidadã brasileira.

A jurisprudência, no acórdão da Relação de Lisboa, de 08-07-2008 (Relatora: ROSÁRIO GONÇALVES), também entende que, mesmo quando um dos progenitores impede ou dificulta as visitas, tal comportamento, apesar de censurável, não implica a perda da guarda da criança, se este progenitor for bom para a criança:

> "Uma criança não pode ser penalizada por uma conduta a si alheia. Não se pode dizer que um pai que dificulte o regime de visitas da mãe, não seja um bom progenitor ao ponto de se lhe alterar, por essa razão, a guarda da menor."

Os Tribunais continuam a dar relevância, nas decisões de alteração de regulação das responsabilidades parentais, ao facto de o pai ter constituído uma segunda família, em que a companheira assume o papel de cuidadora da criança, que passará, na segunda família do pai, a beneficiar da relação afectiva com os novos irmãos. Contudo, este critério, que tem pesado nas decisões de alteração da regulação e também nas decisões iniciais[212], reflecte uma preferência pelo julgador por uma família biparental em detrimento de famílias monoparentais, actualmente uma nova forma de família que deve estar em pé de igualdade com as famílias fundadas no casamento e na união de facto. Por exemplo, no caso do Tribunal da Relação de Évora (acórdão de 15-02-2007, Relator: BERNARDO DOMINGOS)[213], a mãe, a quem a guarda do filho foi confiada por acordo dos pais homologado judicialmente, foi penalizada por ter ido viver para a Holanda, deixando o filho com os avós maternos, pessoas com quem a criança tem laços afectivos mais próximos e que o Tribunal reconheceu serem as principais pessoas de referência na vida da criança, que cuidam dela desde o nascimento. A guarda foi confiada ao pai, em processo de alteração (art. 182º O.T.M.), em virtude das condições familiares, económicas e habitacionais deste, entre as quais, a constituição de uma nova família formada pela sua companheira e uma filha de ambos. Como fundamento principal da decisão, o Tribunal invocou a importância que a possibilidade de o menor viver com a irmã tinha para o seu desenvolvimento moral, tratando como questão secundária a desinserção da criança do ambiente em que vivia com os avós maternos e a quebra na continuidade dos laços afectivos que mantinha com estes. No mesmo sentido se orientou o

---

[212] Cf. RG 22-01-2009 (Relatora: ISABEL ROCHA), in *Base Jurídico-Documental do MJ,www.dgsi.pt*
[213] Cf. *Base Jurídico-Documental, www.dgsi.pt*

acórdão da Relação de Lisboa, de 26-04-2007 (Relator: OLINDO GERALDES)[214], transferindo a guarda da mãe para o pai, em virtude de aquela delegar funções na avó materna, por força de limitações pessoais e profissionais, e criar dificuldades no convívio do progenitor com o filho. O tribunal valorou ainda como factor promotor do interesse da criança as melhores condições do progenitor para educar a criança e o papel assumido pela sua companheira.

Num outro caso, o Tribunal da Relação de Lisboa, no acórdão de 14-12--2004 (Relator: CARLOS VALVERDE)[215], alterou a guarda de duas crianças, nascidas em 24-3-96 e em 6-7-97, do pai para a mãe e tia paterna. As crianças tinham sido confiadas ao pai, por acordo homologado por sentença de 20-6--2001, que a mãe assinou por insuficiência económica. A mãe intentou uma acção ao abrigo do art. 182º da O.T.M., alegando que o regime de visitas aos filhos nunca foi cumprido, porque os familiares com quem os menores vivem sempre a proibiram de conviver com os filhos. O tribunal confiou a guarda do filho mais velho à mãe e a guarda do filho mais novo à tia paterna, vista, pela criança, como a figura maternal e objecto privilegiado de referência afectiva, exercendo a mãe, na parte que não colida com esse poder de guarda, o exercício do poder paternal. O filho mais velho, que se encontrava a viver com a avó paterna há cerca de três anos, era uma criança em perigo, ao abrigo do art. 3º da LPCJP, porque era negligenciado na alimentação, higiene e vestuário, e andava na rua sem supervisão, tendo os técnicos aconselhado a institucionalização. Esta decisão, contra a qual o progenitor recorreu, foi confirmada pelo Tribunal da Relação de Lisboa, tendo o Tribunal valorizado o facto de a mãe ter reorganizado a sua vida e viver maritalmente com um companheiro e a situação de risco em que se encontrava a criança junto da avó paterna, perdendo relevância, neste contexto, os eventuais danos que a mudança de agregado familiar pudesse trazer para a criança. Na verdade, quando o Tribunal está perante várias alternativas para a guarda de uma criança, deve escolher a menos prejudicial para esta, com a consciência que as situações ideais não são, normalmente, possíveis, quando há conflitos familiares em torno da guarda de crianças, sobretudo se acompanhados de situações de perigo e de rupturas. A solução justa para a mãe impedida de ver os seus filhos pela família paterna foi também a solução menos má para as crianças.

---

[214] Cf. *Base Jurídico-Documental*, www.dgsi.pt
[215] Cf. *Base Jurídico-Documental do MJ*, www.dgsi.pt

1.9.8. A investigação científica norte-americana sobre as necessidades das crianças

Desde a segunda metade do século XX, com as investigações de JOHN BOWLBY e MARY AINSWORTH, que a ciência estabeleceu como aquisição inquestionável, até hoje, a importância da continuidade das vinculações afectivas precoces da criança à figura materna para o seu desenvolvimento físico, psíquico e intelectual, assim como para a sua capacidade, na idade adulta, para formar e manter relações afectivas saudáveis. Estes autores chamaram a atenção para os danos causados às crianças, ao longo da sua trajectória de vida, quando são separadas da figura materna ou dos seus cuidadores primários, salientando que muitas das dificuldades na infância e na idade adulta, ou psicopatologias resultam dos efeitos adversos da privação materna, a chamada «disrupção da vinculação», conceito que permanece relevante nos nossos dias[216].

Investigações feitas sobre o impacto do divórcio nas crianças também concluíram, diferentemente da convicção popular dos leigos, que a manutenção de uma relação frequente da criança com ambos os pais ou soluções de guarda conjunta não têm qualquer impacto na adaptação da criança ao divórcio. Esta resulta mais do facto de a criança estar ao cuidado de um progenitor responsável e consciencioso do que de uma relação frequente com ambos os pais, a qual não evita os efeitos do divórcio na saúde mental das crianças e dos adultos que enfrentaram o divórcio dos seus pais na infância[217].

Estas teorias tiveram como consequência, para os processos de regulação das responsabilidades parentais, o estabelecimento de quatro regras que têm sido seguidas pelos tribunais, na maior parte dos casos: a continuidade do *status quo*; a presunção de que o interesse da criança reside na permanência

---

[216] Cf. CASSIDY, Judy/SHAVER, Phillip (eds.), *Handbook of Attachment: Theory, Research and Clinical Applications*, 1999; SOARES, Isabel (coordenação), *Relações de vinculação ao longo do desenvolvimento: Teoria e avaliação*, Braga, 2007.

[217] *Vide* os estudos longitudinais de JUDITH WALLERSTEIN que observou os filhos de pais divorciados na altura do divórcio, um ano após o divórcio, cinco anos após o divórcio, e também dez e vinte e cinco anos após o divórcio, cujos resultados estão sintetizados no livro WALLERSTEIN, J./LEWIS, J/BLAKELEE, S., *The Unexpected Legacy of Divorce, A 25 Year Landmark Study*, 2002 e os estudos de E. Mavis Hetherington e John Kelly. Cf. HETHERINGTON, E. M./KELLY, J., *For Better or for Worse: Divorce Reconsidered*, 2002, pp. 126 e 133-134, concluindo que os progenitores residentes (maioritariamente mulheres) são a única ou a principal fonte de protecção social das crianças mais pequenas contra o stress pós-divórcio, desempenhando a quantidade da relação da criança com o progenitor sem a guarda, mesmo nos casos em que estes têm capacidades emocionais e não há conflito entre ex-cônjuges, um papel secundário na defesa da criança contra o stress. Demonstrando que a quantidade das visitas do progenitor sem a guarda não promove o bem-estar da criança, *vide* o estudo de KING, Valarie/HEARD, Holly E., *Nonresident Father Visitation, Parental Conflict, and Mother's Satisfaction: What's Best for Chilldren Well-Being*, Journal of Marriage & Family, vol. 61, 1999, p. 394.

junto do progenitor que, em termos predominantes, cuidou da criança desde o nascimento – a pessoa de referência; a doutrina segundo a qual uma decisão de guarda não pode ser modificada a não ser que se tenha verificado uma alteração substancial das circunstâncias; a não imposição legal ou judicial da guarda conjunta ou do exercício conjunto das responsabilidades parentais.

1.9.9. A necessidade de regras para evitar conflitos e promover a segurança jurídica

A adopção, por parte da jurisprudência, de regras ou presunções, que tornem certo e previsível o resultado das suas decisões, de forma a orientar o comportamento dos pais e a incentivar o acordo, é uma vantagem inegável. Trata-se de uma função prospectiva do poder judicial, em que o/a juiz/a se coloca na posição de quem cria uma regra de direito e pondera a justeza das consequências da regra no futuro, formulando uma regra jurídica aplicável, não só ao caso *sub judice*, mas susceptível de ser generalizada a outros casos que apresentem a mesma estrutura. A técnica a utilizar pelos Tribunais deve ser a das presunções com admissibilidade de prova do contrário. A lei e a jurisprudência não devem elaborar regras para casos excepcionais. As regras devem ser elaboradas para a maioria das pessoas – as chamadas situações socialmente típicas – através de presunções aplicáveis à maioria dos casos e que, simultaneamente, admitam excepções para casos particulares.

Neste sentido, devem ser reconhecidos os seguintes princípios:

a) A mudança de cidade ou de país da pessoa de referência com a criança consiste num direito fundamental dos cidadãos à deslocação, segundo o art. 44º da CRP, e deve ser admitida pelos Tribunais, devendo presumir-se o direito do progenitor residente determinar ou alterar o lugar de residência da criança, mediante cumprimento de dever de informação ao outro, salvo a prova de situações de perigo para a segurança ou a saúde da criança provocadas pela deslocação ou a prova da falta de capacidade parental do progenitor que tem a guarda.

b) Nas decisões judiciais, os Tribunais devem ter em conta que a separação da criança da relação afectiva com a sua pessoa de referência provoca naquela danos emocionais graves, e que a solução a encontrar para o conflito nunca é óptima mas a menos prejudicial à criança.

c) O progenitor não residente poderá, portanto, reagir contra a mudança de residência da criança, através de uma acção de alteração das responsabilidades parentais, em que terá de provar, para obter a transferência da guarda, que a deslocação põe em perigo a saúde, a segurança, a

vida ou a educação da criança, nos termos dos arts. 1918º do Código Civil e 3º da LPCJP.
d) O ónus da prova dos factos susceptíveis de fundamentar este pedido de alteração pertence ao progenitor que pretende a transferência da guarda a seu favor.
e) A autonomia das famílias monoparentais, social e legalmente reconhecidas como uma nova forma de família, deve ser respeitada, salvo casos excepcionais de negligência ou de maus-tratos, que justifiquem a intervenção do Estado.
f) O interesse da criança, critério legal e jurisprudencial supremo nesta matéria, exige que a guarda da criança seja confiada ao progenitor que cuida dela desde o nascimento, com o qual a criança está habituada a viver e a partilhar o seu dia-a-dia, e que costuma satisfazer as suas necessidades físicas, emocionais e psíquicas, sendo esta presunção ilidível mediante a prova de factos que ponham em perigo o bem-estar psíquico e físico da criança
g) No caso de a deslocação ser autorizada, o regime de visitas com o progenitor não residente pode ser adaptado às necessidades da criança e à relação afectiva, tornando-se menos frequente, mas perdurando por períodos mais longos nas férias, e utilizando, no dia-a-dia, as novas tecnologias de comunicação que permitem um diálogo diário e um acompanhamento permanente das actividades e do desenvolvimento da criança.
h) O reconhecimento do direito ao divórcio tem que incluir o respeito do Estado pelo direito dos adultos a reorganizarem a sua vida, pessoal e profissional, após o divórcio, constituindo uma nova família, arranjando um novo emprego e fixando residência noutra cidade ou país.

2. A posição jurídica do progenitor a quem a criança não foi confiada

O progenitor não residente, mesmo que o sistema adoptado seja o exercício unilateral das responsabilidades parentais, não fica despojado de funções e direitos. Ele conserva a titularidade das responsabilidades parentais, pois, como não podia deixar de ser, as consequências jurídicas da filiação mantêm-se intocáveis. Perde, no entanto, o direito activo de educação, no sentido da tomada de decisões. Apenas é titular dos poderes-deveres que integram o conteúdo das responsabilidades parentais (art. 1878º, nº 1), mas não está legalmente autorizado a exercê-los. No entanto, continuam a existir actos para os quais se exige a participação de ambos os titulares, independentemente do sistema de exercício das responsabilidades parentais estabelecido após o divórcio ou a separação judicial de pessoas e bens. São eles, no direito português[218], o consentimento para adoptar (art. 1981º, nº 1, al. c) e a escolha do nome próprio e apelidos do filho (art. 1875º, nº 2).

O progenitor sem a guarda conserva também os deveres inerentes às responsabilidades parentais e ainda algumas faculdades. Para além do dever de prestar alimentos ao filho (art 1905º), compete-lhe algo mais do que os simples deveres mínimos de assistência económica a que todo o progenitor é obrigado pelo simples facto da filiação. Esse "algo mais" consiste naquilo a que os autores espanhóis[219] chamam "dever de colaboração", que encontra o seu fundamento na mera titularidade das responsabilidades parentais e cujo conteúdo abrange uma série de prestações que o progenitor sem a guarda é obrigado a praticar em circunstâncias especiais (por exemplo, prestar assistência ao/à filho/a em caso de internamento hospitalar deste/a, cuidar do/a filho/a em caso de doença ou ausência do progenitor guarda).

Relativamente aos processos iniciados após a entrada em vigor da Lei 61/2008, o progenitor não residente assumirá também, em regra, o estatuto de progenitor co-exercente das responsabilidades parentais quanto às questões de particular importância (art. 1906º, nº 1), tendo a possibilidade de escolher entre prestar consentimento a estes actos, quando solicitado para tal pelo progenitor residente ou por um terceiro, ou recusar o consentimento. Na hipótese de o poder de recusa de consentimento ser utilizado com outros fins que não a protecção do interesse da criança, o outro progenitor poderá solicitar ao Tribunal, para além do suprimento da falta de autorização, a cessação do exercício conjunto das responsabilidades, com base no instituto do abuso de direito (art. 334º), invocando que o progenitor não residente está a exercer o seu direito de co-educação de forma contrária à finalidade do direito: a promoção do interesse da criança.

---

[218] Relativamente à autorização para contrair casamento e à legitimidade para requerer a interdição, quando o interditando está sujeito às responsabilidades parentais, o nosso direito apenas exige o consentimento de um dos pais, conferindo tal legitimidade ao progenitor que exerce as responsabilidades parentais (art. 1612º e art. 141º, nº 2). No entanto, uma vez que se trata de actos que, respectivamente, provocam a emancipação e a incapacidade do menor, alterando a condição do submetido às responsabilidades parentais e afectando o conteúdo das mesmas, não parece lógico excluir totalmente o co-titular não exercente de actos que afectem a sua própria condição de titular. No mesmo sentido, se pronuncia SEISDEDOS MUIÑO, *La Patria Potestad Dual*, ob. cit., p. 30, nota 9, em relação ao *Codigo Civil*, referindo a imprecisão terminológica do legislador espanhol quando distingue entre titularidade e exercício das responsabilidades parentais.

[219] Vide SEISDEDOS MUIÑO, ob. cit., p. 351-352 e RIVERO HERNANDEZ, *Les Relaciones Paterno-Filiales* ob. cit., p. 100-102.

2.1. O direito de visita

2.1.1. Noção de direito de visita

Genericamente, o direito de visita consiste no direito de pessoas unidas entre si por laços familiares ou afectivos estabelecerem relações pessoais. No contexto do divórcio ou da separação judicial de pessoas e bens, o direito de visita significa a possibilidade de o progenitor sem a guarda e a criança se relacionarem e conviverem entre si, uma vez que tais relações não podem desenvolver-se de forma normal, no dia-a-dia, em virtude da falta de coabitação. O direito de visita substitui, assim, o convívio diário entre este progenitor e os seus filhos/as, tal como existia antes da separação de pessoas e bens ou do divórcio.

O direito de visita tem uma forte componente humana e subjazem-lhe realidades afectivas que o direito não pode ignorar. Os aspectos naturais e espirituais da sua natureza são anteriores ao facto jurídico e reflectem o peso da realidade vivencial no jurídico, traduzem, "uma erupção da realidade no Direito"[220].

O direito de visita ascende ao nível jurídico por via jurisprudencial e só tardiamente aparece nos textos legais. A história deste direito, com apenas algumas décadas de vida, vai, como vimos, no sentido de uma progressiva afirmação e extensão a um número de titulares cada vez maior, revestindo-se de uma maior profundidade e riqueza de conteúdo.

Originariamente, o direito de visita tinha um sentido estrito, segundo o qual a visita consistiria apenas na possibilidade de ver a criança na residência desta, de a receber no domicílio do visitante ou sair com esta para qualquer local à escolha do mesmo, durante apenas algumas horas.

Num sentido amplo, que é o mais aplicado pela jurisprudência actualmente e o mais usado pelos pais nos seus acordos relativos à regulação do responsabilidades parentais, o direito de visita confere ao seu titular a faculdade de alojar a criança durante alguns dias em sua casa, normalmente aos fins-de-semana ou até durante algumas semanas, por exemplo, durante as férias. Esta manifestação do direito de visita visa aprofundar as relações entre a criança e o beneficiário do direito de visita e pode ter lugar na residência deste, de um seu parente ou amigo, num hotel ou em qualquer outro local. O progenitor com a guarda, por razões de segurança e para evitar a não devolução da criança ou o rapto desta, deve conhecer o local onde vai ter lugar o exercício do direito de visita. Na decisão judicial ou no acordo dos

---

[220] J. J. LÓPEZ JACOISTE, *Aproximaciones a una perspectiva jurídica actual* in Libro – Homenaje a Roca Castro, vol. I, Madrid, 1976, p. 99 *apud* RIVERO HERNANDEZ, *El Derecho de Visita... ob. cit.*, p. 55.

pais, podem ser incluidas algumas limitações, por exemplo, a proibição de o titular do direito de visita abandonar o país com a criança, a proibição de pedir passaporte para esta ou a obrigação de prestar uma caução ao tribunal, durante o exercício do direito de visita.

O objecto do direito de visita abrange assim um conjunto de relações, desde contactos esporádicos por algumas horas, os quais consistem na expressão mínima do referido direito, a estadias por várias semanas e ainda qualquer forma de comunicação (correspondência por escrito, telefone, electrónica, etc.).

O exercício do direito de visita por parte do progenitor não guardião funciona como um meio de este manifestar a sua afectividade pela criança, de ambos se conhecerem reciprocamente e partilharem os seus sentimentos de amizade, as suas emoções, ideias, esperanças e valores mais íntimos. Alguns autores referem-se, sugestivamente, à visita como um "acto de amor puramente gratuito"[221], que constitui "a essência dos direitos parentais para o progenitor não guardião"[222]. Se é importante na ordem familiar e humana que a criança não veja a sua vida amputada de carinho, contacto, relação e comunicação, o mesmo acontece no plano jurídico. O direito não podia ficar indiferente a esta profunda realidade humana, simultâneamente biológica e psíquica. Por isso tem vindo a ser dada uma acrescida relevância jurídica a este fenómeno das relações entre pais e filhos/as após o divórcio ou a separação judicial de pessoas e bens.

2.1.2. A natureza jurídica do direito de visita e o direito da criança a ser ouvida

O direito de visita assume a natureza jurídica de um direito-dever e não de um direito subjectivo propriamente dito, constituindo um meio de o progenitor sem a guarda dos/as filhos/as e estes estabelecerem entre si uma relação afectiva que contribua para o desenvolvimento psicológico dos/as filhos/as e também um meio de o primeiro colaborar com o progenitor guarda no exercício das responsabilidades parentais em relação aos/às filhos/as. Adoptando esta posição, veja-se o acórdão da Relação de Coimbra, de 31-01-2006 (Relator: HELDER ROQUE)[223], onde se afirma o seguinte:

> "O direito de visita do progenitor não guardião não representa uma faculdade, um direito subjectivo do parente do menor, mas antes um direito a

---

[221] Cfr. GAROLA GIUGLARIS, *Le Fondement du Droit de Visiter et d' Héberger l'Enfant*, Dalloz, chr. I, 1965, p. 1.
[222] Cfr. NOVINSON, *Post-Divorce Visitation: Untying the Triangular Knot*, University of Illinois Law Review, 1983, nº 1, p. 131.
[223] Cf. *Base Jurídico – Documental do MJ*, www.dgsi.pt

questão associados deveres, nomeadamente, o dever de se relacionar com os filhos com regularidade, em ordem a promover o seu desenvolvimento físico e psíquico, e o dever de colaborar com o progenitor guardião no cuidado dos filhos e na assistência aos mesmos prestada, sendo, nas situações de fraccionamento do poder paternal, a janela ainda aberta para um espaço de realização pessoal do menor que importa, sobremaneira, preservar."

Mas o direito de visita, como direito-dever, consiste apenas num estatuto jurídico. O aspecto mais importante desta figura e o seu fundamento reside na relação afectiva que une a criança ao progenitor, a qual merece tutela jurídica por consistir numa manifestação da personalidade da criança e do seu direito ao livre desenvolvimento. Neste sentido, o fundamento do direito de visita não reside na relação biológica e jurídica de filiação mas na partilha de afectos existente no passado, durante a vida em comum, entre o progenitor e a criança. Em consequência, pais que nunca coabitaram com os filhos e que não têm laços afectivos com estes nem assumiram as suas responsabilidades não têm qualquer direito de visita. Este resulta unicamente do binómio afectividade recíproca-responsabilidade parental e tem como ponto de referência e limite o interesse da criança, enquanto um conjunto de direitos fundamentais que abrangem o direito desta à auto-determinação. A personalidade da criança e o seu direito ao livre desenvolvimento são o centro de gravidade da relação parental. Esta relação não pode ser imposta à criança nos casos em que esta não sente afecto pelo progenitor e nos casos em que a criança regressa das visitas perturbada no seu bem-estar psíquico. A família deve ser considerada não como uma mera justaposição de indivíduos mas como um grupo de pessoas entre as quais existem deveres de solidariedade e de colaboração[224], não constituindo o direito de visita apenas uma forma de expressão de um sentimento mas também o cumprimento de um dever de solidariedade familiar. Contudo, a jurisprudência, por vezes, vê no direito de visita um direito dos pais, decretado mesmo em condições que sacrificam o interesse da criança e contra a vontade desta, em casos de conflitos familiares violentos, e mesmo perante a prova da instabilidade emocional e da ansiedade da criança. Veja-se o acórdão da Relação do Porto de 10 de Outubro de 1997[225], em que o direito de visita foi ordenado contra a vontade de um menor de onze anos num caso de conflito extremado entre os pais da criança e entre as famílias de ambos, e o acórdão da Relação do

---

[224] Neste sentido, vide XAVIER, M. Rita G. L., *Limites à autonomia privada na disciplina das relações patrimoniais entre os cônjuges*, Colecção teses, Almedina, Coimbra, 2000, p. 441, nota 29.
[225] Acórdão publicado em CJ, Ano XXII, Tomo IV-1997, p. 221-223.

Porto de 26 de Março de 1998[226], em que foi decidido que as visitas terão lugar no estabelecimento prisional onde se encontrava o pai da criança em prisão preventiva por factos relacionados com a morte do sogro e acompanhadas por um técnico de psicologia ou assistente social, apesar de a criança se encontrar a "viver um período de grande tensão emocional e ansiedade" pelo que "qualquer mudança na sua vida de relação deve ser gradual ou adiada até a criança se encontrar mais estável de um ponto de vista emocional." Parece-nos mais correcta a decisão de 1ª instância que mandava suspender o exercício do direito de visita, ficando a mão obrigada a enviar para os autos uma declaração passada pelo médico que examina a criança, sobre o estado psicológico e emocional deste, sendo as visitas decretadas no estabelecimento prisional, logo que a criança se encontrasse preparado para tal. No acórdão do Tribunal da Relação, o juiz, não obstante não ter contacto directo com os factos do caso, atribui outras causas ao desequilíbrio emocional da criança, como "as influências da mãe" ou "a substituição da imagem paterna por outrem que não o pai"[227], ignorando que, dada a violência da situação, tal desequilíbrio é perfeitamente compreensível e sinal do sofrimento da criança e da sua incapacidade de suportar as visitas. Nas decisões de regulação das responsabilidades parentais, o critério decisivo é a protecção do interesse da criança de mais uma causa de perturbação emocional, para além de todos os conflitos familiares que terá presenciado, e não a boa imagem social do pai, considerado trabalhador e bom pai, como entendeu o Tribunal[228]. Neste caso, estamos perante um perigo para a saúde psicológica da criança, nos termos do art. 1918º, sendo a medida de suspender as visitas adequada às circunstâncias e conforme à lei.

A decisão judicial, obrigando uma criança que tem sentimentos de repulsa por um dos pais a conviver com o mesmo, considera a criança como um objecto que se transfere coercivamente das mãos de um dos pais para as de outro. A criança, como qualquer ser humano, merece respeito e a sua vontade e sentimentos devem ser tidos em conta na regulação do responsabilidades parentais. Tem sido esta a tendência da evolução do direito dos menores consagrada na Convenção dos Direitos da Criança de 1989[229] e na Convenção

---

[226] Acórdão publicado em CJ, Tomo II-1998, p. 218-221.
[227] Idem p. 220.
[228] Idem p. 220.
[229] Art. 12º, nº 1: "Os Estados Partes garantem à criança com capacidade de discernimento o direito de exprimir livremente a sua opinião sobre as questões que lhe repeitem, sendo devidamente tomadas em consideração as opiniões da criança, de acordo com a sua idade e maturidade."

do Conselho da Europa de 1996[230], que prevêem o direito de a criança ser ouvido em todas as decisões que lhe digam respeito[231].

O direito de visita não tem um carácter absoluto, constituindo, antes, um direito-dever, subordinado ao interesse da criança, e que pode ser limitado ou excluído quando o seu exercício é incompatível com a saúde psíquica desta[232] e quando a criança, já adolescente ou pré-adolescente, se opõe ao exercício do direito de visita, devendo depender a realização das visitas do consentimento do/a adolescente[233].

A consideração da vontade da criança depende da sua idade, capacidade de discernimento e grau de maturidade. A lei aponta a idade de 12 anos,

---

[230] Art. 3º – Direito de ser informado e de exprimir a sua opinião nos processos.

[231] Sobre este direito da criança de ser ouvida, *vide* DELL'ANTONIO, Annamaria, *Ascoltare il minore, L'audizione dei minore nei procedimenti civili*, Giuffrè Editore – Milano, 1990; PAIS, Marta Santos, *Child Participation*, Documentação e Direito Comparado, nºs 81-82, 2000, pp. 93 e ss; MARTINS, Rosa, "Processos de Jurisdição Voluntária. Acções de Regulação do Poder Paternal. Audição do Menor", Boletim da faculdade de Direito da Universidade de Coimbra, 2001, Vol. L XXVII, pp. ; IDEM, *Responsabilidades parentais no século XXI: A tensão entre o direito de participação da criança e a função educativa dos pais*, Lex Familiae, Ano 5º, nº 10, 2008, pp. 34-35.

[232] Assim se tem pronunciado a jurisprudência italiana. Cfr. cass. 9 maggio 1985 n. 2882, Giustizia Civile, 1985, p. 2536. *Vide*, também, uma recente decisão italiana segundo a qual "o facto de um filho/a menor, já adolescente e perfeitamente consciente dos seus sentimentos e das suas motivações, nutrir sentimentos de aversão ou de repulsa – a tal ponto enraizados que se exclui que possam ser rapida e facilmente removidos, apesar do apoio das estruturas sociais e psico-pedagógicas – constitui um facto idóneo a justificar a suspensão total dos encontros entre o menor e o progenitor não guarda. Tal suspensão pode ser disposta independentemente da eventual responsabilidade de cada um dos pais em relação à atitude do filho/a e independentemente também do bom fundamento das motivações adoptadas por este último para justificar os ditos sentimentos, os quais são avaliados apenas na sua profundidade e intensidade, a fim de prever se dispor a continuação dos encontros com o progenitor referido poderia trazer uma superação sem graves traumas psíquicos da sua animosidade inicial ou uma radicalização danosa desta." Cfr. Corte di Cassazione – Sez. I – 15 gennaio 1998 n. 317, Gustizia Civile, 1998, I, 337 e ss. Para um comentário a esta sentença, *vide* CHIMENTI, Bianca Alessia, *Interesse del minore di etá e profili di rilevanza del consenso*, Giustizia Civile, vol. XLVII, 1998, I, p. 1285-1293, MANERA, Giovanni, *Osservazioni sull'esclusione del diritto di visita del genitore non affidatario qualora il figlio adolescente nutra sentimenti di profonda avversione o ripulsa nei suoi confronti*, idem p. 1293--1303 e GRENDENE, Igino, *Diritto di visita e consenso del minore*, Il Diritto di Famiglia e delle Persone, vol. XXVII – 1998, nº 3, p. 900-904.

[233] *Vide* o acórdão do Tribunal da Relação do Porto de 09/06/97 *in* Base de Dados do M.J. onde se afirma o seguinte: "Numa situação de divórcio ficando a menor, com quase 14 anos de idade, à guarda e cuidado da mãe por decisão proferida em processo de regulação do exercício das responsabilidades parentais, o regime de visitas, uma vez que é estabelecido no interesse do menor, não deve ser imposto pelo pai contra a vontade dela, devendo para tal obter da filha a sua prévia adesão, desenvolvendo acções no sentido da tentativa de conquista da confiança e afectividade da menor. As visitas devem ocorrer numa situação de conjunção de responsabilidade/afectividade/liberdade, o que não é facilitado pela fixação obrigatória de um local fixo, sobretudo se tal local não oferece as condições normais de visita ou se não é aceite pelos interessados".

em matéria de adopção[234], na lei sobre crianças e jovens em perigo[235] e na nova lei do apadrinhamento civil[236]. Em matéria de regulação das responsabilidades parentais alguma jurisprudência orientava-se no mesmo sentido[237]. Contudo, esta idade, 12 anos, refere-se ao consentimento da criança para a constituição de relações jurídicas ou à capacidade para iniciativas processuais, decisões que exigem uma capacidade especial. Tratando-se da audição da criança, nos processos de promoção e de protecção de crianças e jovem em perigo, esta é obrigatória, em qualquer idade, nos termos do art. 4º, al. i) da LPCJP, que consagra os princípios da audição obrigatória da criança e da participação, princípios aplicáveis aos processos tutelares cíveis por força da remissão do art. 147º A da O.T.M..

A propósito da audição da criança, alguma jurisprudência tem presumido que uma criança com pouca idade não tem capacidade para ser ouvida, mesmo sem exames psicológicos que comprovem a sua falta de maturidade[238]. Julgamos, diferentemente, que a interpretação das normas mais adequada à letra e ao espírito da lei é a inversa: a lei consagra um princípio geral de audição obrigatória no art. 4º, al. i), o qual só pode ser derrogado através da prova de que a criança não tem maturidade ou capacidade para exprimir a sua vontade, ou de que a audição a prejudica psicologicamente. A recente alteração do Código Civil, operada pela Lei 61/2008, orientou-se no mesmo sentido, na medida em que aboliu o limite de idade de 14 anos para a criança ser ouvida nos conflitos parentais que dizem respeito a questões de particular importância da vida dos/as filhos/as (art. 1901º), tendo sido esta orientação a seguida, também, por alguma jurisprudência, em matéria de regulação das responsabilidades parentais[239]. Veja-se o acórdão do Tribunal de Relação

---

[234] Cfr. artigos 1981º, nº 1, al. a) e 1984º, al. a) do Código Civil, alterados pelo Decreto-Lei nº 120/98.

[235] Cr. Arts 10º, nº 1 (direito de oposição das crianças à intervenção das comissões de protecção de crianças e jovens em perigo) e 84º, nº 1 (audição da criança e do jovem) da LPCJP.

[236] Vide a lei nº 103/2009, de 11 de Setembro, no art 10º, nº 1, al. e), referindo-se à legitimidade para tomar a iniciativa do apadrinhamento civil; no art. 14º, nº 1, al a) quanto ao consentimento para o apadrinhamento civil; no art. 11º, nº 2 relativo à audição obrigatória das crianças para a escolha dos padrinhos.

[237] Vide RL 5-7-2000, CJ, Ano XXV, Tomo IV – 2000, p. 79: "Em acção de regulação do poder paternal o juiz deve ouvir a criança de 13 anos, dotada de discernimento normal, ainda que a mesma tenha sido ouvida em "Inquérito Social."

[238] Cf. STJ 15-11-2009 (Relatora: MARIA DOS PRAZERES BELEZA), in Base Jurídico-Documental do MJ, www.dgsi.pt

[239] Cf. RL 05-07-2000 (Relator: FREITAS CARVALHO), RL 22-02-2007 (Relatora: MARIA JOSÉ MOURO); RE 13-01-2005 (Relator: ÁLVARO RODRIGUES), in Base Jurídico-Documental do MJ, www.dgsi.pt. O acórdão da Relação de Évora 11-05-2000 (BRUTO DA COSTA), citado no acórdão da Relação de Lisboa, de 04-10--2007, foi, entretanto, desactivado, mas o seu sentido era idêntico, valorizando a preferência da criança.

de Lisboa, de 04-10-2007 (Relator: BRUTO DA COSTA), onde foi defendida a seguinte orientação:

> "I – A criança com capacidade de discernimento tem o direito de exprimir livremente a sua opinião sobre as questões que lhe respeitem, designadamente todas as que digam respeito ao exercício do poder paternal, devendo ser devidamente tomadas em consideração as suas opiniões, de acordo com a sua idade e maturidade;
> II – Para este fim, é assegurada á criança a oportunidade de ser ouvida nos processos judiciais e administrativos que lhe respeitem, seja directamente, seja através de representante ou de organismo adequado, segundo as modalidades previstas pelas regras de processo da legislação nacional;
> III – O interesse do menor é o primeiro e o mais importante factor a levar em consideração na definição do seu estatuto e esse interesse revela-se e concretiza-se também no seu direito a ser ouvido sobre as questões de regulação do poder paternal que afectem substancialmente a sua vida;
> IV – O Tribunal deve decidir por forma a satisfazer as preferências do menor, desde que a isso não se oponham dificuldades inultrapassáveis."

No mesmo sentido, pronunciou-se o STJ, no acórdão de 07-02-2008 (Relator: MOREIRA CAMILO)[240]:

> "Na regulação do poder paternal não existe na nossa lei uma qualquer idade mínima para a audição de um menor, pelo que, em cada caso, poderá verificar-se a necessidade e a possibilidade de ouvir o menor, sopesando, nomeadamente, a idade e o grau de maturidade deste".

A audição da criança é mais importante, nos casos em que esta recusa as visitas, para investigar os seus motivos e proceder a apoio psicológico, se necessário. Já para determinar com qual dos pais a criança deve viver, nas situações de litígio, em que ambos reclamam a guarda da criança, a audição pode ser traumatizante, uma vez que é quase inevitável que a criança se sinta responsável pela escolha e que prefira afastar-se do conflito. O critério da pessoa de referência, como vimos, é um critério objectivo e de fácil aplicação para os tribunais, de acordo com prova testemunhal acerca de qual dos pais cuidou predominantemente da criança no dia-a-dia, na constância do casamento ou da união de facto. Este critério dispensa a audição da criança e o seu envolvimento no conflito e, significando a manutenção da relação afectiva principal da criança e das suas rotinas de vida, indica também qual o progenitor com quem a criança prefere viver. Neste sentido, se pro-

---

[240] Cf. *Base Jurídico-Documental do MJ, www.dgsi.pt*

nuncia o acórdão da Relação de Lisboa, de 14-04-2005 (Relator: MANUEL GONÇALVES)[241], considerando que a não audição das crianças só constitui uma nulidade, se, em concreto, for susceptível de influir no exame e decisão da causa, o que no caso *sub iudice* não sucedeu, uma vez que a mãe é a pessoa de referência das crianças, com quem estas estabeleceram vínculos afectivos mais fortes e que o pai reside no estrangeiro, implicando a confiança da guarda ao pai a quebra de relação afectivas com a mãe, o desenraizamento, e o abandono escolar, etc.

A audição não será permitida, se circunstâncias ponderosas o desaconselharem, nos termos do art. 1901º, nº 3, como será o caso de haver suspeitas de abuso sexual em relação ao progenitor sem a guarda, que o Tribunal considera provadas por prova testemunhal de terceiros a quem a criança narrou os factos, para efeitos de processo cível de alteração do regime de visitas[242].

Quanto ao processualismo da audição da criança, nenhuma disposição legal o regula ou prevê, tendo já a jurisprudência admitido a legalidade da audição das crianças, na presença do juiz e do Ministério Público, sem a presença dos pais e dos seus mandatários, bem como sem a redução a escrito das declarações daquelas, em ordem a proteger o seu interesse e estabilidade psicológica perante o conflito parental[243]. Neste processo, foi indeferido o pedido de nulidade do pai, por violação do contraditório (art. 517º do C.P.C.), em virtude do carácter quase privado da audição dos filhos, tendo o Tribunal fundamentado a decisão nos poderes inquisitoriais do juiz nos processos de jurisdição voluntária (arts 150º O.T.M. e 1409º, nº 2 do C.P.C.) e na circunstância de as declarações das crianças não terem servido de base à convicção do julgador na decisão de facto.

Abaixo dos 12 anos é importante analisar o grau de maturidade da criança e a liberdade da sua opção, recorrendo, se necessário, à participação de peritos em psicologia no processo para analisar as declarações da criança[244],

---

[241] Cf. *Base Jurídico-Documental do MJ*, www.dgsi.pt
[242] Cf. RC 16-11-2010 (Relator: TELES PEREIRA), in *Base Jurídico-Documental do MJ*, www.dgsi.pt
[243] Cf. RL 14-06-2007 (Relator: VAZ GOMES), in *Base Jurídico-Documental do MJ*, www.dgsi.pt
[244] Cfr. o acórdão da Relação de Lisboa, de 4 de Março de 1999, CJ, Tomo III, 1999, p. 75-77, em que o tribunal, havendo rejeição de um dos progenitores por parte do menor, ordenou a realização de exames médico-psicológicos, pois, no seu âmbito serão melhor equacionadas as razões daquela atitude e a possibilidade de as superar. No mesmo sentido, *vide* o acórdão do Tribunal da Relação do Porto, de 18 de Setembro de 2001, CJ, 2001, p. 183, em que foi anulada a sentença de regulação das responsabilidades parentais do tribunal de 1ª instância, pelo facto de não terem sido apuradas as causas pelas quais o menor rejeitava a sua mãe: "Proferido despacho a ordenar, por psicólogo, o exame dos menores, em várias entrevistas conjuntas, para concluir pelas causas por que rejeitam a sua mãe, e não se mostrando cumprido, ficou por apurar algo muito relevante para decidir a regulação do exercício das responsabilidades parentais, o que implica a anulação da sentença." Em sentido diverso,

mas sem nunca dispensar a sua audição pelo juiz, por ser este o responsável pela decisão. Tratando-se de crianças muitos pequenas, com menos de 6 anos[245], e que precisam da mediação da mãe para entrarem em contacto com o pai, é relevante analisar, para decidir executar ou não o regime de visitas, o comportamento passado do progenitor sem a guarda[246], ou seja, saber se se trata de um progenitor que sempre se interessou pelo/a filho/a, ou de um progenitor que só exige o direito de visita por razões de vingança ou de controlo em relação ao outro. É também relevante analisar os motivos da mãe que coloca obstáculos ao exercício do direito de visita para averiguar se o seu comportamento se explica pelo facto de se tratar de uma família com uma história de violência doméstica contra a mulher e/ou contra os/as filhos/as ou pelo receio de negligência do progenitor em relação à criança, sendo necessário, no primeiro caso, suspender o direito de visita e, no segundo, recorrer à educação parental para promover as capacidades do progenitor sem a guarda[247].

Se o conflito entre os pais for de tal forma profundo e insanável, deve desaconselhar-se a intervenção do Estado, através das forças policiais (salvo casos de rapto), por ser inútil e perigosa para o desenvolvimento emocional da criança. Pensamos que, nestes casos, é preferível deixar acalmar o conflito conjugal até decretar a execução do regime de visitas, de uma forma gradual

---

considerando irrelevante a ocorrência ou não de influência da mãe na recusa dos menores em passar os fins-de-semana e férias de verão com o pai e rejeitando o recurso a medida coactiva, que só iria agravar as relações entre os pais e os filhos, *vide* o acórdão do Tribunal da Relação do Porto de 07/06/90, *in* Base de Dados do M.J.

[245] Estas crianças também podem ser ouvidas, em privado e confidencialmente, por especialistas em psicologia infantil nomeados pelo tribunal, e que estão encarregados de analisar os desejos e os sentimentos das crianças. A audição é, sobretudo, relevante para determinar a relação afectiva com cada um dos pais, no caso de se tratar de um litígio sobre a guarda dos filhos/as, em que ambos os pais participaram igualmente no cuidado destes.

[246] Para um caso em que o Tribunal da Relação do Porto confirmou uma decisão de 1ª instância que consagrava um direito de visita amplo a favor do pai, com quem o menor tem uma boa relação afectiva e que vive com os avós paternos do menor, com quem viviam os progenitores e o filho, antes da separação, e que cuidavam do menor, de manhã à noite, *vide* o acórdão de 22 de Maio de 1997 in CJ, Ano XXII, Tomo III – 1997, p. 195-196, onde se lê o seguinte: "É de manter a convivência diária entre o pai e o filho, à hora de almoço, no intervalo da escola primária, com condução a cargo do pai, designadamente quando a mãe, a cuja guarda o filho se encontra, sai de casa de manhã só regressando pelas 22 horas".

[247] A recusa do direito de visita está muitas vezes ligada a crianças que estiveram expostas a violência doméstica. Noutros casos, trata-se apenas de um comportamento temporário, uma forma de a criança lidar com o conflito parental ou com a depressão e a tristeza. Cfr. JOHNSTON, *Children of Divorce who refuse visitation*, in *Nonresidetial Parenting*, Depner and Bray eds, 1993; WALLERSTEIN//KELLY, *Surviving the Breakup*, 1980, p. 99, p. 145-146 e p. 233-234; WALLERSTEIN/LEWIS/BLAKESLEE, *The Unexpected Legacy of Divorce, A 25 Year Landmark Study*, 2000, p. 115-117.

e explorando os gostos da criança, a fim de contribuir para a solidificação da relação afectiva com o pai. Em matéria de divórcio ou separação não há soluções ideais, visa-se apenas evitar que o/a filho/a seja uma arma de arremesso entre pais em conflito. A criança já traumatizada com o divórcio precisa de estabilidade e de paz.

A família rege-se mais por normas de natureza interna do que por aquilo que a sociedade em geral, teoricamente, acha correcto: a relação da criança com ambos os pais. O senso comum acerca da importância da relação da criança com ambos os pais após o divórcio não corresponde aos resultados das ciências sociais nem à realidade social e privada das famílias. As lutas em torno da criança reflectem mais as relações de poder dos pais e os seus conflitos do que uma preocupação real e séria com os interesses dos/as filhos/as. É impossível ignorar que o divórcio traz inevitavelmente danos para a família e para a sociedade. Nenhuma solução legal ou judicial conseguirá inverter esta situação. O divórcio faz surgir, no caso de relações parentais conflituosas, um valor novo: proteger a criança do conflito entre os pais. A intervenção judicial deve ter, assim, este objectivo, pois, está demonstrado que a relação frequente da criança com ambos os pais, em casos de alta conflitualidade entre estes, é prejudicial ao equilíbrio psicológico da criança[248].

A investigação sobre o divórcio demonstrou também que a frequência e a quantidade do direito de visita, mesmo nas relações parentais que não são conflituosas, não está relacionada com a adaptação da criança após o divórcio[249]. Esta adaptação depende mais de a criança estar ao cuidado de um progenitor consciente e responsável, que ultrapasse as suas angústias e depressões pessoais, da ocorrência ou não de outros problemas psíquicos da criança anteriormente ao divórcio e da sua idade, sexo e temperamento[250]. As ciências sociais não suportam a ideia popular de que se deve presumir que a relação frequente e contínua com ambos os pais está de acordo com o interesse da criança. A relação da criança com o progenitor que cuida dela no dia-a-dia é o factor mais importante para o bem-estar da criança quando os pais vivem separados[251]. SIMÕES/ATAÍDE revelam que o afastamento do progenitor sem a guarda nem sempre é negativo para a criança[252], pois, a

---

[248] Cfr. TSCHANE, Jeanne M./JOHNSTON, Janet R./KLINE, Marsha, *On Going Postdivorce Conflict: effects on Children of Joint Custody and Frequent Access*, ob. cit., p. 576.
[249] Cfr. WALLERSTEIN, Judith S./BLAKESLEE, Sandra, *Second Chances, Men, Women and Children a Decade After Divorce*, Ticknor &Fields. New York, p. 238.
[250] Idem p. 271 e KLINE, Marsha/TSCHANN, Jeanne M./JOHNSTON, Janet/WALLERSTEIN, Judith, *Children's Adjustement in Joint and Sole Physical Custody Families*, Developmental Psychology, vol. 25, nº 3, 1989, p. 430.
[251] WALLERSTEIN, Judith S./TANKE, Tony, J., *To Move or Not to Move...* ob. cit., p. 311.
[252] Cfr. SIMÕES/ATAÍDE, *ob.cit.*, p. 247.

relação da criança com ambos os pais, permitindo a exposição daquela aos conflitos dos progenitores, cria um conjunto de reacções nas crianças, perturbadoras do seu desenvolvimento[253]. Os resultados do estudos apontam as seguintes consequências do conflito parental para os filhos/as: "(...) atitudes de recusa do contacto com o progenitor não residente (26%), de acusação a um ou a outro dos progenitores (54%) e de revolta face à situação existente (16%)". Verificou-se, ainda, "o desejo expresso da separação dos pais (12%), a esperança na sua reconciliação (76%) e a preferência explícita por um deles (67%)" assim como vários sinais, como "quebras de rendimento, dificuldades de aprendizagem e mesmo insucesso escolar (27%); tendência para o isolamento, tristezas prolongadas, choro sem razão aparente e medos com ou sem objectivo definido (37%); manifestações de ansiedade com a aproximação do dia da visita e angústia de separação do progenitor residente (12%); febres, dores abdominais e vómitos sem causa orgânica (5%); alterações do sono com insónias e pesadelos (7%); enurese nocturna (8%); acesso de cólera, agitação motora excessiva e comportamentos agressivos (26%); desobediência persistente, mentiras e pequenos furtos (11%); fugas à escola (3%)"[254].

Note-se, ainda, que nos casos de divórcio ou de filhos/as nascidos fora do casamento, não há qualquer solução legal ou judicial para o grande número de casos em que o pai deixa de estabelecer contacto com os filhos/as[255], mesmo que esse contacto seja desejado por estes e pela mãe. Contra esta auto-desresponsabilização do pai, que realmente prejudica gravemente a criança, nunca se levantou a força coerciva do Estado. Antes pelo contrário, transmite-se aos pais a mensagem de que são livres de ir ver ou não o filho/a e de que a atitude de abandono não merece qualquer reprovação social. Diferentemente, acentua-se muito a censura social da mãe que não permite as visitas e executam-se as sentenças contra a vontade da mãe e do filho, agravando ainda mais o traumatismo da criança. Note-se, ainda, que a ideia, segundo a qual a recusa da criança em relacionar-se com o pai se baseia em manipulações exercidas pela mãe, está em contradição com outra prática judicial corrente, que consiste em alterar a guarda de menores adolescentes confiados à mãe, a favor do pai, para honrar a vontade dos menores, sem

---

[253] *Idem* p. 252.
[254] *Idem* p. 252
[255] *Vide* os estudos de MACLEAN, Mavis & EEKLAAR, John, *The Parental Obligation, A study of parenthood across households*, Hart Publishing, Oxford 1997, p. 121, em que se concluiu que o contacto da criança com o progenitor sem a guarda mantinha-se em 69% dos casos de pais que tinham sido casados, mas que se divorciaram, em 45%, quando os pais não eram casados mas tinham vivido em união de facto e em 35%, relativamente a pais que nunca tinham vivido juntos.

tratar de averiguar se a vontade destes resulta de uma manipulação do pai, que os compra com presentes e com a promessa de uma vida mais livre e com menos regras de disciplina[256].

2.1.3. Modalidades e organização prática do direito de visita

No contexto de um divórcio ou de uma separação judicial de pes-soas e bens, o direito de visita pode ser regulado por acordo dos pais, homologado pelo tribunal, ou por decisão judicial que se impõe a estes, em caso de conflito entre os pais ou de recusa de homologação do acordo. O acordo dos pais goza, como vimos, da preferência do legislador, tendo a determinação judicial do direito de visita um carácter subsidiário face à convenção.

O direito de visita é definido pelos termos da decisão ou do acordo, pois "A noção de direito de visita não se basta a si própria, mas deve ser traduzida juridicamente por um acto que lhe precise os contornos."[257]

Os elementos que influenciam o juiz na determinação do conteúdo do direito de visita são três: as prerrogativas do guardião, o interesse do titular do direito de visita e o interesse da criança na manutenção daquela relação. É este último elemento que constitui o ponto de referência privilegiado e o princípio fundamental de que o juiz faz uso na configuração do direito de visita. No entanto, deve tentar conciliar estes interesses, todos valiosos[258], concedendo sempre a primazia ao interesse da criança, em caso de colisão ou incompatibilidade entre tais interesses.

A lei, propositadamente, não regulou o direito de visita de forma precisa. Limita-se a mencioná-lo, não pormenorizando quais os moldes da sua aplicação prática, preferindo abandonar tal tarefa ao juiz, mais em contacto com as circunstâncias do caso concreto.

Os tribunais podem limitar-se a conceder ao progenitor não guardião um direito de visita livre ou razoável[259], sem especificar dias nem horas, deixando

---

[256] Sobre a preferência do menor pelo progenitor que lhe oferece prendas e não lhe impõe regras de disciplina ou pelo progenitor que a criança entende ser o mais fraco e precisar mais dela, vide MNOOKIN, R. H./WEISBERG, D. K., Child Family and State, ob. cit., p. 762, nota 12.
[257] Vide GENEVIÈVE VINEY, Du droit de visite, RTDC, 1965, p. 254.
[258] O interesse do guardião reside na necessidade de que o direito de visita não perturbe a unidade e estabilidade da educação da criança e tem sobretudo relevância quando se trata de conceder direitos de visita a outros parentes. Contudo, mesmo relativamente ao progenitor não guardião, interessa ao tribunal analisar em que medida este interferirá nas prerrogativas do guardião. O interesse do visitante ao carinho, contacto e comunicação com o menor também não pode ser menosprezado. Mas o interesse da criança funciona sempre como limite ao direito de visita. Este está subordinado à ausência de prejuízos para o menor. Contudo, a falta de utilidade para a criança não é fundamento para impedir o seu exercício. Cfr. RIVERO HERNANDEZ, El Derecho de Visita... ob. cit., p. 123.
[259] Vide, por exemplo, o conteúdo do acordo homologado pelo Tribunal de Família do Porto, 3ª Secção, 1º Juízo, em 10 de Jan. de 1991, Proc. nº 6126/A, Registo nº 780, em que se diz o seguinte: "O pai tem

tal tarefa à vontade das partes, de acordo com as suas disponibilidades no dia-a-dia. No entanto, esta solução só é possível quando existe um bom entendimento e capacidade de cooperação entre os pais. Nos restantes casos, para evitar a ocorrência de futuros conflitos e de outras dificuldades práticas e psicológicas que possam suceder, a decisão especifica a periodicidade do direito de visita, os dias e as horas dos encontros, o lugar[260] e a duração das visitas, quem fica encarregado de transportar a criança e quem suporta os encargos financeiros desse transporte[261].

Na regulamentação do direito de visita distingue-se geralmente entre as visitas que têm lugar ao longo do ano e as estadias efectuadas durante o período de férias escolares.

Durante o ano, o direito de visita é exercido de forma intermitente e a sua frequência pode variar entre um dia ou umas horas por semana, um fim-de-semana por mês, fins de semana alternados, ou todos os fins-de-semana do mês, por exemplo, desde o fim de tarde de sexta-feira até à manhã de segunda-feira. A organização do direito de visita pode ir até uma partilha de todos os tempos livres da criança a favor do progenitor não guardião ou até uma divisão da semana ao meio[262]. Esta solução aproxima-se, de facto, de uma guarda alternada, e devido aos inconvenientes que acarreta para a criança, só em condições muito especiais pode ser aplicada.

---

o direito de visitar a sua filha sempre que o desejar fazer, sem prejuízo das suas obrigações escolares e dos seus períodos de repouso, desde que avise previamente a mãe da menor."

[260] O lugar das visitas pode ser o domicílio da criança, o domicílio do titular do direito de visita, ou qualquer outro local à escolha do progenitor não guardião. Em caso de conflitos entre os pais, desaconselha-se que o lugar de entrega da criança, seja um lugar impessoal, que possa traumatizar o menor. Neste sentido, *vide* o acórdão da Relação de Lisboa, de 22/04/93 *in* Base de Dados do M.J. onde se decide que "uma esquadra da P.S.P. não é um local adequado para que se processem as entregas do menor aos seus progenitores".

[261] A jurisprudência francesa apresenta várias posições quanto a este problema. De acordo com alguns deveria ser o beneficiário do direito de visita a suportar os gastos de ir buscar o menor e de o devolver ao seu domicílio. Para outros, esta tarefa competiria ao progenitor guardião, titular do dever de não colocar obstáculos ao exercício do direito de visita e de tornar a criança disponível ou, como se trata de um direito do progenitor não guardião e do menor, as despesas seriam antes repartidas entre ambos os pais. Sobre estas posições, *vide* BERNADETTE BARTHELET, *Les conséquences du divorce à l'égard de l'enfants*, Thése dactyl., Lyon, 1986, p. 305-306. Entre nós, *vide*, p. ex., o Processo n.º 6630, Registo n.º 777, acta da Conferência datada de 8 de Jan. de 1991. O acordo dos pais previa o direito de visita de uma forma pormenorizada (o pai do menor tinha o direito de ter consigo o seu filho/a aos Sábados, das 15h. às 17h. e o local de encontro dos pais era o Parque de Matosinhos) e resolvia este problema encarregando a mãe (a quem fora confiada a guarda do filho/a) de levar o menor ao encontro do pai, e de o ir buscar. Acentua-se assim o dever do progenitor guardião facilitar as visitas, colocando a criança à disposição do outro progenitor.

[262] Não temos notícia da prática desta modalidade de direito de visita entre nós. Foi sobretudo em França e nos E.U.A. que ela começou a ser praticada. Cfr. GEBLER, *ob. cit.*, p. 25 e WILLIAM LAWRENCE, *Notes, Divided Custody of Children after their Parents' Divorce*, Journal of Family Law, vol. 8, 1968, p. 58 e ss.

As férias escolares de Natal, Páscoa[263] e Verão também são em regra divididas entre os pais. Normalmente a criança passa com o progenitor não guardião 15 dias consecutivos nas férias grandes e parte das férias da Páscoa e do Natal, estando as festividades de Natal e de Ano Novo sujeitas a um regime de alternância entre os dois pais, tal como o dia de aniversário da criança[264].

Tratando-se de progenitor residente no estrangeiro, deve-se facilitar o convívio deste com os filhos, permitindo que as crianças possam passar períodos mais alargados com o progenitor, durante as férias escolares de Verão[265].

A escolha entre estas várias modalidades poderá variar consoante os factores específicos de cada caso: a idade da criança, disponibilidade e vontade desta, a sua saúde (por exemplo, doença que exija o internamento numa clínica com horários de visita rígidos, ou saúde delicada que desaconselhe mudanças frequentes de casa e de ambiente), os seus estudos e a sua vida pessoal de relação (a necessidade de respeitar os horários da escola ou colégio da criança e a relação desta com os seus amigos), a sua opinião, as suas necessidades materiais e afectivas, a proximidade dos domicílios dos pais, as condições materiais de habitação do titular do direito de visita, as suas ocupações profissionais, horários de trabalho e tempos livres, a presença dos avós, a relação entre a criança e a pessoa com quem o progenitor não guardião vive maritalmente ou casou segunda vez, a sua saúde, etc.

A idade da criança é um factor decisivo no estabelecimento do regime de visitas. A criança recém-nascida ou de tenra idade não pode ser separada da mãe, aconselhando-se visitas frequentes, mas de curta duração, no domicílio da mãe[266]. Até aos seis anos de idade não são aconselháveis visitas com dor-

---

[263] "Não basta regular minuciosamente o regime das visitas e das férias de Verão, devendo regular-se também o das férias de Natal e da Páscoa." (Acordão da Relação do Porto, de 26-1-1978, C J, Ano III – 1978, Tomo 1, 138).

[264] *Vide*, p. ex., o Processo nº 4564/B, de 24-1-91, Registo nº 816 do Tribunal de Família do Porto, 3ª secção, 1º juizo onde, no acordo dos pais quanto à regulamentação do direito de visita, está previsto que, no dia do seu aniversário o menor almoçará com seu pai e jantará com sua mãe. Ou o processo nº 3995/ A, de 28-1-91, Registo nº 817, onde se prevê que o aniversário da criança será passado nos anos ímpares com um dos pais e nos anos pares com o outro.

[265] Cf. RE 15-02-2007 (Relator: BERNARDO DOMINGOS), in *Base Jurídico-Documental do MJ, www.dgsi.pt*, onde se afirma que, na maioria dos países europeus, dada a aplicação de Regulamentos Comunitários e da Convenção de Haia, a decisão de regulação do poder paternal é eficaz e exequível em qualquer país da UE, não aumentando o risco de subtracção de menor a saída da criança para o estrangeiro.

[266] Cfr. acórdão do Tribunal da Relação do Porto de 21/02/95 *in* Base de Dados do M.J. onde se afirma que tratando-se de uma criança com pouco meses de idade, "o regime de visitas do pai deve levar em consideração as particulares necessidades do menor de permanente assistência materna. Por isso não é, por princípio recomendável nessa idade o estabelecimento de períodos de permanência contínua do menor fora do lar materno".

midas em casa do progenitor não residente, sobretudo, nos casos em que o progenitor não residente nunca coabitou com a criança, porque o divórcio ou a separação ocorreu antes do nascimento ou porque os pais nunca viveram juntos[267]. Tem-se entendido que o regime de visitas deve ser estabelecido com particular cuidado para as crianças de pouca idade, por exemplo, com 5 anos, devendo este ser o mais simples possível (o que não tem necessariamente a ver com o tempo de permanência com o progenitor), para que as crianças o apreendam e interiorizem, evitando-se desnecessárias complexidades que afectem demasiado os seus hábitos diários e que possam gerar-lhes insegurança e incerteza (cf. acórdão do Tribunal da Relação do Porto, de 06-12-2011, Relator: M. PINTO DOS SANTOS). Os Tribunais não costumam decretar pernoitas, em relação a crianças com menos de 6 anos[268], mas já as admitem relativamente a crianças mais velhas, mesmo a meio da semana, para fortalecer laços de amizade e de cumplicidade entre pais e filhos[269]. A formulação de uma cláusula, no acordo ou na sentença de regulação de responsabilidades parentais, que incentive as visitas, para além das especificamente previstas, por exemplo, estipulando que o progenitor poderá ver o/a filho/a sempre que

---

[267] Um estudo comparativo acerca das crianças filhas de pais casados que coabitam, das crianças filhas de pais separados em que as visitas incluem pernoita em casa do pai e das crianças filhas de pais separados cujas visitas ao pai não incluem pernoitas concluiu que as visitas ao progenitor não residente, acompanhadas de pernoita da criança no domicílio deste progenitor, não fortalecem a vinculação ao pai, mas prejudicam a estabilidade psicológica das crianças e desorganizam a vinculação afectiva com a mãe, *vide* SOLOMON, Judith & GEORGE, Carol, *The Effects on Attachment of Overnight Visitation in Divorced and Separated Families: A Longitudinal Follow-Up*, in *Attachment Disorganization*, 1999, p. 243.
[268] *Vide* RC 27-10-2010 (Relator: FRANCISCO CAETANO), in *Base Jurídico-Documental do MJ, www.dgsi.pt*, em que o Tribunal, face à idade actual da criança (3 anos) e ao "(...) perigo que a permanente mudança de ambiente, de pessoas, de cama, de brinquedos e de localidade possa acarretar para a formação da sua personalidade", indefere o pedido do pai para que o regime de visitas abranja a pernoita da criança em sua casa quando a mãe trabalha fora nos turnos da noite.
[269] Cf. RL 13-03-2007 (Relator: CARLOS MOREIRA), in *Base Jurídico-Documental do MJ, www.dgsi.pt*, decretando uma dormida em casa do pai a meio da semana, em relação a uma criança do sexo masculino com 7 anos de idade, apesar de a mãe ter alegado que a dormida em casa do pai quebrava as rotinas do menor, de alimentação, estudo, descanso e higiene; RP 08-05-2008 (Relator: AMARAL FERREIRA), in *Base Jurídico-Documental do MJ, www.dgsi.pt*, em que o Tribunal indeferiu o pedido, formulado pela mãe, de suspensão da pernoita em casa do pai devido a alterações comportamentais da criança e danos psicológicos sofridos por esta, num contexto em que os pais nunca tinham vivido juntos e mantinham uma relação disfuncional e conflituosa entre si, e em que a relação da criança com o pai era marcada pela distância física. Trata-se de um caso em que a criança apresentava sintomas de instabilidade afectiva e comportamental, que o Tribunal, com base na avaliação psicológica efectuada pelo GEAV, não atribuiu à figura paterna nem às visitas, mas ao cenário de conflito entre os pais.

quiser mediante acordo prévio com o outro e sem prejuízo das actividades escolares da criança, é positiva para a promoção do interesse deste/a[270].

A regulamentação judicial do direito de visita, visando promover a continuidade da relação entre o progenitor não guardião e a criança levanta, devido à rigidez com que por vezes é estabelecida, numerosos problemas morais e psicológicos[271]. A este propósito, WALLERSTEIN/KELLY[272] afirmam que a relação de visita é uma relação singular que não tem paralelo na relação entre os membros de uma família fundada no casamento. A transição de uma família intacta para uma estrutura familiar extremamente diferente e o constrangimento da visita aumentam o potencial de mudança. O sucesso da relação de visita depende, de acordo com as investigações feitas pelas autoras, muito mais da capacidade psicológica dos pais e das crianças para se adaptarem flexivelmente às novas condições do que da relação pré-divórcio.

2.1.4. Negação do direito de visita

O princípio é o do reconhecimento ao progenitor não guardião de um direito de visita, de forma quase automática ou presumida, pois tem-se entendido que o afastamento de um dos pais da vida da criança é uma situação em si mesma contrária ao interesse da criança. Daí que a tendência legal e jurisprudencial seja, cada vez mais, a de incentivar ao máximo a manutenção das relações entre o progenitor sem a guarda e os filhos/as. No entanto,

---

[270] Neste sentido, RL 26-04-2007 (Relator: OLINDO GERALDES), in *Base Jurídico-Documental do MJ*, www.dgsi.pt.

[271] A rigidez e as restrições impostas na regulamentação judicial do direito de visita, tornam a relação de visita um pobre substituto do relacionamento quotidiano entre pai e filho/a existente antes do divórcio ou da separação judicial de pessoas e bens, podendo mesmo transformar-se numa relação formal e irrealista, o chamado, na expressão de JAY FOLBERG/MARVA GRAHAM, *ob. cit.*, p. 556, nota 206, "Disney-Land Daddy" o "Week-end father". Ou seja, o pai que nos dias marcados para a visita leva a criança ao restaurante, ao parque de diversões e ao cinema, faltando contudo, toda a riqueza de situações proporcionadas pela vida do dia-a-dia em conjunto. Nas palavras de JUDITH WALLERSTEIN/ /SHAUNA CORBIN, *Father-Child Relationship After Divorce: Child Support and Educational Opportunitty*, FamLQ, 1986, vol. 20, n° 2, p.113-114, "a relação de visita dificilmente ganha raízes fora do quadro familiar: é uma relação estranha relativamente pobre e limitada." É por força deste fenómeno ligado à relação de visita que muitos pais deixam de visitar os filhos/as e têm depressões e sentimentos de culpa, o que, por sua vez, causa nos filhos/as, ansiedade e profundos sentimentos de perda e abandono. Para maiores desenvolvimentos vide WALLERSTEIN/KELLY, *Effects of Divorce on the Visiting Father-Child Relationship*, Am. J. Psychiatry, December, 1980, p.1537, HETHERINGTON/COX & COX, *Divorced Fathers*, Family Coordinator, vol. 25, n° 4, 1976, p. 427.

[272] Cfr. JUDITH WALLERSTEIN/JOAN KELLY, *Effects of Divorce on the Visiting Father-Child Relationship*, *ob. cit.*, p. 1538.

excepcionalmente, este direito pode ser negado *ab initio*, se o interesse da criança desaconselhar o seu exercício[273].

Quando o direito de visita entra em conflito com o interesse da criança, é o interesse da criança que deve prevalecer. No entanto, a restrição ao direito de visita tem que ser necessária e proporcional à salvaguarda do interesse da criança, ou seja, a medida extrema – exclusão do exercício do direito do visita – só será tomada em ultima ratio. O tribunal tem ao seu dispor outras medidas menos gravosas que é obrigado a utilizar antes da solução extrema, se estas forem suficientes para salvaguardar o interesse da criança. De entre essas medidas, podemos citar a suspensão provisória do exercício do direito de visita[274] ou a subordinação do seu exercício a certas condições[275].

A intervenção do Estado, negando o direito de visita, só é lícita quando ocorra o mesmo fundamento que justifica uma medida de assistência educativa (art. 1918º, nº 1) ou uma inibição das responsabilidades parentais (art. 1915º). Como exemplos típicos podemos referir o caso de um progenitor que apresente um comportamento violento (maus tratos infligidos aos/às filhos/as ou ao cônjuge durante a vida familiar em conjunto), a hostilidade do progenitor em relação à criança, o seu estado mental, a recusa da criança, os riscos de rapto.

A condenação do progenitor por crime de violência doméstica (art. 152º do CP) ou por crime contra a auto-determinação sexual dos/as filhos/as (arts 171º e ss do CP), pode dar lugar, respectivamente, a uma inibição do poder paternal por um período de um a dez anos (art. 152º, nº 6) ou de dois a quinze anos (art. 179º CP). Deve questionar-se, neste contexto, o carácter facultativo, para o juiz, desta inibição do poder paternal, sendo útil uma intervenção legislativa, no sentido de tornar automática a inibição das responsabilida-

---

[273] Considerando a negação ou supressão do direito de visita como uma *ultima ratio*, vide RP 13-07--2006 (Relator: FERNANDO BAPTISTA): "Na decisão do regime de visitas dos pais aos filhos menores – tal como nos demais aspectos atinentes ao exercício do poder paternal – impera sempre o superior interesse destes, para cujo preenchimento é essencial salvaguardar a satisfação da necessidade básica da criança de continuidade das suas relações afectivas sob pena de se criarem graves sentimentos de insegurança e ser afectado o seu normal desenvolvimento. Como tal, a negação ou supressão do direito de visita do progenitor sem a guarda dos filhos apenas poderá justificar-se – e como última ratio – no quadro de um conflito extremo entre o interesse da criança e o direito do progenitor."

[274] Por exemplo, perante a recusa da criança em ver o progenitor sem a guarda, o juiz pode ordenar uma suspensão provisória do exercício do direito de visita, até que a oposição da criança com o tempo se atenue ou desapareça.

[275] Por exemplo, a imposição da presença de uma terceira pessoa da confiança do progenitor guardião durante as visitas, a exigência de que a criança não seja levada a certos locais ou que a visita não ocorra na companhia de determinada pessoa, a exigência de que o progenitor não guardião, alcoólico ou toxicómano, não tenha ingerido alcool ou droga antes da visita, a proibição de que a criança passe a noite em casa do outro progenitor etc.

des parentais, nos casos de condenação do progenitor por crimes de abuso sexual contra os filhos ou filhas, constituindo a protecção dos direitos das crianças um valor superior à garantia do arguido, prevista no art. 30º, nº 4 da CRP, segundo a qual nenhuma pena envolve como efeito necessário a perda de direitos civis[276].

Para além da inibição de pleno direito, que resulta da condenação definitiva por crime a que a lei atribua esse efeito (art. 1913º, al.a), os progenitores podem sempre ser inibidos do exercício das responsabilidades parentais, pela via judicial, mediante sentença de tribunal cível com base no art. 1915º, nº 1, que prevê a inibição do exercício das responsabilidades parentais quando os pais infrinjam culposamente os deveres para com os filhos, com grave prejuízo destes. Veja-se a este propósito, o caso decidido pelo acórdão da Relação de Lisboa, de 15-04-2008 (Relator: ROQUE NOGUEIRA)[277], em que o Tribunal decreta a inibição do exercício das responsabilidades parentais, independentemente de sentença crime transitada em julgado, considerando provados os abusos sexuais com base nas declarações das crianças, de familiares e de peritos, e entendendo que o Tribunal cível tem competência para considerar provados factos de natureza criminal, sem ter de esperar pela sentença a proferir em processo-crime. Mesmo na ausência do processo-crime, o Tribunal Cível, no processo de regulação das responsabilidades parentais, deve decretar a exclusão ou a suspensão do direito de visita, se considerar provado o abuso sexual, como sucedeu no caso decidido pelo acórdão da Relação de Lisboa, de 12-01-2009 (Relator: JORGE LEAL)[278], ou mesmo que o abuso sexual não tenha ficado provado nem no processo-crime nem no processo cível, as visitas devem ser suspensas, se as crianças mostrarem profunda aversão ao progenitor, conforme o acórdão da Relação de Lisboa, de 19-05-2009 (Relator: ARNALDO SILVA)[279].

O regime de regulação das responsabilidades parentais deve também ser alterado, com base no art. 182º, nº 1 da O.T.M. e no art. 1918º, no que toca ao direito de visita, se há indícios de abuso sexual por parte do progenitor sem a guarda durante as visitas, conforme decidiu o acórdão da Relação de Coim-

---

[276] Neste sentido, BELEZA, Teresa Pizarro, *Sem sombra de pecado. O Repensar dos Crimes Sexuais na Revisão do Código Penal*, in *Jornadas de Direito Criminal, Revisão do Código Penal*, Volume I, CEJ, Lisboa, 1996, p. 183 e SOTTOMAYOR, Maria Clara, *O poder paternal como cuidado parental e os direitos das crianças*, in *Cuidar da Justiça de Crianças e Jovens*, A Função dos Juízes Sociais, Actas do Encontro, Fundação para o Desenvolvimento Social do Porto/Universidade Católica Portuguesa – Porto, Coimbra 2003, pp. 51-52.
[277] Cf. RL 15-04-2008 (Relator: ROQUE NOGUEIRA), in *Base Jurídico-Documental do MJ*, www.dgsi.pt
[278] Cf. *Base Jurídico-Documental do MJ*, www.dgsi.pt
[279] Cf. *Base Jurídico-Documental do MJ*, www.dgsi.pt

bra, de 16-11-2010 (Relator: TELES PEREIRA)[280], fundamentando a sua decisão nos inúmeros estudos psicológicos que salientam o carácter profundamente traumatizante do abuso sexual sobre crianças, que causa danos tanto mais intensos e severos quanto mais próxima for a relação entre o abusador e a vítima. Mesmo sem o processo-crime estar concluído, o Tribunal decidiu que havia um significativo perigo concreto para a criança e um fundado receio da produção de um dano, definindo perigo, para efeitos da aplicação das providências adequadas do art. 1918º, da seguinte forma:

> "Uma situação de perigo é aquela que tem a potencialidade de gerar um dano, aferindo-se a sua existência pela circunstância de se criar para o bem ou valor protegido um estado de insegurança existencial, em função do qual já não se pode confiar, totalmente, na ausência de dano.
> A indiciação de uma situação de abuso sexual de uma menor, temporal e situacionalmente associada ao regime de visitas ao progenitor não guardião, consubstancia um elevado perigo para a menor, justificando amplamente a restrição desse direito de vista até ao ponto de estar totalmente garantido o afastamento desse perigo."

A exclusão do direito de visita ou a não atribuição da guarda justifica--se mesmo que o abuso não provenha do progenitor mas de alguém do seu agregado familiar, contra quem aquele não protege a criança.

Nos processos de regulação das responsabilidades parentais, as autoridades judiciárias acedem à informação sobre a identificação criminal das pessoas a quem a criança possa ser confiada e daquelas que consigo coabitem, para aferição da sua idoneidade, nos termos do art. 3º da lei 113/2009, de 17 de Setembro. Mesmo que se trate de procedimento não judicial, a Comissão de Protecção de Crianças e Jovens pode solicitar informação ao M.P. (art. 3º, nº 4) sobre o registo criminal por forma a não entregar a guarda de crianças a condenados por crimes de maus tratos, violência doméstica e abuso sexual de crianças.

2.1.5. Modificação, suspensão ou supressão do direito de visita

Estas medidas resultam do carácter temporário e revisível do direito de visita e podem constituir uma sanção para o incumprimento das obrigações por parte do progenitor ou serem a consequência de uma alteração de circunstâncias: não devolução da criança ao progenitor guardião ou atrasos sistemáticos na entrega da criança, notória falta de cuidados e atenção durante as visitas e ainda, aqueles casos em que o progenitor sem a guarda influencia

---

[280] Cf. RC 16-11-2010 (Relator: TELES PEREIRA), in *Base Jurídico-Documental do MJ, www.dgsi.pt*

negativamente a criança contra o progenitor guarda, manifestando o seu ódio por este diante da criança, deteriorando assim a imagem que esta tem do seu pai ou mãe e interfere na formação intelectual, ideológica e religiosa da criança de forma contrária à orientação dada pelo progenitor guardião[281].

A supressão do direito de visita é uma medida excepcional. Contudo, não deve exigir-se um dano consumado, sendo suficiente um perigo para a saúde, a segurança, a educação ou o desenvolvimento da criança, nos termos do art. 1918º do C.C. e do art. 3º da LPP.

Nos casos em que se trate meramente de modificações do direito de visita para fazer face às necessidades da criança e à etapa do desenvolvimento em que se encontra, ou ao seu ritmo de vida, vida social e actividades, não se exige a prova de um perigo para a criança. Por exemplo, uma modificação quantitativa das visitas traduzida numa ampliação ou limitação das mesmas para ajustamento aos horários escolares da criança ou às suas actividades extra-curriculares ou uma modificação qualitativa das visitas (mudança de visitas breves e numerosas para outras mais amplas e menos frequentes) exigida pela deslocação do progenitor guarda para outra cidade ou país.

Quanto aos factores susceptíveis de constituir uma alteração de circunstâncias relevante para o efeito de implicar uma modificação ou suspensão do direito de visita, podemos dividi-los em motivos relativos ao progenitor sem a guarda e motivos relativos à criança. Entre os primeiros destacamos: doença grave[282] ou perturbações mentais do progenitor sem a guarda; falta de informação sobre o domícilio deste; desinteresse pela criança indiciado pelo não exercício do direito de visita durante um período de tempo muito prolongado[283]; a mudança do visitante para o estrangeiro; mudança de domí-

---

[281] Estes dois últimos factos são designados por RIVERO HERNANDEZ, *El Derecho de Visita...*, ob. cit., p. 152 e ss., como casos de abuso de direito.

[282] Teria que se tratar de uma doença facilmente contagiosa que pudesse por em perigo a saúde da criança e não já por exemplo o facto de o progenitor sem a guarda estar infectado com o vírus da Sida.

[283] O não exercício do direito de visita, apesar de este constituir um direito irrenunciável, devido à indisponibilidade das relações familiares, funciona como uma forma indirecta de renúncia que pode ser relevante, desde que não prejudique o menor e não suponha grave incumprimento de certos deveres familiares, o que acarretaria as sanções correspondentes. Cfr. RIVERO HERNANDEZ, *El Derecho de Visita...*, ob. cit., p. 242. Perante o não exercício do direito de visita ou atrasos notáveis em relação à hora convencionada para ir buscar a criança, obrigando com essa atitude a que a criança e o progenitor guardião estejam horas a esperá-lo inutilmente, o progenitor guardião pode sempre pedir judicialmente a suspensão ou a supressão do direito de visita, ou ainda, para evitar ter a criança disponível para o exercício do direito de visita do outro, esperando indefenidamente e sacrificando a sua liberdade de movimentos, pedir o recolhimento do menor antes de certa hora, sob pena de o progenitor sem a guarda perder a visita se chega mais tarde. É importante notar que o direito de visita é imprescritível, ou seja, o direito não prescreve mediante o seu não exercício durante certo tempo, daí que o progenitor sem a guarda possa mais tarde, a qualquer momento, retomar o exercício do direito

cilio ou de cidade do visitante ou do guardião; mudança de profissão ou regime laboral (horários e formas de vida) dos pais; intervenção do visitante em questões fundamentais de educação num sentido contrário ao do progenitor guardião[284] etc.

Quanto aos motivos relativos à criança cabe-nos referir, por exemplo, a fadiga excessiva da criança provocada pelo exercício do direito de visita, saúde delicada ou doença desta que exija um internamento prolongado, estadias desta no estrangeiro por razões de estudos, a vida própria da criança (tempo para a sua vida social e de convívio), a deterioração das relações da criança com o progenitor sem a guarda, a atitude de recusa por parte daquela[285] e a simples e inevitável passagem dos anos que gera na criança novas necessidades e uma maior autonomia de vida.

Os factores que podem provocar uma supressão do direito de visita podem ser crimes praticados pelo progenitor sem a guarda (por exemplo, um crime de abuso sexual de crianças ou de maus tratos), negligência dos cuidados básicos, dependências que ameaçem a estabilidade psicológica da criança (alcoolismo[286], toxicodependência), o facto de o progenitor sem a guarda conduzir a criança para um meio que coloca em perigo a sua segurança e formação moral (criminalidade[287], droga, prostituição), a tentativa de levar

---

de visita. Se o exercício do direito tiver sido suspenso em virtude do seu não exercício, o progenitor sem a guarda pode, mediante uma acção de modificação do exercício das responsabilidades parentais por ele proposta para o efeito, ser novamente autorizado a exercê-lo, a não ser que o contacto da criança com um progenitor de quem esteve afastada, a perturbe psicologicamente.

[284] Tenha-se em atenção, contudo, que o facto de o progenitor sem a guarda ter um estilo de vida, convicções e concepções do mundo diferentes das do progenitor guardião não legitima, só por si, a limitação do direito de visita. Não é qualquer influência que desagrade ao progenitor guardião que constitui fundamento para medidas limitativas ao direito de visita. Tais medidas apenas serão aplicadas se o comportamento do progenitor sem a guarda puser em perigo a continuidade da educação da criança. A divergência de valores a estilos de vida pode até constituir um factor positivo para a formação da criança, pois esta tem interesse em conhecer e conviver com os seus dois pais, enriquecendo-a a diferença entre estes. Consagrando este princípio, *vide* a jurisprudência belga: trib. jeun. Bruxelles, 25.03.1987, RTDF, 1989, p. 95 e Mons (2e ch.), 14 novembre 1991, RTDF, nº 1-2/1992, p.121.

[285] Esta atitude de recusa pode levar, conforme os casos a uma suspensão provisória do direito de visita ou apenas a uma modificação, no sentido de diminuir a sua frequência, introduzindo um regime de visitas a título de prova, jogando com os gostos e possibilidades do menor (estudos, trabalho, férias) e explorando as suas afeições (desporto, praia, montanha), de forma a permitir uma reaproximação entre a criança e o progenitor sem a guarda.

[286] *Vide* o acórdão do Tribunal da Relação de Lisboa de 23/06/94 *in* Base de Dados do M.J., em que não foram fixados dias e horas regulares de visita a favor do pai, pois as filhas, com idades compreendidas entre os 6 e os 13 anos, têm medo do pai porque este é alcoólico e sob o efeito do álcool é agressivo.

[287] Já o facto do progenitor não guardião estar encarcerado, a cumprir uma pena de prisão, não se opõe ao exercício do direito de visita. A este propósito *vide* o que diz a jurisprudência francesa a este respeito: "A mãe deve conduzir ou fazer conduzir a criança no primeiro Domingo de cada mês

a criança para o estrangeiro ou de a indispor contra o progenitor guardião, uma enfermidade física ou mental prolongada e grave do progenitor sem a guarda, a oposição da criança motivada por critérios próprios, nomeadamente, por ter assistido a agressões da mãe praticadas pelo pai.

A apreciação dos factos invocados como causa de inibição ou de restrição do direito de visita exigem, nos casos de violência familiar, formação especializada dos profissionais que elaboram os relatórios sociais e de avaliação psicológica, e dos magistrados, caso contrário, estes tenderão a desvalorizar os factos, em face da predominância cultural dos direitos dos pais biológicos. A este propósito, veja-se o recente acórdão da Relação de Lisboa, de 22 de Outubro de 2013 (Relator: GOUVEIA BARROS), em que foram desvalorizados alguns factos provados indiciadores de violência e de perigo para a criança[288]

à prisão de Fresnes, ou a local de detenção, para ver o seu pai, durante as horas de visita fixadas pela Administração." Cfr. C. Paris (7º Ch. B.) 12 juin 1987, La Gazette du Palais, 1988, Septembre-Octobre, Sommaires. No mesmo sentido, *vide* SCHWAB, Dieter – *Handbuch des Scheidung Recht*, Verlag Franz Vahlen München, 1987, p. 539. Note-se, contudo, que já não será assim se a pena de prisão do progenitor foi aplicada por crime cometido contra a mãe ou contra a criança.

[288] Esses factos foram os seguintes: 29) Na noite de sexta-feira para sábado, do dia ... de 2007, pelas cinco horas da manhã, o Requerido dirigiu-se a casa da Requerida, com uma chave que mantinha em seu poder, introduziu-se sub-repticiamente na habitação e tirou a T. do berço onde dormia e levou-a consigo. 48) E o requerido perguntou (ao seu paciente RP) se, por acaso, conhecia alguém que, a troco de 60 (sessenta) mil euros, quisesse matar a mãe da sua filha; 137) Após um período de ausência de visitas à filha R., o Requerido esbofeteou a mesma na face, por motivo concretamente não apurado, durante uma visita; 140) Numa ocasião em que ia buscar a filha R. a casa da mãe desta, o Requerido fez-se acompanhar de uma dose de cocaína, que atirou para dentro da residência desta. O primeiro facto constitui um crime de rapto inexplicavelmente desculpabilizado pelo tribunal que nem teceu qualquer comentário sobre ele na fundamentação do acórdão; o segundo, embora a ameaça de morte não tenha sido dirigida directamente à mulher, traduz uma atitude de grande agressividade do progenitor cuja desvalorização, no contexto do caso, também não se compreende, até porque, de acordo com regras de experiência da vida, estes comentários ou ameaças não são normais numa pessoa de bem. Acerca do facto 137 o Tribunal teceu amplos comentários, desvalorizando-os porque as bofetadas foram dirigidas a uma outra filha concebida numa anterior relação. Exprimiu-se da seguinte forma o Tribunal, usando eufemisticamente a expressão «palmadas» quando a expressão constante na matéria de facto da sentença é «esbofeteou»: «se devessem ficar inibidos do direito de visita todos os pais que num qualquer momento de descontrolo emocional, posto que sem repetição, tivessem dado uma simples palmada aos filhos, quantas crianças estariam privadas do convívio dos seus progenitores? Não se pretende branquear a conduta do recorrido mas apenas sublinhar que, tal como nos ensina o pediatra Aldo Naouri, "não há pais perfeitos" e, assim sendo, a excepcionalidade para que remete o nº 2 do artigo 180º da O.T.M. não pode fundar-se numa ocorrência que, mesmo censurável, é a expressão duma fragilidade humana generalizada.» Já o facto 140 também verificado no quadro de uma anterior relação do progenitor não mereceu comentários ao tribunal, mas não pode deixar de dizer-se, a este propósito, que arremessar com cocaína para a residência de outrem, mesmo constituindo um facto passado, não se trata de um comportamento inofensivo, que se possa desculpar quando está em causa a segurança de uma criança, sobretudo, porque se trata de uma substância cuja posse pode constituir crime e cujo consumo é altamente

e, em consequência, adoptada uma concepção do direito de visita como um direito subjectivo e autónomo do progenitor, concepção já em desuso na doutrina e nos tribunais, que centralizam toda esta matéria na primazia dos direitos e interesses das crianças.

No acórdão de 29 de Maio de 2012 (Relatora: MARIA JOÃO AREIAS), o Tribunal da Relação de Lisboa revogou a decisão do tribunal de 1.ª instância que fixou um regime de visitas a favor do pai, num caso em que havia indícios de alcoolismo, toxicodependência e violência doméstica, declarando a procedência do recurso da apelação intentado pela mãe, no qual esta pediu que o exercício das responsabilidades parentais fosse regulado de modo a impedir qualquer contacto entre o progenitor e a menor, por incapacidade deste cuidar do sustento e educação da filha, e porque há mais de dois anos não demonstrava qualquer interesse em ver a filha, concluindo que «a presença do progenitor irá provocar um grave retrocesso na evolução afectiva e psicológica da menor, como referem os relatórios clínicos» e «a figura paterna surge sempre perante a menor como uma presença indesejável, agressiva e denegrida nas suas representações».

2.1.6. A tutela do direito de visita

a) O processo de incumprimento (art. 181º da O.T.M.)

As decisões judiciais, a fim de não serem letra morta nem se limitarem a exprimir apenas um ideal, um dever-ser, necessitam, independentemente da sua natureza, de execução. A efectividade da tutela dos direitos é uma característica basilar a que deve tender todo o ordenamento processual, para que resulte conforme aos ditâmes da justiça.

No plano do direito positivo português, a O.T.M. prevê, no art. 181º, para os casos em que um dos progenitores não cumpra a decisão judicial ou o acordo que regula o exercício do responsabilidades parentais, a possibilidade de o progenitor vítima do comportamento do outro requerer ao tribunal as diligências necessárias para o cumprimento coercivo[289] e a condenação do

---

prejudicial à saúde e causador de dependências e de alterações comportamentais. De acordo com regras de experiência, só traficantes ou consumidores é que a trazem consigo até porque não se compra na farmácia nem no supermercado...

[289] Segundo MOITINHO DE ALMEIDA, *As medidas executivas dos regimes reguladores das responsabilidades parentais*, Scientia Iuridica, Tomo XV, 1966, p. 134, as únicas sanções aplicáveis ao incumprimento da sentença de regulação das responsabilidades parentais são a multa e a indemnização, pois o legislador quis dar pouco alcance às medidas coercivas, condicionando-as à sua possibilidade. Na opinião do autor o recurso à execução *manu militari*, na medida em que se traduz numa excepção ao princípio constitucional da inviolabilidade do domicílio, terá que ter uma consagração expressa na lei. Em sentido diferente, admitindo a intervenção policial como uma medida coercitiva a adoptar

remisso em multa até 50.000$00 e em indemnização a favor da criança ou do requerente ou de ambos. Os Tribunais, contudo, exigem a verificação de pressupostos apertados, como a ilicitude e a culpa[290], para condenar o progenitor residente, por incumprimento do regime de visitas, com base no art. 181º da O.T.M., entendendo o seguinte:

> "Só existe incumprimento do poder paternal relevante, no que ao direito de visitas diz respeito, quando a mãe tiver criado intencionalmente uma situação reiterada e grave, culposa, que permita assacar-lhe um efectivo juízo de censura" (Acórdão da Relação de Lisboa, de 14-09-2010, Relator: PEDRO BRIGHTON)[291].

A nível de responsabilidade civil do progenitor residente, geradora de obrigação de indemnização por danos não patrimoniais, a jurisprudência assume uma posição restritiva. Veja-se, a título de exemplo, o acórdão do Tribunal da Relação de Lisboa, de 29 de Maio de 2012 (Relator: LUÍS ESPÍRITO SANTO), em que ficou decidido o seguinte:

> «A frustração do pai com a privação do convívio com os filhos durante um único fim-de-semana, não obstante absolutamente respeitável e relevante, desacompanhada da prova de qualquer outro enquadramento factual que expresse uma situação de especial sofrimento e afectação pessoal, não atinge contudo o patamar de gravidade suficiente para justificar, à luz da particularmente exigente bitola do art. 496º, nº 1, do Código Civil, a atribuição de qualquer indemnização por danos morais.»

---

quando se revele imprescindível, *vide* RUI EPIFÂNIO/ANTÓNIO FARINHA, *Organização Tutelar de Menores (Decreto-Lei nº 314/78, de 27 de Outubro), Contributo para uma visão interdisciplinar do direito de menores e família*, Almedina, Coimbra, 1992.

[290] Neste sentido, *vide* o acórdão do Tribunal da Relação do Porto de 17/01/2000 *in* Base de Dados do M.J.: "Em processo de regulação das responsabilidades parentais, a aplicação de sanções por incumprimento do que tiver sido acordado ou decidido pressupõe a análise das circunstâncias concretas em que incorreu o incumprimento para se verificar se existe culpa e ilicitude ou, pelo menos, se revestem gravidade que justifiquem a condenação". Contudo, para uma decisão particularmente severa com a mãe, *vide* RL 29-05-2008 (NELSON BORGES CARNEIRO), in *Base Jurídico-Documental do MJ*, www.dgsi.pt, condenando a progenitora na multa de 3 UC's, por incumprimento de visitas agendadas pelo IRS e ainda na multa de 3 UC's, por cada dia em que não ocorra a visita que vier a ser agendada pelo IRS, assim como não admitindo recurso desta decisão, uma vez que o valor da sucumbência não excedia metade da alçada do tribunal que proferiu a decisão, nos termos do art. 678º, nº 1 do C.P.C. de 2007, e que não se tratava de uma condenação da parte como litigante de má fé nem da situação do art. 154º, nº 5 do C.P.C. de 2007.

[291] Cf. *Base Jurídico-Documental do MJ*, www.dgsi.pt. No mesmo sentido, RP 03-10-2006 (HENRIQUE ARAÚJO).

A tese que distingue entre os pressupostos da condenação em multa e os da condenação em indemnização a favor da criança, exigindo no primeiro caso apenas a verificação objectiva do incumprimento e, no segundo, a alegação e a prova de factos integrantes da obrigação de indemnizar por factos ilícitos, não deve ser aceite pois abre porta à condenação em multa sem a prova de culpa[292].

Estando em causa a recusa da criança ao convívio, os Tribunais não condenam o progenitor residente por incumprimento nem consideram a alteração da guarda para o outro progenitor a resposta adequada ao interesse da criança[293]:

> "E a menina, já com 7 anos, inteligente emocionalmente, interioriza os sentimentos de cada um dos progenitores, avalia as suas atitudes para consigo, e tomou a opção de, não cortando relacionamento com o pai, não querer passar com ele fins-de-semana na casa que ele compartilha com outra companheira e um filho desta." (Acórdão da Relação de Coimbra, de 27-11-2007, Relatora: GRAÇA SANTOS SILVA)[294].

---

[292] Cf. RL 08-02-2007 (Relator: SOUSA PINTO), in *Base Jurídico-Documental do MJ*, www.dgsi.pt.

[293] Em sentido diferente, defendendo que devem ser adoptadas medidas para promover a relação da criança com o pai, uma vez que se tratava de uma criança de tenra idade, com cinco anos à data da decisão do Tribunal, cuja mãe colocava obstáculos injustificadamente à relação com o pai, *vide* RP 18-05-2006 (Relatora: ANA PAULA LOBO): "O direito da mãe conviver com o seu filho é igual ao do pai conviver com o seu filho e, verdadeiramente, só são relevantes se resultarem do direito que o menor tem de conviver com ambos, porque terão sempre, em todas as situações, que estar subordinados aos direitos e interesses dos menores, como se define no artº 1878º do Código Civil. Por essa razão, o incumprimento repetido da regulação do poder paternal terá, se for necessário, que conduzir à alteração da guarda do menor. O menor não é propriedade privada da sua mãe e ela, se assim o entende, representa um enorme perigo para o desenvolvimento harmonioso da criança, que o Tribunal não pode continuar a ignorar. A mãe, só porque é mãe, não é necessariamente uma boa mãe! Impõe-se que o Tribunal de 1ª instância adopte medidas concretas para permitir o estabelecimento efectivo de um relacionamento entre o pai e o menor." Condenando a mãe ao pagamento de multa por incumprimento do regime de visitas agendadas pelo IRS, *vide* RL 29-05-2008 (Nelson Borges Carneiro); entendendo que a recusa de uma criança de seis anos não exclui o incumprimento, condenando a mãe ao pagamento de multa, *vide* RL 27-10-2011 (Ezagüy Martins).

[294] Cf. *Base Jurídico-Documental do MJ*, www.dgsi.pt. No mesmo sentido, *vide* RL 14-09-2010 (Relator: PEDRO BRIGHTON): "A opinião dos menores torna-se relevante em diversas matérias que lhes dizem respeito no que toca à sua recusa em manterem inalterado o regime de visitas ao progenitor que não tem a sua guarda". No caso *sub iudice*, a fundamentação da decisão assentou na opinião das crianças, com 12 e 16 anos, que afirmaram, em audição no Tribunal, que não querem ver o pai, referindo que se trata de uma posição sua, "nada tendo a ver com a mãe, que até insiste que estejam com o pai." Perante o recurso do pai, que pediu a nulidade da sentença, por ter sido motivada exclusivamente na opinião das crianças, sem que tenha sido feita uma análise das declarações das crianças por peritos em psicologia, o Tribunal entendeu que " (...) o julgador não está obrigado a adoptar a posição dos peritos ou a adoptar uma posição intermédia perante várias perícias, uma vez que a perícia é sempre livremente apreciada

"O facto de a Menor não estar com os Requerentes desde Dezembro de 2002, e de que apenas pretende estar com eles durante o dia, porque tem dificuldade em dormir longe da Mãe, não configura qualquer incumprimento e, muito menos susceptível de medidas coercivas. Estamos do domínio das pessoas e não das coisas! "(...) qualquer medida imposta manu militari, só servirá para agravar a relação já deteriorada entre a Mãe da MA e os avós paternos da criança, e deixar esta criança mais fragilizada(...). *O Amor não se impõe por decreto ou por sentença, conquista-se com paciência e afecto!*" (Acórdão da Relação de Évora, de 02-06-2005, Relator: ÁLVARO RODRIGUES)[295].

"Para além de o incumprimento do regime de visitas cuja fixação o recorrente propugna, não poder ter como consequência automática a futura "perda do direito de custódia da filha", por parte da mãe desta." (Acórdão do Tribunal da Relação de Lisboa, 10-04-2008, Relator: EZAGUY MARTINS)[296].

Os processos de incumprimento do direito de visita estão associados a uma recusa da criança em ver o outro progenitor, o que torna a execução coerciva do direito de visita especialmente traumatizante para a criança e um atentado aos seus direitos e dignidade humana. A criança é uma pessoa e não um objecto cuja entrega é devida ao credor[297]. Daí que, este problema deva ser tratado, não como um processo incumprimento, mas como um processo de promoção e de protecção de criança em perigo (Lei 149/99, de 1 de Setembro) ou um processo de alteração do regime de visitas, ao abrigo do art. 182º da O.T.M., em que a criança deve ser obrigatoriamente ouvida (art. 4º, al. i) da LPCJP), e auscultados os seus sentimento e motivos de rejeição relativamente ao convívio com o progenitor não residente.[298] Nestes casos, é necessário, não pressionar a criança ao convívio, mas ouvir as suas razões para a rejeição, melhorar as qualidades parentais do progenitor e a forma como comunica com a criança, ou proteger a criança de situações de negligência ou de violência familiar. Neste sentido, negando o pedido do pai para

---

com as restantes provas que forem produzidas (cf. art. 655º, nº 1 do Código de Processo Civil), podendo o julgador controlar as perícias e afastar-se mesmo delas se as reputar incorrectas, desde que o faça fundamentadamente, até porque no processo o Juiz exerce a função de "peritus peritorum".
[295] Cf. *Base Jurídico-Documental do MJ, www.dgsi.pt.*
[296] Cf. *Base Jurídico-Documental do MJ, www.dgsi.pt.*
[297] Neste sentido, *vide* o acórdão do Tribunal da Relação de Évora, de 02-06-2005, (Relator: ÁLVARO RODRIGUES), in *Base Jurídico-Documental do MJ,* propondo que as situações de recusa da criança não sejam tratadas como incumprimento, que não é o meio processual adequado, mas como um processo de alteração de regulação das responsabilidades parentais ou do regime de visitas, nos termos do art. 182º da O.T.M..
[298] Neste sentido, ordenando a remessa dos autos para o tribunal de 1ª instância para que se proceda à audição da menor, a fim de indagar os motivos da recusa desta às visitas, *vide* RG 04-12-2012 (António Santos).

alargamento do direito de visita, devido ao comportamento agressivo deste para com a progenitora, que se reflectiu no psiquismo da criança, veja-se o acórdão da Relação de Coimbra, de 04-05-2010 (Relator: TÁVORA VÍTOR)[299]:

> "Permanecendo um ambiente de crispação entre os progenitores, reflectindo-se nos menores, os contactos supra-aludidos deverão processar-se de forma paulatina. São contudo de evitar situações que promovam a desestabilização física e emocional dos menores como sejam frequentes deslocações do domicílio dos progenitores." (Acórdão da Relação de Coimbra, de 04-05-2010, Relator: TÁVORA VÍTOR).

O paradoxo da jurisprudência é que tem admitido a execução coerciva do direito de visita contra a vontade da criança, mas não se pronuncia sobre as situações de inércia e abandono do progenitor sem a guarda limitando ou inibindo este das responsabilidades parentais, ou de alguma forma, pressionando-o ao cumprimento das suas obrigações para com os/as filhos/as, denotando esta duplicidade dos tribunais que os interesses por trás da execução do regime de visitas são, não os interesses da criança, mas os interesses dos progenitores não residentes. Parece possível, contudo, através de uma sanção pecuniária compulsória a pagar pelo progenitor sem a guarda por cada dia, semana ou mês de atraso no cumprimento do seu direito-dever de visita, criar uma forma de pressão ao exercício efectivo do direito de visita[300]. Esta solução já foi adoptada por um Tribunal francês[301] e por um Tribunal alemão[302]. O que é novo, nesta medida, é o facto de o progenitor guardião agir para obrigar o outro a exercer o seu direito de visita, que constitui um dever face à criança. Esta posição é a mais coerente com o princípio legal de favorecimento de uma relação de grande proximidade da criança com o progenitor a quem não foi confiado (art. 1906º, 7º) e, existem, de facto, mães e crianças que desejam que o regime de visitas seja efectivamente cumprido pelo pai. O argumento de que é inútil forçar uma relação que não se estabelece espontaneamente não é decisivo, pois, alguns pais afastam-se dos filhos/as depois do divórcio, devido a depressão,

---

[299] Cf. *Base Jurídico-Documental do MJ*, www.dgsi.pt
[300] Sobre a utilização da sanção pecuniária compulsória no direito da família *vide* CALVÃO DA SILVA, João, *Cumprimento e Sanção Pecuniária Compulsória*, Universidade de Coimbra, Boletim da Faculdade de Direito, Suplemento XXX, 1987, p. 465-468.
[301] A jurisprudência francesa aplicou uma *astreinte* ao não cumprimento do direito de visita pelo progenitor não guardião. Cfr. Tr. Gr. Inst., Saint-Brieuc, 25 septembre 1980, decisão na qual um pai que não visitava os seus filhos foi condenado a uma *astreinte* de 100 F por dia. Cf. LABRUSSE-RIOU, C., *Droit de la famille, 1. Les personnes*, Masson, 1984, p. 386.
[302] Cfr. *Bundesverfassungsgericht*, Sentença de 1 de Abril de 2008 (1 BvR 1620/04) in Pressemitteilung Nr. 44/2008 de 1 de Abril de 2008.

angústia e sentimentos de perda e não por falta de amor. Nos casos, em que o desinteresse pelos filhos/as se deve a egoísmo dos pais, também este egoísmo poderá ser ultrapassado pela pressão económica de pagar uma sanção pecuniária compulsória, caso as visitas não se realizem. Na perspectiva dos direitos da criança, existe, na prática judicial, uma duplicidade de critérios no tratamento condescendente do progenitor sem a guarda que se desinteressa pelos/as filhos/as, contra quem não são impostas medidas coercivas, e o tratamento da criança como objecto entregue através da intervenção de forças policiais ou de psicólogos, ao progenitor não guardião, contra a vontade da criança.

O direito de visita inclui, ainda, no seu conteúdo, um dever de colaboração com o progenitor guarda no exercício dos deveres de cuidar e de sustentar o/a filho/a. A violação deste dever tem por consequência a responsabilidade civil do progenitor sem a guarda e a obrigação de indemnização por perdas e danos causados à criança e ao progenitor guarda[303]. Por exemplo, os prejuízos sofridos pelo progenitor guarda por ter de contratar serviços de *baby-sitting* durante o período em que o progenitor sem a guarda devia exercer o seu direito de visita ou o dever de compensar o progenitor guarda pelo valor económico dos seus próprios serviços prestados, durante o período em que devia ter sido exercido o direito de visita[304]. Caso não se verifiquem os pressupostos da responsabilidade civil, o dever de compensação será prestado através de um aumento proporcional do montante da obrigação de alimentos.

b) O recurso à força pública

O recurso à força pública, como medida coercitiva a adoptar, abrange a execução *manu militari* do direito de visita, através da intervenção policial e dos oficiais judiciários. Contudo, esta medida, dado o seu carácter drástico, perturbador do equilíbrio emotivo da criança, não deverá ser utilizada. Por força da natureza delicada e da carga emocional inerente aos conflitos familiares, o recurso à força pública torna-se contraproducente, difícil e perigoso para a estabilidade da criança. A execução pode causar um trauma psíquico à criança, rompendo definitivamente os laços afectivos entre esta e o beneficiário das visitas, para além de, tratando-se de execução *manu militari*, apresentar sérios inconvenientes, em virtude de se tratar de um processo

---

[303] A jurisprudência italiana defendeu recentemente que o direito de visita não é uma mera faculdade mas antes um dever. Neste sentido, quando o progenitor não guarda se abstenha de o exercer, é obrigado a reembolsar o progenitor guarda pelas despesas por si suportadas, em virtude da inobservância do direito-dever de visita. Cfr. Corte de Cassazione, 8 Fevereiro 2000, nº 1365, D.F.P., 2000, 3-4, p. 1036-1040.

[304] Cfr. BRUCH, Carol S., *Making Visitation Work: Dual Parenting Orders*, Family Advocate, 1978, p. 22 e ss.

violento e continuado, que sujeita a criança a perturbações emocionais, capazes de produzir graves consequências. No caso de a criança se recusar a relacionar-se com o progenitor sem a guarda, o direito de visita não pode ser-lhe imposto, pois a relação de visita não é concebível sem o desejo de viver essa relação. Importa ter em conta, neste contexto, que, no caso de a oposição ao direito de visita partir da criança, tal resistência pode excluir ou limitar o direito de visita, não devendo ser contrariada pela força sob pena de comprometer o equilíbrio afectivo da criança. Será preferível que seja o progenitor não residente a ultrapassar, pela via afectiva e consensual, a resistência da criança com a ajuda de membros da família alargada ou de psicólogos, e explorando os gostos da criança quanto à ocupação dos tempos livres.

Tratando-se de adolescentes, é contraproducente executar o direito de visita, como tem afirmado a jurisprudência, decidindo os Tribunais pela não imposição do convívio, aceitando o princípio de que a relação entre o progenitor e a criança não é concebível sem o desejo de viver essa relação:

> "Numa situação de divórcio ficando a menor, com quase 14 anos de idade, à guarda e cuidado da mãe por decisão proferida em processo de regulação do exercício do pode paternal, o regime de visitas, uma vez que é estabelecido no interesse da menor, não deve ser imposto pelo pai contra a vontade dela, devendo para tal obter da filha a sua prévia adesão, desenvolvendo acções no sentido de conquista da confiança e afectividade da menor. As visitas devem ocorrer numa situação de conjunção de «responsabilidade/ /afectividade/liberdade: o que não é facilitado pela fixação obrigatória de um local fixo, sobretudo se tal local não oferece as condições normais de visita ou se não é aceite pelos interessados". (Acórdão da Relação do Porto, 09-06-1997, Relator: LAZARO DE FARIA[305]).

> "Recusando-se os menores a passar os fins-de-semana e férias de verão com o pai por este lhes impor a convivência com a companheira com quem passou a viver, é de rejeitar o recurso a medida coactiva, que só iria agravar as relações entre o pai e os filhos, com prejuízo de todos, mas sobretudo dos menores, sendo, nesse caso, irrelevante a ocorrência ou não de influência da mãe nesse sentido." (Acórdão da Relação do Porto, 07-06-1990, Relator: RESENDE REGO)[306].

No mesmo sentido, mas propondo apoio psicológico para ultrapassar a recusa da criança, pronunciou-se o acórdão da Relação de Lisboa, de 10-04--2008 (Relator: EZAGUY MARTINS):

---

[305] Cf. *Base Jurídico-Documental do MJ*, www.dgsi.pt
[306] Cf. *Base Jurídico-Documental do MJ*, www.dgsi.pt

"De qualquer modo, o superior interesse da menor obsta a que manifestando aquela, já com 15 anos de idade, total rejeição da figura paterna, que literalmente pretende apagar da sua identidade pessoal, se coloque como opção a imposição de visitas manu militari. Importará contudo manter o acompanhamento psicológico da menor, tendo em vista desbloqueamento de situação assim induzida pelo progenitor detentor da guarda daquele."

c) *Medidas compulsórias e de reparação*

O direito de visita, tal como os direitos de família em geral, é um direito de natureza dificilmente coercível, dada a dificuldade de impor condutas pessoais à força e os problemas humanos que levanta pois as pessoas não são objecto de direitos de outrem. Uma vez que a execução forçada não é possível devido à recusa do obrigado ou em virtude do efeito traumático causado à criança, alguns tribunais estrangeiros têm aplicado as chamadas medidas de execução indirecta como a sanção pecuniária compulsória prevista, entre nós, no art. 829º-A. Contudo, esta medida é considerada ineficaz e inútil, para além de ser discutível a sua legalidade[307].

Na prática, os progenitores não residentes usam como forma de pressão a suspensão do pagamento da obrigação de alimentos[308]. Todavia, contra esta medida, afirmamos que o direito da criança a alimentos é um direito autónomo que deve ser respeitado, independentemente da outra parte cumprir ou não outras obrigações inseridas no acordo ou impostas por decisão judicial. Neste contexto, não há prestação e contra-prestação porque o/a filho/a não é comercializável nem se verifica uma relação sinalagmática entre o direito de visita e a obrigação de alimentos. Consequentemente, o incumprimento pelo progenitor guardião do regime de visitas não autoriza o outro a deixar de cumprir a obrigação de alimentos nem o tribunal pode ordenar esta medida como meio de pressionar o progenitor guarda a cumprir o direito de visita, pois, ou teria uma reduzida eficácia nos casos em que o progenitor guardião tivesse meios económicos para fazer face às necessidades materiais da criança, ou, nos outros casos, prejudicaria o interesse da criança, que veria, deste modo, ameaçadas as suas necessidades materiais mais elementares.

Uma medida susceptível de ser usada neste contexto, como reparação, será conceder ao progenitor não guardião a possibilidade de, caso se veja

---

[307] Cfr. MOITINHO DE ALMEIDA, *As Medidas Executivas..., ob. cit.*, p. 132. A *astreinte* tem sido também criticada por poder implicar um desproporção entre a soma a pagar (teoricamente ilimitada) e o prejuízo causado ao credor, sendo mesmo considerada uma medida ilegal e inútil, pois a obrigação de entregar a criança ou de permitir o direito de visita pode não ser cumprida. Cfr. PLANIOL-RIPERT – *Traité Pratique de Droit Civil Français*, Tome II, La Famille, Paris LGDJ, nº 6.

[308] RIVERO HERNANDEZ, *El Derecho de Visita..., ob. cit.*, p. 191.

impedido de exercer o seu direito de visita por uma circunstância de força maior ou por um obstáculo posto pelo progenitor guardião, recuperar os dias perdidos, dispondo de um maior período de tempo para passar com a criança durante as férias.

Se, pelo contrário, o incumprimento partir do progenitor sem a guarda, o progenitor guardião, para fazer face ao afastamento prolongado daquele, pode invocar, com base nos arts. 181º, nº 3 e 182º, nº 1 da O.T.M., uma modificação do exercício do responsabilidades parentais, visando restringir ou suprimir o exercício do direito de visita temporariamente, ficando, portanto, desobrigado de ter a criança disponível nos dias e horas marcadas para o exercício do direito de visita. Poderá ainda condicionar o exercício do mesmo direito ao aparecimento do progenitor não guardião até uma determinada hora, sob pena de este perder a possibilidade de exercer o direito de visita mais tarde.

d) A tutela penal do direito de visita: o crime de subtracção de menores (art. 249º, nº 1, al. c) do CP)

A lei 61/2008 alargou o âmbito do tipo legal de crime de subtracção de menores ao incumprimento, de um modo repetido e injustificado, do regime de convivência da criança, recusando, atrasando ou dificultando significativamente a sua entrega ou acolhimento.

A extensão da criminalização ao incumprimento do regime de convivência com a criança, embora, na sua formulação abstracta, se possa aplicar ao progenitor não residente que não entrega atempadamente a criança ou ao progenitor não residente que, vinculado a exercer em conjunto as responsabilidades parentais, não se interessa pelos/as filhos/as, foi pensada, de acordo com os objectivos do Projecto-Lei que antecedeu a alteração legislativa[309], para promover a relação da criança com o progenitor não residente, combatendo o fenómeno do incumprimento do regime de visitas pelo progenitor residente e pela criança, que se recusa a conviver com o outro progenitor. Esta intenção revela-se na disposição do nº 2 do art. 249º que remete para a al. c) do nº 1, prevendo uma atenuação especial da pena quando a conduta do agente tiver sido condicionada pelo respeito pela vontade do menor com idade superior a 12 anos. Este alargamento do âmbito de incriminação da norma parece ter sido o resultado de reclamações de associações de progenitores sem a guarda com acesso ao poder político, sem

---

[309] Note-se, contudo, que o Projecto – Lei 509/X limitava-se à inclusão, no art. 1777º A do C.C., de uma disposição, segundo a qual o incumprimento do regime fixado sobre o exercício das responsabilidades parentais constitui crime de desobediência nos termos da lei penal, não se propondo alterar o tipo legal de crime de subtracção de menores previsto no art. 249º do CP.

que se tenha tido em conta a perspectiva das mães e das crianças quanto a estes incumprimentos.

Tendo aceitado, na edição anterior deste trabalho[310], a possibilidade de condenação penal do progenitor residente, em casos de recusa dolosa das visitas, prolongada durante anos, sem que ao progenitor não residente fosse fornecida qualquer informação sobre o paradeiro da criança, sobretudo, se fosse acompanhada de isolamento social da criança e de afastamento do seu ambiente normal de vida[311]. Entendemos, contudo, que a redacção da actual alínea c) do nº 1 do art. 249º do CP, introduzida pela lei 61/2008, foi longe demais, representando uma intervenção excessiva do Estado na família em meras desavenças e estigmatizando com a sanção penal, a mais grave que o Estado[312] tem ao seu dispor, comportamentos que não têm gravidade suficiente para constituir crime. Razões de prevenção geral, ligadas à intenção de dissuadir os progenitores de determinados comportamentos, não podem sobrepor-se aos requisitos da dignidade penal e da carência de tutela penal do bem jurídico para justificar a criminalização[313], pois existem outros meios de protecção adequada do bem jurídico em causa (ex. mediação familiar e intervenção de técnicos em psicologia para facilitar o diálogo entre os pais). A criminalização do incumprimento do regime de visitas pode trazer maiores custos para a família, aumentando os conflitos, do que a não intervenção do direito penal. Por outro lado, uma vez que a lei recorre a conceitos indeterminados, como "modo repetido e injustificado" e "significativamente", cria insegurança jurídica e representa uma violação do princípio da legalidade, o qual exige que os comportamentos punidos pela lei penal estejam descritos de forma clara e determinada na lei, para que os cidadãos conheçam

---

[310] Cf. SOTTOMAYOR, Maria Clara, *Regulação do exercício do poder paternal nos casos de divórcio*, 4ª edição, 3ª reimpressão, p. 106.

[311] O afastamento do ambiente normal de vida ocorre com maior frequência quando é o progenitor não residente a subtrair as crianças. Neste sentido, *vide* o caso do acórdão da Relação de Évora, de 23-01-2001, CJ, 2001, Tomo I, pp. 279-283, condenando o pai que se recusou à entrega de dois filhos menores, privando-os do convívio com a mãe, a quem estavam provisoriamente confiados, por crime de subtracção de menores previsto no art. 196º do CP de 1982 e a um dever de indemnizar a mãe pelos desgostos, tristeza e depressão de não poder ver os filhos.

[312] Duvidando da pertinência da criminalização, vide MARIA DA CONCEIÇÃO FERREIRA DA CUNHA, «A tutela penal da família e do interesse da criança – Reflexão acerca do crime de subtração de menor e sua distinção face aos crimes de sequestro e rapto de menores», in *Direito Penal, Fundamentos Dogmáticos e Político-Criminais, Homenagem ao Prof. Peter Hünerfeld*, Coimbra Editora, Coimbra, pp. 919-974.

[313] Sobre os critérios da dignidade penal e da carência de tutela penal, *vide* CUNHA, Maria da Conceição Ferreira da, *"Constituição e Crime"*, *Uma perspectiva da criminalização e da descriminalização*, Estudos e Monografias, Universidade Católica Portuguesa – editora, Porto, 1995, pp. 217-221.

as fronteiras do que é ou não considerado crime[314]. Esta técnica legislativa provoca inevitavelmente, também, uma violação do princípio da igualdade, pois é grande a probabilidade de as decisões judiciais serem diferentes para casos semelhantes, consoante a convicção pessoal de quem decide.

Esta norma aumenta o conflito parental, passando os pais a ter ao seu dispor, para alimentar o conflito, a ameaça de uma queixa-crime contra o outro progenitor. Como na maioria dos casos são as mulheres que têm a guarda do/as filho/as, são também elas que se encontram nesta situação de recusa ou impedimento das visitas, podendo ser perseguidas penalmente de forma injustificada.

Investigações conduzidas, nos EUA, sobre as mulheres que recusam visitas ao progenitor masculino, concluem que se trata de mulheres vítimas de violência doméstica, que querem proteger os/as filhos/as de presenciarem condutas agressivas do pai para com a mãe, ou de serem eles/elas próprios/as vítimas de violência[315]. É uma contradição, o poder legislativo proteger as mulheres vítimas de violência, através da lei penal e processual penal, e depois esquecer que estas mulheres têm filhos/as e que aparecem nos processos de regulação das responsabilidades parentais e de incumprimento, porque recusam visitas ao agressor para protegerem a sua integridade e a dos/as seus/suas filhos/as. O pensamento dos juristas e dos legisladores, em relação à violência doméstica, deve ser global, não sendo possível pensar o direito através de compartimentos estanques. A violência não constitui apenas um comportamento com relevância penal, mas assume, também, relevância no direito da família, no direito do trabalho, no direito médico e no direito da segurança social, precisando as mulheres e as crianças de apoio em todas estas áreas.

Nos casos em que a conduta do agente do crime de subtracção de menores, num quadro de divórcio ou separação, tiver sido condicionada pelo respeito pela vontade do menor com idade superior a 12 anos, haverá, apenas, de acordo com o nº 2 do art. 249º do CP, uma atenuação especial da pena, sendo o agente, normalmente a figura materna, de qualquer forma, condenado, mesmo que o/a filho/a adolescente e autónomo/a se recuse a conviver com o pai. A recusa da criança com suficiente maturidade deve ser, para este efeito, transformada numa causa de exclusão da ilicitude, conforme jurisprudência constante do

---

[314] Sobre o princípio da legalidade como garantia política dos cidadãos, perante o exercício ilegítimo e arbitrário do direito de punir e como forma de prevenir a instrumentalização da pessoa humana, *vide* TAIPA DE CARVALHO, *Sucessão de Leis Penais*, 3.ª edição revista e actualizada, Coimbra, 2008, pp. 43-44.
[315] Cf. MARY ANN MASON, *Custody wars, Why children are losing the legal battle and what we can do about it*, New York, 1999.

Tribunal Europeu dos Direitos Humanos, que não impõe às crianças a execução de um regime de visitas contra a sua vontade e que faz prevalecer os interesses e direitos da criança sobre os direitos dos pais[316]. Na interpretação desta norma, deve prevalecer a ideia que todas as decisões judiciais relativas a crianças devem ser tomadas de acordo com o seu superior interesse e no respeito pela sua vontade e autonomia. O bem jurídico protegido por esta norma não pode deixar de ser o interesse da criança[317] e a sua opinião. Esta solução decorre de uma interpretação conforme à Constituição, a qual remete para todos os direitos fundamentais consagrados na Constituição, como o direito ao desenvolvimento integral e à protecção contra abusos de autoridade na família (art. 69º CRP), e para todos os direitos de natureza análoga, de fonte extra-constitucional, consagrados na Convenção dos Direitos da Criança, como o direito a que as decisões que digam respeito às crianças sejam tomadas de acordo com o seu interesse (art. 3º da Convenção) e o direito a que a sua opinião seja considerada nas decisões a tomar (art. 12º da Convenção). No caso de não haver qualquer relação afectiva entre o progenitor que reclama a criança e esta, não haverá sequer tipicidade penal[318], caso contrário, estar-se-ia a admitir que a lei penal tratasse as crianças como um objecto propriedade do progenitor que reclama as visitas, como se as relações afectivas pudessem ser judicialmente exigíveis. Uma relação meramente biológica de paternidade, sem a prestação de cuidados, a responsabilidade financeira e a relação afectiva, não

---

[316] *Siemianowski v. Poland, (Application no. 45972/99)*, em que o TEDH defende que a execução coerciva do direito de visita não pode ter lugar quando a criança, com maturidade suficiente, se recusa a conviver com o progenitor: "(...) any obligation to apply coercion in this area must be limited, since the interests as well as the rights and freedoms of all concerned must be taken into account and, more particularly, the best interests of the child and his or her rights under Article 8 of the Convention. Where contacts with the parent might appear to threaten those interests or interfere with those rights, it is for the national authorities to strike a fair balance between them, having regard to the general interest in ensuring respect for the rule of law (see *Hokkanen v. Finland*, § 58; *Ignaccolo-Zenide v. Romania*, no. 31679/96, p. 265, § 94, ECHR 2000 I; *Nuutinen v. Finland*, no. 32842/96, § 129, ECHR 2000 VIII). Em *Hokkanen v. Finland*, 23-09-1004, o Tribunal afirma que os direitos de guarda e de visita do progenitor são direitos que têm por objectivo a realização do interesse da criança e não o benefício do progenitor (§ 57) e que a execução do direito de visita é limitada pelos interesses e direitos das crianças, que prevalecem sobre os direitos dos pais (§ 58).
[317] A doutrina penalista tem-se pronunciado neste sentido, afirmando que a norma do art. 249º do CP encontra a sua razão de ser no bem-estar do menor e não na protecção dos titulares do poder paternal ou da tutela. Cf. DAMIÃO DA CUNHA, J. M., «Subtracção de menor, Crimes contra a vida em sociedade», in *Comentário Conimbricense do Código Penal, Parte Especial*, Tomo II, Coimbra, 1999, p. 614.
[318] Neste sentido, e em face da antiga redacção do art. 249º, *vide ibidem*, p. 619, defendendo que o acordo do menor, quando válido, torna a conduta do agente atípica, e que a actuação do agente motivada pelo interesse do menor exclui a culpa.

corresponde ao conceito de «vida familiar» protegida pelo art. 8º da CEDH[319], não estando a relação estritamente biológica, em consequência, protegida por este tipo legal de crime.

Esta concepção de relação familiar como relação afectiva está de acordo com a natureza jurídica dos direitos dos pais, como direitos-deveres e como responsabilidades, a exercer com a finalidade de protecção do interesse da criança e não para a promoção dos interesses pessoais dos progenitores. Está ultrapassada, hoje, a visão da posição jurídica dos pais, como titulares de direitos soberanos em relação aos/às filhos/as, não podendo a criança ser vista como objecto de direitos dos titulares do poder paternal.

Em face de uma norma penal deste teor é importante que a jurisprudência reaja, aplicando como causas de exclusão da ilicitude do crime de subtracção de menores, a violência doméstica contra a mulher, os maus-tratos às crianças e a negligência parental, e como causa de exclusão da culpa, a recusa de entrega motivada pelo desejo de a mãe proteger a criança de um perigo, ainda que esse perigo não tenha sido consumado, de acordo com um sistema aberto de causas de exclusão da culpa defendido pela doutrina penalista, e que assenta no conflito interior perturbador das emoções, em que se encontra o agente[320].

e) *A posição da jurisprudência*

A jurisprudência publicada nos Tribunais superiores, em momento posterior à entrada em vigor da lei 61/2008, embora escassa, tem interpretado o art. 249º, nº 1, al. c) num sentido restritivo, entendendo que não basta um mero incumprimento do regime de visitas para que se tipifique o crime de subtracção de menor, nos termos do art. 249º, nº 1, al. c):

> "Nesta conformidade, a recusa, atraso ou o estorvo significativo na entrega do menor, só têm relevância jurídico-penal para efeitos do crime de subtracção de menor se essas condutas se mostrarem graves. Tal só sucederá se as mesmas para além de significarem <u>uma autêntica ruptura na relação familiar ou habitual</u> entre o menor e os seus progenitores ou com aquele a quem o mesmo se encontra confiado, corresponderem ainda <u>a uma lesão nos direitos ou interesses do menor</u> e não em relação àqueles a quem o mesmo está confiado. (...) A não ser assim estar-se-ia a tipificar criminalmente uma mera desobediência ou infracção a uma determinação legal, desprovida de qualquer funcionalidade social e muitas vezes deixada

---

[319] Cf. *Görgülü v. Germany* (Application nº 74960/01), 26-05-2004; *K. and T. v. Finland* (Application nº 25702/94), 12-07-2001; *Lebbink v. The Netherlands* (Application nº 45582/99).
[320] Cf. FERNANDA PALMA, *O Princípio da Desculpa em Direito Penal*, 2005, Coimbra.

ao sentido egoísta dos progenitores, não raras vezes mais preocupados com a sua posição e em encontrar pontos de conflitualidade com o seu "opositor(a)" do que com o interesse do(a) filho(a) de ambos." (Acórdão da Relação do Porto, 25-03-2010, Relator: JOAQUIM GOMES)[321].

Admitindo com largueza causas de exclusão da ilicitude, veja-se se o acórdão da Relação de Coimbra, de 18 de Maio de 2010 (Relator: ALBERTO MIRA)[322], onde ficou decidido que a partida da mãe com o filho para a Suiça, onde estabeleceu residência com a finalidade de procurar uma vida financeira melhor, impossibilitando o cumprimento do regime de visitas acordado, não é um acto penalmente ilícito ao abrigo do art. 249º, nº 1, al. c) do CP:

"Porém, sabendo-se também que o abandono do país por parte do mãe do menor foi determinado pela obtenção, em novo mundo, de outras, e melhores, condições de vida para a primeira, quer no campo familiar quer no domínio profissional, criando, ao mesmo tempo, a possibilidade de inserção do menor num contexto mais adequado ao seu bem-estar, segurança e formação, esse comportamento, porque justificado, não é ilícito, à luz da actual redacção da alínea c) do nº 1 do artigo 249º do Código Penal."

Também num sentido restritivo, mas perante a redacção do art. 249º do CP anterior à Lei 61/2008, veja-se o acórdão do Tribunal da Relação de Lisboa, de 15-06-2010 (JOSÉ ADRIANO)[323], em que foram absolvidos o pai e a avó paterna, por crime de subtracção de menores, traduzido em recusa de entrega da criança à mãe. O tribunal fundamentou a sua decisão no facto de ambos os pais terem legitimidade para o exercício do poder paternal, não podendo nenhum deles exigir do outro a entrega do menor, enquanto não houver uma decisão judicial a regular as responsabilidades parentais. No caso *sub iudice*, existia uma decisão proferida ao abrigo do art. 157º da O.T.M., que atribuía provisoriamente a guarda e o exercício das responsabilidades parentais à mãe, contudo, a avó paterna e o pai não tinham sido notificados judicialmente desta decisão[324].

---

[321] Cf. *Base Jurídico-Documental do MJ*, www.dgsi.pt
[322] Cf. *Base Jurídico-Documental do MJ*, www.dgsi.pt
[323] Cf. *Base Jurídico-Documental do MJ*, www.dgsi.pt
[324] O TRE não aceitou a fundamentação da 1.ª instância, segundo a qual, padecendo a decisão de regulação do poder paternal de irregularidades processuais relacionadas com a não audição dos arguidos e o incumprimento do contraditório, estes poderiam exercer contra a intervenção das autoridades públicas, em execução da decisão de regulação do poder paternal, o direito de resistência previsto no art. 21º da CRP, que excluiria a ilicitude do seu comportamento de recusa de entrega.

2.1.7. O rapto internacional da criança e a Convenção de Haia

A liberdade de circulação e de estabelecimento de residência, no interior dos países da União Europeia, fez aumentar os casamentos entre pessoas de diversa nacionalidade. Perante a dissolução destes matrimónios, a separação de pessoas e bens ou a mera separação de facto, acontece, por vezes, que um dos pais regressa com os/as filhos/as ao seu Estado de origem, situação que tende a provocar um aumento de casos de subtracção internacional de menores e de conflitos de jurisdições. Não é tanto a diferença de legislação que cria os problemas mas antes a falta de colaboração entre os orgãos judiciários dos diversos Estados, potenciada pela tendência do juiz nacional para considerar a lei do seu Estado como a melhor para regulamentar a questão e a si mesmo, como o juiz com mais meios para decidir, revelando, consequentemente, renitência em atribuir eficácia a decisões judiciais de regulação das responsabilidades parentais emanadas de tribunais estrangeiros. O problema do rapto de crianças é ainda maior se a criança foi levada para um país dos Balcãs ou do Médio Oriente, não signatários da Convenção de Haia, e em que a relação mãe-criança não é reconhecida pela lei. É o caso, por exemplo, da lei iraniana relativa à guarda dos/as filhos/as (art. 1169 c.c. iraniano), considerada contrária aos princípios de ordem pública italiana[325] e, segundo a qual, os/as filhos/as menores devem ser confiados ao pai, a partir dos dois anos de idade, em caso de separação dos pais.

Na Europa, só a partir da década de 80 é que a subtracção de menores por um dos pais, no caso de divórcio de casamentos binacionais, começou a ser tratada pelos Tribunais e a constituir uma preocupação dos Estados.

Os Estados membros do Conselho da Europa entenderam que a cooperação internacional é a única forma de resolver este problema, elaborando a Convenção Europeia sobre o Reconhecimento e a Execução das Decisões Relativas à Guarda de Menores e sobre o Reestabelecimento da Guarda de Menores, concluída no Luxemburgo, em 28 de Maio de 1980 e aprovada, para ratificação, pelo DL nº 136/82, de 21 de Dezembro. No mesmo ano, os Estados membros de 14ª sessão da Conferência de Haia de direito internacional privado subscreveram um Tratado complementar à Convenção de Luxemburgo: a Convenção de Haia sobre os Aspectos Civis do Rapto Internacional de Crianças, aprovada pelo DL nº 33/83, de 11 de Maio[326].

---

[325] Cfr. Cass. 27.2.1985 n. 1714, Giustizia civile, 1985, I, 2565.
[326] Sobre as convenções internacionais relativas à protecção de menores, *vide* AAVV, *La Protezione dei Minori Nelle Convenzioni Internazionali*, SSI, Roma, 1982, p.11-51 e MOURA RAMOS, Rui, *A protecção de crianças no plano internacional, As novas normas convencionais da Haia aplicáveis à protecção das crianças em situações da vida jurídico-privada internacional*, Infância e Juventude, Abril-Junho, nº 2, 1998, p. 9-38.

O objectivo principal destas convenções consiste na protecção do interesse da criança contra a separação ilícita de um dos seus pais, assim como contra a desinserção do ambiente e da cultura em que estava habituado a viver. O Estado Português e o Estado Francês, país onde residem muitos portugueses, em virtude da emigração, estabeleceram entre si um acordo dirigido à cooperação judiciária em matéria de protecção de menores. Neste sentido, em 1984, foi aprovada pela Resolução nº 1/84 da AR uma Convenção Luso-Francesa de Cooperação Judiciária relativa à Protecção de Menores, a qual tem sido aplicada recentemente pela jurisprudência[327] e que consagra um compromisso das autoridades judiciárias e administrativas do Estado Português e do Estado Francês, para assegurar a eficácia das decisões no âmbito das pessoas e da família, designadamente, no âmbito da protecção de menores. Esta Convenção visa facilitar a entrega judicial das crianças que tenham sido ilicitamente retidas ou retiradas do poder da pessoa a quem foram confiadas legalmente, assim como proteger os credores de alimentos.

A convenção europeia sobre o reconhecimento das decisões em matéria de guarda das crianças tem um objecto mais vasto dirigido não só à restituição da criança, vítima de rapto, ao progenitor cujo direito de guarda é violado, mas também à vinculação dos Estados à eficácia recíproca das decisões judiciais de guarda de menores, desincentivando, desta forma, que os pais subtraim os seus filhos ao progenitor guarda, na esperança de obter uma nova sentença favorável, no seu país de origem. A Convenção de Haia tem como único objectivo o reestabelecimento, o mais rapidamente possível, da situação anterior à subtracção internacional da criança, independentemente da existência de uma anterior decisão estrangeira de regulação das responsabilidades parentais e da atribuição de eficácia a essa sentença pela autoridade judiciária do Estado para o qual foi transferido ilegitimamente a criança. Este tratado alarga, assim, o conceito legal de rapto e o de menores tutelados, na

---

[327] Na jurisprudência recente, *vide* o acórdão de 20 de Janeiro de 2000, CJ, Ano XXV, Tomo I – 2000, p. 86-88, onde se ordena a entrega judicial da criança ao progenitor que tem a sua guarda, ao abrigo do art. 19º da Convenção Luso-Francesa de Cooperação Judiciária, relativa à protecção de menores. Note-se, contudo, que se tratava da execução de uma decisão judicial de um tribunal francês que continha uma cláusula que proibía a mãe da criança de deixar o território francês com a criança, cláusula que quanto a nós é inconstitucional por violação do direito de circulação. Sobre este ponto *vide supra* 1.8. Para um caso em que um pai português que vivia em união de facto, em França, traz a sua filha para Portugal, contra a vontade da mãe, e em que o Tribunal decide que é lícito ao pai reter fisicamente consigo a menor, até que uma providência judiciária defina a situação, não aplicando a Convenção Luso-Francesa de Cooperação Judiciária relativa à Protecção de Menores, pois, a lei francesa, diferentemente da lei portuguesa, considera que os pais não casados exercem em conjunto as responsabilidades parentais (art. 371º, 2 do c.civ. francês), *vide* CJ, Ano XXV, Tomo III – 2000, p. 12-14.

medida em que estende o seu âmbito de aplicação a menores de 16 anos que residam habitualmente num dos Estados contratantes (art. 4º) enquanto o Tratado Europeu de Luxemburgo especifica que a sua aplicabilidade se limita às crianças privados do direito de fixar pessoalmente a própria residência, segundo a lei do Estado da sua residência habitual, a lei da sua nacionalidade ou segundo o direito interno do Estado requerido (art. 1º, a)[328]. A não introdução desta cláusula na Convenção de Haia ficou a dever-se à necessidade de tutelar o direito de visita, à dificuldade de escolher o sistema jurídico competente para determinar se existe o direito de a criança fixar a sua residência e ao facto de o direito a escolher a residência ser apenas um elemento do direito de guarda que não esgota o seu conteúdo[329]. O aspecto mais importante da Convenção de Haia em relação à Convenção de Luxemburgo, reside no facto de a segunda prever um número maior de excepções que legitimam a recusa do Estado requerido (art. 9º e 10º), enquanto que a primeira visa combater de forma mais eficaz o rapto, prevendo apenas três excepções (art. 13º): 1) a parte que pede o regresso da criança não tem o direito de guarda ou consentiu na deslocação (arts. 13º al. a); 2) existência de um grave risco de a criança, no seu regresso, ficar sujeita a perigos de ordem física ou psíquica ou ficar, de qualquer modo, numa situação intolerável (art. 13º b)[330]; 3) oposição ao

---

[328] Sobre as diferenças entre ambas as convenções quanto ao conceito de rapto, às crianças tuteladas, aos motivos de recusa de restituição da criança, à formulação da cláusula de ordem pública, ao mecanismo das reservas (o qual não é admitido, em relação a disposições chave da Convenção de Haia, aumentando a relutância dos Estados em ratificar a Convenção) e à organização das autoridades centrais, vide VERUCCI, Lucia, *La sottrazione internazionale di minori da parte di uno dei genitori: la convenzione europea e la convenzione dell'Aja a Confronto*, Giustizia civile, 1995, II, p. 531 e ss. Para um maior desenvolvimento destas matérias, vide SALZANO, Alberto, *La sottrazione internazionale di minori, Accordi internazionali a tutela dell'affidamento e del diritto di visita*, Giuffré, 1995.

[329] Cfr. VERUCCI, ob. cit., p. 536.

[330] O artº 13º, 1, al. b) tem sido interpretado pela jurisprudência francesa, recentemente, de uma forma que admite o não regresso da criança com maior amplitude. O conceito de perigo é entendido, não de forma restritiva, englobando apenas os danos causados pelas novas condições de vida encontradas junto do progenitor cujo direito foi violado, mas também abrangendo, em alternativa, os danos criados à estabilidade da vida da criança por uma nova alteração das condições de vida actuais desta, ou seja, as consequências provocadas pela separação da sua pessoa de referência, no caso *sub iudice*, a mãe. Cfr. DESLANCES, C./VALORY, S., *Enlèvement international d'enfants: la Cour de cassation maintient le cap*, Personnes & Famille, nº 7, 1999. p. 20-21. Sobre a interpretação do conceito de perigo ou de situação intolerável, vide BRUCH, Carol, *Casos de rapto internacional de crianças: experiência ao abrigo da Convenção de Haia de 1980*, Infância e Juventude, 1993, nº 3, p. 41-44, salientando que os tribunais não aceitam afirmações vagas de perigo, reconhecendo o poder destas alegações como tácticas impróprias de adiamento. Neste sentido, os tribunais exigem condições para ordenar o regresso, como por exemplo, declarações ou compromissos de maridos que maltrataram a mãe guardiã, no sentido de darem alimentos e casa separada à mãe e aos/às filhos/as, a fim de evitar a ocorrência do perigo que impede o regresso, e decisões que consideram que a ruptura da ligação da criança com

regresso, proveniente da criança dotada de um certo grau de maturidade. Diferentemente, segundo a Convenção do Conselho da Europa, o Estado só é obrigado a restituir a criança, se o pedido foi feito dentro de seis meses após o rapto, se a criança e ambos os pais têm a nacionalidade do Estado requerente e se a criança tinha aí a sua residência habitual, antes do rapto (art. 8º). A Convenção de Haia prevê que os Estados devem sempre restituir a criança, desde que a acção de restituição tenha sido interposta dentro de um ano após a retenção ilícita ou, ainda que interposta mais tarde, quando a criança não se tenha integrado, durante o tempo entretanto decorrido, no novo país de residência (art. 12º). A Convenção de Haia é, portanto, mais simples e mais eficaz no combate ao rapto de menores. Contudo, tem sido denunciado que os critérios para ordenar a restituição das crianças são diferentes consoante o raptor seja o pai ou a mãe, sendo mais fácil ao pai reter os/as filhos/as, o que envolve discriminação da mulher e perigos para a criança, sobretudo, quando a mãe é vítima de violência doméstica e muda de país para fugir ao agressor[331].

A Convenção de Haia foi inovadora no facto de prever a tutela do direito de visita ao lado da tutela do direito de guarda. A intenção dos Estados foi a de permitir, ao progenitor não guarda e aos/as filhos/as, a continuidade da sua relação afectiva apesar da mudança de residência do progenitor guarda para outro Estado, garantindo, assim, o direito da criança a relacionar-se com ambos os pais, consagrado mais tarde, no art. 9º da Convenção sobre os Direitos da Criança de 1989. A Convenção de Haia no art. 5º, b) define o direito de visita, como o direito de levar a criança para um lugar diverso da sua residência habitual, por um período limitado de tempo. Contudo, note-se, a este propósito que a doutrina tem entendido que o direito de visita não é um verdadeiro direito subjectivo mas antes um direito a que estão ligados deveres, nomeadamente, o dever de se relacionar com os/as filhos/as com regularidade em ordem a promover o seu desenvolvimento psíquico e físico e o dever de colaborar com o progenitor guarda no cuidado dos/as filhos/as e na assistência prestada a estes. Por outro lado, não se pode equiparar para efeitos de intervenção do direito internacional, a violação do direito-dever de guarda à violação do direito-dever

---

a mãe detentora da guarda de facto e a quem provavelmente será confiada a guarda, em processo de regulação das responsabilidades parentais, prejudica seriamente a criança, colocando-a numa situação intolerável que justifica que não seja ordenado o regresso. Denuncia ainda a autora que os tribunais concedem a guarda quase automaticamente ao progenitor cujos direitos foram violados, como uma forma de facilitar o regresso da criança, ainda que não haja provas de que a atribuição da guarda a este progenitor seja no interesse da criança.

[331] Cfr. *Conference on Family Law*, International Society of Family Law, Brisbane, Australia, 2000.

de visita[332]. A subtracção da criança ao progenitor guarda, com quem reside habitualmente e que cuida dele no dia-a-dia, é uma perturbação maior na vida criança do que a violação do regime de visitas, que limita uma relação que já de si é tendencialmente mais pobre, em termos qualitativos e quantitativos, do que a relação da criança com a sua pessoa de referência.

O problema da subtracção de menores por um dos pais levanta a questão da inadequação de soluções de guarda conjunta ou de exercício conjunto das responsabilidades parentais, as quais, na medida em que conferem posições juridicamente iguais a ambos os pais, podem dificultar a aplicação das regras internacionais e de direito interno, civis e penais, de protecção da criança[333].

a) *Pressupostos do accionamento da Convenção de Haia para a obtenção do regresso da criança ao país de origem*

aa) A deslocação ou a retenção é considerada ilícita quando: a) Tenha violado o direito de guarda de um dos progenitores (art. 3º al. a); b) O direito de guarda estava a ser efectivamente exercido no momento da transferência da criança (art. 3º, al. b).

ab) A autoridade do Estado Contratante, onde a criança se encontrar, deverá ordenar o regresso imediato da criança quando, para além da ilicitude da retenção ou transferência, tenha decorrido um período inferior a um ano entre a data da deslocação ou da retenção indevidas e a data do início do processo perante a autoridade judicial ou administrativa do Estado Contratante onde a criança se encontrar (art. 12º)

---

[332] Neste sentido, no Canadá, um tribunal considerou, por unânimidade, que o mecanismo de regresso obrigatório prescrito pela Convenção de Haia não era aplicável aos casos em que o progenitor guarda planeia mudar de residência com a criança, mesmo que tal solução afecte os direitos de visita do outro progenitor. Num outro caso, o tribunal decidiu que seria necessário que o progenitor guarda fosse declarado culpado, pelo direito penal interno, de ter raptado o seu próprio/a filho/a, para que fosse aplicado o regime da Convenção. Cfr. L'HEUREX-DUBÉ, Claire – *L'Égalité en Droit de la Famille: Une Perspective Canadienne*, LIBER AMICORUM Marie-Thèrese MEULDERS-KLEIN, Bruylant – Bruxelles, 2000, p. 415-416.

[333] Em relação à aplicação da Convenção informa BRUCH (*O rapto civil de crianças e os tribunais ingleses*, Infância e Juventude, 1993, nº 4, p. 69), que a deslocação de um dos pais com o/a filho/a é lícita, quando não há uma decisão de regulação das responsabilidades parentais anterior e ambos os pais exercem em conjunto as responsabilidades parentais, desde que a deslocação tenha sido provocada por um desejo genuíno de evitar violência doméstica, de viver com parentes da família alargada ou de encontrar um emprego adequado, aplicando-se o mecanismo da Convenção apenas em relação aos casos em que o progenitor guarda tem a intenção de interferir com o relacionamento do outro progenitor com o/a filho/a, nos termos exigidos pelas leis penais. Contudo, os tribunais ingleses decretam frequentemente o regresso das crianças para os EUA, nos casos em que ainda não houve uma decisão de regulação das responsabilidades parentais.

b) Direito de oposição ao regresso

O Estado requerido não é obrigado a ordenar o regresso imediato da criança nas seguintes hipóteses:

1) Decurso de um período superior a um ano entre a data da deslocação e a data do início do processo, e prova da integração da criança no seu ambiente actual (art. 12º).

2) O regresso imediato da criança não é consentâneo com os princípios fundamentais do Estado requerido relativos à protecção dos direitos humanos e das liberdades fundamentais (art. 20º), como será o caso de, no país de origem da criança, as decisões de guarda não atenderem ao interesse da criança.

Esta cláusula interpretada à letra conduziria a uma discussão sobre o mérito das decisões de guarda, frustrando o objectivo da Convenção de obter o regresso rápido da criança ao país de origem, através de um mecanismo de carácter urgente e provisório[334]. Por este motivo, alguns Estados Contratantes, como o Reino Unido e a Finlândia, não procederam à transposição do art. 20º, por considerarem que esta hipótese já estaria coberta pelo art. 13º. Por outro lado, a utilidade desta disposição, num contexto em que os Estados membros têm legislações e ambientes culturais semelhantes, seria reduzida a casos extremos em que a restituição da criança para o país de origem a pudesse submeter ao risco de sujeição a trabalhos forçados, prostituição ou escravatura ou em que o Estado requerente conformasse os direitos de guarda de acordo com critérios completamente distintos do interesse da criança ou em que a criança fosse perseguida ou discriminada, em resultado de alteração das condições jurídico-políticas num Estado, por exemplo, estado de guerra ou violações das convenções internacionais dos direitos humanos[335]. Parece-nos, contudo, que a norma mantém uma finalidade preventiva, salvaguardando a protecção do interesse da criança, para a hipótese de alargamento do âmbito geográfico dos Estados vinculados à Convenção de Haia a Estados, como os muçulmanos, com legislações que consideram a criança como propriedade do pai.

3) A prova das circunstâncias do art. 13º:

   a) A pessoa, instituição ou organismo que tinha a seu cuidado a pessoa da criança não exercia efectivamente o direito de custódia na época

---

[334] Cfr. ASCENSÃO SILVA, Nuno Gonçalo da, *A Convenção de Haia de 25 de Outubro de 1980 sobre os Aspectos Civis do Rapto Internacional de Crianças – Alguns Aspectos*, in Estudos em Memória do professor Doutor António Marques dos Santos, Volume I – 2005, pp. 508-509.
[335] *Ibidem*, p. 509.

da transferência ou retenção, ou havia consentido ou concordado posteriormente com a transferência ou retenção; ou
b) Verificação de um risco grave de a criança, no seu regresso, ficar sujeita a perigos de ordem física ou psíquica, ou, de qualquer modo, ficar numa situação intolerável.

A autoridade judicial ou administrativa pode também recusar-se a ordenar o regresso da criança se verificar que esta se opõe a ele e que a criança atingiu já uma idade e um grau de maturidade tais que levem a tomar em consideração as suas opiniões.

Na hipótese descrita na al. a), falta o exercício actual dos direitos de custódia na pessoa do progenitor requerente, um dos elementos essenciais que a convenção visa proteger, ou o comportamento da pessoa cujo direito de guarda foi violado revela aceitação da deslocação ou retenção. Note-se que, a este propósito, nos termos do art. 5º, a noção de guarda ou de custódia não reside apenas no direito de fixar a residência da criança, mas também na prestação de cuidados pessoais à criança inerentes à coabitação entre esta e o progenitor privado da sua companhia e educação quotidianas.

As circunstâncias previstas na al. b) remetem para os conceitos de perigo físico ou psíquico e de situação intolerável, e derivam directamente da consideração do interesse da criança como critério de decisão. Estes conceitos devem ser compreendidos à luz da relação afectiva da criança com a pessoa de referência que cuida de si no dia-a-dia e da opinião da criança, a qual pode ser relevante em qualquer idade, desde que expressa de forma inequívoca.

4) O Regulamento (CE) nº 2201/2003 do Conselho, de 27 de Novembro de 2003, aplica-se juntamente com o art. 13º da Convenção de Haia e veio estabelecer condições mais apertadas do que a Convenção de Haia para uma possível decisão de retenção. O art. 11º, nº 4 do Regulamento afasta a possibilidade de recusa nas situações previstas no art. 13º, se se provar que o Estado requerente tomou medidas adequadas para garantir a protecção da criança após o regresso. O Regulamento não especifica, contudo, o que deve entender-se por "medidas adequadas" ou "garantias de protecção". Neste contexto, o Estado requerido deve exigir ao Estado requerente, não apenas uma declaração de compromisso dos serviços sociais relativamente à avaliação do progenitor requerente e ao acompanhamento da criança, mas a especificação das medidas concretas tomadas e a tomar para proteger a criança do perigo, bem como a prova de eficácia dessas medidas e da sua adequação ao interesse da criança.

O art. 11º, nº 2, para evitar que a criança seja vista como propriedade do progenitor requerente, consagra um dever de audição da criança pelo tribunal a quem o pedido de regresso é dirigido, a não ser que se considere tal audição inadequada em virtude da idade ou do grau de maturidade. Esta norma parte do princípio da capacidade natural da criança para ser ouvida, abandonando a presunção de incapacidade que a doutrina e a jurisprudência nacional costumam defender, cabendo ao julgador, oficiosamente, o dever de averiguar, em cada caso concreto, o grau de maturidade da criança para a audição, não podendo sem mais alegar a incapacidade da criança para justificar a recusa da audição. Mesmo nos casos em que o Tribunal considere inadequada a audição, em função da idade da criança, terá que investigar, por outros meios (prova testemunhal, pareceres de especialistas, exames psicológicos, regras de experiência), qual a vontade da criança.

2.1.8. A jurisprudência portuguesa relativa aos processos de regresso imediato ao país de origem de crianças deslocadas ou retidas ilicitamente no território português

O Tribunal da Relação de Coimbra, no acórdão, de 15-06-2010 (inédito), considerou que a permanência da mãe com a filha de três anos em Portugal, para além da data acordada com o progenitor para o regresso ao Chipre, constitui uma retenção ilícita, pois ambos os pais viviam em união de facto e exerciam em conjunto a custódia da filha, tendo a mãe decidido unilateralmente estabelecer residência em Cantanhede sem o consentimento do progenitor. Contudo, o Tribunal decidiu, revogando a decisão de 1ª instância, que o regresso da criança ao Chipre, decorrente das disposições conjugadas dos arts 3º e 12º da Convenção, não deve ser ordenado, devido à verificação dos requisitos previstos na al. b) do art. 13º: a existência de um risco grave de a criança no seu regresso ficar sujeita a perigos de ordem física ou psíquica, ou, de qualquer modo, ficar numa situação intolerável.

Para fundamentar a decisão, o Tribunal remeteu para a matéria de facto estabelecida na decisão recorrida, considerando provada a existência do perigo físico ou psíquico, a partir de regras de experiência resultantes do facto de a criança viver em Portugal, há nove meses, com a mãe e com a avó "em comunhão de afectos". A conjugação da matéria de facto composta pela idade da criança (três anos e meio), a forte relação afectiva à mãe e à avó, bem como a integração da criança no infantário e a interacção com os seus pares, permitiu ao Tribunal concluir que o regresso à residência inicial e o afastamento do seu ambiente actual, para ser entregue a um pai com quem não tem tido contactos, seriam uma "violência psíquica" para a criança, pondo em "sério risco a sua estabilidade física e emocional. Esta decisão judicial está de acordo com os mais modernos conhecimentos sobre a importância, para o desenvolvimento da criança da manutenção dos vínculos afectivos profundos desta com os seus cuidadores. No mesmo sentido se orientou o acórdão do Tribunal da Relação de Coimbra, de 22-02-2005 (Relator: SOUSA PINTO), em que o Tribunal considerou preenchidos os requisitos do art. 13º, al. b) da Convenção, como fundamento para não ordenar o regresso de uma criança de seis anos à Bélgica. O Tribunal considerou que se verificavam os pressupostos de aplicação da Convenção de Haia definidos no art. 3º, uma vez que a mãe, sem obter a concordância do pai, deslocou-se para Portugal, onde estabeleceu a sua residência e do filho menor, consubstanciando este comportamento, num contexto em que os pais exercem em conjunto o poder paternal, uma deslocação ilícita para os efeitos da Convenção de Haia. Contudo, dada a idade da criança, seis anos, o facto de sempre ter vivido com a mãe, havendo entre ambos um afecto notório, e a adaptação da criança à escola, bem como a interacção positiva com os avós maternos, cuja agregado familiar integrava, o Tribunal concluiu que o retorno à Bélgica, implicando a separação da mãe, acarretaria para a criança um sofrimento, que poria em risco a sua estabilidade emocional e afectiva, reflectindo-se no seu normal desenvolvimento. Numa situação de facto semelhante, a Relação de Guimarães, no acórdão de 16-07-2009 (Relatora: TERESA HENRIQUES)[336], ordenou o regresso de uma criança de 4 anos para a Bélgica, em cumprimento da Convenção de Haia, pelo facto de a mãe, que exercia em conjunto as responsabilidades parentais com o outro progenitor, se ter deslocado para Portugal, estabelecendo residência em Viana do Castelo, sem autorização do pai e contra a vontade deste. O Tribunal considerou que, dos factos provados não resultava a verificação de qualquer das excepções previstas no art. 12º, nº 2 e no art. 13º, l. b) da Convenção de Haia ao regresso imediato da criança, nomeadamente, os riscos de ordem física ou psíquica para a criança, julgando desnecessário ouvir a criança dada a sua pouca idade. Conforme temos defendido, nestes processos, norteados pelo critério fundamental do interesse da criança, é essencial a sua audição, em qualquer idade, ou, nas hipóteses de idade muito jovem, que o Tribunal proceda *ex officio* a uma investigação acerca dos sentimentos da criança em relação ao regresso.

O Tribunal da Relação de Évora, no acórdão de 2-07-2009 (Relator: ANTÓNIO ALMEIDA SIMÕES)[337] não considerou aplicável a Convenção de Haia, por falta

---

[336] RG 16-07-2009, CJ, 2009, Tomo III, pp. 302-304, em cujo sumário se afirma o seguinte: "Tendo os pais do menor acordado num Estado contratante em partilhar a guarda do menor, não pode um dos progenitores retirar o menor do país sem o consentimento do outro."
[337] *Vide* CJ, 2009, Tomo III, pp. 268-272.

do requisito de retenção ilícita, num caso em que as crianças entregues a uma terceira pessoa pela mãe biológica, de nacionalidade brasileira, foram sujeitas, após o regresso da mãe ao Brasil, a um processo de promoção e protecção, que culminou com a aplicação da medida de confiança a pessoa idónea (art. 35º, al c) da LPCJP) pela Comissão de Protecção de Crianças e Jovens em Perigo. As duas crianças tinham com a pessoa que delas cuidava uma relação afectiva semelhante à filiação, não conhecendo a mais nova, entregue pela mãe logo após o nascimento, a família materna, e tendo a mais velha revelado comportamentos indiciadores de ter sido vítima de abandono afectivo e violência, assim como relatado que, quando vivia com a mãe, foi sexualmente abusada por um tio materno, explicando que a mãe, perante o seu testemunho, a mandou calar.

O STJ, no acórdão de 24-06-2010 (Relatora: MARIA DOS PRAZERES PIZARRO BELEZA)[338], confirmou as decisões do Tribunal de 1.ª instância e da Relação de Guimarães, as quais não determinaram o regresso da criança, por entenderem que a deslocação não foi ilícita, uma vez que não havia qualquer prova no processo de que esta tivesse sido realizada sem o consentimento do progenitor ou contra a sua vontade. Os pais viviam em união de facto e separaram-se em Abril de 2005, tendo a mãe, nessa data, partido de França para Portugal. A oposição do progenitor apenas se manifestou a partir da data em que instaurou a acção de regulação do poder paternal em França, em 24 de Fevereiro de 2006. Contudo, o Tribunal apenas considerou a retenção ilícita, a partir do momento em que foi proferida sentença, por um Tribunal francês, a atribuir a guarda ao pai, tendo entendido que, nesse momento, a custódia não era efectivamente exercida pelo progenitor nem se poderia afirmar que devesse estar a ser exercida efectivamente pelo pai, individualmente ou em conjunto. Os Tribunais entenderam, ainda, que estavam verificados os requisitos do art. 12º, pois já tinha decorrido mais de um ano entre a deslocação e o processo intentado ao abrigo da Convenção de Haia, e a criança já se encontrava integrada no seu novo ambiente. As instâncias contaram o prazo a partir da deslocação, pois caso tivessem contado a partir da data da oposição do progenitor à permanência em Portugal, como no caso do acórdão do STJ, de 05-11-2009, que comentaremos a seguir, ainda não teria decorrido o prazo de um ano. De qualquer forma, o Tribunal da Relação de Guimarães, na decisão confirmada pelo STJ, considerou também preenchidos os pressupostos do art. 13º, al. b):

---

[338] Vide in *Base Jurídico-Documental do MJ*, www.dgsi.pt

"Acresce que, retirar uma criança de tenra idade (cinco anos) à mãe, com quem sempre viveu, desde que nasceu; retirá-la da terra onde vive desde que tem um ano de idade e, por isso, da única que conhece; retirá-la do meio familiar onde se encontra inserida; levá-la para um país cuja língua não fala, para ir residir com um pai que mal conhece; não é apenas submeter a criança a uma situação intolerável, nem a perigos abstractos de ordem psíquica. É muito mais grave. Configura uma situação de maus-tratos a menor, cujas sequelas poderão afectá-lo de forma grave e perene (...)."

O STJ, apesar de não se ter considerado competente para conhecer a causa, em virtude da natureza do processo como de jurisdição voluntária, considerou que a conclusão do acórdão recorrido tem amplo suporte na matéria de facto provada.

Em sentido diferente, o acórdão do STJ, de 05-11-2009 (Relatora: MARIA DOS PRAZERES PIZARRO BELEZA)[339], num caso semelhante, confirmou o regresso à Irlanda de uma criança de seis anos, que se encontrava em Portugal a viver com a avó paterna desde que tinha um ano de idade, por decisão do progenitor, revogada, por este, um ano após a entrega, data em que reclama o regresso da filha. Note-se que, o STJ não conheceu do mérito da questão, por entender que o poder do STJ está limitado a questões de legalidade estrita (art. 1411, nº 2 do C.P.C. de 2007), estando fora do âmbito do recurso de revista o controlo de uma decisão de recusa ou de entrega com fundamento na maior adequação à protecção dos interesses da criança.

Neste caso, numa factualidade muito semelhante à do caso anterior, os Tribunais consideraram que, no processo, não havia prova de qualquer perigo de ordem física ou psíquica decorrente do regresso da criança, apesar do longo período de ausência de contactos entre o progenitor e a filha, do desenvolvimento desta ser adequado à idade, da boa integração no infantário e no agregado da avó paterna, bem como a forte afectividade da avó pela neta e empenho no seu bem-estar. Parece-nos que a diferença, neste caso, terá residido no facto de a pessoa acusada de retenção ser a avó, familiar com grau de parentesco mais distante em relação à criança, a quem a lei não atribuiu os poderes-deveres que integram as responsabilidades parentais e que não tinha a guarda de direito da criança. Contudo, em termos afectivos, a avó ocupava o lugar de substituto parental, sendo a separação da criança em relação à avó, a sua pessoa de referência, tão traumatizante como seria a separação da criança em relação à mãe, no caso anterior. O Tribunal terá considerado que a avó usurpou das suas funções, cuidando da neta após o progenitor a ter

---

[339] Vide in *Base Jurídico-Documental do MJ*, www.dgsi.pt

reclamado, não tendo, em contrapartida, feito o mesmo juízo de valor em relação à mãe, que retém a criança em Portugal, sem consentimento do pai. Parece-nos que os Tribunais não analisaram o conflito à luz do interesse da criança, mas à luz dos interesses dos adultos e das posições jurídicas formais que ocupam: o pai, titular do poder paternal, por lei e decisão judicial, apesar de não cuidar da filha, e a avó sem direitos em relação à criança, mas que cuidou dela na ausência do progenitor.

Na dúvida sobre a existência de perigo, os Tribunais têm poderes de ofício para ordenar testes periciais[340], sobretudo, quando estão perante uma factualidade como a deste caso caracterizada por vários anos de separação entre o progenitor e a filha. Ainda que o Tribunal imputasse, como o fez, a duração dessa separação à avó, que se recusou a entregar a criança quando solicitada, pensamos que nestes processos não se pode punir as crianças pelos erros dos adultos. Nas decisões judiciais, deve prevalecer o interesse concreto da criança cujo destino se está a discutir e não o objectivo de prevenir, em geral, o rapto de crianças ou a retenção ilícita. Por outro lado, os tribunais não podem descartar a hipótese de a recusa de entrega da avó ser motivada não por egoísmo mas para proteger a criança de um perigo. Os tribunais fundamentaram, ainda, a decisão de regresso, no facto de o Estado irlandês ter cumprido a garantia exigida pelo art. 11º, nº 4 do Regulamento (CE) nº 2001/2003, de 27 de Novembro, para afastar a possibilidade de recusa prevista no art. 13º, al. b), através de medidas adequadas para proteger a criança após o regresso. Também este ponto foi distinto nestes dois casos, tendo o Tribunal, no caso anterior, entendido que esta garantia não tinha sido prestada pelo Estado requerente.

Quanto à oposição da criança dotada de suficiente grau de maturidade susceptível de excluir o regresso, os tribunais não ouviram a criança para averiguar dos sentimentos desta. A diligência mais protectora da criança, da parte do Tribunal, seria o cumprimento do princípio da audição obrigatória, consagrado no art. 4º, al. i) da LPCJP, para auscultar a sua sensibilidade em relação ao regresso, e ordenar perícias psicológicas ao progenitor e à criança, para apurar a história de vida desta, desde o nascimento, e a sua relação com o progenitor. Os Tribunais não ouviram a criança, tendo o STJ fundamentado esta decisão na pouca idade e grau de maturidade da criança, sem que constem do processo quaisquer exames, pareceres médicos ou psicológicos

---

[340] Neste sentido, referindo-se ao predomínio do inquisitório sobre o dispositivo, nos processos de jurisdição voluntária, nos quais o Tribunal pode investigar livremente os factos, coligir as provas, ordenar inquéritos e recolher as informações convenientes, *vide* RC 22-05-2007 (Relator: ARTUR DIAS), in *Base Jurídico-Documental do MJ, www.dgsi.pt*

a confirmar a falta de maturidade da mesma. Conforme temos defendido, deve presumir-se a capacidade natural da criança para se pronunciar sobre as suas relações afectivas e sobre o seu destino, cabendo, a quem entende que a criança não é suficientemente madura para tal, o ónus da prova da incapacidade ou da imaturidade.

Diferentemente do que assumiram as instâncias, neste caso, defendemos que a suspensão da acção de regulação do poder paternal intentada pelo progenitor que transferiu a criança para outro país ou que a retém ilicitamente e a impossibilidade do Estado, em que a criança tenha sido retida, de tomar decisões sobre o fundo do direito de guarda (art. 16º da Convenção de Haia), não podem ter como consequência que o Tribunal a quem é pedido o regresso esteja dispensado de investigar o interesse da criança. Apesar de o processo de regresso da criança ter um carácter urgente (art. 11º da Convenção de Haia), tal não isenta o Tribunal de investigar o interesse da criança, em concreto, para apurar a existência ou não de um perigo no regresso, nem de decidir de acordo com este interesse, sempre superior ao interesse dos pais. O conceito de perigo psíquico, tal como todas as excepções à obrigação geral do Estado requerido de ordenar o regresso da criança, está relacionado com o conceito de interesse da criança, que vincula os Tribunais em todas as decisões que dizem respeito a crianças[341]. A posição oposta, que defende a entrega imediata e automática sem discutir a bondade da solução, contém uma concepção de criança como um objecto[342] e significa uma desresponsabilização dos Tribunais, em relação ao bem-estar de uma criança que reside no seu território nacional.

As instâncias consideraram que o pai, no momento da retenção ilícita, exercia efectivamente a guarda, entendendo o conceito de guarda num sentido restrito de direito de decidir sobre a residência da criança, enquanto o art. 5º da Convenção estipula que o direito de custódia inclui, para além do direito de decidir a residência, a prestação de cuidados pessoais à criança. O progenitor residente não exerceu qualquer cuidado pessoal em relação à filha, por omissão sua, durante o período de tempo em que não se opôs à permanência da criança em Portugal. Os Tribunais não averiguaram se, durante os 12 meses em que durou a retenção consentida, o progenitor manifestou interesse pela criança e manteve algum contacto com esta. Neste contexto,

---

[341] Neste sentido, *vide* OLIVEIRA, Elsa Dias, *Convenções Internacionais e Direito Comunitário no domínio do Direito dos Menores*, Revista do CEJ, 2º semestre 2004, Nº 1, pp. 63-66.

[342] Neste sentido, entendendo que os Tribunais assimilam a criança a uma coisa, *vide* LEQUETTE, Y, anotação ao caso decidido pela *Cour d' Appel d'Aix-en-Provence (6e Ch.)*, em 23-03-1989, in *Revue Critique*, v. 79, 1990, p. 529 e ss.

reduzir o conceito de guarda ao direito de fixação da residência da criança significa uma separação entre os poderes de decisão e o cuidado quotidiano da criança, típica do período anterior à Reforma de 1977, em que o marido era o chefe da família e exercia sozinho o poder paternal em relação aos filhos menores de quem não cuidava no dia-a-dia.

A jurisprudência internacional, relativa à aplicação da Convenção de Haia, apesar de considerar que o progenitor titular da guarda, no plano jurídico, não a exerce de facto, apenas em situações extremas de negligência ou abandono, entende que se deve exigir, para o preenchimento do conceito de guarda efectiva, algum tipo de contacto regular com a criança[343]. A jurisprudência portuguesa manifestou já posições mais exigentes quanto ao conceito de guarda efectiva, decidindo pela inaplicabilidade da Convenção com fundamento na circunstância de que a guarda atribuída ao pai pelos tribunais americanos, após a vinda da criança para Portugal, não estava a ser efectivamente exercida[344] e com fundamento no facto de a criança ter sempre vivido com a mãe depois da separação de facto dos cônjuges, o que configurava uma situação de não exercício efectivo da guarda[345].

A questão da contagem do prazo de um ano para analisar o pressuposto do art. 12º também não teve em conta o comportamento do pai, durante o período que decorreu entre o momento da deslocação autorizada da criança (02-02-2005) e a data da oposição do pai à permanência da filha em Portugal (19-05-2006), seguida, após três meses (Agosto de 2006), do accionamento da Convenção de Haia para requerer o regresso da criança.

A jurisprudência tem entendido que, progenitores que consentem na deslocação e mais tarde revogam o consentimento não podem invocar o direito de requerer o regresso da criança, sendo o consentimento considerado como irretractável, ainda que seja meramente tácito, pelo silêncio ou pela inactividade[346]. A valoração da inactividade do progenitor guardião como consentimento depende das circunstâncias do caso e do comportamento deste durante o espaço de tempo em que não interpôs um pedido ao abrigo

---

[343] Cf. ASCENSÃO SILVA, Nuno Gonçalo da, *A Convenção de Haia de 25 de Outubro de 1980 sobre os Aspectos Civis do Rapto Internacional de Crianças*, ob. cit., p. 515, nota 118.

[344] Cf. RP, acórdão de 29 de Maio de 1990 (inédito), *apud* ASCENSÃO SILVA, Nuno Gonçalo da, *A Convenção de Haia de 25 de Outubro de 1980...ob. cit.*, p. 516, nota 118.

[345] Cf. RE, acórdão de 04-03-2004, CJ, 2004, Tomo II, pp. 235 e ss

[346] Em Inglaterra, *vide* a decisão do *Court of Appeal*, de 12 de Fevereiro de 1992, no caso Re A. (Minors) (Abduction: Custody Rights), INCADAT: HC/E/UKe 48, e a decisão do *Court of Appeal*, de 26 de Novembro de 1997, Re S. (Abduction: Acquiescence), INCADAT:HC/E/UKe 49.

da Convenção de Haia³⁴⁷. De outra forma, permitindo que o carácter ilícito da retenção se inicie com a revogação do consentimento para a permanência da criança noutro país, após um período longo de silêncio, como sucedeu no caso do acórdão do STJ, de 05-11-2009, sem considerar o comportamento anterior do progenitor, os Tribunais legitimam a auto-desresponsabilização dos progenitores requerentes.

A ordem de regresso da criança seria equivalente, como julgamos ter sucedido no caso *sub iudice*, em que o progenitor só intentou o processo 15 meses após a deslocação autorizada, a um prémio para os progenitores que abandonam ou se desinteressam pela criança e a uma visão desta como objecto, propriedade dos pais. Uma criança institucionalizada, que está três meses sem visitas (ou com visitas irregulares e sem qualidade afectiva) dos pais biológicos com quebra dos laços afectivos próprios da filiação (art. 1978º, nº 1 al. e) do Código Civil), pode ser confiada judicialmente com vista a futura adopção, independentemente de culpa dos pais. A posição dos Tribunais, de não considerar relevante o período de tempo decorrido antes do início da retenção ilícita, momento que o Tribunal faz coincidir com a recusa de entrega da avó, perante pedido do progenitor, constitui uma contradição valorativa com a norma do art. 1978º, violando o princípio da unidade e da coerência do sistema jurídico e, sobretudo, os interesses da criança, objectivo fundamental da Convenção de Haia e expresso no seu preâmbulo: "os interesses da criança são de primordial importância em todas as questões relativas à sua custódia". O facto de a Convenção ter adoptado a formulação no plural, interesses da criança, significa que se considera não apenas o interesse geral das crianças contra os danos provenientes da deslocação unilateral mas também o interesse individual de cada criança através das excepções do art. 13º. O critério do interesse da criança não pode deixar de estar subjacente a todas as decisões judiciais relativas à guarda de crianças, por imposição do art. 3º da Convenção dos Direitos da Criança, sob pena de a criança ser equiparada a um objecto ou ser inanimado, que pertence ao progenitor "proprietário" que reclama os seus direitos, sem ter cumprido

---

³⁴⁷ *Vide* a decisão de um Tribunal escocês, de 12 de Dezembro de 2001, da *Outer House of the Court of Session*, A.Q. v. J. Q., INCADAT: HC/E/UKS 415). Como exemplo de decisões em que se considerou ter havido consentimento, pelo decurso do tempo, *vide*, na Inglaterra, a decisão do *High Court*, de 13 de Novembro de 1992, no caso W. v. W (*Child Abduction:Acquiescence*), INCADAT:HC/E/UKe 52, em que o consentimento foi deduzido de um período de 10 meses sem requerer o regresso, e na Austrália, decisão do Family Court of Austrália at Brisbane, de 30 de Setembro de 1997, no caso *Director-General, Department of Families, Youth and Community Care v. Thorpe*, INCADAT:HC/E/AU 212, em que se considerou que o consentimento tácito decorria de um período de seis meses sem ter iniciado um processo ao abrigo da Convenção de Haia.

os seus deveres ou tendo-se demitido das suas funções, durante períodos de tempo prolongados. Na prática, na aplicação do art. 13º da Convenção de Haia, alguns Tribunais fazem prevalecer sobre o interesse da criança a cortesia entre Estados, o respeito mútuo por processos judiciais e considerações de política geral que visam o desencorajamento dos raptos, afirmando mesmo que uma das preocupações da Convenção é determinar qual o fórum competente para definir o melhor interesse da criança e não definir directamente esse interesse[348]. Os poderes discricionários dos Tribunais na definição das excepções às ordens de regresso e a remissão dos critérios de decisão para o juízo sobre cada caso concreto tem criado disparidade de soluções para casos semelhantes e uma subordinação do que deve ser o critério fundamental de todas as decisões relativas a crianças, o interesse da criança, relativamente ao respeito pelo foro competente, delegando os Estados requeridos o dever de protecção das crianças para os Estados requerentes.

No caso de a guarda ou o direito de decidir a residência da criança ser atribuída apenas a um dos progenitores, por decisão judicial ou por acordo dos pais, a jurisprudência portuguesa tem decidido que a deslocação do progenitor guarda com a criança para outro país, sem consentimento do outro progenitor, não constitui, só por si, violação do direito de guarda do outro, não se verificando uma deslocação ou retenção ilícita, nos termos do art. 3º da Convenção de Haia[349].

---

[348] Particularmente dramática e exemplificativa da completa desconsideração dos interesses da criança foi a decisão de um Tribunal neozelandês que ordena o regresso de duas crianças do sexo masculino para os EUA onde o progenitor requerente estava a cumprir pena por abuso sexual e tentativa de rapto dos filhos, tendo o Tribunal entendido que havia dúvidas quanto à efectiva ocorrência de abusos sexuais e que, apesar de o regresso implicar um perigo grave para as crianças não abrangido pelos problemas normais de uma mudança de país, os danos prováveis causados pelo regresso seriam, contudo, de uma natureza e extensão limitadas, sobrepondo-se a estes danos a maior adequação dos Tribunais Americanos para decidir a guarda das crianças. Cf. McL v. McL, *Family Court at Christchurch*, 12 de Abril de 2001. (INCADAT:HC/E/NZ 538), disponível em http://www.incadat.com. No mesmo sentido, valorizando os objectivos da Convenção de Haia de evitar que o fórum competente para decidir a guarda seja alterado pela vontade das partes, *vide* o caso decidido pelo Supremo Tribunal Finlandês (1996: 151, S96/2489, INCADAT, HC/E/FI 360). Entendendo que a prova de que o pai tinha abusado sexualmente dos filhos não gerava de *per se* um risco grave no regresso das crianças, *vide* A.S. v. P. S. (*Child Abduction*), 1998 2 IR 244, INCADAT, HC/E/IE 389. Admitindo a existência dos riscos referidos na alínea b) do art. 13º, mas ordenando o regresso das crianças, desde que o Estado requerente oferecesse garantias e compromissos de protecção da criança, *vide* a decisão de um tribunal inglês *Cameron v. Cameron*, 1996, INCADAT: HC/E/UKs 77. Em sentido contrário, defendendo que seria inconcebível ordenar o regresso de uma criança quando se identificasse um grave risco de perigo, *vide* Re D (*Abduction: Rights of Custody*) [2006] UKHL 51; [2007] 1 AC 619, INCADAT: HC/E/UKe 880

[349] Cf. RC 20-04-2010 (Relator: ROQUE NOGUEIRA), in *Base Jurídico-Documental do MJ*, www.dgsi.pt, em que estava em causa uma deslocação da mãe e do filho de dois anos de idade da Alemanha

Julgamos que a determinação da residência habitual da criança, ao abrigo do art. 1906º, nº 5 do Código Civil, mesmo num quadro de exercício conjunto das responsabilidades parentais quanto às questões de particular importância, imposto pelo art. 1906º, nº 1, deve ser equiparada a guarda, para efeitos de recusa da aplicação da Convenção de Haia, quanto a deslocações do progenitor residente acompanhado da criança. O progenitor residente deve ter o poder de fixar a residência da criança, cabendo ao outro o ónus da prova do perigo para a criança, num processo de alteração das responsabilidades parentais.

3. Uma análise crítica da síndrome de alienação parental e os riscos da sua utilização nos Tribunais de Família

3.1. A recusa das crianças ao convívio com um dos pais

O divórcio cria realidades novas na sociedade e dificuldades acrescidas para as crianças cujos pais estão em conflito. A reacção das crianças ao divórcio pode ser incompreendida pelos pais e introduz factores novos na análise das consequências do divórcio. Multiplicam-se, nos Tribunais, os processos de incumprimento do regime de visitas e a aplicação de medidas coercivas de execução dos acordos ou decisões judiciais, a pedido do progenitor sem a guarda, confrontado com a recusa da criança ao convívio ou às visitas.

Estes processos, em que muitas vezes a criança não é ouvida e é levada ao progenitor requerente, sob coacção das forças policiais, tratam a criança como

---

para Portugal, sem a autorização do pai, cidadão alemão. Os pais estavam separados de facto e acordaram, perante um Tribunal Administrativo de 1ª instância, que o direito de custódia, incluindo o direito de decidir da residência da criança, era exclusivamente atribuído à mãe, apesar de deterem a guarda conjunta das crianças, nos termos dos arts 1626º e 1627º do Código Civil alemão. No mesmo sentido, decidiu o STJ, acórdão de 20-09-2010 (Relator: FONSECA RAMOS), in *Base Jurídico-Documental do MJ*, www.dgsi.pt, considerando inaplicável a Convenção de Haia para fundar um pedido de regresso da criança, deslocada pela mãe para a Suíça, sem autorização do progenitor, numa situação em que vigorava um acordo, elemento do divórcio por mútuo consentimento decretado pela Conservatória do Registo Civil, segundo o qual a guarda e o exercício das responsabilidades parentais cabiam exclusivamente à mãe. O STJ considerou, contudo, que a mãe tinha o dever de informar o outro progenitor da deslocação, segundo o art. 1906º, nº 6, norma de ordem pública, que se aplica a todos os divórcios, mesmo anteriores à entrada em vigor da lei 61/2008, e que este dever incluía a necessidade de duplo consentimento para a deslocação. Esta posição, contudo, não é isenta de dúvidas, pois o dever de informação tem relevância, sobretudo, nos sistemas de guarda única, contexto em que surgiu, mesmo quando não expressamente previsto na lei, e nunca foi entendido como a necessidade de dupla autorização para actos de particular importância. Este entendimento, na prática, tornaria o exercício unilateral das responsabilidades parentais equivalente ao exercício conjunto, não fazendo sentido, então, a preocupação do legislador em consagrar uma disposição transitória em que afirma que a nova lei não se aplica a processos pendentes, nem a admissibilidade, no interesse da criança (art. 1906º, nº 2), de decisões judiciais que fixam o exercício unilateral das responsabilidades parentais.

um objecto, propriedade do pai, e ignoram os seus sentimentos e desejos. Acaso algum adulto está sujeito a intervenções judiciais ou policiais que o obriguem a conviver com o seu cônjuge ou ex-cônjuge, progenitores, irmãos ou outros familiares? Se julgamos impensável forçar convívios e afectos, em relação a adultos que não os desejam, porquê coagir as crianças ao convívio com o progenitor não guardião? Cabe aos Tribunais impor afectos? Aprenderá a criança a respeitar os outros, quando o sistema judicial não a respeita a si?

A investigação científica sobre o impacto do divórcio nas crianças e a experiência dos profissionais que lidam com as famílias revelam que a recusa da criança é uma reacção normal ao divórcio e que assume um carácter temporário. A maneira de os tribunais lidarem com a recusa da criança tem que ser cautelosa, entrando em diálogo com ela para conhecer os seus motivos, sem impor medidas pela força, as quais só vão aumentar o conflito e reforçar o sofrimento da criança.

O fenómeno da recusa das crianças à relação com um dos pais é sempre multifactorial, não resultando de uma só causa, como pretende a tese da síndrome da alienação parental, que faz a rejeição da criança derivar necessariamente de uma campanha difamatória levada a cabo por um dos pais contra o outro. De acordo com os estudos longitudinais de JUDITH WALLERSTEIN, que entrevistou filhos de pais divorciados, na altura do divórcio, um ano depois do divórcio, e ainda 5 anos, 10 anos e 25 depois, a aliança da criança a um dos pais contra o outro significa um comportamento de cooperação com o sofrimento causado pelo divórcio, que serve para fazer face à depressão, tristeza e solidão, não estando relacionado com perturbação emocional da criança nem do progenitor[350]. Sabe-se que, quando a recusa da criança é injustificada, as crianças acabam por abandonar o comportamento de rejeição, resolvendo-se todos os casos do estudo de WALLERSTEIN, um ou dois anos depois, com as crianças a lamentar o seu anterior comportamento e a retomar a relação com o pai, antes de completarem 18 anos[351]. Nos EUA, estudos sobre direito de visita demonstram que não se verifica, nos casos de recusa da criança, a conclusão dramática de GARDNER, do corte total e definitivo com o progenitor sem a guarda[352].

---

[350] Cf. WALLERSTEIN/KELLY, *Surviving the Breakup, How children and parents cope with divorce*, Basic Books, 1980, pp. 77-80.
[351] Informações prestadas por Judith Wallerstein a Carol Bruch, apud BRUCH, Carol, *Parental Alienation Syndrome and Parental Alienation: Getting it Wrong in Child Custody Cases*, Family Law Quarterly, vol. 35, 2001, p. 533, nota 20.
[352] JUDITH WALLERSTEIN/JOAN KELLY, *Surviving the Breakup...ob. cit.*, pp. 77-80; JANET R. JOHNSTON, *Children of Divorce who Refuse Visitation*, in *Non Residential Parenting: New Vistas in Family Living*, Depner and Bray eds, 1993, p. 124.

3.2. A Síndrome de Alienação Parental e o perfil profissional do seu criador, RICHARD GARDNER

Com o objectivo de resolver o problema da recusa da criança ao convívio com o seu guardião, surgiu, nos EUA, em 1985, um conceito designado por Síndrome de Alienação Parental, que rapidamente se difundiu em Portugal, em Espanha[353], na América Latina e no Brasil[354], nas peritagens psicológicas, na fundamentação das decisões judiciais ou nas alegações das partes, quer nos processos civis quer nos processos penais. Esta tese, sob uma capa de aparente cientificidade, imputa a causa da rejeição da criança a manipulação das mães que têm a sua guarda e propõe, nos casos de maior conflitualidade, a transferência da guarda para o outro progenitor – a terapia da ameaça. A SAP foi elaborada, em 1985, por RICHARD GARDNER, um médico americano que fazia trabalho não pago na Universidade de Columbia, como voluntário, e que utilizava o título de Professor da mesma Universidade, atribuído pela própria Universidade, por cortesia. Com efeito, GARDNER nunca leccionou efectivamente na Universidade de Columbia, mas a utilização do título permitiu-lhe aproveitar-se do prestígio desta instituição universitária para conferir ao seu trabalho, nas editoras e revistas em que publicou artigos, um reconhecimento académico que, de facto, não tinha, e para se apresentar, diante dos Tribunais, como um especialista[355].

A SAP nunca foi aceite nos EUA, com o valor de precedente judiciário, mas continua a funcionar como uma sedução para os Tribunais, nalguns países, e também em Portugal, como veremos, porque oferece soluções fáceis e lineares para resolver problemas complexos, simplificando o processo de decisão, nos casos geradores de mais angústia para quem tem a responsabilidade de decidir. Contudo, esta tese assenta em raciocínios circulares e a sua taxa de erro é elevada, introduzindo opiniões subjectivas na investigação e na avaliação dos factos, sendo, portanto, aconselhável que os Tribunais decidam cada caso com base nos seus próprios factos, ouvindo a criança e tratando-a como uma pessoa dotada de sentimentos pessoais, que devem ser respeitados. É sempre mais sensato não copiar automaticamente as modas de outros países, sobretudo, construções não científicas, como a

---

[353] Cf. AGUILERA, J. M., *Síndrome de Alienación Parental, Hijos manipulados por un cónyuge para odiar al outro*, 2004.

[354] Cf. DIAS, Maria Berenice, *Incesto e Alienação Parental*, São Paulo, 2007; ARAÚJO, Sandra Maria Baccara, *Alienação Parental*, Revista Associação dos Defensores Públicos do Distrito Federal, Ano 3, Nº 3, 2008, pp. 127-134.

[355] Cf. HOULT, Jennifer, *The Evidentiary Admissibility of Parental Alienation Syndrome: Science, Law, and Policy*, American Bar Association, Child Legal Rights Journal, 2006, p. 16, texto disponível para consulta *in* http://www.stopfamilyviolence.org/media/Hoult_«SAP»_admissibility.pdf

da síndrome de alienação parental, que produziu efeitos perversos e já foi rejeitada noutros países. Tem sido denunciado, nos EUA[356], que a posição de GARDNER, fazendo crer que se verifica uma epidemia de denúncias falsas de abuso sexual de crianças, nos processos de divórcio, ao contrário do que indicam os estudos sobre o tema, contribuiu para a desvalorização da palavra das crianças e para a invisibilidade da violência contra mulheres e crianças, assumindo um significado ideológico muito claro: a menorização das crianças e a discriminação de género contra as mulheres, bem como a «psiquiatrização» do exercício de direitos legais por parte das mulheres que defendem os seus filhos/as. Conforme afirma a Organização Nacional de Mulheres contra a Violência (NOW), nos EUA: "(...) o psiquiatra GARDNER criou o conceito de SAP e os advogados utilizam-no, na justiça, como uma estratégia defensiva dos agressores de mulheres e dos predadores sexuais, como forma de explicar a rejeição da criança em relação a um dos progenitores ou para invalidar alegações de violência ou de abuso sexual contra este progenitor, deslocando a culpa para o progenitor protector"[357].

3.3. A noção de Síndrome de Alienação Parental

A síndrome de alienação parental foi descrita, por GARDNER, como uma perturbação da infância que aparece quando a criança recusa relacionar-se com o progenitor sem a guarda, no contexto do divórcio e das disputas sobre guarda e visitas.

GARDNER defendeu que a SAP estava presente em aproximadamente 90% das crianças cujas famílias estavam envolvidas em litígios de guarda/visita mas não forneceu dados objectivos de investigação para demonstrar estas asserções sobre a síndrome nem a sua frequência[358]. Os dados iniciais foram substancialmente empolados, em especial, no que diz respeito à frequência das alegações falsas de abuso sexual, e a posterior revisão dos seus dados reduziu o número de casos de SAP a cerca de 40% dos casos de conflitualidade elevada em torno da guarda das crianças[359].

A SAP é definida como uma campanha sistemática e intencional, levada a cabo por um dos pais, para denegrir o outro progenitor, acompanhada de uma lavagem ao cérebro da criança com o objectivo de destruição do vínculo afectivo ao outro progenitor. Na síndrome de alienação parental, de acordo

---

[356] *Ibidem*, p. 6.
[357] NATIONAL ORGANIZATION OF WOMEN (NOW), texto disponível para consulta *in* http://www.now.org/ organization/conference/resolutions/2006.html#pas
[358] Cf. BRUCH, Carol, *Parental Alienation Syndrome and Parental Alienation, ob. cit.*, p.528.
[359] *Ibidem*, p. 528.

com GARDNER, verifica-se um contributo da criança na campanha feita pelo progenitor alienante para denegrir o outro. Nestes processos, devem estar presentes, segundo GARDNER, os seguintes factos ou critérios, indiciadores de SAP[360]: "1) Campanha para denegrir a pessoa do outro progenitor junto da criança; 2) Razões frágeis, absurdas ou frívolas para a rejeição do progenitor; 3) Falta de ambivalência; 4) O fenómeno do pensador independente; 5) Apoio automático da criança ao progenitor alienador; 6) Ausência de sentimentos de culpa em relação à crueldade e/ou exploração do progenitor alienado; 7) Presença de encenações encomendadas; 8) Propagação de animosidade aos amigos e/ou família alargada do progenitor alienado."

Segundo o seu criador, as crianças que sofrem de SAP exibem a maioria destes sintomas, senão mesmo todos, consoante a SAP seja de tipo ligeiro, moderado ou severo, podendo a SAP progredir de casos ligeiros, em que não se verificam estes oito sintomas, para casos moderados ou severos, em que é provável que a maioria ou todos os sintomas se verifiquem[361], podendo surgir, nos casos mais conflituosos, falsas alegações de abuso sexual. Embora GARDNER tenha afirmado mais tarde que o conceito de SAP não se aplica, quando a criança, que revela os sintomas de SAP, foi, de facto, vítima de abuso sexual, físico, emocional, negligência ou abandono da parte do progenitor dito "alienado", os critérios diagnósticos de SAP não distinguem entre alienação adaptativa e alienação patológica, alienação justificada e não justificada, porque ignoram as causas da alienação[362]. O estudo prévio destas não faz parte dos factores de SAP nem a avaliação do progenitor alienado, mesmo que haja provas documentadas de violência doméstica ou abuso de menores[363]. Em contrapartida, as crianças são consideradas doentes por participarem em campanhas de denegrição do progenitor, que podem incluir falsas alegações de abuso sexual, e aos progenitores alienadores é-lhes diagnosticada uma histeria, definida como "assunção de perigo quando ele não existe"[364]. Por outro lado, na medida em que os critérios diagnósticos de SAP incluem uma denúncia falsa de abuso sexual contra o progenitor dito alienado desacreditam imediatamente uma mulher ou uma criança, que faz alegações de violência ou de abuso, nos processos de divórcio ou de regulação das responsabilidades parentais.

---

[360] Cf. GARDNER, Richard, *Parental Alienation Syndrome vs. Parental Alienation: Which Diagnosis Should Evaluators Use in Child-Custody Disputes?*, The American Journal of Family Therapy, 2002, p. 97, disponível para consulta in http://dx.doi.org/10.1080/019261802753573821
[361] *Ibidem*, p. 97.
[362] Cf. HOULT, *The Evidentiary Admissibility of Parental Alienation Syndrome...ob. cit.*, p. 8.
[363] *Ibidem*, p. 8.
[364] *Ibidem*, p. 8.

GARDNER cometeu o erro de assumir que a aparição simultânea de duas realidades implica que uma é a causa da outra. Por exemplo, se a mãe se opõe à guarda conjunta e a criança rejeita o progenitor, GARDNER presume, sem provas, que é a mãe que induz a criança a recusar o outro progenitor, quando, na realidade, a oposição materna e a recusa da criança podem ser efeitos produzidos pela conduta violenta ou abusiva do pai. GARDNER confunde um fenómeno observável – a rejeição da criança – com uma síndrome médica ou patológica, sem avaliar as possíveis causas mediante um diagnóstico diferencial rigoroso.

3.4. Uma análise crítica da Síndrome de Alienação Parental

a) A SAP é um conceito rejeitado pela Associação de Psiquiatria Americana e pela OMS
O direito, na sua dimensão interdisciplinar, não pode prescindir de espírito crítico em relação às teorias provenientes das outras ciências sociais, nomeadamente, quando estão em causa teorias sem base científica, como tem sido denunciado nos EUA, a propósito da síndrome de alienação parental. A psicologia e a psiquiatria apresentam uma pluralidade de teorias e muitas extravasam os limites do que está demonstrado cientificamente. Os Tribunais, no exercício da função de administrar a justiça e de proteger os direitos fundamentais dos cidadãos, não devem confiar de modo acrítico em teorias da Psicologia.

A SAP não tem validade científica nem é reconhecida como doença pela Associação de Psiquiatria Americana nem pela Organização Mundial de Saúde. Conforme PEDRO CINTRA et al., o termo SAP não é aceite em sistemas de classificação actuais, nem consta da Classificação de DSM-IV (Manual de Estatística e Diagnóstico da Academia Americana de Psiquiatria), nem da CID-10 (Classificação Internacional de Doenças da Organização Mundial de Saúde), não sendo também reconhecida pela Associação Psiquiátrica Americana nem pela Associação Médica Americana.[365] Esta equipa do Instituto de Medicina Legal de Lisboa já alertou para a falta de base científica da SAP, classificando-a como um constructo sociológico operacional, que escapa à ciência jurídica e à ciência médica-psicológica[366] e não goza de qualquer áurea científica nem miraculosa na resolução dos conflitos parentais. Nos EUA, tem sido amplamente divulgado que faltam, às teses de RICHARD GARDNER, rigor científico e aceitação pela comunidade académica e que os pretensos critérios

---
[365] CINTRA, Pedro et al., *Síndrome de alienação parental: realidade médico-psicológica ou jurídica?*, Julgar, nº 7, Janeiro-Abril 2009, p. 198.
[366] *Ibidem*, p. 203.

diagnósticos são nulos lógica e cientificamente porque não se relacionam com nenhuma patologia identificável. Em Espanha, a Associação Espanhola de Neuropsiquiatria, emitiu, em 25 de Março de 2010, uma declaração contra o uso clínico e legal da chamada Síndrome de Alienação Parental, ou de uma denominação alternativa mas com a mesma virtualidade[367].

b) A SAP não preenche os critérios de admissibilidade científica exigidos pelos Tribunais norte-americanos

A jurisprudência norte-americana definiu critérios de apreciação da validade científica de teorias da psicologia ou do testemunho de peritos para o efeito da sua aplicação a assuntos legais. Estes critérios foram delineados no caso *Frye v. Gardner*[368] e no caso *Daubert v. Merrell Dow Pharmaceuticals*[369], e, aplicados à SAP, resultam na inadmissibilidade da utilização da SAP, em conflitos de guarda de crianças ou em processos-crime de abuso sexual ou de violência doméstica.

O caso *Frye* estabeleceu uma regra, segundo a qual uma prova, para ser admitida nos tribunais como científica, tem que ser recolhida através de técnicas que tenham obtido aceitação geral na sua área científica. No caso da SAP, as áreas do saber que aferem da sua validade científica são a psicologia clínica e a psiquiatria. O caso *Daubert* procedeu a uma concretização da regra do caso *Frye*, fixando os factores que devem ser considerados para determinar se uma teoria ou técnica pode ser qualificada como conhecimento científico: a) A teoria ou técnica foi baseada em metodologia que pode ser ou foi testada?; b) A teoria ou técnica foi sujeita a *peer-review* e a publicação?; c) Qual é a taxa de erro potencial ou conhecida da teoria?; d) A técnica goza de aceitação geral dentro da comunidade científica?

Como salienta a Professora CAROL BRUCH da Universidade de Davis[370], o trabalho do autor resulta de impressões pessoais provenientes da sua

---

[367] Cf. *La construcción teórica del Síndrome de Alienación Parental de Gardner (SAP) como base para câmbios judiciales de custodia de menores. Análisis sobre su soporte científico y riesgos de su aplicación* (2008), disponível para consulta *in* http:// www.aen.es/biblioteca-y-documentacion/documentos-e-informes-de-la-aen/doc_details/52-la-construccion-teorica-del-sindrome-de-alienacion-parental-de-gardner-sap

[368] Cf. *Frye v. United States*, 54 App. D. C. 46, 293 F. 1013, nº 3968, Court of Appeals of District of Columbia, 1923, texto disponível para consulta *in* http://www.daubertontheweb.com/frye_opinion.htm

[369] Cf. *Daubert v. Merrell Dow Pharmaceuticals, inc.*, 509 U.S. 579 (1993), texto disponível *in* http://caselaw.lp.findlaw.com/scripts/getcase.pl?court=us&invol=579.

[370] CAROL BRUCH é Professora de Direito da Família na Universidade de Davis- California (curriculum disponível em http://www.law.ucdavis.edu/faculty/Bruch/) e é autora de numerosos trabalhos sobre a SAP: *Parental Alienation Syndrome: Junk Science in Child Custody Determination*, European Journal

experiência clínica e é um trabalho auto-publicado, na sua editorial privada, *Creative Therapeutics*, e em revistas que não faziam *peer-review* de temas da psicologia[371]. O seu trabalho foi divulgado, sobretudo, através do seu Website, associações de pais divorciados e de pacotes de cursos para profissionais. Os livros de RICHARD GARDNER sobre SAP não constam das bases de dados da maior parte das bibliotecas e universidades norte-americanas e, na opinião dos académicos e investigadores, trata-se de um trabalho com afirmações dramáticas e hiperbólicas, e sem fundamento científico. Perante o contra--argumento de GARDNER de que os seus artigos tinham sido publicados em revistas com *peer review*, DALLAM investigou a fonte dos artigos colocados no seu Website e concluiu que duas das publicações foram feitas em capítulos de livros, dois outros artigos foram publicados na Newsletter da *American Academy of Psychoanalysis*, e outros dois em revistas jurídicas – não sendo nenhuma destas publicações sujeitas a *peer-review*[372].

LENORE WALKER, que investigou os casos citados por GARDNER como exemplo da aceitação da SAP pelos tribunais, verificou que em nenhum destes casos o Tribunal providenciou uma base detalhada para o diagnóstico da criança, tendo esta teoria sido aplicada como se se tratasse de uma verdade por mera definição[373]. Nestes casos, os Tribunais de Família não aplicaram o critério previsto em *Frye* ou *Daubert* e aceitaram a teoria de forma acrítica e com base em raciocínios circulares: foi o diagnóstico de SAP que explicou o facto de a criança não querer ver o seu pai ou foi a recusa da criança às visitas que fundamentou o diagnóstico de SAP? Também no caso das alegações de abuso sexual se coloca a mesma questão acerca do que é que apareceu primeiro: foi o diagnóstico de SAP que conduziu à conclusão de que as alegações são falsas ou foram as alegações de abuso sexual que sugeriram a presença de SAP?[374] Nestes casos não foi feito o teste exigido em *Frye*

---

of Law Reform, vol. 3, 2001, p. 383; *Parental Alienation Syndrome and Parental Alienation: Getting it Wrong in Child Custody Cases*, Family Law Quarterly, vol. 35, 2001, p. 527, disponível para consulta *in* http://www.fact.on.ca/Info/pas/bruch.pdf; *Parental Alienation Syndrome and Alienated Children: Getting It Wrong in Child Custody Cases*, Child and Family Law Quarterly, vol. 14, 2002, p. 381, disponível para consulta *in* http://www.law.ucdavis.edu/faculty/Bruch/files/bruch.pdf.

[371] O conceito de *peer-review* refere-se ao processo usado, nos EUA, por revistas científicas para escolher artigos para publicação. Um artigo submetido a *peer review* é revisto anonimamente por profissionais com especialização na área. Este processo ajuda a assegurar que a teoria se baseia em princípios científicos. Cf. DALLAM, Stephanie, *The Parental Alienation Syndrome: Is it Scientific?*, In St. Charles & L. Crook (Eds), The failure of Family Courts to protect children from abuse in custody disputes, 1999, disponível para consulta in http://www.leadershipcouncil.org/1/res/dallam/3.html

[372] *Ibidem*

[373] WALKER, Lenore et al., *A Critical Analysis of Parental Alienation Syndrome and Its Admissibility in the Family Court*, Journal of Child Custody, 2004, p. 67.

[374] *Ibidem*, p. 67.

porque nenhum advogado questionou a validade da SAP. Foi nos Tribunais Criminais, no caso *The People of the State of New York v. Fortin*, 2000[375], que o Supremo Tribunal se pronunciou contra a validade científica da SAP, por não cumprimento do critério de aceitação geral pela comunidade científica definido em *Frye*, não admitindo, em consequência, a prova baseada na SAP. Mais tarde, num caso de alegações de abuso sexual não provadas, num processo de regulação das responsabilidades parentais, em *Syyder v. Cedar, 2006 Conn. Super Lexis 520 (2009)*, o Tribunal rejeitou a SAP por falta de base científica e metodológica[376]. No mesmo sentido, o Supremo Tribunal pronunciou-se contra a SAP num contexto de alegações de violência doméstica numa disputa pela guarda de uma criança, em *Nk v. MK, 17 Misc. 3 rd 1123 (A); 2007 WL 3244980 (N.Y.Sup. 2007)*[377]. Em 2006, o Conselho Nacional de Juízes dos Tribunais de Família e de Menores, nos EUA, qualifica a SAP como uma "síndrome desacreditada pela comunidade científica", que " conduz os tribunais a assumir que os comportamentos e atitudes das crianças em relação ao progenitor dito "alienado" não têm fundamento na realidade[378]". A SAP também desloca a atenção dos profissionais, dos comportamentos do progenitor abusivo para os do progenitor dito alienador, não averiguando se foi o progenitor alienado que causou directamente as respostas da criança, actuando de forma violenta, desrespeitosa, intimidatória, humilhante ou desonrosa em relação à criança ou em relação ao outro progenitor[379]. Esta tese favorece, na prática, os agressores de crianças nos litígios pela guarda e branqueia o seu comportamento. No mesmo sentido, nos EUA, a Organização Nacional de Mulheres (NOW), emitiu um comunicado, em 26 de Outubro de 2006, condenando a utilização da SAP nos litígios judiciais, recomendando que "qualquer profissional na área da protecção dos direitos das mulheres e das crianças, deve denunciar a utilização da SAP por ser pouco ética, inconstitucional e perigosa"[380].

---

[375] Cf. *People v. Fortin*, 706 N. Y.S. 2d 611, 612 (Crim. Ct. 2000), resumo disponível *in* http://www.dvleap.org/Programs/CustodyAbuseProject/PASCaselaw.aspx
[376] *Vide* in http://www.dvleap.org/Programs/CustodyAbuseProject/PASCaselaw.aspx
[377] *Vide* in http://www.dvleap.org/Programs/CustodyAbuseProject/PASCaselaw.aspx
[378] NATIONAL COUNCIL OF JUVENILE AND FAMILY COURT JUDGES, *Navigating Custody & Visitation Evaluations in Cases with Domestic Violence: A Judge's Guide*, 2008, texto disponível para consulta *in* http://stopfamilyviolence.org/media/NCFCJ%20guidebook%20final_2008.pdf, p. 12.
[379] IDEM, p. 13.
[380] Texto disponível *in* http://www.now.org/organization/conference/resolutions/2006.html#pas

c) O carácter indeterminado e circular dos critérios diagnósticos de SAP

O trabalho de GARDNER não tem um carácter científico porque se limita a descrever um fenómeno – a alienação da criança em relação a um dos pais – mas não se baseia em estudos rigorosos que determinem os motivos da recusa da criança, nem demonstra uma relação de causa e efeito entre alienação e manipulação da criança levada a cabo pela mãe[381]. O facto de uma criança rejeitar radicalmente um dos pais não prova que o outro procedeu a uma lavagem ao cérebro da criança, como presume a tese da SAP, no 1º critério diagnóstico. Com efeito, a campanha para denegrir o progenitor pode não existir e a criança, ainda assim, manifesta sentimentos de recusa em relação a um dos pais por motivos pessoais, ou mesmo que a campanha exista, os critérios de SAP não demonstram uma relação de causalidade entre estes dois factos.

O primeiro critério de SAP pode ser acompanhado, segundo GARDNER, por acusações de abuso sexual contra o progenitor "alienado", tornando suspeito o relato da criança sobre abusos, sem investigação dos factos. GARDNER, para atingir o objectivo de demonstrar que as acusações de abuso sexual, nos processos de custódia e divórcio, são falsas, toma afirmações não demonstradas como axioma necessário para proceder a determinadas inferências, seguindo um procedimento designado por lógica inversa, e que significa que, se para demonstrar A tenho que supor que se verifica B então tomarei B como axioma, sem o demonstrar[382]. Um exemplo deste método encontra-se no argumento de GARDNER de que a vasta maioria das alegações de abuso sexual durante um processo de guarda de crianças, em caso de divórcio, são falsas[383]. Contudo, o critério com mais peso para determinar a falsidade das alegações é o facto de a alegação ser feita durante um litígio pela guarda da criança, num contexto de divórcio. A mesma falta de lógica se verifica nos critérios de SAP: a acusação da criança contra o progenitor é uma prova de SAP e a existência de SAP é considerado o critério mais valioso na determinação do carácter falso das alegações de abuso sexual. Este método traduz-se num raciocínio circular sem base científica.

O segundo critério diagnóstico – a criança apresenta justificações frágeis, absurdas ou frívolas para a rejeição do progenitor – utiliza conceitos ambíguos e vagos, baseados em avaliações subjectivas, não podendo, por isso, garantir um diagnóstico consistente ou fiável, em psicologia ou psiquiatria, em que

---

[381] DALLAM, Stephanie, *The Parental Alienation Syndrome: Is it Scientific?*, ob. cit.,; WALKER, Lenore et al., *A Critical Analysis of Parental Alienation Syndrome...ob. cit.*, p. 51.
[382] Cf. BAREA PAYUETA, Consuelo/VACCARO, Sonia, *El pretendido Síndrome de Alienación Parental*, Editorial Desclée de Brouwer, 2009, p. 77.
[383] Cf. DALLAM, *The Parental Alienation Syndrome: Is It Scientific?*, ob. cit.

os critérios diagnósticos devem ser expressos através de uma terminologia concreta e definida[384].

Os critérios 3º, 4º e 5º (falta de ambivalência; o fenómeno do pensador independente; apoio automático da criança ao progenitor alienador) são a descrição do que seria a conduta normal de uma criança maltratada ou abusada pelo seu pai, ou que presenciou maus tratos contra a sua mãe. Neste contexto, a solidariedade da criança com a mãe explica-se porque a mãe é a única pessoa que a protege contra o agressor ou porque, tendo assistido a situações de violência contra a mãe, pretende apoiá-la em tudo. GARDNER considera patológicas as reacções da criança de adaptação ao mau trato ou abuso, as atitudes de rebeldia típicas da adolescência ou sentimentos de raiva pelo divórcio dos pais.

O facto de o fenómeno do «pensador independente» ser considerado uma patologia da criança tem inerente uma visão da criança, oriunda das sociedades autoritárias e paternalistas, mas já ultrapassada nas concepções sociais e científicas actuais, como um ser passivo, que se limita a obedecer aos adultos e que não é capaz de ter opiniões próprias. A concepção da criança como sujeito de direitos foi adoptada na Convenção dos Direitos da Crianças das Nações Unidas e vê a criança como uma pessoa com capacidade de auto-determinação e de participação, que tem o direito de ser ouvida nos processos que lhe digam respeito e o direito a que a sua opinião seja tida em conta na decisão (art. 12º).

O 6º critério (ausência de sentimentos de culpa em relação à crueldade e/ou exploração do progenitor alienado), que GARDNER considera uma psicopatia, confunde a recusa adaptativa da criança com transtorno psiquiátrico, servindo de fundamento para diagnosticar transtornos muito graves à mãe e aos/às filhos/as que rejeitam o progenitor. Os técnicos e psicólogos que fazem relatórios ou avaliações, em processos de regulação das responsabilidades parentais, inspirados nas teorias de GARDNER, recorrem a este sistema de diagnosticar doenças psiquiátricas graves na criança e na mãe, sem para tal terem nem qualificações nem base científica. Os Tribunais devem, portanto, analisar rigorosamente e com sentido crítico estes relatórios, em vez de delegarem a função decisória nos peritos.

Quanto ao 7º critério, as chamadas encenações encomendadas, o autor da tese da SAP não especifica quem encomendou à criança a encenação, se um colega de escola, um professor, uma instituição, um livro ou um filme,

---

[384] HOULT, *The Evidentiary Admissibility of Parental Alienation Syndrome...ob. cit.*, p. 9; BAREA PAYUETA, Consuelo/VACCARO, Sonia, *El Pretendido Síndrome de Alienación Parental, ob. cit.*, p. 77.

ou o outro progenitor[385]. O critério diagnóstico não distingue o cenário encomendado de uma situação que a criança tenha efectivamente vivido, de um ponto de vista que a criança tenha aprendido ou adoptado por si mesma, ou da sua opinião pessoal[386], negando à criança o direito de ter as suas crenças e opiniões. GARDNER não distingue as situações, em que são os comentários depreciativos da mãe que dão lugar à rejeição do outro progenitor, de situações, em que a criança se apercebe que a sua mãe é vítima de maus-tratos, abuso económico, humilhações, ameaças de morte. Mesmo que os factos não tenham sido presenciados pela criança nem ninguém lhos tenha narrado, é possível que a criança tenha tido a intuição do abuso de poder praticado pelo pai contra a mãe, durante a vida em comum, e perante a decisão da mãe em divorciar-se, a criança toma o partido da mãe e apoia-a.

O critério 8º, a propagação de animosidade aos amigos e/ou família alargada do progenitor alienado, consiste também numa reacção normal da criança maltratada a qualquer ambiente em que a figura paterna prevaleça e em que a mãe não esteja presente para a proteger, por exemplo, a criança recusa ir a casa dos avós paternos porque sabe que, aí, o pai pode aceder a ela livremente.

A distinção entre os diferentes graus de SAP, ligeiro, moderado e severo, consoante o número de sintomas, não está estabelecida com clareza por GARDNER, que sugere que, por vezes, inicialmente, não se detectam os sintomas, mas a situação evolui em direcção a graus de SAP progressivamente mais elevados, não fornecendo, contudo, um limite ou uma fronteira, quanto ao número de critérios necessários para um diagnóstico[387]. A rejeição da criança, em relação a um dos pais, existe como um fenómeno observável, detectado nos Tribunais aquando dos processos de regulação das responsabilidades parentais ou de execução dos regimes de visitas. Contudo, a explicação do fenómeno proposta pela SAP está marcada por uma subjectividade ideológica e sexista, desprovida de qualquer carácter científico e que assenta na diabolização das mulheres, bem como na negação da violência de género e do abuso sexual de crianças. Na prática, a SAP tem funcionado não como uma teoria médica, porque como tal nunca foi aceite, mas como uma construção psico-jurídica, sem base científica, para conseguir a guarda dos/as filhos/as para o pai.

---

[385] Cf. HOULT, *The Evidentiary Admissibility of Parental Alienation Syndrome...ob. cit.*, p. 10.
[386] *Ibidem*, p. 10.
[387] Cf. WALKER, Lenore et al., *A Critical Analysis of Parental Alienation Syndrome...ob. cit.*, p. 51.

d) A origem sexista e pró-pedófila das teses de GARDNER

GARDNER criou as suas teses para defender ex-combatentes acusados de violência contra as mulheres e/ou de abuso sexual dos/as filhos/as, tendo feito a sua carreira profissional como perito, em processos de divórcio ou de regulação das responsabilidades parentais, a defender homens acusados de abusar sexualmente dos seus filhos, através da estratégia de desacreditar as vítimas para inverter as posições e transformar o acusado em vítima[388]. As teorias de GARDNER têm uma origem sexista e pedófila, na medida em que o seu autor, em trabalho publicado em 1992, intitulado *"True and false accusations of child sex abuse"*[389], entendia que as mulheres eram meros objectos, receptáculos do sémen do homem, e que as parafilias, incluindo a pedofilia, estão ao serviço do exercício da máquina sexual para a procriação da espécie humana. Na verdade, a SAP revelou-se como uma interpretação misógina da recusa da criança em conviver com o progenitor não guardião, que presume a maldade, o egoísmo e a irracionalidade das mulheres, gerando situações de risco para as crianças e provocando um retrocesso nos direitos humanos das mulheres e das crianças[390].

RICHARD GARDNER, nas primeiras edições dos seus trabalhos, mostrava ser tolerante com a pedofilia e com o abuso sexual de crianças, tendo feito afirmações públicas no mesmo sentido, divulgadas pelo *Independent*[391]: «A pedofilia, acrescentou GARDNER, *"é uma prática generalizada e aceite entre literalmente biliões de pessoas"*. Interrogado, novamente, por um entrevistador sobre o que devia fazer uma mãe, se a sua filha se queixasse de abuso sexual por parte do pai, GARDNER respondeu: *"O que deve ela dizer? Não digas isso sobre o teu pai. Se o disseres, eu bato-te"*.

---

[388] Cf. BAREA PAYUETA, Consuelo/VACCARO, Sonia,, *El pretendido Síndrome de Alienación Parental*, ob. cit., p. 168.

[389] Cf. GARDNER, Richard, *True and False Accusations of Child Sex Abuse*, Creative Therapeutics, 1992, pp. 1-39 e o estudo de BAREA PAYUETA, Consuelo/VACCARO, Sonia, *El pretendido Síndrome de Alienación Parental*, ob. cit., pp. 169-171.

[390] Cf. BAREA PAYUETA, Consuelo, *Backlash: resistência a la igualdad*, Aequalitas, Revista Jurídica de Igualdad de Oportunidades Entre Mujeres y Hombres, nº 25, Julio-Diciembre 2009, p. 68.

[391] Cf. THE INDEPENDENT, *Dr. Richard Gardner, Child psychiatrist who developed the theory of Parental Alienation Syndrome*, Saturday, 31 May 2003, Andrew Gumbel: "And he suggested there was nothing much wrong with paedophilia, incestuous or not."One of the steps that society must take to deal with the present hysteria is to 'come off it' and take a more realistic attitude toward paedophilic behaviour," he wrote in Sex Abuse Hysteria – Salem Witch Trials Revisited (1991). Paedophilia, he added, "is a widespread and accepted practice among literally billions of people". Asked once by an interviewer what a mother was supposed to do if her child complained of sexual abuse by the father, Gardner replied: "What would she say? Don't you say that about your father. If you do, I'll beat you."

No seu livro auto-publicado, intitulado *True and False Allegations of Child Sexual Abuse*, GARDNER adoptava o discurso legitimador e desculpabilizante da pedofilia, afirmando que *"o incesto não é danoso para as crianças, mas é, antes, o pensamento que o torna lesivo"*, citando Shakespeare: *"Nada é bom ou mau. É o pensamento que o faz assim"*[392]. *"Nestas discussões, a criança tem que perceber que, na nossa sociedade Ocidental, assumimos uma posição muito punitiva e moralista sobre encontros sexuais adulto-criança*[393]*". "O pai abusador tem que ser ajudado a dar-se conta de que a pedofilia foi considerada a norma pela vasta maioria dos indivíduos na história do mundo. Deve ser ajudado a perceber que, ainda hoje, é uma prática generalizada e aceite entre literalmente biliões de pessoas"*[394]. GARDNER afirmava, ainda, contrariando todos os conhecimentos científicos sobre o sofrimento das vítimas, que qualquer dano causado pelas parafilias sexuais não é o resultado das parafilias em si mesmas, mas sim do estigma social que as rodeia: *"O determinante acerca de saber se a experiência será traumática é a atitude social em face desses encontros»*[395], defendendo que *«as actividades sexuais entre adultos e crianças são "parte do repertório natural da actividade sexual humana", uma prática positiva para a procriação, porque a pedofilia "estimula" sexualmente a criança, torna-a muito sexualizada e fá-la "ansiar" experiências sexuais que redundarão num aumento da procriação*[396].» Trata-se de uma concepção que considera a criança objecto dos adultos, nega o seu sofrimento e os efeitos negativos do abuso sexual, a longo prazo, na vida das crianças, com alterações do seu equilíbrio bio-psicológico para sempre[397]. A visão de GARDNER do abuso sexual ignora as várias fases do desenvolvimento do ser humano e as necessidades específicas das crianças, assim como o direito da criança ao livre desenvolvimento da personalidade. As afirmações de GARDNER significam uma crença numa

---

[392] Cf. GARDNER, *True and False Accusations...ob. cit.*, p. 549.
[393] *Ibidem*, p. 549.
[394] *Ibidem*, p. 593.
[395] *Ibidem*, p. 670.
[396] *Ibidem*, pp. 24-25.
[397] O sofrimento das crianças vítimas de abuso está amplamente documentado pelas ciências sociais e por testemunhos de vítimas. Cf. GOLEMAN, Daniel, *Inteligência Emocional*, tradução portuguesa, 1996, pp. 224-225; MARNEFFE, Catherine, *Les Conséquences du Passage à L'Acte Pédophile Sur L'Enfant*, ob. cit., p. 109. Sobre os danos causados às vítimas de abuso sexual, na família, *vide* DARLINGTON, Yvonne, *Moving On, Women's Experiences of Childhood Sexual Abuse And Beyond*, The Federation Press, 1996 e ROBIN WEST, *Caring for Justice*, New York, 1999, p. 102, referindo o dano da invasão, da traição e da exposição, da perda de autonomia e perda da sensação de segurança e de privacidade, sendo o corpo e o lar, identificados como o perigo. Sobre relatos de vítimas, *vide*, *I Never Told Anyone*, *I Never Told Anyone, Writings by Women Survivors of Child Sexual Abuse*, Edited by ELLEN BASS and LOUISE THORTON, 1983; MARIA CLARA SOTTOMAYOR, *O método da narrativa e a voz das vítimas de crimes sexuais*, Revista Electrónica de Direito Constitucional & Filosofia Jurídica, Vol.I, 2007, in http://constitutio.tripod.com/id7.html

sociedade patriarcal assente na propriedade do homem, como chefe de família, sobre as crianças e as mulheres, e numa aprovação da pedofilia, ideologia que nega à criança o estatuto de pessoa autónoma e livre, considerando-a um objecto dos adultos do sexo masculino, submetido ao poder e livre arbítrio destes. GARDNER terá tido, na hora da morte, sentimentos de culpa, tendo-se suicidado de forma violenta, esfaqueando-se a si mesmo, conforme informa a imprensa norte-americana, com base no relatório da autópsia publicado no New York Time[398].

e) Os relatórios de avaliação psicológica

Nos EUA e em Espanha, a análise das avaliações dos pais tem demonstrado que as peritagens psicológicas são elaboradas de forma discriminatória para as mulheres, não respeitam critérios rigorosos, contêm ideias preconcebidas desfavoráveis à mãe e ideias pré-concebidas favoráveis ao pai, baseiam-se em impressões unicamente de fonte paterna, adoptando opiniões pessoais do pai dito "alienado", sem recolher informação materna necessária para contrastar o relato paterno[399]. Estas avaliações dos pais caracterizam-se pela falta de neutralidade e incluem, sistematicamente, um diagnóstico de perturbações psiquiátricas da mãe, sem provas empíricas médicas suficientes e sem que os autores dos relatórios ou peritagens tenham qualificações adequadas para tais diagnósticos[400]. Se os factores incluídos na SAP não permitem, de acordo com a comunidade científica, indiciar a existência de qualquer doença ou problema médico, uma vez que a SAP não está reconhecida como patologia pela OMS e outras entidades competentes, a imposição de qualquer tratamento ou terapia às mães e às crianças, nos casos designados por SAP, é ilegítima, tendo estas o direito fundamental a rejeitá-los.

Estas peritagens, também, não exploram suficientemente os indicadores de violência e ocultam informação importante para o processo, referindo-se aos relatos da mãe sobre a conduta violenta do marido ou ex-marido como

---

[398] Cf. *Dr. Richard Gardner, MD born April 28, 1931 committed Suicide May 25, 2003*, disponível para consulta *in* http://www.cincinnatipas.com/dr-richardgardnerautopsy.html: "Allow us to disabuse the pro-abusers. Dr. Richard Gardner's son told the New York Times that his father committed suicide. Contrary to false assertions made by the father's rights movement, Richard Gardner most certainly did not die peacefully in his sleep. It was far uglier than that. The Bergen County (New Jersey) Medical Examiner reported that Dr. Richard Gardner died a gory, bloody and violent death – from his own hand. Gardner took an overdose of prescription medication while stabbing himself several times in the neck and chest. Gardner plunged a butcher knife deep into his heart. The medical examiner removed the knife from Gardner's chest and listed the stabbing wounds as the cause of death."

[399] Cf. BAREA PAYUETA, Consuelo/VACCARO, Sonia, *El Pretendido Síndrome de Alienación Parental*, ob. cit., pp. 134-135.

[400] *Ibidem*, pp. 135-136.

"ideias delirantes"[401]. Os relatórios de avaliação psicológica devem ser criteriosamente analisados pelo juiz, mesmo que tenham sido elaborados por profissionais designados pelo Tribunal. O juiz nunca deve delegar a decisão nestes profissionais que adoptam expressa ou implicitamente teorias não aceites na comunidade científica, e que usam um fenómeno designado por «terrorismo» das ciências sociais para recomendar ao tribunal soluções ou diagnósticos para os quais não têm competência especializada, por exemplo diagnósticos de doenças psicóticas ou de esquezofrenia, os quais só podem ser feitos por profissionais de saúde mental e não de psicologia.

f) A desvalorização das alegações de abuso sexual e de violência de género

Os estudos de GARDNER têm contribuído para que as alegações de abuso sexual, nos processos de regulação das responsabilidades parentais se presumam falsas e para diabolizar a figura da mãe que pretende proteger os seus filhos. Os critérios criados por GARDNER para distinguir alegações verdadeiras de alegações falsas de abuso sexual baseiam-se nas suas observações pessoais relativamente a um número desconhecido de casos vistos na sua prática forense e têm, como estereótipo do abuso verdadeiro, a mãe que se cala, e, como estereótipo do abuso falso, a mãe que denuncia, raciocínio circular e sem base científica, que conduz à seguinte dedução: se o crime é autêntico não se denuncia, se se denuncia é falso. Esta conclusão retira às leis penais, que consideram o crime de abuso sexual de crianças como crime público, o seu objectivo, pois se a mãe e a criança se calam o crime continua; se denunciam, a denúncia funciona como prova de mentira.

Os estudos de GARDNER sobre esta questão não estão publicados, nunca foram sujeitos a algum tipo de revisão crítica ou teste empírico, e não fazem referência a trabalhos anteriores sobre alegações de abuso sexual em processos de divórcio. GARDNER considera que, se uma criança acusa o seu progenitor de abuso sexual ou mau-trato, esta acusação é, em si mesma, uma prova de SAP e um critério para determinar a falsidade da acusação. Falar automaticamente em campanha de denegrição sempre que surge uma acusação de abuso ou maus-tratos contra um progenitor, num processo de regulação das responsabilidades parentais, predispõe os juízes e os profissionais, que aplicam a teoria, a crer que a criança mente.

A impressão de que as taxas de acusação falsas de abuso sexual são muito elevadas resulta de casos observados por psicólogos clínicos na sua actividade profissional privada, com amostras muito reduzidas, não representativas do que se passa em todas as disputas de guarda. Estes estudos, para além

---

[401] *Ibidem*, p. 136.

de se basearem em amostras não representativas da população em geral, e portanto, não terem validade científica, utilizam como critério para aceitar a falsidade das acusações apenas as declarações do acusado e não esclarecem quais os critérios definidores do conceito de abuso sexual[402]. Em Portugal, a consciencialização social do conceito de abuso sexual e a sua incriminação, em termos amplos, são fenómenos recentes, ainda pouco conhecidos, o que pode levar alguns profissionais das áreas da psicologia, do direito e do serviço social, sem formação especializada, a crer erroneamente em informações sem fundamento científico que a este respeito estão a ser divulgadas em cursos sobre divórcio para profissionais, os quais difundem que 90% das acusações de abuso sexual, em contexto de divórcio, são falsas. O abuso sexual não é, ao contrário do que se pensa, um fenómeno raro e patológico. A experiência de vitimação por abuso sexual na infância é comum a uma percentagem muito elevada da população. Organizações internacionais divulgam, tal como estudos feitos em Inglaterra e nos EUA, que uma em cada quatro meninas e um em cada sete meninos são vítimas de abuso sexual maioritariamente praticados dentro da família[403].

A ideia das denúncias falsas em processos de divórcio foi desmentida por um estudo norte-americano feito em 1990, que avaliou 9000 divórcios em 12 Estados, e que demonstrou que só em 2% dos divórcios com litígio pela guarda de crianças é que houve alegações de abuso sexual, e que, dentro deste valor de 2% dos divórcios, só cerca de 5 a 8% das acusações foram consideradas falsas[404]. A probabilidade de a acusação ser verdadeira, em processos de regulação das responsabilidades parentais, é igual às acusações feitas noutros contextos que nada têm a ver com custódia de crianças e divórcio. Nos EUA, demonstrou-se que estas acusações de abuso sexual, nos processos de regulação das responsabilidades parentais, não só não têm carácter epidémico como também não são sempre feitas pela mãe. Com efeito, só em menos de

---

[402] Cfr. MCDONALD, Merrylin, *The Myth of Epidemic False Allegations of Sexual Abuse in Divorce Cases*, Court Review, vol. 35, 1998, pp. 13-14, referindo a autora que esses estudos incluíram 5 (Green), 7 (Schumann) e 18 crianças (Benedek and Schetky). Um outro estudo, conduzido por Wakefield e Underwager concluiu que cerca de ¾ das acusações eram falsas. Contudo, a perspectiva destes autores sobre a noção de abuso sexual é com certeza muito diferente da concepção da sociedade e da lei penal, bastando notar que Underwager, em 1991, deu uma entrevista a um jornal holandês chamado Paidika, auto-designado como Jornal de Pedofilia, em que afirma que "a pedofilia é uma expressão aceitável da vontade de Deus para o amor e a unidade entre seres humanos".
[403] Cfr. ORNELAS, José H., *Contributos para a Prevenção e Intervenção na Área dos Abusos Sexuais de Crianças*, Conferência Internacional, Abuso Sexual de Crianças, 18 e 19 de Novembro de 2003, Lisboa; WALKER, Lenore E., *Handbook on Sexual Abuse of Children*, 1988; FREEMAN, M., *The End Of The Century Of The Child?*, Current Legal Problems, 2000, p. 533.
[404] Cf. THOENNES, Nancy/TJADEN, Patricia G., *The Extent, Nature, and Validity of Sexual Abuse Allegations in Custody/Visitation Disputes*, Child Abuse and Neglect, Vol. 14, 1990, pp. 151-163.

metade dos casos de abuso, é que a denúncia é apresentada pela mãe[405]. De qualquer forma, é natural que algumas mulheres façam a queixa por abuso sexual, na altura do divórcio, momento em que já romperam o vínculo legal com o abusador e em que já não se sentem dependentes dele ou receosas de retaliações. O próprio conceito de denúncia falsa, utilizado por GARDNER, é ele próprio preconceituoso, pois a denúncia que não culminou em condenação, por insuficiência de provas, e a denúncia infundada mas feita de boa fé, não podem ser consideradas denúncias falsas. Também não podem ser tratadas como denúncias falsas aquelas que são apoiadas pelo parecer de um/a psicológo/a, ainda que haja pareceres opostos de outros profissionais, bem como os casos em que os pareceres de peritos afirmam que os indícios detectados podem ou não ser de abuso sexual, não se excluindo que a criança possa ter sido vitimizada. Em rigor, só se pode falar em denúncias falsas, quando quem acusa admite que acusou sem fundamento e de má fé.

Em Espanha, um estudo de 530 sentenças penais, levado a cabo pelo Conselho Geral do Poder Judicial, conclui que só uma das denúncias por violência de género, equivalente a 0,19% do total, era falsa[406]. Tratou-se de um caso em que a mulher, em recurso interposto contra a sentença de condenação, negou a veracidade do seu primeiro testemunho (sentença da Secção 2ª da Audiencia Provincial de Las Palmas, nº 171/2007, de 14 de Junho), concluindo o Conselho Geral que isto demonstra que as supostas denúncias falsas por violência de género constituem um mito[407].

Os estudos norte-americanos indicam, também, que a percentagem de acusações falsas, por abuso sexual, não é superior à de outros crimes[408]. Quanto à violência contra mulheres no seio da família, nos EUA, os estudos demonstram que, em 75% dos casos de divórcio, há ou houve violência doméstica[409]. Contudo, a violência doméstica raramente é considerada como um factor nas decisões de guarda, embora esteja provado que traumatiza as crianças que se apercebem dela ou que assistem a agressões, provocando danos equivalentes ou mais graves do que os suportados pelas vítimas directas de violência[410].

---

[405] *Ibidem*, p. 154.
[406] Cf. *Estudio sobre la aplicación de la Ley integral contra la violencia de género por las Audiencias Provinciales*, pp. 88-89, disponível para consulta *in* http://www.poderjudicial.es/eversuite/GetRecords?Template=cgpj/cgpj/observatorio.htm
[407] *Ibidem*
[408] Cf. MCDONALD, Merrilyn, *The Myth of Epidemic False Allegations of Sexual Abuse in Divorce Cases*, ob. cit., pp. 12-19.
[409] Cf. JAFFE, P. G. & AUSTIN, G., *The Impact of Witnessing Violence on Children in Custody and Visitation Disputes*, 1995.
[410] SANI, Ana, *As crianças e a violência*, Quarteto, Braga; AUDREY MULLENDER and REBECCA MORLEY (Edited By), *Putting Men's Abuse of Women on the Child Care Agenda*, London, 2001.

Nos EUA, mães e pais frequentemente levantam questões de abuso sexual de crianças, violência doméstica e toxicodependência, nas sessões de mediação familiar (42 % de todas as famílias), sendo este o contexto em que ocorre SAP[411]. Em Portugal, país em que são divulgados números segundo os quais, uma em cada quatro mulheres é vítima de violência da parte do marido ou companheiro, é crível que, nos processos de divórcio e de regulação das responsabilidades parentais, este grupo de mulheres esteja mais representado do que na população em geral. Não admira, portanto, que haja alegações de violência contra o pai da criança, as quais representam, apenas, a ponta do *iceberg* de uma sociedade, em que a violência contra mulheres e crianças é um fenómeno muito comum, mas desvalorizado. Mesmo os técnicos que fazem os relatórios sociais vêem a violência de género, como um mero conflito e não como um crime, sobretudo nos casos em que não foi apresentada queixa-crime, mas a mãe alega a violência para proteger os/as filhos/as, nos processos de guarda e de visitas.

g) A SAP coloca em risco mulheres e crianças vítimas de violência
O trabalho de GARDNER faz incidir a investigação judicial numa presunção de que a criança e a mãe mentem, descurando a questão de saber se o progenitor atingido é desleal ou se se comportou de uma forma que possa explicar a aversão da criança. Na prática, a SAP tem contribuído para branquear o fenómeno do abuso sexual de crianças, na medida em que funciona como um conselho aos juízes de que não devem levar a sério alegações de abuso sexual, em processos de guarda de crianças, mesmo quando sustentadas num parecer de um(a) psicólogo(a) que entrevistou a criança[412].

O próprio GARDNER admite que alguns pais negligentes e abusivos estão a utilizar a SAP como uma manobra de defesa e encobrimento do seu comportamento, e que a sua teoria sobre a distinção entre acusações falsas e verdadeiras já permitiu que fossem absolvidos progenitores que, de facto, abusaram sexualmente dos/as filhos/as/as[413]. Nos EUA, grupos de pais e trabalhos de investigação descrevem numerosos casos em que os tribunais transferiram a guarda das crianças a abusadores conhecidos ou prováveis, e em que foi negado o direito de visita ao progenitor que pretendia proteger

---

[411] Cf. ADMINISTRATIVE OFFICE OF THE COURTS, FAMILY COURT SERVICES SNAPSHOT STUDY REPORT 1 – OVERVIEW OF CALIFORNIA FAMILY COURT SERVICES MEDIATION 1991: FAMILIES, CASES AND CLIENT FEEDBACK, 1992, pp. 8-9, disponível em http://www.courtinfo.ca.gov/programs/cfcc/pdffiles/r01rpt.pdf e BRUCH, Carol, *Parental Alienation Syndrome and Alienated Children...ob. cit.*, p. 383.
[412] Cf. BRUCH, Carol, *Parental Alienation Syndrome and Parental Alienation...ob. cit.*, p. 529, nota 6.
[413] *Ibidem*, p. 533, nota 21.

a criança[414]. A SAP tem destruído, conforme divulga o jornal *Independent*[415], centenas, talvez milhares, de famílias americanas. Em vários Estados Norte--Americanos, tem sido invocada a tese de GARDNER, a qual presume que as mães mentem, por definição, quando fazem alegações de abuso sexual, em processos litigiosos de guarda de crianças, levando os Tribunais a entregar a criança ao progenitor suspeito ou condenado por crime de abuso sexual, e desacreditando as declarações das crianças, imputando-as a lavagens ao cérebro cometidas pelas mães. Com efeito, a SAP foi aplicada, pelos Tribunais, como um critério aparentemente seguro e científico para resolver disputas em torno da guarda de crianças, sendo desconsiderados os motivos que conduzem a criança à rejeição e a hipótese de estarmos perante casos de abuso sexual de crianças e da violência doméstica contra as mulheres, crimes cuja frequência e gravidade ainda não foi absorvida pela consciência social e cuja prova muitas vezes não se faz, num contexto judicial dominado por ideias pré-concebidas, em que não há profissionais especializados para o efeito.

3.5. Alegações e ónus da prova de abuso sexual e violência doméstica nos processos de regulação das responsabilidades parentais

Na hipótese de alegações de abuso sexual ou de violência doméstica, os Tribunais no exercício do seu dever de protecção das crianças, devem suspender as visitas e proceder a investigações, no exercício do poder inquisitório de que dispõem, tendo em conta que, se não se pode presumir o abuso sem provas, também não se pode presumir a mentira ou a manipulação de quem o alega. O abuso sexual é um fenómeno para o qual a sociedade só despertou muito recentemente e que é sub-identificado. Sabe-se, também, que o abuso sexual de crianças, na maior parte dos casos, não deixa vestígios ou marcas físicas no corpo da criança detectáveis em exames de medicina legal[416], e que a vítima tende a silenciar o crime, por vergonha e medo de retaliações. A maior parte dos abusos sexuais de crianças é praticada por membros masculinos

---

[414] Ibidem, p. 533. Para um vídeo com o testemunho das mães e das crianças, *vide*, no YouTube, Breaking the Silence. Children's Stories.
[415] Cf. THE INDEPENDENT, *Dr. Richard Gardner, Child psychiatrist who developed the theory of Parental Alienation Syndrome*, Saturday, 31 May 2003, Andrew Gumbel: "Gardner's work has created a generation of mothers and children scarred psychologically and, in many cases, physically by the court rulings he has influenced. In one of his earliest cases, a Maryland physicist he labelled a "parental alienator", unfit to retain custody of her children, was subsequently shot dead by her ex-husband. Still Gardner did not change his view that the wife was the true villain; her lies, he insisted, had made the husband temporarily psychotic."
[416] Cf. MAGALHÃES, Teresa et al., *Abuso sexual em meio familiar*, in Congresso Internacional, os Mundos Sociais e Culturais da Infância, Actas, III Volume, 19-22 . Janeiro 2000, Universidade do Minho, p. 221.

da família, inclusive pelo pai[417], e as mães não apresentavam queixa-crime por medo de expor a criança e por consideração com o abusador, cuja vida não queriam "estragar". Actualmente, as mulheres, por força do movimento de emancipação feminina, tendem a não aceitar os abusos do companheiro ou marido, a apresentar queixa-crime e a querer cortar a relação da criança com o abusador, evolução positiva de mentalidades, que os Tribunais não devem considerar indício de falsidade das alegações, como fazia GARDNER. Este considerava que a intenção da mãe de excluir a figura paterna da vida da criança era um sintoma de SAP e da falsidade da acusação de abuso sexual, enquanto o comportamento das mães de crianças efectivamente vítimas de abuso não era tão radical, pois estas mães pretendiam manter a relação da criança com o pai, embora sob vigilância de terceiros ou em lugares públicos[418].

A SAP coloca as mães numa encruzilhada sem saída: ou não denunciam o abuso e podem ser punidas por cumplicidade, ou denunciam e podem ver a guarda da criança ser entregue ao progenitor suspeito ou serem ordenadas visitas coercivas. Os Tribunais, como está já a acontecer na jurisprudência portuguesa, quando retiram a guarda da criança à mãe, em casos de alegações de abuso sexual não provadas em processo-crime, estão a transmitir às mulheres, como um todo, a mensagem de que, em caso de suspeita de abuso sexual, a resposta adequada de uma boa mãe é o silêncio. Esta situação perpetua a impunidade dos abusadores e o sofrimento das crianças, provocando um retrocesso na evolução recente de aumento de denúncias.

Na verdade, num contexto cultural, em que a sociedade, para manter a crença num mundo bom, reprime a aceitação do crime de horror que é o abuso sexual de crianças, sobretudo, nos casos em que o suspeito é de classe média ou alta, torna-se mais fácil para os Tribunais acreditar que a mãe mente, em vez de aceitar que um indivíduo socialmente inserido e educado possa abusar de crianças. Num quadro ideológico e histórico, em que mulheres e crianças são grupos discriminados, as teses de GARDNER encontram um terreno fértil para generalizar a crença em falsas denúncias e permitir, ao suspeito de violência ou abuso, obter a guarda dos/as filhos/as. Em Portugal, no período pós-processo Casa Pia, aumentaram as alegações

---

[417] Cf. ORNELAS, José H., *Contributos para a Prevenção e Intervenção na área dos Abusos Sexuais de Crianças*, Conferência Internacional, Abuso Sexual de Crianças, 18 e 19 de Novembro de 2003, Aula Magna – Cidade Universitária, Lisboa, Portugal; AMARO, Fausto, *Aspectos Socioculturais dos Maus Tratos e Negligência de Crianças em Portugal*, Revista do Ministério Público, Ano 9º, 1988, nº 35 e 36, p. 87; GONÇALVES, Jeni Canha Alcobio Matias, *Criança Maltratada, O papel de uma pessoa de referência na sua recuperação, Estudo prospectivo de 5 anos*, Coimbra, 1997, p. 24; FREEMAN, M., *The End of the Century of the Child?*, Current Legal Problems, 2000, p. 533.

[418] Cf. GARDNER, *Differentiating between Parental Alienation Syndrome and Bona Fide Abuse-Neglect*, The Americam Journal of Family Therapy, 1999, vol. 27, nº 2. p. 102.

de abuso sexual nos processos de regulação das responsabilidades parentais, tendo-se gerado rumores, a este propósito, de que as acusações eram inventadas pelas mães, que manipulavam as crianças contra o outro progenitor. Trata-se, no fundo, de uma sociedade que, em termos implícitos, continua a ser patriarcal e a discriminar as mulheres e as crianças, resistindo ao seu processo de emancipação, e optando, como em épocas mais conservadoras se fazia, por vitimizar o homem e diabolizar a mulher que rompe o silêncio e que confia no sistema judicial para sair da situação de subordinação. O facto de o número de condenações ser baixo[419] não significa qualquer epidemia falsa de denúncias, sendo, antes, o fruto do silêncio da sociedade e da falta de profissionais e magistrados especializados em abuso sexual de crianças, circunstâncias que aumentam a probabilidade de em processos-crime que terminam com absolvição por insuficiência de prova, ou em processos arquivados, ter efectivamente ocorrido um abuso. Aceitar os princípios fundamentais do Estado de Direito, segundo os quais o arguido se presume inocente e não pode ser condenado com base em factos não provados, não implica que as declarações de uma criança se presumam mentirosas ou "falsas memórias".

Os processos de regulação das responsabilidades parentais regem-se pelos mesmos princípios dos processos de promoção e protecção de crianças em perigo, por força da remissão do art. 147º A da O.T.M., norteando-se pelo princípio do superior interesse da criança (art. 4º, al. a) da LPP). Estes processos têm por objecto decidir o destino de uma criança, de acordo com o seu interesse, e/ou aplicar medidas de protecção contra um perigo, não visando condenar penalmente o progenitor mas sim proteger a criança, sendo o ónus da prova no processo civil menos exigente do que no processo penal, em que vale o princípio *in dubio pro reu*. Em caso de dúvida, a decisão, no processo de regulação das responsabilidades parentais, deve ser *pro interesse da criança* e não *pro interesse do adulto acusado ou suspeito*, como sucede nos processos-crime, perante situações de dúvida na apreciação da prova. Nos processos de regulação das responsabilidades parentais, deve prevalecer uma lógica de protecção da criança sobre a reputação do adulto acusado. A noção de perigo, nos processos tutelares cíveis, não exige a consumação do dano, bastando, para a aplicação de uma medida de protecção, a probabilidade

---

[419] Cf. *Estatísticas da Justiça, Justiça Penal*, Arguidos em processos-crime na fase de julgamento findos, segundo o resultado final e os motivos da não condenação, por tipos de crimes, indicando que, em 2006, houve 226 arguidos, por crime de abuso sexual de crianças e menores dependentes, e 160 condenados, o que corresponde a uma taxa de condenações de 70,7%. Quanto aos não condenados, em 49, o motivo da não condenação residiu em absolvição/carência de prova e, em 15, o motivo da não condenação foi a desistência.

da sua verificação[420]. Por outro lado, a noção de abuso sexual prevista no art. 3º, nº 2, al. b) da LPCJP é distinta da noção de «acto sexual de relevo», como elemento do tipo legal de crime de abuso sexual de crianças plasmado no art. 171º do CP, abrangendo actos com conotação sexual, mas que não consubstanciam, de acordo com a óptica mais exigente do Tribunal Penal, actos sexuais de relevo[421]. Do ponto de vista da LPCJP não interessa nem a intenção do agente nem a culpa jurídico-criminal do agente, mas a percepção do facto pela criança, a forma como sente que o facto praticado é intrusivo na sua intimidade e no seu corpo.

No processo penal, prevalecem princípios garantísticos dos direitos dos arguidos perante o poder punitivo do Estado, o que implica exigências especiais de prova para fundamentar uma condenação, dado o carácter estigmatizante e restritivo de direitos fundamentais, que resulta da condenação e da aplicação de penas. Neste sentido, alguma jurisprudência tem considerado que o art. 32º, nº 8 da CRP (Garantias do processo criminal) não é analogicamente aplicável ao processo civil, no que diz respeito a provas obtidas mediante intromissão na vida privada, consagrando a lei diferentes soluções, no âmbito do processo penal e do processo civil, e sendo mais adequado, no processo civil, encontrar a solução à luz dos interesses em jogo, caso a caso[422]. No processo de protecção ou de regulação, o bem-estar da criança é o centro do processo, e os seus interesses e necessidades de protecção prevalecem sobre os interesses dos adultos.

Mesmo que o progenitor de referência faça alegações infundadas contra o outro, é necessário presumir que essas alegações estão a ser feitas de boa fé. Há comportamentos dos adultos, em relação às crianças, que estão na fronteira entre a ternura e o abuso[423] e são interpretados, pela pessoa de referência da criança, como um abuso. A noção de abuso sexual tem uma componente subjectiva, que consiste na obtenção de gratificação sexual para o adulto[424], e que pode estar presente em actos que aparentemente não são abusivos nem são compreendidos, como tal, pelo sistema judicial. O indício para a avaliação do carácter abusivo destes actos é a reacção da criança de rejeição e de

---

[420] Cf. BORGES, Beatriz Marques, *Protecção de Crianças e Jovens em Perigo, Comentários e Anotações à Lei Nº 147/99 de 1 de Setembro*, Livraria Almedina, Coimbra, 2007, pp. 27 e 31.
[421] No mesmo sentido, *vide ibidem*, p. 41: "Pode verificar-se abuso sexual carente de protecção pela LPCJP, ainda que o acto sexual de relevo (na terminologia do artigo 172º do CP) seja praticado com criança jovem de mais de 14 anos e ainda que tal prática sexual não seja punida penalmente."
[422] Cf. TRL, acórdão de 09-06-2009 (Relatora: MARIA DO ROSÁRIO MORGADO), in *Base Jurídico-Documental do MJ, www.dgsi.pt*
[423] Cf. FREEMAN, Michael, *The Moral Status of the Child, Essays on the Rights of the Child*, Kluwer Law International, 1997, p. 260.
[424] *Ibidem*, p. 261.

desconforto[425], que só foi observada por quem presenciou o comportamento e convive habitualmente com aquela.

O conceito de alegação falsa não deve ser usado contra uma queixa-crime ou uma suspeita de abuso sexual de crianças. É um conceito que «agarra» todos os preconceitos e mitos existentes na sociedade sobre o abuso sexual de crianças. Tem o efeito perverso de branquear ou relativizar as suspeitas e de comprometer a objectividade da investigação, desprotegendo todas as crianças e reforçando o mito de que o abuso é o fruto de uma confabulação da criança, tornando-a mais vulnerável e acentuando o seu sofrimento. É certo que há alegações infundadas ou que não se provam, mas tal não significa que tenham sido feitas de má fé para privar o outro progenitor do convívio com a criança: se existe um testemunho da criança e pareceres de profissionais a atestar a credibilidade deste testemunho, nunca se poderá afirmar que se trata de alegações falsas, mesmo que no processo-crime não se reúna prova suficiente. Nestes casos, a criança é que nunca pode ser punida, sendo separada da sua pessoa de referência, que dela cuida desde o nascimento, e obrigada a relacionar-se com um progenitor que rejeita. Por razões de bom senso e de protecção da estabilidade da vida da criança, a guarda não deve ser entregue ao outro progenitor.

3.6. A audição das crianças nos casos de abuso sexual

Foi na área da criminalidade sexual contra crianças, que surgiu, nos processos-crime, uma tendência, no direito europeu, para valorizar o testemunho das crianças, mesmo das que têm idades mais baixas. Esta tendência foi, depois, alargada a todos os processos em que as crianças participam. Da experiência europeia e dos estudos feitos, nesta matéria, resulta que o melhor método para ouvir a criança consiste na entrevista não dirigida ou no relato livre, segundo o qual a criança é convidada a evocar os factos de maneira livre, pelas suas palavras e ao seu próprio ritmo, assegurando este relato livre uma recordação mais fiel, e permitindo evitar perguntas dirigidas ou sugestivas[426]. A audição da criança é registada em vídeo, para evitar o trauma de a criança

---

[425] *Ibidem*, p. 260.
[426] SOMERS, Paule/VANDERMEERSCH, Damien, *O registo das audições das crianças vítimas de abusos sexuais: primeiros indicadores de avaliação da experiência de Bruxelas*, Tradução de PEDRO MIGUEL DUARTE, Infância e Juventude, 1998, nº 1, p. 114. No mesmo sentido, designando este método por *"free recall"*, vide FREEMAN, M., *The moral status of children*, ob. cit., p. 294. Criticando a prática judicial de fazer múltiplas perguntas às crianças e acusando o sistema judicial de não ter em conta o sofrimento das vítimas de crimes sexuais, vide FINEMAN, M. A./MYKITIUK, R., *The public nature of private violence*, New York, 1994. Sobre o silêncio, a raiva e a dor de mulheres vítimas de abuso sexual na infância vide BASS, E./THORTON, L. (eds.), *I Never Told Anyone*, 1983.

ser obrigada a relatar o facto a várias entidades[427] e uma confrontação directa com o abusador, que gera medo e falta de liberdade na criança, assim como para registar as suas emoções, choros, silêncios, hesitações, respostas gestuais e olhares que são sempre apagados pela linguagem escrita[428]. Deve criar-se, à criança, um ambiente de confiança e de protecção, para que ela perceba que o sistema acredita nas suas declarações; a entrevista não deve durar mais de 20/30 minutos; a criança tem o direito de se fazer acompanhar de uma pessoa da sua confiança[429] e à audição pode assistir um psicólogo(a) ou pedopsiquiatra, encarregado(a) de um exame médico-psicológico da criança[430]. Os profissionais com formação especializada recomendam estratégias facilitadoras da entrevista e defendem a audição para memória futura ou pela entrevista com recurso a espelho unidireccional, de forma a evitar a vitimação secundária resultante da repetição das audições[431]. Excesso de perguntas e interrogatórios intermináveis constituem uma violência para a criança[432]. Deve salvaguardar-se o mais possível o conforto e o bem-estar psicológico da vítima, pois a sexualidade constitui uma problemática que a criança domina mal e que afecta o seu pudor e intimidade[433].

As regras de produção e de apreciação da prova são distintas dos outros crimes, sendo importante notar que, imprecisões ou contradições nas afirmações da criança não constituem sinais de mentira e que a erosão das lembranças e as dificuldades em estabelecer a sequência cronológica dos factos são normais nas crianças vítimas de abusos sexuais, sobretudo, se se tratar de abusos repetidos[434]. A declaração da vítima de crimes violentos praticados

---

[427] Cf. SOMERS/VANDERMEERSCH, *O registo das audições das crianças vítimas de abusos sexuais...ob. cit*, p. 112.
[428] *Ibidem*, p. 128-129.
[429] *Vide* art. 84º, nº 2 da Lei 149/99, de 1 de Setembro e os Princípios do art. 8º do Protocolo Facultativo à Convenção sobre os Direitos da Criança relativo à Venda de Crianças, Participação Infantil e Pornografia Infantil.
[430] SOMERS/VANDERMEERSCH, *O registo das audições das crianças vítimas de abuso sexuais...ob. cit.*, pp. 107-109; pp. 112-116, p. 119-121.
[431] Cf. RIBEIRO, Catarina, *A Criança na Justiça*, Almedina, Coimbra, 2009, pp. 117 e 197.
[432] Cfr. MARNEFFE, Catherine, *Les Conséquences du Passage à L'Acte Pédophile Sur L'Enfant*, in AAVV, *La Pédophilie, Approche pluridisciplinaire*, Bruxelles, 1998, p. 104.
[433] SOMERS/VANDERMEERSCH, *O registo das audições das crianças vítimas de abusos sexuais...ob. cit.*, p. 133.
[434] *Ibidem*, pp. 124-125. Aceitando a explicação feminista acerca das causas do abuso sexual de crianças, as quais radicam, não num determinismo ou inevitabilidade biológica, mas em motivos culturais, ligados à eliminação das emoções da sexualidade masculina e à relação de poder entre adultos e crianças, vistas como objectos e brinquedos dos adultos, e não como pessoas, *vide* FREEMAN, M., *The moral status of children...ob. cit.*, p. 296 e SOTTOMAYOR, M. C., *A situação das mulheres e das crianças 25 anos após a Reforma de 1977*, in *Comemorações dos 35 anos do Código Civil de 1966, Direito da Família e Sucessões*, Faculdade de Direito da Universidade de Coimbra, 2004, Coimbra, pp. 147-148.

dentro da família, aos quais ninguém assiste, para além de vítima e agressor, é a prova rainha, nestes processos, conforme tem atestado a jurisprudência[435].

3.7. A terapia da ameaça e a transferência da guarda para o outro progenitor

A recomendação da SAP de transferência da guarda da criança do progenitor que ela ama para o progenitor que ela rejeita, através do internamento institucional, durante uma fase transitória, acompanhado de suspensão de contacto, mesmo telefónico, com o progenitor dito «alienador», separa a criança da sua pessoa de referência, retirando-a do seu ambiente natural de vida e provocando-lhe danos psíquicos e emocionais. Esta recomendação viola o princípio da prevalência da família (art. 4º, al. g) da LPP), de acordo com o qual a institucionalização representa um último recurso dentro do sistema de protecção de crianças em perigo, e é demasiado violenta para a criança, perturba a sua estabilidade emocional e pune a crianças pelos erros dos pais. A chamada terapia da ameaça e a transferência da guarda para o outro progenitor são uma forma de coacção legal, que traumatiza ainda mais a criança, não um tratamento médico, como defendia o autor da tese da síndrome de alienação parental.

De um ponto de vista jurídico, a terapia da ameaça viola o direito dos pais não serem separados dos seus filhos, salvo quando não cumpram os seus deveres fundamentais (art. 36º, nº 6 CRP) e o direito da criança à família e à manutenção dos seus laços afectivos com a pessoa de referência, consagrado no art. 69º, nº 1 da CRP, que reconhece o seu direito ao desenvolvimento integral. A fundamentação da transferência da guarda no mau-trato psíquico praticado pela mãe, consubstanciado na manipulação da criança, consiste numa acusação sem provas feita contra a mãe, uma vez que os Tribunais e os peritos tendem a presumir a existência de manipulação a partir da recusa da criança, por aplicação automática da SAP, sem prova rigorosa de todos os factos do caso. A falta de formação especializada e de critérios uniformes nos programas de formação de psicólogos deixa os juízes e os técnicos, que avaliam a família, vulneráveis à aceitação acrítica de novas teorias, sem base científica nem empírica.

A decisão de ordenar "a reconstrução da personalidade da criança", através de uma medida de institucionalização terapêutica, viola o reduto mais profundo e íntimo de um ser humano, negando-lhe a liberdade de amar e

---

[435] Cf. TRL, Acórdão de 06-06-2001 (Relator: ADELINO SALVADO), in *Base Jurídico-Documental do MJ*, www.dgsi.pt e TRC, acórdão de 09-03-2005 (Relator: BELMIRO ANDRADE), *in* CJ, 2005, Tomo II, pp. 36-39.

não amar, expressão do seu direito ao livre desenvolvimento da personalidade (arts. 25º, 26º e 69º, nº 1 da CRP e 70º, nº 1 do Código Civil). Esta decisão implica uma invasão da função judicial, pelos peritos em SAP, violando o princípio da reserva judicial (art. 202º da CRP), que atribui aos Tribunais, como órgãos de soberania, a função de administrar a justiça em nome do povo, de assegurar a defesa dos direitos e interesses legalmente protegidos dos cidadãos, de reprimir a violação da legalidade democrática e de dirimir os conflitos de interesses públicos e privados. Aos profissionais da área da psicologia ou aos terapeutas, cabe, apenas, nos termos do art. 201º, nº 3 da CRP, uma função auxiliar à judicial, mas não o poder de tomar decisões.

Julgo, a este propósito, que não é legítimo que a parentalidade pós-divórcio seja tratada de forma mais intrusiva do que a parentalidade nos casos de casamento ou de união de facto, em que o Estado não separa a crianças dos seus pais, a não ser perante situações de perigo elencadas no art. 3º da LPCJP, e depois de tentar medidas alternativas à institucionalização.

3.8. Uma análise crítica da SAP na jurisprudência portuguesa

A SAP tem sido invocada, em Portugal e em Espanha, por psicólogos ou advogados, e aplicada pelos Tribunais, sem qualquer teste à sua validade científica. Contudo, nos EUA, país de origem desta tese, os Tribunais Superiores já alertaram os tribunais inferiores para o facto de o trabalho de GARDNER ser fortemente criticado, não representar uma teoria de aceitação consensual nem respeitar o teste de validade científica. Em Portugal, a SAP começou agora a ser comercializada, tal como nos EUA, por peritos e advogados, como estratégia paga para defender, em juízo, um progenitor a quem a criança rejeita ou acusa de abuso sexual. O conceito já foi utilizado, pela jurisprudência portuguesa dos Tribunais da Relação, em processos de regulação das responsabilidades parentais e em processos-crime por violência doméstica, com maior aceitação nos primeiros.

O Tribunal da Relação de Évora (RE 27-09-2007) foi o primeiro a utilizar o conceito de alienação parental como fundamento das decisões judiciais, sem questionar a sua validade, mas propondo, em sede geral, a confiança da guarda a uma terceira pessoa, nos casos mais graves, solução que, contudo, não foi aplicada no caso concreto em que a criança permaneceu confiada à guarda da mãe, limitando-se o Tribunal a um conjunto de considerações de teor pedagógico para os pais[436]. O mesmo Tribunal, no acórdão de

---

[436] Cf. TRE, acórdão de 27-09-2007 (Relator: BERNARDO DOMINGOS), onde se defendeu a seguinte doutrina: "Em matéria da regulação das responsabilidades parentais e da guarda e confiança das crianças

24-05-2007[437], não adoptou o conceito de «Síndrome de Alienação Parental» na fundamentação da decisão judicial, apesar de o mesmo ter sido utilizado nas alegações da mãe. Tratou-se de um caso em que o pai levou os/as filhos//as para sua casa, sem avisar ninguém, passando estes a viver com o pai e a família paterna. Este comportamento foi acompanhado dos seguintes factos: impedimento das visitas à mãe e dos contactos telefónicos das crianças com a mãe; retirada das crianças das actividades extra-curriculares, do ATL e do infantário; mudança de comportamento das crianças para com a mãe e familiares desta, tornando-se agressivas e receosas; agressões físicas, ameaças e injúrias do pai contra a mãe; pressões psicológicas do pai e dos avós paternos junto das crianças, no sentido de denegrir a imagem da mãe.

O Tribunal decidiu pela entrega da guarda à mãe, revogando a decisão de 1ª instância, com base não no conceito de alienação parental, mas fundando--se no comportamento egoísta do pai, como um facto decisivo para lhe ser retirada a guarda dos/as filhos/as. O Tribunal entendeu, ainda, que a mãe tinha melhor carácter por ser aquele *"progenitor que oferece em concreto melhores condições de assegurar às crianças um melhor desenvolvimento da sua personalidade designadamente a nível psicológico, afectivo, moral e social"*. O critério da pessoa de referência teria conduzido à mesma decisão, na medida em que se deu como provado que *"Até as crianças passarem a viver com o pai, os laços afectivos e familiares das crianças eram, quase exclusivamente, com a família materna, sendo a família paterna ausente na vida das crianças."*

O Tribunal da Relação da Lisboa, no acórdão de 19-05-2009 (Relator: ARNALDO SILVA)[438], foi o primeiro a rejeitar a validade científica da tese da SAP, recusando, portanto, a sua aplicação, e suspendendo provisoriamente as visitas do progenitor dito "alienado" para respeitar a vontade das crianças, que o Tribunal considerou livremente expressa e sem coacções ou mani-

---

o escopo da intervenção do Tribunal é sempre e em primeiro lugar a salvaguarda do interesse destes. II – As crianças necessitam igualmente do pai e da mãe e, por natureza, nenhum deles pode preencher a função que ao outro cabe. A consciência deste facto é essencial para que o relacionamento da criança com o progenitor a quem não esteja confiado se processe normalmente. Não devendo haver resistências por parte do progenitor a quem caiba a sua guarda, nem intransigências artificiais, por parte do outro progenitor. III – Os progenitores e em especial o que tem a criança à sua guarda devem interiorizar estes princípios e valores de harmonia familiar, que não se confundem com a harmonia conjugal e nem a pressupõem. IV – Se apesar de todas as cautelas na regulação os progenitores persistirem nas relações entre ambos, em utilizar as crianças como objecto da sua guerrilha e como veículo de transmissão dos sentimentos negativos que nutrem um pelo outro, haverá de ponderar a confiança da criança a terceira pessoa, já que a manutenção neste quadro familiar, pode ser altamente perniciosa para o são desenvolvimento físico, psíquico e afectivo da criança."

[437] RE 24-05-2007 (Relator: MATA RIBEIRO), in *Base Jurídico-Documental do MJ*, www.dgsi.pt
[438] Cf. TRL, acórdão de 19-05-2009, (Relator: ARNALDO SILVA), in *www.dgsi.pt*

pulações da mãe[439]. Contudo, neste caso, em que havia alegações de abuso sexual contra o pai consideradas provadas no Tribunal de 1ª instância, o TRL entendeu que, em face da apreciação da prova pericial, os relatos das crianças não eram verosímeis, não dando como provados os abusos sexuais alegadamente praticados pelo pai sobre as filhas. O segundo relatório pedopsiquiátrico, que se pronunciava pela ocorrência de abusos sexuais, estava, na perspectiva do Tribunal, ferido pelo decurso do tempo e pelas sucessivas e múltiplas entrevistas, tendo o Tribunal feito prevalecer os exames de sexologia e de biologia forense, assim como os exames pedo-psiquiátricos realizados a "quente" e que não confirmaram os abusos sexuais. Não pretendendo nós questionar a avaliação feita pelo Tribunal, de acordo com o seu poder de apreciar livremente as perícias (art. 389º C.C.), cabe-nos, contudo, salientar que a doutrina, invocada na fundamentação da decisão, e que atribui às crianças tendência para mentir ou para memórias falsas, está já ultrapassada pela investigação científica[440]. Com efeito, esta demonstra que as crianças não têm tendência a mentir e que revelam elevadas competências testemunhais e comunicacionais, assim como uma capacidade de discernimento superior à que lhes é frequentemente atribuída, percebendo a diferença entre a verdade e a mentira, geralmente, a partir dos 4 anos[441].

O Tribunal da Relação de Lisboa, suspendendo as visitas, tomou a decisão sensata, não aceitando a validade da teoria de GARDNER e respeitando a vontade das crianças na recusa das visitas. Contudo, na medida em que a suspensão das visitas é provisória, devendo as crianças ser sujeitas novamente a entrevistas por técnicos, para indagar da manutenção ou mudança de atitude das mesmas, tal irá permitir que um processo tão traumatizante não tenha fim, continuando as crianças a sofrer de instabilidade e de ansiedade. Nestes processos, a capacidade de intervenção do Estado com sucesso é muito

---

[439] Cf. TRL, acórdão de 19-05-2009, em que, não tendo o Tribunal considerado provado que o pai tenha praticado vários crimes de abuso sexual de crianças sobre as filhas, entendeu, contudo, que a recusa das crianças ao convívio com o pai era uma decisão livre, não determinada por coacção ou manipulação da mãe, com vista a obstruir o vínculo delas com o pai, decidindo a suspensão provisória das visitas, por respeito pela vontade das crianças.

[440] É o caso de ELIZABETH LOFTUS, que criou a teoria das falsas memórias de abuso sexual, e que é acusada de violação de regras éticas no seu trabalho de investigação. Quanto aos trabalhos de ENRICO ALTAVILLA, Psicologia Judiciária, Vol. I, 1981 e o Processo Psicológico e a Verdade Judicial, Vol. I, trata-se de trabalhos que remontam a épocas em que não havia, ainda, conhecimentos do fenómeno do abuso sexual de crianças e do seu carácter epidémico, que atinge cerca de 15% dos meninos e 25% das meninas, ignorância que conduzia o sistema social e judicial a optar pela imputação à criança de fantasias.

[441] *Vide* os resultados da literatura citada por RIBEIRO, Catarina, *Criança na Justiça, Trajectórias e Significados do Processo Judicial de Crianças Vítimas de abuso sexual intrafamiliar*, Coimbra, 2009, pp. 115 e 117.

limitada e contra-producente, agravando o sofrimento infantil. Os Tribunais, quando as crianças recusam as visitas, de forma persistente e continuada, devem nortear a sua actuação por um princípio de intervenção mínima, consoante o art. 4º al. d) da LPCJP, aplicável nos processos de regulação das responsabilidades parentais, por força da remissão do art. 147º-A da O.T.M..

Recentemente, no acórdão do Tribunal da Relação de Lisboa de 26-01-2010 (Relatora: ANA RESENDE)[442], deu-se uma mudança de posição da jurisprudência, tendo o Tribunal aceite a validade da teoria da síndrome da alienação parental e aplicado a transferência da guarda da criança da mãe para o pai (a terapia da ameaça), num caso que envolveu alegações de abuso sexual não provadas e arquivamento do processo-crime. Analisando a fundamentação do acórdão, nota-se que não foi levado em conta o facto de a mãe ser a pessoa de referência da criança nem os danos que resultam da separação, desconsiderando o Tribunal que o arquivamento do processo-crime não significa uma presunção de que a mãe mentiu, e que há abusos efectivamente verificados que nunca chegam a provar-se. Apesar da convicção quanto à não ocorrência dos abusos sexuais, resultante do princípio da livre apreciação da prova, o Tribunal deve proteger a criança de qualquer mudança brusca na sua vida e respeitar a relação afectiva da criança com a sua pessoa de referência. A síndrome de alienação parental dita uma resposta demasiado fácil e linear aos Tribunais, que significa, antes de mais, a prevalência dos interesses do pai em relação aos interesses da criança. O progenitor reclamava o exercício coercivo do direito de visita, através das forças policiais, atitude, normalmente, reveladora de um sentimento de posse e de egoísmo, e não de preocupação com os direitos dos/as filhos/as. Segundo a perícia elaborada, em 2.04.2008, *"apesar de não existirem sinais físicos de abuso sexual, o facto é que a criança tem revelado perturbações comportamentais que coincidem com o período de reaproximação do mesmo ao progenitor (designadamente gaguez, instabilidade psico-motora constatada pela técnica da segurança social que o recebeu no hospital, o não saber desenhar e brincar, relatados pela educadora de infância da criança)".* Este elemento probatório parece não ter sido ponderado pelo Tribunal que acentuou, antes, o facto de as visitas mediadas pelo IRS terem ocorrido de forma positiva, facto que não resulta necessariamente de afecto pelo progenitor, podendo consistir naquilo que a psicologia designa por resiliência ou adaptação ao mau-trato que acontece, como estratégia de sobrevivência, quando a criança não é protegida pelo sistema[443]. A fundamentação da decisão assentou ainda no exame psiquiátrico relativo às competências parentais da mãe e no facto de esta delegar as suas funções na avó materna da criança. De acordo com uma

---

[442] Cf. TRL 26-01-2010, in *Base Jurídico-Documental do MJ, www.dgsi.pt*
[443] Cf. WALKER, Lenore et. al., *A Critical Analysis of parental Alienation Syndrome...ob. cit.,* p. 55.

interpretação sociológica das sentenças judiciais, estes fundamentos são, com toda a probabilidade, discriminatórios, como sucede nos EUA e em Espanha, com as perícias feitas à mulher. Uma mulher, que tenta defender os seus filhos sem sucesso, revelará certamente sintomas que podem ser confundidos com problemas psiquiátricos, por quem não tem competência especializada em abuso sexual ou violência doméstica. Sabe-se, também, que a "psiquiatrização" da mulher, nos casos de violência doméstica ou de abuso sexual, constitui uma estratégia dos agressores que conseguem manipular o sistema a seu favor. Já a referência do Tribunal à delegação de competências parentais pela mãe em terceiros constitui uma discriminação ou um juízo de valor ilegítimo pelo facto de a mulher não ser uma mãe a tempo inteiro e recorrer à ajuda da avó da criança, comportamento socialmente típico dos pais, e nada censurável. Existe, nesta matéria, um critério duplo de avaliação, pois, os Tribunais, quando são os homens a delegar competências nos avós, consideram a situação positiva para a criança. A fundamentação do Tribunal escudou-se, sobretudo, na aceitação acrítica de uma teoria sem validade científica. Os elementos bibliográficos citados pelo tribunal (JOSÉ MANUEL AGUILAR, *Síndrome de Alienação Parental – Filhos manipulados por um cônjuge para odiar o outro*, Janeiro de 2008) são incompletos, na medida em que o Tribunal não consultou obras de autores que rejeitam a validade desta tese.

Nos Tribunais de 1ª instância, o caso em que a síndrome de alienação parental foi aplicada de forma mais radical foi a decisão do Tribunal Judicial de Fronteira, de 22-06-2009, que ordena a institucionalização terapêutica de uma criança do sexo feminino de 7 anos de idade, que rejeitava as visitas do pai, a quem acusou de abuso sexual, alegações não provadas que o Tribunal imputou à mãe.

Esta decisão trata a criança como um "objecto" depositado numa instituição, priva-a dos seus afectos e viola o seu direito fundamental à participação (art. 12º da Convenção dos Direitos da Criança), negando-lhe o direito de audição, e desconsiderando a sua opinião e sentimentos, para ter em conta unicamente a opinião do adulto, o progenitor sem a guarda. Também não foram ponderados, pelo Tribunal, os danos resultantes da desvinculação da criança em relação à pessoa de referência. Verificou-se, neste processo, um excesso de intervenção do Estado na família, que viola os princípios orientadores desta intervenção consagrados no artigo 4º da LPCJP, e os direitos fundamentais da criança à liberdade, ao desenvolvimento integral, à continuidade da sua relação afectiva com a pessoa de referência e à participação nas decisões que lhe dizem respeito, resultantes dos artigos 25º, 26º e 69º da CRP, bem como do art. 12º da Convenção dos Direitos da Criança.

No acórdão de 12-1-2009 (Relator: JORGE LEAL), o Tribunal da Relação de Lisboa rejeitou a síndrome de alienação parental, por entender que este conceito não se aplica a casos em que a criança foi efectivamente alvo de abusos pelo progenitor alienado, abusos provados no processo de regulação das responsabilidades parentais com o testemunho da criança, que o Tribunal considerou credível e sem qualquer manipulação da mãe, e com o parecer médico, resultante de entrevistas individuais em que a criança falava livremente e de forma espontânea. O Tribunal entendeu, também, que a rejeição da criança está justificada pela ruptura dos laços afectivos provocada pelo abuso sexual, tendo negado o direito de visitas ao progenitor, visto como uma "referência negativa" para a criança. Este acórdão baseou-se na melhor literatura sobre o testemunho infantil[444] e no estatuto da criança como sujeito de direitos, dotada de inteligência e capacidade de expressão, tendo negado as teses antigas da tendência infantil para a confabulação e para a dificuldade de distinção entre a ficção e a realidade. O Tribunal, perante a prova dos factos, não se deixou impressionar pelas testemunhas arroladas pelo Requerido e que atestam a sua natureza de "homem íntegro", muito dedicado à filha e incapaz de praticar os actos de que foi acusado, concluindo, de acordo com a literatura citada, que *"a boa inserção sócio--profissional do requerido não garante a impossibilidade de ter praticado os actos referidos pela filha"*, que *"Os abusos sexuais ocorrem em todas as classes sociais, e níveis sócio-económicos e culturais"*, que *"os abusadores não têm qualquer caracterização social típica ou um comportamento público identificado"*, e que *"Não existe também um perfil psicológico típico do abusador sexual. Em regra são pessoas que não apresentam psicopatologias"*.

Nos casos em que o progenitor acusado de abuso pertence a uma classe social média/alta, alguns técnicos e magistrados têm dificuldade em aceitar que possa ser um abusador de crianças, devido aos estereótipos culturais do criminoso, nos quais não se encaixa um progenitor que goza de boa imagem social. GARDNER incorria neste mesmo erro, quando na distinção que fazia entre SAP e acusações de abusos feitas de boa fé, considerava que o progenitor abusador seria um homem psicopata, com padrão de personalidade agressivo desde a infância, com perturbações e impulsividade, que resolve conflitos pela força física, que está desempregado ou revela comportamento violento com outras pessoas e no trabalho, e que faz gastos excessivos consigo próprio, no álcool ou no jogo, em vez de apoiar financeiramente

---

[444] Cf. RIBEIRO, Catarina, *A criança na justiça, trajectórias e significados do processo judicial de crianças vítimas de abuso sexual intrafamiliar*, 2009; FÁVERO, Marisalva, *Sexualidade infantil e abusos sexuais a menores*, 2003; SOEIRO, Cristina, *O abuso sexual de crianças: contornos da relação entre a criança e a justiça*, Sub Judice, nº 26, 2003, p. 24.

a família[445]. Sabe-se, hoje, com toda a segurança, que os abusadores de crianças podem ser indivíduos de todas as classes sociais, não revelando qualquer psicopatia e tendo um comportamento social e laboral, sem sinais de violência ou agressividade.

Em Portugal, os Tribunais, nos processos de regulação das responsabilidades parentais, também têm desvalorizado, com base na síndrome de alienação parental, tal como sucedeu nos EUA, alegações de abuso sexual, que mais tarde são provadas em processo-crime, dando lugar à condenação do progenitor. Veja-se o caso relatado pela Dra Maria de Lurdes Rodrigues, Procuradora no TFM de Matosinhos, na 3ª Bienal de Jurisprudência, na Faculdade de Direito da Universidade de Coimbra, em que os sucessivos pedidos da mãe de suspensão das visitas, em virtude de abusos sexuais praticados pelo pai contra a filha, foram sempre indeferidos, tendo o Tribunal, durante anos, ordenado visitas a favor de um progenitor, que veio a ser condenado por crime de abuso sexual de crianças[446]. A mãe, no processo de regulação das responsabilidades parentais, não constituiu advogado e as suas alegações, tal como o parecer escrito de um psicólogo, não terão sido compreendidas pelo Tribunal, devido à diferença de linguagem entre Direito e Psicologia, e devido à falta de sensibilidade e de formação, quer dos juízes quer dos técnicos que fizeram o relatório social. Estes últimos entrevistaram a criança, que verbalizou o abuso, o qual, contudo, não foi visto como tal pelos profissionais que a ouviram. Este caso ilustra bem a dificuldade do sistema, e da própria família da criança, em encontrarem palavras e conceitos, na linguagem e no cérebro, para abordarem um tema que tem sido encoberto pelo silêncio.

A síndrome de alienação parental foi também utilizada, num parecer do MP, junto do Tribunal de V. N. de Gaia, como fundamento para arquivar um processo-crime[447], num caso em que o arguido, progenitor da vítima, veio a ser condenado pela sentença da 2ª Vara Mista do Tribunal de Comarca de V. N. de Gaia, de 21-12-2005 (Processo nº 0642216), por um crime continuado de abuso sexual de crianças, em relação à sua filha de três anos e meio. A pena aplicada foi uma pena de três anos de prisão, suspensa pelo período de 4 anos, juntamente com a inibição das responsabilidades parentais do arguido por um período de 8 anos[448]. Esta sentença foi confirmada pelo acórdão do

---

[445] Cf. GARDNER, *Differentiating between Parental Alienation Syndrome...ob. cit.*, pp. 103 e 105-106.
[446] Cf. AAVV, *3ª Bienal de Jurisprudência, Relatório da mesa temática relativa às responsabilidades parentais* (Relatora: MARIA CLARA SOTTOMAYOR), Coimbra Editora, 2008, pp. 95-102.
[447] Serviços do Ministério Público, Tribunal Judicial de Vila Nova de Gaia, decisão de arquivamento de 17-01-2005 (inédita).
[448] Cf. SOTTOMAYOR, Maria Clara, *A representação da infância nos tribunais e a ideologia patriarcal*, in MARIA BERENICE DIAS/JORGE DUARTE PINHEIRO (Coordenação), *Estudos de Direito das Famílias: uma*

Tribunal da Relação do Porto, de 11-09-2006 (inédito). No processo de regulação das responsabilidades parentais, o Tribunal de 1ª instância ordenou visitas do pai, sem considerar o processo de promoção e protecção aberto na Comissão de Protecção de Crianças e Jovens, e não tendo levado a sério as alegações da mãe, presumindo tratar-se de uma estratégia vingativa da mulher. Tal como no caso anterior, a mãe não tinha constituído advogado.

No acórdão do Tribunal da Relação de Guimarães, de 24-11-2009 (Relatora: LUÍSA RAMOS)[449], relativo a um processo de incumprimento do regime de visitas, o conceito de alienação parental aparece nas alegações da mãe privada de ver o/a filho/a e no relatório psicológico, tendo o Tribunal de 1ª instância aceitado o conceito e condenado o progenitor alienador a pagar à mãe uma indemnização. O Tribunal da Relação de Guimarães, contudo, considerou a decisão de condenação totalmente desajustada e infundada, em virtude de não existirem, no processo, elementos suficientes que permitissem fundamentar as reais razões que determinaram a ruptura dos laços de afectividade entre a menor e a sua mãe, e de não ter sido garantido o contraditório, revogando a decisão recorrida. O tribunal, neste caso, não aceitou a tese da alienação parental nem a condenação em indemnização do progenitor alienador, sem investigação sobre quais os factos que levaram a criança a recusar visitas. Note-se, todavia, que este caso era diferente da situação típica, pois o pai é que era acusado de alienação e não a figura materna, não se fazendo sentir contra o progenitor masculino os preconceitos de género que facilmente alastram contra as mulheres acusadas de alienação. Outro exemplo de rejeição da recomendação de GARDNER de retirada da guarda da criança ao progenitor dito alienador surge, também, no contexto inverso ao típico, em que o progenitor que impede as visitas era o pai. É o caso do acórdão do Tribunal da Relação de Lisboa, de 08-07-2008 (Relatora: ROSÁRIO GONÇALVES)[450], em que apesar de não estar referido o conceito de SAP, há uma rejeição implícita do mesmo, tendo o Tribunal afirmado que *"Não se pode dizer que um progenitor que dificulte o regime de visitas da mãe, não seja um bom progenitor ao ponto de se lhe alterar, por essa razão, a guarda da menor."* Tratava-se de uma criança que tinha sido confiada à guarda do pai com quem vivia há oito anos, em virtude de dificuldades económicas da mãe. Apesar de o Tribunal ter considerado provado que, por diversas vezes, o pai e a madrasta da criança não abriam a porta à mãe nem lhe entregavam a filha, e que a mãe tem sofrido muito por não poder estar em contacto com esta, o Tribunal entendeu que *"qualquer atitude brusca de mudança seria sempre perigosa e poderia ocasionar danos difíceis*

---

perspectiva luso-brasileira, Porto Alegre, 2008, pp. 285-306.
[449] Cf. TRG 24-11-2009, in *www.dgsi.pt*
[450] Cf. TRL 08-07-2008, in *www.dgsi.pt*

de reparar na menor", (...)*"não faz sentido que a menor se veja envolvida de modo instrumental pelos pais, esquecendo-se do seu bem-estar, consubstanciado aqui na sua estabilidade emocional. Nem tão pouco se deve penalizar a criança por uma conduta a si alheia (...)".* Esta é a posição correcta, em relação à SAP e à terapia da ameaça, que, contudo, só foi seguida, pelos Tribunais, quando o progenitor dito "alienador" é o pai, não tendo sido este punido com a perda da guarda, como têm sido as mães quando as crianças recusam conviver com o pai.

No acórdão do Tribunal da Relação de Lisboa, de 23 de Outubro de 2012 (processo nº 2304/05.7TBCLD-E.L1-7; Relatora: CONCEIÇÃO SAAVEDRA), o recorrente pediu a revogação de uma decisão do Tribunal de 1ª instância que negou o pedido de transferência da guarda da mãe para o pai, acusando aquela de alienação parental e de manipulação da criança para que esta recusasse o convívio com o pai, bem como de ter inculcado na criança falsas memórias de abuso sexual. A Relação de Lisboa decidiu negar provimento ao recurso de apelação, com base nos seguintes argumentos, sintetizados no sumário do acórdão:

> «– O fenómeno da recusa do filho menor em conviver com um dos progenitores tem, em regra, várias causas não derivando necessariamente de uma campanha difamatória levada a cabo por um dos pais contra o outro;
> – Não se apurando, designadamente, a concreta responsabilidade da mãe na atitude de recusa do menor em conviver com o pai, e verificando-se que aquele revela ansiedade de separação em relação à progenitora, com quem mantém vinculação insegura/ansiosa de grande dependência, é manifesto que a opção da modificação do regime instituído, com entrega do mesmo ao pai rejeitado, se revela contrária ao superior interesse da criança, agravando o seu sofrimento sem resolver o conflito existente.»

O Tribunal da Relação de Lisboa adopta, assim, o critério da pessoa de referência para manter a residência da criança junto da mãe, que cuidou do filho desde o nascimento, num quadro em que os pais nunca viveram em comum, aceitando a teoria da vinculação, segundo a qual a separação da figura de referência cria danos emocionais na criança com repercussão no seu desenvolvimento.

Apesar de o pai invocar relatórios do Instituto de Reinserção Social e do Instituto de Medicina Legal, que revelavam a existência de uma situação de alienação parental, nos termos da qual a criança teria sido educada pela mãe no ódio e rejeição perante a figura paterna, o Tribunal da Relação de Lisboa, no exercício da autonomia da função judiciária em face de elementos de prova meramente auxiliares da decisão, entendeu que não estava demonstrado que a rejeição da criança fosse o resultado de qualquer manipulação da mãe e não aceitou a existência de qualquer alienação parental, à qual não reconheceu validade científica, nem aceitou a chamada terapia da ameaça recomendada pelos defensores da tese da «síndrome de alienação parental».

Para o Tribunal da Relação de Lisboa, «(...) este fenómeno da recusa [da criança] tem, por regra, natureza "multifactorial, não resultando de uma só causa, como pretende a tese da síndrome da alienação parental, que faz a rejeição da criança derivar necessariamente de uma campanha difamatória levada a cabo por um dos pais contra o outro"»

Em consequência, decidiu que a transferência da guarda da criança requerida pelo pai, para ultrapassar a recusa da criança, era uma solução "simplista", que lesava os interesses e direitos da criança, considerando primordial proteger a continuidade da relação afectiva da criança com a sua pessoa de referência, a mãe.

O Tribunal da Relação fundamentou a decisão no interesse da criança, entendendo que este conceito impõe que, nas decisões judiciais relativas à alteração da residência da criança, seja preservada a estabilidade do ambiente e das relações afectivas da criança, constituindo, assim, a noção de estabilidade um factor decisivo a favor do progenitor com quem a criança tem vivido.

No acórdão do Tribunal da Relação de Lisboa, de 21-05-2009 (Relatora: GRAÇA ARAÚJO)[451], o Tribunal anulou a decisão de 1ª instância, que condenava a mãe ao pagamento de multa e de indemnização por incumprimento do regime de visitas com base na síndrome de alienação parental, por falta de decisão sobre a matéria de facto. Este caso é um sinal de que os Tribunais de 1ª instância estão a aplicar de forma demasiado simplista a tese da alienação parental, em vez de decidirem com base nos factos provados. O conceito de alienação parental e a terapia da ameaça, criados por GARDNER, foram defendidos pela decisão de 1ª instância, assim como foi decidida, durante o processo de regulação das responsabilidades parentais, a intervenção policial, inclusive com arrombamento de portas, para se fazer cumprir o regime de visitas. Estas afirmações reflectem bem uma visão da criança como objecto, propriedade do pai, e uma preocupação com o interesse do adulto, que se considera a "vítima", e não com a estabilidade da criança. Os Tribunais devem saber até onde podem intervir e quais são os seus limites. A força judicial e policial não pode ser usada para exigir uma sociedade perfeita.

No acórdão do Tribunal da Relação de Lisboa, de 15-12-2009 (Relatora: ROSA RIBEIRO COELHO)[452], um pai obtem uma indemnização por danos não patrimoniais causados pelo afastamento do filho, com base em responsabilidade civil extracontratual do Estado, por omissão de decisão judicial em

---

[451] TRL 21-05-2009, in *www.dgsi.pt*
[452] TRL 15-12-2009, in *www.dgsi.pt*

prazo razoável. Tratava-se de um processo de regulação das responsabilidades parentais, em que o pai, acusado de abuso sexual de crianças, esperou cerca de dois anos, pela decisão que punha fim à suspensão das visitas, após ser conhecida, no processo, por relatório pericial, a não veracidade da acusação de prática de actos de pedofilia. Nesta decisão, o tribunal não se pronunciou acerca da validade da tese da síndrome de alienação parental, tendo limitado a sua fundamentação à omissão de uma decisão judicial em prazo razoável[453], entendendo, contudo, que a decisão de suspensão das visitas, dada a gravidade da acusação, estava justificada na necessidade de protecção da criança, e rejeitando que a alienação parental exercida pela mãe tenha sido a causa exclusiva dos danos sofridos pelo apelante.

No acórdão do Tribunal da Relação do Porto, de 9 de Julho de 2014 (Relator: Alberto Ruço), o diagnóstico de síndrome de alienação parental baseou-se num relatório de perícia psicológica dos menores e seus pais, datado de 20 de Março de 2013, no qual se concluiu, segundo o facto provado nº 45, que, «face à iminência da dissolução do vinculo conjugal, estamos perante um processo de síndrome de alienação parental por parte da progenitora em relação ao progenitor» e ainda que «a mãe manipula os menores exercendo assim abuso emocional sobre os mesmos. Neste momento a mãe sofre de perturbação clínica aliada à alienação parental, pelo que a capacidade parental da mãe está comprometida». Consta também do facto nº 46, reproduzindo o relatório pericial, que «...pode-se afirmar com toda a segurança neste processo que existe uma clara intenção de afastamento dos menores em relação ao pai levada a cabo por parte da progenitora».

Contudo, dada a falta de validade científica desta tese da síndrome de alienação parental enquanto doença do foro mental, como o próprio Tribunal da Relação reconhece[454], o juiz não pode transformar este diagnóstico auto-

---

[453] " (...) os factos apurados não permitem concluir que a influência da mãe sobre a criança e a postura processual por aquela assumida tenham sido, por si só, causa do afastamento da criança em relação a seu pai, designadamente, no período entre 15.07.99 e Agosto de 2001 – data do despacho que estabeleceu as visitas entre o apelante e seu filho –, pelo que, a nosso ver, carece de fundamento a afirmação feita na sentença de que a "alienação parental" exercida pela progenitora foi causa exclusiva dos danos sofridos pelo apelante." Cf. TRL 15-12-2009, in *www.dgsi.pt*

[454] «A primeira nota a reter consiste, pois, em considerar que a SAP não é, pelo menos por enquanto, considerada uma doença psiquiátrica.
Não estamos também perante uma teoria aceite e comprovada cientificamente, isenta de controvérsia e alvo de relativa consensualidade entre os especialistas na matéria.
Porém, apesar de não estarmos, até ao momento, perante um fenómeno plenamente estudado, com critérios de demarcação bem definidos e aceites pela generalidade da comunidade científica, afigura-se que estamos na presença de algo com efectiva existência, de um fenómeno social que existe e obedece a um certo padrão de comportamento que se deixa tipificar, sendo susceptível de ser estudado, como tem sido, e devidamente conceitualizado».

maticamente numa prova de alienação parental, enquanto fenómeno social. Aliás é contraditório que o acórdão por um lado não aceite a SAP como doença e por outro remeta, para fundamentar a decisão, para um relatório que assim a classifica; que rejeite validade científica ao diagnóstico acerca da saúde mental da mãe e que se refira à necessidade de «recuperação» desta, como se padecesse de patologia.

A noção de alienação parental tem de ser demonstrada através de factos que ilustrem, sem margem para dúvidas, a intenção do progenitor dito alienador de destruir a relação com o outro progenitor, não bastando a mera remissão ou reprodução de excertos do relatório pericial na matéria de facto.

A função judicial não pode consistir numa delegação de poderes nos técnicos que elaboram os relatórios periciais. A psicologia tem no seu seio múltiplas teses sobre parentalidade, nem todas com validade científica, e o perigo de os autores dos relatórios aderirem a teses sem validade científica, como fizeram neste caso, em que diagnosticaram à mãe síndrome de alienação parental, é elevado, bem como o risco de subjectividade e parcialidade nas avaliações.

Da matéria de facto deste caso, em contradição com as conclusões do relatório pericial, resulta até que o progenitor tem mantido contactos com os filhos, embora sinta a falta deles por considerar que o tempo das visitas é escasso, não estando demonstrado nem o elemento objectivo nem o elemento subjectivo do conceito de alienação parental, nem o nexo de causalidade entre o comportamento da mãe, após a separação de facto, e o mal-estar revelado pelas crianças junto do pai. O conceito de alienação parental deve ser aferido pelo princípio da actualidade e não pela reacção dos filhos e da mãe logo após a separação, fase da vida mais conturbada para as famílias, em que ainda se encontram em fase de adaptação e em que as próprias crianças, independentemente de manipulação, tendem a culpar um dos pais pela separação e a pretender um afastamento em relação àquele que consideram responsável.

Aconselha-se que, para esclarecimento da verdade material, o juiz, que é a entidade que assume o poder e a responsabilidade última pela decisão, ouça pessoalmente as crianças para averiguar das razões da sua recusa às visitas, e que se proceda, também, a depoimento de parte, ouvindo os pais. Só assim se garante o estabelecimento de uma base factual objectiva para um diagnóstico acerca da existência, ou não, de alienação parental.

Consta do acórdão que o filho D «referiu em audiência que era sua vontade continuar a viver em casa da mãe, ou seja, este menor foi ouvido e escutado, mas isso não podia implicar que o tribunal, depois, decretasse medidas que obedecessem à vontade declarada pelo menor». Contudo, o Tribunal da Relação entendeu não estar vinculado a respeitar a sua vontade, tendo legitimidade para definir o interesse do menor em sentido divergente. Em nossa opinião e de acordo com o senso comum, desrespeitar a vontade de um jovem que tem quase 18 anos de idade, para além de constituir uma violação do seu direito à autonomia e definição do seu projecto de vida, potencia, ainda, a ocorrência de mais conflitos numa família já tão dividida. Note-se que, em regra, é inútil e contraproducente que um Tribunal contrarie os sentimentos, decisões ou gostos dos adolescentes quanto a escolhas no domínio afectivo e familiar, tanto mais que estamos perante um jovem que quase atingiu a maioridade e a quem a lei reconhece espaços de autonomia e de decisão em várias matérias (direito laboral, liberdade religiosa, direito de perfilhar e estabelecer filiação, etc.). A mesma conclusão vale para o filho E, de 15 anos de idade, que se encontra num estádio de desenvolvimento em que tem capacidade natural de avaliar com autonomia a sua vida e de tomar decisões. Para além de que a transferência da sua guarda para o pai representa um risco acrescido, devido aos problemas de instabilidade emocional e insegurança que revela, os quais exigem um mínimo de estabilidade na organização da sua vida, para além de não ser positivo separá-lo do irmão mais velho.

Relativamente ao filho mais novo, que tem agora sete anos de idade, mas que tinha apenas quatro à data das alegações, dada a sua pouca idade, não parece adequado o afastamento da mãe, com quem vive desde a separação e com quem necessariamente desenvolveu laços afectivos mais fortes, não sendo, de qualquer modo, saudável num contexto de conflitualidade parental separá-lo dos irmãos mais velhos, cuja opinião, como vimos, devia ter sido decisiva na definição do seu projecto de vida.

Na jurisprudência publicada pelos Tribunais Superiores, em processos--crime de violência doméstica, a alienação parental é invocada, pelo arguido, para imputar à vítima a intenção de afastar os/as filhos/as do seu convívio. Esta estratégia defensiva não tem, contudo, até agora, na jurisprudência dos Tribunais Superiores, tido sucesso. Veja-se o acórdão do Tribunal da Relação de Coimbra, de 28-04-2010 (Relator: ALBERTO MIRA)[455], em que o arguido, que alegou a SAP, para desacreditar as declarações da filha menor, foi condenado por crime de violência doméstica com base, entre outros testemunhos, no depoimento da vítima e da filha de 14 anos, entendendo o Tribunal que *"em virtude dos episódios descritos pela menor, é perfeitamente compreensível que a relação entre os dois se tenha degradado a ponto desta não pretender contactos com aquele."*

---

[455] TRC 28-04-2010, in *www.dgsi.pt*

3.9. Afloramentos da SAP na lei civil e na lei penal portuguesas

a) A cláusula do progenitor amistoso (art. 1906º, nº 5 do C.C.)

O artigo 1906º, nº 5, na redacção que lhe foi dada pela Lei 61/2008, de 31 de Outubro, definiu o interesse da criança como a disponibilidade de cada um dos pais promover a relação da criança com o outro, norma semelhante à cláusula do direito norte-americano designada por *friendly parent provision*, que permite dar fundamentação legal à terapia da ameaça recomendada por GARDNER e que separa as crianças da sua pessoa de referência, causando-lhes o dano da separação. Este dano assume, no desenvolvimento psicológico e afectivo da criança, uma gravidade maior do que a redução da relação da criança com o progenitor não guardião, redução essa inevitável quando ocorre um divórcio, e aconselhável quando se trata de um progenitor abusivo ou negligente. A investigação científica norte-americana demonstrou que a frequência e a quantidade do contacto da criança com ambos os pais, mesmo nas relações parentais que não são conflituosas, não estão relacionadas com a adaptação da criança após o divórcio[456], e que o interesse da criança não reside no tempo concedido à relação com cada um dos pais, mas no funcionamento emocional destes (níveis de ansiedade e de conflito) após o divórcio[457]. A adaptação da criança ao divórcio depende de a criança estar ao cuidado de um progenitor consciente e responsável, que ultrapasse as suas angústias e depressões pessoais, da ocorrência ou não de outros problemas psíquicos da criança anteriormente ao divórcio, e da sua idade, sexo e temperamento[458].

A preferência pelo progenitor mais generoso em permitir a relação da criança com o outro incentiva o conflito entre os pais, como salienta uma advogada norte-americana, MARGRET K. DORE[459], com experiência em processos de regulação das responsabilidades parentais: *"A forma mais fácil de provar que um progenitor é amistoso é provar que o outro o não é. Os pais são, assim, encorajados a criar situações que induzam o progenitor guarda a não cumprir o regime de visitas, a não cooperar com o outro ou a assumir um comportamento aparentemente "alienador".*

A cláusula do progenitor amistoso tem sido usada, nos EUA, como uma forma de punir a mãe que faz alegações de abuso sexual que não ficam

---

[456] JUDITH WALLERSTEIN/SANDRA BLAKELEE, *Second Chances, Men, Women and Children a Decade After Divorce*, New York,1989, p. 238.
[457] KLINE/TSCHANN/JONHSTON/WALLERSTEIN, *Children's Adjustement in Joint and Sole Physical Custody Families*, Developmental Psychology, 1989, vol. 25, nº 3, p. 437.
[458] JUDITH WALLERSTEIN/SANDRA BLAKELEE, *Second Chances...ob. cit.*, p. 271; KLINE/TSCHANN//JOHNSTON/WALLERSTEIN, *Children's Adjustement in Joint and Sole Physical Custodv Families*, 1989, p. 430.
[459] Cf. DORE, Margret K., *The "Friendly Parent" Concept: A Flawed Factor for Child Custody*, Loyola Journal of Public Interest Law, 2004, vol. 6, p. 45.

provadas[460], constituindo uma aceitação legal encoberta da terapia da ameaça, através da transferência da guarda para o outro progenitor, conforme recomendava GARDNER.

b) O crime de subtracção de menores (art. 249º, nº 1, al. c) e nº 2 do CP)

O crime de subtracção de menores, tipificado no art. 249º, nº 1, al. c) do CP, foi alterado pela Lei 61/2008, de forma a abranger o incumprimento repetido e sistemático do regime de visitas, aplica-se, por excelência, às mulheres que têm a guarda dos/as filhos/as, e que podem vir a ser perseguidas penalmente de forma injustificada, quando tentam proteger os/as filhos/as de situações de abuso sexual ou de violência doméstica ou quando a criança se recusa ao convívio com o outro progenitor, nos casos designados por síndrome de alienação parental. Esta norma tem subjacente um estereótipo negativo das mulheres como perversas e manipuladoras dos/as filhos/as, permitindo a sua punição, mesmo que tal manipulação não fique provada, uma vez que a letra da lei não a inclui nos elementos do tipo legal de crime. Trata-se da aplicação da ideologia e dos preconceitos inerentes à SAP sem aludir à mesma. Este tipo legal de crime concebe, também, a criança como um objecto de direitos do progenitor não guardião e pune a mãe pelo comportamento de recusa às visitas da criança, mesmo que se trate de um adolescente, a quem a lei já reconhece capacidade de decisão e autonomia na organização da sua própria vida (art. 1878º, nº 2 e art. 1901º, nº 3). Trata-se de uma contradição da ordem jurídica, por um lado, autonomizar a criança e dar-lhe o direito à opinião (art. 1878º, nº 2 e 1901º, nº 3 do Código Civil e art. 12º da Convenção dos Direitos da Criança) e por outro lado, não lhe reconhecer o direito de estabelecer ou não relações pessoais com um dos progenitores. Mesmo que a conduta da mãe, num quadro de divórcio ou separação, tenha sido condicionada pelo respeito pela vontade da criança com idade superior a 12 anos, haverá apenas, de acordo com o nº 2 do art. 249º do CP, uma atenuação especial da pena, sendo a mãe, de qualquer forma, condenada. Esta norma é inconstitucional por não respeitar o direito da criança ao livre desenvolvimento da personalidade, concebendo-a como um objecto de direitos do progenitor não guardião (arts 25º e 26º da CRP), e por punir a mãe por comportamentos de outrem, violando o princípio da pessoalidade da responsabilidade penal (art. 30º, nº 3 da CRP).

---

[460] WALKER, Lenore et al., *A Critical Analysis of Parental Alienation Syndrome and Its Admissibility in the Family Court*, ob. cit., p. 54.

3.10. Alienação parental: uma terminologia contaminada

Mais recentemente surgiram correntes que distinguem entre síndrome de alienação parental e alienação parental, utilizando esta última expressão para designar o fenómeno da recusa de uma criança ao convívio com um dos progenitores. A origem deste conceito remonta aos estudos de John Bowlby (1969) sobre crianças que não conseguiam estabelecer com um dos pais ou cuidador um vínculo afectivo, situação designada como um "transtorno ou desorganização da vinculação" ou "alienação"[461]. Nestes estudos, tanto as causas como as soluções propostas eram diversas das defendidas por Gardner e não se focavam na figura da "mãe alienadora".

Esta terminologia "alienação", contudo, não deve ser utilizada para nos referirmos às crianças que recusam convívio com um dos pais por dois motivos:

1) O seu significado simbólico e prático está contaminado pela ideologia sexista de Gardner, induzindo os profissionais a presumir atitudes de manipulação da mãe, sem averiguação dos motivos da criança, e convocando, no imaginário colectivo, a figura da mãe perversa que faz uma lavagem ao cérebro do/a filho/a, impedindo que cada caso seja estudado de acordo com os seus próprios factos, através de uma investigação rigorosa e despida de preconceitos.

2) A expressão alienação estigmatiza as crianças que recusam visitas do progenitor, vistas como "alienadas", palavra que na língua portuguesa significa pessoa privada do uso da razão e da liberdade ou que tem as faculdades mentais perturbadas, uma pessoa demente, louca ou perturbada.

A forma correcta de nos referirmos às crianças que recusam visitas é a utilização de uma linguagem que se reporte ao facto da recusa em si, sem juízos de valor, sempre subjectivos, falíveis e preconceituosos. Em consequência, é mais sensato utilizar expressões como "a criança que recusa visitas ou convívio com o outro progenitor" e ter em conta que esta recusa pode assentar nas seguintes causas:

1) Uma reacção adequada a condutas violentas do progenitor presenciadas pela criança ou a outros comportamentos desrespeitosos do progenitor rejeitado;

2) Uma reacção própria da etapa de desenvolvimento da criança, por exemplo, uma rebeldia do/a adolescente;

---

[461] Sobre a desorganização da vinculação afectiva da criança a um dos pais ou cuidador, provocada por situações de negligência, maus tratos ou abandono, e para um resumo do trabalho de John Bowlby e seus seguidores, vide CASSIDY, Judy/SHAVER, Philip (eds), Handbook of Attachment: Theory, Research and Clinical Applications, 1999.

3) Uma resposta natural e transitória perante o stress e a tristeza que o divórcio dos pais causa à criança.

Se a criança apesenta uma atitude injustificada de recusa, distanciamento ou afastamento de um dos pais, os profissionais devem estudar a criança e as suas circunstâncias, bem como as causas do seu comportamento, sem colocar falsas etiquetas médicas, admitindo, também, que a criança, como pessoa com capacidade de tomar decisões, de acordo com a sua maturidade, tem o direito de escolher as pessoas com quem se relaciona, e que a intervenção do Estado na família tem limites.

3.11. Conclusão: Soluções para os casos de recusa da criança

Em casos de alegações de violência, abuso sexual ou outros maus tratos, os Tribunais devem respeitar a rejeição da criança e suspender as visitas do progenitor para investigação dos factos e protecção da criança, bem como comunicar a denúncia ao Tribunal Penal, no caso de a mãe não o ter feito, uma vez que se trata de crimes públicos. Se o processo-penal terminar em condenação, o progenitor rejeitado deve ser inibido das responsabilidades parentais, pela sentença de condenação ou no processo tutelar cível, conforme permite a lei (arts 179º, al. a) e 152º, nº 6 do CP, 1913º, al. a) e 1915º do C.C.). Na hipótese de o processo penal não terminar em condenação, tal circunstância não permite presumir que a denúncia é falsa, mas apenas que não ficou provada, e que, quer o progenitor acusado quer a mãe que acusa se presumem inocentes. Em consequência, não há qualquer fundamento para transferir a guarda da mãe para o pai, porque também não ficam provados os maus-tratos psíquicos ou manipulações praticadas por esta, devendo os Tribunais, nesta hipótese, nortear-se pelo princípio da intervenção mínima e manter a guarda da criança junto da pessoa de referência, para evitar à criança o dano acrescido da separação.

Perante uma situação de conflito parental, sem indícios de violência nem de abuso sexual de crianças, aconselha-se que os Tribunais tomem uma decisão judicial rápida, sem perícias, para não atrasar o processo, e que se baseiem no princípio da imediação para a produção da prova, na audição dos pais e da criança e na avaliação dos factos[462]. Nestes processos, os Tribunais não devem utilizar a chamada terapia da ameaça, propugnada por GARDNER, e que consiste na utilização da lei para impor multas, perdas da guarda e penas de prisão para as mães acusadas de não cumprir o regime de

---

[462] Cf. CINTRA, et al., *Síndrome de alienação parental: realidade médico-psicológica ou jurídica?*, ob.cit., p. 202.

visitas[463], mas sim tentar compreender os motivos da rejeição da criança e averiguar quais os comportamentos do progenitor rejeitado que originaram a recusa da criança. Os motivos da recusa, segundo a investigação norte-americana, estão, a mais das vezes, ligados a uma atitude moralista da criança, que culpa o progenitor pelo divórcio, a uma rebeldia própria do processo de desenvolvimento da criança, à sua adaptação à tristeza que lhe gera o divórcio, ou ainda, ao facto de ter assistido à agressividade do pai contra a mãe ou a comportamentos injustos daquele. Pode tentar-se, nestes casos, o recurso à mediação familiar, medidas de aproximação entre o pai e a criança, através do apoio de profissionais da psicologia, ou a melhoria da capacidade parental do progenitor rejeitado. Na impossibilidade de conseguir, por medidas de conciliação e apoio psicológico, a reconciliação da criança com o pai, a sociedade e os Tribunais têm que aceitar que a criança, como qualquer adulto, tem direito a escolher as pessoas com quem quer ou não conviver. Meios coercivos, como a intervenção das forças policiais, negam à criança o estatuto de pessoa e a liberdade mais profunda do ser humano: a liberdade de amar ou de não amar. Não cabe ao poder judicial impor sentimentos e afectos, e exigir a perfeição moral aos cidadãos. Isto não significa negar que há pais e mães que instrumentalizam a criança e que se comportam com falta de ética na altura do divórcio, mas não se pode tomar a parte pelo todo, nem usar a força policial e judicial para resolver problemas morais e relacionais. Isto significa punir a criança pelos erros dos pais. É preferível que estes casos sejam decididos à luz de regras pragmáticas e de bom senso, tendo em conta os limites da intervenção do Estado na família e respeitando a relação da criança com a sua pessoa de referência, assim como a sua integração no seu ambiente natural de vida.

4. O direito da criança ao convívio com os ascendestes e com os irmãos

4.1. Conteúdo e finalidade do art. 1887º-A

A nossa lei consagra, desde 1995, um direito de a criança se relacionar com os ascendentes e com os irmãos, reconhecendo, através da referência aos ascendentes, a importância para a criança da relação com a "grande família".

A lei optou por fixar taxativamente as pessoas abrangidas pela protecção jurídica conferida pelo art. 1887º-A, não a estendendo à chamada grande família psicológica da criança: relação da criança com outros parentes (tios,

---

[463] GARDNER, R., *Should Courts Order PAS Children to Visit/Reside with the Alienated Parent? A Follow-up Study*, The American Journal of Forensic Psychology, 2001, 19(3):61-106, disponível para consulta in http://www.fact.on.ca/Info/pas/gard01a.htm

primos etc.) e com todas as pessoas, mesmo não parentes, que tenham com a criança uma relação significativa, por exemplo, amas, educadoras ou preceptoras que tenham cuidado da criança[464].

Com a entrada em vigor do art. 1887º-A, a criança passou a ser titular de um direito autónomo ao relacionamento com os avós e com os irmãos, que podemos designar por direito de visita. A lei pretende tutelar a expressão de amor e de afecto entre os membros da família, a importância da ligação afectiva e do auxílio mútuo entre as gerações. Contudo, desta realidade afectiva não resulta que se possa afirmar que os avós são titulares de um direito subjectivo ao relacionamento com os netos[465]. Trata-se, antes, de uma situação jurídica funcional ao serviço do interesse da criança[466], ou de um direito-dever ou função, que visa a realização do interesse das crianças e que só merece tutela jurídica na medida em que promova este interesse.

Esta concepção do direito de visita e a tendência para alargar o campo dos seus beneficiários assenta em razões extra-jurídicas de carácter sociológico que levam a considerar a criança não como um encargo mas como fonte de satisfação e de alegria para aqueles que se relacionam com ela. No aspecto jurídico, esta nova sensibilidade social traduz-se no princípio de que a criança não é uma coisa, propriedade dos pais, mas antes um sujeito de direitos, um ser autónomo, cujos afectos devem ser respeitados pelos pais.

Num primeiro momento, no direito estrangeiro, a doutrina e a jurisprudência reconheceram protecção jurídica de modo amplo às relações entre avós e netos, tendência que se inverteu, recentemente, verificando-se um recuo na admissibilidade do direito ao convívio e restituindo aos pais uma parte do poder de decisão que lhes tinha sido retirado[467].

O direito de visita, em sentido estrito, consiste na possibilidade de ver a criança na residência desta, de a receber no domicílio do visitante ou de sair com esta para qualquer local à escolha do mesmo, durante apenas algu-

---

[464] Sobre o reconhecimento e a expansão dos direitos de visita e de guarda de terceiros, *vide* VICTOR/ROBBINS/BASSET, *Statutory review of third party rights regarding custody, visitation, and support*, FamLQ, vol. XXV, nº 1, 1991, p. 18 e ss. Para um estudo de direito comparado sobre o direito de visita dos avós, *vide* GOUBAU, Dominique, *Le droit des grands-parents aux relations personelles avec leurs petits-enfants: une étude comparative des systèmes québécois, français et belge*, Les Cahiers de Droit, vol. 32, nº 3, 1991, p. 557-642.
[465] Cf. JORGE DUARTE PINHEIRO, *A relação entre avós e netos*, Separata de Estudos em Homenagem ao Prof. Doutor Sérvulo Correia, Faculdade de Direito da Universidade de Lisboa, 2010, Coimbra Editora, p. 86.
[466] *Ibidem*, p. 86.
[467] *Ibidem*, p. 92, e pp. 78-84, sobre as ordens jurídicas europeias congéneres da nossa (Espanha, França, Itália e Alemanha) e sobre a evolução no direito norte-americano, que tem vindo a restringir, por via judicial e legislativa, os direitos de visita que tinham sido tradicionalmente conferidos aos avós.

mas horas e de acordo com uma certa periodicidade. Num sentido amplo, o direito de visita abrange estadias de fins-de-semana ou durante parte das férias[468]. Apesar de se assemelhar, quanto às modalidades de organização prática, ao direito de visita do progenitor sem a guarda após o divórcio, é, no entanto, em regra, mais restrito temporalmente e não implica o direito de os avós serem consultados sobre as decisões de particular importância em relação à criança. Os avós, contudo, quando cuidam dos netos em colaboração com os pais, prestando cuidados básicos de alimentação, saúde e higiene, e desempenhando tarefas educativas, exercem os actos da vida corrente por delegação dos pais (art. 1906º, nº 4).

Devido ao aumento do número de divórcios e de crianças filhas de toxicodependentes, surgem cada vez mais situações em que são os avós que assumem as responsabilidades pelos netos, sem qualquer protecção jurídica que lhes permita continuar esta relação no caso de os pais reclamarem a guarda dos/as filhos/as e impedirem os avós de se relacionarem com os netos. Relativamente aos irmãos, são sobretudo situações de divórcio e segundos casamentos dos pais, cada vez mais frequentes, que criam a separação dos irmãos, devido à divisão da guarda dos/as filhos/as entre os pais, ficando a mãe com as raparigas e o pai com os rapazes e ao aparecimento de irmãos unilaterais.

Segundo o direito anterior, que não previa nenhuma solução semelhante, a única possibilidade de atribuir à criança e aos avós um direito a relacionarem-se entre si, independentemente da vontade dos pais da criança, era através do art. 1918º do C.C., ou seja, sempre que a criança se encontrasse numa situação de perigo para a sua vida, saúde, segurança ou educação[469]. A jurisprudência portuguesa, quando não se verificava nenhuma das hipóteses do art. 1918º, negava aos avós o direito de obter a guarda da criança[470]-[471] ou o direito de visita.[472]

---

[468] Sobre a noção e modalidades do direito de visita, *idem* MARIA CLARA SOTTOMAYOR, *Exercício das responsabilidades parentais relativamente à pessoa do/a filho/a... ob. cit.*, p. 206-210 e p. 249-253.

[469] Era esta a posição defendida, entre nós, em relação ao direito de visita dos avós. Cfr. PEREIRA COELHO, *Casamento e Família no Direito Português* in *Temas de Direito da Família*, Livraria Almedina, Coimbra, 1986, p. 22, ARMANDO LEANDRO, *Poder Paternal. Natureza. Conteúdo. Exercício e Limitações. Algumas Reflexões de Prática Judiciária* in *Temas de Direito da Família*, Livraria Almedina, Coimbra, 1986, p. 145-146 e MOITINHO DE ALMEIDA, *Efeitos da Filiação* in *Reforma do Código Civil*, Ordem dos Advogados, Lisboa, 1981, p. 165-166.

[470] Nos termos do art. 1907º, o tribunal pode, nos casos de divórcio, excepcionalmente, confiar a guarda da criança a uma terceira pessoa, quando se verifiquem as circunstâncias do art. 1918º ou por decisão judicial baseada no interesse da criança. Esta solução de confiança a terceiros já era admitida pelo art. 1905º, nº 2, na redacção anterior à Lei nº 61/2008, mas apenas nas situações do art. 1918º. Sobre esta doutrina, *vide* o acórdão do Tribunal da Relação do Porto de 26/09/96, *in* Base de Dados do M. J. e o acórdão do Tribunal da Relação do Porto de 1/07/93, *in* Base de Dados do M. J. A jurisprudência aplicava uma noção restrita de perigo, e, fora das circunstâncias previstas no art. 1918º, não atribuía a guarda aos avós, mesmo que estes tivessem vivido durante

Defendemos, em anteriores edições deste trabalho, que o conceito de perigo, fundamento para a confiança da guarda da criança a uma terceira

vários anos com a criança, e assumido, na ausência dos pais da criança, um papel de substituto parental. A propósito do direito de guarda, *vide* o acórdão da Relação do Porto de 11-10-94, CJ, Tomo IV, p. 209-210, que revogou a sentença de primeira instância, na qual a guarda da criança tinha sido confiada à avó, com quem a criança vivia desde o seu nascimento. Antes da separação dos pais, os avós maternos cuidavam da criança todos os dias, pernoitando esta várias noites com os avós. Depois do divórcio, a criança foi confiada à guarda da mãe, passando ambos a viver com os pais desta. Mais tarde a mãe deixou o/a filho/a com os seus pais, por razões de trabalho, e o pai da criança pediu a guarda da criança, a qual lhe foi negada e confiada à avó materna. O acórdão da Relação do Porto revogou esta sentença, invocando o direito fundamental dos pais à educação e companhia dos/as filhos/as (art. 36º, nº 5 e nº 6 da C.R.P.) e a falta de prova de qualquer perigo para a saúde, segurança ou formação moral da criança, no caso de esta ser confiada ao pai. No mesmo sentido, *vide* também o acórdão da Relação de Lisboa de 23 de Abril de 1996, CJ, ano XXI, Tomo III - 1996, p. 73-76, em que num processo de entrega judicial de menor, este é retirado aos avós paternos e confiado à mãe, uma toxicodependente em regime de cura. Foi reconhecido aos avós, no entanto, o direito de visitar a menor e de a contactar sempre que quiserem. Negando também aos avós o direito de obter guarda dos netos, indeferindo liminarmente a petição daqueles, em caso de morte da mãe, apesar de ter o pai manifestado desinteresse relativamente ao sustento e destino do/a filho/a, *vide* o acórdão do Tribunal da Relação do Porto de 01/10/92 *in* Base de Dados do M.J. No mesmo sentido, *vide* o acórdão da Relação do Porto de 09/3/93, *in* Base de Dados do M.J., em que se recusa a custódia da criança aos avós, em caso de falecimento do progenitor a cuja guarda se encontrava a criança, ainda que a criança tenha vivido com os avós e com o progenitor a cuja guarda estava confiada, em comunhão de mesa e de habitação, e mais recentemente, o acórdão da Relação do Porto de 7 de Janeiro de 1998, CJ, Ano XXIV, Tomo I-1999, p. 7.
Em sentido diferente, confiando a guarda da menor aos avós paternos com quem vivia, desde que tinha cerca de um mês de idade, *vide* o acórdão do Tribunal da Relação do Porto de 10/01/91 in Base de Dados do M.J. Admitindo que, tendo os avós de uma criança requerido a sua "tutela", dado o perigo que, a seu ver, representava a convivência com os pais, não há que indeferir liminarmente a petição, mas mandar seguir o processo como de regulação das responsabilidades parentais, *vide* o acórdão do Tribunal da Relação de Lisboa, de 18/01/96 *in* Base de Dados do M.J.
Para um caso em que a guarda da criança foi provisoriamente confiada à avó materna, pois, o pai encontra-se acusado como autor material de crime de abuso sexual de uma filha também menor *vide* o acórdão da Relação do Porto de 1 de Março de 1999, CJ, 1999, Tomo II, p. 171-173.

[471] A guarda da criança pode ser confiada aos avós, numa acção de regulação das responsabilidades parentais, por acordo dos pais, ao abrigo do direito de estes fixarem a residência da criança junto de terceiros (art. 1887º, nº 1 e art. 1907º, nº 1, 1ª parte). Aplicam-se então, analogicamente, as regras do art. 1919º, e os pais conservam o exercício das responsabilidades parentais, devendo ser estabelecido, no acordo, um regime de visitas a favor dos pais e o montante a pagar aos avós da criança, a título de alimentos prestados a esta. No caso de os avós assumirem a guarda de facto da criança sem protecção jurídica, o Ministério Público tem legitimidade para propor contra os pais uma acção de alimentos devidos a menores (art. 186º O.T.M.), pois, não residindo os pais com a criança e não podendo prestar alimentos em sua casa e companhia, devem fazê-lo através de um montante pecuniário mensal pago a quem reside com a criança e exerce as funções de guarda e de vigilância.
[472] Cfr. o acórdão da Relação de Lisboa, de 30-1-1981, BMJ, nº 308, p. 274, o ac. de 9 de Março de 1993, CJ, ano XVIII, Tomo II - 1993, p. 192 e ss. e o acórdão do Tribunal da Relação de Lisboa de 1/06/93 *in* Base de Dados do M.J., em que se afirma que só "através de limitação do exercício das responsabilidades parentais poderá ser estabelecida a obrigação de visitas da criança aos avós" e que "o simples conflito de relação entre os pais e os avós não pode fundamentar essa limitação".

pessoa, ao abrigo do art. 1918º, abrangia a hipótese de a ruptura da relação quotidiana da criança com os avós lhe causar danos psíquicos, pelo facto de ter criado com estes uma relação afectiva semelhante à da filiação ou uma relação de grande proximidade. Nestes casos, a guarda da criança deve ser confiada aos avós, solução reforçada pela nova redacção do art. 1907º, nº 1, que admite a entrega da guarda a terceiros por decisão judicial baseada no interesse da criança. O conceito de perigo, como fundamento da limitação dos direitos dos pais, deve ser interpretado de forma mais flexível quando os terceiros que pedem a guarda da criança são os avós ou outras pessoas que cuidam das crianças, no dia-a-dia[473]. Os adultos que têm laços afectivos estreitos, de tipo parental, com as crianças, têm o direito à protecção do art. 8º da Convenção Europeia dos Direitos Humanos[474].

Já o reconhecimento do direito de visita dos avós não deve estar dependente dos pressupostos do art. 1918º. Diferente era, como vimos, a posição da jurisprudência anterior à lei 84/95, a qual entendia que o direito de visita devia ser negado aos avós, pois, por um lado, o nosso ordenamento jurídico não estabelecia, em caso algum, o direito de visita em favor dos avós da criança e, por outro, este direito integrava o poder paternal e pertencia apenas, nos termos do art. 1905º, nº 3 (redacção proveniente da Reforma de 77, eliminada pela Lei nº 84/95), àquele dos progenitores que não tinha a guarda da criança.

Tendo sido o primeiro argumento – falta de fundamento legal para o reconhecimento de um direito de visita aos avós – ultrapassado pelo art. 1887º-A, resta-nos refutar o segundo, o qual consideramos não estar de acordo com as noções de direito da família relativas às responsabilidades parentais, pois o direito de visita não é uma faceta das responsabilidades parentais, sendo antes um direito autónomo em relação ao direito de guarda baseado na afeição e nos sentimentos de amizade normalmente existentes entre pessoas da mesma família[475], quando convivem no quotidiano e cuidam umas das outras. Entendemos, portanto, que guarda e visita são dois direitos

---

[473] A jurisprudência já admitiu que "o superior interesse da criança pode impor que seja confiado à guarda de terceira pessoa, nomeadamente, dos avós, se os pais não dispuserem de condições para o exercício de tal poder". Vide o acórdão do Tribunal da Relação de Lisboa de 02/02/96, in Base de Dados do M.J.
[474] Cfr. MEULDERS-KLEIN, M. T., Le printemps des Grands-Parents et le droit, in MEULDERS-KLEIN, La Personne, La Famille et le Droit, 1968-1998, Trois Décennies de Mutations en Occident, Bruylant, Bruxelles, LGDJ, Paris, 1999, p. 383-384.
[475] O direito subjectivo da criança se relacionar com os avós e com os irmãos é um direito de personalidade que tutela os aspectos mais íntimos da criança e exclusivamente seus (os seus sentimentos, afectos, projecções pessoais), que excedem aquilo que os outros, inclusivamente os seus próprios pais, podem ditar-lhe ou impôr-lhe. Cfr. RIVERO HERNANDEZ, El Derecho de Visita. Ensayo de Construccion

com objecto, finalidade e natureza jurídica diferente, sendo o direito de visita, não um elemento ou uma faculdade separada de um direito superior e mais amplo – o poder paternal ou a guarda – mas um direito particular, resultante de uma realidade humana (o parentesco e a afeição) que o direito não pode ignorar. A visita distingue-se da guarda pelas funções que, respectivamente, uma e outra conferem: a guarda e o correspondente exercício das responsabilidades parentais conferem funções de direcção, de protecção e de educação, enquanto que a visita, como meio de manifestar afeição, apenas confere poderes de influência[476]. Também o círculo dos potenciais beneficiários é distinto: o círculo de beneficiários do direito de visita é mais amplo, não sendo necessário para exercer o direito de visita a titularidade de um poder de guarda ou das responsabilidades parentais.

No caso concreto decidido pelo acórdão de 9 de Março de 1993[477], em que o direito de visita dos avós não foi reconhecido devido a obstáculos legais e doutrinais, tratava-se de uma situação em que o interesse da criança exigia a fixação de um regime de visitas entre os avós e a criança. A criança, desde a separação de facto dos pais, estava confiada à guarda do pai, que coabitava com os avós paternos, os quais estavam encarregados dos cuidados diários daquela e do seu sustento e educação. Após o falecimento do pai da menor, a mãe obteve a guarda desta, sendo negado o estabelecimento de um regime de visitas entre a menor e os avós, que durante cerca de um ano, cuidaram diariamente daquela. O tribunal entendeu que a obrigação de os pais permitirem a relação da criança com os avós era apenas uma obrigação moral, cujo cumprimento não seria judicialmente exigível. Tal solução permite que o progenitor com a guarda corte as relações da criança com os avós paternos, que, depois da morte do pai, constituem um elo ainda mais importante entre a criança e a família do seu pai, e um meio de preservar a pessoa deste, na memória da criança.

O direito de visita assume uma relevância especial em casos de ruptura da vida familiar, como o divórcio, a separação de facto dos pais ou a morte de um deles, sobretudo se os avós são os pais deste último e a criança é adoptado pelo cônjuge do progenitor sobrevivo. Estes acontecimentos podem ter como consequência um afastamento da criança, em relação ao lado paterno ou materno da família ou uma separação dos irmãos, se o progenitor guarda ou o progenitor sobrevivo impedirem o relacionamento da criança com os irmãos ou com os pais do progenitor sem a guarda ou do progenitor falecido.

Unitaria, in *El Derecho de Visita de los Menores en la Crisis Matrimoniales, Teoria Y Praxis*, (edición dirigida por Pedro-Juan Viladrich), Ediciones Universidad de Navarra, Pamplona, 1982, p. 235-236.
[476] Cfr. GENEVIÈVE VINEY, *Du droit de visite*, RTDC, p. 229.
[477] Cfr. CJ, ano XVIII, Tomo II – 1993, p. 192 e ss.

Para evitar este resultado, o acordo ou a decisão judicial relativo ao destino do/a filho/a, após o divórcio, podem prever a regulamentação de um direito de visita dos avós e dos irmãos da criança no caso de estes viverem separados. Estes têm legitimidade para intervir no processo de regulação das responsabilidades parentais e invocar o art. 1887º-A.[478]

No entanto, a lei, dado o seu teor genérico, não restringe este direito da criança aos casos de ruptura da família. Mesmo quando a criança vive com ambos os pais, estes não podem injustificadamente privar os/as filhos/as do convívio com os irmãos e ascendentes.

O art. 1887º-A vem introduzir expressamente um limite ao exercício das responsabilidades parentais, proibindo os pais de impedir, sem justificação, os/as filhos/as de se relacionarem com os ascendentes ou irmãos. Trata-se de um limite ao direito dos pais à companhia e educação dos/as filhos/as (art. 36º, nº 5 e 6 da C.R.P.) e a decidirem, como bem entenderem, com quem se pode relacionar a criança, faceta dos direitos de guarda e de vigilância.

A esta norma está subjacente uma presunção de que o convívio da criança com os ascendentes e irmãos é positivo para a criança e necessário para o desenvolvimento da personalidade deste.

A relação da criança, um ser maleável e em crescimento, com os ascendentes, contribui para a sua formação moral e constitui um meio de conhecimento das suas raízes e da história da família, de exprimir afecto e de partilhar emoções, ideais e sentimentos de amizade. Na nossa cultura, os avós têm, em relação aos netos, um papel complementar ao dos pais, embora de natureza diferente. Enquanto que os pais assumem uma função de autoridade e de disciplina em relação aos/as filhos/as, o papel dos avós é quase exclusivamente afectivo e lúdico, satisfazendo a necessidade emocional da criança de se sentir amada, valorizada e apreciada. A acrescer a esta função, actualmente, nas famílias em que ambos os pais exercem uma actividade profissional, os avós desempenham um papel de substituto dos pais durante a ausência destes, assumindo também uma função educativa de uma enorme importância social.[479]

A relação com os irmãos, por seu lado, promove o desenvolvimento moral das crianças, especialmente o seu sentido de justiça e de reciprocidade e o seu enriquecimento interior e social, através da participação em experiências comuns e da partilha de sentimentos de amizade. Sobretudo nos casos em que a criança está já traumatizada pelo divórcio ou pela morte de um dos

---

[478] Esta posição foi adoptada pelo Acórdão do STJ de 3 de Março de 1998 (Relator: SILVA PAIXÃO), CJ, Acórdãos do Supremo Tribunal de Justiça, 1998, Tomo I, p. 119-121.
[479] Sobre o papel das avós maternas, no cuidado das crianças, *vide* o estudo realizado em Coimbra por PORTUGAL, Sílvia, *As redes informais de apoio à maternidade*, Revista Crítica de Ciências Sociais, 42, Maio de 1995, Sociedade Providência, p. 155-178.

pais, o convívio com os avós e com os irmãos servirá para atenuar os sentimentos de perda e de angústia da criança, e para promover a sua necessidade de continuidade e de segurança[480].

Mas a lei não visa, apenas, atribuir relevância jurídica à importância que tem para a criança a relação com os ascendentes e com os irmãos. Entendemos que também é tutelado o interesse dos avós e dos irmãos, em conviver com a criança, nomeadamente a expressão de afecto, o conhecimento mútuo, a transmissão de valores e tradições, o prolongamento da vida para além de si próprios. Contudo, este interesse dos avós ou dos irmãos, tutelado pela lei, não assenta no mero vínculo biológico, existindo somente quando este vínculo é acompanhado de laços afectivos[481]. Neste sentido, avós que nunca conviveram com os netos, nem mantêm com estes qualquer relação afectiva não são titulares de qualquer interesse protegido pela lei. Note-se, também, que o interesse da criança prevalece sempre relativamente aos interesses dos avós, devendo o direito de visita ser limitado ou suprimido, se prejudicar ou afectar negativamente a criança na sua estabilidade psicológica, desenvolvimento ou segurança. Será o caso, por exemplo, da negação do direito de visita aos avós em famílias com histórias de violência doméstica.

O valor tutelado pelo direito, nesta norma, é a continuidade das relações afectivas, e neste sentido, a norma é demasiado ampla, porque se refere a categorias de pessoas (ascendentes e irmãos), definidas pela existência de vínculos biológicos com a criança, independentemente de laços afectivos construídos pelo convívio, e demasiado restrita, porque não abrange outras pessoas com laços afectivos significativos com a criança. Atendendo ao espírito da lei – proteger a continuidade dos laços afectivos – a norma deve ser interpretada restritivamente, de forma a não incluir os vínculos meramente biológicos, e extensivamente, de modo a abranger pessoas que cuidaram de facto da criança ou que com ela se relacionaram afectivamente de forma significativa, mesmo que não ligadas por vínculos de parentesco tão próximos (por exemplo, tios) e pessoas que não tenham com a criança qualquer vínculo biológico, como uma ama ou família de acolhimento que cuidou da criança.

Desenha-se já uma tendência jurisprudencial para, ao abrigo da cláusula aberta consagrada no art. 1918º do C.C., que permite o decretamento das

---

[480] Daí que a jurisprudência seja, em regra, avessa à separação dos irmãos após o divórcio dos pais, presumindo que geralmente é desejável que os irmãos sejam confiados à guarda do mesmo progenitor para que possam crescer juntos e apoiar-se mutuamente na fase difícil do divórcio dos pais.

[481] Neste sentido, defendendo, como fundamento unitário do direito de visita, a existência de uma relação afectiva da criança com o visitante e não o vínculo biológico/jurídico de filiação ou parentesco, e entendendo, em consequência, que, com parentesco e sem afceto não há visitas e que sem parentesco mas com relação afectiva pode haver lugar a visitas, *vide* RIVERO HERNANDEZ, *El derecho de visita*, Bosch, Barcelona, 1996, pp. 378 e 382.

providências adequadas ao interesse da criança, e através da acção tutelar comum do art. 210º da O.T.M., admitir um direito da criança ao convívio com outros familiares não elencados no art. 1887º – A do C.C., desde que estes tenham mantido fortes laços de afecto com a criança. É o caso do acórdão da Relação do Porto, de 7 de Janeiro de 2013 (Relator: LUÍS LAMEIRAS), em relação aos tios, que invocaram ter com a criança laços semelhantes à filiação, em cujo sumário se estipula o seguinte:

> «I – O artigo 1887º-A do Código Civil não impede que a outras pessoas, que não os irmãos e os ascendentes de criança sujeita a responsabilidade parental, possa ser fixado um regime de visitas e de convívio com ela;
> II – Esse regime pode radicar na norma substantiva do artigo 1918º do Código Civil, constituindo uma providência adequada à situação da criança, ajustada à realidade vivencial de facto em que ela se ache inserida;
> III – Na óptica processual, essa realidade deve ser escrutinada, avaliada e decidida em processo tutelar cível, sob a forma de acção tutelar comum (artigo 210º da Organização Tutelar de Menores);
> IV – Não deve assim ser liminarmente indeferida uma petição inicial destinada a desencadear a acção, interposta pelos tios da criança, invocando laços profundos de afecto com ela e requerendo o estabelecimento de um regime de visitas, se sustentado aquele indeferimento apenas na circunstância de o artigo 1887º-A não contemplar o direito ao convívio com os tios.»

O direito tutela o valor do afecto, permitindo aos avós, aos irmãos maiores ou à criança, representada pelo Ministério Público, propor uma acção contra os pais da criança, para manter o convívio entre si.

Esta hierarquização de valores, feita pela lei, entre o direito dos pais à educação e companhia dos/as filhos/as e o interesse destes, pode ser considerada como uma usurpação pelo Estado da função educativa dos pais. No entanto, quando estão em causa os interesses de uma criança, um ser mais fraco e carecido de protecção, os pais não têm um poder absoluto relativamente aos seus filhos e os tribunais gozam de um poder de intervir na família para proteger o interesse da criança.

Em regra, estas situações de animosidade ente os avós e os pais da criança serão resolvidas no seio da família por cedências mútuas, e é aconselhável que assim seja (princípio da auto-regulamentação da família). No entanto, a possibilidade de uma intervenção judicial tem um valor preventivo, repondo a justiça, sobretudo nos casos extremos de conflito, em que haja uma proibição injustificada e total, por parte dos pais, ao convívio da criança com os avós ou irmãos.

Neste contexto, poder-se-á questionar a força jurídica e a eficácia de uma decisão judicial imposta contra a vontade dos pais que têm a guarda da criança e o poder de a educar, podendo estes sempre, apesar da ordem judicial, ocultar a criança dos avós e dos irmãos, impedindo o convívio entre estes.

A norma do art. 1887º-A, apesar das dificuldades práticas que levanta na sua aplicação, não é inútil, pois é importante que as normas jurídicas contenham uma opção no sentido de promover valores importantes para o interesse da criança, como a continuidade das relações afectivas, e estipulem mecanismos para potenciar que estes valores sejam respeitados. Estes mecanismos servirão de válvula de segurança ou de travão, para casos em que os pais cortem, injustificadamente e por mero capricho, as relações da criança com os avós ou com os irmãos, assumindo simultaneamente uma função pacificadora dos conflitos familiares.

4.2. Critério de decisão

Em caso de conflito entre os pais e os avós da criança, o critério para conceder ou negar o direito de visita é o interesse da criança. O conceito de interesse da criança, um conceito indeterminado, funciona, neste contexto, como um critério de decisão da disputa entre dois ou mais indivíduos em torno do relacionamento pessoal com a criança.

A intervenção do Estado na família, a fim de decretar o direito de visita da criança em relação aos avós e aos irmãos, já não está condicionada aos requisitos do art. 1918º. Não é necessário provar a incapacidade dos pais para educar o/a filho/a ou uma situação de perigo para este/a. Tratando-se da concessão a terceiros de um direito de visita, tal direito, porque dura períodos curtos de tempo, não interfere na relação da criança com os pais nem no poder de educação destes. Consequentemente, para ser decretado um direito de visita da criança relativamente aos avós ou aos irmãos, basta que tal medida esteja de acordo com o interesse da criança, ou seja, produza efeitos favoráveis para esta. Não se trata de impedir um abuso dos pais no exercício das responsabilidades parentais susceptível de causar um perigo para a vida, a saúde, segurança ou a formação moral da criança mas de encontrar a solução mais vantajosa para esta do ponto de vista da continuidade das suas relações afectivas.

A lei estabelece uma presunção de que a relação da criança com os irmãos e com os avós é benéfica para esta. O ónus da prova de que a relação da criança com os avós ou com os irmãos é prejudicial àquela pertence aos pais. Estes, se quiserem opor-se com êxito a este convívio, terão que provar motivos justificativos para tal proibição, por exemplo: perturbações psicológicas da criança resultantes do anterior convívio com os avós; recusa injustificada anterior dos avós em entregar a criança aos pais; oposição da criança ao convívio com os avós e com os irmãos; comentários depreciativos sobre os pais da criança feitos pelos avós diante daquela ou outra actuação dos avós contrária ao interesse da criança, como a negligência nos cuidados básicos, exposição a violência, castigos corporais, etc.

A decisão judicial resulta de uma ponderação de factores[482] (a vontade da criança; afecto entre a criança e o avós ou entre a criança e os irmãos; qualidade e duração da relação anteriormente existente entre estes; assistência prestada pelos avós ou pelos irmãos à educação da criança; benefícios para o desenvolvimento da personalidade da criança e para a sua saúde e formação moral resultantes da relação com os irmãos e com os avós; efeitos psíquicos e físicos do corte de relações da criança com os avós ou com os irmãos), em que se tem em conta simultaneamente o direito da criança de se relacionar com os avós e irmãos, o interesse dos avós ou dos irmãos em se relacionarem com a criança e o dos pais em evitar interferências abusivas na unidade da família.

As situações em que mais se justifica a manutenção da relação com os avós, mesmo contra a vontade dos pais, são os casos em que a criança viveu durante algum tempo com os avós ou esteve confiada à guarda destes e os casos de morte de um dos pais, de divórcio, separação judicial de pessoas e bens ou separação de facto dos pais. Nas situações de divórcio ou de separação de facto, o progenitor guarda tem que respeitar a vontade do outro progenitor de que a criança se relacione com os seus pais, e no caso de morte de um dos pais da criança, a vontade que teria o progenitor falecido, a qual se pode presumir que seria a de a criança se relacionar com os avós. No entanto, de acordo com a letra da lei, o direito de visita abrange, para além destes casos de crise ou desmembramento da família, um conjunto indeterminado de situações, mesmo quando a família permanece intacta. Os critérios decisivos para a atribuição judicial de um direito de visita aos avós devem ser a relação afectiva destes com a criança e o papel desempenhado pelos avós na educação dos netos.

4.3. Constitucionalidade da proibição aos pais de impedirem a relação da criança com os ascendentes e irmãos

Quando a família permanece unida e ambos os pais se opõem à relação da criança com os avós ou com os irmãos, a imposição de um direito de visita levanta o problema da conformidade desta medida à Constituição, pois a

---

[482] Sobre os factores utilizados pelos tribunais americanos que já dispõem de uma vasta jurisprudência sobre este ponto, *vide* MICHAEL L. ALLEN, *Notes, Visitation rights of a grandparent over the objection of a parent: The best interests of the child*, Journal of Family Law, vol. XV, 1976-77, nº 1, p. 51 e ss.

liberdade dos pais no exercício das responsabilidades parentais, que abrange o direito de regular as relações dos/as filhos/as com terceiros[483], está a ser restringida pelo Estado – um poder exterior à família.

A Constituição consagra o princípio da atribuição aos pais do poder-dever de educação dos/as filhos/as (36º, nº 5) e o princípio da inseparabilidade dos/as filhos/as dos seus progenitores (36º, nº 6). Estes princípios, considerados de direito natural, completam-se e devem ser entendidos em conexão um com o outro[484]. Constituem autênticos direitos fundamentais, no sentido clássico de direitos de liberdade ou de defesa perante o Estado, referidos no âmbito dos Direitos, Liberdades e Garantias (Título II da Parte I da C.R.P.). Estes direitos implicam um dever de abstenção ou de não interferência por parte do Estado, vedando-lhe substituir uma educação da criança na família por uma educação colectiva estatal e afastar os/as filhos/as dos pais, fora das condições legalmente previstas. Neste sentido, a doutrina classifica-os como direitos da pessoa humana em sentido tradicional ou direitos de personalidade dos pais[485]. No entanto, em virtude do cariz institucional destes direitos fundamentais e em conexão com eles, o texto constitucional prevê deveres fundamentais, que atingem a natureza dos direitos configurados como direitos-deveres ou poderes-deveres com dupla natureza[486].

Temos, no contexto do direito de visita dos avós e dos irmãos, um conflito entre o direito dos pais à educação e companhia dos/as filhos/as (art. 36º, nº 5 e nº 6 da C.R.P.) e a intervenção do Estado nas decisões dos pais em ordem a proteger o interesse da criança.

Contra esta limitação ao poder dos pais de decidirem com quem o/a filho/a se relaciona tem-se invocado uma presunção de que os pais, em virtude dos laços naturais de afeição que os unem aos/as filhos/as, agem no interesse destes[487]. O Estado deve respeitar a autonomia e a intimidade

---

[483] O poder-dever de guarda, enquanto elemento das responsabilidades parentais, abrange, designadamente: a) O direito de manter os/as filhos/as junto dos pais ou no local que estes lhe indicarem; b) o direito de regular as relações dos/as filhos/as com outrem que não os pais; c) O direito de vigilância sobre a pessoa da criança; d) O direito de vigiar a sua correspondência, dentro dos limites do respeito devido ao/à filho/a e da consideração do seu grau de maturidade. Cfr. ARMANDO LEANDRO, *ob. cit.*, p. 124-126.

[484] Cfr. LEITE DE CAMPOS, *Lições de Direito da Família e das Sucessões, ob. cit.*, p. 102.

[485] *Idem* p. 95 e p. 102 e JORGE MIRANDA, *Sobre as responsabilidades parentais*, R.D.E.S., Janeiro-Dezembro, Ano XXXII, 1990, p. 23 e p. 38-39, para quem o direito à educação, enquanto lado interno das responsabilidades parentais, é um direito subjectivo dos pais.

[486] Cfr. VIEIRA DE ANDRADE, *Os Direitos Fundamentais na Constituição Portuguesa de 1976*, Almedina, Coimbra, 1983, p. 156-158.

[487] Sobre os problemas constitucionais levantados pelo direito de visita de terceiros cfr. MICHAEL ALLEN, *ob cit.*, p. 95 e ss., SAMUEL V. SCHOONMAKER III, WILLIAM H. NARWOLD, ROBERTA HATCH,

da família, não tendo competência para impor relações entre os membros de uma família. Neste sentido, entende-se que o poder dos pais de educar os//as filhos/as abrange sempre o poder de cometer erros ocasionais ou tomar decisões pouco sensatas e subjectivas, desde que não causem um dano emocional ou físico grave à criança. Teríamos, então, que o direito de visita de terceiros só seria reconhecido quando a ausência de relação entre a criança e os terceiros criasse para este uma situação abrangida pelo art. 1918º. Para além deste limite, os detalhes e as opções relativas à educação dos/as filhos/as continuariam a pertencer aos pais.

Não cremos, no entanto, que o legislador, ao redigir a norma do art. 1887º-A, tenha querido apenas consagrar uma solução já permitida pelo direito anterior. De qualquer forma, e independentemente da intenção do legislador, a letra da lei é suficientemente clara para que se possa concluir, com base numa interpretação meramente declarativa, que a intenção da lei é atribuir à criança mais um espaço de autonomia face aos seus pais, e aos avós e irmãos da criança, uma tutela jurídica dos seus interesses, em se relacionarem com a criança, que ultrapassa a que lhes era concedida pelo direito anterior.

A relação da criança com os avós e com os irmãos não deve ser deixada ao capricho e discricionariedade dos pais. O mero facto de os pais não desejarem a relação da criança com os ascendentes (e os irmãos) não é razão para o tribunal negar o direito de visita. Os pais têm o dever, e não meramente uma obrigação moral, de respeitar a criança como pessoa, o que engloba o respeito pelas suas relações afectivas e pela autonomia na organização da sua vida, de acordo com a sua maturidade (art. 1878º, nº 2). O direito dos pais à educação e companhia dos/as filhos/as não é um direito absoluto e incondicional nem torna o/a filho/a objecto dos pais. Com efeito, os direitos fundamentais podem ser restringidos para a salvaguarda dos interesses da comunidade ou dos direitos dos outros[488]. Consequentemente, o direito dos pais pode ser restringido, se tal medida for exigida pela necessidade de proteger o interesse da criança e se a restrição for proporcional e adequada a essa necessidade. A restrição imposta pela lei, no art. 1887º-A, não ultrapassa o princípio da necessidade nem o princípio da proporcionalidade, pois o direito de visita tem um período de duração curto, que não afecta a relação da criança com os pais nem o direito destes a educarem os seus filhos. Por outro lado, o direito dos pais, além de não ser absoluto, também não é o

---

Third-party access to chilldren: Update on constitutional issues, FamLQ, vol. XXV, nº 1,1991, p. 118 e ss., EDWARD M. BURNS, *Grandparent Visitation Rights: Is it time for the pendullum to fall?*, FamLQ, vol XXV, nº 1, 1991, p. 78 e ss.

[488] Cfr. VIEIRA DE ANDRADE, *ob. cit.*, p. 146.

único em causa. A criança tem direitos constitucionalmente protegidos, o direito ao desenvolvimento integral (art. 69º, nº 1 da CRP) e o direito ao livre desenvolvimento da perponalidade (art. 26º, nº 1 da CRP), que entram em conflito com o direito dos pais, devendo prevalecer os direitos da criança, no caso de os pais não apresentarem razões suficientemente fortes para proibir a relação da criança com os avós, dado que a finalidade principal do exercício das responsabilidades parentais é promover o interesse da criança. A prevalência do direito da criança à continuidade das suas relações afectivas é mais evidente quando esta tem maturidade suficiente para exprimir que deseja relacionar-se com os avós e com os irmãos. No caso de se tratar de uma criança demasiado pequena para exprimir a sua opinião, a decisão será mais difícil, devendo, contudo, o tribunal decidir consoante existissem ou não relações afectivas prévias entre a criança e os avós, tendo em conta que sujeitar uma criança a relacionar-se com adultos em conflito cria, na criança, conflitos de lealdade prejudiciais à sua estabilidade psicológica.

4.4. A evolução da jurisprudência

Os Tribunais têm, nos últimos anos, proferido um número crescente de decisões sobre o art. 1887º A[489], concebendo o direito de visita dos avós, ora de uma forma mais restritiva ora de uma forma mais ampla, mas reconhecendo, em geral, a categoria, que tem sido invocada, sobretudo, em casos de morte de um dos pais antecedida de um divórcio, mas também num caso de conflitualidade entre avós e pais, em que estes proibiram, desde o nascimento, o convívio dos avós com a neta[490]. Alguma jurisprudência, mesmo perante situações em que os avós colaboraram nos cuidados prestados às crianças e tinham com estas fortes laços afectivos, não atribui direitos de visita aos avós, não reconhecendo sequer a categoria jurídica de "direitos de visita dos avós"[491],

---

[489] Para uma análise da jurisprudência dos Tribunais superiores sobre o direito dos avós a manter relações pessoais com os netos, e propondo a substituição da expressão "direito de visita dos avós" pela expressão "direito ao convívio", mais adequada ao conteúdo do direito, vide MARTINS, Rosa//VÍTOR, Paula Távora, *O direito dos avós às relações com os netos*, Revista Julgar, nº 10, Janeiro-Abril 2010, pp. 59-75, em especial, p. 71.

[490] Cf. RL 01-06-2010 (Relatora: DINA MONTEIRO), in *Base Jurídico-Documental do MJ*, www.dgsi.pt

[491] Cf. RL 17-02-2004 (Relator: FERREIRA PASCOAL), in *Base Jurídico-Documental do MJ*, www.dgsi.pt: "Não existe nenhum direito de visita que tenha por objecto as crianças, nomeadamente não existe o direito de visita dos avós. O que existe é o direito da criança de manter regularmente relações pessoais e contactos directos com os pais e outras pessoas, salvo se houver algo contra o superior interesse da criança." Em sentido diferente, reconhecendo um direito de visita dos avós, vide RP 07-01-1999 (Relator: VIRIATO BERNARDO), CJ, Tomo I, 1999, p. 180: "Regime este de visitas, que representa, não só um direito da menor em continuar a relacionar-se com os ascendentes (...), mas também significa um direito daqueles (ascendentes e irmãos) ao convívio com a menor; RL 08-07-

ou, reconhecendo a categoria, regulamenta estes direitos de forma restrita[492]. No caso decidido pelo acórdão da Relação de Lisboa, de 17-02-2004, estava em causa a protecção da estabilidade psíquica das crianças perante o trauma da morte da mãe, acentuado pelo convívio com os avós maternos, bem como o respeito pela vontade das crianças, que recusavam tal convívio. Contudo, em relação à crítica formulada no acórdão à expressão "direitos de visita dos avós", julgamos que a utilização da mesma não implica que a criança seja transformada num objecto de direitos de outrem, significando apenas que os avós e os irmãos também têm um interesse tutelado pelo direito na manutenção da relação, que lhes confere legitimidade processual activa para intentar uma acção contra os progenitores da criança. O entendimento de que o interesse dos avós e dos irmãos não tem relevância jurídica esvaziaria de conteúdo e de efeito prático a norma do art. 1887º A, tornando-a inútil, em sentido contrário ao que claramente constituiu a intenção do legislador e a vontade da lei. O interesse da criança constitui sempre um interesse prevalente em relação ao interesse dos avós e dos irmãos, como sucede, em qualquer decisão judicial relativa a crianças, em que há um conflito entre o interesse das crianças e o dos adultos. O problema que se gera, nestas decisões judiciais, é que, dado o carácter indeterminado do conceito de interesse da criança, este critério de pouco auxilia o julgador, servindo, por vezes, para veicular concepções pessoais de família. Na verdade, do que se trata, nesta norma, é do respeito pela continuidade das relações afectivas da criança com pessoas significativas e não de uma protecção do vínculo biológico desprovido de qualquer laço emocional ou afectivo. Contudo, o Tribunal da Relação de Lisboa já decretou direitos de visita, num caso em que os pais não apresentaram motivos justificativos para a proibição do convívio da criança com os avós paternos e mesmo contra a vontade de uma adolescente

---

-2004 (Relator: MANUEL GONÇALVES), in *Base Jurídico-Documental do MJ*, www.dgsi.pt. "Do art. 1887º A resulta um verdadeiro direito de visita por parte dos avós e irmãos da criança, ainda que com menor amplitude do que o do progenitor."; RL 12-02-2009 (Relator: PIRES ROBALO), in *Base Jurídico-Documental do MJ*, www.dgsi.pt, em que o Tribunal reconheceu que o art. 1887ºA atribui direitos de visita aos avós e aos irmãos, como um limite ao exercício das responsabilidades parentais, defendendo, com base no recurso à analogia, que "Havendo decisão judicial a regular o direito de visita dos avós e dos irmãos, relativamente a menor órfão de pai, os mesmos podem lançar mão do incidente de incumprimento referido no art. 181º da O.T.M. em caso de incumprimento da decisão judicial por parte da mãe da criança."; RL 01-06-2010 (Relatora: DINA MONTEIRO), in *Base Jurídico-Documental do MJ*, www.dgsi.pt: "O disposto no citado artigo 1887º A contempla expressamente o direito dos avós às relações pessoais com os seus netos, direito este que apenas pode ser derrogado no caso de existirem razões justificativas que impeçam o exercício de tal direito."
[492] Cf. RC 26-02-2008 (Relator: JAIME FERREIRA), in *Base Jurídico-Documental do MJ*, www.dgsi.pt.

de catorze anos[493]. O que é questionável, nesta decisão, é o facto de não ter sido dado qualquer relevo à vontade de uma adolescente de catorze anos, que, ouvida em Tribunal, afirmou recusar-se a manter contactos com os avós. O Tribunal considerou que a vontade da criança não era livre de qualquer pressão e que *"não se encontra explicação para a resistência tão intransigente da menor senão na incorporação das dores e queixas dos progenitores."* Na prática, sem a colaboração da criança, já dotada de uma capacidade semelhante à da pessoa adulta, não será viável o estabelecimento da relação. Compreende-se, contudo, que o Tribunal queira promover uma oportunidade para a criança conhecer os avós e para estes conquistarem o seu afecto, embora seja de rejeitar, neste caso, uma execução coerciva do regime de visitas, que, de facto, não foi ordenada pelo Tribunal. Estes regimes de visitas, em locais estranhos à criança e acompanhados por assistentes sociais, são muito artificiais e o seu sucesso muito duvidoso, representando uma intervenção excessiva do Estado na família, conforme temos defendido[494].

Em sentido diferente, não impondo as visitas dos avós paternos a uma adolescente de catorze anos e decretando a improcedência de um processo de incumprimento intentado por aqueles, veja-se o acórdão do Tribunal da Relação de Évora, de 06-02-2005 (Relator: ÁLVARO RODRIGUES)[495], que defende a melhor doutrina, quanto aos processos de incumprimento de visitas, entendendo que não deve haver lugar, perante a recusa de uma criança, a execução coerciva de regimes de visitas, pois estamos no domínio das pessoas e não das coisas e que "O Amor não se impõe por decreto ou por sentença, conquista-se com paciência e afecto!".[496]

No caso do acórdão da Relação de Coimbra, de 26-02-2008, o Tribunal reconheceu o direito de visita, mas regulamentou-o de forma restrita, para respeitar a função de autoridade e de disciplina do progenitor e a superioridade do direito de guarda deste sobre o direito de visita dos avós. A solução deste caso levanta-nos dúvidas, pois não parece ser respeitado o princípio da continuidade das relações afectivas da criança com os avós, que cuidavam

---

[493] Cf. RL 01-06-2010 (Relatora: DINA MONTEIRO): "É certo que o amor e a criação de laços afectivos não se pode impor por decisão do Tribunal, mas não é menos certo que, sem conhecimento e convívio entre as pessoas, esses sentimentos também não se poderão desenvolver. Há que criar oportunidade e deixar que os relacionamentos sigam o seu destino."

[494] Cf. SOTTOMAYOR, M. C., *Regulação do exercício das responsabilidades parentais nos casos de divórcio*, 4ª edição (2002), pp. 78-80.

[495] Cf. *Base Jurídico-Documental do MJ, www.dgsi.pt*.

[496] O acórdão defende, contudo, a tese, segundo a qual existe um direito de visita dos avós e que os Avós são segundos Pais, como diz o nosso Povo, atribuindo relevância jurídica não só ao interesse das crianças, na manutenção da relação com os avós, mas também ao interesse destes.

daquela juntamente com a mãe, depois do divórcio dos pais. O tribunal procedeu a uma interpretação restritiva do art. 1887º-A, a qual, em nosso entender, não é adequada aos casos em que os avós assumiram uma função educativa em relação aos netos, em colaboração com os pais ou em substituição destes. Nesta hipótese, não é verdadeira a afirmação de que a função dos avós é meramente afectiva e lúdica. Havendo partilha, entre os avós e o progenitor guarda, na prestação de cuidados e na educação da criança, os avós desempenham um papel educativo tão importante para o desenvolvimento da criança como o dos pais, podendo até a relação afectiva da criança com os avós maternos ser mais forte do que a mantida com o progenitor não residente, mais afastado dos/as filhos/as depois do divórcio. Alteramos, assim, no contexto do falecimento do progenitor guarda e desempenho de papel educativo pelos avós, a posição expressa em anteriores edições deste trabalho, segundo a qual o direito de visita dos avós não deveria assumir a mesma configuração que o direito de visita do progenitor sem a guarda, nos casos de divórcio. Com efeito, a morte do progenitor residente, quando os avós colaboravam com este na educação da criança, transforma os avós nos substitutos educativos do progenitor falecido, devendo, então, o direito de visita adquirir, na prática, os mesmos contornos do direito de visita de um progenitor, em caso de divórcio, para que se mantenha a continuidade das relações afectivas principais da criança. Esta solução não sobrecarrega a criança com múltiplos regimes de visitas pois, dado o falecimento do progenitor guarda e a fixação da residência junto do outro progenitor, a criança deixa de ter que cumprir o regime de visitas estipulado aquando do divórcio dos pais. Contudo, se não há relação afectiva nem convívio anterior à morte do progenitor entre avós e netos, este direito de visita não deve ser decretado ou deve sê-lo em termos muito restritos, como defendeu o acórdão da Relação de Lisboa, de 08-07-2004[497], aceitando o princípio de que o direito de visita não é absoluto e de que prevalece a protecção de relações afectivas anteriores sobre a constituição de novas relações, as quais não podem ser impostas à criança.

---

[497] *Vide* o caso decidido por RL 08-07-2004 (Relator: MANUEL GONÇALVES), in *Base Jurídico-Documental do MJ, www.dgsi.pt.*, em que a avó materna e a irmã uterina da criança viram reconhecidos direitos de visita, num contexto de morte da mãe e de conflito entre as famílias materna e paterna. Contudo, neste caso, o Tribunal restringiu o direito de visita em relação ao fixado na 1ª instância, considerado excessivo, pois não havia convívio prévio entre a avó materna e a neta, tendo por objectivo o direito de visita, não garantir a continuidade de uma relação afectiva, mas apenas permitir que estes contactos se estabelecessem. O Tribunal entendeu como mais importante, para a criança, preservar a relação afectiva já estabelecida entre esta, o pai e os avós paternos, e afastar qualquer elemento perturbador desta relação, protegendo a criança que apresentava problemas de saúde e de desenvolvimento.

Quando está em causa um pedido dos avós para assumirem a guarda dos netos em substituição do progenitor falecido, a posição dos Tribunais é ainda mais restritiva. Nesta linha, em que a criança é vista como propriedade do progenitor, situa-se o acórdão do Tribunal da Relação de Coimbra, de 30-10--2007 (Relator: TELES PEREIRA), que negou a guarda aos avós maternos, que sempre colaboraram na educação da neta e que tinham com esta fortes laços afectivos[498]. A criança, uma adolescente de treze anos, foi confiada, contra a sua vontade, na altura da morte da sua mãe, ao progenitor sobrevivo com quem mantinha apenas contactos esporádicos, desde os três anos de idade, por força do divórcio dos pais. Neste caso, o tribunal decidiu, não com base no critério do interesse da criança, mas com base numa dedução lógica a partir de uma relação entre regra e excepção, sendo a regra a atribuição da guarda ao progenitor sobrevivo (arts. 1903º, 1904º e 1908º) e a excepção a confiança da guarda aos avós, nas circunstâncias do art. 1918º, que o Tribunal entendeu não verificadas. Contudo, julgamos que o critério de decisão é o interesse da criança avaliado de acordo com o princípio da actualidade consagrado no art. 4º, al. e) da LPCJP e de acordo com a opinião e sentimentos da criança (art. 12º da Convenção dos Direitos da Criança).

Atribuindo a guarda e o exercício das responsabilidades parentais aos avós maternos que cuidavam da criança, desde o nascimento, para dar cobertura legal a uma situação de facto criada por iniciativa da mãe, que não exerce as funções inerentes às responsabilidades parentais, veja-se o acórdão da Relação de Lisboa, de 01-04-2004 (Relator: PEREIRA RODRIGUES)[499], proferido numa acção intentada pelo M.P. julgada improcedente na 1ª instância. Neste acórdão, ficou consagrada a doutrina protectora da relação afectiva da criança com os seus cuidadores e o papel educativo da família alargada fundamental para o desenvolvimento da criança, em detrimento de uma visão da criança como propriedade dos pais[500]:

---

[498] Cf. *Base Jurídico-Documental do MJ*, www.dgsi.pt. Para um comentário crítico a este acórdão, *vide* SOTTOMAYOR, Maria Clara, *Liberdade de opção da criança ou poder do progenitor? – Comentário ao acórdão do Tribunal da Relação de Coimbra, de 31 de Outubro de 2007*, Lex Familiae, Revista de Direito da Família, Centro de Direito da Família, Faculdade de Direito da Universidade de Coimbra, pp. 53-64.
[499] Cf. *Base Jurídico-Documental do MJ*, www.dgsi.pt
[500] No mesmo sentido, *vide* RL 20-01-2005, in *Base Jurídico-Documental do MJ*, www.dgsi.pt, em que a guarda da criança foi confiada aos avós paternos, independentemente da prova de uma situação de perigo, para proteger a estabilidade do ambiente afectivo, social e escolar em que a criança tem vivido, afirmando o Tribunal que, "Na regulação do exercício das responsabilidades parentais deve atender-se exclusivamente aos interesses da criança, devendo esta ser confiada ao progenitor que mais garantias dê de valorizar o desenvolvimento da sua personalidade e lhe possa prestar maior assistência e carinho. (...) Tendo-se provado que os progenitores da criança viveram em união de facto durante cerca de três anos, tendo-se separado há cinco – seis anos e que após a separação, a

"Desde que o interesse do menor o reclame poderá este ser confiado aos cuidados de terceira pessoa, ainda que o menor possua algum dos progenitores em condições de lhe caber o exercício do poder paternal." (...) "Afinal se os avós têm vindo a assumir as obrigações inerentes à confiança da menor, suprindo as omissões da progenitora no exercício do poder paternal, parece da mais elementar justiça que se lhes reconheça o direito à sua custódia, para que esta sendo legítima, também deva ser havida por legal."

Nos casos em que os avós não tenham coabitado com a criança nem construído com esta uma relação semelhante à filiação, aqueles não devem ser equiparados aos pais para efeitos de atribuição da guarda, a qual só pode ser confiada a terceiros quando os pais, pela sua actuação, coloquem em perigo a segurança, saúde, formação moral ou educação dos/as filhos//as, nos termos do art. 1918º[501].

Os avós paternos já foram admitidos a participar na conferência de pais (art. 175º, nº 1 da O.T.M.), tendo-lhe sido reconhecido, pelo Tribunal, o estatuto de parte no acordo de regulação do exercício das responsabilidades parentais homologado pelo Tribunal, em que assumiram a responsabilidade de cuidar da criança todos os dias da semana até às 19h30m e aos fins-de-semana até às 17h, levando-a a casa da mãe a quem foi confiada a guarda, e contribuindo o pai com uma pensão de alimentos que entregará aos seus pais[502].

---

criança ficou a viver na companhia dos seus avós paternos, possuindo quarto próprio em casa deles, os quais, desde então, zelam diariamente pelo bem-estar da criança, em todos os seus aspectos, existindo entre eles laços afectivos recíprocos bastante fortes, é conveniente, nestas circunstâncias, que se mantenha a criança no ambiente familiar, social e escolar onde se integrou, e vive há vários anos." Para um caso em que o Tribunal transformou a guarda de facto a cargo dos avós em guarda de direito, pois estes demonstravam "grande apego e afeição pela criança, proporcionando-lhe bem-estar e condições adequadas ao seu desenvolvimento", *vide* RL 01-01-2002, CJ, 2002, Tomo I, pp. 95-96.
[501] Cf. RC 10-06-2009 (Relator: FRANCISCO CAETANO), in *Base Jurídico-Documental do MJ*, www.dgsi.pt, caso em que o Tribunal confirmou a guarda da mãe e recusou a confiança aos avós paternos, apesar do grande afecto que estes nutriam pelo neto e das visitas de fim-de-semana, pois não tinham com a criança uma relação semelhante à filiação, e a criança tinha estado ao cuidado da avó materna e depois da mãe, não se verificando qualquer perigo para a segurança, saúde ou educação da criança, desde que esta passou a viver com a mãe, beneficiando de todos os cuidados devidos a uma criança da sua idade.
[502] Cf. RL 06-02-2007 (Relatora: DINA MONTEIRO), in *Base Jurídico-Documental do MJ*, www.dgsi.pt

5. O Exercício conjunto das responsabilidades parentais

5.1. Origem e razões do aparecimento do exercício conjunto das responsabilidades parentais

A insatisfação relativamente às consequências da guarda única dá origem à necessidade de novas formas de guarda que visem por um lado garantir o direito da criança a relacionar-se com ambos os pais e por outro promovam a igualdade de direitos e de responsabilidades entre os pais.

O modelo de garda única/exercício unilateral das responsabilidades parentais pressupõe um conflito de soma zero em que aquilo que um dos pais ganha é igual ao que o outro perde. É um sistema de tudo ou nada, que os autores americanos designam por *"Winner take all"*[503] e os alemães por *"Alles oder nichts"*[504].

Os poderes-deveres que integram o conteúdo das responsabilidades parentais (art. 1878º) passavam a ser exercidos pelo progenitor a quem a criança foi confiada (art. 1906º, nº 1). O guardião detinha o direito de fixar a residência da criança e de coabitar com esta, e assumiria o essencial das responsabilidades educativas em relação à criança, quanto à sua formação escolar, cívica, religiosa e, ainda, a responsabilidade pela protecção física e moral daquela, assegurando-lhe todos os cuidados materiais e afectivos necessários ao desenvolvimento da sua personalidade.

Quanto ao progenitor sem a guarda, este apenas detinha a titularidade das responsabilidades parentais mas não estava legalmente autorizado a exercê-la nem a participar nas decisões de particular importância relativas à educação da criança. O seu papel limitava-se ao de um observador passivo, desprovido de poderes decisórios em relação à pessoa do/a filho/a. Os seus direitos resumiam-se a um direito de manter relações pessoais com o/a filho/a (o direito de visita) e de controlar o modo como o/a filho/a era educado/a pelo progenitor a quem foi confiada a guarda (o direito de vigilância).[505]

A estas consequências jurídicas da regulação das responsabilidades parentais associavam-se geralmente determinadas consequências psicológicas e sociológicas negativas para a relação dos pais entre si, para cada um deles, individualmente considerado, e para a criança.

---

[503] Cfr. FOLBERG/GRAHAM, *ob. cit.*, p. 536.

[504] Cfr. STRATZ, *Elterliche Personensorge und Kindeswohl, vornehmlich in der zerbrochenen Familie*, FamRZ 1975, p. 544.

[505] Criticando o modelo da guarda única porque reduz o papel do progenitor não guardião aos contactos pessoais com a criança e à fiscalização, privando-o das funções de protecção e de educação garantidas a ambos os pais pelos princípios constitucionais, *vide* TEIXEIRA, Ana Carolina Brochado, *Família, Guarda e Autoridade Parental*, São Paulo, 2005.

Esta situação, colocando os pais em posições extremas de força ou de fraqueza, em que um é o vencedor e o outro o vencido, tendia a criar uma atmosfera de conflito entre eles, encorajando disputas em torno da pessoa do/a filho/a. Neste sentido, entendia-se que a decisão judicial de guarda única tornava a relação dos pais hostil e incentiva acusações mútuas entre estes, cada um tentando denegrir a imagem um do outro, tudo isto com prejuízo para a saúde emocional da criança, que seria transformada pelos pais num instrumento de luta.

A mãe, por seu lado, sendo aquela a quem geralmente a guarda era atribuída, sentia-se sobrecarregada económica, física e psiquicamente. A descida do seu nível de vida, que geralmente acompanhava o divórcio, pressionava-a a trabalhar a tempo inteiro, diminuindo assim o tempo disponível para cuidar dos/as filhos/as[506].

O pai, a quem a guarda era negada, sentia-se excluído da educação e da vida dos seus filhos, encontrava-se numa situação de marginalidade em relação a estes, passando por profundos sentimentos de perda e de luto, o que conduzia normalmente a uma diminuição da frequência das visitas ou à sua completa supressão[507].

A criança deixava de ter um contacto diário com o progenitor sem a guarda[508], com o seu estilo de vida e a sua visão do mundo, diminuindo a oportunidade para pai e filho/a desenvolverem uma relação pessoal profunda, pois o padrão tradicional da visita cria entre as partes uma relação formal e rígida, em que se perde a naturalidade que caracteriza uma relação entre um progenitor e o seu/sua filho/a no dia-a-dia[509].

---

[506] Cfr. MARIA ROSA GRIMALDI, *Affidamento Congiunto e Alternato della Prole tra Psicologia e Diritto*, DFP, vol. XVIII, 1989, p. 320. No mesmo sentido, FOLBERG/GRAHAM, *ob. cit.*, p. 553-554; WALLERSTEIN//KELLY, *Surviving the Breakup... ob. cit.*, p. 110-113; FEHMEL, *Kindschaftrecht und Gleichberechtigung– Zu einem Gutachten von Gisela Zenz und Ludwig Salgo*, FamRZ, 1983, p. 972.

[507] Cfr. MARIA ROSA GRIMALDI, *ob. cit.*, p. 321. No mesmo sentido, FOLBERG/GRAHAM, *ob. cit.*, p. 555; HETHERINGTON/COX & COX, *ob. cit.*, p. 421; GREIF, *Fathers, Children and Joint Custody*, in *Joint Custody, A Handbook for Judges, Lawyers and Counselours*, The Association of family and Conciliation Courts, 1979, p. C 23 e FTHENAKIS, *Gemeinsame elterliche Sorge nach der Scheidung*, Kinderpsychiatrie und Familienrecht, Stuttgart, 1984, 5.4.1.

[508] A diminuição das relações entre o/a filho/a e o progenitor sem a guarda tem como consequência uma diminuição das relações da criança com metade do seu parentesco. Cfr. FTHENAKIS, *ob. cit.*, 5.4.2.1.

[509] A este propósito, *vide* MARIA ROSA GRIMALDI, *ob. cit.*, p. 321 e nota 52 da mesma página, onde a autora, baseando-se em autores americanos (DREYFUS, *"Counseling the Divorced Father"*, Journal of Marriage and Family Therapy, nº 5, 1979, p. 79 ss. e GREIF, *Fathers, Children and Joint Custody*, American Journal of Orthopsychiatry, nº 49, 1979, p. 311 e ss.) afirma que "A inevitável superficialidade e convencionalidade das relações não permitem o aprofundamento do contacto de que os/as filhos/as têm necessidade, e frequentemente, mais tarde, estas ocasiões de encontros começam a rarear e desaparecem."

Como soluções alternativas ao sistema tradicional surgiam, assim, o exercício conjunto das responsabilidades parentais, ou, num quadro de exercício unilateral das responsabilidades parentais, o alargamento quantitativo e qualitativo dos direitos do progenitor não guardião: um amplo e livre direito de visita, e um direito de consulta e de informação relativamente às questões importantes relativas à pessoa da criança.

A possibilidade de cooperação entre os pais, após o divórcio, nasceria, assim, nesta visão optimista, da transformação profunda das relações familiares tradicionais, da banalização do divórcio, de uma cultura centrada nos direitos da criança e de uma sociedade de tendências igualitárias.

Para justificar o exercício conjunto das responsabilidades, invocava-se o carácter indestrutível dos laços entre os pais e os/as filhos/as e a sobrevivência da comunidade parental para além da dissolução da comunidade conjugal[510]. As ciências sociais referiam-se, a este propósito, a uma mudança de concepção da família, que passava a ser entendida como um sistema que não se dissolvia após o divórcio, apenas se reestruturava[511]. Esta ideia de família visava exprimir que todos os membros da família estavam ligados por uma experiência comum de amor e de contacto social[512].

Esta mudança de comportamento no seio das famílias desunidas seria o reflexo de uma evolução sociológica e de mentalidades, traduzida na fungibilidade de papéis do homem e da mulher no mercado de trabalho e na família[513], no fenómeno dos "novos pais"[514], na paternidade responsável e na

---

[510] Cfr. GUY RAYMOND, *De la realité du couple conjugal a la fiction de l'unité du couple parentale, Commentaire de la loi nº 87-570 du 22 juillet 1987*, J.C.P., I, 3299.

[511] Cfr. FTHENAKIS, Wassilios E., *Gemeinsame elterliche Sorge... ob. cit.*, p. 5.4.3.

[512] Cfr. RAINER BALLOF, *Gemeinsame elterliche Sorge als Regelfall?*, FamRZ, 1990, 2.2.

[513] A situação familiar tradicional, segundo a qual a mãe fica em casa a cuidar dos/as filhos/as enquanto o pai trabalha para sustentar a família, seria, de acordo com esta concepção, cada vez mais rara. No entanto, a enfraquecer esta ideia há estudos que demonstram que as mães que trabalham fora de casa continuam a assumir a maior parte das responsabilidades relativas ao cuidado das crianças e passam mais tempo com estas do que o pai. Cfr. E. SCOTT./A. DERDEYN, *Rethinking joint custody*, Ohio State Law Journal, vol. 45, 1984, p. 461, nota 28 e bibliografia aí citada. Sobre o caso português, *vide* MARIA EDUARDA DE RAMIREZ/MARIA TERESA PENHA/PEDRO LOFF, *Criança portuguesa – Que acolhimento?*, Rede europeia de acolhimento de crianças, Comissão das Comunidades Europeias, Novembro de 1988, p. 63-64 e INE, inquérito à ocupação do tempo, 1999, demonstrando que as mulheres, em média, trabalham três vezes mais que os homens em trabalho doméstico e cuidado de crianças. No mesmo sentido, TORRES, Amália, *Homens e Mulheres. Entre Família e Trabalho*, CIT, Lisboa, 2004, pp. 113-118.

[514] Expressão usada por HUGHES FULCHIRON, *Autorité Parentale et Parents Désunis*, CNRS, Paris, 1995, p. 20, para se referir à maior participação do pai na educação dos/as filhos/as, mesmo tratando-se de crianças de tenra idade. A par desta evolução social também a psicologia tem salientado a importância do papel do pai no desenvolvimento da criança. *Vide The Role of the Father in Child*

igualdade dos sexos que caracteriza a evolução contemporânea da família. A igualdade na atribuição da guarda, após o divórcio, traduzia-se na necessidade de assegurar a ambos os pais um papel efectivo na educação da criança. Para promover este objectivo, contribuiram as reinvindicações de associações de homens divorciados, contestando a guarda maternal e o papel reduzido do pai na vida dos seus filhos após o divórcio, assim como o movimento feminista liberal[515].

A cultura da actualidade, acentuando cada vez mais a importância da protecção da criança contra as consequências negativas do divórcio no desenvolvimento da sua personalidade e invocando o direito da criança a relacionar-se com ambos os pais[516], conduz à criação de novas formas de guarda mais próximas da família nuclear intacta. Por força deste princípio de protecção das crianças, verificaram-se, recentemente, alterações à lei do divórcio, nos E.U.A., no sentido de limitar os casos em que é possível aos pais divorciarem-se[517].

Development, C. M. Lamb, ed. 1976 *apud* DAVID CHAMBERS, *Rethinking the Substantive Rules for Custody Disputes in Divorce*, Michigan Law Review, vol. 83, nº 3, 1984, p. 320, nota 147.

[515] As feministas liberais, também designadas por *Segunda Vaga*, tinham por objectivo construir na sociedade uma função parental igualitária que permitisse às mulheres a participação no mercado de trabalho e na esfera pública. A consciência da escravidão da mulher à maternidade criou um simbolismo negativo desta por criar dependência da mulher em relação ao marido e à criança, e por significar uma limitação da autonomia pessoal. Sobre este ponto, vide MASON, Mary Ann, *The Custody Wars... ob. cit.*, p. 12-17 e FINEMAN, Martha A., *The Neutered Mother... ob. cit.*, p. 67-100. As autoras recuperam, na teoria ao direito feminista, a importância da maternidade na educação dos futuros cidadãos e FINEMAN contesta que as reformas do direito da família não tenham em conta os conceitos de cuidado e de dependência das crianças, assim como dos idosos e dos deficientes, propondo protecções legais (direito fiscal, segurança social, etc.) para a unidade familiar baseada no cuidado de dependentes, que exemplifica com a díade Mãe/Criança, um símbolo culturalmente poderoso que poderia constituir o paradigma da família. Vide FINEMAN, *The Neutered Mother... ob. cit.*, p. 226-236.
Em Portugal, o início do movimento feminista no princípio do século XX também esteve associado para além da luta pelos direitos das mulheres, à protecção dos direitos das crianças, sendo nesta época que surgem as primeiras obras de apoio às crianças e às mães, criadas pela Liga Republicana de Mulheres Portuguesas. Vide ESTEVES, J. G., *A Liga Republicana das Mulheres Portuguesas, Uma organização política e feminista (1909-1919)*, 1991, p. 78-81.
[516] Vide FEHMEL, *Ist das Verbot des gemeinsamen elterlichen Sorgerechts nach der Scheidung ($1671 Abs. IV S. 1 BGB) verfassungswidrig?*, FamRZ 1980, p. 760, a referência ao facto de a investigação psicoanalítica confirmar cada vez mais a necessidade que a criança tem de ambos os pais para que o seu desenvolvimento seja equilibrado.
[517] Vide SPAHT, Katherine Shaw, *Louisiana's Covenant Marriage: Social Analysis and Legal Implications*, Louisiana Law Review, vol. 59, nº 1, 1998, p. 63 e s. Trata-se de um matrimónio opcional que existe a par do modelo em que o divórcio é mais fácil, sendo deixada à vontade de cada casal a liberdade de optar por um ou outro modelo.

Todas estas transformações não podiam ser ignoradas pelo direito da família, ramo do direito que prossegue um incessante esforço de adequação a uma realidade social mutável. Mas estas expectativas revelaram-se irrealistas em face da descoberta dos fenómenos como a violência doméstica e o abuso sexual de crianças, para além da conflitualidade normal no período pós-divórcio, gerada pela desigualdade de facto entre o homem e a mulher na família.

O exercício conjunto das responsabilidades parentais, nos países onde foi adoptado há mais tempo, não foi a panaceia para os problemas gerados pelo divórcio, reflectindo mais uma igualdade idealista do que a realidade social, a qual demonstra que as práticas familiares são diferentes dos princípios legais, pois, continuam a ser as mulheres a cuidar dos/as filhos/as e a manter com estes, em regra, uma relação afectiva mais forte. Para além disto, o divórcio, inevitavelmente, traz conflitos e danos, para as famílias, que nenhuma solução legal ou judicial poderá apagar.

As normas sobre os efeitos do casamento, as quais consagram o princípio da igualdade de direitos e de deveres dos cônjuges, a direcção conjunta da vida familiar (art. 1671º) e o exercício conjunto das responsabilidades parentais, na constância do matrimónio (art. 1902º), são suficientes para desempenhar uma papel educativo, que juntamente com os sentimentos da comunidade, poderá contribuir, a longo prazo, para mudar os papéis sexuais. Às normas sobre as consequências do divórcio não cabe a finalidade de produzir alterações nos papéis do homem e da mulher, mas antes proteger o interesse da criança.

5.2. Modelos legislativos

O Código Civil consagrou, através da lei nº 84/95, de 31 de Agosto, a possibilidade do os pais exercerem em conjunto o poder paternal após o divórcio nos mesmos termos em que o faziam durante a constância do casamento. A manutenção do exercício em comum das responsabilidades parentais está no entanto condicionada à existência de acordo dos pais nesse sentido.

O exercício conjunto das responsabilidades parentais após o divórcio pode ser consagrado legislativamente em várias formas[518]: (1) exercício conjunto mediante acordo dos pais homologado pelo juiz; (2) exercício conjunto como uma opção judicial, independentemente do desejo dos pais; (3) Exercício con-

---

[518] Encontramos todos estes tipos de legislação de guarda conjunta nos E.U.A., nos estatutos dos 33 Estados que adoptaram a guarda conjunta. Existem quatro tipos de legislação do ponto de vista das condições mediante as quais o tribunal tem o poder de decretar a guarda conjunta: A) – guarda conjunta como opção judicial, independentemente dos desejos das partes; B) – guarda conjunta como uma opção judicial mas só quando as partes concordem; C) – guarda conjunta como opção se requerida por uma das partes; D) – preferência ou presunção de guarda conjunta.

junto das responsabilidades parentais como princípio regra após o divórcio, constituindo o exercício unilateral uma solução excepcional a ser decretada a pedido de um ou de ambos os pais, se existirem motivos especiais que a isso conduzam[519].

Pensamos que a lei nº 84/95 optou bem em restringir o exercício conjunto das responsabilidades parentais apenas aos casos em que tal princípio resulte de um acordo entre ambos os pais. O exercício conjunto das responsabilidades parentais requer cooperação e comunicação não podendo, portanto, funcionar com êxito se os pais não o desejam.

A imposição do exercício conjunto das responsabilidades parentais contra a vontade de um ou de ambos os pais arrisca-se a provocar litígios incessantes entre os pais e recursos periódicos ao tribunal para resolver conflitos em torno da educação da criança e das decisões a tomar em relação a esta. Tal situação prejudicará o interesse da criança, fazendo com que esta seja usada por cada um dos pais como arma contra o outro. Por outro lado, a possibilidade de o juiz decidir neste sentido cria o risco de a guarda conjunta ser utilizada por este como uma forma de evitar uma escolha difícil entre dois progenitores igualmente capazes de educar a criança, acabando a guarda conjunta por ser decretada em situações em que não é apropriada, prejudicando, consequentemente, a criança.

No entanto, a exigência de acordo dos pais como um requisito imprescindível do exercício conjunto das responsabilidades parentais coloca nas mãos de um dos pais um autêntico poder de veto, susceptível de ser usado como meio de pressão ou chantagem sobre o outro progenitor que deseja a guarda conjunta, bastando para que esta solução seja afastada a recusa, ainda que sem fundamento, de um dos pais em exercer em conjunto o poder paternal. Por outro lado, alguns autores afirmam que o nível de conflitualidade existente entre os pais, no momento do divórcio ou da separação, tende a diminuir, podendo a própria guarda conjunta reduzir a longo prazo o conflito inicial

---

[519] Este peso atribuído ao exercício conjunto das responsabilidades parentais é defendido nos E.U.A. por parte da doutrina, com base na protecção constitucional da relação pais-filhos pelo *Fourteenth Amendement* da Constituição dos E.U.A. O direito fundamental dos pais a educarem os seus filhos só pode ser-lhes retirado, mediante a prova de um *"compelling interest"*, ou seja, no contexto da atribuição da guarda dos/as filhos/as após o divórcio, um dos pais apenas pode ficar privado da guarda dos/as filhos/as, no caso de a guarda conjunta representar para a criança um perigo sério ou no caso de um dos pais ser incapaz de a educar. Cfr. PATRICIA GROVE, *Joint Custody: A Concept That Has Come Of Age But Needs Refinement,* American Journal of Family Law, volume 1, nº 1, Spring 1987, p. 50, nota 7. Sobre o mesmo assunto, *vide* PATRICIA GROVE, *Wisconsin's Joint Custody Statute: Does It Pass Constitutional Muster?,* The Milwaukee Lawyer, vol. 9, nº 4, 1986, p. 2 e ss; ELLEN CANACAKOS, *Joint Custody as a Fundamental Right, in* Jay Folberg editor, *ob. cit.,* p. 223 e ss.

entre estes[520]. A solução de permitir a imposição da guarda conjunta seria também a mais consentânea com os poderes discricionários de que goza tradicionalmente o juiz em matéria de atribuição da guarda dos/as filhos/as.

A doutrina francesa, apesar de maioritariamente exigir o acordo para que possa ser decretada a guarda conjunta[521], inclina-se também para uma posição semelhante à descrita acima[522], defendendo que o acordo não é condição necessária nem suficiente para a guarda conjunta. Não é condição suficiente

---

[520] Cfr. os estudos citados por DANIEL R. MUMMERY, *Whose Child is it anyway? Awarding joint custody over the objection of one parent*, Fordham Urban Law Journal, vol. XV, 1987, p. 649 nota 171. Em sentido diferente, vide J. WALLERSTEIN/S. BLAKELEE, *Second Chances, Men Women and Children a Decade after Divorce*, Ticknor & Fields, New York, 1989, p. 272.

[521] Cfr. JEAN CARBONNIER, *Droit Civil 2 – La famille, les incapacités*, 13ª ed. Paris, P.U.F., 1989, p. 238, NICOLAS-MAGUIN, *A Propos de la Garde Conjointe des enfants de Parents Divorcés*, Chronique – XX Dalloz., 1983, p. 113, ALAIN BÉNABENT, *Droit du Divorce (effets)*, I.R.D. Sirey, 1983, p. 450.

[522] A. DEKEUWER, *Divorce-séparation de corps*, J.C.P. 1984, II, Jurisprudence, 20163 II, A, al. b) e HUGHES FULCHIRON, *Autorité Parentale et Parents Désunis*, ob. cit., p. 209-210. Foi também esta a corrente que venceu nos trabalhos preparatórios da lei de 22 de Julho de 1987, a qual consagrou o exercício conjunto das responsabilidades parentais como uma alternativa ao lado do exercício unilateral, não a submetendo à condição de haver acordo entre os pais. No direito francês, o juiz é apenas obrigado, para decretar o exercício conjunto das responsabilidades parentais, a recolher a opinião dos pais (art. 287º do *Code Civil*). Esta possibilidade de impor o exercício conjunto das responsabilidades parentais deve contudo ser usada com prudência. O facto de o tribunal dever recolher a opinião dos pais não significa que as exigências tradicionalmente postas pela jurisprudência para o funcionamento da guarda conjunta não estejam ainda presentes ao decretar-se o exercício conjunto das responsabilidades parentais nos termos da lei de 22 de Julho de 1987. A este propósito, *vide* a decisão do tribunal de Dijon, 24 juin 1988, Gaz. Palais, 1990, I, Rec. Somm. p. 105, em que o tribunal afirma que os efeitos do exercício conjunto das responsabilidades parentais repousam sobre uma real concertação dos dois pais, desejosos de colaborar utilmente e sem espírito de chicana para definir as opções fundamentais da educação da criança. O tribunal recusou decretar a guarda conjunta, uma vez que se provou que normalmente ocorriam divergências entre os pais relativamente ao sistema educativo da criança, o que tornava impossível prever que o acordo necessário à criação do "casal parental" idealmente previsto por esta instituição, se instalaria no futuro. Quanto à questão de saber se a lei francesa consagra uma preferência a favor do exercício conjunto das responsabilidades parentais diz PIERRE MAZEAUD, Journal Officiel de la République Française, Débats Parlementaires, Assemblée nationale, 8 mai 1987, p. 969, que, o facto de a guarda conjunta estar referida em primeiro lugar pela lei, não significa que esta deva ser a regra, não devendo sê-lo de forma nenhuma, sobretudo nos casos de desacordo entre os pais. No mesmo sentido, afirma DORSNER-DOLIVET, *Les nouvelles dispositions relatives à l'exercice de l'autorité parentale*, A.L.D. 1988, p. 106, que o legislador não fez do exercício conjunto o princípio e do exercício unilateral a excepção. Ele colocou-os em pé de igualdade, pois o art. 287º do *Code Civil* formula apenas uma simples alternativa. No entanto, alguns autores vêem nesta disposição legal uma preferência sugerida pelo legislador: Cfr. RAYMOND LEGEAIS, *Les ajustements égalitaires de l'autorité parentale (Commentaire de la loi nº 87-570 du 22 juill. sur l'exercice de l'autorité parentale et du decret nº 87-578 du 22 juill. 1987 pris pour son application)* A.L.D. 1988, p. 7 e HUGHES FULCHIRON, *Les relations enfants-parents dans le nouveau droit français de l'autorité parentale (loi nº 87-570 du 22 Juillet 1987)*, RTDF, 3/1988, p. 416, para quem a guarda conjunta é o modelo preferido pelo legislador

porque o acordo não vincula o juiz. Este não pode confirmar automaticamente o acordo, antes tem o dever de apreciar a compatibilidade deste com o interesse da criança[523]. Pois o interesse da criança pode exigir que esta seja confiada a um dos pais ou até a uma terceira pessoa. Não é condição necessária, pois, o juiz deve ter o poder de impor a guarda conjunta mesmo quando nenhum dos pais a peça. Fala-se a este propósito da possibilidade de o juiz discernir da apreciação dos factos de cada caso a possibilidade de acordos futuros[524]. Ou seja, apesar da falta de acordo inicial, o juiz deduz, das circunstâncias do caso, a possibilidade de apaziguamento dos conflitos e de formação de um consenso entre os pais em torno da educação da criança[525].

Segundo os autores franceses[526], esta é a solução mais conforme aos princípios jurídicos[527], praticada no direito comparado, exigida por razões de ordem prática[528] e por analogia com a família natural[529]. No mesmo sentido

pelo facto de ser referido pela lei em primeiro lugar. Esta última posição foi como vimos a adoptada pelo legislador de 1993, não havendo actualmente qualquer dúvida a este respeito.

[523] A doutrina chama, neste contexto, a atenção para a necessidade de o juiz controlar os motivos dos pais, pois o acordo pode ter uma finalidade puramente táctica, ou seja, visar apenas acelerar o processo de divórcio, deixando para mais tarde a resolução da questão da guarda dos/as filhos/as. Cfr. HUGHES FULCHIRON, *Autorité Parentale et Parents Désunis,ob. cit.*, p. 210 e, mais desenvolvidamente, vide a doutrina alemã, G. KNÖPFEL, *Zum gemeinsame Sorgerecht der Eltern nach Schhheidung*, NJW, nº 17, 1983, p. 907, BverfG nº 692, cit. p. 1183. Recusando este perigo vide FEHMEL, *Ist das Verbot ... ob. cit.*, p. 761.

[524] Trata-se de uma prognose difícil de fazer e que mais uma vez reclama a participação no processo de peritos em psicologia e psiquiatria. Para o efeito, existem métodos (perícia sistémico-relacional) destinados a estimular a actuação de mecanismos de comunicação e de interacção do grupo familiar, com o objectivo de avaliar a relação interpessoal entre os componentes da família (estudo da dinâmica familiar), a fim de investigar se existem as condições objectivas e subjectivas da guarda conjunta, sobretudo a capacidade dos cônjuges cooperarem na educação dos/as filhos//as e a sua disponibilidade para partilhar as responsabilidades em relação àqueles. Vide MARIA ROSA GRIMALDI, *ob. cit.*, p. 316 e ss.

[525] No caso de a guarda conjunta ser decretada sem o acordo dos pais, a doutrina aconselha a que o juiz determine na sua decisão um quadro de regras imperativas que sirva de guia aos pais. O juiz deve assim fixar a residência da criança (ou até um regime de alternância de residências), especificar as condições de exercício do direito de visita por parte do progenitor não residente, o montante da contribuição deste para o sustento da criança, etc. Cfr. HUGHES FULCHIRON, *Autorité Parentale et Parents Désunis, ob. cit.*, p. 218-219.

[526] Vide A. DÉKEUWER, *ob. cit.*, 20163 II A al. b) e HUGHES FULCHIRON, *Autorité Parentale et Parents Désunis, ob. cit.*, p. 209-210.

[527] É mais conforme aos princípios jurídicos pois decorre do carácter facultativo dos acordos nos divórcios contenciosos, da plenitude dos poderes do juiz e da indisponibilidade das responsabilidades parentais.

[528] É exigida por razões de ordem prática pois, caso contrário, dar-se-ia a cada um dos pais um direito de veto, tornando possíveis, conforme já afirmamos supra, no texto, a pressão de um dos pais contra o outro para obter, por exemplo, vantagens económicas.

[529] Já antes da entrada em vigor da lei de 22 de Julho de 1987, o art. 374º, nº 2 do *Code Civil* permitia o exercício conjunto das responsabilidades parentais por parte dos pais naturais sem a

se exprimem os juízes, em França, num inquérito realizado pelo Ministério da Justiça, sobre o exercício conjunto das responsabilidades parentais, após a lei 'Malhuret', para quem esta solução é a mais conforme ao interesse da criança, aplicando-a mesmo em caso de desacordo dos pais, desde que tal lhes pareça viável[530].

Entendemos, no entanto, que a existência de acordo é a situação mais apropriada ao exercício conjunto das responsabilidades parentais que dificilmente poderá funcionar sem o acordo dos pais. Apesar de o conflito entre estes poder atenuar-se com o tempo, tornando possível acordos futuros, achamos preferível que os pais, depois de praticarem durante algum tempo a guarda conjunta de facto, recorram ao tribunal para que este homologue um acordo nesse sentido, alterando a decisão inicial. Neste contexto, o juiz pode desempenhar um papel de mediador, informando e incentivando as partes a um acordo de guarda conjunta, mas não forçá-las a tal. Por outro lado, a imposição do exercício conjunto das responsabilidades parentais a pais que estão em conflito em torno da guarda do/a filho/a representa para os juízes uma forma fácil de escaparem a uma decisão difícil, permitindo-lhes optar por uma solução de compromisso que, apesar de igualizar os direitos dos pais, pode perturbar gravemente a criança, expondo-a a conflitos de lealdade e transformando-a num instrumento na luta de um dos pais contra o outro[531].

Já o terceiro modelo, que assenta no princípio que a maioria dos pais, após o divórcio, tem capacidade de cooperação para educar em conjunto a criança, seria exigido pela protecção do direito fundamental dos pais a educarem os/as filhos/as.

A guarda conjunta como princípio regra pode ser consagrada como uma preferência legal[532] ou como uma presunção legal. Estes dois tipos de legis-

---

exigência de prova de coabitação e de acordo dos pais, mas apenas mediante a condição de este ser requerido por um dos pais ou pelo Ministério Público. Cfr. HUGHES FULCHIRON, *Autorité Parentale et Parents Désunis, ob cit.*, p. 211.

[530] Cfr. HUGHES FULCHIRON, *Une nouvelle rèforme de l'autorité parentale*, Chronique. – XXV, Dalloz 1993, p. 118.

[531] O contacto frequente da criança com ambos os pais, quando estes estão em conflito entre si, tem um efeito especialmente prejudicial em relação a esta. Cfr. o resultado dos estudos de JUDITH WALLERSTEIN/JANET R. JOHNSTON, *Children and divorce: Recent findings regarding long term effects and recent studies of joint custody aand sole custody*, Pediatrics Review, vol. 11, nº 7, 1990, p. 198 e p. 203.

[532] A preferência pela guarda conjunta traduz-se normalmente no princípio consagrado legislativamente segundo o qual o interesse da criança é prosseguido por um contacto contínuo com ambos os pais. Ver, a título de exemplo, os estatutos dos Estados de Iowa, California, Kansas e New Hampshire. Cfr. PATRICIA L. GROVE, *Joint Custody... ob. cit.*, p. 52, nota 31. California e Kansas têm uma presunção em caso de acordo e uma preferência em caso de falta de acordo. *Idem*, p. 52, nota 31.

lação diferem no peso atribuído à guarda conjunta, ou por outras palavras, no ónus da prova necessário para afastar a preferência ou a presunção.

A preferência é facilmente afastada pelos factos e circunstâncias do caso concreto. Basta a prova de que a guarda conjunta traz inconvenientes à criança, sendo este ónus mais genérico e fácil de preencher do que o exigido para ilidir a presunção de que a guarda conjunta é a melhor solução para o interesse da criança.

A presunção a favor da guarda conjunta pode existir em caso de acordo[533] ou mesmo na falta deste[534]. Na primeira hipótese, a presunção de guarda conjunta equipara-se praticamente à possibilidade de o juiz decretar a guarda conjunta, tendo como pressuposto o acordo dos pais[535]. O poder de controlo judicial relativamente a estes acordos, apesar de teoricamente ser menor do que nos acordos de guarda única ou de guarda conjunta, em relação aos quais não funciona a presunção de que são no interesse da criança, na prática, tem a mesma extensão, pois os tribunais, em regra, confirmam os acordos relativos ao exercício das responsabilidades parentais, presumindo que a solução acordada é no interesse da criança. O efeito prático desta presunção é o de não implicar uma maior desconfiança relativamente aos acordos de guarda conjunta quando comparados com os acordos de guarda única[536].

A presunção a favor da guarda conjunta quando opera mesmo sem o acordo dos pais, só é ilídivel mediante a prova de factores excepcionais, que a tornam prejudicial à criança. O juiz tem, consequentemente, menos liberdade para decidir em sentido contrário ao da lei.

A consagração do exercício conjunto das responsabilidades parentais como princípio regra (quer na forma de preferência legal quer na forma de presunção), apesar de constituir a solução mais conforme ao reconhecimento da igualdade de direitos e de responsabilidades dos pais, apresenta um risco de soluções desapropriadas aos factos e contrárias ao interesse da criança muito grande, pois a assunção de que o exercício conjunto das responsabili-

---

[533] California, Connecticut, Kansas, Maine, Massachusetts, Nevada. Cfr. PATRICIA GROVE, *Joint Custody*, ob. cit., p. 30 e p. 52, nota 31.

[534] Idaho, Florida, Louisiana e New Mexico. Idem p. 30.

[535] Se as partes apresentam um acordo de guarda conjunta, quer haja quer não haja presunção, é improvável que o juiz não decrete a guarda conjunta.

[536] Por exemplo, em França, antes da entrada em vigor da lei de 22 de Julho de 1987 e na Alemanha, os acordos de guarda conjunta estavam normalmente sujeitos a um controlo mais apertado do que os acordos de guarda única, sendo muito mais frequente uma recusa de homologação de um acordo de guarda conjunta do que de um acordo de guarda única. A razão explicativa deste procedimento é que parte da jurisprudência considera a guarda conjunta uma figura excepcional, revelando uma certa desconfiança em relação a este tipo de acordos. Cfr. I. THERY, *La réference á l'intérêt de l'enfant, Du Divorce et des Enfants*, Travaux et Documents, Chaier nº 111, Presses Universitaires de France, 1985, p. 79.

dades parentais é apropriado à maioria dos casos é irrealista[537]. É preferível que sejam os juízes e os mediadores familiares, aquando da elaboração dos acordos relativos à regulação das responsabilidades parentais, a avaliar, caso a caso, a capacidade de os pais educarem em conjunto a criança e a preparar aqueles nesse sentido, propondo como melhor solução a guarda conjunta. Um princípio legal de exercício conjunto das responsabilidades parentais, após o divórcio, seria inócuo relativamente a pais que não se empenham na educação conjunta dos/as filhos/as e prejudicial para famílias em que os pais estão em conflito entre si quanto à regulação do exercício das responsabilidades parentais.

A presunção, apesar de tornar as decisões mais simples e rápidas, limita a discricionariedade do juiz, constitui um desincentivo a uma investigação cuidadosa dos factos e, em caso de conflito entre os pais, aumenta os riscos de chantagem e manipulação de um dos pais em relação ao outro.

Por outro lado, a investigação conduzida até ao momento não prova que uma presunção legal de guarda conjunta ou a imposição desta contra a vontade dos pais sejam no interesse da criança[538].

---

[537] A este propósito, contudo, há diferenças geográficas. Na Alemanha, um estudo feito no Tribunal de Família de Hamburgo, demonstra que a percentagem de pais divorciados que exercem em conjunto as responsabilidades parentais é muito pequena (situa-se entre os 6%, em 1991 e os 9%, em 1992) e ainda há muitos juízes que são desfavoráveis a esta solução. *Vide* OELKERS/KASTEN/OELKERS, *Das gemeinssorgerecht nach Scheidung in der Praxis des Amtsgerichts Hamburg – Familiengericht*, FamRZ, 17/94, p.1080-1081. Na Alemanha o exercício conjunto das responsabilidades parentais após o divórcio ainda não alcançou um nível de princípio regra. Cfr. OLLMANN, *Das gemeinsame Sorgerecht nach der Scheidung und das KJHG*, FamRZ, 1993, p. 870, OELKERS/KASTEN, *Zehn Jahre gemeinsame elterliche Sorge nach der Scheidund*, FamRZ, 1993, p. 21 e MICHALSKI, *Gemeinsame Sorgerecht geschiedener Eltern*, FamRZ, 1993, p. 137. Pelo contrário, em França, um inquérito realizado por iniciativa do Ministério da Justiça, entre 1987 (ano em que entrou em vigor a lei de Julho de 1987 que consagrou a possibilidade de ser decretado o exercício conjunto das responsabilidades parentais) e 1991, demonstra que o exercício conjunto das responsabilidades parentais tornou-se o princípio-regra e o exercício unilateral a excepção: em Lyon e Nanterre, o exercício conjunto das responsabilidades parentais começou por ser aplicado em 15,66% dos casos, em 1988, 36,93% em 1989, 49,6% em 1990 e 61, 32% em 1991. Cfr. HUGHES FULCHIRON, *Une nouvelle rèforme de l'autorité parentale*, ob. cit., p. 118. O legislador francês ao transformar o exercício conjunto das responsabilidades parentais, através da lei de Janeiro de 1993, em princípio regra, reflectiu esta convicção da jurisprudência. O direito francês continuou a evoluir neste sentido, tendo a lei de 4 de Março de 2002 alargado o princípio do exercício conjunto das responsabilidades parentais às crianças nascidas fora do casamento, cujos pais vivem em união de facto e aos pais que nunca viveram em condições análogas às dos cônjuges, embora, nesta última hipótese, o exercício conjunto não se aplique, se a paternidade foi estabelecida por reconhecimento judicial e se o progenitor só perfilhou a criança após um ano ou mais depois do nascimento.

[538] Cfr. WALLERSTEIN/BLAKELEE, S., *Second Chances, Men, Women and Children a decade after divorce*, New York, Ticknor & Fields, 1989, p. 258 e 272.

Em Portugal, seria prematuro a consagração de um princípio regra de exercício conjunto das responsabilidades parentais após o divórcio, um instituto sem tradição jurisprudencial e cujas raízes sociológicas são, em larga medida, desconhecidas. Todavia, o aumento do número de divórcios não conflituais, a aceitação pública progressiva do divórcio, a fungibilidade de papéis entre o homem e a mulher, o aparecimento de alguns casais que mantêm após o divórcio ou a separação uma relação amigável, tornam possível, havendo acordo entre os pais, que o exercício conjunto das responsabilidades parentais seja estipulado.

5.3. O exercício das responsabilidades parentais na lei civil: evolução histórica

O Código Civil de 1867, herdeiro da tradição patriarcal do direito romano, dissociava, nos casos de separação dos pais, a guarda e o exercício das responsabilidades parentais, pois, quando a guarda das crianças era confiada à mãe, o pai continuava a exercer o poder-dever de representar os/as filhos/as menores, de dirigir a sua educação e de administrar os seus bens (art. 137º e 138º do Código Civil de 1867). No mesmo sentido, o Código Civil de 1966, atribuía ao pai o poder de representar o/a filho/a, administrar os seus bens, dirigir a sua educação, decidir a sua instrução, autorizar o/a filho/a a exercer uma profissão ou consentir na sua emancipação (art. 1881º). A mãe tinha apenas o direito de ser ouvida e de participar em tudo o que dissesse respeito ao interesse do/a filho/a e exercia o poder paternal, no caso de ausência ou impossibilidade do pai (art. 1882º)[539]. O Código Civil não previa nenhuma solução para o exercício das responsabilidades parentais após o divórcio ou separação dos pais. Na prática, a mãe que detinha a guarda dos/as filhos//as estava colocada na dependência da autorização do pai da criança para tomar decisões relativamente à pessoa e aos bens do/a filho/a e sujeitava-se a interferências daquele na educação da criança. Esta solução foi criticada porque dissociava a guarda (residência e cuidado diário da criança) do poder de educar e de representar a criança, criava conflitos entre os pais e impasse nas decisões a tomar, não estava de acordo com o interesse da criança e constituía uma violação do princípio da igualdade. Para tornar esta situação, a doutrina de então já defendia *de iure constituendo* que, como a unidade

---

[539] Sobre a evolução do estatuto da mulher, desde as Ordenações, passando pelo Código Civil de 1867, pela legislação republicana, pelo Estado Novo e pelo Código Civil de 1966, até ao post-25 de Abril, *vide* GUIMARÃES, Elina, *A mulher portuguesa na legislação civil*, Análise Social, volume XXII, números 92-93, 1986 – 3º – 4º, p. 557-577 e BELEZA, Tereza Pizarro, *Mulheres, Direito e Crime ou a Perlexidade de Cassandra*, Lisboa e Faculdade de Direito, AAFDL, 1990, p. 141-197.

familiar estava destruída após a separação ou o divórcio, o pai já não era o chefe de família, e a mãe podia exercer integralmente o poder paternal[540]. Foi esta a solução que veio a ser consagrada no art. 1906º, nº 1 do Código Civil na redacção da Reforma de 1977. A *ratio* desta norma, que introduziu o princípio do exercício das responsabilidades parentais pelo progenitor a quem a criança foi confiado, consiste na necessidade de proteger a estabilidade da vida da criança face a conflitos entre os pais e também em razões de eficácia, pois, na prática, é o progenitor residente que educa a criança no dia-a-dia e que está, em virtude dessa relação de proximidade com o/a filho/a, em melhor posição de tomar as decisões de particular importância relativamente a este.

Em 1995, a lei 84/95 de 31 de Agosto alterou o Código Civil, introduzindo a possibilidade de os pais optarem pelo exercício conjunto das responsabilidades parentais (art. 1906º, nº 2) ou de acordarem que determinados assuntos sejam resolvidos por acordo de ambos (art. 1906º, nº 3), vigorando, para os casos de falta de acordo dos pais, o princípio do exercício unilateral das responsabilidades parentais pelo progenitor a quem foi atribuída a guarda do/a filho/a (art. 1906º, nº 1). Estas alterações ao Código Civil resultaram de uma proposta preparada pela Associação Portuguesa de Mulheres Juristas e pela Instituição Pai-Mãe-Criança[541], a qual pretendeu traduzir uma convergência entre os interesses da criança e a igualdade de direitos e de deveres dos pais. A principal razão invocada para introduzir no Código Civil o exercício conjunto das responsabilidades parentais residia no interesse da criança, entendido como as necessidades afectivas e emocionais desta a conviver com ambos os pais após a separação destes, considerando os autores do projecto que este contacto torna o divórcio menos traumático para as crianças e promove o desenvolvimento psicológico destas. O discurso feminista contra a sobrecarga psicológica e financeira da mulher na educação dos/as filhos/as e contra a desresponsabilização do homem foi outra razão apontada para a alteração legal assim como as reivindicações dos homens que exigem igualdade de direitos entre os pais, após o divórcio. Este projecto inicial foi alterado no Parlamento, tendo ficado estipulado que o exercício conjunto das responsabilidades parentais só era permitido em caso de opção de ambos os pais (art. 1906º, nº 2) e tendo sido retirada da versão final do texto qualquer referência à possibilidade de residência alternada, contida no Projecto. Independente-

---

[540] Cfr. MOITINHO DE ALMEIDA, *As responsabilidades parentais no direito moderno*, Scientia Juridica, nº 107, Out.-Dez., p. 89.
[541] RIBEIRO, Maria Saldanha Pinto, *O Divórcio e a Guarda Conjunta*, Lisboa, Centro Pai-Mãe-Criança, Associação Portuguesa de Mulheres Juristas, 1994 e D.A.R., 5 de Janeiro de 1995, II Série-A-Nº 11, Projecto de Lei nº 475/VI, p. 124-125.

mente desta alteração legislativa, acordos dos pais consagrando o exercício conjunto das responsabilidades parentais já eram admitidos ao abrigo da redacção anterior do C.C., por interpretação do art. 1905º, nº 1[542], e já havia juízes que homologavam acordos neste sentido, embora esta solução fosse rara e restrita às classes sociais mais cultas[543]. Neste sentido, de acordo com a *ratio legis* do art. 1906º, nº 1, na redacção da lei nº 84/95, o exercício conjunto das responsabilidades parentais era uma solução para casos excepcionais, em que os pais revelavam capacidade de cooperação e de separar os seus problemas enquanto cônjuges do seu papel como pais, se respeitavam um ao outro como pessoas e confiavam um no outro como pais, tendo ambos capacidade educativa e uma boa relação afectiva com a criança, e desde que a solução escolhida não prejudicasse o interesse concreto da criança. Estes acordos deviam fixar a residência da criança junto de um dos pais e o montante de alimentos a pagar pelo progenitor que não residia com aquela.

O exercício conjunto das responsabilidades parentais com alternância de residência (de acordo com um ritmo temporal determinado, mensal, semanal etc.), não estava expressamente proibido pela lei mas o teor literal (*os pais decidem as questões relativas à vida do/a filho/a em condições idênticas às que vigoram para tal efeito na constância do matrimónio, e recorrem ao tribunal em caso de falta de acordo em questões de particular importância*) desta e o argumento histórico de interpretação permitiam concluir que a intenção do legislador foi apenas a de igualizar os direitos e os deveres dos pais mas não dividir a criança entre as residências de ambos. A lei devia, portanto, ser interpretada de forma restritiva, no sentido de não serem admitidos acordos de residência alternada[544]. Tem-se entendido que uma solução deste tipo prejudica a formação da personalidade da criança devido à sensação de insegurança, ansiedade, nervosismo e instabilidade que provoca, sobretudo, relativamente a crianças com idade pré-escolar, aquelas que mais necessitam da estabilidade das

---

[542] SOTTOMAYOR, Maria Clara, *Exercício das responsabilidades parentais...*, ob. cit., p. 361-376.

[543] LEANDRO, Armando, *Poder Paternal: Natureza, conteúdo, exercício e limitações. Algumas reflexões de prática judiciária*, Temas de Direito da Família, Coimbra 1986, p. 158.

[544] Para um caso em que se admitiu a guarda alternada, no caso de a solução agradar aos/às filhos/as menores e desde que o exercício em comum das responsabilidades parentais não constitua uma fonte de conflito entre os pais, *vide* o acórdão do Tribunal da Relação de Lisboa de 02/07/98 onde se lê o seguinte: "Não há obstáculo em manter-se a convivência alternada com os progenitores se este regime mostrar ter vindo a ser do agrado das crianças e sem inconvenientes para os seus interesses, nomeadamente os escolares. Se o exercício em comum das responsabilidades parentais – decorrente dessa convivência alternada – constituir fonte de conflitos entre os progenitores, deve fixar-se uma direcção unitária desse poder, atribuindo-a ao progenitor a quem foi entregue a guarda das crianças desde o início da separação".

condições externas para se desenvolverem[545]. Estudos empíricos detectaram também, nestas crianças, um desejo irrealista de reconciliação dos pais[546], sentimento que dificulta a adaptação destas ao divórcio.

Após esta alteração legislativa, foi apresentada na A.R. um outro projecto-lei tendente a consagrar o princípio do exercício conjunto das responsabilidades parentais como princípio regra, podendo ser afastado em casos de ausência de acordo dos pais e mediante decisão fundamentada do juiz[547]. Este projecto visava defender os interesses de pais divorciados, que querem assumir inteiramente o seu papel de pais e, que, por vezes, são vítimas de injustiças ou discriminações nos processos de regulação das responsabilidades parentais. No entanto, estes novos pais, são casos minoritários, não representativos da população em geral, em que ainda predominam critérios tradicionais de repartição de tarefas relativamente ao cuidado dos/as filhos/as. Por outro lado, ficou demonstrado, em estudos sobre a adaptação das crianças ao divórcio dos pais, que esta solução não diminui o sofrimento causado às crianças com o divórcio nem constitui a panaceia para os problemas gerados pelo divórcio. As consequências do divórcio para os/as filhos/as – o medo de serem abandonados pelos pais – são as mesmas qualquer que seja a forma de guarda[548]. A guarda conjunta também não aumenta o contacto da criança com o progenitor com quem não reside nem o envolvimento deste nas decisões a tomar relativamente à educação do/a filho/a[549]. Para além de não produzir efeitos benéficos, constituindo uma mera etiqueta formal nos acordos dos pais, não vivida na prática, é susceptível de produzir efeitos prejudiciais para as crianças, nos casos de relações altamente conflituosas entre os pais e, sobretudo, nos casos em que a mãe foi vítima de violência doméstica.

Este projecto-lei teve, como contexto histórico, a oposição de alguns magistrados ao exercício conjunto das responsabilidades parentais[550] e foi fundamen-

---

[545] MCKINNON, Rosemary/WALLERSTEIN, Judith, *Joint Custody and the Preschooler Child*, Behavioral Sciences and the Law, vol. 4, nº 2, 1986, p. 169.
[546] Cfr. BALLOF, Rainer, *Gemeinsame elterliche Sorge als Regelfall?*, FamRZ, 1990, p. 448 e ss.
[547] Projecto-lei nº 644/VII, de 18 de Março de 1998.
[548] WALLERSTEIN, Judith/KELLY, Joan, *Surviving the Breakup, How children and parents cope with divorce*, Basic Books, 1980, p. 267.
[549] ALBISTON, Catherine R./MACCOBY, Eleanor E./MNOOKIN, Robert, *Does Legal Joint Custody Matter?*, Law & Policy, vol. 2, nº 1, 1990, p. 167 e ss.
[550] Juízes com experiência, nestas questões, afirmam que quanto menos divisão de poderes houver entre os pais, melhor é para a estabilidade da vida da criança, ou que, nesta matéria, não podemos ser *"naif"* e acreditar que aquilo que seria melhor teoricamente também o é na prática. Mesmo nos EUA, onde há uma pressão social e estatal para ambos os pais investirem nos/as filhos/as, depois do divórcio, e onde a guarda conjunta legal é aplicada como uma presunção, verifica-se que muitos juízes

tado na alteração dos papéis do homem e da mulher na família e no aumento dos divórcios por mútuo consentimento comparado com o número de divórcios litigiosos, que atingiu, em 1997, uma percentagem superior a 80%[551]. Estes factores indiciariam, na perspectiva dos autores do Projecto-Lei, o fim do papel tradicionalmente desempenhado pelas mães na educação dos/as filhos/as e uma diminuição da conflitualidade após o divórcio. Contudo, a investigação empírica, realizada, na sociedade portuguesa, demonstra que são as mulheres que predominantemente cuidam dos/as filhos/as[552] e que o elevado número de divórcios por mútuo consentimento não significa uma diminuição real da conflitualidade mas antes uma preferência por uma modalidade de divórcio mais rápida nos tribunais e economicamente menos dispendiosa[553]. Note-se, ainda, que a violência doméstica[554] oficialmente registada tem aumentado todos os anos. A Reforma Penal de 2007 criou um novo tipo legal de crime designado por violência doméstica com um âmbito de criminalização mais alargado, abrangendo castigos corporais, privações da liberdade e ofensas sexuais, e não exigindo reiteração de condutas[555].

---

não aceitam com entusiasmo a guarda conjunta. Num inquérito feito a juízes na California, 68,8% dos juízes consideravam que a guarda conjunta produzia resultados ambíguos ou piores do que a guarda única. Cfr. REIDY, Thomas J./SILVER, Richard M./CARLSON, Alan, *Child Custody Decisions: a Survey of Judges*, Family Law Quarterly, volume 23, 1989, p. 80. Para uma análise dos inconvenientes da guarda conjunta vide HARDCASTLE, Gerald W., *Joint Custody: A Family Court Judge's Perspective*, Family Law Quarterly, 1998, p. 201-219, especialmente, p. 206, denunciando que as presunções ou preferências legais pela guarda conjunta, aumentando a pressão sobre o juiz para decretar a guarda conjunta sem um exame cuidadoso, provocam um crescimento do número de casos guarda conjunta decretada relativamente a pais conflituosos e que revelam hostilidade em relação um ao outro. Neste sentido, na California, a lei mudou em 1989, de uma preferência legal de guarda conjunta para a consideração da guarda conjunta como uma solução alternativa, em pé de igualdade, com a guarda única.

[551] Em 1997, 82,2% dos divórcios foram por mútuo consentimento. Cfr. *Estatísticas Demográficas* 1997, Lisboa, Instituto Nacional de Estatística.
[552] ANÁLIA TORRES, *Divórcio em Portugal*, ob, cit., p. 161.
[553] Idem p. 233.
[554] Sobre a definição de violência doméstica e a sua classificação como crime público, vide LOURENÇO, Nelson/CARVALHO, Maria João Leote de, *Violência Doméstica: Conceito e Âmbito. Tipos e Espaços de Violência*, Themis, II. 3 (2001), Faculdade de Direito da Universidade Nova de Lisboa, 95-121.
[555] A jurisprudência relativa à aplicação do tipo legal de maus tatos conjugais, previsto no antigo nº 2 do art. 152º do C.P., discutia se bastava um único acto para preencher o tipo legal ou se seria necessário a habitualidade ou o carácter repetido dos actos de violência. Numerosos acórdãos adoptaram a tese, segundo a qual para estar preenchido o tipo legal de crime não era exigível uma prática reiterada, bastando um acto isolado de tratamento incompatível com a dignidade e liberdade da ofendida. Cfr. STJ 14-11-1997, CJ, 1997, III, p. 235; RP 31-01-200; RC 29-01-2003, in *www.dgsi.pt*. Na Reforma do Código Penal de 2007, o legislador adoptou esta tese jurisprudencial, não exigindo, como elemento do tipo, reiteração da conduta. A este propósito, julgamos conveniente que os juízes recebam uma formação adequada sobre o crime de violência doméstica, bem como, à semelhança da lei espanhola, a existência de tribunais especializados em violência de género (Lei Orgânica nº 1/2004, de 28 de Dezembro).

O art. 1906º, na redacção da lei nº 59/99, que resultou do projecto lei acima referido[556], nada refere quanto à posição do legislador sobre o princípio regra em matéria de exercício das responsabilidades parentais. Todavia, uma vez que o exercício conjunto das responsabilidades parentais está dependente do acordo dos pais, e que o princípio, aplicável nos casos de falta de acordo, continua a ser o exercício das responsabilidades parentais pelo progenitor a quem o/a filho/a foi confiado, esta será sociologicamente a solução maioritária.

Quanto ao dever de fundamentação do juiz, no caso de ausência de acordo dos pais, a lei não especificava a que critérios devia o juiz recorrer para afastar o exercício conjunto das responsabilidades parentais. Devia entender-se, ao abrigo da lei antiga, que bastava ao juiz alegar a *impossibilidade de obter o acordo*[557]. A recusa justificada e de boa fé de um dos pais deve ser considerada como uma presunção *iuris et de iure* de que falta, aos pais, a capacidade de cooperação para pôr em prática o exercício conjunto das responsabilidades parentais. O perigo da alteração legislativa levada a cabo pela lei nº 61/2008 será o de magistrados pouco experientes pressionarem os pais a adoptar uma solução que estes não têm capacidade de pôr em prática e que transforma a criança num instrumento de luta. Este problema agravar-se-á com os serviços de mediação familiar, devido ao risco de estes utilizarem a lei para influenciar os pais a adoptar o exercício conjunto das responsabilidades parentais, muitas vezes com alternância de residência, em situações de alta conflitualidade[558] ou de penalizarem, numa recomendação ao Tribunal, o progenitor que rejeita o exercício conjunto das responsabilidades parentais.

A alteração do art. 1906º, nº 1 do Código Civil, em 1999, não reflectia uma preferência do legislador pelo exercício conjunto das responsabilidades parentais nem uma presunção legal a ser afastada unicamente em casos excepcionais, em que se demonstrasse que tal solução prejudicava o interesse da

---

[556] Nº 1 – Desde que obtido o acordo dos pais, as responsabilidades parentais é exercido em comum por ambos, decidindo as questões relativas à vida do/a filho/a em condições idênticas às que vigoram para tal efeito na constância do matrimónio.
Nº 2 – Na ausência de acordo dos pais, deve o tribunal, através de *decisão fundamentada*, determinar que as responsabilidades parentais seja exercido pelo progenitor a quem o/a filho/a for confiado.
[557] Veja-se, a este propósito, o acórdão do Tribunal da Relação do Porto, de 26/05/2000, in Base Jurídico-Documental do MJ: "Na falta de acordo dos pais (separados), as responsabilidades parentais será exercido pelo progenitor a quem o/a filho/a for confiado, podendo o outro progenitor vigiar as condições de vida e a educação do/a filho/a. O que não pode é confiar-se a criança a um progenitor e manter, na falta de acordo, o exercício em comum das responsabilidades parentais. A lei terá querido evitar as constantes intromissões do progenitor a quem não foi confiado a criança, sem prejuízo do referido poder de vigilância."
[558] Cfr. MACCOBY, E. E./MNOOKIN, R. H., *Dividing the Children... ob. cit.*, p. 273, cujos estudos demonstram que a guarda conjunta física foi utilizada pelos mediadores para resolver soluções de alta conflitualidade entre os pais.

criança, sendo a opção deixada aos pais, respeitando-se assim a autonomia da família. Consequentemente, o tribunal não podia impor o exercício conjunto das responsabilidades parentais contra a vontade de um ou de ambos os pais nem o progenitor que a recusava podia ser penalizado numa decisão sobre a guarda dos/as filhos/as. Claro que esta solução confere ao progenitor a quem a guarda é confiada um direito de veto em relação à vontade do outro, normalmente, interpretado como "egoísmo" ou vingança[559]. No entanto, muitas vezes, trata-se de mulheres vítimas de violência doméstica e que querem proteger os seus filhos de presenciarem condutas agressivas do pai para com a mãe. E ainda que não seja este o caso, é natural que a figura primária de referência da criança tenha uma posição de prevalência relativamente à decisão de exercício conjunto das responsabilidades parentais. A falta de vontade de um dos pais em tomar em conjunto as decisões de particular importância traduz necessariamente incapacidade de cooperar de ambos os pais. A imposição do exercício conjunto, neste caso, mesmo que se entenda ser a solução mais justa para o progenitor sem a guarda, será contrária ao interesse da criança porque a coloca no centro do conflito parental.

O exercício conjunto das responsabilidades parentais confere ao homem e à mulher igualdade de direitos sem a correspondente igualdade de deveres, pois, as crianças continuam a residir com a mãe que se sacrifica por elas no dia-a-dia[560].

Os casos de exercício conjunto das responsabilidades parentais que resultam na prática são aqueles que ocorrem por força de uma vontade profunda de ambos os pais. Pelo contrário, a aplicação do princípio do exercício conjunto das responsabilidades parentais relativamente a famílias em conflito é susceptível de gerar os mesmos problemas gerados pela solução patriarcal, anterior à Reforma de 1977: o progenitor que cuida da criança no dia-a-dia e que melhor conhece as suas necessidades e personalidade, fica dependente de obter um acordo do outro para tomar decisões de particular importância relativas à educação da criança, o que pode provocar uma instrumentalização da criança no conflito entre os pais, impasse e burocratização nas decisões a tomar.

---

[559] Denunciando que a sociedade constrói uma imagem das mães divorciadas que rejeitam a guarda conjunta como desviantes e perigosas, retratadas como mentirosas que fazem tudo para obter a guarda dos/as filhos/as e explicando este fenómeno como o resultado de a sociedade considerar o pai e a família patriarcal como a única solução apropriada para os problemas sociais gerados pelo divórcio, vide FINEMAN, Martha Albertson, *The Neutered ... ob. cit.*, p. 118-119.
[560] Cfr. ALBISTON, Catherine R./MACCOBY, E. E/MNOOKIN, R., *Does Joint Legal Custody Matter?*, Law &Policy, vol. 2, nº 1, 1990, p. 167 e ss.

O efeito educativo de uma norma que consagre, conforme a actual redacção do art. 1906º, o exercício conjunto das responsabilidades parentais como princípio regra, na prática, será nulo, pois, pais que põem os interesses dos/as filhos/as acima dos seus e que se conseguem entender após uma separação para educarem em conjunto os/as filhos/as, fazem-no e sempre o fizeram, independentemente do que diga a lei.

O direito da família é um direito institucional que se forma e vive na realidade e nos padrões de comportamento observados em cada família. As famílias regem-se muito mais por critérios de auto-regulamentação do que por afirmações legais de valor simbólico e adiantadas em relação à realidade. Nas acções de regulação de poder paternal, o factor decisivo não é a concepção de família do juiz ou do legislador mas o interesse concreto da criança, determinado de acordo com a estrutura da família concreta em que está inserida. O juiz deve, portanto, considerar o comportamento passado dos pais em cada família relativamente ao cuidado diário da criança. As mudanças sociais sobre a igualdade nos papéis sexuais devem aparecer primeiro, durante o casamento, para assumirem peso, após o divórcio, nas decisões de guarda dos/as filhos/as e nas formas de exercício das responsabilidades parentais.

Na sequência do Projecto-Lei 509/X, entrou em vigor a Lei 61/2008, de 31 de Outubro, que consagrou no art. 1906º, nº 1 o princípio geral do exercício conjunto das responsabilidades parentais em relação a actos de particular importância, solução que, de acordo com a vontade do legislador expressa no Projecto-Lei 509/X, é imperativa e de ordem pública, só podendo ser afastada por decisão judicial fundamentada no interesse da criança (art. 1906º, nº 2)[561].

Conforme temos defendido, entendemos que o princípio geral do exercício conjunto das responsabilidades parentais não está de acordo com a realidade social vivida pelos pais na altura do divórcio e obriga o progenitor que discorda desta solução a prosseguir com um processo litigioso, aumentando a conflitualidade parental. Magistrados com experiência nestas matérias reconhecem que o exercício conjunto só funciona com sucesso em casos muito

---

[561] No mesmo ano, no Brasil, foi introduzida a figura da guarda compartilhada pela Lei 11.698.08, definida como "a responsabilização conjunta e o exercício de deveres do pai e da mãe que não vivem sob o mesmo teto, concernentes ao poder familiar dos filhos comuns" e que pode ser aplicada por determinação do juiz, independentemente de acordo dos pais nesse sentido. O legislador adoptou um conceito criado pela doutrina, mas com poucas raízes jurisprudenciais, para analisar a situação jurídica dos pais separados ou divorciados no sentido de uma maior igualdade de direitos e deveres. Sobre o conceito de guarda compartilhada e a evolução do direito da família brasileiro, *vide* FILHO, Walldyr Grisad, *Guarda Compartilhada, Um novo modelo de responsabilidade parental*, 4ª edição revista, actualizada e ampliada, Editora Revista dos Tribunais, 2009.

raros. Nas palavras do desembargador TÁVORA VÍTOR, "décadas de experiência de julgar demonstraram-nos como é difícil encontrar reunidas as condições para que uma solução de guarda conjunta ou alternada possa ter êxito."[562]

No mesmo sentido, o juiz TOMÉ D'ALMEIDA RAMIÃO[563] defende que o regime anterior, exigindo acordo dos pais para o exercício conjunto, era mais adequado:

> "Diz-nos a experiência, que não é a imposição legal do exercício conjunto das responsabilidades parentais que estimula, incentiva ou promove a maior responsabilidade e disponibilidade dos pais na prestação de cuidados aos/ às filhos/as, no seu maior envolvimento na sua educação e desenvolvimento. A responsabilidade parental não se impõe por decreto, assume-se, tem que ver com a formação, a personalidade e o carácter de cada um de nós, é, também, uma questão cultural. Se assim não fosse não se assistia, infelizmente, a muitos pais tudo fazerem, incluindo mudar constantemente de emprego, sempre que a sua entidade patronal é notificada para efectuar os descontos dos alimentos devidos aos filhos, ou ausentando-se para parte incerta sem procurar os filhos, deles se desinteressando, votando-os ao abandono e à responsabilidade das mães, (embora estas, por vezes, assumam idêntica atitude, pese embora em menor número) apesar de a lei lhes impor essa responsabilidade parental e a obrigação de sustento dos filhos."

A imposição do exercício conjunto, ainda que numa versão restringida a actos de particular importância, traduz uma corrente de pensamento que concebe o direito como um instrumento de conformação dos costumes e que sai do estritamente jurídico – a resolução de conflitos – para entrar no domínio da moral. Este tipo de legislação acaba por gerar, também, uma função judicial que extravasa os seus objectivos de administração da justiça para intervir demasiado nas decisões da família, em domínios estritamente privados e onde a intervenção estatal acaba por ser contraproducente.

A este propósito foi mais sensato o legislador espanhol que aceita, apenas, a guarda conjunta, em casos de acordo, só podendo esta ser imposta contra a vontade de um dos pais, a título de excepção, se tal medida for a única forma

---

[562] RC 05-05-2009, in *Base Jurídico Documental do MJ*, www.dgsi.pt
[563] RAMIÃO, Tomé d'Almeida, *O Divórcio e Questões Conexas*, ob. cit., p. 156, tendo também o autor alertado para um aumento do número de processos litigiosos em torno da regulação do exercício das responsabilidades parentais e da decisão de actos de particular importância. *Ibidem*, p. 165. No mesmo sentido se pronunciou, COLAÇO, Amadeu, *Novo Regime do Divórcio*, 3ª edição, Coimbra, 2009, p. 129, concordando com a posição por mim defendida (in *Exercício das responsabilidades parentais*, Estudos e Monografias, Publicações Universidade Católica, 2003, pp. 484 e ss), segundo a qual deve ser a pessoa de referência que melhor conhece a personalidade dos/as filhos/as a tomar as decisões de particular importância, devendo o exercício conjunto das responsabilidades ficar circunscrito aos casos de acordo entre os pais.

de proteger adequadamente o interesse da criança. Esta norma significa que o legislador admite que a guarda conjunta só pode funcionar com sucesso, quando os pais estão de acordo, não constituindo esta o regime-regra, mas uma solução excepcional. A lei civil espanhola, para além de introduzir um raciocínio inverso ao seguido pelo nosso legislador que, no art. 1906º, nº 1, aceitou como princípio geral a imposição do exercício conjunto das responsabilidades parentais e como excepção o exercício unilateral, rodeia este regime de várias cautelas, devendo o juiz ouvir as crianças, valorar as alegações das partes e a prova produzida, assim como examinar a relação dos pais entre si e com os/as filhos/as para determinar a sua idoneidade para o regime de guarda escolhido[564]. O legislador espanhol pensou também nas crianças e mulheres vítimas de violência, introduzindo, no art. 92º, nº 7 do Código Civil, uma cláusula de salvaguarda que impede a guarda conjunta nos casos em que esteja a correr um processo-crime contra um dos pais ou em que haja fundado indício de violência doméstica[565]. A jurisprudência e a doutrina duvidam da praticabilidade da guarda conjunta e têm defendido que, no interesse da criança, esta solução não deve ser decretada nos casos de requerimento unilateral por um dos pais com a oposição do outro[566].

Ainda que se possa dizer que as maiores cautelas do legislador espanhol se explicam pela diferença dos conceitos de exercício conjunto das responsabilidades e guarda conjunta, justificando esta, porque mais ampla, mais restrições à sua aplicação, também o exercício conjunto das responsabilidades num contexto em que o interesse da criança é compreendido como a relação de proximidade com ambos os pais e em que o Tribunal tem poderes para promover e aceitar acordos ou tomar decisões que favoreçam amplas oportunidades de contacto e de partilha de responsabilidades (art. 1906º, nº 7) justificaria um regime semelhante ao do art. 92º, nº 6 e nº 7 do Código Civil espanhol.

---

[564] Art. 92º, 6: "En todo caso, antes de acordar el régimen de guarda y custodia, el Juez deberá recabar informe del Ministerio Fiscal, y oír a las crianças que tengan suficiente juicio cuando se estime necesario de oficio o a petición del Fiscal, partes o miembros del Equipo Técnico Judicial, o del propia criança, valorar las alegaciones de las partes vertidas en la comparecencia y la prueba practicada en ella, y la relación que los padres mantengan entre sí y con sus hijos para determinar su idoneidad con el régimen de guarda."
[565] Art. 92º, 7: "No procederá la guarda conjunta cuando cualquiera de los padres esté incurso en un proceso penal iniciado por atentar contra la vida, la integridad física, la libertad, la integridad moral o la libertad e indemnidad sexual del otro cónyuge o de los hijos que convivan con ambos. Tampoco procederá cuando el Juez advierta, de las alegaciones de las partes y las pruebas practicadas, la existencia de indicios fundados de violencia doméstica."
[566] Cf. MARÍA FERNÁNDA MORETÓN SANZ/ARACELI DONADO VARA/MARÍA FÁTIMA YÁNEZ VIVERO, «As Recentes Reformas de Direito de Família em Espanha», *Lex Familiae*, Revista de Direito da Família, Ano 4 – nº 7 – 2007, p. 34.

5.4. Pressupostos do exercício conjunto das responsabilidades parentais

O exercício conjunto das responsabilidades parentais, sendo uma solução que potencia conflitos, deve ser aplicado com cautela, tendo em conta certos pressupostos, tendo sido esta a orientação da jurisprudência europeia anterior às últimas reformas que vieram impor o exercício conjunto das responsabilidades parentais[567]. Uma confiança cega de que um acordo de guarda conjunta terá sucesso ou de que forçar a responsabilidade dos pais, pacificará a sua relação, não é aceitável.[568] As decisões de regulação das responsabilidades parentais não devem fazer-se com base em juízos de prognose quanto ao comportamento futuro dos pais mas com base nas circunstâncias vigentes no momento da decisão. Deve ter-se em conta também

---

[567] Num sentido restritivo se pronunciava também a jurisprudência italiana perante uma lei redigida em termos mais abertos do que a lei portuguesa e que permitia que o juiz decretasse a guarda conjunta ou alternada, tendo em consideração as circunstâncias específicas do caso, sobretudo, a idade da criança (art. 11º da lei 6.3.1987, n. 74). Cfr. COSTANZA, M., *Quale interesse nell'affidamento congiunto della prole?*, comentário à sentença do Tribunal de Milão, 9.1.1997, in NGCC, 1997, Parte I, p. 584-596. Na prática, a jurisprudência entendia que a guarda conjunta só podia ser decretada quando existia acordo entre os pais, espírito de colaboração e capacidade de diálogo, constituindo a guarda única a solução regra, em matéria de guarda e exercício das responsabilidades parentais. O Código Civil italiano (art. 155º e 155º – bis) veio a ser alterado, pela lei de 8 de Fevereiro de 2006, no sentido de prever o princípio geral do exercício conjunto das responsabilidades parentais em relação às questões de maior importância relativas à instrução, educação e saúde dos filhos, tendo em conta as capacidades, inclinações naturais e as aspirações destes. O legislador não exige a fixação de residência junto de um progenitor, determinando que o juiz tem a possibilidade de confiar a guarda a ambos os pais ou a um só consoante o interesse moral e material da criança. O legislador, tal como sucedeu em Portugal, não adoptou a posição cautelosa da jurisprudência. Contudo, a lei civil italiana, em relação à guarda, vai mais longe do que a portuguesa, que exige a fixação de residência habitual junto de um dos pais. Mas apresenta a vantagem de fornecer ao julgador orientações quanto ao conceito de acto de particular importância, indicando uma restrição do conceito às áreas da instrução, educação e saúde. No mesmo sentido, tem evoluído a jurisprudência alemã, passando de um princípio regra de guarda conjunta, em que a guarda única constituía a excepção, decretada como *ultima ratio*, em casos de graves dificuldades de comunicação entre os pais, para uma visão segundo a qual os tribunais não conferem qualquer primazia à guarda conjunta nem a lei consagra uma presunção de guarda conjunta a ser afastada pelo progenitor que não a deseja, mediante a prova de que a guarda conjunta lesa o interesse da criança. Segundo a jurisprudência, aos pais cabe a decisão de regulação das responsabilidades parentais e não existe nenhuma relação de regra-excepção entre a guarda conjunta e a guarda única, consideradas como duas formas de guarda equivalentes. Alterou-se, desta forma, a anterior tendência dos tribunais para forçarem os pais a adoptar a guarda conjunta, ficando esta agora sujeita aos pressupostos exigidos pelo Tribunal Constitucional Alemão em 1982: acordo dos pais, capacidade de cooperação destes e interesse da criança. Cfr. BORN, Winfried, *Gemeinsames Sorgerecht: Ende der "modernen Zeiten"*, Besprechung von BGH, Urteil v. 29.9.1999 – XII ZB 3/99 –, FamRZ 1999, 1646, p. 396-399 e WOLFANG HAASE/DORIS KLOSTER-HARZ,*Gemeinsame elterliche Sorge – Ein Schritt vorwärts und zwei Schritte züruck?*, FamRZ 2000, 1003-1006.

[568] Cfr. MNOOKIN, R. H./WEISBERG, D. K., *Child, Family and State*, ob. cit., p. 761.

a idade da criança, constituindo a guarda conjunta, quando há alternância de residência, uma solução apropriada para crianças mais velhas, dotadas de um certo grau de maturidade e de autonomia, mas não já para crianças de tenra idade, as quais não devem ser separadas da mãe, pois, nesta primeira fase da vida, o aspecto essencial para a sua sobrevivência é o da nutrição[569].

Para que o exercício conjunto possa efectivamente funcionar importa que os pais revelem capacidade de cooperação e de educar em conjunto a criança, capacidade de separar os seus conflitos interpessoais do seus papéis enquanto pais e que ambos tenham com os/as filhos/as uma boa relação afectiva. Deve analisar-se também se tal medida afecta o interesse da criança e ter-se em conta as necessidades desta e o seu grau de desenvolvimento, a sua opinião etc. Sobretudo tratando-se de um adolescente, é importante que este participe na decisão acerca da determinação da sua residência, ou em caso de exercício conjunto com residência alternada, do ritmo da alternância[570]. Por vezes a jurisprudência coloca ainda mais exigências aos pais, p. ex., uma identidade de valores e estilos de vida de ambos os pais, acordo destes num programa educativo quanto à saúde, disciplina, formação moral e religiosa da criança, tratamentos médicos, estabelecimento de ensino frequentado pela criança, proximidade das residências dos pais[571], semelhança entre os ambientes proporcionados à criança em ambas as casas, flexibilidade do horário de trabalho dos pais, recursos financeiros dos pais para manter duas casas em condições para acolher a criança e, finalmente, requisitos relativos à idade e ao número de crianças envolvidas[572].

---

[569] Cfr. COSTANZA, M. , *ob.cit.*, p. 593.

[570] Cfr. MARIA ROSA GRIMALDI, *Affidamento congiunto e alternato della prole tra psicologia e diritto*, DFP, vol. XVIII, 1989, p. 311.

[571] A proximidade das residências é sobretudo exigida quando se trata de exercício conjunto das responsabilidades parentais com alternância de residência, em que se torna importante não provocar uma ruptura no ambiente social em que a criança está inserida: a escola, a relação com os amigos, prática religiosa, etc. Alguns Estados Norte Americanos exigem expressamente a consideração da proximidade geográfica como um factor na atribuição da guarda conjunta. Cfr. PATRICIA GROVE, *Joint Custody:...*, *ob. cit.*, p. 55, nota 55. Em sentido diferente, não considerando este requisito essencial, *vide* JAY FOLBERG/MARVA GRAHAM, *Joint custody following Divorce*, University California Davis Law Review, 1979, p. 561-562, para quem a importância deste factor depende da idade da criança, da localização de outros membros da família e amigos, da facilidade de transportes entre as duas residências, dos recursos económicos dos pais. No mesmo sentido, HUGHES FULCHIRON, *Autorité Parentale et Parents Désunis*, *ob. cit.*, p. 162, onde o autor afirma que este requisito não deve ser uma *conditio sine qua non* da guarda conjunta, pois a alternância de alojamento pode ser anual e os pais podem contactar telefonicamente ou por outro meio de comunicação para decidirem, em conjunto, as questões essenciais relativamente à pessoa da criança.

[572] OLINDO CANALI, *L'Affidamento Congiunto o Custodia Associata, Una possibile alternativa*, in V. CIGOLI/G. GULOTTA/G. SANTI, *Separazione divorzio e affidamento dei figli*, p. 284, defende que a guarda conjunta

Os candidatos ideais para a guarda conjunta são aqueles pais que revelam capacidade de pôr de parte os diferendos pessoais para atingir decisões em relação à criança, pais que são capazes de dar prioridade às necessidades dos seus filhos, que aceitam a importância da manutenção de uma relação próxima da criança com o outro progenitor, que têm respeito e confiança um no outro como pais e que mostram um nível razoável de cooperação e vontade de colaborar[573]. Resumindo, pais que separam os seus papéis de marido e mulher dos seus papéis de pai e de mãe, pais que abdicam de exercer controlo e que não interferem na relação da criança com o outro progenitor, pais com igual capacidade para cuidar do/a filho/a e capazes de reconhecer a sua quota parte de responsabilidade na ruptura conjugal.

Um estudo realizado na Alemanha desmentiu a convicção sustentada por muitos de que a guarda conjunta pressupunha um alto nível intelectual dos pais. A prática demonstra que a guarda conjunta não é específica de nenhum estrato social mas que se distribui igualmente por todos os estratos e profissões[574]. A idade destes pais que optam pelo exercício conjunto das responsabilidades parentais situa-se na casa dos 32-35 anos[575]. A duração média dos casamentos em anos é de 11,65 e a maior parte dos casais tem apenas um/a filho/a[576]. Constatou-se também que a guarda conjunta não faz aumentar a duração do processo e que o modelo de exercício conjunto das responsabilidades parentais escolhido pela maioria dos pais é o modelo em que a criança tem uma residência fixa com um dos pais. A iniciativa das propostas de guarda conjunta partiu na maioria dos casos dos pais e não do tribunal. Os casos em que houve uma alteração da decisão inicial foram casos em que a guarda conjunta foi decretada sem a vontade real de um dos pais, o que confirma a ideia de que a guarda conjunta exige um acordo real e sincero por parte dos pais e que não pode ser imposta contra a vontade de um deles, pois não é de esperar que o progenitor pressionado a concordar com a guarda

---

não é aconselhável para famílias com um elevado número de filhos, para adolescentes e para crianças que manifestam perturbações.

[573] Um estudo realizado na Alemanha demonstra que cerca de 25% dos pais apresentam estas características, embora apenas uma percentagem muito inferior (cerca de 6%) adopte efectivamente a guarda conjunta após o divórcio. Cfr. OLLMANN, *ob. cit.*, p. 870.

[574] Cfr. OELKERS/KASTEN/OELKERS, *Das gemeinsame Sorgerecht nach Scheidung in der Praxis des Amtsgerichts Hamburg – Familiengericht, ob. cit.*, p. 1081.

[575] Cfr. *idem* p. 1081. A idade média das mulheres no momento da separação do casal é de 32, 75 anos, a dos homens é de 34, 38. No momento do divórcio a idade média das mulheres é de 35, 38 e a dos homens 38, 48.

[576] *Idem* p. 1082. 61% dos pais têm um/a filho/a, 31,6% têm dois, 5,1% três e 1,3% quatro/a filho//as. Em média as crianças tinham 6, 67 anos no momento da separação dos pais e 9,15 no momento do divórcio.

conjunta, contribua com a cooperação necessária para que esta funcione[577]. Veio a verificar-se que os pressupostos exigidos pelo Tribunal Constitucional Alemão[578] para ser possível o exercício conjunto das responsabilidades parentais são essenciais para que este possa ser decretado: 1. ambos os pais devem ter vontade de exercer em conjunto o poder paternal; 2. ambos os pais são plenamente capazes de educar a criança; 3. não existe nenhum motivo que revele que o interesse da criança exige que seja decretada a guarda única[579].

O acordo pode ser um acordo pormenorizado ou um acordo vago que se limita a organizar frouxamente as relações entre os pais e os/as filhos/as, deixando à vontade destes todos os pormenores, constituindo a guarda conjunta uma espécie de hábito construído naturalmente no dia-a-dia. Em ordem a evitar futuros conflitos e para orientar os pais na sua conduta, entendemos que é preferível a primeira solução, devendo o acordo dos pais conter um plano relativo à educação da criança, com a indicação da residência da criança ou do ritmo de alternância de residências, das modalidades de exercício do direito de educação, ou seja, dos deveres de cada um dos pais quando tem a criança junto de si, da escola a frequentar pela criança, de alternativas para o caso de insucesso escolar ou problemas disciplinares, da contribuição de cada um para o sustento da criança e uma cláusula, prevendo o regime de visitas para o caso de um dos pais mudar de residência. Note-se, contudo, que uma cláusula proibitiva da mudança é inconstitucional, por violação do direito de deslocação e de emigração (art. 44º CRP).

Perante um instituto novo como o exercício conjunto das responsabilidades parentais, sobretudo quando inclui alternância de residência, os juízes

---

[577] *Idem* p. 1083.
[578] *Bundesverfassungsgericht* nº 692 – G.G. art. 6º II S. 1; BGB 1671 IV – Fam RZ, 1982, p. 1179-1184.
[579] O direito alemão foi alterado em 1998, passando o § 1671 a consagrar, indirectamente, o princípio-regra do exercício conjunto das responsabilidades parentais, após o divórcio, sendo apenas decretado o exercício unilateral das responsabilidades parentais com o consentimento dos pais e desde que esta seja a solução mais conforme ao interesse dos/as filhos/as. O princípio do exercício conjunto das responsabilidades parentais está contido, implicitamente, na afirmação do § 1671, segundo a qual, em caso de divórcio, cada um dos pais poderá solicitar ao Tribunal de Família o exercício unilateral das responsabilidades parentais ou de uma parte do mesmo, sendo este requerimento deferido sempre que (1º) o outro progenitor o consinta e o/a filho/a que tenha completado 14 anos não se oponha a essa cessão; (2º) desde que a extinção do exercício conjunto das responsabilidades parentais e a sua atribuição exclusiva a um dos pais seja o melhor para o bem-estar dos/as filhos/as. Contudo, a jurisprudência evoluiu da consideração da guarda conjunta como o princípio-regra para uma solução mais restritiva segundo a qual a guarda conjunta não tem primazia sobre a guarda única nem existe qualquer presunção legal de guarda conjunta. Cfr. BORN, Winfried, *Gemeinsames Sorgerecht: Ende der "modernen Zeiten", Besprechung von BGH, Urteil v. 29.9.1999 – XII ZB 3/99 –*, FamRZ 1999, 1646, p. 396-399.

não devem tomar a mesma atitude rotineira de confirmação sistemática dos acordos que consagram a guarda única, exercendo antes a sua função de controlo, legislativamente imposta. O controlo destes acordos traduz-se numa avaliação judicial que abrange pressupostos subjectivos (capacidade de cada um dos pais de conter a sua hostilidade, em relação ao outro, diante da criança; os motivos dos acordos dos pais[580], ou seja, saber se se trata de uma decisão adoptada com ligeireza, por inconsciência ou com intenção de evitar dificuldades e conseguir o divórcio com maior rapidez[581]; a estabilidade e a maturidade emocional dos pais; a manutenção de boas relações entre estes; inexistência de discrepâncias profundas ou graves motivos de discórdia entre estes, relações anteriores dos cônjuges enquanto progenitores; capacidade de comunicação entre os pais e a vontade da criança) e pressupostos objectivos (proximidade das residências ou possibilidade de comunicações fáceis e frequentes, condições da habitação de cada um dos pais etc.).

O pedido de guarda conjunta só deve ser considerado quando reflectir preocupação e afecto pelos/as filhos/as e um empenho real na educação destes e quando a guarda conjunta está de acordo com a vontade da criança, que vê ambos os pais como fonte de segurança e de amor.

5.5. Formas de organização prática

O exercício conjunto das responsabilidades parentais pode ser praticado de acordo com três modelos: (1) O exercício conjunto com a fixação da residência principal da criança com um dos pais; (2) o exercício conjunto com residência alternada e (3) o chamado *"Birds' Nest Arrangement"*.

(1) – O exercício conjunto das responsabilidades parentais refere-se apenas ao aspecto jurídico de definir quem tem competência para tomar as decisões relativas à educação da criança, fixando-se, contudo, a residência habitual da criança junto de um dos pais. As responsabilidades parentais, continuam, tal como na constância do casamento, a ser exercidas de comum acordo por

---

[580] A este propósito WALLERSTEIN/BLAKELEE, *ob. cit.*, p. 260, indicam que os motivos da opção dos pais pela guarda conjunta nem sempre estão centrados numa preocupação com o bem-estar da criança. As autoras concluem nos estudos empíricos por elas realizados que os motivos dos pais podem ser de vária ordem: amor pela criança, mais fácil acomodação a horários de trabalho, falta de vontade de ambos os pais para tomarem conta dos/as filhos/as, alívio de um dos pais em relação a sentimentos de culpa pela sua decisão unilateral de divórcio, maneira de manter contacto com o ex-cônjuge, considerando-se a criança, nestes casos, um símbolo do casamento.
[581] Esta situação poderá ocorrer sobretudo nos divórcios por mútuo consentimento em que a homologação do acordo relativo ao exercício das responsabilidades parentais é uma *conditio sine qua non* do decretamento do divórcio. Cfr. arts. 994, nº 1 al. c) do C.P.C., 1775, nº 2 e 1778º do C.C.

ambos os pais. Dir-se-á que o divórcio apenas dissolve o vínculo conjugal mas que, no plano jurídico, relativamente aos/as filhos/as nada muda.

No quadro de um exercício conjunto de poder paternal a referência a um regime de visitas é imprópria. Em princípio, quando é decretado o exercício conjunto das responsabilidades parentais não há lugar à regulamentação do direito de visita. O outro progenitor goza de um direito de se relacionar com a criança livremente, sempre que ambos o desejem. As relações da criança com o progenitor não residente são geridas no dia-a-dia e abrangem normalmente estadias prolongadas desta na residência daquele, embora o sucesso, a consistência e a duração deste relacionamento esteja dependente do empenhamento e do interesse dos pais.

(2) – O exercício conjunto das responsabilidades parentais além de abranger a aspecto jurídico acima descrito inclui também um aspecto material, que se traduz no facto de a criança viver um montante de tempo substancial em casa de cada um dos pais de acordo com um determinado ritmo temporal (ritmo de alternância anual, semestral, mensal, quinzenal, semanal ou divisão das semanas ao meio), não sendo, contudo, necessário que o tempo passado pela criança com cada um dos pais seja rigorosamente igual.

(3) – Este modelo, em que os/as filhos/as continuam a residir na casa de morada de família e os pais vivem alternadamente com estes, é praticado nos E.U.A., por algumas famílias, como uma solução transitória[582]. Consiste, no entanto, no modelo menos adoptado pelas famílias[583].

A jurisprudência estrangeira e os pais têm preferido o primeiro modelo, pois a criança podendo manter contactos estreitos com ambos os pais tem uma residência habitual junto de um deles, o que consiste num ponto de referência fixo que confere à criança segurança e estabilidade.

O exercício conjunto das responsabilidades parentais com residência alternada não se confunde com a chamada guarda alternada. Este conceito caracteriza-se pela possibilidade de cada um dos pais deter a guarda da criança alternadamente de acordo com um ritmo definido por estes, o qual pode

---

[582] Cfr. PERSIA WOOLEY, *Shared Parenting Arrangements*, in *Joint Custody and Shared Parenting*, ob. cit., p. 19.
[583] *Vide* um estudo realizado na Alemanha (OELKERS/KASTEN/OELKER, *ob. cit.*, p. 1082, nº 6) de acordo com o qual em 178 casos de exercício conjunto das responsabilidades parentais este modelo não foi escolhido por nenhuma família. O modelo mais adoptado foi o primeiro – 85% dos pais optaram por ele – e o modelo de alternância só foi adoptado em 11% dos casos. Os mesmo se passa nos E.U.A., onde o modelo predominante é a guarda conjunta legal, residindo a criança com a mãe. A guarda conjunta física raramente é adoptada por razões de praticabilidade, e, mesmo quando é escolhida pelos pais, os/as filhos/as acabam por passar a maior parte do tempo com a mãe. MACCOBY/MNOOKIN, *Dividing the Child: Social and legal dilemmas of custody*, 1992, Harvard University Press, p. 260-270.

ser anual, mensal, quinzenal, semanal etc. Durante cada turno o progenitor guardião exerce exclusivamente o poder paternal enquanto o outro beneficia de um direito de visita e de vigilância. No termo de cada período, os papéis invertem-se. A guarda alternada funciona portanto num quadro de exercício unilateral das responsabilidades parentais, em que as decisões importantes relativas à criança são tomas exclusivamente por cada um sem necessitar do consentimento do outro. Consequentemente, são maiores os riscos de contradição e de bloqueio nesta última hipótese, podendo as decisões de um dos pais, durante o período em que detém o exercício das responsabilidades parentais, frustrarem e anularem as decisões do outro[584]. O exercício conjunto com alternância de residência, diferentemente, exige, por parte dos pais, uma cooperação constante, sendo todas as decisões relativas à educação da criança tomadas conjuntamente. No entanto, o efeito traumático da mudança constante de residência mantém-se. Consequentemente, defendemos que uma tal medida não pode ser aprovada pelo juiz, sem que este tenha em conta, através da observação da criança por peritos, a personalidade, a idade e o temperamento de cada criança concreta, pois bem pode acontecer que apesar de os pais estarem de acordo, tal solução não seja no interesse da criança. A mudança de residência, mesmo num contexto de exercício conjunto das responsabilidades parentais, é prejudicial para algumas categorias de crianças, em função da sua idade e variáveis da sua personalidade[585].

Note-se, contudo, que o primeiro modelo, o predominante quando os pais optam pelo exercício conjunto das responsabilidades parentais, apenas confere a ambos o direito de tomar decisões relativamente à criança. Já, pelo contrário, a interacção regular no dia-a-dia com a criança cabe quase exclusivamente ao progenitor que reside com esta, normalmente a mãe[586]. Daí que

---

[584] A guarda alternada tem sido unanimemente rejeitada pela jurisprudência e por psicólogos, médicos e especialistas em psiquiatria infantil, em virtude de acarretar para a criança inconvenientes graves pela instabilidade que cria nas sua condições de vida e pelas separações repetidas relativamente a cada um dos seus pais, para além de comprometer o equilíbrio psicológico da criança e a continuidade e unidade da sua educação.

[585] Em relação aos adolescentes, a residência alternada não é muito aconselhável, pois devido ao crescimento da sua autonomia e à intensificação da sua vida social preferem ter uma só casa e um só número de telefone para poderem ser facilmente contactados pelos amigos. Cfr. SUSAN STEINMAN, *Joint Custody: What we Know, what we have yet to learn and the judicial and legislative implications*, in *Joint Custody and Shared Parenting*, Jay Folberg Editor, The Bureau of National Affairs, Inc., The Association of Family and Association Courts, 1984, p. 116. Por seu lado, as crianças em idade pré-escolar necessitam mais de estabilidade e pontos de referência seguros, daí que a alternância de residência também não seja, em princípio, positiva, pois apesar de atenuar o medo de abandono no período pós-divórcio, gera instabilidade e ansiedade. Cfr. SUSAN STEINMAN, *ob. cit.*, p. 116.

[586] É o que demonstram os estudos sobre a prática judicial do exercício conjunto das responsabilidades parentais levados a cabo em França, os quais permitiram constatar a permanência do modelo

haja quem afirme que o exercício conjunto das responsabilidades parentais é uma mera etiqueta ou artifício abstracto e conceitual[587], pois na prática, a tendência será para a reprodução do modelo tradicional de guarda única//exercício unilateral das responsabilidades parentais[588]. Com a desvantagem de que a linguagem da lei não corresponde à realidade, confunde o público e pode conduzir a litígios desnecessários.

Na realidade o exercício conjunto das responsabilidades parentais apenas tem um "conteúdo psicológico"[589], um valor mais simbólico do que prático, aumentando a auto-estima do progenitor que não reside com a criança, o qual não se sente excluído da educação desta[590]. Contudo, significa, também, para os homens a possibilidade de exercer direitos sem as correspondentes obrigações inerentes ao cuidado quotidiano da criança. Neste sentido, o exercício conjunto das responsabilidades parentais fortalece a posição do pai e enfraquece a posição da mãe, a qual, para além de assumir sozinha o cuidado diário da criança, está sujeita a interferências do ex-cônjuge. A guarda conjunta legal representa, assim, um regresso ao poder patriarcal.[591]

---

tradicional: residência principal da criança com a mãe e direitos de visita do pai. P. ex. em Lyon e Nanterre, em 84,6% dos casos de exercício conjunto das responsabilidades parentais, a residência habitual da criança foi fixada junto da mãe e só em 13,52% dos casos com o pai. Constata-se também que quanto mais nova for a criança mais frequente é a sua residência fixada junto da mãe: é o caso de 94,59% das crianças com menos de 5 anos. Cfr. HUGUES FULCHIRON, *Une nouvelle réforme de l'autorité parentale, ob. cit.*, p. 121.

[587] Cfr. LINNUCIA CANOVA/LUCIANO GROSSI, *Ancora sull'Affidamento Congiunto od Alternato: Interesse del Minore o Finzione Giuridica?*, DFP, ano XX 1991, p. 740 e BARTON S. BLOND, *In the Child's Best Interests – A Better Way: The Case for Presumptive Joint Custody in Missouri*, UMKC Law Review, vol. 52, 1983-1984, p. 573-574. Este último afirma que a guarda conjunta legal sem guarda conjunta física é uma fórmula vazia de sentido, pois o progenitor não residente não tem o poder de decidir assuntos do dia-a-dia da criança nem de manter com esta um contacto frequente e contínuo, na base de uma interacção diária, aspectos esses que constituem a parte essencial da função paternal e maternal. Na opinião do autor, ambas as componentes da guarda conjunta (a física e a legal) são necessárias para manter, na família reestruturada, as relações benéficas da criança com ambos os pais tal como existiam na família intacta. Cfr. idem p. 574.

[588] Cfr. MARIE PRATTE, *La garde conjointe des enfants de familles désunies*, Révue Génerale de Droit, vol. 19, nº 3, 1988, p. 572.

[589] Cfr. MASSIP, Rép. Defrenois 1982 apud HUGUES FULCHIRON, *Autorité Parentale et Parents Désunis*, ob. cit., p. 157.

[590] Cfr. FRANÇOIS RUELLAN, *A propos de l'exercice en commun de l'autorité parentale en cas de divorce ou de séparation de corps (loi du 22 juillet 1987)*, A.L.D., 1990, p. 34.

[591] Cfr. DELOREY, Anne Marie, *Joint Legal Custody: A Reversal to Patriarchal Power*, Canadian Journal of Women and the Law, vol. 3º, nº 1, 1989, p. 35.

5.6. Inconvenientes do exercício conjunto das responsabilidades parentais e da guarda conjunta ou partilhada

A guarda conjunta é encarada por uns com optimismo, como se se tratasse de uma panaceia para os problemas da criança após o divórcio e por outros, com cepticismo, sendo considerada uma fonte de conflitos entre os pais e de instabilidade para a criança. Para os primeiros, a guarda conjunta representa uma situação semelhante às relações originais existentes entre pais e filhos, durante a constância do casamento. Para os segundos, trata-se de um conceito antitético ao conceito de divórcio, que torna impossível a capacidade de cooperação entre os pais, pois cria inevitavelmente ressentimentos e conflitos.

Estudos realizados nos E.U.A.[592] demonstram que a guarda conjunta legal[593] não é nem a solução para os efeitos do divórcio nem uma fonte de conflitos nas famílias afectadas por tal situação[594]. Os autores concluem que os dados recolhidos sugerem que a guarda conjunta legal não tem qualquer efeito significativo em nenhum destes aspectos (visitas durante a noite, contacto com o pai e envolvimento deste no processo de decisão; relação entre os pais e apoio financeiro), uma vez tomadas em conta as diferenças iniciais entre o grupo de famílias em guarda única e o grupo de guarda conjunta legal. No entanto, os autores reconhecem o valor simbólico da guarda conjunta legal e os seus efeitos potenciais na percepção dos papéis de ambos os sexos. Neste sentido, a importância do exercício conjunto das responsabilidades parentais reside no facto de consistir numa afirmação legislativa de que os pais são igualmente responsáveis pelos/as filhos/as após o divórcio.

O nosso legislador adoptou uma posição optimista em relação à maturidade dos pais e ao respeito destes pela personalidade da criança e pelos seus

---

[592] Cfr. CATHERINE L. ALBISTON/ELEANOR E. MACCOBY/ROBERT MNOOKIN, *Does joint legal custody really matter?*, Law & Policy, vol. 2, nº 1, 1990, p. 167 e ss. Este estudo incide sobre famílias, em que o divórcio foi decretado e a guarda dos/as filhos/as determinada em Setembro de 1989. 328 famílias estavam submetidas a um regime de guarda conjunta legal e 121 a uma decisão de guarda maternal. A informação foi obtida através de duas fontes: a gravação judicial e entrevistas telefónicas com os pais, que demoravam aproximadamente uma hora. As famílias em guarda conjunta legal foram comparadas com as famílias em guarda única maternal, com base nos seguintes critérios: 1) envolvimento (visitas durante a noite, contacto com o pai e participação do pais nas decisões); 2) relação parental; 3) apoio financeiro.
[593] A guarda conjunta legal (*joint legal custody*) é a expressão equivalente ao exercício conjunto das responsabilidades parentais com a fixação de uma residência habitual da criança.
[594] Estudos realizados em França e na Alemanha demonstram que a exigência de acordo entre os pais quanto às decisões importantes relativamente à vida da criança não cria uma multiplicação de conflitos entre os pais após o divórcio nem um número maior de acções de modificação das responsabilidades parentais, contestando o princípio do exercício conjunto das responsabilidades parentais. Cfr. HUGHES FULCHIRON, *Une nouvelle réforme de l'autorité parentale*, ob. cit., p. 121-122 e OELKERS/KASTEN/OELKERS, *ob. cit.*, p. 1082-1083.

direitos, no momento do divórcio. No entanto, foi suficientemente cauteloso para permitir o exercício conjunto das responsabilidades parentais só nos casos em que ambos os pais o desejam.

Esta opção do legislador, contudo, pode trazer perigos para a criança, denunciados nos E.U.A., pela crítica feminista à guarda conjunta. Tratam-se, como vimos, das alterações ao poder negocial dos pais, no momento destes acordarem nas consequências do divórcio[595].

Por outro lado, nas famílias em que há uma história de violência doméstica, não é aconselhável o exercício conjunto das responsabilidades parentais, pois, as mulheres, obrigadas a manter contacto com os ex-maridos, estão sujeitas ao controlo destes e a abusos[596].

No entanto, nem todas as representantes da corrente feminista nos EUA se opõem à guarda conjunta. Para algumas autoras[597], as críticas feministas à guarda conjunta centraram-se nos efeitos imediatos desta e ignoraram o poder simbólico da lei para alterar as expectativas e abolir estereótipos. Defendem, consequentemente, que é possível aplicar a guarda conjunta, sem prejudicar as mulheres, desde que a lei preveja um conjunto de regras susceptíveis de evitar os inconvenientes referidos: a guarda conjunta não poderia ser decretada em famílias com uma história de violência ou abuso físico, a *friendly parent provision* não poderia ser aplicada contra o progenitor que se opõe à guarda conjunta de boa fé, a obrigação de alimentos não poderia ser eliminada.

No entanto, entendemos ser importante chamar a atenção para o facto de o entusiasmo pelo exercício conjunto das responsabilidades parentais, recentemente introduzido no nosso país, poder tornar-se uma ilusão – pois a maior parte dos homens, apesar de terem poderes legais relativamente à criança, se não se empenharem em manter um contacto contínuo com estas, continuarão tão afastados da vida dos/as filhos/as como nos sistemas de guarda única/exercício unilateral das responsabilidades parentais. A vantagem desta lei é a de atribuir efeitos jurídicos à atitude daqueles homens que reivindi-

---

[595] *Vide supra* p. 27 e ss.
[596] Neste sentido, *vide* CHARLOTTE GERMANE, MARGARET JONHSON/NANCY LEMON, *Mandatory Custody Mediation and Joint Custody Orders in California: The Danger for Victims of Domestic Violence*, Berkeley Women's Law Journal, vol. 1, nº 1, 1985, p. 188 e ss. Em virtude destes perigos, as autoras propõem que seja proibida a imposição da guarda conjunta a famílias em que existe uma história de violência doméstica. Vide, p. ex., Colorado (Colo. Rev. Stat. § 14-10-123.5, Supp. 1986), onde a guarda conjunta é considerada contrária ao interesse da criança quando um dos pais cometeu um crime contra o outro ou contra os/as filhos/as. Cfr. DORIS JONAS FREED/TIMOTHY B. WALKER, *Family Law in the Fifty States*, FamLQ, nº 4, vol. XXI, 1988, p. 523-524.
[597] *Vide* por exemplo KATHARINE T. BARTLETT/CAROL B. STACK, *Joint Custody, Feminism and the Dependency Dilemma*, Berkleley Women's Law Journal, vol. 2, 1986, p. 28 e ss.

cam para si o lado afectivo da relação com a criança no dia-a-dia, entendido tradicionalmente como um privilégio ou um encargo das mulheres. Contudo, juízes, advogados e mediadores de conflitos familiares devem estar atentos ao comportamento estratégico dos pais, susceptíveis de prejudicar, de um ponto de vista económico, as crianças e as mães, que continuarão, na maioria dos casos, a ser o progenitor que reside habitualmente com os/as filhos/as.

Quanto à guarda conjunta física, em que a criança reside alternadamente com cada um dos pais, os seus defensores afirmam que, pelo facto de a criança manter contacto com ambos os pais, ficam atenuados os sentimentos de luto e de abandono normalmente associados ao divórcio. A criança manteria, assim, dois progenitores psicológicos, cujos estilos de vida, valores e concepções contribuiriam para a modelação da sua personalidade de uma forma mais diversificada e completa. A vantagem em relação ao tradicional direito de visita dos regimes de guarda única seria, para além da quantidade de tempo, a qualidade deste, ou seja, o contacto seria mais frequente e regular, envolvendo a coabitação com cada um dos pais numa base de interacção diária, o que permitiria uma proximidade e uma naturalidade de relações[598]. Esta continuidade de relações abrange não só os pais mas também os parentes do lado do pai e da mãe, os quais têm para a criança, normalmente, um grande valor afectivo, desempenhando uma função de apoio e compensação relativamente a esta, sobretudo se os pais exercem ambos uma actividade profissional[599].

Para além de uma melhor adaptação da criança, nos termos descritos, a guarda conjunta aumentaria também o grau de satisfação dos pais. Confrontada com a solução tradicional – guarda única confiada à mãe e direito de visita a favor do pai –, a guarda conjunta, aumentando os poderes do pais em relação à educação dos/as filhos/as e potenciando a sua convivência mútua fora dos moldes rígidos da visita, permite evitar o desinteresse e o afastamento do progenitor não guardião e até, segundo alguns autores[600], diminuir a percentagem de não pagamento da obrigação de alimentos por parte do progenitor que não reside com a criança. A guarda conjunta física, implicando uma divisão da responsabilidade quotidiana pelos dois pais, evita

---

[598] A guarda conjunta, segundo L. SALK, *What every child would like his parents to know*, 1972, p. 89 apud MILLER, *Joint Custody*, FamLQ, vol. XIII, nº 3, 1979, p. 363, proporciona às crianças até mais atenção por parte dos pais do que na família nuclear.
[599] Cfr. FTHENAKIS, *ob. cit.*, 5. 4. 2. 2.
[600] Cfr. JESSICA PEARSON/ NANCY THOENNES, *Supporting Children After Divorce: The Influence of Custody on Support Levels and Payment*, FamLQ, vol. XXII, nº 3, 1988, p. 329-330. Em sentido diferente, *vide* PHYLLIS CHESLER, *Mothers on Trial*, The Seal Press, 1986, p. 381-382 para quem o pai pede a guarda conjunta, a maior parte das vezes, para fugir à obrigação de alimentos.

a fadiga psicológica e emotiva geralmente sentida pela mãe, quando é a única a cuidar da criança e a exercer o poder paternal.

Diz-se ainda que a igualização dos direitos e responsabilidades dos pais diminui a conflitualidade e encoraja a cooperação entre estes[601], pois, deixa de haver um perdedor e um vencedor, o que reduz a tentativa de denegrir a imagem um do outro através de acusações mútuas[602]. Por outro lado, mesmo que num período inicial subsista alguma conflitualidade entre os pais, estes tendem, com a passagem do tempo, a ultrapassarem os seus conflitos, adaptando-se à nova situação e relacionando-se de uma forma pragmática.

Diferentemente, os opositores da guarda conjunta afirmam que esta, quando envolve alternância de residência, provoca à criança uma grande instabilidade, sensações de ansiedade e de insegurança. O contacto com ambos os pais é susceptível de gerar conflitos de lealdade na criança, tentativas de manipulação dos pais, problemas de disciplina, devido à exposição destas a diferentes modelos de educação e de estilos de vida. Alguns autores[603] salientam ainda que a guarda conjunta física faz a criança viver uma fantasia de reconciliação dos pais, dificultando a sua adaptação ao divórcio daqueles.

Estudos levados a cabo nos E.U.A. quanto aos efeitos da guarda conjunta física demonstram que as crianças apesar de manterem uma relação mais estreita com ambos os pais não mostram nem menos perturbações nem melhor adaptação social do que as crianças em guarda única[604]. A guarda conjunta não minimiza o impacto negativo nas crianças durante os primeiros anos pós-divórcio. A forma de guarda exerce uma influência mínima na adaptação psicológica da criança. Outros factores familiares pesam mais: a ansiedade ou depressão da mãe, o funcionamento emocional dos pais na separação, o grau de conflito entre os pais um ano mais tarde, a idade, o sexo e o temperamento da criança.

---

[601] Cfr. os estudos citados por FRANZ DICKMEIS, *Die gemeinsame Sorge – ein engagiertes Plädoyer*, ZfJ, 1989, p. 57.

[602] Contudo, o facto de o exercício das responsabilidades parentais ser conjunto não atenua necessariamente o conflito entre os pais quanto ao destino dos/as filhos/as, pois permite que este se desloque da questão da atribuição da guarda para a fixação da residência da criança. Afirma-se mesmo que normalmente o conflito dos pais se situa em torno da residência da criança e não em torno das grandes questões da educação desta.

[603] Cfr. RAINER BALLOF, *ob. cit.*, p. 447-448 e JACK WESTMAN, *Joint Custody from the child's point of view*, in *Joint custody, A handbook for judges, lawyers and counselors*, The Association of Family Courts, May 1979, p. B 39 e ss.

[604] Cfr. MARSHA KLINE/JEANNE M. TSCHANN/JANET R. JONHSTON/JUDITH WALLERSTEIN, *Children's adjustement in joint and sole physical custody families*, Developmental Psychology, 1989, vol. 25, nº 3, p. 430-438. Este estudo incidiu sobre 93 crianças de idade compreendidas entre os 3 e os 14 anos. As crianças foram observadas dentro de um ano depois de os pais pedirem o divórcio, um ano e dois anos mais tarde.

De acordo com a idade das crianças, as consequências da guarda conjunta são as seguintes: As crianças de 3 a 5 anos mostram mais perturbações de comportamento do que as de 1 a 2 anos: pesadelos crónicos e nervosismo ocasionados pelas muitas mudanças a que estão sujeitas[605]. A razão que explica esta situação é que as crianças desta idade enfrentam complexos desafios de desenvolvimento.

As crianças da escola primária são as que estão mais bem equipadas para se adaptarem à guarda conjunta. Adaptam-se a ter relações diferentes com pessoas diferentes e cooperam com as mudanças mais facilmente do que as crianças mais novas.

Em relação aos adolescentes não há informação suficiente. Mas a maior parte prefere viver numa só casa, pois tal solução é mais compatível com as suas vidas sociais.

Verifica-se, nesta matéria, uma contradição entre as assunções populares sobre a guarda conjunta e os resultados da investigação científica sobre os seus efeitos. Em estudos longitudinais sobre a adaptação das crianças ao divórcio, com entrevistas feitas, às crianças, um ano e cinco anos após o divórcio, assim como 25 anos depois, já na idade adulta, ficou demonstrado que a guarda conjunta não diminui o sofrimento causado às crianças com o divórcio nem constitui a panaceia para os problemas gerados pelo divórcio[606]. As consequências do divórcio para as crianças – o medo de serem abandonadas pelos pais – são as mesmas, qualquer que seja a forma de guarda[607].

Não há conhecimentos suficientes para que a guarda conjunta possa ser considerada pelo legislador como um interesse público que faça dela um modelo preferido ou uma presunção legal[608]. No entanto, quando acordada pelos pais, a guarda conjunta tem a vantagem de permitir que os homens se

---

[605] Cfr. ROSEMARY MCKINNON/JUDITH WALLERSTEIN, *Joint custody and the prescooler child*, Behavioral Sciences and the Law, vol. 4, nº 2 1986, p. 169. As investigações incidiram sobre 25 famílias com crianças de idade compreendida entre os 14 meses e os 5 anos, durante os anos de 1981 e 1985. Das crianças de 1 a 2 anos adaptaram-se bem 3 em 7. Tal deve-se à cooperação entre os pais que isolam os seus conflitos pessoais da relação com a criança. As que se adaptam menos bem são vítimas do contínuo conflito entre os pais e da deficiente capacidade destes. Das crianças de 3 a 5 anos, só 3 em 19 estão bem; das outras 16 crianças, 10 estão menos bem e as restantes seis estão perturbadas. Trata-se de crianças cujos pais as rejeitam ou que presenciaram violência familiar antes e depois do divórcio.
[606] JUDITH WALLERSTEIN/JOAN KELLY, *Surviving the Breakup, How children and parents cope with divorce*, Basic Books, 1980; WALLERSTEIN/BLAKESLEE, *Second Chances, Men, Women and Children a Decade After Divorce*, New York,1989; WALLERSTEIN/LEWIS/BLAKESLEE, *The Unexpected Legacy of Divorce, A 25 Year Landmark Study*, 2002.
[607] JUDITH WALLERSTEIN/JOAN KELLY, *Surviving the Breakup*, ob. cit., p. 267.
[608] Cfr. WALLERSTEIN/BLAKELEE, *ob. cit.* p. 258.

sintam mais comprometidos com a educação dos seus filhos, desencorajando-
-os de se afastarem da vida daqueles e incentivando-os a proporcionar-lhes
maior apoio financeiro[609]. Mas a execução da guarda conjunta não é fácil.
Requer que os dois pais sejam capazes de manter um compromisso ao longo
do tempo e de criar para os/as filhos/as uma zona livre de conflitos. Por outro
lado, é preciso ter em conta que a guarda conjunta física é uma situação
muito exigente para a criança e nem todas têm a flexibilidade necessária
para mudar constantemente de casa e para se adaptar a ambientes diferentes.
A transição entre duas casas pode reforçar a ansiedade da criança em relação
à constância e confiança nas pessoas e nos lugares. O temperamento básico
da criança é o principal factor que contribui para a sua adaptação.

Apesar de estes estudos não serem muito favoráveis à guarda conjunta
física, não devem desencorajar os pais de tentar pôr de lado os seus conflitos
e fazer funcionar uma forma de guarda conjunta que possa satisfazer melhor
as necessidades da criança. A avaliação das crianças apenas foi feita a curto
prazo[610], o que não excluía a possibilidade de, a longo prazo, a relação com
os dois progenitores psicológicos poder trazer vantagens para a formação da
personalidade da criança[611]. Contudo, os estudos posteriores que analisam os
efeitos do divórcio na vida adulta dos/as filhos/as de pais divorciados (25 anos
após o divórcio) não encontraram diferenças significativas entre os casos de
guarda única e os casos de guarda conjunta[612]. Esta, a longo prazo, não gera
qualquer diferença na personalidade das pessoas adultas filhas de pais divorciados, quando comparadas com as que viveram em guarda única, revelando
os/as filhos/as de pais divorciados, na idade adulta, independentemente de
qual foi a forma de guarda adoptada, dificuldade de compromisso nas relações afectivas, por medo de rejeição, traição, fracasso ou perda repentina[613].

As autoras confirmam que a guarda conjunta como presunção legal para
todas as crianças é uma política desajustada e irrealista, defendendo, antes,
processos de decisão em que os desejos e as necessidades das crianças sejam
atendidos, assim como soluções talhadas de acordo com as circunstâncias
individuais de cada família e revisíveis à medida que a criança se desenvolva
e mudem as condições da sua vida, bem como as suas necessidades[614].

---

[609] Cfr. JUDITH WALLERSTEIN/JANET R. JONHSTON, *Children and divorce*, ob. cit., p. 202.
[610] Para uma descrição e apreciação destes estudos *vide* SOTTOMAYOR, M. C.,*Exercício das responsabilidades parentais...ob. cit.*, p. 323-344.
[611] Cfr. JUDITH WALLERSTEIN/JANET R. JONHSTON, ob. cit., p. 202.
[612] Cfr. WALLERSTEIN, J./LEWIS, J./BLAKESLEE, S., *The Unexpected Legacy of Divorce, A 25 Year Landmark Study*, U.K., 2002, p. 167-175.
[613] WALLERSTEIN/LEWIS/BLAKESLEE, *The Unexpected Legacy of Divorce...*, ob. cit. , pp. 234 e ss.
[614] *Idem*, p. 175.

5.6.1. Violência doméstica

A atribuição à figura primária de referência da criança do direito de recusar a guarda conjunta parece uma solução pouco justa, mas é necessária para proteger as mulheres vítimas de violência doméstica, pois, a violência é difícil de provar e muitas mulheres não gostam de a revelar, de acordo com a tradicional relutância em expôr assuntos da família a estranhos, mesmo quando se trata de violência sobre as mulheres e sobre as crianças[615]. Por outro lado, o poder judicial revela hostilidade relativamente a alegações de violência doméstica, considerando-as uma estratégia manipuladora ou vingativa por parte das mães para recusar o direito de visita ou a guarda conjunta[616]. Para além desta atitude de suspeita, alguns juízes pensam que um progenitor pode ser bom para os/as filhos/as mesmo que seja brutal para o outro cônjuge[617] e, por falta de informação, não estão preparados para lidar com problemas tão complexos. É provável que se verifique nos juízes, tal como na generalidade das pessoas, uma tendência para culpabilizar a mulher vítima de violência pelo facto de permanecerem na relação[618], atitude que desvaloriza

---

[615] Cfr. os estudos referidos por LOURENÇO, Nelson/LISBOA, Manuel/PAIS, Elza, *Violência contra as Mulheres*, Cadernos da Condição Feminina nº 48, Comissão para a Igualdade e para os Direitos das Mulheres, 1997, p. 29, nota 13.

[616] MASON, Mary Ann, *The Custody Wars... ob. cit.*, p. 144.

[617] Para uma referência a casos em que os tribunais norte-americanos atribuíram a guarda dos/ /as filhos/as a progenitores que exerciam violência sobre o cônjuge vide MASON, Mary Ann, *The Custody Wars...* p. 150.

[618] Para evitar este juízo de valor sobre as mulheres vítimas de violência é necessário informação sobre o chamado síndroma da mulher agredida, o qual se caracteriza por passividade, incapacidade de pedir ajuda desenvolvida como uma forma de auto-protecção contra o terror da violência imprevisível, perda do sentimento de identidade e de auto-determinação, incapacidade de abandonar o agressor ou falta de vontade de o fazer, por medo das consequências. Cfr. WALKER, Lenore, *The Battered Woman*, New York: Harper and Row, 1979. As mulheres vítimas de violência doméstica têm sentimentos de culpa, baixa auto-estima e sofrem de desespero, depressão e ansiedade. Cfr. LOCKTON, Deborah/ /WARD, Richard, *Domestic Violence*, Cavendish Publishing Limited, London. Sydney, p. 22-23. Não são as características da personalidade da mulher que geram a violência mas sim o exercíco de poder do homem dentro da família. Cfr. MORLEY, Rebecca, *Is Law Reform a Solution to Domestic Violence? A look at recent family law reform on protection from domestic violence*, in SOTTOMAYOR, Maria Clara/ /TOMÉ, Maria João, *Direito da Família e Política Social*, Congresso realizado na Universidade Católica, Centro Regional do Porto, 1 a 3 de Outubro de 1998. A violência doméstica constitui o reflexo da estrutura e da ideologia das sociedades patriarcais que definem um papel subordinado da mulher e um processo de socialização que perpetua a aceitação desse papel. Sobre a explicação feminista da violência doméstica vide LOCKTON, Deborah/WARD, Richard, *Domestic Violence, ob.cit.*, p. 30-32. Para a análise feminista, a agressão física da mulher pelo marido ou companheiro é uma forma de violência sexual, estando a violência associada à não conformação da mulher com as exigências de género e ocorrendo, por isso, dentro de casa, na cozinha ou no quarto. Cfr. MACKINNON, Catherine A., *Toward a Feminist Theory of the State, ob. cit.*, p. 178. Para uma explicação histórica da imunidade

o comportamento do agressor, violador de direitos humanos fundamentais. É esta atitude, juntamente com o sentimento de que a violência doméstica é menos grave do que a violência cometida por um estranho (lembremo-nos do velho ditado *"entre marido e mulher ninguém mete a colher"*), que faz com que se perpetue na sociedade a violência e com que as próprias vítimas a aceitem[619].

Diferentemente do que muitos pensam, a violência doméstica não é um fenómeno marginal. A violência entre um casal é predominantemente violência dos homens sobre as mulheres[620]. Pensa-se que é um factor determinante em um em cada três divórcios[621] e que está relacionada com abuso de crianças[622]. Como descreve a investigação conduzida em Inglaterra, os/as filhos/as, muitas vezes, assistem ou conhecem a violência doméstica e, em consequência, sofrem de problemas emocionais, comportamentais, intelectuais e físicos[623].

---

social e jurídica de que goza o agressor das mulheres *vide* SIEGEL, Reva B., *"The Rule of Love": Wife Beating as Prerogative and Privacy*, The Yale Law Journal, volume 105, nº 8, 1996, p. 2117-2207. A violência doméstica é considerada como uma "manifestação da desigualdade histórica da relação de poder entre os sexos, da tradicional concepção de subordinação e de inferioridade da mulher face ao homem, em suma como uma forma de discriminação." PAIS, Marta Santos, *Violência contra as Mulheres*, Documentação e Direito Comparado, Lisboa, 1998, p. 60. Para mais explicações sobre a origem da violência doméstica contra as mulheres *vide* AA.VV., *La violencia sobre la mujer en el grupo familiar. Tratamiento Jurídico y Psicosocial*, Colex, Madrid, 1999. Para uma descrição do fenómeno da violência e das estruturas sociais que o legitimam *vide* SILVA, Luísa Ferreira, "O direito de bater na mulher" – violência interconjugal na sociedade portuguesa, Análise Social, vol. XXVI, nº 111, 1991, p. 385-397. Sobre a campanha europeia contra a violência doméstica, *vide Violência Contra as Mulheres: Tolerância Zero, Actas da Conferência europeia*, Cadernos da Condição Feminina, CIDM, Lisboa 2000.

[619] São as próprias mulheres a admitir que os homens, em certas circunstâncias, lhes possam bater. *Vide* os estudos realizados por Luísa Silva, na zona do Porto, em 1995 citados em LOURENÇO, Nelson//LISBOA, Manuel/PAIS, Elza, *Violência contra as Mulheres*, ob.cit., p. 29, nota 13.

[620] MORLEY, Rebecca, *Is Law Reform a Solution to Domestic Violence?... ob. cit.* A violência doméstica representa 25% dos crimes violentos; uma em cada 10 mulheres, em cada ano, experimenta violência de companheiros ou maridos, e entre um terço ou um quarto, já experimentaram violência nalguma altura das suas vidas de mulher adulta.

[621] Cfr. MORLEY, Rebecca, *Is Law Reform a Solution to Domestic Violence?... ob. cit.*

[622] Cfr. MORLEY, Rebecca, *Is Law Reform a Solution to Domestic Violence? ob. cit.*: "Por vezes, as crianças são envolvidas em incidentes de violência e são elas mesmas agredidas. A violência doméstica é também uma ameaça para crianças não nascidas, pois as mulheres são frequentemente agredidas durante a gravidez, sobretudo no abdómen. Há uma relação forte entre abuso de crianças e violência contra as mulheres. Em famílias em que as crianças estão a ser fisicamente agredidas, há uma grande probabilidade de as mulheres também serem agredidas e em ambos os casos o agressor é o pai da criança".

[623] Estudos recentes descrevendo as consequências da violência doméstica nas crianças através da comparação entre três grupos de crianças (crianças que assistem à violência e são vítimas de violência, crianças que somente assistiram à violência entre os pais e crianças escolhidas casualmente de entre a população) concluem que as crianças que pertencem ao primeiro grupo experimentam mais problemas comportamentais, nomeadamente uma tendência para a agressividade, do que os outros dois grupos; e que as crianças que pertencem ao segundo grupo apresentam níveis de

As crianças expostas à violência conjugal são usadas como arma de arremesso pelo agressor, que tenta minar a relação afectiva dos/as filhos/as com a mãe, necessitando as crianças de protecção contra regimes impostos de visitas e as mulheres de apoio no exercício da parentalidade[624]. As crianças que assistem à violência do pai contra a mãe são crianças em perigo ao abrigo do art. 3º, alíneas b) e e) da LPCJP, porque sofrem maus tratos psíquicos e estão sujeitas, de forma directa ou indirecta, a comportamentos que afectam gravemente a sua segurança ou o seu equilíbrio emocional. O MP deve, no processo de regulação das responsabilidades parentais, com base no art. 148º, nº 3, al. b) da O.T.M., requerer a aplicação de uma medida judicial de protecção, nomeadamente, a medida de apoio junto da mãe (art. 35º, al a) da LPCJP) e a suspensão do regime de visitas do agressor. A lei que consagra medidas de protecção e de assistência às vítimas de violência doméstica (Lei 112/2009, de 16 de Setembro), contudo, apenas obriga à instauração de processos de promoção e protecção, bem como de processos-crime, nos casos em que as crianças foram vítimas directas de violência, apresentando a lacuna de não considerar expressamente como vítimas de maus tratos psíquicos aquelas que assistem à violência contra a mãe[625]. Entendemos, portanto, que as

---

ansiedade mais altos e níveis de competência social mais baixos do que a população em geral. Registam-se, também, nas crianças que vivem em situações de violência doméstica, doenças psicosomáticas, regressão de desenvolvimento, sono agitado e insónias. Alguns destes sintomas tendem a verificar-se em grupos particulares conforme as idades: crianças em idade pré-escolar estão frequentemente doentes, são profundamente tímidas e têm uma baixa auto-estima; crianças em idade escolar têm pesadelos, desordens alimentares, auto-flagelação repetida, falta de motivação, sucesso escolar pobre, isolamento e depressão. Sobre estes estudos vide PARKINSON, Patrick/HUMPHREYS, Catherine, *Children who witness domestic violence – the implications for child protection*, Child and Family Law Quarterly, Volume 10, nº 2, 1998, p. 147-159, em especial, p. 150-151. Em Portugal, o estudo de MONTEIRO, Fátima Jorge, *Mulheres Agredidas pelo Maridos: De Vítimas a Sobreviventes*, Organizações Não Governamentais do Conselho Consultivo da Comissão para a Igualdade e para os Direitos das Mulheres, Lisboa, 2000, p. 63-65, demonstra que a violência doméstica contra a mulher gera nos/as filhos/as problemas de saúde mental, constituindo a violência contra a mulher uma forma de abuso psicológico em relação às crianças, que implica também ameaças e coacção sobre os/as filhos/as, agressões físicas em relação a estes, negligência por parte da mãe e afastamento dos/as filhos/as para casa de familiares.

[624] Cf. SANI, Ana, *Vitimação indirecta de crianças em contexto familiar*, Análise Social, vol. XLI (180), 2006, pp. 849-864; IDEM, *Mulher e mãe no contexto de violência doméstica*, Ex aequo, nº 18, 2008; IDEM, *As crianças e a violência*, Quarteto, Braga, pp. 38-50.

[625] Vejam-se os artigos 53º, nº 6 e 71º, nº 2 da Lei 112/2009, de 16 de Setembro, que prevêem, respectivamente, o seguinte: "Nos casos em que as vítimas de violência doméstica sejam crianças ou jovens de menor idade, incumbe à Comissão Nacional de Protecção das Crianças e Jovens em Risco e às comissões de protecção das crianças e jovens estabelecer os procedimentos de protecção e "Quando os responsáveis das casas de abrigo encontrem motivos de fundada suspeita de terem os/as filhos/as menores acolhidos sido também vítimas de violência doméstica, devem denunciar

normas da Lei 112/2009 se aplicam analogicamente à situação das crianças que assistem à violência do pai contra a mãe. O exercício conjunto das responsabilidades parentais, obrigando a mulher a comunicar com o ex-marido para tomar decisões relativamente à vida do/a filho/a, coloca-a em perigo de ser continuamente agredida, e cria o risco de a criança assistir a cenas de violência entre os pais, ou, de ser também, ela própria, vítima de violência directamente ou quando tenta defender a mãe[626].

Um estudo sobre a violência doméstica em Portugal[627] demonstra que o grupo das mulheres separadas e divorciadas é o grupo em que a violência tem um peso mais alto e que se trata de um fenómeno transversal na sociedade, não estando relacionado com o estereótipo do homem alcoólico das classes mais desfavorecidas. No mesmo sentido, estudos feitos em Inglaterra demonstram que a violência continua após a separação e que os homens percorrem grandes distâncias para encontrar as mulheres, correndo estas grandes riscos de serem agredidas ou mortas, quando tentam romper a relação ou procurar ajuda[628]. A violência não acaba necessariamente com o divórcio, pois a separação e o esforço contínuo de manter distância podem enraivecer ainda mais o agressor, tornando-se o direito de visita ou o exercício conjunto das responsabilidades parentais mais uma oportunidade para a continuação da violência[629]. Deve, portanto, presumir-se que o progenitor que tem uma história de violência doméstica não pode assumir a guarda dos/as filhos/as nem deve ser decretado, nestes casos, o exercício conjunto das responsabilidades. Independentemente da ocorrência de violência doméstica, o contacto da criança com ambos os pais é também prejudicial a esta no caso de relações altamente conflituosas, fazendo-a passar por conflitos de lealdade e perturbações comportamentais e emocionais. A estes resultados conduziram vários estudos realizados nos E.U.A. e elaborados por autores com diferentes ideologias relativamente à guarda conjunta sobre os efeitos da relação frequente da criança com ambos os pais quando entre estes existe uma conflitualidade elevada[630].

---

imediatamente tal circunstância ao Ministério Público, por meio e forma que salvaguardem a confidencialidade da informação."

[626] Estudos feitos noutros países europeus revelam que uma percentagem de 25% a 35% destes pais abusa também dos/as filhos/as. Cfr. MORLEY, Rebecca, *Is Law Reform a Solution to Domestic Violence ? ... ob.cit.*, Nos EUA, esta percentagem é de 50%. Cfr. MASON, Mary Ann, *The Custody Wars... ob. cit.*, p. 151.

[627] LOURENÇO, Nelson/LISBOA, Manuel/PAIS, Elza, *Violência contra as Mulheres, ob. cit.*, p. 37, 118 e 120.

[628] MORLEY, Rebecca, *Is Law Reform a Solution to Domestic Violence? Ob. cit.*

[629] MASON, Mary Ann, *The Custody Wars...*, p. 150-151.

[630] Sobre estes estudos *vide* SOTTOMAYOR, Maria Clara, *Exercício das responsabilidades parentais... ob. cit.*, p. 323 e ss

Homens violentos pedem com frequência o exercício do direito de visita em relação aos/as filhos/as menores, usando-os como um meio de chantagem em relação à mulher e pondo em risco a sua segurança[631]. O nosso Código Civil deixa as vítimas de violência doméstica desprotegidas, pois, presume ser no interesse da criança a manutenção de uma relação de grande proximidade com o progenitor a quem não foi confiada a guarda (art. 1906º, nº 7). A violência contra as mulheres e contra as crianças não é um problema privado mas público e político, no sentido em que o entende a teoria feminista do direito, segundo a máxima "o pessoal é político e o privado é público"[632].

Julgamos que a solução legislativa de tornar público o crime de violência doméstica deve ser acompanhada de medidas eficazes de protecção, sob pena de as vítimas correrem perigo de vida. Para combater esta forma de criminalidade não a podemos desculpar em razões históricas e culturais nem ter a ingenuidade de acreditar em mudanças de comportamento sem repressão penal. Neste contexto, os Tribunais devem aplicar, com maior frequência, a medida de coacção de prisão preventiva, com base no art. 202º, al. b) do CPP, que a admite quando houver fortes indícios de prática de crime doloso de terrorismo, criminalidade violenta ou altamente organizada punível com pena de prisão de máximo superior a 3 anos, na medida em que o crime de violência doméstica se integra no conceito de criminalidade violenta definido no art. 1º, al. j) do CPP.

A prisão preventiva, privando o arguido da liberdade, evita que as mulheres e as crianças tenham que recorrer a casas de abrigo localizadas normalmente noutras cidades, e que provocam a desinserção social das mães e das crianças, instabilidade no desenvolvimento escolar e social destas, bem como precariedade de emprego para as mulheres. A lógica da protecção das vítimas sem privação da liberdade do arguido tem o efeito perverso de fazer com que seja o grupo das vítimas a suportar as consequências negativas da queixa-crime para o seu projecto de vida, solução que é jurídica e eticamente inaceitável.

5.6.2. Obrigação de alimentos

O exercício conjunto das responsabilidades parentais prejudica também as crianças de um ponto de vista económico. Sabemos já que os acordos relativos à regulação das responsabilidades parentais são muitas vezes o resultado de negociações prévias entre os pais ou entre os seus advogados, em que o pai para fugir ao pagamento da obrigação de alimentos ameaça pedir a guarda dos/as filhos/as, cedendo a mãe, por medo de perder a custódia

---

[631] Cfr. MASON, Mary Ann, *The Custody Wars...*, ob. cit., p. 151.
[632] Cfr. MACKINNON, C.A., *Toward a Feminist Theory of the State*, ob. cit..

dos/as filhos/as, em montantes mais baixos de alimentos. O exercício conjunto das responsabilidades parentais vem a ser mais uma arma para este efeito, permitindo ao progenitor obrigado a alimentos reduzir ou eliminar esta obrigação, a pretexto de que paga estes alimentos em espécie durante as estadias mais longas do/a filho/a em sua casa, estadias e prestações em espécie que depois não chegam a verificar-se. O exercício conjunto das responsabilidades parentais vem, assim, aumentar a pobreza das famílias monoparentais, já entre as mais vulneráveis economicamente.

A limitação do exercício conjunto das responsabilidades parentais aos casos em que existe um acordo sincero por parte de ambos os pais, igualmente empenhados na educação da criança, e a correspondente proibição de impor esta solução contra a vontade da figura primária de referência, constituem medidas aptas a evitar que conflitos sobre a guarda dos/as filhos/as sejam usados como chantagem para obter vantagens económicas. Os juízes devem ainda controlar cuidadosamente a adequação do montante da obrigação de alimentos fixado no acordo aos custos reais de educar uma criança e às necessidades desta e, no caso, de se tratar de um adolescente, a vontade e os desejos da criança relativamente ao exercício conjunto das responsabilidades parentais devem ser auscultados pelo tribunal.

5.6.3. Estudos sobre o efeito da alternância de residência nas crianças

Para além de a partilha da guarda ser desaconselhável, nos casos de violência doméstica e de abuso sexual, ou noutras situações de perigo para o interesse da criança, como toxicodependência ou alcoolismo de um dos pais, negligência parental, ou outros maus-tratos, a investigação científica tem concluído que também é desaconselhável a dupla residência da criança, nos casos de conflitualidade elevada entre os pais, e que, mesmo nos casos de acordo, não deve, em regra, ser aplicada em relação a crianças em idade pré-escolar.

JENNIFER MCINTOSH concluiu, nos seus estudos, que se verifica um risco para as crianças cuja guarda está dividida pelos dois progenitores, quando estes carecem de uma dinâmica relacional para manter um ambiente saudável para os filhos, e que existe uma relação entre o conflito continuado entre os pais e altos níveis de angústia dos filhos[633]. Os investigadores advertem para o perigoso impacto da implantação generalizada de uma guarda partilhada, sobretudo para crianças pequenas submetidas a acordos desadequados ao

---

[633] Cf. RICHARD CRISHOLM/JENNIFER MCINTOSH, «Cautionary notes on the shared care of children in conflicted parental separations», *Family Relationships Quarterly Issue*, nº 8, 2008, pp. 3-4; JENNIFER MCINTOSH/ RICHARD CRISHOLM, «Shared Care and Children's Best Interests in Conflicted Separation. A Cautionary Tale from Current Research», *Australian Family Lawyer*, Vol. 20, nº 1, pp. 1-11.

seu desenvolvimento. As crianças estão particularmente em risco na presença de certos factores: níveis baixos de maturidade e discernimento dos pais; disponibilidade emocional pobre para os filhos; níveis elevados de conflito parental; clima de amargura psicológica significativa entre os pais; um ou ambos os pais consideram que a criança está em risco quando entregue aos cuidados do outro[634].

Os autores realizaram uma revisão da literatura sobre a guarda de crianças após o divórcio e concluíram que "O desenvolvimento emocional saudável das crianças depende da sua experiência inicial de uma relação continuada, acompanhada da prestação de cuidados emocionais, através dos quais as crianças aprendem a formar um vínculo organizado e a desenvolver as suas capacidades humanas para pensar e estabelecer relações com os outros"[635].

A criança de tenra idade cria, normalmente, um vínculo mais intenso com um dos pais e quando muda para a residência do outro, tal não significa que o vínculo principal de segurança e afecto se transfira automaticamente para este progenitor, ou que a criança tenha com ambos os pais necessariamente uma vinculação igual, sobretudo se um dos pais, durante a vida em comum, não cuidava da criança ou se nunca coabitou com a mãe. A redução do tempo da criança com o seu progenitor de referência, que tem com a criança uma vinculação mais forte, geralmente a mãe, pode, nalguns casos, colocar em perigo a segurança do vínculo primário, o que produz uma série de consequências negativas para o desenvolvimento da criança[636].

O principal benefício pretendido pelas leis que consagram a guarda partilhada e pelas decisões judiciais que a aplicam, mesmo contra a vontade de um dos pais, é o aumento do tempo passado pela criança com o pai, geralmente, o progenitor não residente, nos modelos clássicos de guarda única.

Contudo, a investigação levada a cabo por McIntosh concluiu que não se verifica uma relação linear entre a quantidade do tempo que as crianças passaram com o pai e a qualidade dessa relação. Na verdade, o fator que permitia prever uma boa relação com o pai, quatro anos depois da separação, não era a quantidade do tempo passado com este, mas sim se havia entre pai e filhos uma boa relação antes do divórcio.

Os autores chamam a atenção para os riscos sérios que uma guarda partilhada imposta judicialmente pode ter para as crianças, afirmando que os acordos rígidos, alimentados por conflituosidade parental e pouca cooperação

---

[634] Cf. RICHARD CRISHOLM/JENNIFER MCINTOSH, «Cautionary notes on the shared care of children in conflicted parental separations», 2008, p. 3.
[635] *Ibidem, p. 4.*
[636] *Ibidem, p. 4.*

entre os pais, estão associados a sintomas de depressão e ansiedade dos filhos, que tentam mudar esta forma de vida.

Na Austrália, os estudos demonstram que as circunstâncias, em que acordos ou decisões judiciais de guarda partilhada são feitos, não têm nada a ver com a representação da população, segundo a qual estas decisões só se verificam quando os pais têm capacidade de cooperação e de proteger a criança da hostilidade e do conflito. Num estudo que envolveu 300 crianças, 27% das quais viviam com ambos os pais em modelos de guarda partilhada, os pais-homens reportaram, de forma consistente, uma frequência mais alta de conflitos, incluindo conflito menor, conflito verbal sério e conflito maior com as suas ex-mulheres, durante o ano em que durou o estudo[637]. E as mães, mais do que aquelas que adoptaram outras formas de guarda, sentiam que o ex-companheiro ou ex-marido não acreditava que elas fossem boas mães[638].

As alterações legislativas de 2006 mudaram o perfil dos candidatos à guarda partilhada, passando a incluir-se, neste grupo, as famílias com elevado nível de conflito. Em estudos anteriores, a alternância de residência era considerada um modelo viável para um grupo reduzido de famílias, que se auto-elegiam como candidatas à guarda partilhada e que tinham o seguinte perfil relacional e estrutural:

- Proximidade geográfica das residências;
- Capacidade dos pais para se relacionarem suficientemente bem para desenvolverem entre si uma relação semelhante à negocial;
- Modelos centrados na criança (em que as crianças são postas à margem dos problemas dos seus pais, e em que as atividades das crianças são parte integrante da forma como os pais organizam a partilha da parentalidade);
- Compromisso de ambos os pais para fazer com que a parentalidade partilhada funcione;
- Ambos os pais gozam, no seu local de trabalho, de práticas laborais amigas da família;
- Estabilidade financeira (em particular da mãe);
- Confiança de cada um dos pais na competência do outro como progenitor.

A observação da experiência das famílias em processos de divórcio permite concluir, contudo, que os pais não têm, em regra, estas características,

---

[637] *Ibidem*, p. 3.
[638] *Ibidem*, p. 3.

sobretudo, aqueles que pedem aos tribunais para decidir a residência dos filhos e o regime de visitas.

O primeiro estudo feito sobre a guarda partilhada tem um carácter longitudinal[639]. Em 2008, encontrava-se no quarto ano de investigação e comparou os resultados para dois grupos de pais separados, recrutados voluntariamente e seleccionados com base em critérios idênticos. O estudo explorou o impacto da hostilidade psicológica dos pais na cooperação destes e no bem-estar emocional das crianças. Os dados foram recolhidos dos pais e dos filhos antes da mediação, três meses depois e um ano mais tarde. Participaram nesta fase do estudo 183 famílias, com informações fornecidas pelos pais sobre 300 crianças. As conclusões do estudo referem-se aos dados relativos à saúde mental das crianças, em idade escolar, um ano depois de o conflito estar resolvido. A saúde mental foi medida de acordo com uma escala de 20 itens, que distingue as crianças com níveis de ansiedade comuns ou normais daquelas que se encontram numa situação designada por "domínio clínico", caracterizada por um sofrimento emocional preocupante, expresso em ansiedade, tristeza, medo, sintomas psicossomáticos e anti-sociais, numa dimensão que exige a intervenção de serviços especializados em psiquiatria infantil. Este estudo disponibiliza informação completa sobre 181 crianças em idade escolar: 21% das crianças desta amostra de famílias em conflito apresentaram uma taxa de ansiedade clínica mais elevada do que a média quando comparada com a taxa de 14% das crianças filhas de pais não divorciados na população australiana[640]. 27% das famílias deste estudo fizeram acordos, através dos serviços de mediação familiar, nos quais adoptaram uma partilha substancial do tempo entre os pais, de pelo menos 5 noites, por quinzena, com cada um dos pais.

Os autores identificaram, neste estudo, seis variáveis associadas aos níveis elevados de sofrimento emocional da criança:

1) Níveis baixos de educação formal dos pais-homens;
2) Conflito parental elevado;
3) Divisão substancial das pernoitas da criança entre ambos os pais;
4) Pobreza da relação mãe-criança, tal como relatado pela mãe e pelas crianças;
5) Hostilidade psicológica elevada entre os pais;
6) Idade das crianças inferior a 10 anos.

---

[639] JENNIFER MCINTOSH/CAROLINE LONG, *Children Beyond Dispute: A prospective study of outcomes from child focused and child inclusive post-separation family dispute resolution*, Australian Government Attorney-General's Department, 2006, disponível *in* http://www.ag.gov.au/FamiliesAndMarriage/Families/FamilyLawSystem/Documents/Archived%20family%20law%20publications/Report1.pdf.
[640] RICHARD CRISHOLM/JENNIFER MCINTOSH, «Cautionary notes on the shared care of children in conflicted parental separations», 2008, p. 3.

As crianças com mais de 10 anos, a viver em regime de guarda partilhada, e que não estavam colocadas no meio de dinâmicas de conflito parental elevado, não demonstraram sinais de problemas de saúde mental e, em geral, revelaram uma maior capacidade para cooperar com as tensões parentais existentes.

Um segundo estudo entrevistou 77 pais e 111 crianças, que frequentaram o programa piloto de apoio à criança do Tribunal de Família Australiano[641]. Este estudo envolveu entrevistas com os pais antes da resolução do litígio e 4 meses depois da decisão da sua disputa sobre a guarda da criança. As entrevistas exploraram os índices de conflito, de cooperação, as relações e o bem-estar da criança, de acordo com o questionário usado no estudo anterior. Foram obtidos dados relativamente a crianças com 4 anos ou mais, nos domínios da ansiedade, choro, medo, sintomas psicossomáticos e ansiedade da separação.

Quatro meses depois da resolução do litígio, 28% destas 111 crianças apresentavam níveis de bem-estar emocional com relevância clínica, indicando um nível elevado de sofrimento psíquico. Usou-se o modelo da regressão múltipla, explorando todas as variáveis para determinar que combinação de factores melhor explicava os problemas emocionais das crianças. As variáveis mais associadas ao índice baixo da saúde mental das crianças são as seguintes:

1) Infelicidade da criança com o modelo de guarda adoptado;
2) Deterioração da relação dos pais com a criança depois da decisão judicial;
3) A criança vivia num sistema de partilha substancial do tempo com os pais;
4) Preocupações de um dos pais com a segurança da criança quando se encontra com o outro progenitor;
5) Alta conflitualidade entre os pais.

As primeiras três variáveis, independentemente da relação entre elas, só por si, permitem prever resultados negativos para as crianças. As variáveis 4) e 5), quando concorrem com qualquer uma das outras, indicam a probabilidade de baixos resultados para o bem-estar da criança.

O clima emocional em que os tribunais tomaram as decisões de guarda partilhada caracterizou-se pelos seguintes aspectos:

---

[641] Cf. JENNIFER E. MCINTOSH/ CAROLINE LONG, *The Child Responsive Program, operating within the Less Adversarial Trial: A follow up study of parents and child outcomes,* Report to the Family Court of Australia, Family Transitions, Julho 2007, disponível para consulta *in* http://www.familycourt.gov.au/wps/wcm/resources/file/ebc70245b4d525f/CRP_Follow_up_Report_2007.pdf

- 28% das crianças chegaram ao tribunal com um sistema de partilha do tempo entre os pais e 46% deixaram o tribunal com um modelo de guarda partilhada (pelo menos 5 noites, de quinze em quinze dias, com cada um dos pais).
- 73% dos pais envolvidos em modelos de guarda partilhada depois da intervenção do tribunal reportaram quase nunca ter cooperado com o outro progenitor;
- 39% dos pais, que adotaram modelos de partilha da parentalidade, reportaram nunca terem sido capazes de proteger os seus filhos do conflito;
- Em quatro casos de guarda partilhada deste estudo, os pais reportaram que nunca tiveram qualquer tipo de contacto um com o outro, sendo as crianças, nestas famílias, a assumir a responsabilidade da transmissão das mensagens entre os pais, no dia-a-dia.
- 70% destas decisões foram tomadas com o acordo de ambos os pais, através do programa piloto do tribunal de família ou dos serviços extra-judiciais de mediação familiar e 30% foram determinadas e impostas pelo Tribunal.

É certo que estes dois estudos apresentam a limitação de se basearem em amostras populacionais relativamente reduzidas. Mas têm aspectos fortes, na medida em que comparam os resultados obtidos para cada um dos pais e para cada criança com a sua própria base de referência. Este método atribui poder estatístico às amostras populacionais pequenas e permite obter informações de vários membros da mesma família.

Os autores declaram que as correlações fortes descobertas entre as taxas de saúde mental dos pais e das mães, e a dos respectivos filhos, e entre as taxas de saúde mental dos pais e os índices de bem-estar das crianças, na perspectiva subjectiva destas, contribuem para a confiança depositada nos resultados do estudo[642].

Um estudo feito na Austrália, em 2009, baseado num inquérito a pais que se separaram depois da reforma legislativa de 2006, utilizou uma amostra populacional muito mais vasta, permitindo obter informações sobre 18.000 crianças, embora tenha a limitação de que as crianças não foram entrevistadas, sendo os dados baseados exclusivamente no relato dos pais[643]. Este inqué-

---

[642] RICHARD CRISHOLM/JENNIFER MCINTOSH, «Cautionary notes on the shared care of children in conflicted parental separations», 2008, p. 4.
[643] Apesar de este estudo ter a limitação de se basear exclusivamente nos relatos dos pais, sem incluir entrevistas às crianças, os autores indicam que os relatos dos pais e das mães em relação

rito teve como resultado que as crianças que viviam em modelos de guarda partilhada – divisão igual do tempo entre os pais na proporção de 48 – 52% e casos em que a mãe dispunha de 53 a 65% do tempo e o pai 35 a 47% – estavam tão bem adaptadas como aquelas que conviviam com o pai apenas em valores de 1% a 34% das noites[644]. Contudo, o grupo das crianças cujas mães manifestavam preocupação com a segurança dos filhos, quando estes se encontravam junto do pai, tinha um índice de bem-estar mais baixo nos casos de guarda partilhada do que nos casos em que só conviviam com o pai numa proporção de 1 a 34% de pernoitas. Este estudo demonstra também que há uma forte ligação entre a preocupação das mães com a segurança dos filhos e a experiência de violência doméstica antes da separação[645]. Estas descobertas sugerem que os modelos de guarda adoptados pelas famílias desempenham um papel secundário e mínimo na explicação das variações no bem-estar das crianças e que a guarda partilhada produz efeitos negativos no bem-estar destas, em famílias em que a mãe manifesta preocupações com a segurança da criança e em famílias com história de violência doméstica, problemas de saúde mental do pai ou de dependência de substâncias.

Na verdade, existem tão poucos estudos empíricos sobre os efeitos da guarda partilhada depois do divórcio, que desconsiderar as informações obtidas por estes estudos, ainda que com amostras reduzidas ou outras limitações, significa abandonar o nosso conhecimento à ausência de informação e, portanto, ao risco das especulações e das crenças de cada profissional ou de cada juiz.

As crianças não devem ser objecto de experiências sociais ou judiciais, na falta de base empírica que sustente a conformidade da dupla residência aos seus interesses. Em matéria de guarda partilhada após o divórcio, a mediação familiar e o sistema judicial devem ter uma grande prudência, pois a criança tem direito a um «princípio de precaução»[646]. Todas as soluções que se distanciem das necessidades emocionais das crianças, em função da sua idade e estádio de desenvolvimento, para realizarem os direitos dos pais ou uma «igualdade parental», são portadoras de riscos desnecessários e evitáveis para as crianças.

às mesmas crianças tendiam a ser coincidentes, por exemplo, 84% dos pais faziam, em geral, avaliações consistentes da saúde geral dos seus filhos quando comparadas com a avaliação do outro progenitor. Este nível de consistência fornece aos investigadores a confiança de que não houve um discurso tendencioso da parte dos pais e das mães. Cf. Kaspiew et al., *Evaluation of the family law reforms*, ob.cit., 2009, p. 257.

[644] *Ibidem*, pp. 259 e 267.
[645] *Ibidem*, p. 273
[646] Cf. MAURICE BERGER, «Le bébé et la garde alternée, le droit d'hébergement du pére concernant um bébé», *Dialogue*, 2002, nº 155, p. 90.

5.6.4. A perspectiva da criança sobre a dupla residência e os seus direitos de participação

A adequação da guarda partilhada – ou mais propriamente, na perspectiva da criança, da dupla residência – ao interesse da criança, exige a ponderação de factores relevantes conforme sugere a investigação científica. Um desses aspectos refere-se aos desejos e sentimentos das crianças e à sua participação nas decisões.

Tradicionalmente, os pais tinham o direito de decidir a vida dos seus filhos e todas as questões relativas à residência, educação e saúde destes. Presumia-se que os pais eram os melhores defensores dos interesses dos seus filhos menores. Contudo, este paradigma foi substituído por outro que dá às crianças o direito a ter voz e a participar nas decisões que lhe digam respeito. Este direito foi consagrado, no art. 12º da Convenção das Nações Unidas sobre os Direitos da Criança de 1989, documento internacional que assinalou a passagem do estatuto da criança como objecto de proteção para o estatuto de sujeito de direitos.

O direito da criança a ser ouvida foi integrado na legislação portuguesa de protecção de crianças e jovens em perigo e na lei tutelar educativa, que consagraram modelos de protecção e de educação participativos. A participação da criança, nas decisões judiciais relativas a questões de particular importância que dividem os pais, já existia no Código Civil desde a Reforma de 1977, mas restringida à idade de 14 anos ou mais. A lei de 2008, contudo, eliminou este limite de idade no actual art. 1901º, nº 3 do Código Civil, norma que, apesar de referida às responsabilidades parentais na constância do casamento, deve aplicar-se analogicamente à questão da guarda de crianças após o divórcio, posição reforçada pelo art. 1878º, nº 2, 2ª parte do Código Civil, que consagra o princípio segundo o qual os pais devem ter em conta a opinião dos filhos nos assuntos familiares e respeitar um determinado grau de autonomia na organização da sua vida, de acordo com a sua maturidade.

Os tribunais terão, portanto, que proceder à audição da criança, nos processos de regulação das responsabilidades parentais, ou à auscultação dos seus sentimentos através de profissionais da psicologia, se a tenra idade não permitir uma audição (art. 147º-A da O.T.M., que remete para os princípios orientadores da lei de protecção de crianças e jovens em perigo, consagrados no art. 4º, entre os quais figura o princípio da audição obrigatória, sem limite de idade).

Dadas as dúvidas sobre a adequação da residência alternada ao interesse da criança, a opinião desta deve ter um peso decisivo nas decisões judiciais e na homologação dos acordos dos pais, que devem auscultar a opinião dos filhos e a sua adaptação ao sistema, nos casos em que ele já foi praticado pela família, durante a separação de facto, ou como decisão provisória proferida no processo de regulação das responsabilidades parentais.

Apesar de a dupla residência da criança permitir a ambos os pais um convívio frequente com os filhos e uma divisão de tarefas entre eles, podendo constituir uma solução muito prática para os adultos, o resultado dos estudos que entrevistaram as crianças sobre o modelo de guarda partilhada não foi animador para os seus simpatizantes.

Um estudo conduzido, em Inglaterra, teve por objecto entrevistas a 21 filhos/as de pais divorciados, com idades compreendidas entre os 11 e 21 anos, predominantemente de etnia branca e de classe média, que viveram com ambos os pais num modelo de divisão do tempo na proporção de 60-40 ou de 50-50, por um período de três a quatro anos[647]. As questões colocadas foram abertas para permitir respostas narrativas. As entrevistas foram gravadas, transcritas e analisadas com base nos métodos do cruzamento transversal e do estudo de casos.

Este estudo incidiu sobre as experiências práticas e emocionais das crianças em relação à dupla residência na sua vida quotidiana. O testemunho da maioria das crianças indicou que precisaram de tempo para se habituarem a viver em dois lugares e para se adaptarem ao esforço exigido pelas deslocações, pelo distinto funcionamento das duas casas, com rotinas diferentes, distintos códigos de comportamento e diferentes expectativas, tendo que aprender a integrar-se em dois espaços psicológica e emocionalmente distintos, o que também potencia, de acordo com os relatos de algumas crianças, que tenham de assumir diferentes personalidades em cada uma das residências. Algumas crianças acham a guarda partilhada desgastante, mas não pedem a mudança de modelo aos pais porque têm receio de aumentar o conflito entre estes ou porque se sentem culpadas por mostrar preferência por um dos pais e ferir os sentimentos do outro. Estas crianças sentem que não têm voz e que estão sujeitas à forma como os pais regulam o seu tempo, dizendo que têm falta de tempo para si mesmas e para estar com os amigos. Este estudo revelou que, na perspectiva das crianças, a alternância de residência se torna uma solução cada vez mais insatisfatória com a passagem do tempo.

As experiências negativas das crianças eram o resultado da inflexibilidade dos modelos e da prioridade atribuída às necessidades dos pais na divisão do tempo, estando a vida daquelas marcada por um sentimento de instabilidade e de desconforto, sentindo-se mais como visitas em casa de cada um dos pais

---

[647] Cf. NEALE/FLOWERDEW/SMART, «Drifting Towards Shared Residence?», *Family Law*, 2003, vol. 33, pp. 904-908; Carol Smart, «From Children's Shoes to Children's Voices», *Family Court Review*, 2002, vol. 40, nº 3, pp. 307-319.

do que como um membro da família. Isto significa que não se sentem amadas pelos pais, mas antes como um objecto de disputa e de posse. Adolescentes cujos pais insistem na divisão rígida de 50% do tempo para cada um e se recusam a mudar a distribuição do tempo mostram vontade de se afastar de ambos os progenitores.

As experiências positivas das crianças com a dupla residência estavam associadas a modelos de guarda flexíveis, em que as necessidades das crianças eram prioritárias para os pais e em que a crianças se sentem verdadeiramente em casa nas duas residências e têm uma boa relação afetiva com ambos os pais. Nestes casos, as crianças relataram que os pais indagavam com frequência junto delas, se a alternância de residência funcionava bem e se queriam fazer alguma mudança. A flexibilidade é essencial, à medida que as crianças crescem e precisam de espaço próprio e de tempo para sair com os amigos e actividades extracurriculares. Contudo, mesmo nos casos em que a partilha da guarda funciona bem, esta solução tem custos, e algumas crianças desejam com ansiedade uma época em que deixem de viver como nómadas.

As crianças do estudo de NEALE e de SMART revelaram as seguintes preocupações:

1. Assuntos práticos relacionados com a mudança de casa e com a necessidade de assegurar que os seus pertences se encontram no lugar certo e no momento certo;
2. Diferentes estilos emocionais em cada família, aos quais as crianças precisam de se adaptar;
3. Diferentes regras e rotinas em cada uma das casas (embora tal não seja sempre visto de forma negativa e possa constituir uma experiência positiva de diferentes estilos de parentalidade);
4. Inflexibilidade da divisão do tempo para satisfazer os interesses dos pais e não das crianças;
5. O tempo de separação da criança, em relação a cada um dos pais, pode ser benéfico por providenciar espaço emocional para o progenitor e para a criança. Todavia, pode ser demasiado longo para algumas crianças (que podem experimentar aborrecimento, separação dos amigos e preocupação com o outro progenitor);
6. Dificuldade da criança em encontrar tempo para si mesma.

Os autores destes estudos concluem que a preocupação com a divisão do tempo por proporções exactamente iguais entre os pais, revelada quer por estes, quer pelas decisões judiciais, pode ser opressiva para as crianças, que sentem não ter o poder de controlar as suas vidas. Na verdade, não é a estrutura formal da residência e do contacto, contado em horas e dias, que produz crianças felizes ou insatisfeitas, mas a qualidade das relações das crianças com os pais, a qual depende da confiança e do afecto estabelecidos entre pais e filhos antes do divórcio ou da separação e da qualidade da parentalidade após o divórcio[648]. A igualdade entre os pais não se mede pela igualdade na divisão do tempo, mas pela igualdade na qualidade dos cuidados e dos afectos.

A residência alternada não é uma solução mágica para um problema difícil. Mesmo nos casos em que ambos os pais têm com os filhos uma boa relação afectiva, a dupla residência faz exigências emocionais às crianças, que não devem ser subestimadas, como advertem os autores deste estudo. Para que a guarda partilhada funcione é essencial que a criança seja consultada e que a sua possível insatisfação com a dupla residência seja tida em conta.

Na Noruega, um estudo sobre as decisões dos tribunais superiores[649] detectou que os tribunais consideram que a opinião das crianças com 12 anos ou mais é decisiva nas decisões de guarda e de visitas. Também metade das crianças entre os 7 e os 11 anos foram ouvidas pelos tribunais e a maior parte obteve uma decisão conforme à sua opinião. Contudo, os desejos das crianças com menos de 7 anos raramente aparecem indicados nas decisões judiciais.

Um outro estudo conduzido na Noruega[650] pretendeu investigar a relação entre a lei e a mudança social, no que diz respeito à participação das crianças nos acordos de residência feitos pelos pais, após o divórcio, pois para averiguar o grau de participação das crianças interessa também saber, em que medida, na esfera familiar e privada, os pais a permitem, ou não. Este estudo recolheu dados empíricos junto de 527 pais que tinham adotado modelos de guarda partilhada e teve os seguintes resultados, de acordo com as respostas dos pais ao inquérito: 25% das crianças participaram na decisão num grau significativo; 21% dos pais relataram que a criança teve alguma influência na decisão, e 55% disseram que a criança não teve qualquer influência no acordo. Encontrou-se, neste estudo, tal como no estudo que incidiu sobre decisões judiciais, uma forte conexão entre a idade da criança no momento do acordo e o grau de co-decisão. As crianças com menos de cinco anos geralmente não são ouvidas e a partir dos 15 são sempre ouvidas. Apesar de as práticas dos pais em relação a crianças entre os 5 e os 14 ser variável, a idade de 12 anos é uma idade chave, tal como na prática judiciária, para determinar a participação da criança. Contudo, para surpresa dos autores, detectou-se uma conexão entre o nível educacional dos pais e o grau de influência da criança

---

[648] Cf. CAROL SMART, «From Children's Shoes to Children's Voices», 2002, *ob. cit.*, p. 317.
[649] Cf. KRISTIN SKJORTEN/ROLF BARDINGHAUG, «The involvement of children in decisions about shared residence», *ob. cit.*, 2007, pp. 373 e ss
[650] *Ibidem*, p. 373.

na decisão, para os grupos etários onde a participação da criança variava mais, entre os 5 e os 14 anos. No grupo de crianças entre 10 e 14 anos, o dobro dos pais no nível educacional elevado não permitia a participação da criança quando comparado com o grupo de pais com níveis educacionais mais baixos. Para as crianças entre os 5 e os 9 anos, o padrão era o mesmo. Um outro estudo norueguês citado pelos autores, anterior a este, teve um resultado semelhante relativamente aos factores que influenciam os pais para permitir a participação da criança no regime de visitas, tendo-se demonstrado que quanto maior é o nível educacional dos pais, menor é a compreensão com a recusa da criança às visitas.

No estudo sobre a participação das crianças na decisão de guarda partilhada, quando se usava o género como factor de controlo, descobriu-se que os pais-homens com educação superior e rendimento mais elevado admitiam menos a participação da criança na decisão do que os pais-homens com nível mais baixo de educação e menores rendimentos. Para as mulheres o impacto do nível de educação no grau de participação das decisões é menor, não havendo diferença significativa na participação da criança nas decisões, em função das diferenças do nível educacional das mães. Seria de esperar que uma maior igualdade de género na parentalidade, na medida em que são pais com níveis mais altos de educação, que participam mais na educação dos filhos, oferecesse às crianças, da parte dos pais-homens, um maior espaço de auto-determinação, o que não sucedeu. Por outro lado, estes resultados contradizem anteriores estudos segundo os quais os pais das classes trabalhadoras eram mais conservadores, no seu estilo de parentalidade, do que os pais das classes médias.

Avançam os autores, como hipótese explicativa, com a interpretação, segundo a qual os pais que participam nos cuidados dos filhos e que gozam de licença de paternidade muito ampla, na Noruega, apresentam características não só de novos pais mas também da paternidade tradicional, na medida em que continuam a ser o sustento da família e a investir na carreira profissional, o que cria um contexto onde é mais fácil ignorar a opinião da criança. Estes pais são a principal fonte de sustento das famílias, enquanto as mulheres, tendo assumido também a função de sustento através do seu trabalho fora de casa, mantiveram a sua posição tradicional de pessoa de referência dos filhos. Os autores concluem que os factores que podem explicar a relutância dos pais de níveis de educação mais elevados, em ter em conta a opinião das crianças nas decisões de guarda partilhada, são o aumento da participação masculina nas tarefas de cuidado das crianças e a diminuição da prática destas tarefas pelas mães, nas famílias com níveis de educação e rendimentos mais elevados, bem como a crença do pai de que a guarda partilhada é um «direito» seu.

5.6.5 A posição da jurisprudência portuguesa em relação à alternância de residência

A jurisprudência portuguesa tem assumido uma posição cautelosa relativamente ao exercício conjunto das responsabilidades parentais e à alternância de residência ou guarda partilhada, recusando esta solução em famílias com história de violência doméstica, em famílias em que existe uma elevada conflitualidade entre os pais e, em geral, em casos de falta de acordo entre estes[651].

Contudo, verificou-se, após a reforma de 2008, nos tribunais de 1ª instância, uma mudança de paradigma, que me parece preocupante em face dos perigos que a investigação científica indica que a alternância de residência traz para as crianças, sobretudo até aos 10 anos de idade.

Ao abrigo da lei nº 61/2008, os Tribunais da Relação têm manifestado uma posição favorável à homologação dos acordos de residência alternada, mas não já ao decretamento deste regime em casos de conflitualidade dos pais e/ou quando a criança é de tenra idade.

No acórdão da Relação de Lisboa, de 19 de Junho de 2012 (Relatora: Graça Araújo), processo nº 2526/11.1TBBRR.L1-1, o tribunal de 1ª instância homologou um acordo que consagrava a residência alternada, por períodos de 2/3 dias, de uma criança com três anos à data do pedido de homologação. O Ministério Público recorreu da decisão de homologação, por entender que o acordo não acautelava o interesse da criança e porque a guarda alternada não é admitida na lei.

O Tribunal da Relação de Lisboa entendeu que não havia incompatibilidade entre o conteúdo do acordo e a lei, fundamentando a sua posição com o art. 1906º, nº 7 que permite aos pais, com grande flexibilidade, fixar soluções que fomentem a partilha de responsabilidades e uma relação de grande proximidade da criança com ambos os pais. Contudo, o acórdão da Relação de Lisboa revogou a decisão recorrida, remetendo o processo para o tribunal de 1ª instância, para averiguação dos pressupostos exigidos pela doutrina para a conformidade da residência alternada com o interesse da criança, uma vez «que os autos não contêm elementos que permitam "apostar" com um mínimo de segurança que viver alternadamente com cada um dos pais, por períodos de dois ou três dias consecutivos, acautela suficientemente o interesse da C».

Nestes casos, os tribunais devem ponderar a tenra idade da criança e o perigo potencialmente criado pela constante mudança de residência e pelas separações repetidas da pessoa de referência. Embora caiba aos pais o juízo sobre o interesse dos seus filhos, os tribunais devem fiscalizar rigorosamente

---

[651] RL 14-12-2006, RL 18-12-2007, RC 30-11-2004, RE 12-11-2006, RE 19-12-2006, RG 18-05-2010, RL 13-12-2012, RG 19-02-2013, disponíveis em *Base Jurídico-Documental do MJ, www.dgsi.pt*

estes acordos, exigindo o acompanhamento da criança de tenra idade por um especialista e a aposição de uma cláusula de revisão, para a hipótese de a criança não se adaptar à alternância.

Os tribunais, para homologarem estes acordos, devem investigar, ao abrigo dos seus poderes inquisitórios, qual dos pais cuidou predominantemente da criança, desde o seu nascimento, para que este progenitor fique encarregado, conforme exige a lei (art. 1906º, nº 3), de definir as orientações educativas relevantes das questões da vida corrente da criança e para que o outro pague uma pensão de alimentos à criança, a fim de se evitar que os acordos de residência alternada funcionem como estratégias para fugir ao cumprimento da obrigação de alimentos.

No acórdão da Relação de Lisboa, de 28 de Junho de 2012 (Relatora: Ana Luísa Geraldes), após descrição doutrinal do significado dos conceitos de guarda alternada ou partilhada, o tribunal decidiu pela legalidade da homologação dos acordos de residência alternada, entendendo que o acordo de residência alternada é compatível com a lei, citando o art. 1906º, nº 1 e nº 7 e invocando a intenção do legislador de fomentar a relação da criança com ambos os pais e o princípio da autonomia privada da família perante a intervenção do Estado, que faz dos pais os melhores decisores da vida dos sues filhos, bem como a natureza de jurisdição voluntária do processo (arts. 150º da O.T.M. e 1410º do C.P.C. de 2007). O Tribunal da Relação de Lisboa deu por verificados os pressupostos para a figura funcionar (ausência de crispação e de conflito entre os pais; proximidade das residências de ambos; relação próxima da criança com ambos os pais), não tendo, contudo, equacionado a tenra idade da criança que completava apenas dois anos nem tendo em conta, no juízo de ponderação, os resultados da investigação científica, segundo a qual, para as crianças em idade pré-escolar, sobretudo antes dos 4 anos, a residência alternada não deve ser decretada, por implicar desorganização da vinculação com ambos os pais[652].

Para controlar a conformidade destes acordos ao interesse da criança, os tribunais de 1ª instância devem proceder a uma investigação individualizada sobre os factos de cada caso, requerer uma avaliação psicológica da criança para detectar se esta tem capacidade para suportar o modelo e as constantes separações da sua pessoa de referência. Este tipo de acordos devem estar sujeitos a uma fase de experimentação, em que a criança é seguida por psicólogo/a ou pedopsiquiatra que analise a adaptação da criança e o seu equilíbrio, e

---

[652] Cf. JENNIFER MCINTOSH/ RICHARD CRISHOLM, «Shared Care and Children's Best Interests in Conflicted Separation. A Cautionary Tale from Current Research», *Australian Family Lawyer*, Vol. 20, nº 1, pp. 1-11.

devem conter uma cláusula de revisão para a hipótese de a criança revelar sintomas de instabilidade psicológica, enurese nocturna, pesadelos, ou outras perturbações relatadas pelos estudos empíricos sobre esta questão. Por outro lado, sabe-se, pela experiência dos advogados e mediadores familiares que acompanham as famílias, que muitas vezes os acordos não significam ausência de conflitualidade, mas constituem apenas um meio de obter o divórcio rapidamente, adiando o conflito para outro momento, ou resultam do poder de negociação dos pais em relação às questões patrimoniais de partilha de bens e de alimentos, não consagrando as melhores soluções para as crianças, mas para os interesses dos adultos. Nos casos de violência doméstica, a investigação científica afirma que as mulheres não têm capacidade negocial para estabelecer um acordo livre e voluntário com o agressor, dada a perda de autodeterminação gerada pelo medo da continuação da violência e pelas ameaças que acompanham os processos de divórcio.

Perante estes dados da investigação científica, os tribunais de 1ª instância, no seu papel protector das crianças, devem investigar, oficiosamente ou a pedido do MP, todos estes elementos para que não se corra o risco de a decisão de homologação do acordo constituir um perigo para a criança, como se revelou suceder noutros países, como os EUA e a Austrália, onde o sistema de mediação familiar e os tribunais adoptaram esta solução sem o seu fundamento ter sido acautelado e controlado judicialmente.

No acórdão da Relação de Lisboa, de 9 de Maio de 2013 (Relator: António Valente), o tribunal pronunciou-se, mais uma vez, pela homologação do acordo dos pais de residência alternada, mediante o qual estes pediam ao tribunal, ao abrigo do art. 182º da O.T.M., uma alteração do acordo anterior que confiava a guarda à mãe. Tendo o tribunal de 1ª instância decidido pela homologação do recurso, o MP recorreu da sentença, invocando a ilegalidade do acordo, por violação do art. 1906º, nº 3 e nº 5, disposições que impõem ao tribunal a fixação de uma residência e de um regime de visitas (nº 5) e a atribuição a um dos pais do poder-dever de definir as orientações educativas mais relevantes que devem ser seguidas pelo outro (nº 3). No caso *sub iudice*, o Tribunal da Relação de Lisboa, entendendo que, em princípio, a melhor solução para as crianças é a de serem confiadas à guarda de um dos pais, confirmou a decisão do tribunal de 1ª instância, dada a especificidade do caso concreto. A criança tinha 10 anos de idade à data do requerimento de alteração e o regime de alternância de residência já era praticada voluntariamente pelos pais, desde 2007, ambos com profissões que exigiam partilha dos cuidados diários da criança, devido às suas ausências, não tendo sido reportado ao tribunal qualquer efeito nefasto para a criança. Não obstante, o tribunal entende que «Estamos aqui perante uma medida excepcional, face ao critério geral mais recomendável de os menores viverem à guarda e com um dos progenitores, beneficiando o outro do regime de visitas, e que se justifica porque no caso em apreço ambos os progenitores são tripulantes de aviões e a sua profissão obriga-os a estarem ausentes no estrangeiro duas semanas intercaladas em cada mês.» Neste caso, uma vez que o modelo já tinha sido experimentado com sucesso e que a criança já estava em idade escolar, 10-11 anos, não se levantavam os riscos típicos da residência alternada para crianças de tenra idade acima descritos.

No caso do acórdão do Tribunal da Relação de Lisboa, de 25-10-2012 (Relatora: Ana de Azeredo Coelho), as instâncias decidiram pela residência da criança junto da mãe, rejeitando o pedido do recorrente de residência alternada, devido à tenra idade da criança e às suas necessidades de estabilidade e de segurança[653].

No acórdão da Relação de Lisboa, de 18 de Março de 2013 (Relatora: Maria de Deus Correia), decidiu-se o seguinte:

> «O regime de residência alternada não é, normalmente, o mais adequado no caso de conflito acentuado entre os progenitores e em que estejam em

---

[653] «A questão é, assim, a de saber qual a situação de residência que permitirá prosseguir melhor o interesse da E..., em concreto: a residência com um dos progenitores (e qual) ou a residência alternada com cada um? A decisão recorrida entendeu que a tenra idade da menor (ao tempo cinco anos) e o facto de se manter na casa em que vivia antes da separação dos pais impunham a fixação de residência nessa casa que é agora a da mãe. O critério apela à manutenção de estabilidade na vida da menor mantendo a referência espacial (não se trata apenas de tijolos, mas de local de organização da vida). A opção foi assim a de manter o domínio de estabilidade numa circunstância de instabilidade que a ruptura da vida em comum dos pais sempre constitui. Nessa medida afigura-se adequada a opção pela residência da mãe face à residência do pai que constituiria uma novidade. Mas o que o Recorrente pretende é que a menor tenha residência alternadamente consigo e com a mãe, entendendo que tal possibilita o convívio com o pai, convívio que na solução escolhida considera ficar prejudicado. Na verdade, a verificação deste prejuízo – violador do interesse da menor tal como densificado nas normas citadas – determinaria a revogação da decisão. Cumpre analisar essa perspectiva. A decisão recorrida refere que o pai da menor mantém com ela convívio diário, independente do facto de a menor residir consigo ou de o pai trabalhar na sua escola, e estabelece um regime de convívio nos tempos de fim-de-semana mais frequente do que o que é estabelecido relativamente à mãe. Acresce ponderar que, na normalidade das situações, e nada permite considerar se verifiquem a esse título circunstâncias excepcionais, a qualidade de convívio no tempo livre do fim-de-semana é superior à possível nos tempos dos afazeres quotidianos. Neste contexto, que é o conhecido nos autos, não se vê que a decisão ponha em causa o convívio da menor com o pai. Seguramente será um convívio diferente daquele que existia quando viviam na mesma casa, mas nada autoriza se conclua, que terá menor qualidade ou que apenas a partilha da residência possibilita um convívio adequado. Assegurado o convívio, entende-se adequado considerar, como o faz a decisão impugnada, que assume particular relevo a manutenção da menor no centro da sua organização espacial de vida: a casa onde morava antes da separação dos pais. Entende-se em consequência, improcederem as conclusões do Recorrente de que a fixação da residência da menor com a mãe prejudica o seu superior interesse.»

causa crianças muito pequenas.» (...) «Por um lado temos o pai que "adopta uma postura geradora de conflitualidade e exclusão da mãe na vida do filho" e que "mostra dificuldade de entendimento na procura de soluções adaptadas a uma participação de cada um dos progenitores na educação e acompanhamento do filho". Por outro lado, temos a mãe que "mostra conhecer as necessidades do filho, de acordo com a idade deste, entendendo que este deve ficar a residir consigo, mas disponibilizando-se para ajustar um regime de permanência com o pai o mais amplo possível e de acordo com as possibilidades e disponibilidades de cada um deles". Perante este quadro fáctico, não é difícil perceber qual dos progenitores tem melhores condições para gerir os actos da vida corrente da criança e por isso com ele deve residir: aquele que percebe efectivamente as necessidades da criança e é capaz de colocar os interesses do filho à frente das suas próprias motivações. Não há dúvida, que no caso concreto, esse progenitor é a mãe.»

A recente decisão do Tribunal da Relação de Lisboa (acórdão de 30 de Janeiro de 2014, Relatora: Ana Luísa Geraldes), confirmou o princípio, segundo o qual, em situações de conflito entre os pais, as crianças de tenra idade devem ser confiadas à guarda da mãe, a pessoa primária de referência, rejeitando o pedido de guarda alternada do pai, em relação a uma criança de dezoito meses de idade:

«III – A este propósito a jurisprudência acolhe como factor relevante a regra da figura primária de referência, segundo a qual a criança deve, em princípio, ser confiada, nos primeiros anos de vida, à sua mãe, pessoa com quem a criança de tenra idade mantém um vínculo afetivo e emocional mais profundo.
IV – Essa escolha baseia-se na concreta situação da criança e não pode nunca ser entendida como afastamento do outro progenitor, com quem deve promover-se uma relação de proximidade que permita estreitar laços, contribuindo para o crescimento e desenvolvimento harmonioso do menor do ponto de vista psicológico.
V – Em caso de menor com dezoito meses de idade, sendo a mãe quem efetivamente se encarregava dos cuidados com a criança, e verificada uma situação de conflito entre os progenitores, é adequada uma solução provisória de residência do menor com a mãe e de afastamento de guarda alternada».

O acórdão da Relação de Coimbra, de 18 de Outubro de 2011 (Relatora: Regina Rosa), rejeita, também, de acordo com a orientação dominante, a residência alternada da criança nos casos em que as crianças são de tenra idade e em que se verifica um elevado conflito parental:

«A proposta do recorrente, sem dúvida bem intencionada, de a filha residir alternadamente com cada um dos progenitores iria criar certamente uma instabilidade na vida da criança e aumentar o conflito parental. Não descurando que ambos os pais são idóneos e que a L... mantém bom relacionamento com eles, nutrindo por eles afecto e relacionando-se bem com a esposa do pai, importa reter que este, pese embora seja um pai carinhoso, participativo e empenhado, não poderá dispensar a mesma atenção, os mesmos cuidados à filha como faz a mãe, pois estará mais absorvido com os gémeos recentemente nascidos. Ao invés de se atender a critérios de igualdade formal, importa, sim, ter consideração pelo critério da figura primária de referência: a criança deve ser confiada à pessoa que cuida dela no dia-a-dia. Este critério da pessoa de referência, na decisão da guarda dos filhos, é o mais correcto e conforme ao interesse da criança, permitindo a continuidade da educação e das relações afectivas com quem esta está mais ligada física e emocionalmente. O superior interesse da menor, em função do qual o tribunal terá de decidir, aconselha que se invista num projecto de vida junto da mãe e família materna, na qual se sente integrada e apoiada».

O acórdão da Relação de Coimbra, de 11 de Julho de 2012 (Relator: Fonte Ramos), rejeitou uma solução de alternância de residência, de quinze em quinze dias, requerida pelo pai na alegação de recurso, atendendo à idade da criança e ao seu grau de desenvolvimento.

Na Relação do Porto, a posição da jurisprudência tem sido reticente em relação à alternância de residência ou a regimes de visitas amplos, com múltiplas pernoitas para crianças de tenra idade.

Rejeitando um regime de visitas amplo e complexo, equivalente a uma guarda partilhada, veja-se o acórdão da Relação do Porto, de 06-12-2011 (Relator: Pinto dos Santos), em que um regime provisório de guarda conjunta, de acordo com o qual a criança ficava entregue a cada um dos pais durante uma semana, foi modificado pelo tribunal, a pedido da mãe, devido à falta de adaptação revelada pela criança à execução do mesmo, confirmada pelo Relatório do ISS – IP, que concluiu que "o menor passou a manifestar angústia e instabilidade, uma vez que permanecia demasiado tempo longe do agregado familiar a que esteve habituado desde o nascimento(...)".

O acórdão da Relação do Porto, de 10 de Janeiro de 2012 (Relatora: Cecília Agante) relativo a um processo de incumprimento da obrigação de entrega dos filhos pelo pai, salienta, por razões pedagógicas, embora não fosse este o objecto do processo, os inconvenientes da guarda partilhada, solução acordada pelos pais num contexto conflituoso de um divórcio sem consentimento e que não veio a resultar na prática:

«É certo que o tribunal decidirá, sempre e prioritariamente, de harmonia com o interesse do menor (artigo 1906º, 7, do Código Civil), procedendo objectivamente à sua aferição, procurando garantir a prossecução do interesse do menor sem comprometimento dos vínculos afectivos próprios da filiação e assegurar os cuidados ou a atenção adequados à idade ou à situação pessoal da criança, sem punir ou censurar os pais. Aliás, a actual terminologia legal de responsabilidades parentais, em substituição da anterior, poder paternal, pretende co-envolver os progenitores nas medidas que afectem o futuro dos filhos e co-responsabilizá-los na preservação de relações de proximidade, não obstante a ruptura conjugal. Evidentemente que é muito relevante a disponibilidade afectiva dos progenitores para que as crianças alcancem um harmonioso desenvolvimento e é nesse progenitor que deve sustentar-se a figura primária de referência, que é sempre aquela que cuida da criança na sua via quotidiana. Daí que uma guarda partilhada de um modo tão paritário possa redundar na ausência da dita "figura primária de referência", aspecto de que não devem alhear-se os progenitores. Figura que permite, por um lado, "promover a continuidade da educação e das relações afectivas da criança e, por outro, atribuir a guarda dos filhos ao progenitor com mais capacidade para cuidar destes e a quem estes estão mais ligados emocionalmente. A figura primária de referência será, também, em regra, aquele progenitor com quem a criança prefere viver"».

6. A passagem do poder paternal para as responsabilidades parentais na Lei 61/2008, de 31 de Outubro

A lei 61/2008, que altera o novo regime jurídico do divórcio, introduziu uma importante modificação na linguagem com a qual se refere às relações familiares entre pais e filhos/as. No seu art. 3º, a lei procede à substituição, no Código Civil, da expressão «poder paternal» por «responsabilidades parentais», o que constitui um avanço a nível simbólico e conceitual. A expressão poder paternal estava em contradição com a concepção de família consagrada na Constituição e no Código Civil: a família participativa e democrática, baseada na igualdade entre os seus membros e em deveres mútuos de colaboração. Já a expressão «responsabilidade parental» exprime uma ideia de compromisso diário dos pais para com as necessidades físicas, emocionais e intelectuais dos/as filhos/as e está de acordo com o princípio da igualdade, não discriminando ou excluindo as mães, como a designação «poder paternal». Contudo, a nova lei podia ter ido mais longe na alteração da linguagem. É que o Código Civil está redigido no masculino, designando a criança como «filho» ou «menor»[654],

---

[654] A título de exemplo, veja-se, entre muitos outros, os artigos 1905º e 1906º do Código Civil, na redacção da Lei 61/2008, onde o legislador continuou a utilizar as expressões «filho» e «interesse

referindo-se, portanto, apenas à criança do género masculino e excluindo a criança do género feminino, assim como veiculando, para a letra da lei, a construção da infância como inferioridade, implicitamente contida na expressão «menor». O discurso do Código Civil identifica a palavra masculino – «filho» – com a noção de criança, como outrora a palavra «homem» ou a expressão «direitos do homem» era utilizada como se abrangesse as mulheres, mas mantendo, na realidade, a sua invisibilidade. A centralização do discurso jurídico nos sujeitos do género masculino significa, também, uma herança dos sistemas patriarcais, em que as mulheres não eram consideradas pessoas, e eram tratadas, pelo sistema jurídico e social, como seres incapazes, sujeitas ao poder marital do chefe da família. A palavra «menor» significa, por seu lado, uma noção de criança como um ser incompleto e inferior ao adulto, oriunda das sociedades em que o pai exercia o «poder paternal», tomando todas as decisões relativamente aos/às filhos/as, de forma discricionária e autoritária. Se é verdade que a linguagem contém uma norma e simboliza a mentalidade e as representações da sociedade, em relação a uma determinada realidade, então, ainda vivemos numa época que menoriza as crianças e que as vê como objecto de direitos dos adultos.

7. O princípio de exercício conjunto das responsabilidades parentais na Lei 61/2008

7.1. *Ratio legis* ou razão de ser da lei

No domínio das responsabilidades parentais, a Lei 61/2008 manifestou vontade de generalizar o exercício em comum das responsabilidades, em relação a todas as famílias – famílias em que se verifica um divórcio ou uma separação e famílias em que nunca houve casamento nem união de facto – sem ter em conta as exigências e as dificuldades de funcionamento deste princípio, em caso de desunião da família e de falta de diálogo dos pais. Este modelo de exercício comum, que implica a tomada das decisões de particular importância por ambos os pais, independentemente da relação que intercede entre si, foi estendido, pela lei, aos casos de conflito parental, esquecendo-se a importância do acordo na execução do modelo.

O legislador, baseado na crença na manutenção de um casal parental para além do divórcio[655], adopta uma presunção optimista acerca da capacidade

---

do menor», mesmo nas disposições que foram acrescentadas ou modificadas pela nova lei.
[655] Cf. *Projecto-Lei 509/X*, p. 1: "Tendo como referente fundamental, neste plano, os direitos das crianças e os deveres dos pais, e assumindo a realidade da diferenciação clara entre relação conjugal e relação parental, (...)".

de bom relacionamento e de cooperação entre ex-cônjuges, expectativa irrealista e que provavelmente não será realizada, como resulta da experiência norte-americana que já há várias décadas adopta soluções de guarda conjunta física ou legal[656].

Conforme enuncia o Projecto-Lei 509/X, a imposição do exercício conjunto das responsabilidades parentais, consagrada no art. 1906º, nº 1, visa combater o "afastamento dos pais homens" e a "fragilização da relação afectiva com os filhos"[657], e promover a igualdade de género, garantindo a concretização do direito das crianças à manutenção de laços afectivos com ambos pais[658], de forma a atenuar os efeitos negativos do divórcio.

O objectivo do legislador foi, sobretudo, como resulta da leitura da Exposição de Motivos do Projecto-Lei 509/X, de carácter simbólico e pedagógico, visando promover a construção da igualdade de género. A igualdade, neste contexto, direcciona-se contra a supremacia fáctica e jurídica alegadamente atribuída às mulheres na educação das crianças, pelo sistema de guarda única/ /exercício exclusivo do poder paternal, devolvendo, aos pais-homens, direitos e poderes de decisão.

A igualdade é concebida, não como a promoção dos direitos das mulheres, aquelas que historicamente viveram e vivem num sistema de subordinação social e económica, mas como a promoção dos direitos dos pais-homens, que se sentem excluídos da educação e da companhia dos/as filhos/as, após o divórcio, devido ao que se designa como "efeitos perversos da guarda única"[659]. Contudo, esta conclusão apressada não tem em conta o número de casos em que o afastamento do pai se deve à iniciativa deste, estando por demonstrar qualquer nexo de causalidade entre a diminuição da relação das crianças com

---

[656] Nos EUA, a guarda conjunta física ou legal revelou-se uma expectativa irrealista para uma percentagem significativa de famílias após o divórcio, mesmo com a assistência de um coordenador, tendo aumentado o número de conflitos judiciais em muitos tribunais de família. Muitos especialistas entendem que os benefícios da guarda conjunta são ultrapassados pelo potencial de danos que esta solução representa, quando os pais revelam hostilidade em relação um ao outro. Sobre estes dados, vide JANA B. SINGER, «Dispute Resolution and the Postdivorce Family: Implications of a Paradigm Shift», *Family Court Law Review*, 2009, pp. 363 e ss.
[657] Cf. *Projecto-Lei 509/X*, p. 9.
[658] *Ibidem*, p. 11: "Procurar formas de aumentar o envolvimento e o protagonismo dos pais homens, na prestação de cuidados e apoio aos seus filhos, igualmente na sequência do divórcio, é por certo assegurar melhor os direitos das crianças a manter as relações de afecto tanto com as mães como com os pais, além de assegurar também a partilha mais igualitária das tarefas entre os sexos com benefício de todos os envolvidos."
[659] *Ibidem*, p. 9: "Isso aconteceu por terem sido verificados os efeitos perversos da guarda única, nomeadamente pela tendência de maior afastamento dos pais homens do exercício das suas responsabilidades parentais e correlativa fragilização do relacionamento afectivo com os seus filhos."

os pais-homens, depois do divórcio, e o sistema da guarda única/exercício unilateral do poder paternal.

Para compreendermos o contexto social e jurídico em que esta alteração surge, e assim podermos ajuizar da necessidade social de legislar sobre esta matéria, torna-se decisivo ter em conta a evolução histórica da regulação das responsabilidades parentais, nos casos de separação ou divórcio.

A regra da guarda única/exercício unilateral foi uma mudança introduzida no nosso direito, pela Reforma de 1977, que consagrou o princípio da igualdade de direito e de deveres entre cônjuges, abolindo a figura do chefe de família masculino e a noção de família hierarquizada em função do género e da idade, em que o marido exercia o chamado poder marital para suprir as incapacidades da mulher casada e exercia, de forma exclusiva, o poder paternal. À mãe, que educava e criava, de facto, os/as filhos/as, no dia-a-dia, cabia, apenas, o direito de ser consultada relativamente às questões de particular importância da vida destes. Na verdade, a pretensa hegemonia da mãe nos poderes de decisão relativos à vida dos/as filhos/as e os efeitos perversos da guarda única feminina nunca existiram. De um ponto de vista histórico, durante milhares de anos de patriarcado e até quase ao final do século XX, a solução que vigorou foi a de um poder quase absoluto do pai, chefe de família, mesmo nos casos em que havia uma separação ou um divórcio. A solução da guarda única e exercício unilateral, consagrada no art. 1906º, nº 1, na redacção que lhe deu a Reforma de 1977, teve por objectivo acabar com a situação de falta de coincidência entre cuidado das crianças, tarefa realizada pela mãe, e poderes de representação, educação e decisão, papel do pai como chefe de família, fazendo coincidir cuidado com exercício das responsabilidades parentais, de forma a evitar as interferências do progenitor masculino na família pós-divórcio ou separação, com os consequentes bloqueios de saídas para o estrangeiro, inscrição dos/as filhos/as em estágios ou cursos etc.[660]. A coincidência entre cuidado e exercício do poder paternal foi uma conquista dos direitos das mulheres e das crianças, bem como do princípio da igualdade material ou substancial. Esta alteração legislativa reconheceu o papel efectivamente desempenhado pela mãe, na educação dos/as filhos/as, e o interesse da criança em que as decisões educativas coubessem à pessoa que dela cuidava no dia-a-dia e que melhor conhece a sua personalidade e necessidades. Podemos afirmar que a Reforma de 1977 simbolizou um triunfo da relação afectiva com a criança, em detrimento da concepção da criança como propriedade do pai.

---

[660] Sobre os abusos do pai, no exercício das responsabilidades parentais, no regime do Código Civil de 1966, antes da Reforma de 1977, *vide* ELINA GUIMARÃES, *Discriminação contra a Mulher no Direito de Família*, Cadernos Condição Feminina, nº 1, Comissão da Condição Feminina, 1976.

7.2. O princípio-regra do exercício conjunto das responsabilidades parentais e a homologação dos acordos de exercício das responsabilidades por um dos pais

A alteração introduzida no art. 1906º, nº 1 deve ser conciliada com as normas da Organização Tutelar de Menores relativas aos processos de regulação das responsabilidades parentais, as quais não foram revogadas pela lei 61/2008, e com as normas relativas aos processos de divórcio por mútuo consentimento, administrativos e judiciais.

No primeiro grupo de casos, o processo de regulação das responsabilidades parentais inicia-se com a apresentação de um acordo ao Tribunal, por qualquer um dos pais (art. 174º, nº 1 e 183º, nºs 1 e 2 da O.T.M.). No segundo grupo de casos, os pais apresentam um acordo na Conservatória do Registo Civil, o qual é remetido ao MP, para efeitos de apreciação (art. 1775º, nº 1, al. b), 2ª parte, 1776º A e art. 14 do DL nº 272/2001, de 13 de Outubro) ou apresentam directamente este acordo, no Tribunal, nos casos em que o divórcio por mútuo consentimento é judicial, devido à falta de um dos acordos obrigatórios para o divórcio ser requerido na Conservatória do Registo Civil (arts. 1773º, nº 2, segunda parte, 1778º e 1778º A, nº 1).

A imposição do princípio do exercício conjunto das responsabilidades parentais implicará da parte do Tribunal (o juiz ou o MP, no caso dos divórcios por mútuo consentimento administrativos) a obrigatoriedade de recusa de homologação ou o convite dos pais à alteração dos acordos que estipulem o exercício unilateral a favor do progenitor residente? Julgamos que, neste contexto, deve prevalecer o respeito pela autonomia da família e pelo princípio da intervenção mínima, consagrado no art. 4º da al. d) da Lei de Protecção de Crianças e Jovens em Perigo, devendo os Tribunais concentrar os seus esforços nos casos litigiosos, em que as crianças se encontram numa posição de particular vulnerabilidade. A *ratio* da imposição do exercício conjunto das responsabilidades parentais impõe apenas que, nos casos em que um dos pais o pede contra a vontade do outro, o/a juiz/a investigue qual é a melhor solução para a criança, podendo impor o exercício conjunto contra a vontade de um dos pais ou decretar o exercício unilateral consoante o interesse da criança, em cada caso concreto, não significando tal possibilidade a recusa automática de homologação de um acordo de exercício unilateral das responsabilidades. A recusa de homologação representa uma intervenção excessiva do Estado na família e só poderá ser adoptada, se o julgador ou o MP entenderem, depois de tomadas as diligências necessárias, que o acordo apresentado não promove o interesse da criança. Mas esta eventual recusa de homologação ou o convite dos pais à alteração consiste apenas numa possibilidade e não numa obrigatoriedade para o MP ou para os juízes. Contudo, o acto de homologação do juiz ou do MP relativamente a um acordo de exercício unilateral das responsabilidades parentais deverá incluir a fundamentação do ponto de vista do interesse da criança, conforme exige o art. 1906º, nº 2, devendo entender-se a expressão "decisão fundamentada" em termos amplos, abrangendo não apenas uma decisão judicial, mas também um acto de homologação praticado pelo juiz num processo de regulação das responsabilidades parentais (ou num processo de divórcio sem consentimento ou por mútuo consentimento judicial) ou pelo M.P., a quem cabe, num processo de divórcio por mútuo consentimento administrativo, a apreciação dos acordos relativos ao exercício das responsabilidades.

7.3. Falta de acordo dos pais quanto ao exercício conjunto das responsabilidades parentais e o interesse da criança (art. 1906º, nº 2)

A lei, no art. 1906º, nº 2, tem uma válvula de escape, que permite ao(à) juiz(a) decretar o exercício exclusivo das responsabilidades parentais, sempre que o exercício conjunto seja contrário ao interesse da criança, mediante uma decisão judicial fundamentada. Parece-nos, contudo, que seria mais ajustada uma técnica legislativa que recorresse a conceitos mais determinados, como conflito parental, abandono, desinteresse de um dos pais e violência de género. O conceito de interesse da criança tem-se revelado, na sua aplicação prática, dado o seu carácter indeterminado e altamente subjectivo, insuficiente para proteger as crianças, permitindo fundamentar decisões de acordo com convicções pessoais e ideias pré-concebidas[661]. Nas representações sociais, o interesse da criança, aquando do divórcio dos pais, está ligado à ideia de biparentalidade e à crença na manutenção do casal parental, crença que vem substituir a anterior crença da sociedade quanto à indissolubilidade do casamento, tornando muito difícil a avaliação da prova dos factos justificativos do exercício unilateral das responsabilidades parentais. Por outro lado, nos casos de violência de género, sobretudo, quando se trata de violência psicológica, dada a falta de formação especializada do/as juíze/as e outros profissionais, ainda se recorre aos critérios tradicionais de produção da

---

[661] Cf. SOTTOMAYOR, M. C., *Qual é o interesse da criança? Identidade biológica versus relação afectiva*, in Volume Comemorativo dos 10 Anos do Curso de Pós-Graduação *"Protecção de Menores – Prof. Doutor F. M. Pereira Coelho"*, nº 12, Faculdade de Direito da Universidade de Coimbra, Centro de Direito da Família, Coimbra, 2009, pp. 23-60, IDEM, *Liberdade de opção da criança ou poder do progenitor?, ob. cit.*, pp. 53-64. Na psicologia, salientando o carácter indeterminado do interesse da criança e a dificuldade da psicologia na sua concretização, *vide* M. C. TABORDA SIMÕES/ROSA C. MARTINS/M. D. FORMOSINHO, «Regulação do exercício das responsabilidades parentais: aspectos jurídicos e avaliação psicológica», in ANTÓNIO CASTRO FONSECA et al. (Eds), *Psicologia Forense*, Coimbra, 2006, pp. 506 e 510-513.

prova, sendo desvalorizados os sinais psíquicos de vitimação como meio de prova. Por vezes, alguns Tribunais, influenciados pela tese da alienação parental em relação às mulheres que não cumprem o regime de visitas estipulado, desvalorizam as alegações de violência doméstica, vistas como estratégias vingativas, que se presumem falsas e dispensam investigação. As próprias vítimas tendem a não alegar a violência para não exporem a sua vida privada, por falta de confiança no sistema ou por medo de retaliação. Dada a dimensão do fenómeno da violência doméstica, que se pensa atingir uma em cada quatro mulheres, parece-nos que os danos causados pela imposição do exercício conjunto em relação a este grupo social não são compensados pelas eventuais vantagens, não demonstradas empiricamente, da possibilidade de impor o exercício conjunto nos outros casos[662].

A ideologia da «biparentalidade» tem-se revelado danosa para as crianças e para as mulheres vítimas de violência e de maus tratos. O novo regime jurídico do divórcio, estabelecendo o exercício conjunto como regime-regra e presumindo a capacidade de cooperação e a igualdade entre os pais, vem acentuar a invisibilidade da violência doméstica e a desigualdade de facto entre mulheres e homens. Independentemente de violência doméstica, o contacto da criança com ambos os pais, fomentado pelo art. 1906º, nº 5 e 7, é também prejudicial a esta, no caso de relações altamente conflituosas entre os pais, fazendo-a passar por conflitos de lealdade e perturbações comportamentais e emocionais, como angústias, depressões, desejos de fuga, enurese nocturna, insucesso escolar etc.[663].

Nesta fase da história, em que as mulheres ainda são um grupo social discriminado e violentado, não é aconselhável a imposição do princípio do exercício conjunto das responsabilidades parentais. Consequentemente, os Tribunais, na aplicação do art. 1906º, nº 2, devem recusar o exercício conjunto das responsabilidades parentais em famílias com história de violência doméstica, em famílias em que existe uma elevada conflitualidade entre os pais e, em geral, em casos de discordância insanável entre estes quanto à educação

---

[662] Em sentido diferente, vide MARIA AGLAÉ TEDESCO VILARDO/NUNO FERREIRA, «A guarda conjunta: notas comparativas sobre as soluções legais em vigor na União Europeia e no Brasil», Lex Familiae, Revista Portuguesa de Direito da Família, Ano 4 – nº 7 – 2007, p. 83, nota (35) e p. 84, defendendo, contudo, não uma solução geral de imposição, como a actual redacção do art. 1906º, nº 1, mas uma apreciação casuística. Nesta apreciação casuística, julgo que não são relevantes razões pedagógicas decorrentes do princípio da igualdade de género, mas apenas razões ligadas à continuidade do papel cuidador do pai, durante a constância do casamento. Nos processos de regulação das responsabilidades parentais, o critério de decisão é o interesse da criança concreta e não a construção de uma sociedade igualitária, objectivo prosseguido com as leis que regem os efeitos do casamento, e que ainda não foi atingido na realidade social, num período de 30 anos.

[663] Cfr. SIMÕES/TABORDA, Conflito parental e regulação do exercício do poder paternal... ob. cit., pp. 233-239.

dos/as filhos/as, conforme já jurisprudência firmada ao abrigo da lei 59/99[664], e que conduziu, nalguns casos, a alterações *ex officio* do regime de exercício conjunto das responsabilidades parentais para exercício exclusivo da mãe, em ordem a evitar os constantes recursos para os Tribunais intentados pelo progenitor não residente:

> "Por isso, na falta de um tal acordo, impõe-se atribuir a guarda da criança ou ao pai ou à mãe; ora, tratando-se de criança de tenra idade (criança com cerca de dois anos e meio), é de atribuir à mãe a guarda da criança principalmente quando se constatam fortes laços afectivos entre a criança e a mãe."
> (Acórdão da Relação de Lisboa, de 14-12-2006, Relatora: FÁTIMA GALANTE)

> "O regime de exercício do poder paternal deve ser alterado, no que concerne à atribuição em conjunto do exercício do poder paternal, com base na superveniente manifestação de desacordo por parte de um dos progenitores na manutenção dessa atribuição conjunta, ainda que não se provem outros factos dos quais resulte a impossibilidade ou inconveniência da continuação do exercício do poder paternal por ambos os progenitores." (Acórdão da Relação de Lisboa, de 18-12-2007, Relator: JORGE LEAL).

> "Ora, reconhecidamente, que está verificada a situação de desacordo relativamente a variadas situações do dia-a-dia da menor, independentemente de se poder assacar a culpa a um ou outro dos progenitores, tal implica a modificação da decisão relativamente ao modelo de exercício comum do poder paternal, não merecendo, por tal, censura a sentença sob recurso, na parte em que atribuiu, ao progenitor à qual tinha sido atribuída a guarda da criança, o exercício do poder paternal, socorrendo-se e bem do nº 2 do artº 1906º do Cód. Civil." (Acórdão da Relação de Évora, de 02-11-2006, Relator: MATA RIBEIRO)

> "Aliás, tenha-se em atenção que muito embora a lei se refira ao exercício em comum do poder paternal, não se reporta ao exercício conjunto da guarda. (...) Por outro lado, a lei não contém qualquer disposição que permita a guarda alternada sendo certo que se entende que tal solução sempre contenderia com os interesses da menor, impedindo-a de estabelecer qual é a sua casa, o seu lar e/ou o seu centro de vida." (RL 06-02-2007, Relatora: DINA MONTEIRO)

> "Não pode uma sentença de regulação do poder paternal prever e solucionar a multiplicidade de problemas do dia-a-dia ultrapassáveis pelo mais elementar bom senso que a lei pressupõe existir em educadores normais"

---

[664] RL 14-12-2006 (Relatora: FÁTIMA GALANTE), RL 06-02-2007 (Relatora: DINA MONTEIRO), RL 18-12--2007 (Relator: JORGE LEAL), RE 02-11-2006 (Relator: MATA RIBEIRO), RE 19-12-2006 (Relator: MARIA ALEXANDRA MOURA SANTOS), RC 30-11-2004 (Relator: GARCIA CALEJO), RC 05-05-2009 (Relator: TÁVORA VÍTOR), RC 04-05-2010 (Relator: TÁVORA VÍTOR), RC 27-10-2009 (Relator: FRANCISCO CAETANO) e RP 20-10-2009 (Relatora: SÍLVIA PIRES), in *Base Jurídico-Documental do MJ, www.dgsi.pt*

(...) "Não faz sentido que a criança deva ser entregue ao pai sempre que se trata de consultar o médico. Só eventualmente em caso de incúria da mãe que possa por em perigo a saúde da menor (o que se espera não suceda), poderá colocar-se a necessidade de uma solução alternativa. Esta questão perfila-se como mais uma das múltiplas que os progenitores têm trazido a cada passo ao Tribunal quando deveriam lembrar-se que este não tem a panaceia para suprir o esforço que deveriam fazer para ao menos no que toca à criança superarem desentendimentos menores e procurarem entender-se no essencial quanto às necessidades, colocando o seu cuidado e desenvolvimento acima das suas divergências pessoais de molde até a evitar-lhe traumas marcantes e desnecessários. (...) Bem se compreenderá que a opção por este múltiplo modelo (guarda conjunta ou guarda alternada) exija à partida o preenchimento de um certo número de requisitos e que a Jurisprudência seja particularmente prudente na adopção do mesmo. Assim, é de notar que a guarda conjunta ou mesmo alternada supõem que os desentendimentos entre os progenitores sejam eliminados ou minimizados, colocando os interesses da criança acima dos mesmos, pressupõe uma convivência estreita entre ambos os progenitores e a possibilidade de tomada de decisões em comum. Aquando da guarda alternada é necessário que a mesma não se traduza em sucessivas metodologias educacionais, antes permaneça incólume o rumo de orientação traçado quanto ao projecto educativo. Se não estão garantidas estas (exigentes) condições, a criança será a maior parte das vezes o alvo indirecto do ressentimento dos pais e não raro vítima dos seus objectivos desviadamente egoístas." (Acórdão da Relação de Coimbra, de 05-05-2009, Relator: TÁVORA VÍTOR).

"Na falta de acordo de um dos pais, tanto o exercício conjunto do poder paternal, a que se refere o artº 1906º nº 1 do C. Civil, bem como a fixação de um regime misto previsto no nº 3 do mesmo artigo, não é passível de ser imposto por decisão judicial. (...) Basta que um dos progenitores manifeste a sua discordância com a manutenção do exercício conjunto do poder paternal, para que tal facto constitua uma das circunstâncias supervenientes a que se refere o artº 182º da O.T.M. para fundamentar a alteração do regime do exercício do poder paternal, não se mostrando necessário provar a existência de qualquer factualidade que leve à conclusão da impossibilidade de manutenção do exercício em comum do poder paternal. Ao tribunal não é lícito impor aos pais, ainda que só contra a vontade de um só deles, o exercício conjunto do exercício do poder paternal, não devendo, por isso, o progenitor que o recusa ser prejudicado ou penalizado na decisão sobre a guarda do filho." (Acórdão da Relação do Porto, de 20-10-2009, Relatora: SÍLVIA PIRES).

"A guarda, conjunta ou mesmo, alternada supõe que os desentendimentos entre os progenitores sejam eliminados ou minimizados, colocando os interesses da criança acima dos mesmos; pressupõe uma convivência estreita entre ambos os progenitores e a possibilidade de tomada de decisões em comum. Não se verificando aquele condicionalismo impõe-se a entrega dos menores a um dos progenitores, havendo todavia que salvaguardar tanto quanto possível um relacionamento saudável com o outro, sempre salvaguardando o interesse superior daqueles, devendo os pais consciencializar-se de que tais contactos assumem o cariz de convívios-dever." (Acórdão da Relação de Coimbra, de 04-05-2010, Relator: TÁVORA VÍTOR).

A imposição do exercício conjunto das responsabilidades implica que, em casos em que não seja possível obter, na Conferência, o acordo dos pais (art. 178º da O.T.M.), a acção tenha que prosseguir para que o juiz decida acerca da questão do exercício exclusivo ou conjunto das responsabilidades parentais, provocando, necessariamente, a nova lei um aumento da pendência destas acções, que poderiam estar resolvidas por acordo ao abrigo da lei antiga. Neste contexto, assume grande importância a prudência do Tribunal nas decisões de exercício conjunto, pois a imposição desta solução a casos em que os pais não revelem capacidade de cooperação e de colaboração um com o outro e em que não confiem um no outro como pais, levará necessariamente a um aumento da conflitualidade, com prejuízos psicológicos para a estabilidade da criança, bem como a um aumento dos processos de alteração da regulação do exercício das responsabilidades parentais e dos incidentes de incumprimento com a invocação do desrespeito pelas orientações educativas, e ainda ao aumento dos processos tutelares cíveis para resolução do desacordo dos pais em questões de particular importância da vida do/a filho/a, nos termos do art. 184º da O.T.M.[665].

O Tribunal deverá decretar o exercício exclusivo das responsabilidades parentais a favor da pessoa de referência da criança, nas seguintes situações: casos de elevada conflitualidade e incapacidade de cooperação e de comunicação entre os pais, sempre que a criança seja de tenra idade e a pessoa de referência não confie na competência parental do outro progenitor ou receie negligência e maus tratos, em situações em que haja indícios ou suspeitas de maus tratos e de abuso sexual em relação à criança por parte do progenitor não residente, nos casos de desinteresse do progenitor não residente ou de falta de laços afectivos entre o progenitor e criança, e, ainda, nos casos em que haja indícios de violência doméstica contra a mãe. Também nos casos de nascimento fora do casamento, o exercício das responsabilidades parentais deve caber exclusivamente à mãe, se a paternidade foi estabelecida por reconhecimento judicial ou, ainda que tenha sido estabelecida por perfilhação, esta não foi efectuada na altura do nascimento ou resultou de termo lavrado em

---

[665] Cf. RAMIÃO, Tomé d'Almeida, *O Divórcio e Questões Conexas*, ob. cit., p. 165.

juízo num processo de averiguação oficiosa da paternidade (art. 1865º, nº 3). O exercício unilateral deve também ser decretado, nos casos de abandono da mulher durante a gravidez, bem como nos de incumprimento da pensão de alimentos à mãe relativa ao período de gravidez e ao primeiro ano de vida do/a filho/a, nos termos do art. 1884º.

7.4. As implicações legislativas da Convenção de Istambul

O Código Civil, não prevendo regras específicas para a regulação das responsabilidades parentais nos casos em que há indícios de violência doméstica, não está em harmonia com o art. 31º da Convenção de Istambul (Convenção do Conselho da Europa para Prevenção e o Combate à Violência Contra as Mulheres e a Violência Doméstica), ratificada pelo Estado português. Esta norma prevê que os Estados partes tomarão as medidas legislativas, ou outras necessárias, para assegurar que, ao determinar a custódia e os direitos de visita das crianças, sejam tomados em consideração incidentes de violência, bem como adoptadas medidas para assegurar que o exercício dos direitos de visita ou de custódia não comprometam os direitos e a segurança da vítima e das crianças.

O estatuto de vítima atribuído pelas autoridades judiciárias ou pelos órgãos de polícia criminal, nos termos do art. 14º da Lei nº 112/2009, de 16 de Setembro, deve ter por efeito a suspensão ou restrição de visitas do agressor e a impossibilidade de exercício conjunto das responsabilidades parentais, devendo o artigo 1906º do Código Civil ser alterado no mesmo sentido. Conforme temos defendido, neste livro e noutros escritos, a criança que assiste à violência doméstica é uma criança em perigo, devendo ser accionadas imediatamente pelo MP, no processo de regulação das responsabilidades parentais, as medidas de protecção previstas na LPP (art. 148º, nº 3 da O.T.M.), nomeadamente, apoio junto do progenitor não agressor (art. 35º, al. a) da LPP), incluindo apoio económico e ao arrendamento (arts 45º e 46º da Lei 112/2009, de 16 de Setembro).

É fundamental, para além das medidas de coacção do processo penal (afastamento do agressor da residência ou prisão preventiva), aplicar, através do processo civil, a medida de atribuição ao progenitor não agressor da casa de morada de família ao abrigo do art. 1793º do C.C., devendo a lei prever, no Código de Processo Civil, um processo mais célere para as vítimas de violência doméstica. Outras medidas cíveis de protecção da vítima podem ser aplicadas, através das providências adequadas previstas no art. 70º, nº 2 do C.C., para fazer face à violação ou ameaça de violação dos direitos de personalidade, pois na violência doméstica está em causa a violação dos direitos à integridade pessoal e ao livre desenvolvimento da personalidade (arts 25º e

26º da CRP), direitos fundamentais abrangidos na cláusula geral do art. 70º, nº1, que protege a pessoa humana contra qualquer forma de agressão da sua personalidade física ou moral.

O traço caracterizador da violência doméstica contra as mulheres reside no desejo do agressor controlar a vida da vítima, independentemente da ocorrência de agressões físicas. O agressor serve-se das leis civis relativas às responsabilidades parentais e do sistema judicial para continuar a ter proximidade com a vítima e a controlar a sua vida, ficando, assim, a mulher e os filhos impedidos de recuperar psicologicamente dos danos causados pela violência a que estiveram expostos durante o casamento ou a união de facto.

Assiste-se, nos tribunais portugueses, a processos de incumprimento do regime de visitas intentados, na sua maioria, contra as mães (art. 181º da O.T.M.), em que os progenitores requerem a condenação daquelas ao pagamento de multas e de indemnizações, assim como à execução do regime de visitas perante a recusa da criança; a processos de alteração da regulação das responsabilidades parentais ou de regresso imediato de menor deslocado para o estrangeiro pela mãe sem autorização do outro progenitor[666]; a processos-crime de subtracção de menores intentados contra a mãe, por incumprimento do regime de visitas ou por emigração da mãe para outro país onde encontra oportunidades de emprego[667]. Sem negar que haja pais que recorrem legitimamente a estes processos para protegerem os seus filhos e a relação afectiva que têm com estes, sabe-se que, muitas das mulheres rés nestes processos são vítimas de violência doméstica que não foi denunciada ao sistema ou que, tendo sido denunciada, foi desvalorizada e vista como mera conflitualidade. Mesmo nos casos de condenação do progenitor agressor, os tribunais executam regimes de visita contra a vontade da criança ou, em casos mais raros, mas que todavia existem, alteram a guarda para o agressor por incumprimento do regime de visitas da parte da mãe, decisões contrárias ao espírito da lei penal que prevê expressamente que o progenitor condenado no processo-crime possa ser inibido das responsabilidades parentais por um período de um a dez anos, solução prevista no art. 152º, nº 6 do Código Penal, mas que não temos visto ser aplicada.

Os critérios de determinação da residência da criança, na medida em que assentam na disponibilidade de cada um dos pais para permitir a continuidade da relação da criança com o outro progenitor (art. 1906º, nº 5), contribuem para silenciar as mulheres vítimas de violência por medo de perderem a guarda

---

[666] Vide RC 23-04-2013 (Teles Pereira).
[667] Vide STJ 23-05-2012 (Henriques Gaspar); RP 25-03-2010 (Joaquim Gomes), RC 18-05-2010 (Alberto Mira).

dos seus filhos, em virtude de não serem consideradas progenitoras disponíveis para fomentar a relação da criança com o outro progenitor.

A ideologia da coparentalidade após o divórcio, promotora do bem-estar da criança nos casos em que os pais a praticam de comum acordo e por afecto pelos filhos, entra em tensão com as necessidades de protecção das vítimas nas famílias com história de violência doméstica. Os tribunais de família não têm distinguido as situações de conflito parental das de violência doméstica, tratando direito da família e direito penal como compartimentos estanques. Enquanto o direito penal considera o comportamento do agressor um crime pelo qual este deve ser responsabilizado, o direito da família trata a relação entre agressor e vítima como uma relação entre dois parceiros íntimos que precisa de ser modificada, dissolvida ou regulada, impondo à vítima a cooperação com o agressor, em vez de a proteger e garantir o seu direito a viver sem violência.

Para evitar a separação entre o processo penal e o processo de regulação das responsabilidades parentais, seria mais adequado que as dimensões civis, familiares e penais da violência doméstica, dos maus tratos e do abuso sexual de crianças fossem decididas por um único Tribunal com competência especializada nestas matérias.

No *status quo* actual, para além da divisão entre direito penal e direito da família, nos Tribunais de Família, os peritos, que fazem as avaliações psicológicas e os relatórios sociais, não têm formação especializada para lidar com a complexidade destas questões, omitindo nos relatórios as declarações feitas pela vítima de violência ou interpretando-as como conflito e não como mau trato, não procedendo ao confronto destas declarações com outros documentos: relatórios hospitalares, as queixas apresentadas pela mulher na polícia, despachos e sentenças proferidas nos processos-crime, etc.

Os tribunais de família também nem sempre procedem, ao abrigo dos seus poderes inquisitórios, às investigações necessárias para averiguar a veracidade das alegações de violência ou avaliam erradamente a prova apresentada, por falta de consciência dos danos psicológicos causados às crianças expostas à violência parental e pela crença no mito de que a violência termina com a separação. Diferentemente, os dados revelados pela investigação científica e pelos casos de mulheres assassinadas por ex-maridos ou ex-companheiros demonstram que a violência aumenta de intensidade após a separação e que as crianças são vítimas indirectas da violência dirigida contra a mãe.

Os advogados, por vezes, também aconselham as mulheres a não revelar a violência porque pensam que estas alegações vão colocar as mães em perigo de perder a guarda dos filhos, por não surgirem, perante o juiz, como pessoas generosas com o ex-cônjuge e com espírito de cooperação, como exige e pressupõe a lei.

A falta de preparação dos tribunais e dos técnicos da segurança social para lidar com as situações de violência doméstica pode produzir resultados trágicos e irreversíveis como o caso ocorrido em Espanha, que culminou com o homicídio de uma menina de sete anos pelo pai, durante o regime de visitas decretado pelo tribunal.

O progenitor, após a separação, perseguia e ameaçava a mãe, vítima de violência de género continuada, que apresentou queixa trinta vezes aos tribunais e solicitou repetidamente restrição ou inibição do direito de visita do pai por perturbação do bem-estar emocional da filha.

O Comité das Nações Unidas para a Eliminação de todas as formas de Discriminação contra as Mulheres, por decisão proferida a 16 de Julho de 2014[668], na sequência de uma denúncia da mãe da criança assassinada, recomendou ao Estado Espanhol as seguintes medidas: 1) Garantia à autora de adequada reparação e compensação proporcional à gravidade da violação dos seus direitos; 2) Investigações rigorosas e exaustivas a fim de determinar as causas do fracasso dos tribunais e dos serviços públicos na protecção da autora e da sua filha; 3) Medidas efectivas e apropriadas para proteger as vítimas de violência doméstica nas questões de guarda e de visitas; 4) Formação especializada obrigatória, em violência doméstica, dos magistrados e de todos os profissionais que lidam com as vítimas.

Na verdade, as preocupações com a coparentalidade depois do divórcio obscureceram as situações de violência doméstica, que passaram a ser vistas como um mero conflito ou como uma estratégia processual das mulheres para obter, num processo litigioso, a guarda única.

O agressor baseia o seu comportamento num conjunto de tácticas e estratégias dirigidas à mulher com quem tem ou teve uma relação íntima, com o objectivo de induzir medo e de manter o poder e o controlo na relação. Essas estratégias são compostas por ameaças, coerção, privação de recursos (alimentos, casa de morada de família, contas bancárias etc.), sendo os filhos, no momento da separação, o principal instrumento para o agressor atingir a sua vítima e para manter a primazia e o domínio na relação com a mulher.

Este controlo do agressor exerce-se de várias formas: recusa de autorização à deslocação da mãe e dos filhos para outro país, onde aquela tem novas oportunidades de emprego e fica protegida da violência; processo de cumprimento coercivo do regime de visitas; requerimento do pagamento de multas em casos de incumprimento ou proposição de processo-crime por subtracção de menores; pedido de guarda única dos filhos, alegando proble-

---

[668] Cf. Convention on the Elimination of All Forms of Discrimination against Women, CEDAW/C/58/D/47/2012, Communication N.º 47/2012.

mas mentais da mãe, desemprego e dificuldades financeiras desta ou pedido de partilha do tempo entre os pais, em moldes semelhantes aos da guarda alternada ou conjunta.

A constatação da dimensão do fenómeno da violência doméstica e a consciência da ineficácia da lei para proteger as vítimas conduziu, noutros países, como a Austrália, o Canadá e os EUA, a mudanças de paradigma na regulação da guarda após o divórcio, o qual passou a centrar-se, não nas famílias ditas «normais», mas nas famílias com história de violência doméstica, passando o interesse da criança e a modalidade de guarda escolhida a ter como paradigma as necessidades de segurança das mulheres e das crianças vítimas de violência doméstica, e não a coparentalidade ou a partilha igual do tempo entre os pais. Por exemplo, na Austrália, a guarda alternada ou a parentalidade partilhada constituiu o ponto de partida ou o objectivo da reforma em 2006. Contudo, este paradigma só vigorou durante um curto de prazo de quatro anos, tendo sido alterado, após um rigoroso estudo do impacto da reforma na vida das crianças e dos pais[669], por uma nova lei em 2011, que adoptou como ponto de partida das decisões judiciais a protecção das mulheres e das crianças vítimas de violência doméstica[670].

A Convenção de Istambul impõe aos Estados membros do Conselho da Europa uma evolução legislativa semelhante, acompanhada da necessária formação especializada de todos os profissionais do direito e da psicologia envolvidos no acompanhamento e avaliação psicológica das famílias e nos processos judiciais.

7.5. A aplicação jurisprudencial do princípio do exercício conjunto das responsabilidades parentais (art. 1906º, nº 1) e o alcance do direito de informação (art. 1906º, nº 6)

Até agora, na jurisprudência dos Tribunais superiores, surgiu apenas um caso de aplicação do regime das responsabilidades parentais consagrado na Lei 61/2008, tendo o STJ, no acórdão de 28-09-2010 (Relator: FONSECA RAMOS)[671], considerado que uma acção de alteração do exercício das responsabilidades parentais (art. 182º da O.T.M.), intentada depois da entrada em vigor da Lei 61/2008, constitui uma acção autónoma e não um processo pendente, para

---

[669] KASPIEW et al, *Evaluation of the family law reforms*, Australian Government, Australian Institute of Family Studies, December 2009 disponível para consulta in http://www.aifs.gov.au/institute/pubs/fle/evaluationreport.pdf. Para mais informações sobre estes estudo, *vide* SOTTOMAYOR, Maria Clara, «Entre idealismo e realidade: a dupla residência das crianças após o divórcio», in *Temas de Direito das Crianças*, Livraria Almedina, Coimbra, 2014, pp. 123-135.
[670] Cf. *Ibidem*, pp. 136-139
[671] Cf. Base Jurídico-Documental do MJ, www.dgsi.pt

efeitos da ressalva da aplicação da lei 61/2008, consagrada na disposição transitória do art. 9º da mesma lei.

No contexto de um processo judicial intentado já depois da entrada em vigor da lei nova, com base no art. 182º da O.T.M., pensamos que o autor não está dispensado de proceder ao ónus da prova dos requisitos constantes da norma do art. 182º da O.T.M., nomeadamente da ocorrência de circunstâncias supervenientes, que justifiquem, no interesse da criança, mudanças do regime de responsabilidades parentais. Esta solução torna-se, portanto, incompatível com a aplicação imediata da Lei 61/2008, pois a nova lei coloca o ónus da prova do interesse da criança no progenitor que não deseja o exercício conjunto do poder paternal (art. 1906º, nº 2), enquanto nas acções de alteração da regulação das responsabilidades parentais, em que é pedida a mudança de regime de exercício unilateral das responsabilidades para exercício conjunto, o ónus da prova do interesse da criança cabe ao autor.

Nesta acção em concreto, o pai, confrontado com a deslocação da mãe e do filho para a Suíça, onde estabeleceram residência, pede que a criança fique a residir consigo em Portugal e que seja adoptado o exercício conjunto das responsabilidades parentais. O STJ revoga as decisões do Tribunal Judicial de Castelo Branco e do Tribunal da Relação de Coimbra, que declararam a incompetência internacional dos Tribunais portugueses para conhecer a acção, remetendo a competência para os Tribunais Suíços, por ser aí que se situa a residência habitual da criança, nos termos dos artigos 1º e 13º da Convenção de Haia de 1961, entendendo também que esta deslocação não foi ilícita, uma vez que a mãe, detentora da guarda e do exercício exclusivo das responsabilidades parentais, tinha o poder de fixar a residência da criança sem o consentimento do outro progenitor. Em sentido diferente, o STJ, na fundamentação da decisão, conferiu às normas da Lei 61/2008, nomeadamente à norma que prescreve o direito de informação do progenitor não residente (art. 1906º, nº 6), o carácter de normas de interesse e ordem pública, tendo decidido pela inaplicabilidade ao caso das normas da Convenção de Haia de 1961, que fixam a competência do Tribunal do Estado Membro onde a criança tem a sua residência habitual, porque tal solução torna legítima uma deslocação da criança para o estrangeiro – acto de particular importância nos termos do art. 1906º, nº 1 – não consentida pelo pai, representando uma violação da ordem pública portuguesa, que legitima, por força do art. 16º da Convenção, o afastamento das disposições da mesma manifestamente incompatíveis com a ordem pública.

O STJ não se pronuncia sobre a posição do recorrente, de acordo com a qual a lei nova seria imediatamente aplicável a todas as crianças cujo poder paternal já tivesse sido regulado ao abrigo da lei antiga, independentemente da instauração de um novo processo judicial, por força do princípio da igualdade consagrado no art. 13º da CRP, o qual exigiria que "a responsabilidade de ambos os progenitores seja operante para as decisões sobre interesses relevantes da vida do menor que, a partir da sua entrada em vigor, aqueles venham a ser chamados a proferir, independentemente do momento em que se procedeu à regulação das responsabilidades parentais"[672]. Apercebendo-se da fragilidade desta argumentação, mas concordando com a perspectiva do recorrente, o STJ não considerou que os pais exercessem em conjunto as responsabilidades parentais à data da deslocação, por aplicação imediata da lei nova, tendo optado por outro caminho para dar provimento ao recurso e fundamentar a decisão. Neste sentido, afirmou que, apesar de caber à mãe o exercício das responsabilidades parentais, a decisão unilateral de mudança de residência, como acto de particular importância, exige o cumprimento de deveres de informação (art. 1906º, nº 6), o que equivale a exigir o consenso de ambos os pais ou, em alternativa, uma decisão judicial de fixação da residência ao abrigo do art. 1906º, nº 5, para dirimir o conflito entre estes. Querendo fugir à fundamentação jurídica do recorrente, o STJ acaba, contudo, por cair em erros semelhantes, pois o facto de a mãe estar sujeita a um dever de informar o outro progenitor nunca significou nem pode significar, num quadro de exercício unilateral do poder paternal, a obrigação de obter o consentimento do progenitor para a deslocação ou o respectivo suprimento judicial. A ser assim, conforme entende o STJ, ficaria eliminada qualquer diferença entre os regimes de exercício conjunto e de exercício unilateral, resultado não pretendido pelo legislador, que expressamente previu a coexistência, na nova lei, de

---

[672] O recorrente, defendeu, neste processo, uma aplicação imediata da lei nova, com o efeito de transformação automática de regimes de exercício exclusivo das responsabilidades parentais em regime de exercício conjunto das responsabilidades parentais, por força do princípio da igualdade (art. 13º CRP), posição que não pode ser aceite, por ser violadora do próprio conceito de interesse da criança, que exige o tratamento diferente de situações que são diferentes e por violação do princípio da segurança jurídica dos cidadãos, consagrado no art. 27º da CRP. O recorrente considera, também, que a mãe ao efectuar a mudança de residência para o estrangeiro, praticou acto ilícito civil e penal, porque violador do art. 1906º, nº 5, sendo a deslocação ilícita, para efeitos do art. 3º da Convenção de Haia, posição que não foi aceite pelo STJ e que, de facto, constitui um «absurdo jurídico», porque viola um princípio básico de aplicação das leis no tempo, em matéria de responsabilidade civil e penal, segundo o qual se aplica a lei vigente no momento da prática do facto, e porque é contrária à jurisprudência europeia relativa à aplicação da Convenção de Haia de 1980, a qual entende que só há deslocação ilícita, quando o regime adoptado pelos pais ou por decisão judicial é o do exercício conjunto das responsabilidades parentais ou nos casos de exercício exclusivo, em que o acordo ou a decisão judicial de regulação das responsabilidades parentais incluem uma cláusula de limitação à liberdade de circulação, o que não era o caso do acordo adoptado pelos progenitores, no caso *sub iudice*.

dois regimes, nos números 1 e 2 do art. 1906º, entendendo que, nalguns casos, o exercício conjunto poderá ser contrário ao interesse da criança (art. 1906º, nº 2). Este entendimento do Tribunal, na prática, seria equivalente à solução defendida pelo recorrente de transformação automática, por força da lei, dos regimes de exercício exclusivo para exercício conjunto, solução claramente rejeitada pelo legislador, conforme decorre da disposição transitória do art. 9º da Lei 61/2008, e que representaria uma violação da autonomia privada, bem como das expectativas dos progenitores que estabeleceram acordos antes da entrada em vigor da nova lei e que com base nesses acordos homologados pelos Tribunais, porque considerados conformes ao interesse da criança, orientaram os seus planos de vida.

Na mesma linha do acórdão do STJ se situa o acórdão da Relação do Porto (Relator: FILIPE CAROÇO)[673], entendendo que a deslocação da mãe com a criança para Inglaterra, sem cumprimento do dever de informação ou de autorização judicial, é um acto de particular importância (art. 1906º, nº 1), sendo, portanto, a deslocação ilícita, mesmo num quadro em que o acordo homologado pelo Tribunal adoptava a solução de guarda da criança e exercício exclusivo do poder paternal pela mãe. A Relação do Porto procedeu a uma aplicação imediata da Lei Nova, com base no art. 12º, nº 2 do C.C., por entender que a Lei 61/2008 regula o conteúdo de uma situação jurídica, abstraindo do facto que lhe deu origem e que o art. 9º da Lei 61/2008, disposição transitória que afirma que a nova lei não se aplica a processos pendentes, não é aplicável ao processo de incumprimento intentado pelo pai. Em nossa opinião, o fundamento jurídico da decisão não está de acordo nem com as regras gerais da aplicação das leis no tempo nem com o art. 9º da Lei 61/2008.

Em primeiro lugar, o art. 12º só se aplica na falta de disposições transitórias, que regulem expressamente o problema da aplicação de lei nova no tempo. No caso *sub indice*, o legislador estipulou, na Lei 61/2008, uma disposição transitória, segundo a qual a lei nova não se aplica a processos pendentes. O processo de incumprimento, como incidente do processo de regulação das responsabilidades parentais, em que ficou estipulado, por acordo homologado judicialmente, a guarda e o exercício do poder paternal pela mãe, não é um processo autónomo ao qual possa ser aplicada imediatamente a lei nova. Consequentemente, a deslocação da mãe e da criança para o estrangeiro é lícita, em face do conteúdo do acordo dos pais e da lei antiga.

Defendendo, no sentido por nós sustentado, que se aplica a lei antiga a um caso em que os pais acordaram no exercício unilateral das responsabilidades parentais pela mãe, e que, em consequência, é lícita a deslocação da

---

[673] Cfr. *Base Jurídico-Documental do MJ, www.dgsi.pt.*

mãe com o filho menor para França sem autorização do outro progenitor e é competente o tribunal francês para a acção de alteração de regulação das responsabilidades parentais intentada pelo pai, veja-se o acórdão da Relação de Coimbra, de 23-04-2013 (Relator: Teles Pereira), em cujo sumário se estipula o seguinte:

> «I – Ao acordo de regulação do poder paternal fixado num processo de regulação iniciado antes de 30/11/2008 (data da entrada em vigor da Lei nº 61/2008), aplica-se, nos termos da norma transitória constante do artigo 9º dessa Lei, o regime decorrente das disposições do Código Civil alteradas por essa mesma Lei, na redacção anterior a essa alteração (não se aplica, pois, a lei nova introduzida por esse Diploma).
> II – Concretamente, no caso de uma regulação respeitante a menor cujos pais não estejam casados e não vivam maritalmente, aplica-se, quanto ao exercício do poder paternal, o disposto no artigo 1911º, nº 1 do C.C. na redacção do Decreto-Lei nº 496/77, de 25 de Novembro.
> III – Deste resulta – nessa redacção – que o exercício do poder paternal pelo progenitor guardião comporta a faculdade deste decidir autonomamente, e sem necessidade de consenso condicionante com o outro progenitor (não guardião), quanto à deslocação do menor para o estrangeiro, no quadro de uma decisão de emigrar por parte desse progenitor guardião.
> IV – Assim, a deslocação nesse quadro do menor para outro país não corresponde a uma situação de incumprimento de um acordo de regulação que não previa especificamente essa situação, limitando-se a atribuir a guarda do menor (e o exercício do respectivo poder paternal) ao progenitor que posteriormente tomou a decisão de emigrar levando o filho consigo.
> V – Um processo de incumprimento (o processo previsto no artigo 181º da O.T.M.) constitui uma instância incidental, relativamente ao processo base de regulação do poder paternal, tratando-se de verificar, com base no enquadramento legal correspondente a essa regulação, se a incidência invocada (aqui a deslocação do menor para o estrangeiro) traduz uma situação de incumprimento do acordo.
> VI – Já um processo de alteração de regime da responsabilidade parental, previsto no artigo 182º da O.T.M., traduz um processo autónomo (novo), a propor no tribunal que nesse momento (quando se propõe a alteração) for o competente.
> VII – A licitude da deslocação do menor para o estrangeiro pelo progenitor guardião, com base no enquadramento indicado em II, III e IV deste sumário, retira a essa deslocação a natureza de uma "deslocação ilícita" nos termos do artigo 2º, item 11. do Regulamento (CE) nº 2201/2003 do Conselho de 27 de Novembro de 2003 (Regulamento Bruxelas II bis).
> VIII – Assim, a regra de competência internacional para uma acção de alteração, na qual se pretenda modificar o regime de guarda do menor em função da deslocação deste para o estrangeiro pelo progenitor guardião,

essa regra de competência, dizíamos, é a regra geral constante do artigo 8º, nº 1 do Regulamento Bruxelas bis: "[o]s tribunais de um Estado-Membro são competentes em matéria de responsabilidade parental relativa a uma criança que resida habitualmente nesse Estado-Membro à data em que o processo seja instaurado no tribunal".

IX – Constitui residência habitual de uma criança de três anos de idade, que emigra acompanhando a mãe, o local para onde esta (a mãe) se desloca (com o filho) com esse propósito, aí passando a viver (fixa residência, passa a trabalhar e matrícula o menor numa escola própria para crianças dessa idade).

X – E funciona como elemento adjuvante da definição dessa deslocação como fixação de residência habitual no outro país (o país para o qual a mãe emigrou) a circunstância do menor ter nascido nesse país, dispor também da nacionalidade desse mesmo país e aí ter família».

Recentemente, o Supremo Tribunal de Justiça, no acórdão de 10-10-2013 (Relator: OLIVEIRA VASCONCELOS), definiu doutrina semelhante, entendendo que o requerimento de alteração do exercício do poder parental, para o efeito da fixação da competência do tribunal, não constitui um processo autónomo, e que, portanto, não lhe é aplicável o regime introduzido pela Lei 61/2008, de 31.10, o qual não se aplica aos processos pendentes em tribunal no momento do seu início de vigência. Em consequência, decidiu o Supremo que o progenitor titular da guarda e do exercício das responsabilidades parentais, quando escolhe o seu lugar de residência num determinado país, limita-se a exercer um direito que lhe era conferido face ao conteúdo do "direito de guarda" referido no nº 9 do artigo 2º do Regulamento, como um conceito que comporta "os direitos e as obrigações relativos aos cuidados devidos à criança e, em particular, o direito de decidir sobre o seu lugar de residência", não sendo ilícita a sua deslocação, desde que informe o outro progenitor.

8. O exercício das responsabilidades parentais relativamente às crianças nascidas fora do casamento

Relativamente à filiação estabelecida fora do casamento, a lei 61/2008 aboliu a presunção consagrada no art. 1911º, nºs 1 e 2, segundo a qual a mãe tinha a guarda da criança e exercia o poder paternal. A lei 61/2008 entendeu que esta presunção constituía uma violação do princípio da igualdade de género, contrariamente ao que vinha sendo defendido pela doutrina e pela jurisprudência, que concebiam esta presunção como um reflexo do princípio da igualdade material. Este princípio abrange a possibilidade de dar tratamento diferente a realidades que também são diferentes, sendo a relação da mãe com a criança, em virtude da gravidez e do parto, muito mais forte do que aquela que tem o progenitor que não coabita com a mãe nem com a criança, circunstância que tem como resultado que a criança nascida fora do casamento, quando os pais não vivem em união de facto, tem uma maior ligação à mãe e à família da mãe do que ao pai e à família do pai[674].

Veja-se, a título de exemplo, o acórdão da Relação de Lisboa, de 17-02--2005 (Relatora: FÁTIMA GALANTE)[675], onde se afirma o seguinte:

"A atribuição da guarda à mãe é compatível com o princípio da igualdade, na medida em que lhe é conferida, não em virtude do sexo, mas antes por força das circunstâncias do caso concreto, avaliadas pelo julgador, que, à luz dos interesses do menor, apontam essa solução. E, seja como for, a experiência tem demonstrado que na nossa sociedade, as crianças continuam predominantemente a ser, de facto, criadas pelas mães. Apesar de estarem cada vez mais integradas no mercado do trabalho, o certo é que as tarefas domésticas, incluindo a educação e cuidados dos/as filhos/as, sobretudo nos primeiros anos de vida, continuam a ser desempenhadas na maioria dos casos, por estas. Mas, como vimos, fundamental é ter em conta, a prossecução do interesse do menor. E a decisão de entregar a guarda à pessoa de referência da menor, que dela cuida desde que nasceu

---

[674] Cf. PEREIRA COELHO/GUILHERME DE OLIVEIRA, *Curso de Direito da Família*, Vol. I, *ob. cit.*, p. 130. Terá sido este o motivo que conduziu o legislador alemão a não consagrar o exercício conjunto das responsabilidades parentais em relação aos pais não casados, dispondo no § 1626 a) do BGB, que, não sendo os pais casados um com o outro, o exercício das responsabilidades pertence a ambos apenas quando o declarem de comum acordo ou quando contraiam casamento, pertencendo, nos restantes casos, o exercício das responsabilidades parentais exclusivamente à mãe. A jurisprudência da Comissão e do TEDH tem-se pronunciado no sentido de que legislações deste tipo, como a alemã e a dinamarquesa, que consagram o exercício exclusivo das responsabilidades parentais pela mãe relativamente a crianças nascidas fora do casamento, não violam o princípio da proibição da discriminação consagrado no art. 14.º da CEDH nem o direito ao respeito pela vida privada e familiar previsto no art. 8.º da CEDH. Sobre esta jurisprudência, *vide* ALMEIDA, Susana, *O respeito pela vida (privada e) familiar na jurisprudência do Tribunal Europeu dos Direitos do Homem: A tutela das novas formas de família*, Coimbra, 2008, pp. 195-199.

[675] Cf. RL 17-02-2005, in *Base Jurídico-Documental do MJ*, www.dgsi.pt. No mesmo sentido, tinha-se já pronunciado o Parecer do Conselho Consultivo da Procuradoria-Geral da República, de 15-04-1978 (Relator: MOITINHO DE ALMEIDA). Considerando que o facto de a criança ter vivido com o pai em Aveiro, durante 6 meses, por acordo de ambos os pais, que veio a ser quebrado pelo progenitor que não entregou a criança à mãe, conforme combinado, não ilidiu a presunção a favor da mãe consagrada no art. 1911.º, n.º 1 e 2, na redacção anterior à Lei 61/2008, *vide* STJ 04-03-2008 (Relator: CARDOSO DE ALBUQUERQUE), in *Base Jurídico-Documental do MJ*, www.dgsi.pt. Na fundamentação da decisão, o STJ considerou justificada a presunção na ligação psicológica-afectiva mais forte que une a mãe à criança, em virtude da gestação e do parto. No mesmo sentido, aplicando a presunção a favor da mãe consagrada no art. 1911.º, na redacção anterior à Lei 61/2008, e entendendo que o facto de a mãe trabalhar por turnos, por vezes durante a noite, confiando a criança a uma ama, não é motivo suficiente para afastar a presunção de guarda do filho menor à mãe solteira, *vide* RC 27-10-2009 (Relator: FRANCISCO CAETANO).

e com quem a menor desenvolveu laços afectivos próprios da sua idade, salvaguarda o interesse desta, respeitando, a principal relação emocional da criança com o adulto que dela cuida no dia-a-dia."(sublinhado nosso).

O objectivo da Reforma de 1977 foi a protecção da relação afectiva entre a mãe e a criança contra a interferência do progenitor biológico, e, também, razões de segurança jurídica, que exigem, logo após o nascimento, celeridade na tomada de decisões de particular importância, como o nome e apelidos da criança (art.1875º), cuidados de saúde ou intervenções cirúrgicas e a educação religiosa.

O artigo 1911º contém, agora, uma remissão expressa para as normas do exercício das responsabilidades parentais vigentes na constância do casamento (arts 1901º a 1904º), quando os pais vivem em união de facto, e para as normas regulamentadoras das responsabilidades parentais, nos casos de divórcio (arts 1905º a 1908º), quando cessa a união de facto. Esta solução era já permitida pela Reforma de 1977, mas apenas quando os pais prestassem uma declaração perante o funcionário do registo civil, segundo a qual pretendiam exercer em conjunto as responsabilidades parentais (art. 1911º, nº 3, na redacção anterior à Lei 61/2008). Se esta solução não merece dúvidas particulares, pois surge dentro de um quadro de evolução social marcado pelo aumento das uniões de facto e dos/as filhos/as nascidos/as fora do casamento, o mesmo já não podemos afirmar relativamente à solução seguida pela lei, quanto ao exercício das responsabilidades parentais por pais que não vivem em condições análogas às dos cônjuges. Parece-nos que a solução consagrada no art. 1912º, segundo a qual as responsabilidades parentais serão exercidas conjuntamente, nos termos dos artigos 1904º a 1908º, mesmo que os pais não vivam em condições análogas às dos cônjuges, levantará problemas graves, susceptíveis de pôr em perigo o projecto de vida das crianças e o seu direito à família, nos casos em que a paternidade foi estabelecida num processo de averiguação oficiosa (arts 1864º e ss). Estes progenitores ficam, agora, com poder para criarem obstáculos à decisão de a mãe entregar a guarda da criança a terceiros ou consentir na sua adopção. No caso de mães menores de idade, vítimas de abuso sexual, do qual resulta a gravidez, o exercício das responsabilidades parentais em conjunto em relação à pessoa da criança ou o exercício exclusivo pelo progenitor no que diz respeito à representação da criança e administração dos seus bens, por força da inibição de pleno direito consagrada na lei em relação a menores (art. 1913º, nº 2) vai dar poderes de educação a um progenitor que praticou um crime contra a mãe da criança e que representa um perigo para aquela e para o/a filho/a. E não se diga que este resultado será evitado mediante a cláusula de salvaguarda prevista no art.

1906º, nº 2, que permite o exercício unilateral das responsabilidades parentais no interesse da criança. É sabido que o abuso sexual de adolescentes do sexo feminino é um fenómeno invisível[676] e que não é percepcionado como tal, nem pela sociedade nem pelos Tribunais, nos poucos casos em que são levados ao conhecimento do sistema judiciário[677].

Julgamos que a atribuição do exercício das responsabilidades à mãe, quando os pais não vivem em união de facto, confere mais estabilidade à vida da criança. Uma lei que obriga a mãe a um acordo com um progenitor ausente, para a tomada de decisões de particular importância, torna a mulher e a criança dependentes da obtenção de um consentimento de um progenitor que não se interessa por esta[678] e que tenderá, ou a não exercer os seus direitos-deveres, criando impasse na organização da vida da família monoparental, ou a exercê-los de forma abusiva, como se fosse o «proprietário» da criança.

O legislador francês foi mais cauteloso, não conferindo direitos a progenitores que não perfilharam a criança na altura do nascimento. A lei de 4 de Março de 2002, que generalizou o princípio do exercício conjunto das responsabilidades, consagrou expressamente o exercício unilateral (art. 372º do *code civil*) a favor da mãe, quando a criança só foi reconhecida pelo pai mais de um ano depois do nascimento ou quando a paternidade foi judicialmente estabelecida, em acção de investigação[679].

O legislador deve ter em conta a realidade social e propor soluções adequadas à mesma. Os novos pais que querem assumir plenamente o lado afectivo da paternidade, logo após o nascimento da criança, independentemente da relação que têm com a mãe, constituem um fenómeno minoritário, não representativo da população em geral, e que não pode servir de padrão às normas jurídicas, sob pena de ficarem prejudicadas as crianças e as mães

---

[676] Cf. WEST, Robin, *Caring for Justice*, New York, 1997 e MACKINNON, Catharine A., *Sex Equality*, New York, 2001, em relação à gravidez adolescente nos EUA, apresentando esta última autora uma percentagem de 70% de gravidezes de adolescentes que resultam de abuso sexual.

[677] Cf. SOTTOMAYOR, M. C., *O poder paternal como cuidado parental e os direitos da criança*, in *Cuidar da Justiça de Crianças e Jovens*, Actas do Encontro – A Função dos Juízes Sociais, Câmara Municipal do Porto/Universidade Católica Portuguesa, Coimbra, 2003, pp.28-33; PIRES DE ALMEIDA, Ana Catarina, *Crenças sociais e discursos da psicologia*, Dissertação de Mestrado em Psicologia da Justiça, Orientadora Carla Machado, Universidade do Minho, 2003, p. 80 (https://repositorium.sdum.uminho.pt/handle/1822/3197).

[678] Para uma crítica à alteração do art. 1911º e à solução actual do art. 1912º, defendendo a vinculação bio-afectiva precoce da mãe em relação ao/à filho/a e entendendo que a atribuição de direitos iguais ao progenitor masculino torna mais difícil a situação da mulher só com filhos a cargo, vide XAVIER, Rita Lobo, *Responsabilidades parentais no Séc. XXI*, Lex Familiae, Ano 5º, nº 10, 2008, p. 20 e IDEM, *Recentes Alterações ao Regime Jurídico do Divórcio e das Responsabilidades Parentais, Lei nº 61/2008, de 31 de Outubro*, Coimbra, 2009, pp. 69-70.

[679] Cf. LAURENCE GAREIL, *L'éxercice de l'autorité parentale*, Paris, 2004.

que são abandonadas pelo autor da concepção e que aparece, mais tarde, a reivindicar direitos, como se a criança fosse um objecto.

9. A questão de género nos processos de regulação das responsabilidades parentais

Na nossa realidade social, em cerca de 90% dos casos de regulação das responsabilidades parentais, as crianças continuam a residir com a mãe, não prestando o pai cuidados diários aos/às filhos/as[680]. Note-se que este dado estatístico não decorre de qualquer discriminação dos homens pelo sistema judicial[681]. Na maior parte dos casos, as regulações das responsabilidades parentais fazem-se por acordo dos pais e são os homens que reconhecem não ter tempo ou disponibilidade para assegurar a educação dos/as filhos//as, no dia-a-dia[682].

Em países com experiência na aplicação de soluções de exercício conjunto das responsabilidades parentais, verifica-se uma repetição dos estereótipos tra-

---

[680] Os dados estatísticos indicam que 806 crianças foram confiadas ao pai; 8856 à guarda da mãe; 253 a família idónea; 291 a terceira pessoa, 64 a estabelecimento de educação/assistência e 276 crianças foram confiadas à guarda conjunta de ambos os pais. Vide *Estatísticas da Justiça* 2002, p. 274. Estes números, contudo, misturam as sentenças reguladoras com os casos de acordo homologado pelo Tribunal. Só isolando os casos litigiosos, e verificando a percentagem de crianças confiadas ao pai, neste contexto específico, é que se pode comparar o número de crianças confiadas ao pai e confiadas à mãe. Segundo as *Estatísticas da Justiça* 2002, p. 273, em processos de regulação do exercício das responsabilidades parentais, houve 6434 sentenças homologatórias e 2679 sentenças reguladoras, sendo, apenas, este último valor aquele dentro do qual tem interesse comparar o número de crianças confiadas à guarda maternal com o número de crianças confiadas à guarda do pai. Em países, onde esta comparação já foi feita, verificou-se que não há qualquer discriminação judicial dos pais-homens, nos tribunais de 1ª instância, sendo o número de crianças confiadas à guarda maternal e à guarda paternal semelhante. Demonstrando que os Tribunais de 1ª instância não usam o sexo dos progenitores como critério de escolha, *vide* os estudos, em França, de ANNIE MAZEL, *Conflit Parental et Pères Gardiens*, J.C.P., I, Doctrine, 1985, p. 3214 e s; no Reino Unido, de EEKELAAR, J./CLIVE, E./CLARKE, K./RAIKES, S., *Custody after Divorce, The Disposition of Custody in Divorce Cases in Great Britain*, Centre for Socio-Legal Studies, Wolfson College, 1977, p. 74; nos EUA, NANCY POLIKOFF, *Why Mothers are Losing: A Brief Analysis of Criteria Used in Child Custody Determinations*, Women's Rights Law Reporter, 1982, pp. 236 e ss.
[681] MARIA CLARA SOTTOMAYOR, *Regulação do exercício das responsabilidades parentais nos casos de divórcio*, 3ª reimpressão da 4ª edição de Junho de 2002, Coimbra, p. 55.
[682] Concluindo que a guarda não é "motivo muito frequente de conflito entre os pais porque quase sempre as mães querem ficar com os/as filhos/as enquanto os pais só mais raramente o desejam" *vide* SIMÕES/TABORDA, *Conflito parental e regulação do exercício das responsabilidades parentais: da perspectiva jurídica à intervenção psicológica*, ob. cit., nº 26, p. 252. O estudo realizado pelas autoras, no Tribunal de Família e de Menores de Coimbra, demonstrou que, os principais motivos do conflito parental são as questões dos alimentos e das visitas, constituindo, as situações de conflito em torno da guarda das crianças apenas 26% dos casos. *Ibidem* p. 252 e quadro da p. 251.

dicionais: residência junto da mãe, direito de visita do pai[683]. A única diferença relativamente aos modelos tradicionais consiste na possibilidade legal de partilha das decisões importantes relativamente à criança e no valor simbólico da lei na promoção da igualdade de género. Contudo, dada a distância entre a igualdade formal e a realidade social, as mulheres continuam a assumir os cuidados das crianças com os sacrifícios e as penalizações económicas e profissionais inerentes. Neste contexto, a construção da igualdade, através de uma lei que imponha divisão das decisões entre os pais, cria um artificialismo ou uma ficção que prejudica as crianças e que desvaloriza a prestação diária de cuidados essenciais ao bem-estar das crianças e realizados predominantemente pelas mães.

O objectivo dos processos de regulação das responsabilidades parentais não é a construção da igualdade de género, uma ambição demasiado elevada e que acaba por instrumentalizar a criança a interesses políticos, mas um objectivo muito mais modesto: o interesse de cada criança concreta. A solução óptima e ideal só existe no plano dos pensamentos ou das intenções. A realidade é muito mais complexa do que os conceitos jurídicos e a execução da igualdade formal, a todo custo, acaba por violar os direitos das crianças e desrespeitar o seu interesse. Discordamos, portanto, da posição segundo a qual o princípio da igualdade de género serve de critério interpretativo das normas jurídicas relativas às responsabilidades parentais, nos casos de divórcio. Esta posição significa a prevalência dos interesses dos adultos sobre o interesse da criança, este sim, o *leitmotiv* de todas as normas com impacto na sua vida e no seu desenvolvimento. O interesse da criança exige que realidades que são distintas para as crianças, de um ponto de vista emocional e de prestação de cuidados, sejam também tratadas pela lei e pelas decisões judiciais de modo distinto.

10. O exercício conjunto das responsabilidades parentais enquanto duplo consentimento para questões de particular importância

O exercício conjunto das responsabilidades parentais inclui apenas uma partilha, no plano jurídico, das grandes decisões a tomar, acompanhada da fixação da residência da criança junto de um dos pais, distinguindo-se da chamada guarda conjunta[684] ou guarda alternada. Estes conceitos não pressupõem a

---

[683] Cf. MNOOKIN/MACCOBY, *Dividing the child: Social and legal dilemmas of custody*, 1992, Harvard University Press, pp. 268-270; FULCHIRON, «Une nouvelle réforme de l'autorité parentale», *Dalloz*, 1993, p. 121; OELKERS/JASTEN/OELKERS, «Das gemeinsamesorgerecht nach Scheidung in der Praxis der Amtsgerichts Hamburg – Familiengericht», *FamRZ*, 1994, 17, p. 1982.

[684] A utilização das expressões guarda conjunta e exercício conjunto das responsabilidades parentais, como sinónimos, é, portanto, incorrecta, a não ser que se utilize a palavra guarda num sentido

fixação de uma residência habitual da criança, vivendo esta, respectivamente, períodos duradouros com cada um dos pais ou alternadamente, de acordo com um determinado ritmo semanal, quinzenal ou mensal. Uma vez que a lei, no art. 1906º, nº 5, exige que seja fixada a residência habitual da criança, parece-nos que a guarda conjunta e a guarda alternada não estão abrangidas pela lei, que não as admite. Contudo, o art. 1906º, nº 7 revela uma maior abertura, quando existe acordo dos pais (art. 1906º, nº 7), e atribui poderes ao/à juiz/a para incentivar os pais na partilha dos cuidados diários e das responsabilidades, assim como na manutenção de uma relação de grande proximidade com o progenitor não residente[685]. Mas esta maior abertura implica que, apesar das estadias prolongadas da criança junto de ambos os pais, fique determinada na decisão judicial a residência da criança para efeitos de incidência fiscal relativa à dedução dos encargos com a educação da criança, de incidência sobre prestações sociais como o abono de família e para efeito de vinculação de um dos pais à obrigação de alimentos, que não deve ser reduzida em função do tempo que cada progenitor passa com a criança.

O exercício conjunto das responsabilidades parentais, na modalidade prevista na lei (art. 1906º, nº 1 e nº 5), não exige que a criança resida alternadamente com ambos os pais nem que ambos partilhem os cuidados diários da criança. Estas tarefas, que constituem o essencial das funções parentais e os meios de criação dos laços afectivos, são desempenhadas pelo progenitor que reside habitualmente com a criança.

O exercício conjunto das responsabilidades, nos casos de divórcio, levanta problemas psicológicos, sociais e jurídicos que prejudicam o interesse da criança. As mães têm que pedir autorização aos ex-maridos para a tomada de decisões importantes em relação aos/às filhos/as, sendo provável que alguns pais bloqueiem os projectos de vida das mães e das crianças, tal como, por exemplo, segundos casamentos e oportunidades profissionais das mães ou cursos para os/as filhos/as, que impliquem mudanças de residência (cidade ou país). O exercício conjunto representa um retorno ao patriarcado, pois as crianças continuam a residir com a mãe, que se sacrifica por elas no dia-a-dia, e os pais-homens têm um direito de veto sobre as decisões daquela. O exercício em conjunto aumenta, assim, os litígios judiciais e o risco de a

---

amplo, equivalente a função parental, tendendo o sistema português a ser uma guarda conjunta legal sem guarda conjunta física. *Vide*, JORGE DUARTE PINHEIRO, *O Direito da Família Contemporâneo*, Lisboa, 2010, p. 343, nota 568.

[685] A lei, na medida em que utiliza a expressão, no art. 1906º, nº 7, "tomando decisões que favoreçam amplas oportunidades de contacto com ambos e de partilha de responsabilidades entre eles", pode, de um ponto de vista gramatical, ser interpretada no sentido de admitir uma partilha de tempo, entre ambos os pais, imposta por decisão judicial, embora uma interpretação teleológica e sistemática se oponha a este sentido literal.

criança ser retirada à guarda da sua pessoa de referência, quando ela muda de cidade ou de país, provocando danos psíquicos ao desenvolvimento da criança e perturbando a estabilidade da sua relação afectiva principal com a pessoa que dela tem cuidado[686].

A solução adoptada pelo art. 1906º, nº 1 significa, apenas, uma partilha do poder de tomar decisões ou a exigência legal de consentimento de ambos os pais para actos de particular importância, uma questão, na prática, muitas vezes reduzida a uma luta de poder entre pais em conflito ou a meras etiquetas formais nos acordos, sem efeitos práticos, nada tendo a ver com o direito da criança à relação afectiva com ambos os pais nem com os cuidados diários da sua pessoa, predominantemente prestados pelo progenitor que reside com a criança[687]. A *"Joint Legal Custody"*, equivalente à solução prevista no art. 1906º, nº 1 do Código Civil, apesar de generalizada, nos EUA, como consequência do divórcio, não aumenta o contacto da criança com o progenitor com quem não reside, o envolvimento deste nas decisões a tomar relativamente à educação do/as filhos/as nem o montante dos alimentos[688]. Na verdade, a finalidade ou intenção do legislador foi a promoção da auto-estima dos pais-homens, que ficam sem a guarda dos/as filhos/as, e a promoção da igualdade de género a longo prazo. Contudo, a promoção da igualdade de género não pode implicar rupturas na vinculação afectiva de referência das crianças, sob pena de se desvirtuar a verdadeira finalidade das normas relativas às responsabilidades parentais – a realização do interesse das crianças.

10.1. Modelos de exercício conjunto das responsabilidades parentais

O exercício conjunto imposto pelo art. 1906º, nº 1 não inclui a residência alternada, referindo-se, apenas, à tomada de decisões particularmente impor-

---

[686] WALLERSTEIN, J./TANKE, T. J., *To Move or Not to Move, Psychological and Legal Considerations in the Relocation of Children Following Divorce*, Family Law Quarterly, Volume 30, Nº 2, 1996, p. 315; BRUCH, C., *Sound research or Wishful Thinking in Child Custody Cases? Lessons from Relocation Law*, Family Law Quarterly, Volume 40, nº 2, 2006, pp. 281-314.

[687] Em sentido diferente, defendendo, em face da antiga redacção do art. 1906º, que o exercício conjunto das responsabilidades parentais, relativamente às questões de particular importância da vida da criança, promove os direitos fundamentais da criança a não ser separada dos pais e a relacionar-se com ambos, mas reconhecendo que a melhor solução para as crianças só pode ser encontrada caso-a-caso e que o modelo de exercício conjunto das responsabilidades parentais não pode ser imposto, *vide* ROSA MARTINS, «Deciding on Sole or Joint Custody Rights in the Child's Best Interest», in K. BOELE-WOELKI (ed), *Common Core and Better Law in European Family Law*, European Family Law Series nº 10, Intersentia-Antwerp, 2005, pp. 236 e 238.

[688] Cf. CATHERINE R. ALBISTON/ELEANOR E. MACCOBY/ROBERT MNOOKIN, «Does Legal Joint Custody Matter?», *Law & Policy*, vol. 2, nº1, 1990, pp. 167 e ss.

tantes para a vida da criança, por exemplo, saber se a criança deve ter uma educação católica, como o pai e a família deste, ou se deve ser testemunha de Jeová, como a mãe; se deve ou não realizar determinada intervenção cirúrgica com riscos, no caso de ter um problema de saúde grave; mudança de residência para o estrangeiro[689], consentimento para a interrupção voluntária da gravidez de filha menor de 16 anos (art. 142º, nº 5 do CP), autorização para o/a filho/a menor de 18 anos e maior de 16 contrair casamento (art. 1612º) e representação da criança em juízo[690].

Ao abrigo do art. 1906º, nº 7, e desde que haja acordo dos pais homologado pelo Tribunal, depois de avaliado o interesse concreto da criança, a doutrina tem defendido que podem ser adoptados outros modelos mais amplos de exercício conjunto das responsabilidades parentais: o exercício conjunto parcial das responsabilidades parentais em actos da vida corrente da criança, devidamente especificados no acordo[691], o exercício conjunto com residência alternada e o exercício unilateral alternado, com repartição paritária do tempo entre cada um dos pais[692]. Todavia, julgamos que as duas últimas soluções não devem ser aceites pelos problemas práticos e jurídicos que levantam. O exercício unilateral alternado, apesar de conforme com o princípio da igualdade dos pais consagrado no art. 36º, nº 5 da CRP e de consistir num modelo que permite à criança uma relação afectiva, de tipo

---

[689] Sobre esta questão, *vide supra*, pp. 92-95, a nossa posição, segundo a qual o progenitor residente tem o poder de alterar a sua residência e a da criança, sem consentimento do outro, devendo ser o progenitor não residente, caso não concorde com a deslocação, a provar em Tribunal que esta representa um perigo para a saúde, segurança ou educação da criança, nos termos do art. 3º da LPCJP.

[690] Nesta última questão, vigoram as regras especiais do art. 18º do C.P.C., nos casos de desacordo dos pais. Defendendo que o exercício do direito de queixa, relativamente a crime semi-público de que uma criança tenha sido vítima, no caso um crime de abuso sexual de crianças, é um acto de particular importância, que não pode ser praticado por um dos progenitores, exigindo o recurso ao tribunal, nos termos do art. 1901º, quando os pais não estão de acordo, *vide* GUILHERME DE OLIVEIRA, *Anotação ao acórdão da Relação de Lisboa, de 22 de Março de 2000*, RLJ, nº 133, 2000, nºs 3911 e 3912, p. 96. Em sentido diferente, não classificando como questão de particular importância o direito de queixa relativamente a uma ofendida de 16 anos, *vide* RP 10-05-2006, in *Base Jurídico--Documental do MJ*, www.dgsi.pt. Esta questão deixou de ter relevância, uma vez que o crime passou a ser público a partir de 2007, tendo o MP legitimidade para instaurar procedimento criminal, independentemente de queixa.

[691] Cf. GUERRA, PAULO/BOLIEIRO, Helena, *A Criança e a Família*, ob. cit., p. 177.

[692] Cf. PINHEIRO, Jorge Duarte, *O Direito da Família Contemporâneo*, ob. cit., p. 349, concordando com PAMPLONA CORTE-REAL/SILVA PEREIRA, *Direito Família*, ob. cit., p. 104, que entende que a solução do art. 1906º, nº 1, exigindo a participação de ambos os progenitores nas questões de particular importância, é uma solução que só excepcionalmente poderá vingar, sendo susceptível de provocar conflitualidade, defendendo que a solução mais consentânea com os interesses em jogo seria a da atribuição da guarda alternada, exercendo cada um dos pais integralmente as responsabilidades parentais, de acordo com o seu critério educativo, aquando da sua custódia.

quotidiano, com ambos os pais[693], cria o risco de colocar a criança no centro do conflito dos pais e de provocar competição entre estes pelo amor da criança, susceptível de permitir que a criança utilize o sistema para minar a autoridade dos pais. Por outro lado, possibilitando que cada progenitor tome sozinho, no seu turno, as decisões de particular importância, aumenta os riscos de conflito e de as decisões de um dos pais frustrarem e anularem as decisões do outro, aumentando a instabilidade e a insegurança na vida dos/as filhos/as.

Já a residência alternada, cujos inconvenientes resultam em primeiro lugar do interesse da criança, é um conceito que se opõe à obrigação legal do juiz determinar a residência da criança prevista no art. 1906º, nº 5, a qual consiste num conceito jurídico equivalente a guarda e a domicílio, nos termos do art. 85º, nº 1, servindo, portanto, de ponto de referência da vida jurídica da criança e não podendo estar sujeito a alterações periódicas, isto sem prejuízo de as estadias junto do progenitor não residente serem amplas ou até em ritmo alternado, desde que haja acordo dos pais e que a tal não se oponha o interesse da criança. A decisão judicial, não obstante o acordo dos pais em estadias alternadas, terá que determinar a residência habitual da criança, elemento importante para a definição do Tribunal competente, para efeitos fiscais e de prestações sociais, bem como para efeitos de prestações de alimentos, evitando que o progenitor que passa menos tempo com os/as filhos/as, e que não é o cuidador primário destes, tente adoptar este regime para obter descontos na pensão de alimentos. O juiz deve sempre fixar, qualquer que seja o regime de guarda e de exercício das responsabilidades parentais, a pensão de alimentos a cargo do progenitor não residente. O art. 1905º, na redacção da Lei 61/2008, foi lacunoso quanto a este aspecto, mas devem aplicar-se as regras da O.T.M. e os princípios gerais de protecção da criança previstos no art. 4º da LPCJP e aplicáveis ao processo de regulação das responsabilidades parentais por força da remissão do art. 147º A da O.T.M..

Os encargos financeiros de educar as crianças recaem sobretudo sobre as mães, que cuidam da criança no dia-a-dia e que assumem a sua guarda com redução de tempo disponível para a sua vida pessoal e para investimentos na carreira profissional. Mesmo no aspecto financeiro, podemos afirmar que são as mulheres que sustentam os/as filhos/as, dado o reduzido montante da obrigação de alimentos, em comparação com os custos reais de educar as crianças. Os Tribunais, ao contrário do que parece indicar o art. 1905º, não devem remeter esta questão para a autonomia das famílias, mas, antes, no interesse da criança, controlar efectivamente a adequação do valor da pensão às necessidades e nível

---

[693] Cf. PINHEIRO, Jorge Duarte, *O Direito da Família Contemporâneo*, ob. cit., pp. 349-350.

de vida da criança, bem como alterar oficiosamente a pensão acordada e fazer todas as investigações necessárias para averiguar os rendimentos dos pais.

10.2. Comparação entre a solução do art. 1906º, nº 1 na lei 59/99 e na lei 61/2008

Cremos que não existem diferenças fundamentais, entre o alcance do art. 1906º, nº 1, na redacção da Lei 59/99, em que o exercício conjunto abrangia as questões relativas à vida do/a filho/a, sem distinguir entre as questões de particular importância e as da vida corrente, e a formulação actual, em que o exercício conjunto abrange, apenas, os actos de particular importância[694]. Na prática, mesmo na antiga formulação, o progenitor não residente não teria oportunidade de se opor previamente às decisões quotidianas do progenitor residente, pelo facto de não ser possível conhecê-las, uma vez que a maior parte destes actos são praticados no interior da comunidade familiar. Também o problema gerado pela possível impugnação de actos usuais celebrados com terceiros não se afigurava relevante, dada a presunção de consentimento que cobria a actuação unilateral do progenitor residente e a presunção de boa fé do terceiro, com a consequente dificuldade de prova da má fé enquanto conhecimento da oposição do outro progenitor. Em relação à prática de actos usuais, a presunção de consentimento consagrada no art. 1902º, nº 1 nunca foi entendida como a exigência de uma dupla autorização, servindo, apenas, para flexibilizar o exercício conjunto, facilitando a iniciativa do progenitor mais diligente. Neste sentido, se pronunciou o acórdão do Tribunal da Relação do Porto, de 29-11-2006 (Relator: JOSÉ FERRAZ[695]):

> "O facto do poder paternal caber a ambos os pais e dever ser exercido de comum acordo, não significa que todo e qualquer acto que integre o exercício do poder paternal tenha de ser praticado conjuntamente, sob pena de inviabilizar ou dificultar de uma forma desmedida o exercício desse poder. Na prática de um acto (que integra o exercício do poder paternal) apenas por um dos pais presume-se o acordo do outro. E, nas situações em que não há lugar à presunção (quando a lei expressamente exija o consentimento de ambos ou se trate de acto de particular importância) não significa que o acto tenha de ser praticado conjuntamente, mas apenas que deve haver o consentimento expresso de ambos os progenitores, tal como sucede com a propositura de acções em representação do filho."

---

[694] Entendendo que a restrição do exercício conjunto das responsabilidades parentais a actos de particular importância e a atribuição das decisões correntes ao progenitor com quem a criança se encontre tornam o exercício conjunto exequível, mesmo nos casos em que não houve acordo, *vide* GUERRA/BOLIEIRO, *A Criança e a Família*, ob. cit., nota 31, p. 181.

[695] Cf. *Base Jurídico-Documental do MJ*, www.dgsi.pt

A diferença substancial entre os dois modelos reside na imposição do exercício conjunto na actual redacção do art. 1906º, nº 1, solução susceptível de gerar efeitos mais graves, do ponto de vista da criação de oportunidades de conflitos, do que a solução da lei 59/99, a qual exigia o acordo parental como pressuposto, enquanto a solução em vigor é susceptível de colocar sob a sua égide famílias mais conflituosas do que o anterior regime.

A restrição do exercício conjunto aos actos de particular importância não pacifica os conflitos, pois trata-se de um conceito indeterminado, cujo conteúdo assume fronteiras fluidas e variáveis, consoante os costumes de cada família concreta, as necessidades de cada criança e a orientação dos Tribunais[696].

A determinação deste conceito é susceptível de gerar dúvidas para os serviços públicos ou entidades privadas que contratem com o progenitor residente, criando conflitos que poderão culminar em anulação de actos e acções de responsabilidade civil contra o progenitor residente e o terceiro, por violação do direito do outro progenitor participar na educação dos/as filhos/as. Por outro lado, a atribuição ao progenitor residente do poder de definir as orientações educativas mais relevantes, quanto aos actos quotidianos praticados pelo progenitor não residente, cria novos focos de conflitos, não estando eliminada a conflitualidade relativamente às decisões correntes pelo facto de o legislador excluir estas questões do âmbito de exercício conjunto.

10.3. Noções de acto de particular importância, acto da vida corrente e orientações educativas relevantes

Apesar das enumerações propostas pela doutrina[697] e pela jurisprudência[698], o carácter indeterminado da noção «actos de particular importância» e a

---

[696] A doutrina que se pronunciou sobre a noção de actos de particular importância, já depois da entrada em vigor da nova lei do divórcio, entende que esta noção levanta dúvidas de concretização, abrangendo todas as questões fundamentais para o desenvolvimento, segurança, saúde, educação e formação da criança, bem como todos os actos relacionados com o seu futuro, a avaliar em concreto e em função das circunstâncias". Cf. TOMÉ D'ALMEIDA RAMIÃO, *O Divórcio e Questões Conexas, Regime Jurídico Actual*, Lisboa, 2009, p. 158.

[697] Segundo GUERRA/BOLIEIRO, *A Criança e a Família*, ob. cit., pp. 175-176, nota 24, são questões de particular importância os seguintes exemplos: "Decisão sobre intervenções cirúrgicas (inclusive as estéticas); Saída do/a filho/a para o estrangeiro, não em turismo mas em mudança de residência, com algum carácter duradouro; Saída do/a filho/a para países em conflito armado que possa fazer perigar a sua vida; obtenção de licença de condução de ciclomotores; Escolha de ensino particular ou oficial para a escolaridade do/a filho/a; Decisões de administração que envolvam oneração; Educação religiosa do/a filho/a (até aos seus 16 anos); Prática de actividades desportivas que representem um risco para a saúde do/a filho/a; Autorização parental para o/a filho/a contrair casamento; Orientação profissional do/a filho/a; Uso de contracepção ou interrupção de uma gravidez; Participação em programas de televisão que possam ter consequências negativas para o/a filho/a."

[698] Os Tribunais já decidiram que são actos de particular importância: a inclusão dos apelidos paternos no nome da criança, sendo a decisão judicial, em caso de desacordo dos pais, tomada de acordo

visão pessoal que dela tenham os pais introduzem factores de litígio e de incerteza jurídica, aumentando o conflito parental e, consequentemente, a insegurança e a angústia das crianças com processos judiciais⁶⁹⁹.

---

com o interesse da criança (RL 11-3-1993, Relator: SANTOS BERNARDINO, CJ, 1993, Tomo II, p. 99 e RL 22-04-2010, Relatora: ONDINA ALVES, in *Base Jurídico-Documental do MJ, www.dgsi.pt*); a deslocação de duas crianças de Inglaterra para Portugal, promovida pelo pai, sem autorização da mãe, e sem lhe dar conhecimento (RP 16-09-2004, in *Base Jurídico-Documental do MJ, www.dgsi.pt*); a inscrição em colégio privado (RE de 19-06-2008, in *Base Jurídico-Documental do MJ, www.dgsi.pt*). Sobre o pedido de passaporte, *vide* o Parecer Consultivo da Procuradoria-Geral da República, de 20-12-1976, em que se entendeu que "Não constando da lei se o pedido de concessão de passaporte a favor de menor com 21 anos não emancipado deve ser feito ou autorizado por ambos os cônjuges, detentores do poder paternal, ou apenas por um deles, presume-se (presunção ilidível por manifestação contrária do outro) – que cada um dos cônjuges, ao requerer ou autorizar a concessão de passaporte a favor de filha, age com o acordo do outro; havendo desacordo entre os cônjuges, detentores do poder paternal, deverá recorrer-se ao Tribunal, que resolverá o litígio." Apesar de o parecer ter entendido o pedido de passaporte como um acto abrangido pela presunção de consentimento, ao reconhecer competência ao tribunal para decidir o conflito dos pais, atribui-lhe uma natureza de acto de particular importância. Na doutrina, entendendo que a utilização do passaporte, para que a criança se ausente para o estrangeiro, tem que ser autorizada por ambos os pais, considerando de particular importância o desacordo entre os pais acerca do consentimento para que um filho/a menor se ausente para o estrangeiro, *vide* MARIA DE FÁTIMA ABRANTES DUARTE, *O Poder Paternal. Contributo para o Estudo do seu Actual Regime*, Lisboa, 1989, p. 162. Consideramos, contudo, conforme veremos *infra*, que a noção de acto de particular importância adoptada pela jurisprudência, relativamente ao exercício conjunto das responsabilidades parentais na constância do casamento, é demasiado ampla para ser aplicada no contexto do actual regime de exercício conjunto imposto por lei, nos casos de divórcio ou de separação. Em relação ao pedido de passaporte, outro Parecer do Conselho Consultivo da Procuradoria Geral da República (de 09-02-1978), entendeu que quem tem competência para a prática do acto é o progenitor guarda, estando a criança à guarda de ambos os pais, deverá o Tribunal resolver a discordância entre os dois. O Tribunal ligou a noção de guarda, hoje substituída pela de residência, à legitimidade para tratar do pedido do passaporte da criança. Julgo, portanto, que este acto não consiste num acto de particular importância e que pode ser praticado, à luz da actual redacção do art. 1906º, nº 1, pelo progenitor residente, ainda que o exercício das responsabilidades parentais seja conjunto. O mesmo se deverá entender para viagens de férias ou frequência de cursos no estrangeiro, actos hoje mais vulgares na vida das crianças. No mesmo sentido se pronunciava já ARMANDO LEANDRO, *ob. cit.*, p. 130, classificando o pedido de passaporte para fins de turismo como acto usual mas como um acto de particular importância se se destinar à emigração da criança.

⁶⁹⁹ Para um caso em que o Tribunal alterou o acordo dos pais que consagrava o exercício conjunto das responsabilidades parentais para uma solução de exercício exclusivo pela mãe, *vide* RE 02-11--2006, in *Base Jurídico-Documental do MJ, www.dgsi.pt*, onde o Tribunal afirma o seguinte: "(...) a realidade que transparece dos factos carreados para os autos é que os pais da menor divergem quanto à guarda desta e, em concreto, quanto ao real exercício das responsabilidades parentais, traduzido nos variados aspectos da vida diária, designadamente em realidades tais como, frequência de ATL, acompanhamento psicológico, programação e autorização de viagens, partilha da roupa da criança, contactos com progenitor. Do compulsar dos autos e das posições assumidas por ambos os progenitores nos articulados e requerimentos que fizeram chegar aos mesmos se pode e deve concluir que a relação entre si, no que diz respeito à filha de ambos (apenas a realidade que interessa no

Nos casos em que as responsabilidades parentais são reguladas por acordo homologado pelo Tribunal, a noção de acto de particular importância, porque varia de acordo com a personalidade de cada criança e com os costumes de cada família, deve ser concretizada no acordo dos pais.

No caso de os pais não chegarem a acordo sobre as questões de particular importância, qualquer um deles pode recorrer ao Tribunal, devendo este ouvir a criança, tendo sido abolido o limite de idade de 14 anos, previsto na anterior redacção do art. 1901º. Trata-se de uma evolução legislativa positiva, que respeita a capacidade natural da criança para decisões pessoais e os seus direitos de participação[700]. O princípio do exercício conjunto das responsabilidades parentais deve ser interpretado de uma forma que centralize as questões a decidir na pessoa da criança. As decisões de particular importância não constituem, assim, questões parentais negociadas livremente pelos pais ou coactivamente decididas pelo Tribunal, mas questões em relação às quais a voz da criança é decisiva, assumindo a lei que as crianças são sujeitos de direitos e não objectos de decisões alheias.

Em casos de falta de acordo, a noção de referência para decidir da importância de um acto, que exige intervenção judicial, deve ter um conteúdo uniforme e limitado, por razões de segurança jurídica e para reduzir a conflitualidade entre ex-cônjuges. Este conceito de acto de particular importância deve ser, portanto, interpretado restritivamente sob pena de se criar demasiada incerteza para o progenitor residente e para terceiros.

Após a entrada em vigor da Lei nº 61/2008, a jurisprudência entendeu, neste sentido, que a noção de actos de particular importância, como noção de referência para determinar a intervenção judicial, deve ter um conteúdo uniforme e limitado, por razões de segurança jurídica e para reduzir a conflitualidade entre os ex-cônjuges, incluindo na noção os seguintes actos: «as intervenções cirúrgicas das quais possam resultar riscos acrescidos para a saúde do menor; a prática de actividades desportivas radicais; a saída do menor para o estrangeiro sem ser em viagem de turismo; a matrícula em colégio privado ou a mudança de colégio privado; mudança de residência do menor para local distinto da do progenitor a quem foi confiado» (Acórdão da Relação de Coimbra, de 18-10-2011, Relatora: REGINA ROSA).

âmbito do presente processo), não é de maneira nenhuma, uma relação amistosa, de colaboração, de compreensão, de partilha e de entreajuda. Antes pelo contrário, denota-se a existência de uma relação de iminente conflito de ideias e comportamentos que em nada dignificam uns pais que, após a separação, aceitaram o exercício comum das responsabilidades parentais de sua filha (...)".

[700] Sobre o princípio da coincidência entre a capacidade jurídica da criança e a sua capacidade natural, de acordo com a concepção de criança como ser em desenvolvimento, *vide* ROSA CÂNDIDO MARTINS, *Menoridade, (In)Capacidade e Cuidado Parental*, Coimbra, 2008.

A propósito das inscrições em estabelecimentos de ensino, mesmo que se trate de um colégio privado e de decisões de transferência do ensino público para privado ou vice-versa, e da orientação profissional do/a jovem[701], julgamos necessário proteger a estabilidade da sua vida, conferindo poderes de decisão ao progenitor residente, que melhor conhece as necessidades da criança e o seu desenvolvimento, uma vez que a acompanha emocionalmente e dela cuida diariamente. Parece mais adequado, do ponto de vista do interesse da criança, não distinguir, consoante a inscrição seja num estabelecimento público ou particular, sendo ambas as decisões consideradas usuais na vida da criança e devendo ser tomadas pelo progenitor que cuida da criança no dia-a--dia. A escolha de colégios privados pode ser necessária, para que as crianças beneficiem de actividades extra-curriculares e de um acompanhamento mais personalizado nos estudos. Por outro lado, facilita às famílias a conciliação do trabalho com a vida familiar, sobretudo, ao/à progenitor/a residente, que se encontra sozinho/a a cuidar dos/as filhos/as. Implicando a inscrição em colégios privados maiores despesas, corre-se o risco de que o progenitor sem a guarda utilize a noção de acto de particular importância para se recusar a pagar as propinas dos colégios, como consequência de não ter dado o seu consentimento para a inscrição, situação que em nada promove o superior interesse da criança[702]. Recentemente, em decisão de 6 de Maio de 2014 (processo nº 9436/04.7TBVNG-E.P1, Relator: VIEIRA E CUNHA), o Tribunal da Relação de Lisboa entendeu, a propósito do requerimento de um progenitor que alegava não poder pagar metade da propina do colégio privado escolhido unilateralmente pela mãe, que a decisão de inscrição da criança no ensino público ou privado é uma questão de particular importância, que exige o consentimento de ambos os pais, tendo decidido ser adequado para

---

[701] Mudo, assim, a posição expressa em trabalhos anteriores, emitida num contexto em que o exercício conjunto das responsabilidades parentais exigia, como requisito prévio, o acordo dos pais. Cf. MARIA CLARA SOTTOMAYOR, *Exercício das responsabilidades parentais*, Publicações Universidade Católica, Porto, 2003, pp. 503-506.

[702] Classificando a inscrição em colégio privado, como acto de particular importância, para efeitos de legitimar o pai, que não autorizou esta decisão da mãe, a não pagar as mensalidades do estabelecimento de ensino privado, em que estudava o filho, vide TRE de 19-06-2008, in *Base Jurídico-Documental do MJ*, www.dgsi.pt. Na fundamentação do acórdão, o Tribunal, para definir acto de particular importância não teve em conta o interesse da criança na inscrição naquele colégio, mas apenas a repercussão da decisão da mãe no património do pai, sendo este acto de particular importância para o pai, em virtude deste impacto económico. Veja-se o seguinte extracto do acórdão: "Mas, estando em causa, as consequências familiares e patrimoniais de uma opção pelo ensino particular – quando o ensino público economicamente mais vantajoso estava acessível consideramos estarmos perante acto de particular importância que deve ser praticado por ambos os progenitores ou, se praticado por um, deve ter o acordo do outro."

o interesse da criança a manutenção desta no ensino privado e vinculado o pai ao pagamento de metade da propina:

> «III – Entre as questões de particular importância para a vida do filho menor, alinha-se a escolha do ensino particular ou do ensino oficial para a escolaridade do filho.
> IV – As questões de particular importância para a vida do menor, pese embora poderem caber apenas a um dos progenitores, podem ser sindicadas, designadamente em juízo, pelo outro progenitor.
> V – Está indicado que o menor continue a frequentar um colégio privado, se tem revelado aproveitamento acima da média (ponto favorável e importante de realização futura) e um bom padrão de socialização; a mudança acarretaria perigo de insegurança afectiva, à qual o menor é particularmente sensível.
> VI – Em matéria de alimentos a filhos menores, continua válida a doutrina dos alimentos paritários, ou seja, de que o obrigado deve ver diminuído o seu próprio nível de vida a fim de assegurar ao alimentando o que seja necessário ao seu sustento geral, incluindo educação, habitação e vestuário».

Apesar de o Tribunal ter entendido que a escolha do estabelecimento de ensino é uma decisão de particular importância, não exigiu o duplo consentimento dos pais para a validade da mesma, decidindo que a mãe tem legitimidade para a escolha da escola a frequentar pela criança, cabendo ao pai, ao abrigo do direito de vigilância, legitimidade para pedir ao tribunal que sindique tal escolha à luz do superior interesse da criança.

O Tribunal da Relação, com base na oficialidade do conhecimento de todas as matérias que influenciem, mesmo que indirectamente, o conteúdo genérico da regulação, decidiu manter a criança no estabelecimento de ensino privado escolhido pela mãe e confirmar a obrigação de alimentos do pai, no que diz respeito a metade da propina do colégio, por entender que esta solução é a melhor para o interesse da criança:

> «(...) é certo que a manutenção do menor no estabelecimento de ensino privado implica um esforço financeiro por banda dos pais, mas trata-se de um esforço financeiro com evidente retorno: como se retira da prova que fundamentou a decisão recorrida, o menor tem revelado aproveitamento escolar acima da média (um ponto favorável e importante de realização futura) e um bom padrão de socialização na escola que vem frequentando; a mudança, implicando novos amigos, simples parceiros ou colegas, novos professores e vigilantes, seria sempre interrogada em matéria do desenvolvimento psico-social do menor e acarretaria um perigo de insegurança afectiva, à qual, sublinhe-se, é bom ter a consciência de que o menor é particularmente sensível, posta a respectiva experiência decorrente do

litígio no divórcio dos pais e da respectiva convivência com o progenitor pai (retiramos esta conclusão do relatório de avaliação psicológica de fls. 266v. a 268 dos autos).
Há assim que sufragar a escolha pela manutenção do menor no estabelecimento de ensino privado que tem frequentado, mesmo considerando a mensalidade do colégio em causa – € 387,00 mensais.
Não vem demonstrado que os pais, repartindo entre si as despesas, não tenham possibilidades de desembolsar tal quantia, até porque, em matéria de alimentos aos filhos menores, é válida a doutrina dos alimentos paritários, ou seja, de que o obrigado deve ver diminuído o seu próprio nível de vida a fim de assegurar ao alimentando o que seja necessário ao seu sustento geral, incluindo educação, habitação e vestuário – artº 2003º nºs 1 e 2 CCiv».

A recusa do progenitor sem a guarda de pagar as actividades extracurriculares decididas exclusivamente pela mãe ocorreu no caso do acórdão da Relação de Coimbra, de 13-01-2009 (Relator: COSTA FERNANDES)[703], em que, estando em causa solicitação da mãe para o pagamento de metade do valor das actividades extra-curriculares dos/as filhos/as, o progenitor recusa o pagamento das mesmas, alegando que, por acordo homologado judicialmente, os pais tinham adoptado o sistema de exercício conjunto das responsabilidades parentais e que discordava das actividades extra-curriculares dos/as filhos//as, por não serem necessárias à formação dos/as filhos/as e representarem sobrecarga violenta para estes, impedindo que as crianças disponham de tempos livres. A mãe, ao tomar as decisões sozinha, desrespeitou a sua opinião quanto à educação dos/as filhos/as, pelo que não estaria obrigado a pagar metade do valor das actividades extra-curriculares. O Tribunal não considerou provado que as referidas actividades fossem prejudiciais às crianças, e, baseando-se no depoimento do/a filho/a mais velho que exprimiu vontade em continuar a praticá-las, condenou o progenitor a pagar metade do valor das despesas relativas às actividades extracurriculares. Contudo, o Tribunal considerou que a cláusula aditada no acordo de regulação das responsabilidades parentais, pelo Tribunal de 1ª instância, segundo a qual *"Todas as despesas de instrução e educação, incluindo explicações e actividades extra-curriculares que os menores frequentem ou venham a frequentar, serão suportadas por ambos os progenitores, na proporção de metade para cada um deles, mediante a apresentação da parte da mãe dos correspondentes recibos e comprovativos."*, introduz uma limitação ao exercício conjunto do poder paternal (art. 1906º, nº 1, na redacção da lei 59/99), não pedida pela requerente, tendo o tribunal condenado, ao aditar a indicada

---

[703] Cf. Base Jurídico-Documental do M.J., www.dgsi.pt.

alínea, para além do pedido, em violação do art 661º, nº 1 do C.P.C. de 2007, sendo a sentença nula, na medida desse excesso, ex vi do art. 668º, nº 1, al. e), 1ª parte do C.P.C. de 2007. Na fundamentação do acórdão, a Relação de Coimbra entendeu que a decisão quanto às actividades extra-curriculares deve ser tomada com a anuência de ambos os pais, dada a sua importância para a educação, instrução e formação dos/as filhos/as, representando, portanto, esta cláusula, que implica um afastamento do pai nestas decisões, uma violação do art. 1906º, nº 1, que manifesta uma clara preferência pelo exercício conjunto do poder paternal. O Tribunal considerou estas decisões actos de particular importância, nos termos do art. 1906º, nº 1, abrindo um precedente que poderá servir de orientação para jurisprudência posterior, aumentando os conflitos entre os pais e dando cobertura jurídica à desresponsabilização do progenitor sem a guarda pelas despesas suportadas pelo progenitor residente com actividades extra-curriculares. Julgamos, conforme temos defendido, que estas actividades extra-curriculares são, actualmente, actos da vida corrente da criança, para as quais não deve ser exigido o consentimento de ambos os pais, sob pena de burocratização e paralisação da vida da criança, em relação a actos correspondentes às suas necessidades educativas, e de aumento do conflito entre os pais, o que em nada beneficiará o interesse da criança. Em defesa desta posição concorre a interpretação restritiva da noção de acto de particular importância, especialmente relevante no contexto legal actual, em que o exercício conjunto das responsabilidades parentais é imposto pela lei.

No que diz respeito à questão da educação religiosa, cada vez mais relevante, dado o aumento de casamentos multiculturais, pensamos que prevalece o princípio da liberdade religiosa de cada um dos pais transmitir as suas convicções aos/às filhos/as, com o limite de que, qualquer um dos pais poderá reagir contra a educação religiosa escolhida pelo outro, se for a própria criança a revelar recusa na prática da religião ou se o progenitor provar que se trata de uma religião com regras lesivas do bem-estar, da integridade e da segurança da criança. Estes problemas já se colocaram em França, a propósito de um pai muçulmano que exerce pressões psicológicas e morais sobre as filhas para o uso do véu contra a vontade da mãe, tendo o Tribunal ordenado restrições ao direito de visita, e a propósito de um progenitor judeu que procedeu, durante o exercício do direito de visita, à circuncisão do filho, por razões religiosas, tendo o Tribunal condenado o progenitor a indemnizar a mãe[704]. O tribunal aceitou, assim, numa decisão inovadora, que o exercício do poder paternal

---

[704] Cf. HAUSER, Jean, *Dissolution de la famille, Autorité Parentale, droit de visite et exercice religieux des parents*, RTDC, nº 4, 2000, pp. 822-823 e do mesmo autor, *Droit de visite, autorité parentale et personne de l'enfant*, RTDC, nº 1, 2001, p. 126.

pode gerar responsabilidade civil, em relação a decisões abusivas e contrárias à autoridade do outro e ao bem-estar da criança.

Nos tribunais portugueses também já se colocou a questão da educação religiosa da criança, num incidente de resolução de diferendo entre os pais relativo a questão de particular importância, colocado pela mãe, no processo de regulação das responsabilidades parentais atinente à filha de ambos. A mãe tinha urgência em celebrar o baptismo da filha, devido ao estado de saúde da bisavó da criança, mas o pai recusou o consentimento por entender, apesar de também ser católico, que se devia esperar pelo fim do clima de hostilidade entre as famílias materna e paterna, e pelo termo dos processos judiciais em curso. Argumentou também o progenitor «que não é essencial para a educação e desenvolvimento da menor enquanto cidadã e ente religioso ser batizada agora e que as questões religiosas não são do foro jurídico, mas tão só do foro moral e, atentos, até, os princípios constitucionais, da liberdade, da igualdade, da integridade moral, da liberdade de consciência, religião e culto, não podem ser impostas a ninguém e, muito menos a um menor, que não pode expressar livre e conscientemente a sua vontade.»

O Tribunal de 1ª instância autorizou a requerente a realizar o baptismo da menor C, pela Igreja Católica, sem o consentimento paterno, e o acórdão da Relação de Lisboa, de 21 de Junho de 2012 (processo nº 2366/09.8TMLSB-B.L1-2; Relator: Jorge Leal), confirmou a sentença, concordando que a realização do baptismo é um acto de particular relevância que carece de consentimento de ambos os pais, com a seguinte fundamentação:

> «Ou seja, pese embora a menor resida com a requerente, uma vez que nos termos do regime das responsabilidades parentais fixado estas deverão ser exercidas em conjunto pelos dois progenitores, a questão do batismo, que é de particular relevância, carece do acordo do requerido.
> O que implica que, na falta de acordo dos progenitores, o tribunal deverá intervir.
> E deverá intervir em princípio optando por uma das soluções defendidas pelos progenitores (neste sentido, Helena Bolieiro e Paulo Guerra, obra citada, pág. 251, nota 163; Maria Clara Sottomayor, obra citada, páginas 287 e 288).
> Sendo que nessa opção o juiz deverá atender em primeiro lugar ao interesse da criança (Clara Sottomayor, obra citada, pág. 288), tendo presente que o processo em causa é de jurisdição voluntária (artº 150º da O.TM.) e por conseguinte na decisão a tomar o tribunal não está sujeito a critérios de legalidade estrita, devendo antes adotar a solução que julgue ser mais conveniente e oportuna para o caso concreto (artº 1410º do C.P.C.).
> O interesse da criança pode ser tido em consideração para impor a prática de um ato ou a sua proibição. Mas também é respeitado e relevante

quando funda um juízo de neutralidade, ou seja, quando dele emana um mero juízo de indiferença em relação a um determinado ato, do qual se diz que nem beneficia nem prejudica a criança, de molde que a opção a tomar poderá depender de razões outras que não propriamente o interesse da criança, em relação ao qual há de todo o modo a certeza de que não será prejudicado.

Essa foi, por exemplo, a perspetiva do Tribunal da Relação de Lisboa, no acórdão de 11.3.1993 (Col. de Jur., ano XVIII, tomo II, pág. 97), no qual se ponderou que "em caso de desacordo dos pais quanto ao uso, pelo filho menor, do apelido do pai, não importa tanto ao tribunal exigir a prova positiva de factos demonstrativos de um interesse concreto, para o menor, nesse uso, mas antes indagar se existem circunstâncias que desaconselhem, do ponto de vista dos interesses do menor, o uso de tal apelido" (concluindo que, não existindo tais circunstâncias, o apelido deve ser incluído no nome do menor).

Ora, no caso concreto, não vislumbramos que o interesse da menor fique prejudicado com o seu batismo. De resto, nenhumas razões atinentes ao interesse da menor foram aventadas pelo pai aquando da sua oposição inicial. Só ulteriormente é que o ora apelante veio invocar razões atinentes à liberdade de consciência, de religião e de culto da menor. A invocação de tais razões contraria a restante argumentação do requerente, que alegou como obstáculo razões meramente conjunturais, ou seja, o atual clima de desarmonia na família. Quer isto dizer que, na perspetiva do requerido, se tal desentendimento entre famílias não existisse, o apelante não se oporia à realização do batismo.

Pelo contrário, como se disse supra, os menores têm direito a serem educados em harmonia com as convicções religiosas dos seus progenitores. Tal reforça os laços filiais, a identificação entre pais e filhos e também em relação aos outros elementos da família que partilhem dos mesmos ideais. No caso concreto, tanto o pai como a mãe são católicos. O batismo da menor é um ato que se insere nessa vivência, que é muito desejado pela requerente e a que também o requerido não opõe razões de fundo, mas meramente conjunturais.

Assim sendo, não vê esta Relação razões bastantes para obstar a que o batismo se realize, mesmo que sem o acordo do requerido.

Como é óbvio, tal decisão não assenta num juízo discriminatório do pai em detrimento da mãe, na medida em que seria a mesma se fosse o requerido a defender o batismo e a requerente a opor-se-lhe.

Contrariamente ao aventado pelo apelante nas suas conclusões, a decisão recorrida não impõe o batismo da menor. A decisão recorrida limita--se a autorizar que a requerente, querendo, diligencie pelo batizado da pequena "C", sem necessitar para tal do consentimento do requerido. Mas a opção final caberá à requerente. E o tribunal também nada impõe à Igreja Católica. Caberá aos membros do clero decidir o que acharem por bem acerca da realização do batismo, nomeadamente no que concerne à posição do pai da menor.»

A atestar o carácter polémico da questão, o acórdão tem um voto de vencido, em que se defendeu que, em face dos direitos fundamentais da criança à liberdade religiosa, havendo discordância entre os pais, o Tribunal não deve impor qualquer prática religiosa à criança contra a vontade de um dos pais:

> «Como resulta dos citados artº 1886º Código Civil e artº 8º da Liberdade Religiosa, nº 16/2001, os pais têm o poder-dever (a nosso ver) de instruir os filhos de acordo com a concepção religiosa que entendem adequada (seja esta, aquela ou nenhuma), podendo criá-los (sem prejuízo do respeito pela sua intrínseca dignidade) no âmbito da religião que professam.
> Coisa diversa, porém, é a imposição de uma determinada opção religiosa quando um dos progenitores a tal se opõe.
> Então a cada progenitor caberá legitimamente transmitir à criança os valores que reputa pertinentes, ministrar-lhe o ensino religioso que entende mais adequado, levá-la aos actos de culto pertinentes quando a criança estiver consigo, mas não inseri-la como membro/prosélito da sua religião, ou da ausência dela, a despeito da posição contrária do outro progenitor. Nesse caso, afigura-se-nos que não cabe ao Tribunal deferir o requerido, restando aguardar que o menor adquira capacidade para decidir, só assim se respeitando integralmente a dignidade da pessoa humana (artº 1º, 25, nº 1, da Constituição) e a inviolabilidade da liberdade religiosa que dela decorre (artº 41/1).»

Concordamos, em sede de princípio, com a declaração de voto, mas julgamos que seria adequada apenas nos casos em que os pais professassem religião diferente, ou em que um dos pais fosse ateu e o outro religioso. No caso concreto, tendo o pai expressamente declarado ser católico e não se opor ao baptismo em si, mas apenas ao momento em que a mãe o pretendia realizar, entendemos que não se verificam razões relevantes, do ponto de vista do interesse da criança, para recusar à mãe a prática do baptismo. Não cabe ao Tribunal pronunciar-se sobre qual é o momento mais adequado, do ponto de vista do interesse da criança, para a realização do baptismo. Tendo os pais o direito fundamental de escolha da religião em que querem educar os filhos e sendo ambos católicos, deve ser deferido o pedido da mãe que pretende realizar o baptismo com urgência por motivos familiares. Desta decisão, comum a uma grande parte das famílias portuguesas, não resulta qualquer dano para a criança e os Tribunais devem ser neutros quanto às opções religiosas das famílias.

Quanto à decisão de mudar de residência, dentro do país, penso que deve constituir uma decisão de normal importância, dada a reduzida dimensão do nosso país e a facilidade de comunicações.

Relativamente à mudança de residência para o estrangeiro, devemos entender que, apesar de constituir uma decisão de particular importância, sobretudo quando implica isolamento ou perigosidade para a criança e/ou grandes distâncias em relação ao seu país de origem, não deve ser exigido, em princípio, o duplo consentimento dos pais, para ser lícita, cumprido que seja, pelo progenitor residente, o seu dever de informação, nos termos do art. 1906º, nº 6. Contudo, havendo desacordo dos pais, o progenitor não residente tem legitimidade para recorrer ao Tribunal e impugnar a decisão, não por falta de consentimento da sua parte, mas provando que a deslocação provoca um perigo para a segurança, saúde, desenvolvimento ou educação da criança, nos termos do art. 3º da LPCJP e do art. 1918º. Em princípio, os Tribunais devem autorizar as deslocações, pois a exigência de um duplo consentimento confere ao progenitor que recusa a deslocação o poder de paralisar a vida do progenitor residente e das crianças ou de obter vantagens financeiras a troco de conceder a autorização. Já ELINA GUIMARÃES apontava casos destes, ao abrigo do Código Civil de 1966, quando a mulher casada separada de facto ou separada de pessoas e bens pretendia deslocar-se ao estrangeiro, tendo que fazer concessões patrimoniais para obter a autorização marital, por exemplo, a doação de um bem imóvel[705]. Na jurisprudência actual, encontramos um caso sobre renúncia de alimentos a filhos/as menores, por acordo superveniente entre os pais, como contrapartida de o progenitor autorizar que o filho fosse residir com a mãe no estrangeiro[706]. Para além destas desvantagens, a exigência de duplo consentimento aumenta o conflito parental, assim como a angústia das crianças provocada por processos judiciais longos. E não se diga que a recusa de autorização para o estabelecimento de residência no estrangeiro constitui uma situação excepcionalíssima. A tendência da evolução da sociedade orienta-se no sentido de uma crescente mobilidade dos cidadãos na União Europeia, espaço marcado pela livre circulação e em que os fenómenos de emigração e imigração aumentam substancialmente, bem como o número de casamentos e uniões de facto entre cidadãos de diferentes nacionalidades, em que um deles, após o divórcio ou separação, tenderá a regressar ao seu país de origem. Neste momento, já sucede em Portugal com relativa frequência,

---

[705] Cf. GUIMARÃES, Elina, *A mulher portuguesa na legislação civil*, Análise Social, 1986, pp. 568-569.
[706] Cf. RL 20-04-2010 (Relator: ABRANTES GERALDES), in *Base Jurídico-Documental do MJ*, *www.dgsi.pt*. O Tribunal considerou o acordo extrajudicial nulo, em virtude do carácter irrenunciável do direito a alimentos (art. 2008º) que assenta num interesse público, e admitiu a mãe a exigir as prestações vencidas durante a menoridade, depois de o filho atingir a maioridade.

que, cidadãs de nacionalidade brasileira, após a ruptura da união de facto ou do casamento do qual nasceram filhos/as, pretendem regressar ao Brasil onde encontram o apoio da família alargada, bem como cidadãs portuguesas que, após o divórcio, pretendem emigrar como forma de fazer face ao desemprego e às deficientes condições económicas em que vivem em Portugal.

O processo adequado para o progenitor residente solicitar autorização para a deslocação, no caso de falta de acordo dos pais, será o do art. 184º da O.T.M., ou um processo de alteração das responsabilidades parentais, ao abrigo do art. 182º da O.T.M., devendo ser requerido o carácter urgente do processo, conforme o art. 160º da O.T.M.. O princípio geral deve ser a autorização para a deslocação[707],

---

[707] Com a ressalva da aplicação das regras da Convenção de Haia sobre os Aspectos Civis do Rapto Internacional de Crianças e do Regulamento nº 1 2201/2003 do Conselho Europeu, de 27-11-03 quanto à violação do direito de custódia e à ilicitude da deslocação ou da retenção, conforme os arts 3º da Convenção de Haia e art. 2º, nº 11 do Regulamento, que consideram ilícita a deslocação ou a retenção de uma criança quando tenha sido violado um direito de custódia e este direito estiver a ser exercido de maneira efectiva, individualmente ou em conjunto, no momento da transferência ou da retenção. Considerámos, contudo, que a deslocação unilateral por parte do progenitor residente, num quadro de exercício conjunto das responsabilidades parentais, tal como está definido no art. 1906º, nº 1, e com a atribuição do estatuto de progenitor residente, por decisão judicial proferida num processo de regulação do exercício das responsabilidades parentais, não consiste numa deslocação ilícita para os efeitos da Convenção de Haia. A deslocação efectuada pelo progenitor residente não representa uma violação do direito de custódia do progenitor não residente, na medida em que a expressão custódia é equivalente a residência ou a guarda, abrangendo o direito de fixar a residência da criança e a prestação de cuidados diários, funções exclusivas do progenitor residente. Um progenitor não residente não tem a guarda ou a custódia da criança, no sentido em que não coabita com a criança no dia-a-dia. O nº 11 do art. 2º do Regulamento 2201/2003 corrobora esta posição, na medida em que se refere a guarda conjunta, definindo-a como a situação em que "um dos titulares da responsabilidade parental não pode, por força de uma decisão ou por atribuição de pleno direito, decidir sobre o local da residência da criança sem o consentimento do outro titular da responsabilidade parental". A disposição contida no art. 1906º, nº 1 não consiste numa guarda conjunta neste sentido. Esta questão foi recentemente tratada, pelo Tribunal da Relação de Lisboa, acórdão de 24-03-2009, in *Base Jurídico-Documental do MJ, www.dgsi.pt*, tendo o TRL considerado que a alteração de residência de Itália para Portugal, pela mãe, acompanhada dos/as filhos/as, consiste num acto de particular importância, para efeitos do art. 1906º, nº 1, exigindo o consentimento de ambos ao progenitores, e tendo classificado a permanência da mãe com os/as filhos/as em Portugal, sem autorização do pai, como uma violação do direito de custódia deste, para efeitos do art. 3º da Convenção de Haia, num quadro em que os pais viviam em união de facto e coabitavam ambos com os/as filhos/as, em Itália, antes da deslocação. Em face do actual regime jurídico do exercício das responsabilidades parentais consagrado na lei 61/2008, haveria com efeito, uma violação do direito de guarda do progenitor, pois ambos os pais exercem em conjunto as responsabilidades parentais nos mesmos moldes que as pessoas casadas. Contudo, discordamos da aplicação do art. 1906º, nº 1, pois não havendo uma decisão proferida, num processo de regulação das responsabilidades parentais, aplica-se aos pais unidos de facto as normas do casamento (art. 1901º), por força da remissão do art. 1911º, nº 1. O art. 1901º, por sua vez, refere-se a uma noção de exercício conjunto mais ampla do que a do art. 1906º, nº 1, e inclui a atribuição a ambos os pais

cabendo ao progenitor não residente, para contestar a mudança de residência da criança, o ónus de provar a verificação de um perigo grave para a saúde, a segurança ou a educação do/a filho/a causado pela mudança de residência. Contudo, a esta demonstração acresce que, para obter a transferência da guarda para si, tem, ainda que provar a sua relação afectiva com os/as filhos//as e a sua capacidade para deles cuidar, bem como o cumprimento pontual do direito-dever de visitas e do dever de alimentos, no passado, uma vez que os perigos da deslocação têm de ser ponderados com os danos resultantes da separação da pessoa de referência e da eventual inexperiência ou distanciamento emocional do progenitor requerente na prestação de cuidados básicos à criança.

O reconhecimento do direito de o progenitor residente se deslocar, para o estrangeiro, com os/as filhos/as, desde que cumpra o seu dever de informação, consiste na solução mais conforme ao interesse da criança na manutenção dos laços afectivos com a pessoa de referência e na protecção contra os conflitos parentais. O duplo consentimento de ambos os progenitores potencia adiamento dos projectos de vida da mãe e dos/as filho/as, atribuindo-se, na prática, o poder de decisão, a quem recusa o consentimento.

A delimitação entre actos correntes e actos de particular importância é difícil de estabelecer em abstracto, pois existe entre estas duas categorias uma ampla zona cinzenta formada por actos intermédios, que tanto podem ser classificados como actos correntes ou como actos de particular importância, conforme os costumes de cada família concreta. A fronteira entre actos usuais e actos de particular importância depende, também, dos usos da sociedade num determinado momento histórico, havendo actos que eram considerados actos de particular importância, pelos riscos que criavam, como viagens aéreas e intervenções cirúrgicas, e que se tornam, hoje, actos correntes, devido à evolução tecnológica e científica.

A restrição do conceito de actos de particular importância confere, à família pós-divórcio e às crianças, uma maior estabilidade, e é a decisão mais sensata, num contexto de imposição do princípio do exercício conjunto das responsabilidades parentais. Neste sentido, defendemos um alargamento da noção de orientações educativas relevantes cuja definição pertence ao progenitor residente. Estão incluídos neste conceito a inscrição em estabelecimentos de

---

do direito de guarda e de fixação da residência da criança. Já o art. 1906º, nº 1, aplicável em caso de divórcio ou ruptura da união de facto, seguida de processo de regulação das responsabilidades parentais, como vimos, deve ser objecto de uma interpretação restritiva, não implicando a dupla autorização para a mudança de residência, cabendo, antes, ao progenitor não residente, o ónus da prova de um perigo grave para a criança para contestar a deslocação, nos termos gerais do art. 3º da Lei de Protecção de Crianças e Jovens em Perigo.

ensino públicos ou privados e as mudanças de residência dentro do país, assim como deslocações da criança ao estrangeiro para frequência de cursos e estágios e a inscrição em actividades extra-curriculares com duração regular durante o ano lectivo. Estas decisões podem ser tomadas pelo progenitor residente sem a autorização do outro, e por outro lado, caso o progenitor não residente as pretenda tomar, como poderá suceder com a inscrição em estabelecimentos de ensino ou com deslocações ao estrangeiro para frequência de cursos ou estágios, não o poderá fazer sem o consentimento do progenitor residente, pois está sujeito à definição das orientações educativas relevantes por parte deste.

Já os actos da vida corrente, que podem ser praticados indistintamente por qualquer dos pais, incluem os actos necessários para o cumprimento quotidiano dos deveres de cuidado, assistência e de educação, e são aqueles que estão relacionados de forma directa com a coabitação entre o progenitor e a criança, por exemplo, actos praticados no interior da família (dietas alimentares, definição de regras e de horários, acompanhamento dos trabalhos escolares, cuidados médicos de rotina, convívio ou visitas a familiares ou a amigos, programas de televisão, ocupação do tempo livre, etc) e alguns actos jurídicos praticados com terceiros como inscrição em associações desportivas, em actividades extra-curriculares durante o fim de semana ou durante as férias, inscrições em grupos de jovens, cuidados de saúde como a vacinação obrigatória e pequenas intervenções cirúrgicas benignas, bem como o pedido de renovação do bilhete de identidade ou do passaporte para deslocações de curta duração ao estrangeiro para férias.

As decisões quotidianas relativas a actos da vida corrente da criança são tomadas pelo progenitor que reside habitualmente com a criança ou por aquele que se encontra temporariamente com esta, durante as visitas. A lei consagra um princípio de actuação concorrencial e indistinta de ambos os pais, frisando, contudo, que o progenitor não residente não pode contrariar as orientações educativas relevantes do progenitor com quem a criança reside (art. 1906º, nº 3). A lei especifica, ainda, que qualquer um dos pais pode delegar estas funções em terceiros (art. 1906º, nº 4), provavelmente, para permitir flexibilidade na organização do tempo dos pais e evitar conflitos resultantes da confiança temporária a terceiros cuidadores, por exemplo, os avós da criança ou *baby-sitters*.

Julgamos que a lei, quando consagra a competência concorrente de ambos os pais e a possibilidade da sua delegação em terceiros, se refere a actos relacionados com os cuidados a prestar à criança durante os períodos de coabitação, e não, em regra, relativamente a actos a praticar com terceiros, como inscrições em estabelecimentos de ensino. Com efeito, mal se compreenderia que o progenitor não residente pudesse inscrever a criança num estabelecimento de ensino público, sem a autorização do progenitor residente, ou delegar esta tarefa em terceiros. Cremos que o poder do progenitor residente para definir as orientações educativas relevantes implica a prevalência da sua opinião nalgumas decisões usuais, de que o exemplo paradigmático é a inscrição em estabelecimento de ensino. Não deixa de ser contraditório, contudo, que o progenitor residente não possa tomar as decisões de particular importância, sem a autorização do outro, mas possa definir orientações educativas relevantes para o progenitor não residente a respeito de questões quotidianas. Designadamente, em relação às questões usuais decididas na privacidade da família será difícil, na prática, o progenitor residente exercer o seu direito e contestar as decisões tomadas pelo outro, na hipótese de desrespeito pelas orientações educativas relevantes por si definidas. A lei, querendo ser pormenorizada nas suas intenções pedagógicas em relação aos pais, acabou por acentuar o carácter altamente subjectivo e flutuante da noção de actos de particular importância, reconhecendo, afinal, importância a questões consideradas como usuais, e uma preponderância do progenitor guarda, em relação a estas, que é negada quando se trata de actos classificados como de particular importância, os quais exigem sempre o consentimento de ambos os pais. Em consequência, a noção de acto de particular importância deverá estar mais relacionada com o carácter excepcionalíssimo da sua ocorrência na vida da criança e o conceito de acto usual com a sua repetição no quotidiano da criança. O que nos parece incoerente é o facto de a lei, por um lado, atribuir prevalência à opinião educativa do progenitor residente, nas questões da vida corrente, reconhecendo, neste âmbito, a sua superior competência para cuidar da criança e dos seus interesses e, por outro, obrigar este progenitor a obter o consentimento do outro para questões de particular importância. Outro ponto que levanta dúvidas, diz respeito à questão de saber qual é o alcance do poder de definição das orientações educativas relevantes, podendo este conceito levantar dúvidas de interpretação e de aplicação. Julgamos que este conceito de «orientações educativas relevantes» abrange questões relevantes para a saúde e para a educação das crianças, como a definição de dietas alimentares, a ingestão ou não de determinados medicamentos, a realização dos trabalhos escolares, a imposição de horários de deitar e de levantar, a obrigação de adoptar métodos educativos não violentos e não humilhantes para a criança, a proibição de certos programas de televisão, por exemplo, filmes violentos, etc. A consequência do incumprimento destas orientações pelo progenitor não residente, será a cessação do exercício conjunto das responsabilidades e/ou limitações ao direito de visita.

Pensamos, contudo, que não estão abrangidas por esta noção de «orientações educativas relevantes», questões ideológicas, por exemplo, divergências de opinião política entre os pais; divergências quanto à importância da religião na educação das crianças ou quanto a questões sociais «fracturantes». Neste aspecto, até é positivo para o desenvolvimento e educação da criança, que esta esteja exposta a diferentes visões do mundo e não apenas à visão pessoal do progenitor com a residência habitual[708].

10.4. O desacordo dos pais quanto às questões de particular importância

Às consequências jurídicas do exercício conjunto das responsabilidades parentais após o divórcio aplicam-se a regras que regulam o exercício conjunto das responsabilidades parentais na constância do casamento (arts. 1901º). Em caso de desacordo entre os pais, na constância do casamento, o nosso direito, tal como as legislações europeias contemporâneas, confia ao juiz a tarefa de o resolver. Uma vez que os co-exercentes das responsabilidades parentais são apenas dois progenitores, as únicas soluções possíveis são a unanimidade ou o empate. Os desacordos não podem ser resolvidos por maioria, tal como nas sociedades, nem a lei pode atribuir a faculdade de dirimir os conflitos a um dos pais, pela inevitável derrogação ao princípio da igualdade que tal solução implicaria.

O legislador português da Reforma de 1977, no art. 1901º, optou pela intervenção judicial para a resolução dos conflitos entre os pais no exercício das responsabilidades parentais. A extensão do controlo judiciário é, assim, uma consequência prática da proclamação da igualdade dos pais relativamente à educação dos/as filhos/as e do declínio do princípio da indisponibilidade do estado das pessoas e da ordem pública familiar.

Anteriormente às reformas europeias da década de 70, vigorava uma solução endógena: o regime segundo o qual se atribuía a faculdade decisória exclusivamente ao pai. Com a consagração do princípio da igualdade, as legislações europeias optaram por uma solução exógena: a intervenção judicial. Várias críticas foram feitas à solução judicial, acusada do perigo de vir a ser usada com excessiva frequência[709], de aumentar o conflito entre os pais e de lhe dar publicidade, de terminar com a paz doméstica e de destruir a unidade familiar. Este receio veio, contudo, a demonstrar-se infundado. A experiência dos países

---

[708] Neste sentido, *vide* PAMPLONA CORTE-REAL/SILVA PEREIRA, *Direito da Família, ob. cit.*, pp. 102-103.
[709] Na apresentação do Código de 1966 à Assembleia Nacional, o Ministro da Justiça afirmava que "sentimental e impulsivo, como é o comum da gente meridional, os cônjuges haveriam de recorrer a cada passo aos tribunais, por simples amor próprio, desperdiçando tempo, gastando dinheiro e desbaratando energias em demandas inglórias, por questões de mera lana caprina" *apud* ABRANTES DUARTE, Maria de Fátima, *As responsabilidades parentais. Contributos para o seu actual regime*, AAFDL, 1989, nota 183.

europeus que praticam este sistema, incluindo a de Portugal, revelam que, na constância do casamento, é escassa a utilização pelos pais do recurso aos tribunais, o que parece ficar a dever-se a três ordens de razões: à capacidade dos pais para resolverem por si só os conflitos, à carestia e complexidade do processo judicial que funciona como um desincentivo ao recurso, e ainda ao facto de o recurso judicial para resolver conflitos familiares ser estranho aos nossos costumes e à nossa mentalidade. Contudo, depois do divórcio, é pouco crível que existam os consensos e a predisposição para o acordo que se verificam na constância do casamento ou da união de facto.

10.4.1. Requisitos da intervenção judicial

A intervenção judicial assume um carácter excepcional e subsidiário face ao acordo dos pais, que consiste no modo principal de exercício das responsabilidades parentais. Neste sentido, para proteger a autonomia da família, a lei submete a intervenção judicial a determinados requisitos:

1º) Exigência de que a desavença recaia sobre uma questão de particular importância, cuja existência deve ser controlada pelo juiz. Consequentemente, ficam à margem da intervenção judicial as questões de menor importância, cuja resolução é remetida para o seio da intimidade familiar.

Este requisito – *actos de particular importância* – merece uma atenção especial. Criticado por alguns autores[710] pela sua indeterminação e ambiguidade, a sua concretização é importante, pois dele depende a actuação judicial, marcando o grau necessário que devem revestir as divergências de opinião entre os pais, no exercício das responsabilidades parentais, para poderem ser apresentadas à autoridade judicial[711].

Não há qualquer enumeração legislativa destes actos, pois a lei não pode precisar quais as decisões que devem considerar-se de maior importância, embora qualifique alguns actos como tal[712]. Confia-se, assim, aos Tribunais e à doutrina, dada a dificuldade de reconduzir a uma única definição a multiplicidade das situações verificáveis na vida familiar, a faculdade de completar a lei, definindo, caso a caso, o que se entende por acto de particular importância[713].

---

[710] Cfr. ABRANTES DUARTE, Maria de Fátima, *ob. cit.*, p. 154 e MOITINHO DE ALMEIDA, *Efeitos da Filiação, ob. cit.*, p. 156.
[711] Este conceito aparece também noutro lugar (art. 1902º do C.C.) onde se regula a actuação dos pais em relação a terceiros, exigindo-se o consentimento de ambos relativamente aos *actos de particular importância*.
[712] *Vide* o art. 16º, nº 2 do C.P.C., onde o legislador classifica como acto de particular importância a proposição de uma acção pelos pais, em representação processual da criança.
[713] Sobre esta noção *vide supra*, pp. 310 e ss.

Estas áreas podem estar delineadas no acordo que consagra o exercício conjunto das responsabilidades parentais[714]. Afigura-se-nos ser este o melhor processo de evitar litígios entre os pais, introduzindo-se uma maior certeza nesta matéria. Por outro lado, permite-se uma maior adaptação às necessidades e características de cada família e de cada criança em concreto, pois, nos acordos dos pais reflectem-se as circunstâncias individuais de cada caso.

2º) O segundo requisito refere-se à obrigação do juiz de tentar conciliar as partes (cfr. art. 1901º, nº 2 do C.C.). Trata-se de um trabalho de índole essencialmente sociológica, em que o juiz desempenha uma função mediadora e de orientação, limitando-se a sugerir aos pais uma solução e a dialogar com eles sobre a natureza e as matizes do conflito, para que, com a sua ajuda, possa ser alcançado o acordo que, por si só, os pais não foram capazes de encontrar.

Só quando este esforço fracassou pode o juiz ditar uma decisão. No direito português, a lei não confere ao juiz a faculdade de eleger uma de entre as soluções alternativas propostas pelos pais, podendo o julgador decidir directamente sobre o objecto do desacordo, afastando-se das teses defendidas por cada um dos pais. Mas, apesar de poder decidir em sentido diverso daquele que lhe é proposto pelos pais, não deve desprezar as soluções oferecidas por estes. Para proteger a autonomia da família, o Tribunal deve transferir o poder de decisão a um dos pais, a pessoa de referência da criança, mantendo assim o poder decisório interno da família e evitando que o juiz se substitua aos pais no exercício das responsabilidades parentais.

Entendemos que o juiz só poderá escolher uma solução diferente no caso de as propostas dos pais serem de molde a colocar em perigo a segurança, a saúde, a formação moral ou a educação do/a filho/a (cfr. art. 1918º do C.C.). Se o perigo não existir, o juiz, para limitar ao mínimo a intervenção estranha no núcleo familiar, deve escolher uma ou outra das soluções apresentadas pelos pais da criança[715], optando pela proposta da pessoa de referência da criança que melhor conhece as suas necessidades e problemas.

---

[714] No acordo dos pais relativo ao exercício conjunto das responsabilidades parentais convém que os pais estipulem as repercussões deste regime sobre determinados aspectos de carácter financeiro: p. ex., a incidência fiscal do exercício conjunto das responsabilidades parentais (a questão de saber qual dos progenitores deduz o encargo com a educação do/a filho/a), a sua incidência sobre as prestações sociais e sobre a obrigação de alimentos.

[715] Neste sentido se tem pronunciado a doutrina portuguesa. Cfr. MOITINHO DE ALMEIDA, *La filiation dans la réforme du côde civil portugais du 25 Novembre 1977*, B.M.J. nº 285, p. 39 e *Efeitos da Filiação...* ob. cit., p. 142-143. No mesmo sentido, ARMANDO LEANDRO ob. cit., p. 144.

A lei nada diz quanto ao critério da decisão judicial. Mas, através da colocação sistemática do art. 184º da O.T.M.⁷¹⁶ na secção intitulada "Regulação das responsabilidades parentais e resolução das questões a ele respeitantes", podemos concluir que se aplica a este processo a orientação jurisprudencial dominante, segundo a qual, no processo de regulação das responsabilidades parentais, o juiz deve atender em primeiro lugar ao interesse da criança. No entanto, o juiz não deve impor aos pais a sua própria concepção de interesse da criança mas propor uma solução que seja conforme à vontade daqueles ou de, pelo menos, um deles, a pessoa de referência da criança.

Trata-se também de um processo de jurisdição voluntária (art. 150º da O. T. M.), de acordo com os princípios contidos nos arts. 986, nº 2 e 987.º do C.P.C. e que segue a forma prevista no art. 184º da O.T.M.

3º) O terceiro requisito diz respeito à obrigação de ouvir os/as filhos/as, independentemente da idade (art. 1901º, nº 2), de acordo com o princípio do respeito pela personalidade e pela autonomia da criança, e com o direito desta a ser ouvida em todos os processos que lhe digam respeito.

10.4.2. A resolução dos conflitos entre os pais após o divórcio

Para resolver os conflitos entre pais, que exercem conjuntamente as responsabilidades parentais após o divórcio ou a separação judicial de pessoas e bens, convém distinguir duas hipóteses:

Haver entre os pais apenas um *desacordo isolado*, um conflito acidental que se produz relativamente a um único assunto, ou tratar-se antes de *desacordos reiterados*, que dificultam o exercício das responsabilidades parentais e prejudicam a criança, causando instabilidade e impasse na educação desta. Terá, pois, que tratar-se de desacordos não resolvidos ou resolvidos por via judicial. Os desacordos resolvidos dentro da intimidade da família através de mecanismos psicológicos de cedências e compensações entre os pais, não são considerados para este efeito.

À primeira hipótese aplicamos o regime de resolução dos conflitos previsto no art. 1901º, nº 2: recurso judicial dirigido à resolução de um conflito entre os pais em torno de uma questão de particular importância.

Relativamente à segunda hipótese, em virtude da necessidade de facilitar o funcionamento do exercício das responsabilidades parentais e de defender os/as filhos/as de eventuais perigos que para eles possam resultar do conflito sistemático dos pais, não basta dirimir pontualmente os desacordos, mas é necessário resolver uma situação global de relações conflituosas entre os pais.

---

[716] Esta disposição, no seu nº 2, remete para os artigos 175º, 177º e 178º da O.T.M, de acordo com as quais se regula o respectivo processo.

Para este efeito, entendemos ser aplicável a disposição que regula a alteração do regime de exercício das responsabilidades parentais (art. 182º da O.T.M.), constituindo os desacordos constantes e a deterioração das relações entre os pais uma alteração das circunstâncias, susceptível de fundamentar uma modificação do exercício conjunto para um princípio de exercício exclusivo das responsabilidades parentais. Esta consequência não depende, contudo, do motivo da falta de cooperação. Basta verificar de que não se trata de um conflito passageiro ou de uma hiper-reacção a um conflito limitado e solúvel[717]. A alteração do acordo dos pais para uma solução de guarda única não viola o direito fundamental destes à educação dos/as filhos/as, pois tal direito não é absoluto nem ilimitado. Pelo contrário, pode ser retirado ou limitado pelo Estado, com base numa alteração das circunstâncias que afecte de uma forma grave o interesse da criança.

11. Obrigação de alimentos devida aos/às filhos/as após o divórcio

11.1. Noção de alimentos

A expressão alimentos usada pela lei num sentido amplo abrange tudo o que é indispensável ao sustento[718], habitação, vestuário, instrução e educação

---

[717] Cfr. decisão de 14.10.1992 – XII ZB 150/91 (KG), NJW 1993, p. 127.

[718] A nossa doutrina e jurisprudência têm entendido este conceito em sentido amplo: "(...) o conceito de sustento é extensivo a tudo o que, não abrangido na habitação e no vestuário, seja indispensável à vida do alimentando: despesas de farmácia, de consultas médicas, de tratamento e internamento hospitalar, de transportes, etc. (cfr. MOITINHO DE ALMEIDA, Scientia Juridca, XVI, p. 269 e ss. e CUNHA GONÇALVES, *Tratado de Direito Civil*, vol. II, p. 430 e vol. VI, p. 776).", tendo em conta na fixação de alimentos todas as circunstâncias que concorrem na pessoa do alimentando como a idade, o sexo, o seu estado de saúde, a sua condição económica e social, etc." Cfr. ac. da Relação do Porto, de 18-5-1977, Tomo 4, CJ, 1977, p. 848. No mesmo sentido *vide* VAZ SERRA, Anotação ao acórdão de 21 de Junho de 1968, RLJ, 102º ano – 1969-1970, nº 3398, p. 262, onde se lê o seguinte: "Por conseguinte, parece dever considerar-se como alimentos tudo o que é indispensável à satisfação das necessidades da vida segundo a situação social do alimentando, para o que bastará dar à palavra "sustento" um significado largo ou atribuir carácter exemplificativo ao disposto nos artigos referidos." "O que é essencial é que o alimentando careça de alimentos para as necessidades da vida, qualquer que seja a natureza destas, desde que fundamentais para a sua vida de harmonia com a sua posição ou condição." (Sublinhados nossos). Segundo o ac. da Relação do Porto, de 22-7-1977, CJ, 1977, p.1164 e ss., os alimentos compreendem a habitação, o vestuário e o sustento, por forma a assegurar-se ao alimentando, sem gastos supérfluos, o que é preciso para que ele possa viver convenientemente e dignamente de acordo com a sua posição social, sexo e saúde. O Tribunal de 1ª instância de Ponte de Lima, na sentença de 19 de Julho de 1991 (cfr. Corpus Iuris, Revista de Jurisprudência da 1ª instância ano II, Dezembro de 1993, p. 28-29), afirma que "os alimentos prestados a menor pelo progenitor a quem este não foi confiado, deverão ser fixados, não em função do mínimo indispensável à satisfação das suas necessidades,

da criança (art. 2003º do C.C.). O que está em causa é a satisfação das necessidades do alimentando, não apenas das necessidades básicas, cuja satisfação é imprescindível para a sobrevivência deste, mas de tudo o que a criança precisa para ter uma vida conforme à sua condição social, às suas aptidões, ao seu estado de saúde e idade, tendo em vista a promoção do seu desenvolvimento físico, intelectual e moral.

A jurisprudência tem defendido que a noção de alimentos, em sentido jurídico, não coincide com o sentido do conceito na linguagem corrente, excedendo-o em larga medida, pois abrange, para além das despesas essenciais ao sustento fisiológico do corpo humano, tudo quanto é indispensável ao vestuário, à habitação, à instrução e à educação da criança, incluindo, como veremos, as prestações de facto, por exemplo, os cuidados efectuados pelo progenitor com a guarda.

Como exemplo paradigmático, a propósito do alargamento da noção de alimentos, citamos o acórdão da Relação de Lisboa, de 25-09-2008 (Relator: GRANJA DA FONSECA)[719], onde se define alimentos, de forma a incluir prestações de facto e despesas efectuadas com psicólogos, desde que justificadas:

> "Alimentos são obrigações de prestação de coisa ou de facto que visam satisfazer o sustento, a habitação, o vestuário e bem assim, se o alimentando for menor, a sua instrução e educação. A saúde é um estado completo de bem-estar físico, mental e social e não consiste apenas na ausência de doença ou de enfermidade, sendo essencial para atingir o mais elevado grau de saúde a extensão a todos os povos dos benefícios dos conhecimentos médicos, psicológicos e afins. Assim, embora as despesas efectuadas com psicólogos não devam ser consideradas despesas médicas, isso não significa que não devam considerar-se despesas de saúde, devendo ser incluídas no conceito de alimentos as despesas efectuadas com psicólogos contanto que justificadas".

Há, contudo, para além dos vectores fundamentais de sustento, habitação, vestuário, saúde e educação, um conjunto cada vez mais variado de despesas que devem ser contabilizadas porque fazem, hoje, parte do trem normal de vida das pessoas e da sua vida social corrente[720]: despesas com diversão, designadamente, idas ao cinema, ao teatro ou concertos, aquisição de brinquedos, livros ou revistas; despesas com aquisição de computador para a realização de trabalhos escolares; despesas com a vida social, por exemplo, prendas para

---

mas no montante indispensável à adequada satisfação daquelas referidas necessidades inerentes à idade da criança, ao seu estado de saúde, ao seu estrato social, às suas aptidões, ao nível social dos progenitores, e tendo em vista a promoção do seu desenvolvimento físico, intelectual e moral."
[719] Cf. *Base Jurídico-Documental do MJ*, www.dgsi.pt
[720] Cf. PIRES DE LIMA/ANTUNES VARELA, *Código Civil Anotado*, Vol. V, p. 577.

aniversário de colegas e passeios escolares; despesas de repouso, como o gozo de férias ou passeios e despesas com actividades extra-curriculares, tais como aprendizagem de línguas estrangeiras, desporto, dança, música, etc., embora algumas decisões judiciais condicionem o pagamento destas despesas à autorização prévia do progenitor sem a guarda quanto à inscrição nas actividades, entendendo que, no caso de falta de autorização, estas despesas ficarão a cargo do progenitor que procedeu à inscrição. Também as despesas com o pagamento da empregada doméstica ou *baby-sitter* devem ser suportadas pelo progenitor sem a guarda, na medida das suas possibilidades, embora não se encontre, entre a jurisprudência publicada, referência à inclusão deste tipo de despesas no conceito de alimentos.

No caso específico que estamos a tratar – alimentos devidos a menor após o divórcio dos pais – entendemos que a lei impõe, desde que os rendimentos do progenitor sem a guarda o permitam, que seja assegurado à criança um nível de vida idêntico ao que esta gozava antes do divórcio, com os mesmos confortos e luxos, salvo se o nível de vida era exorbitante e estava acima da capacidade dos pais. Neste sentido, a obrigação de alimentos visa tutelar não só o direito à vida e à integridade física do alimentando, mas o direito a beneficiar do nível da vida de que a família gozava antes do divórcio para que as alterações no estilo de vida da criança e no seu bem-estar sejam o mais reduzidas possível[721]. O conceito de necessidade é, assim, um conceito

---

[721] A jurisprudência portuguesa não costumava reconhecer que a obrigação de alimentos abrangia a satisfação das necessidades da criança relacionadas com o seu nível de vida anterior ao divórcio. Vide o acórdão da Relação de Lisboa, de 19/7/ /1974, B.M.J., 239, p. 254, onde se afirma que "sendo a mãe pobre e o pai detentor de grande fortuna, há que ter presente ser direito de toda a criança uma cuidada alimentação e vestuário digno, frequente assistência e vigilância médica, mas não luxos, porque estes só contribuiriam para uma educação fútil, não preparando a menor para a vida e podendo até ser motivo de escândalo". Contudo, a jurisprudência tem evoluído no sentido de aceitar que "na fixação do montante de alimentos devidos aos filhos deverá ter-se presente que estes deverão manter o mesmo nível de vida que tinham antes da separação dos pais". Cfr. o acórdão do Tribunal de Lisboa de 10/03/94 *in* Base de Dados do M.J. No mesmo sentido, *vide* o acórdão do Tribunal da Relação de Lisboa de 26/04/94 *in* Base de Dados do M.J., afirmando, contudo, que é essencial para que os pais possam proporcionar aos filhos um nível de vida semelhante ao anterior, que as possibilidades do devedor de alimentos não tenham diminuído, nomeadamente, por força das suas despesas actuais relativas à sua nova situação familiar e de habitação. *Vide* também, os acórdãos do Tribunal da Relação do Porto de 25/03/93 e de 15/06/92 *in* Base de Dados do M.J., onde se defende respectivamente, que "na determinação da necessidade da criança deverá atender-se ao seu padrão de vida e à ambiência familiar, social, cultural e económica a que está habituada" e que "sendo médio alto o nível social dos pais da criança, não se pode considerar um luxo que o filho frequente a instrução primária num colégio particular e receba lições de natação e ginástica". Veja-se, neste sentido, RL 05-07-2000, Relator: SOARES CURADO, *in Base Jurídico-Documental do MJ*, www.dgsi.pt: "A solidariedade da relação causa dos alimentos comporta, na medida do possível, a

subjectivo que depende do nível de vida da família antes do divórcio[722]. O critério da manutenção do nível de vida da criança tem também ganho terreno, na doutrina[723] e na jurisprudência. A título de exemplo, vejam-se os seguintes acórdãos:

> "Para o efeito de determinação da medida de alimentos as necessidades dos menores estão condicionadas por factores de ordem subjectiva como a idade, a saúde, as necessidades educacionais, o nível sócio-económico dos pais, não se medindo a prestação alimentar pelas estritas necessidades vitais do menor (alimentação, vestuário, calçado, alojamento), antes visa assegurar-lhe um nível de vida económico-social idêntico ao dos pais, mesmo que estes já se encontrem divorciados, posto que a obrigação de alimentos tem também por escopo uma melhor inserção social dos primeiros." (Acórdão da Relação de Lisboa, de 22-03-2007, Relator: VAZ GOMES).

> "É a partir das necessidades dos menores que deve ser formulado o cálculo da prestação mensal de alimentos devida pelos progenitores aos filhos, necessidades essas correspondentes ao nível de vida que aos filhos foi proporcionado pelo casal que os progenitores formaram enquanto viveram juntos, sem prejuízo de se ter em conta que a separação do casal implicará uma diminuição da qualidade de vida de todos os até aí membros de uma única unidade familiar e também os filhos terão que suportar uma parte dessa perda". (Acórdão da Relação de Lisboa, de 20-11-2007, Relator: EURICO REIS)

No entanto, a realidade apresenta uma enorme distância em relação a este objectivo. As famílias monoparentais, constituídas normalmente pela mãe e pelos/as filhos/as menores, apresentam um nível de vida muito mais baixo do que o da família antes do divórcio e do que o do progenitor sem a guarda dos/as filhos/as[724]. Trata-se do fenómeno designado por feminização da

---

partilha da condição social dos sujeitos da relação alimentar, e que tal circunstância lhes impõe uma bitola própria, ajustada a ela e ao correspondente nível de vida."

[722] Cfr. TOMÉ, Maria João Romão Carreiro Vaz, *Child Support as are Effect of Divorce in Portugal and Europe*, in Handbook of Global Legal Policy, edited by Stuart S. Nagel University of Illinois, 2000, p. 259 e p. 273, onde a autora refere o nível de vida dos pais como um importante critério na determinação da necessidade da criança, notando que este critério é expressamente referido no §1610 do BGB e no art. 438º do Código Civil Italiano, sendo também adoptado pelos tribunais franceses.

[723] Cf. REMÉDIO MARQUES, *Algumas notas sobre alimentos, ob. cit.*, pp. 170-173 e PINHEIRO, Jorge Duarte, *O Direito da Família Contemporâneo, ob. cit.*, p. 347.

[724] Estudos feitos nos E.U.A. demonstram que o nível de vida dos homens, em geral, sobe após o divórcio e o nível de vida das mulheres desce, mesmo quando o progenitor sem a guarda paga a obrigação de alimentos e a mãe trabalha, agravando-se esta diferença de níveis de vida quando o pai não paga a obrigação de alimentos. Cfr. CHAMBERS, *Making Fathers Pay, The Enforcement of Child Support*, The University of Chicago Press, Chicago and London, 1979, p. 49, p. 56 e p. 54.

pobreza[725]. Este resultado fica a dever-se principalmente às seguintes razões: aos salários mais altos dos homens, que são na maioria dos casos o progenitor que fica sem a guarda dos/as filhos/as após o divórcio, ao elevado índice de não pagamento ou de pagamentos meramente parciais ou de periodicidade irregular da obrigação de alimentos e ao montante reduzido desta em relação aos custos reais de educar uma criança.

Os estudos de ESPENSHADE[726] sobre os custos de educar uma criança verificaram que o montante médio mensal de alimentos ordenado judicialmente, para duas crianças, em 1981, correspondia a menos de um quarto (22,4%) do nível de despesas mensais feitas com duas crianças, em famílias da classe média.

A dificuldade na determinação exacta dos custos de educar uma criança resulta do facto de estas despesas surgirem misturadas com as despesas que beneficiam todos os membros da família, como é o caso dos gastos com alimentação, habitação e transportes, relativamente aos quais é difícil separar o montante efectivamente dispendido com a criança[727].

Apesar de estes estudos não serem referentes à sociedade portuguesa, uma análise das decisões judiciais relativas à obrigação de alimentos, permite-nos considerar, que também no nosso país, o montante de alimentos ordenado judicialmente ou acordado pelos pais, nas acções de regulação das responsabilidades parentais, é inferior ao custo real de educar uma criança e, na falta de critérios precisos para calcular os alimentos, não há uniformidade na jurisprudência no quantitativo de alimentos a fixar relativamente a famílias com rendimentos semelhantes.

Em famílias com rendimentos mais altos, a percentagem de alimentos ordenada relativamente aos rendimentos do progenitor sem a guarda atinge, no ano de 1995, valores mais baixos do que nas famílias com poucos rendimentos, sendo inferior ao 10%. Por exemplo, auferindo o pai um rendimento mensal líquido de 420.000$00, o montante de alimentos ordenado foi de 40.000$00 mensais, com o qual o tribunal pretendia assegurar a uma criança de 5 anos um bem-estar correspondente ao nível de vida de que dispunha a família antes da separação de facto dos pais[728].

---

[725] Cfr. ROBERT D. THOMPSON E SUSAN F. PAIKIN, *Formulas and Guide lines for Support*, in *Special Issue: Child Support Enforcement*, Juvenile and Family Court Journal, 1985, vol. 36, nº 3, p. 33.

[726] ESPENSHADE, *Investing in Children: New Estimates of Parental Expenditures*, 1984 apud THOENNES, NANCY/TJADEN, Patricia/PEARSON, Jessica – *The Impact of Child Support Guidelines on award adequacy, award variability, and case processing efficiency*, Familiy Law Quarterly, volume XXV, nº 3, 1991, p. 326.

[727] Cfr. ROBERT WILLIAMS, *Child Support and the Costs of Raising Children: Using Formulas to Set Adequate Awards*, in *Special Issue: Child Support Enforcement*, Juvenile and Family Court Journal, 1985, vol. 36, nº 3, p. 42.

[728] Cfr. ac. da Relação de Coimbra, de 10-10-95, CJ, ano XX-1995, Tomo IV, p. 35.

Em 2002, as Estatísticas da Justiça indicavam que as prestações de alimentos em processos de exercício do poder paternal, por cada criança, oscilavam entre 0 e 127 euros, em 6403 processos, entre 128 e 251 euros, em 1 836 processos e, entre 252 e 377, em 223 processos, assumindo valores superiores a 377, em 149 processos[729].

Note-se ainda, que, da análise dos acórdãos relativamente a alimentos devidos a filho/a maior, nos termos do art. 1880º, o montante de alimentos imposto ao progenitor com quem o/a filho/a não reside não difere dos montantes ordenados relativamente a crianças em idade pré-escolar ou de escolaridade primária.

11.2. Imprescritibilidade da dívida de alimentos a filho/a menor

O prazo de prescrição das dívidas de alimentos é encurtado, pela lei, a título excepcional, no art 310º, al. f) do Código Civil, que prevê, para as prestações alimentícias vencidas, um prazo de prescrição de cinco anos, de modo a evitar que o credor retarde demasiado a exigência de créditos periodicamente renováveis e onere o devedor com quantias excessivamente pesadas. Contudo, a lei ressalva deste regime as dívidas entre cônjuges e entre os progenitores e o/a filho/a menor, não começando nem correndo o prazo de prescrição entre os cônjuges (art. 318º, al. a), nem entre os progenitores e o/a filho/a menor, credor de alimentos (art. 318º, al. b)[730]. Sendo o credor de alimentos o/a filho/a menor e não a sua mãe, ainda que o/a menor tenha representante legal, a prescrição contra ele/a não se completa sem ter decorrido um ano a partir do termo da incapacidade, nos termos do art. 320º, nº 1.

11.3. A determinação do montante da obrigação de alimentos

11.3.1. Critérios legais para determinar a obrigação de alimentos

Os alimentos devem ser fixados em prestações pecuniárias mensais (art. 2005º, nº 1), salvo se por acordo, os pais decidirem de outro modo (art. 2005º, nº 1) ou se aquele que for obrigado a prestar alimentos mostrar que os não pode pagar como pensão, mas tão-somente em sua casa e companhia (art. 2005º, nº 2)[731].

---

[729] Cf. Estatísticas da Justiça 2002, in *www.dgpj.mj.pt*.
[730] Cf. RL 18-06-2009 (Relatora: FÁTIMA GALANTE), in *Base Jurídico-Documental do MJ, www.dgsi.pt*
[731] Contudo, o devedor de alimentos não se desobriga da prestação alimentar pelo facto de ter levado para sua casa e companhia um dos/as filhos/as, contra a vontade da mãe, a cuja guarda os//as filhos/as foram confiados, e sem alteração da regulação das responsabilidades parentais. Cfr. o acórdão do Tribunal da Relação de Lisboa de 01/10/92, *in* Base de Dados do M.J.

Os efeitos da acção de alimentos retroagem ao momento da proposição da acção (art. 2006º)[732].

A acrescer à prestação pecuniária, o tribunal pode ordenar ou os pais acordar que a criança seja nomeada beneficiária de um seguro de vida subscrito pelo progenitor sem a guarda ou que este faça a favor da criança um seguro de saúde ou constitua um fundo bancário para prover à educação da criança (despesas com colégios, escolas e/ou universidades, livros e material de estudo, etc.).

Os critérios apontados pela lei para o cálculo da obrigação de alimentos são: as possibilidades do alimentante, as necessidades do alimentando e a possibilidade de o alimentando proceder à sua subsistência (art. 2004º do C.C.)[733]. Trata-se de critérios, em si mesmos, lógicos e realistas, mas, devido à sua indeterminação, as decisões judiciais fazem-se caso a caso, baseiam-se no costume e nas intuições dos juízes e apresentam uma variabilidade para situações semelhantes, não assentando em critérios objectivos e racionais, o que não será equitativo para os pais e não atende às necessidades reais da criança. Está demonstrado que os juízes, os advogados e os próprios pais, nos acordos relativos à regulação das responsabilidades parentais, tendem a subavaliar os custos reais de educar uma criança[734].

A doutrina e a jurisprudência têm entendido que a possibilidade de prestar alimentos abrange não apenas os rendimentos do trabalho (os salários) do alimentante mas também rendimentos de carácter eventual, como gratificações, emolumentos, etc.[735], os subsídios de Natal e de

---

[732] Cfr. acórdão do Tribunal da Relação do Porto de 23/01/90, in Base de Dados do M.J., onde se lê o seguinte: "Os alimentos a fixar em acção de regulação das responsabilidades parentais proposta por um cônjuge contra outro são devidos desde o mês, inclusive, em que a acção foi proposta, como resulta do disposto no art. 2006.º do Código Civil".

[733] Cfr. acórdão do Tribunal da Relação do Porto, 17/04/2001, in Base Jurídico Documental do M. J., onde se afirma que "os alimentos deverão ser proporcionais aos meios económicos de quem os presta e às necessidades da criança que irá recebê-los".

[734] Estudos realizados no Hawaii (cfr. ARNOLD & J: FAWCETT, *The Value of Children: A Cross-National Study*, 1976 apud BRUCH, Carol S./WIKLER, Norma J., *The Economic Consequences*, in *Special Issue: Child Support Enforcement*, Juvenile and Family Court Journal, 1985, vol. 36, nº 3, p. 12) acerca de quanto é que os pais em famílias conjugais da classe média, com dois filhos, gastaram com estes durante o ano anterior, revelou que um terço dos pais não fazem ideia de qual o valor dispendido e que aqueles que responderam apontaram valores como cerca de 15% do rendimento líquido da família. Estatísticas do Departamento de Agricultura revelam que este valor é três vezes maior, rondando os 45%. Cfr. ESPENSHADE, *The Value and Costs of Children*, Population Bull., vol. 32, nº 1, p. 43-44 apud BRUCH, Carol S./WIKLER, Norma J., ob. cit., p. 12. A resultados idênticos chegam as investigações de I. V. SAWHILL, *Developing Normative Standards for Child Support Payments* apud THOENNES, Nancy/TJADEN, Patricia/PEARSON, Jessica – *The Impact of Child Support*, ob. cit., p. 345.

[735] Cfr. MOITINHO DE ALMEIDA, *Os Alimentos no Código Civil de 1966*, Revista da Ordem dos Advogados, 1968, p. 99. No mesmo sentido, vide o ac. da Relação de Lisboa, de 23-11-1973, B.M.J., nº 231, p.196, onde se afirma que "Para determinar as possibilidades do alimentante deve atender-se à

férias[736]. No Natal e nas férias, a prestação de alimentos deve ser aumentada proporcionalmente ao aumento de rendimento auferido pelo progenitor sem a guarda. Os pais ou o juiz poderão optar pela distribuição do aumento correspondente ao subsídios, pelos 12 meses do ano, solução que julgamos mais adequada, sem permitir qualquer desconto nestas prestações, pelo tempo que o progenitor sem a guarda passa com os/as filhos/as durante as visitas ou durante as férias. Também entram no cômputo da obrigação de alimentos os rendimentos do capital, poupanças[737], rendas provenientes de imóveis arrendados e o valor dos bens do devedor, que este progenitor terá de alienar em caso de desemprego ou se os seus rendimentos periódicos não forem suficientes para um montante de alimentos adequado às necessidades do alimentando[738]. Para este efeito, nas acções de alimentos e nas acções de regulação das responsabilidades parentais, deverá proceder-se a uma avaliação dos bens do progenitor sem a guarda.

Não integra a prestação alimentar o abono de família de que são beneficiárias as crianças, constituindo antes um encargo do Estado a ser pago ao progenitor com o qual os/as filhos/as vivam em economia familiar e a partir da data em que ocorreu a separação dos progenitores[739].

Quanto às obrigações do devedor para com outras pessoas, a que seria de atender também para determinar o rendimento disponível do obrigado[740], devemos distinguir consoante a natureza das dívidas contraídas. Só deve admitir-se a relevância de dívidas contraídas para atender às necessidades fundamentais do

---

gratificação recebida a título transitório, pois quando deixar de a receber poderá pedir que se diminua a pensão de alimentos em que foi condenado" e o acórdão do Tribunal da Relação de Lisboa de 6/12/94, *in* Base de Dados do M.J.: "As possibilidades do obrigado a alimentos medem-se, também, pelos seus rendimentos eventuais, tais como gratificações, emolumentos, subsídios de transporte e ajudas de custo.

[736] A decisão relativa aos alimentos deve especificar um aumento correspondente aos subsídios de férias e de Natal nos meses em que o obrigado aufere estes subsídios. *Vide* o que a este propósito se diz no ac. da Relação de Lisboa, de 15-5-1979, C.J., Ano IV – 1979, Tomo III, p. 779: " Na fixação de uma prestação alimentícia deve ter-se em atenção aquilo que a ela obrigado receber a título de subsídio de férias ou de subsídio de Natal, mas não há que fixá-la em mais do que doze prestações anuais, por não haver lugar a prestação de alimentos como subsídio de férias ou de Natal."

[737] *Vide* RP 9/03/93, *in* Base de Dados do M.J., onde se afirma que "é justificada a condenação como litigante de má fé de quem, insistindo não ter outros rendimentos que não a sua reforma mensal de 44100 escudos, se vem a revelar ter outras fontes de rendimento constituídas pelos capitais resultantes do reembolso de certificados de aforro, da venda de cupões e dos dividendos de acções e obrigações".

[738] No mesmo sentido *vide* VAZ SERRA, *Obrigação de Alimentos*, BMJ, nº 108-1961, p. 122-123.

[739] Cfr. RP 9-12-1983, CJ, Ano VIII-1983, Tomo 5, p. 227 e RC 05-05-2009 (Relator: TÁVORA VÍTOR), *in* Base Jurídico-Documental do M.J., www.dgsi.pt. Esta solução foi adoptada no art. 47º da Lei nº 112/2009, de 16 de Setembro.

[740] Cfr. MOITINHO DE ALMEIDA, *ob. cit.* p. 99.

obrigado (por exemplo, para a aquisição de primeira habitação) e não dívidas contraídas para fazer face a despesas supérfluas ou acima da sua capacidade financeira (p. ex. compra de um segundo automóvel ou de um automóvel ou habitação de luxo). A extravagância ou a irresponsabilidade financeira do progenitor sem a guarda não pode ser um motivo para reduzir os alimentos.

A jurisprudência tem sido exigente na avaliação dos requisitos do art. 2012º relativos à alteração de circunstâncias determinantes da fixação da pensão, quando está em causa um pedido de redução de alimentos feito pelo progenitor sem a guarda. Veja-se o caso do acórdão da Relação de Lisboa, de 24-05-2007 (Relator: FARINHA ALVES)[741], em que na avaliação das alterações das necessidades do alimentando e das possibilidades do alimentante, o Tribunal entendeu que não podem ser descontadas na pensão de alimentos as ajudas voluntárias dos avós paternos na oferta de refeições às crianças e que, nas necessidades das crianças, são contabilizadas as despesas da mãe com consumos domésticos, relativas a condomínio, aquisição e manutenção de veículo e manutenção da casa de habitação.

A jurisprudência tem estabelecido o princípio, segundo o qual as estadias da criança na residência do progenitor sem a guarda, por períodos de tempo superiores aos previamente fixados[742] ou durante as férias[743], não devem ser consideradas como causas de redução da obrigação de alimentos, entendendo que o objectivo da pensão é também, para além da satisfação das necessidades da criança, a compensação da mãe pelo tempo que passa com o/a filho/a e pela disponibilidade para assumir a guarda, no dia-a-dia:

> "(...) existe um sem número de despesas com os filhos que não são contabilizadas na pensão de alimentos, para já não falar no facto de o contributo da mãe ser dado, além de dinheiro, ainda em tempo que dinheiro algum podia representar e sobretudo em gastos de corpo e de alma. As necessidades dos menores não são, como bem diz a mãe, e o pai decerto concorda, meramente físicas, também o são afectivas. A mãe que está na maior parte do tempo presente na vida destes menores constitui um porto de abrigo em caso de dificuldade... é a ela que os menores se hão-de socorrer quando alguma coisa não correr bem. E isso não estando contabilizado deve ser compensado, pelo que só uma cega aritmética poderia dar razão ao recorrente pai, diminuindo-lhe o valor da pensão

---

[741] Cf. *Base Jurídico-Documental do MJ*, www.dgsi.pt
[742] Cf. RP 13-11-2007 (Relator: CARLOS PAULA MOREIRA), *Base Jurídico-Documental do MJ*, www.dgsi.pt
[743] Aplicando a regra da impossibilidade de descontos no montante da pensão de alimentos a pagar durante as férias em que o progenitor não residente tem a criança consigo, *vide* RC 05-05-2009, Relator: TÁVORA Vítor) e RL 22-03-2007 (Relator: VAZ GOMES), *Base Jurídico-Documental do MJ*, www.dgsi.pt

em razão do tempo em que os menores lhe estão confiados." (RL 22-03--2007, Relator: VAZ GOMES)⁷⁴⁴.

No que diz respeito às possibilidades do alimentante, a Relação de Lisboa, no acórdão, de 24-05-2007 (Relator: FARINHA ALVES)⁷⁴⁵ considerou que o facto de o pai ter constituído uma nova família e ter adquirido habitação com recurso ao crédito, suportando despesas que antes não tinha com a prestação do empréstimo para habitação e consumos domésticos, não constitui uma alteração relevante na avaliação das suas possibilidades, pois a companheira participa no pagamento destas despesas e, de qualquer modo, a assunção de novos encargos terá de ser objecto de cuidada ponderação, não podendo o requerente, à partida, destinar à satisfação das novas necessidades uma parte da prestação de alimentos devida às filhas, defendendo o princípio segundo o qual

> "Uma obrigação de alimentos, uma vez estabelecida, é tão vinculativa como qualquer outra, e o seu cumprimento pontual assume mesmo maior relevo do que o da generalidade das obrigações." (RL 24-05-2007, Relator: FARINHA ALVES).

O tribunal julgou inaceitável a dedução na pensão de alimentos do valor de outras obrigações contraídas pelo devedor, sobretudo, tendo em conta que a prestação de alimentos corresponde a cerca de um terço do seu rendimento do trabalho, continuando a dispor de dois terços do seu rendimento para fazer face às suas despesas, o que duplica o rendimento da requerida e mais do que duplica o rendimento da generalidade dos cidadãos nacionais. A jurisprudência indefere, também, o pedido de redução de alimentos, por falta de prova quanto à diminuição de rendimentos relativamente à data em que se procedeu à regulação⁷⁴⁶ e defende o carácter prioritário da pensão de alimentos em relação a outras despesas do progenitor sem a guarda⁷⁴⁷:

> "a quantia de alimentos não deve ser fixada em função do rendimento disponível do devedor de alimentos, depois de deduzidas ao rendimento proveniente do trabalho todas as despesas que ele suporta nomeadamente com a aquisição de um veículo marca Mercedes. Tais despesas têm aqui um valor secundário e caso o apelante não consiga suportar o pagamento das mesmas e

---

⁷⁴⁴ Cf. *Base Jurídico-Documental do MJ*, www.dgsi.pt
⁷⁴⁵ Cf. *Base Jurídico-Documental do MJ*, www.dgsi.pt
⁷⁴⁶ Cf. RL 14-06-2007 (Relator: VAZ GOMES), in *Base Jurídico-Documental do MJ*, www.dgsi.pt, em que se considera relevante a opinião das crianças, já com treze e dezasseis anos de idade, no que diz respeito à suficiência da pensão alimentar, não só em termos de subsistência como também em termos de adequação para o seu processo de desenvolvimento intelectual, físico e moral.
⁷⁴⁷ Cf RP 21-10-2008 (Relator: M. PINTO DOS SANTOS) e 28-09-2010 (Relator: RAMOS LOPES), in *Base Jurídico-Documental do MJ*, www.dgsi.pt

dos alimentos à menor, sua filha, deverá abrir mão (abdicar) de algumas dessas despesas ou reduzi-las e não pretender a redução dos alimentos daquela (...)" (Acórdão da Relação de Porto, de 21-10-2008, Relator: PINTO DOS SANTOS)[748].

"Esta natureza da obrigação, enquanto responsabilidade parental, impõe se considere que as necessidades dos filhos sobrelevam a disponibilidade económica dos pais, não podendo nunca concluir-se que uma tal responsabilidade é satisfeita quando o progenitor se limita a dispor do que lhe sobra – trata-se de uma responsabilidade que impõe ao progenitor assegurar as necessidades do filho de forma prioritária relativamente às suas, designadamente relativamente àquelas que não sejam inerentes ao estritamente necessário para uma digna existência humana." (Acórdão da Relação do Porto, de 28-09-2010, Relator: RAMOS LOPES)[749].

"O conteúdo da obrigação de alimentos a prestar pelos pais aos filhos menores não se restringe à prestação mínima e residual de dar aos filhos um pouco do que lhes sobra. A lei exige-lhes que assegurem a satisfação das necessidades essenciais dos filhos com prioridade sobre as dos próprios e que se esforcem em obter meios de propiciar aos filhos as condições económicas adequadas ao seu crescimento sadio e equilibrado, e ao seu "desenvolvimento físico, mental, espiritual, moral e social", a que todas as crianças têm direito (art. 27º, nºs 1 e 2, da Convenção sobre os Direitos da Criança)." (Acórdão da Relação do Porto, de 14-06-2010, Relator: GUERRA BANHA)[750].

O desemprego, se o alimentante se colocar voluntariamente numa situação em que é incapaz de arranjar emprego, não dispensa o alimentante de cumprir a obrigação de alimentos[751]. Para este efeito devem ser elaboradas regras para imputar rendimentos a pais desempregados de acordo com a sua capacidade de trabalhar e de ganhar dinheiro. O mesmo se passa nos casos em que o progenitor sem a guarda está a diminuir deliberadamente o seu rendimento

---

[748] Base Jurídico-Documental do MJ, www.dgsi.pt
[749] Base Jurídico-Documental do MJ, www.dgsi.pt
[750] Base Jurídico-Documental do MJ, www.dgsi.pt
[751] Cfr. VAZ SERRA, Obrigação de alimentos, ob. cit., p. 106, onde se lê: "tomar-se-ão em consideração os recursos que poderia obter com o seu trabalho; o devedor não tem o direito de se manter ocioso para se subtrair à obrigação alimentar". Sobre o dever de trabalhar, admitido pela jurisprudência norte-americana e alemã vide TOMÉ, Maria João Romão Carreiro Vaz, Child Support... ob. cit., p. 277, notas 73 e 75. Vide também, neste sentido, o acórdão do Tribunal da Relação de Coimbra de 13/03/2001 in Base Jurídico-Documental do M. J.: "O facto de não ser possível apurar o rendimento anual global do devedor dos alimentos, não significa, por isso, não dever o Tribunal fixar qualquer quantia a título de alimentos, já que assim se estaria também a beneficiar indevidamente o requerido que conhecedor da acção se desligou do trabalho que então desempenhava e se ausentou para parte incerta."

ou a fazer despesas excessivas, bem como em relação aos trabalhadores por conta própria que não declaram ao Estado a totalidade dos seus rendimentos. Para a determinação do rendimento destes não basta a apresentação da declaração do I.R.S., mas deve ser possível presumir rendimentos de acordo com determinados índices[752], sendo admitida a prova testemunhal para apurar os rendimentos do obrigado a alimentos[753].

Para a determinação das necessidades do alimentando tem que ter-se em conta, além do custo de vida em geral, a idade da criança, pois quanto mais velha é a criança mais avultados são os encargos com a sua educação, vestuário, alimentação, vida social, actividades extra-curriculares como lições de piano, aulas de ténis, de ginástica ou de natação, campos de férias, etc.; a sua saúde, o que pode implicar despesas médicas mais elevadas; a situação social da criança e o nível de vida anterior ao divórcio. A quantia a pagar deve ser equivalente àquela com a qual o cônjuge, a quem a criança não é confiado, contribuía ou devia ter contribuído enquanto a família estava unida[754].

O terceiro critério indicado pela lei para fixar o montante da obrigação de alimentos consiste na possibilidade de o alimentando prover à sua subsistência (art. 2004º, nº 2). No mesmo sentido, afirma o art. 1879º que quando os/as filhos/as estão em condições de suportar, pelo produto do seu trabalho ou outros rendimentos[755], os encargos com a sua segurança, saúde e educação, os pais ficam desobrigados[756] de prestar alimentos a estes. Esta norma está relacionada com o dever de assistência que a lei consagra entre pais e filhos//as, nas duas vertentes de obrigações de prestar alimentos, quando pais e filhos/as não vivam em comunidade, e de contribuição para os encargos da vida familiar (art. 1874º, nº 2)[757]. Estas normas representam um resquício do carácter institucional da família típico das sociedades agrárias anteriores

---

[752] Cfr. Acórdão da Relação de Coimbra, de 10-01-1979, Infância e Juventude, 1979, nº 2, p. 47, segundo o qual a compra de um automóvel e as despesas com a recolha deste consistem em bens e despesas que revelam as possibilidades do devedor de pagar alimentos.

[753] Cfr. o acórdão da Relação de Lisboa de 07/05/96 in Base de Dados do M.J.

[754] Cfr. acórdão do Tribunal da Relação de Coimbra de 13/03/2001, in Base Jurídica-Documental do M.J.

[755] Os rendimentos dos bens dos filhos podem ser utilizados pelos pais com uma dupla finalidade: para satisfação das despesas com o sustento, segurança, saúde e educação do filho e para satisfação das necessidades da vida familiar (art. 1896º, nº 1).

[756] Note-se que a desobrigação dos pais poderá ser apenas gradual ou parcial, quando os filhos possam contribuir com o produto do seu trabalho ou com rendimentos do capital, para as despesas a que se refere o art. 1879º, mas não possam prescindir da obrigação de alimentos por inteiro. Cfr. PIRES DE LIMA/ANTUNES VARELA, *Código Civil Anotado*, vol. V, Coimbra Editora, 1995, p. 337.

[757] Tal como está estabelecido para as contribuições devidas pelos cônjuges (art. 1676º, nº 1), o trabalho despendido pela criança no lar comum (trabalho doméstico, cuidado de dependentes) deve ser valorado e contado para efeitos de cumprimento do dever de contribuição. Cfr. GUIMARÃES, Maria da Nazareth Lobato, *Alimentos*, in *Reforma do Código Civil*, Ordem dos Advogados, 1981, p. 198.

à revolução industrial e com pouca relevância prática actualmente. A maior parte das crianças não tem bens próprios nem trabalha, devido aos requisitos legais do contrato de trabalho, à escolaridade obrigatória e ao melhor nível de vida das famílias. Mesmo nos casos em que efectivamente trabalhem ou tenham bens, estas normas não podem ser interpretadas à letra, o que leva-ria a pensar que, independentemente das condições económicas dos pais, estes ficariam desobrigados totalmente de prestar alimentos ao/às filhos/as, que pelos seus rendimentos de capital ou de trabalho pudessem satisfazer as suas necessidades. Entendemos, diferentemente, que os patrimónios dos pais e dos/as filhos/as não estão em pé de igualdade para a sua afectação às necessidades dos/as filhos/as. O dever dos pais, como fundadores do lar e criadores da família, é prioritário[758] e é um dever derivado da procriação[759] decidida pelos pais. Esta é a interpretação das normas mais adequada à rea-lidade social e mais conforme à Constituição, cujo artigo 36º, nº 5 impõe aos pais o poder-dever de educação dos/as filhos/as. Com efeito, os/as filhos/as menores estão ainda a começar a sua vida activa, devendo o património dos/ /as filhos/as, salvo caso de impossibilidade económica dos pais (por velhice, doença, desemprego ou outra causa), ser conservado para ser utilizado mais tarde, em cursos universitários, cursos de pós-graduação, estágios no estrangeiro ou na aquisição do suporte material (habitação) para constituírem família. E, porque a formação profissional ou universitária dos/as filhos/as ocorrerá já durante a sua maioridade, a lei prolonga o dever de alimentos dos pais para além do limite da menoridade (art. 1880º).

11.3.2. Tendências da jurisprudência quanto à medida dos alimentos

a) Avaliação da capacidade económica do devedor

Os tribunais têm admitido que a capacidade económica dos pais não se avalia só pelos rendimentos declarados, mas também pela capacidade de gerar proventos, pelo nível de vida ou padrões de consumo que efectivamente têm e pelos rendimentos de actividades profissionais por conta própria mesmo que não sejam declarados:

> "Para efeitos do cumprimento da obrigação de alimentos a filhos menores, a capacidade económica dos pais não se avalia apenas pelos rendimentos que declaram ao Fisco ou à Segurança Social; avalia-se também pela sua idade, pela actividade profissional que em concreto desenvolvem e pela capacidade de gerar proventos que essa actividade potencia. (Acórdão da Relação do Porto, de 14-06-2010, Relator: GUERRA BANHA).

---
[758] Cfr. PIRES DE LIMA/ANTUNES VARELA, *ob. cit.*, p. 335.
[759] Cfr. GUIMARÃES, Maria da Nazareth Lobato, *ob. cit.*, p. 211.

"Os padrões de consumo que o requerido evidencia colocam-no acima das possibilidades da requerente." (Acórdão da Relação do Porto, de 28-04-
-2009 (Relator: JOÃO PROENÇA)[760].

"Porque não contribuir com o montante fixado de € 125,00 mensais se o requerido aufere o montante mensal de € 392,00 mensais de Fundo de Desemprego, que se sabe serem líquidos e sem pagamento de quaisquer impostos (nomeadamente IRS) e, ainda, aufere quantias não apuradas de "biscates" que realiza e cujo rendimento não declara? Esta "economia paralela" em classes sociais de rendimentos aparentemente baixos prolifera no nosso país, não tendo o impacto nem a mediatização dos media que é dada à outra "economia paralela" das classes sociais de rendimentos mais elevados, mas uma e outra são nefastas e não podem ser beneficiadas relativamente aos cidadãos e empresas que cumprem as suas obrigações sociais e fiscais." (Acórdão da Relação do Porto, de 27-03-2008, Relator: MADEIRA PINTO)[761].

"É de presumir que dedicando-se o pai dos menores à comercialização de veículos de alta cilindrada por conta própria e ao empréstimo de elevados montantes em dinheiro não aufira apenas a importância de 750 euros mensais" (Acórdão da Relação de Coimbra, de 04-05-2010, Relator: TÁVORA VÍTOR)[762].

O acórdão da Relação de Coimbra, de 27-10-2009 (Relator: FRANCISCO CAETANO), veio consagrar a orientação, segundo a qual para fixar a medida da prestação alimentícia devida pelo progenitor há que partir, não só do seu salário mas da soma deste com o que aufere a sua nova companheira[763], na medida em que o progenitor reparte com esta as despesas de habitação e de consumos domésticos[764].

Na determinação da noção de rendimentos relevante para o cálculo da medida de alimentos entra não só a parte fixa da remuneração mensal mas também a parte variável da mesma, considerada em termos médios[765].

---

[760] Cf. Base Jurídico-Documental do MJ, www.dgsi.pt
[761] Cf. Base Jurídico-Documental do MJ, www.dgsi.pt
[762] Cf. Base Jurídico-Documental do MJ, www.dgsi.pt
[763] No mesmo sentido, BOLIEIRO, Helena/GUERRA, Paulo, *A Criança e a Família*, ob. cit., p. 233, entendendo os autores que, se a companheira tiver que pagar alimentos a filhos de outra relação, estes valores serão descontados nos rendimentos disponíveis do agregado.
[764] Cf. RL 24-05-2007 (Relator: FARINHA ALVES), in *Base Jurídico-Documental do MJ*, www.dgsi.pt
[765] Cf. RL 26-04-2007 (Relator: OLINDO GERALDES), in *Base Jurídico-Documental do MJ*, www.dgsi.pt

b) Desemprego do devedor

A jurisprudência tem também entendido que o desemprego não é necessariamente causa de incapacidade económica. Veja-se o caso do acórdão da Relação de Lisboa, de 20-11-2007 (Relator: EURICO REIS)[766], em que o Tribunal entendeu que a diminuição da carga horária e de rendimentos, por acto voluntário do progenitor não residente, constitui um abuso de direito, devendo ser-lhe imputados os rendimentos que costumava auferir. No mesmo sentido, defendendo a imputação de rendimentos, em caso de revogação do contrato de trabalho, veja-se o acórdão da Relação de Lisboa, de 22-03-2007 (Relator: VAZ GOMES)[767], onde se diz o seguinte:

> "Também se deve ter em conta a *imputação de rendimentos* ou seja para além dos rendimentos de que se consegue fazer prova no processo e que foram obtidos no ano fiscal todos aqueles que num juízo de prognose, poderiam ter sido percebidos – mas que o não foram – acaso o devedor se não tivesse colocado numa situação que inviabilizou o seu auferimento quer em virtude de desemprego voluntário, emprego a tempo parcial ou sub-emprego".

Aplicando, também, a ideia de que o desemprego não é argumento para não fixar a pensão de alimentos, quando o progenitor tem possibilidade de trabalhar, veja-se o acórdão da Relação do Porto, de 21-10-2008 (Relator: JOSÉ CARVALHO)[768]:

> "Tanto quanto decorre dos autos, o recorrente não trabalha apenas por vontade própria, pelo que carece de fundamento a alusão a "suspensão no exercício das suas funções". E os "hábitos aditivos" – talvez o relatório social que primeiro usou aquela expressão se queira referir aos "hábitos compulsivos de jogo" – não podem servir de pretexto para não assumir as responsabilidades alimentares a que, como pai, está legalmente obrigado. As necessidades das filhas deviam prevalecer sobre os hábitos de jogo. Acresce que o recorrente é sócio de uma empresa onde, se não trabalha é porque não quer. O dever se assistência impende sobre ambos os progenitores. Na lógica do recorrente, não devia ter sido fixada obrigação alimentar a seu cargo. Tal redundaria numa situação de desfavor relativamente à mãe das menores. Tanto mais que o rendimento mensal da mãe das menores não permite que suporte sozinha todos os encargos com as menores. Se o recorrente não trabalha podendo fazê-lo, tal não pode servir como argumento para afastar os seus deveres de pai. E resultaria incompreensível que o pai das menores, sócio de uma empresa e que não trabalha por vontade própria, não contribuísse para as despesas com as filhas; e que estas ficassem na totalidade a cargo da

---

[766] Cf. *Base Jurídico-Documental do MJ*, www.dgsi.pt
[767] Cf. *Base Jurídico-Documental do MJ*, www.dgsi.pt
[768] Cf. *Base Jurídico-Documental do MJ*, www.dgsi.pt

mãe – que trabalha por conta de outrem, auferindo um vencimento mensal correspondente ao salário mínimo. (...) O facto de não se ter apurado o valor dos rendimentos auferidos pelo pai das menores, nem o valor das despesas deste também não é impeditivo da fixação de alimentos (sublinhado nosso). Conforme o acima acentuado, a situação em que este se encontra – sem trabalhar – apenas ao próprio é imputável. A situação deste não pode ser caracterizada de "carência económica" (...) E as necessidades das menores – elemento nuclear a atender na regulação do poder paternal – permanecem para além das opções e do modo de vida do recorrente."

c) O valor económico das prestações de cuidado pelo progenitor guarda
Alguma jurisprudência contabiliza, como os acórdãos da Relação de Lisboa, de 20-11-2007 e de 10-05-2007, no cálculo da pensão, o tempo que a mãe passa com os filhos, com sacrifício da sua vida profissional:

"Não existindo guarda conjunta, os menores passam muito mais tempo com a mãe do que com o pai e essa circunstância tem como efeito que os encargos daquela são, ipso facto, maiores do que os que são suportados pelo pai, isto porque a mãe tem que usar mais tempo seu (tempo da sua vida enquanto ser humano individual) para cuidar dos filhos do que aquele que é gasto pelo pai no cumprimento dessas obrigações para com as crianças que ambos voluntariamente geraram, o que numa sociedade em que imperam as leis do mercado, não pode deixar de ser valorado e contabilizado em termos patrimoniais." (Acórdão da Relação de Lisboa, de 20-11-2007, Relator: EURICO REIS)[769].

"Tendo o menor ficado a cargo da mãe, a quem passaram a ser exigidos todos os cuidados, tarefas e sacrifícios com a assistência e o acompanhamento diários daquele, sempre se justifica, por regra, que a contribuição do pai seja de montante substancialmente superior à que a mãe inevitavelmente terá de suportar para sustentar aquela." (Acórdão da Relação de Lisboa, de 10-05-2007, Relator: PEREIRA RODRIGUES)[770].

11.3.3. Fórmulas para determinar o montante de alimentos
Seria importante que se elaborassem, entre nós, fórmulas ou critérios quantitativos para superar a imprecisão das regras legais e jurisprudenciais[771],

---

[769] Cf. *Base Jurídico-Documental do MJ*, www.dgsi.pt
[770] Cf. *Base Jurídico-Documental do MJ*, www.dgsi.pt
[771] A jurisprudência exprime esta imprecisão das regras, por exemplo, no ac. da Relação de Évora, de 31-3-1977, CJ; Ano II-977, Tomo 2, p. 342, onde se afirma que "Na fixação de alimentos devidos a menor, filho de pais separados, ter-se à presente o disposto nos arts. 2003º e 2004º do Código Civil, mas o Tribunal julgará de harmonia com a equidade, segundo os critérios de um bom pai de família (...)". Para evitar o excesso de poderes discricionários, a imprevisibilidade da resposta judicial

promover a adequação do montante da obrigação de alimentos às necessidades da criança e permitir que esta receba, na medida do possível, a mesma proporção de rendimentos que teria recebido se ambos os pais vivessem juntos.

Nos E.U.A., onde estes métodos quantitativos se têm desenvolvido e aplicado a partir da década de 80, encontramos dois grandes tipos de fórmulas: 1) *Partilha de custos* – calcula-se primeiro o custo de educar uma criança que depois é dividido pelos pais, proporcionalmente ao rendimento de cada um; 2) *Partilha de rendimentos* – os cálculos seguem várias fórmulas matemáticas que assentam no direito de a criança participar no nível de vida do progenitor ausente, sem referência aos custos actuais de educar uma criança, e no princípio segundo o qual o encargo financeiro imposto ao progenitor sem a guarda e ao progenitor guarda com o divórcio deve ser igualizado, de tal forma que cada um deles experimente a mesma redução de nível de vida[772]. Esta finalidade de igualização dos rendimentos justifica-se sobretudo em relação aos casamentos longos ou em relação a divórcios, em que há crianças muito pequenas ou crianças deficientes, que exigem ao progenitor guarda um cuidado contínuo.

Uma das fórmulas mais conhecidas e que incorpora as duas apresentadas é a fórmula de Melson[773], que assenta nos seguintes princípios: a) os pais têm o direito de manter um rendimento suficiente para satisfazer as suas necessidades básicas, em ordem a encorajar o trabalho; b) Enquanto não forem satisfeitas as necessidades básicas das crianças, os pais não devem reter mais rendimento do que o requerido para providenciar às suas necessidades de auto-sobrevivência; c) Quando o rendimento seja suficiente para cobrir as necessidades básicas dos pais e de todos os dependentes, os/as filhos/as têm o direito de partilhar o rendimento adicional dos pais para que possam beneficiar do nível de vida destes.

Para efectuar o cálculo da obrigação de alimentos, o primeiro passo consiste em determinar o *rendimento líquido dos pais*. Esta fórmula permite imputar rendimento ao devedor, se este não está a utilizar a sua capacidade de trabalho

---

e a disparidade de decisões para situações semelhantes, propõe-se um sistema de tabelas orientadoras para a fixação de pensões, em função dos rendimentos dos progenitores. *Vide* MADEIRA PINTO, *Fixação de pensão de alimentos a menores*, in *www.trp.pt*. Estas tabelas apresentam, contudo, os riscos da rigidez e de sub-avaliação dos gastos com crianças com necessidades especiais, bem como os inconvenientes de não terem em conta o valor económico do tempo dispendido pelo progenitor guarda com os cuidados diários prestados aos filhos e de não incluirem rendimentos dos progenitores não declarados ao Estado ou outros bens que integram o seu património.

[772] Veja-se, por exemplo, a fórmula de Cassety, ROBERT WILLIAMS, *ob. cit.*, p. 44-45, em que se reúne num fundo comum o rendimento dos pais acima do nível de sobrevivência e se rateia esse rendimento entre as duas casas com base no número de pessoas existentes em cada uma. O objectivo desta fórmula consiste em igualizar os níveis de rendimento do progenitor guarda e do progenitor sem a guarda. Consequentemente, à medida que o rendimento aumenta, os alimentos representam percentagens cada vez mais altas do rendimento do progenitor sem a guarda.

[773] Para uma descrição pormenorizada desta fórmula *vide* THOMPSON/PAIKIN, *ob. cit.*, p. 35 e 36.

ou se trabalha por conta própria. O segundo passo garante a cada um dos pais uma *reserva mínima de auto-sobrevivência*. O terceiro estabelece as *necessidades primárias da criança*. Por último, imputa-se a cada um dos pais a satisfação de uma parte desta necessidade com base na proporção do rendimento disponível de cada um, depois de subtraída a sua reserva mínima de auto-sobrevivência. Quando de trata de avaliar o montante da obrigação de alimentos, deve ser atribuído um valor económico às tarefas domésticas desempenhadas pelo progenitor guarda e ao tempo dispendido com o cuidado dos/as filhos/as[774]. No montante fixo correspondente às necessidades da criança deve englobar-se as despesas com infantários, amas ou colégios e despesas médicas extraordinárias. Finalmente, se os pais ainda têm rendimento líquido disponível, depois de terem satisfeito as suas necessidades primárias e a de todos os dependentes, incluindo os alimentos devidos à família actual, então calculam-se os alimentos adicionais, em proporção dos rendimentos disponíveis de cada um dos pais. Visa-se, assim, ter em consideração o nível de vida em que a família vivia antes do divórcio e uma distribuição equitativa entre os pais dos encargos com a educação dos/as filhos/as, fazendo estes beneficiar dos acréscimos de rendimento dos pais, relativamente ao mínimo de sobrevivência. Uma vez estabelecida a obrigação de alimentos total de ambos os pais, o progenitor com quem a criança reside retém a sua porção e o progenitor sem a guarda dos/as filhos/as paga a sua parte ao outro progenitor.

Esta fórmula pode ser aplicada para resolver disputas entre os pais quanto a alimentos em casos de guarda conjunta física ou em casos em que os irmãos foram separados, tendo cada um dos pais a guarda de um ou mais filhos/as do casal e contém um método quantitativo para calcular o impacto de segundas famílias, avaliando o impacto de filhos/as posteriores, quer do progenitor guarda quer do progenitor sem a guarda, e da partilha de despesas com um segundo cônjuge que trabalha[775]. Evitam-se, assim, a pobreza de qualquer dos

---

[774] Reconhecendo dignidade ao trabalho doméstico, embora sem avaliar a sua repercussão, como valor económico, no cômputo dos alimentos, reflexo de uma sociedade que explora o trabalho gratuito da mulher, veja-se o acórdão da Relação de Coimbra, 27 de Outubro de 1978 (Infância e Juventude, 1979, nº 1, p. 41) e o acórdão da Relação de Coimbra de 14 de Fevereiro de 1979 (Infância e Juventude, 1979, p. 56), em que se afirma, respectivamente, o seguinte: "E o contributo da mãe é dado, além de em dinheiro, ainda em tempo, que dinheiro podia representar, e sobretudo em instantes gastos de corpo e alma." "O labor doméstico a ela pertence, na grandeza e complexidade das suas funções. E o altíssimo relevo da sua missão de mãe de família não se pode obliterar ou sequer minimizar. Ela é a pediatra intuitiva, a enfermeira abnegada, a instrutora paciente, a educadora de delicadeza inexcedível, a criada cuidadosa, a ecónoma previdente, a aia, a amiga, a conselheira, a administradora, a que vela e forja almas – tudo nas 24 horas de cada dia e nos 365 dias de cada ano, sem exigências de horário ou salário."

[775] Sobre os ajustamentos da fórmula de Melson às segundas famílias *vide* MARIANNE TAKAS, *Improving Child Support Guidelines: Can Simple Formulas Address Complex Families?*, FamLQ, vol. 26, nº 3, 1992,

pais e da criança e grandes desigualdades de nível de vida entre o progenitor guarda e o progenitor sem a guarda. Por outro lado, concede montantes mais elevados de alimentos relativamente a níveis de rendimento mais baixos[776], combatendo-se assim a pobreza das famílias monoparentais.

O facto de ser uma fórmula muito completa, tendo em conta muitos factores, torna mais complicada a sua aplicação do que as fórmulas que apenas consideram o rendimento dos pais e o número de filhos[777], e exige um maior

---

p. 179-183. Para ter em conta, no cálculo da obrigação de alimentos, a existência de outros filhos/as subsequentes, quer do progenitor sem a guarda quer do progenitor guarda, e o impacto positivo de um segundo casamento, deve calcular-se as necessidades mínimas de cada uma das famílias. Esta soma é determinada a partir dos níveis de rendimento mínimo garantido para uma família com o número de membros do agregado familiar de cada um dos pais (sem incluir os/as filhos//as cujos alimentos estão a ser determinados), dividindo-a pelo número de pessoas da família que auferem um rendimento. Em seguida as necessidades da criança são distribuídas entre os pais na proporção da sua capacidade de pagar. O rendimento dos pais que excede esta nível mínimo de satisfação de necessidades é depois partilhado com os/as filhos/as na proporção do rendimento de cada um, de forma a que a criança goze de um nível de vida idêntico ao que gozava quando a família estava intacta. Esta fórmula não levanta problemas quando os rendimentos dos pais chegam para satisfazer os níveis mínimos de sobrevivência de todos os membros da família. Quando, pelo contrário, os rendimentos do progenitor sem a guarda são suficientes para satisfazer o seu mínimo de sobrevivência e da sua família actual mas não para suportar as necessidades mínimas das crianças cujos alimentos se estão a decidir, é que se levantam problemas. Nestes casos, opta-se ou por fazer prevalecer a família actual do progenitor sem a guarda, vivendo os/as filhos/as cujos alimentos se estão a determinar da segurança social ou divide-se o rendimento do progenitor sem a guarda por todos os filhos, vivendo todos abaixo do nível mínimo de sobrevivência. A autora opta pela primeira das soluções (*idem* p. 183). Defende, no entanto, que, para evitar injustiças causadas à família do progenitor guarda, deverá ser ordenado sempre um montante mínimo de alimentos, que terá a vantagem de atenuar a pobreza dos/as filhos/as, acentuar a responsabilidade parental e criar desde o início um hábito de pagamento para quando aumentar o rendimento do progenitor sem a guarda se ir aumentar, de forma correspondente, a obrigação de alimentos (*idem* p. 183).

[776] Cfr. ROBERT WILLIAMS, *ob. cit.*, p. 44-46.

[777] É o caso da fórmula de Wisconsin, em que o montante de alimentos é calculado com base no rendimento bruto do progenitor sem a guarda e no número de crianças. As percentagens são as seguintes 17% do rendimento para uma criança, 25% para duas, 29% para três, 31% para quatro e 34% para cinco ou mais crianças. Esta fórmula é fácil de aplicar, reduzindo a actividade do tribunal e incentivando os acordos entre os pais. No entanto, não trata especificamente as despesas com infantários ou escolas, os segundos casamentos, as segundas famílias e a guarda conjunta física. No Estado de Washington, o cálculo da obrigação de alimentos assenta no rendimento líquido dos pais e no número e nas idades dos/as filhos/as. Para o efeito, existe uma lista que descrimina o montante médio das despesas feitas com crianças em onze diferentes níveis económicos. A identificação das necessidades da criança faz-se de acordo com o rendimento combinado dos pais. Depois de identificadas, estas necessidades são rateadas entre os pais na proporção dos respectivos rendimentos. Washington consagrou um sistema que permite pagamentos mais elevados para crianças mais velhas, prevendo escalas de necessidades diferentes consoante a idade da criança: 0-6 anos; 7-15 anos; 16-17 anos. Prevêem-se também métodos para adicionar à obrigação de alimentos os custos com infantários ou *baby-sitters* quando o progenitor guarda trabalha, métodos para determinar a repercussão no montante de alimentos da guarda conjunta física ou da separação

esforço probatório das partes. Contudo, em relação aos casos mais complicados (segundas famílias, guarda conjunta física), esta fórmula, quando comparada com outras, é relativamente menos complexa.

O resultado da aplicação destas fórmulas entre nós depende de uma avaliação prévia das necessidades da crianças e da capacidade de pagar dos pais. Para o efeito é necessário dispor de índices económicos para calcular as despesas médias feitas com crianças (conforme o número e idade destas) de acordo com o rendimento das família, calcular o rendimento líquido e o mínimo de sobrevivência dos pais[778].

O rendimento líquido será igual ao rendimento bruto menos o montante de impostos pago, as contribuições para a segurança social, seguros de saúde e outras deduções à matéria colectável e à colecta permitidas por lei, sem esquecer que, como vimos, relativamente aos trabalhadores por conta própria, estes rendimentos serão presumidos de acordo com determinados índices[779].

Para medir as necessidades da criança terão que ser feitos estudos para averiguar as despesas médias feitas com os/as filhos/as segundo o estatuto sócio-económico da família[780] e o número de crianças[781]. Na falta destes

---

dos irmãos. No entanto, não contém um método para determinar a obrigação de alimentos quando o progenitor sem a guarda está desempregado ou sub-empregado e para considerar os efeitos das segundas famílias. Cfr. *idem* p. 34-35.

[778] Note-se que em processo de regulação das responsabilidades parentais, conforme decidiu o acórdão do Tribunal da Relação do Porto, de 10/02/2000, *in* Base Jurídico-Documental do M.J., não tem aplicação o limite de impenhorabilidade de dois terços do vencimento ou salário fixado na al. a) do nº 1 do artigo 824.º do C.P.C., na redacção vigente à data da decisão.

[779] Sobre o recurso a regra de experiência para determinar o rendimento mensal auferido pelo devedor, *vide* o acórdão do Tribunal da Relação do Porto de 18/02/93, *in* Base de Dados do M.J., em cujo sumário se afirma que "Na fixação das reais possibilidades do devedor de alimentos, quando estas resultarem do exercício de profissão de rendimentos incertos e variáveis, pode e deve o julgador socorrer-se de regras de experiência que, com as mais provas, o conduzam à fixação de um rendimento mínimo normal naquela actividade profissional" e, no mesmo sentido, o acórdão do Tribunal da Relação do Porto de 2/12/99, *in* Base de Dados do M.J. onde se lê: "Sendo o devedor de alimentos pedreiro, trabalhador por conta própria, as regras de experiência permitem concluir que, em caso algum, aufere quantia mensal inferior a 220.000$00, pressupondo que apenas trabalhe 22 dias úteis por mês".

[780] Segundo os estudos de ESPENSHADE, *Investing in Children*, apud ROBERT WILLIAMS, *ob. cit.*, p. 43, a proporção do rendimento líquido gasto em dois filhos/as numa família de rendimentos baixos é de 38,5%, numa família de rendimento médio é de 36,3% e numa família de rendimentos altos, 28,9%. Estes números mostram que as despesas feitas com os/as filhos/as aumentam com o aumento do rendimento familiar mas em famílias com rendimentos altos as despesas descem ligeiramente devido à progressividade do sistema fiscal e ao aumento das poupanças. Cfr. *idem*, p. 47, nota 9.

[781] Nos E.U.A., segundo os estudos de ESPENSHADE e as estatísticas publicadas pelo Bureau of Labor Statistics (cfr. ROBERT WILLIAMS, *ob. cit.*, p. 43) a proporção de rendimento líquido gasta com os/as filhos/as varia consoante onúmero destes: numa família de rendimentos médios com um/a filho/a, este valor é de 23,4%; numa família com dois filhos, 36,3%; numa família com 3 filhos, 45,5%;

estudos, as necessidades da criança terão que ser calculadas, caso a caso, conforme a prova feita pelas partes.

As despesas fixas de saúde e de educação (infantários, colégios, escolas, universidades) serão divididas entre os pais na proporção dos seus rendimentos e formarão uma quantia que acresce à obrigação de alimentos calculada de acordo com uma determinada fórmula.

O uso destas fórmulas permitirá, com grande probabilidade, que aumente o quantitativo médio de alimentos decretado[782], que diminua o número de casos em que não se ordenam alimentos[783], que as decisões sejam mais adequadas às necessidades das crianças[784] e que os processos durem menos tempo[785].

Para que o montante de alimentos decidido pelos pais ou pelo juiz seja adequado às necessidades reais da criança, é fundamental o papel dos advogados e dos juízes. Os advogados, devido à sua capacidade de negociação, conseguem geralmente níveis mais elevados de alimentos[786] e os juízes, embora

numa família com 4 filhos, 51,3%. Verifica-se que os aumentos de despesas diminuiem à medida que a família aumenta. Tal fica a dever-se não às economias de escala mas a uma diminuição das despesas com todos os filhos. Cfr. ROBERT WILLIAMS, idem, p. 47, nota 11.

[782] É o resultado de estudos levados a cabo nos E.U.A., em três Estados (Colorado, Hawaii e Illinois), por THOENNES, Nancy/TJADEN, Patricia/PEARSON, Jessica – The Impact of Child Support, ob. cit., p. 332-334, comparando o montante de alimentos ordenado (e outros factores) antes e depois de serem aplicadas fórmulas para calcular a obrigação de alimentos. Verificou-se um aumento médio de 15% no montante de alimentos ordenado, embora este aumento não seja igual em todos os Estados. No Estado em que era utilizada a fórmula de Melson, o aumento verificou-se em relação a todos os níveis de rendimentos, sendo maior relativamente às famílias com rendimentos mais baixos.

[783] Cfr. os mesmos estudos de THOENNES, Nancy/TJADEN, Patricia/PEARSON, Jessica, ob. cit, p. 334-335, onde se refere que também este efeito foi mais acentuado com a aplicação da fórmula de Melson e se deve à redução do número de casos em que não se ordena alimentos: casos de desemprego do progenitor sem a guarda (relativamente aos quais se passam a aplicar métodos de imputação de rendimento), casos em que são as mulheres as obrigadas a pagar alimentos (as decisões passam a ser impostas de uma maneira mais neutra em relação ao sexo) e em casos de guarda conjunta física ou direito de visita amplo.

[784] Para determinar este resultado foi efectuada uma comparação entre a percentagem de rendimento incluída na obrigação de alimentos e a percentagem de rendimento familiar gasto com os/as filhos/as em famílias intactas (com base nos estudos de ESPENSHADE). Relativamente a famílias com rendimentos médios o montante de alimentos ordenado aproxima-se dos custos reais de educar uma criança, embora relativamente a famílias com rendimentos baixos, os montantes ordenados são ainda insuficientes para satisfazer as necessidades básicas da criança. Daí que a utilização das fórmulas, apesar de atenuar, não consiga resolver o problema da pobreza das famílias monoparentais, após o divórcio. Cfr. THOENNES, Nancy/TJADEN, Patricia/PEARSON, Jessica, ob. cit, p. 337.

[785] Idem p. 340-341. Paralelamente, descobriu-se também que a diferença entre os níveis de alimentos ordenados judicialmente e os acordados pelos pais não é significativa depois da adopção das fórmulas.

[786] Ficou provado nos estudos citados (idem p. 340) que os advogados influem no estabelecimento de obrigações de alimentos mais altas. Nos casos em que ambos os pais têm advogado ou só as mães, a obrigação de alimentos é mais alta do que nos casos em que nenhum dos pais ou só o pai tem advogado.

sejam relutantes em alterar os acordos dos pais, devem exercer efectivamente o seu poder de controlo dos acordos, em ordem a corrigir a tendência dos pais para subestimar os custos de educar uma criança.

Os alimentos definitivos devidos a filhos menores podem ser fixados em acção de alimentos (arts 186º a 188º da O.T.M.), quando só este aspecto se imponha regular, em acção de regulação do exercício das responsabilidades parentais (arts 174º a 180 da O.T.M.), em consequência de acção de inibição do exercício das responsabilidades parentais (arts 194º a 198º da O.T.M.), bem como incidentalmente na acção de divórcio litigioso, nos termos do art. 931º, nº 7 do C.P.C.

Neste contexto, coloca-se a questão de saber se o progenitor guardião pode recorrer à providência cautelar de alimentos provisórios prevista no art. 399º do C.P.C. de 2007 e, agora, no art. 384º e seguintes do C.P.C. de 2013.

11.4. Alimentos provisórios

A jurisprudência tem entendido que a providência cautelar de alimentos provisórios não pode ser deduzida a favor de menores e que pedida tal providência será de mandar seguir os autos como acção de alimentos a menores[787].

Os Tribunais fundamentam esta posição no argumento formal de que todas as medidas referentes a menores estão reguladas na O.T.M.. Só quando não existe, nesse diploma, processo adequado às medidas pretendidas, é que se pode lançar mão das regras de processo civil que não contrariem os fins da jurisdição de menores. Ora é possível fixarem-se alimentos provisórios sem necessidade de recorrer às formas de processo estabelecidas no Código de Processo Civil. O pedido de alimentos provisórios não precisa de ser formulado, dependendo a sua concessão de um juízo de conveniência do tribunal[788]. Desde logo, o juiz deve fixar imediatamente os alimentos na acção de regulação do exercício das responsabilidades parentais[789], quando seja conveniente para a criança o estabelecimento de um regime provisório, nos termos do art. 177º, nº 4 da O.T.M., não sendo necessário recorrer à acção de alimentos prevista no art. 186º da O.T.M.[790], mesmo que a divergência entre

---

[787] Neste sentido, cfr. ac. do STJ, de 13-1-1981, BMJ, 303, 240.
[788] Acórdão da Relação de Coimbra de 14 de Junho de 1983, *in* CJ, Tomo III, 1983, p. 65.
[789] Cfr. RC 14-06-1983, in CJ, *cit.*, p. 65-66.
[790] No mesmo sentido, EPIFÂNIO, Rui/M.L., FARINHA, António H. L., *Organização Tutelar de Menores*, ob. cit., p. 388 e COELHO, Alberto Baltazar, *Delimitação dos campos de aplicação dos processos tutelares de regulação do exercício das responsabilidades parentais e de alimentos devidos a menores*, RDES, Ano XXVIII – 1986, p. 480-481.

os pais diga apenas respeito aos alimentos. Em qualquer altura do processo de divórcio, pode o juiz, por iniciativa própria ou a requerimento de alguma das partes, fixar um regime provisório quanto à regulação do exercício das responsabilidades parentais, ao abrigo do art. 931º, nº 7 do C.P.C.

Diferentemente, entendemos que o alimentando não está limitado à acção de alimentos prevista no art. 186º da O.T.M. ou à possibilidade de fixação de alimentos provisórios, no processo de divórcio ou de regulação das responsabilidades parentais, podendo utilizar um procedimento cautelar (art. 384º do C.P.C.) para requerer alimentos provisórios[791]. Esta forma processual é a que pela sua rapidez se adequa mais à finalidade dos alimentos provisórios como meio de evitar que a criança, enquanto não obtém alimentos definitivos, se veja privada dos recursos essenciais para viver.

No domínio de vigência da lei anterior à Lei nº 61/2008, tratando-se de filhos/as nascidos fora do casamento que vivessem com a mãe, podia recorrer-se imediatamente ao procedimento cautelar do art. 399º e ss. do C.P.C. de 2007, sem necessidade de propor uma acção de alimentos segundo as regras da O.T.M., pois, o exercício das responsabilidades parentais já estava regulado, por força da presunção do art. 1911º, nºs 1 e 2 do C.C., de acordo com a qual era a mãe que tinha a guarda do/a filho/a e que exercia as responsabilidades parentais. Neste sentido, aplicava-se o art. 161º da O.T.M., o qual prevê que, nos casos omissos, são de observar com as devidas adaptações as regras de processo civil que não contrariem os fins da jurisdição de menores.

Os alimentos provisórios deverão ser fixados na medida do que for estritamente necessário ao sustento, habitação e vestuário do alimentando[792] e, caso este seja menor, também à sua instrução e educação (art. 399º, nº 2 do C.P.C. de 2007, arts. 2003º e 2007º do C.C.), abrangendo a prestação alimentícia as despesas de demanda, quando o requerente não possa obter assistência judiciária (art. 399º, nº 2 do C.P.C. de 2007).

A jurisprudência tem, contudo, entendido que esta providência cautelar não é aplicável quando estão em causa alimentos devidos a menores[793], fundamentando esta posição no facto de as medidas tutelares cíveis relativas a menores estarem reguladas no Título II da O.T.M., a elas se devendo recorrer, uma vez

---

[791] Defendendo a utilização de um procedimento cautelar de alimentos provisórios por parte de filho/a maior contra o seu progenitor, vide o acórdão do Tribunal da Relação do Porto de 28/04/97, in Bases Jurídico Documentais do M.J., www.dgsi.pt.

[792] Cfr. o ac. da Relação do Porto, de 22/7/1977, CJ, 1977, p. 1164 e ac. da Relação do Porto, de 23/2/1978, CJ, 1978, p. 188.

[793] Cf. RL 09-01-2007 (Relatora: ISOLETA ALMEIDA COSTA), in Base Jurídico-Documental do MJ, www.dgsi.pt

que se trata de processos especiais, só sendo lícita a aplicação das regras do processo civil com as devidas adaptações, quando não exista, na Organização Tutelar de Menores, processo adequado às medidas pretendidas e desde que não contrariem os fins da jurisdição de menores (arts 161º da O.T.M. e 549º, nº 1 do C.P.C.). No que diz respeito aos alimentos provisórios não existe, de acordo com esta perspectiva, caso omisso, pois o art. 157º, nº 1 da O.T.M. permite ao Tribunal decidir, a título provisório, em qualquer estado da causa e sempre que o entenda conveniente, relativamente às matérias que devam ser apreciadas a final. Esta possibilidade visa o mesmo fim dos procedimentos cautelares em geral, modelados para obstar ao *periculum in mora*, afastando, assim, o recurso à fixação de alimentos provisórios regulamentada no art. 384º do C.P.C. de 2007.

Este argumento, contudo, é demasiado formal, e esquece que o art. 157º, nº 1 da O.T.M. confere ao julgador poderes discricionários, que podem desembocar numa recusa de alimentos provisórios a crianças carenciadas, e a quem, como alternativa, resta apenas esperar pela sentença que decrete os alimentos definitivos, após períodos longos de privações de necessidades fundamentais, na pendência do processo. Admitindo-se o procedimento cautelar de alimentos provisórios, dada a sua natureza urgente, o pedido deve ser apreciado e decidido no prazo máximo de dois meses (art. 363º do C.P.C.).

A aplicação do art. 157º da O.T.M. viabiliza uma intervenção judicial atempada e necessária para proteger os interesses da criança. Nesta hipótese, a prestação alimentar poderá ser fixada para além do estritamente necessário à satisfação das necessidades do alimentando.[794] Se o montante dos alimentos definitivos for inferior ao dos provisórios, o alimentando não é obrigado a restituir a diferença. Se os alimentos provisórios forem fixados em montante inferior aos definitivos, o devedor deve pagar a diferença, a contar da data do pedido judicial de alimentos provisórios ou da constituição em mora do obrigado[795]. Contudo, continua a ser importante a possibilidade de utilizar o procedimento cautelar – alimentos provisórios – descrito no C.P.C., pois, o art. 157º da O.T.M. remete a decisão para um juízo de oportunidade do juiz ("sempre que o entenda conveniente"), colocando o progenitor guarda na obrigação de esperar pelo fim do processo para fazer face às necessidades dos filhos e fazendo aquele suportar a carência e a ansiedade correspondente à delonga processual. Defendemos, portanto, que o julgador não pode, com base no art. 987º do C.P.C., recusar o recurso ao procedimento cautelar do art. 384º do C.P.C., pois, este poder do juiz decidir de acordo com o que entender mais oportuno ou conveniente refere-se apenas ao fundo da decisão

---

[794] Cfr. EPIFÂNIO, Rui M.L./FARINHA, António H.L., *Organização Tutelar de Menores, ob.cit.*, p. 220.
[795] Idem p. 408.

e não às formas processuais, não sendo legítimo que as crianças não possam beneficiar dos mesmos instrumentos processuais a que os adultos, credores de alimentos, podem recorrer.

11.5. Modificação da obrigação de alimentos

Uma das características da obrigação de alimentos, prevista no art. 2012º do C.C. e afirmada pela jurisprudência[796], é a sua variabilidade de acordo com as mutações verificadas nas circunstâncias que estiveram na base da sua fixação e que influem nas possibilidades do alimentante e/ou nas necessidades do alimentado, determinando um aumento ou redução do respectivo montante.

Para obter uma alteração da prestação de alimentos devidos a uma criança pelo progenitor sem a guarda, deverá ser proposta uma acção de alteração da regulação das responsabilidades parentais nos termos do art. 182º da O.T.M. A sentença que altera o montante dos alimentos produz efeitos a partir da data da formulação do pedido de alteração (art. 2006º C.C.)[797].

Os fundamentos normalmente invocados para este efeito consistem no aumento ou diminuição da taxa de inflação[798], no aumento do custo de vida, na depreciação do valor da moeda[799], numa alteração das circunstâncias financeiras do obrigado, numa modificação das necessidades da criança, devido, por exemplo, ao crescimento desta[800].

---

[796] Cfr. VAZ SERRA, *Obrigação de Alimentos, ob. cit.*, p. 168 e p. 170.

[797] Cfr. ac. da Relação de Lisboa, de 13-5-1977, BMJ, 269, p. 1996; ac. da Relação do Porto, de 13-12--1979, BMJ, nº 293, p. 434; ac. da Relação do Porto, de 11-12-1980, BMJ, nº 302, p. 314; ac. da Relação de Lisboa, de 30-3-1982, BMJ, 321, 424, ac. da Relação de Lisboa, de 17-06-2004 e ac. da Relação de Coimbra, de 25-03-2010 (Relator: GREGÓRIO JESUS), in *Base Jurídico Documental do MJ*, www.dgsi.pt

[798] Cfr. ac. da Relação de Lisboa de 2-3-1989, CJ, 1989, Tomo II, p. 109, em que uma diminuição da taxa de inflação e dos aumentos percentuais dos vencimentos do obrigado tornou necessária a alteração, para menos, da taxa de aumento anual da pensão alimentícia fixada inicialmente em 15%, reindexando-se a referida pensão conforme os concretos aumentos salariais do alimentante.

[799] Cfr. ac. da Relação de Coimbra, de 24-6-1977, BMJ, nº 271, p. 284 onde se afirma que "A depreciação do valor da moeda, sendo causa do aumento das necessidades do alimentado, pode justificar a alteração da prestação alimentar para montante superior ao anteriormente fixado." No mesmo sentido, o ac. da Relação de Lisboa, de 26-10-1977, BMJ, nº 272, p. 240: "A alteração da pensão de alimentos, só é possível se houver modificação de algumas das circunstâncias de que depende a medida de alimentos, nos termos do art. 2004º, podendo essa modificação ocorrer devido unicamente às flutuações do valor da moeda. Na actualização da obrigação alimentar, mercê da dita flutuação, deve atender-se aos índices de preços do consumidor publicados pelo Instituto Nacional de Estatística – art. 551º do Código civil."

[800] A este propósito *vide* p. ex., o ac. da Relação do Porto, de 26-1-1978, CJ, Ano III-1978, Tomo 1, p. 138 onde se afirma que "O agravamento do custo de vida e o crescimento das crianças, não obstante aquele afectar também o obrigado, fizeram aumentar necessariamente o dispêndio com a manutenção destes, tornando insuficiente e desajustada a pensão anteriormente fixada para a realização do seu fim específico." Contudo, por vezes, estas alterações são manifestamente insuficientes para satisfazer as necessidades crescentes das crianças. Veja-se, para um caso em que o aumento da obrigação de alimentos não acompanhou nem o aumento do rendimento do obrigado

Para que a adaptação da prestação de alimentos ao aumento do custo de vida se faça, anualmente, de forma automática, na decisão inicial deve fixar-se uma cláusula de indexação do montante a pagar à taxa da inflação ou à taxa de crescimento dos salários[801]. Estas cláusulas de ajustamento automático devem mesmo ser inseridas *ex officio* nas decisões judiciais, como uma forma de proteger simultaneamente a parte mais fraca e o interesse geral na redução dos conflitos judiciais[802].

Quanto à repercussão das estadias do/a filho/a menor na residência do progenitor sem a guarda, entendemos que, em regra, este factor não deve ser considerado como causa de redução da obrigação de alimentos. A este propósito é de notar que se o direito de visita não for exercido se verifica um aumento de despesas na família do progenitor que tem a guarda dos/as filhos/as. Por outro lado, se o direito de visita for mais amplo do que o previsto na decisão de regulação das responsabilidades parentais, que engloba normalmente fins-de-semana alternados, metade das férias do Natal e da Páscoa, um mês ou quinze dias nas férias grandes, as despesas do progenitor guarda diminuem ligeiramente[803], o que pode conduzir a uma diminuição da obrigação de alimentos. Para evitar que o aumento do direito de visita seja utilizado estrategicamente pelos pais a fim de conseguirem uma diminuição da obrigação de alimentos, seria aconselhável que não se admitisse este factor como fundamento da descida do montante de alimentos ou que fossem estabelecidas fórmulas para determinar a redução exacta dos alimentos em função do tempo que o progenitor sem a guarda passar com o/a filho/a. O tempo a ter em conta, para este efeito, deve ser apenas o tempo que ultrapassa a duração normal do direito de visita, não se admitindo reduções na prestação mensal a pagar

---

nem as necessidades da criança, o acórdão do Tribunal da Relação do Porto de 03/02/92, *in* Base de Dados do M.J.: "Deve alterar-se a contribuição do pai para os alimentos da filha com quem não vive, elevando-a de 5.000$00 para 10.000$00 mensais, tendo em conta que sobre a fixação daquela decorreram 7 anos e o pai ganhava então mensalmente 19.525$00 e ganha agora 71.416$00, líquidos e a mãe da menor com quem esta vive aufere o vencimento ilíquido de 92.600$00".

[801] Cfr. ac. da Relação de Évora de 8-5-1986, BMJ, 359, p. 790; ac. da Relação de Lisboa de 16-6--1987, BMJ, nº 368, p. 592 e ac. da Relação de Lisboa, de 2-3-1989, CJ, 1989, Tomo II, p. 109. Para uma actualização anual feita de acordo com o índice de preços no consumidor, com exclusão da habitação, publicados pelo Instituto Nacional de Estatística *vide* o acórdão do Tribunal da Relação do Porto, de 08/05/2000, *in* Base Jurídico-Documental do M.J.

[802] Cfr. TOMÉ, Maria João Romão Carreiro Vaz, *Child Support ... ob. cit.*, p. 262. Em sentido diferente *vide* o acórdão do Tribunal da Relação de Coimbra *in* Base Jurídico-Documental do M.J. onde se afirma que: "A possibilidade de actualização automática das pensões de alimentos não se encontra prevista na lei, pelo que não pode proceder o pedido que sobre ela verse".

[803] Note-se que a diminuição de despesas do progenitor guarda refere-se, principalmente, às despesas de alimentação, pois, as restantes (saúde, vestuário, educação, etc.) não são substancialmente alteradas pelo facto de o direito de visita exceder o tempo padrão.

no mês em que a criança está a passar férias com o progenitor sem a guarda ou nos períodos de tempo correspondentes ao exercício normal do direito de visita, em que a criança está em casa deste e a seu a cargo[804].

11.6. A obrigação de alimentos e a forma de guarda

11.6.1. Cálculo da obrigação de alimentos

As fórmulas para calcular a obrigação de alimentos pressupõem um modelo em que um dos pais cuida da criança a tempo inteiro enquanto o outro exerce um mero direito de visita. É o modelo tradicional – guarda única/exercício unilateral das responsabilidades parentais.

Uma vez que entre nós foi recentemente introduzido um novo modelo – o exercício conjunto das responsabilidades parentais – será necessário ajustar a obrigação de alimentos a esta nova forma de distribuição de poderes entre os pais.

Note-se, contudo, que tratando-se de um exercício conjunto sem alternância de residência, o modelo prático corresponde ao da guarda única, ou seja, um dos pais reside com a criança a título principal e o outro relaciona-se com esta em moldes equivalentes aos do tradicional direito de visita[805]. Nestes casos, a obrigação de alimentos deve ser calculada nos mesmos moldes da guarda única.

Apenas nos casos de guarda conjunta física se justifica uma redução da obrigação de alimentos em relação ao tradicionalmente ordenado.

A fórmula de Melson pode ser adaptada de forma a calcular a obrigação de alimentos[806], tendo em conta o tempo com que cada um dos pais fica com

---

[804] Admitindo que despesas feitas pelo progenitor sem a guarda (o pai) relativas à saúde, vestuário, instrução e educação da criança e que normalmente seriam suportadas pela apelada sejam deduzidas na prestação de alimentos vide o acórdão do Tribunal da Relação de Coimbra de 06/06/2000, in Base Jurídico-Documental do M.J. Tendo em conta que o montante de alimentos é, normalmente, insuficiente para cobrir todas as despesas necessárias ao sustento da criança e que o progenitor guarda, porque coabita com os filhos, cobre diariamente um sem-número de despesas não incluídas na obrigação de alimentos, para além de os seus serviços terem um valor económico não computado no cálculo dos alimentos, parece-nos que esta decisão não foi justa. O Tribunal entendeu ainda que, não tendo sido alegado o respectivo montante, pode apurar livremente os factos, por força do princípio inquisitório. Diferentemente, o Tribunal da Relação de Lisboa decidiu, num processo de alteração de regulação das responsabilidades parentais, que o juiz só pode servir-se dos factos articulados pelas partes, considerando que meras alegações de despesas em alojamento, alimentação, portagens, combustível, roupa, sem qualquer quantificação, consistem num nada jurídico-processual que impõem o arquivamento dos autos. Cfr. acórdão do Tribunal da Relação de Lisboa, de 21/11/2000, in Base Jurídico-Documental do M.J.

[805] Em países onde há experiência deste sistema, na maior parte dos casos, o modelo de guarda conjunta adoptado pelos pais corresponde apenas a uma guarda conjunta legal que se limita a repetir os estereótipos da guarda única maternal e direito de visita do pai. Cfr. MARIANNE TAKAS, ob. cit., p. 188, HUGHES FULCHIRON, Une nouvelle réforme, ob. cit., p. 118.

[806] Sobre este método vide MARIANNE TAKAS, ob. cit., p. 184-185.

a criança e o aumento de despesas gerado pela guarda conjunta[807]. Note-se, contudo, que num caso em que a mãe passe com o/a filho/a 60% do tempo e o pai 40%, este último não pode ter um crédito correspondente a todo o tempo passado com a criança. O crédito só deve verificar-se relativamente ao tempo que excede os dias considerados direito de visita, os quais normalmente atingem cerca de 30% do tempo. A ser de outro modo, o pai teria um duplo crédito em relação ao que pagaria em caso de guarda única e a redução de alimentos a receber pelo outro progenitor seria mais do que proporcional à redução de custos provocada pela guarda conjunta física. Neste caso, portanto, a obrigação de alimentos a ser paga pelo pai seria reduzida apenas em 10%.

É necessário ainda uma outra precaução relativamente à obrigação de alimentos nos casos de guarda conjunta física. Esta modalidade de guarda envolve esforços pessoais e práticos que nem todos os pais têm disponibilidade e capacidade de realizar, podendo, a redução de alimentos conduzir a sérias dificuldades financeiras na residência principal da criança, caso não seja cumprida a decisão de guarda conjunta. Para evitar este resultado, o tribunal deve fixar o montante de alimentos a vigorar em caso de guarda única e o respectivo ajustamento à guarda conjunta física. Na hipótese de a guarda conjunta física não ser aplicada, basta retornar à ordem de alimentos fixada para a guarda única. Uma vez que no nosso país não temos experiência com casos de guarda conjunta física, quando esta medida seja adoptada, deverá manter-se a obrigação de alimentos calculada de acordo com o modelo tradicional, com a possibilidade de ser alterada caso a alternância de residência seja efectivamente praticada. Seguir o caminho inverso e, praticar, desde logo, a redução de alimentos, com a possibilidade de serem aumentados, se o modelo efectivamente praticado for o da guarda única, permite, nesta última hipótese, que a criança fique prejudicada pelo facto de não ser possível modificar retroactivamente os alimentos[808] e recuperar a parte correspondente à diferença entre o montante ordenado em caso de guarda única e a redução praticada.

11.6.2. A relação dos pais com os/as filhos/as e os níveis de pagamento de alimentos

A natureza da relação entre os pais divorciados e os/as filhos/as tem sido apontada por alguns investigadores como um factor que contribui para explicar os níveis de pagamento da obrigação de alimentos.

---

[807] Este aumento é estimado em 50% das despesas feitas com a criança e deve ser repartido entre os pais na proporção dos rendimentos de cada um. *Idem* p. 185.
[808] Cfr. art. 2006º do C.C. onde se afirma que os alimentos são devidos desde a propositura da acção, consagrando-se assim o princípio de que não são devidos alimentos para o passado.

Segundo CHAMBERS[809], pais que tinham pouco ou nenhum contacto com os/as filhos/as após o divórcio pagavam apenas 34% dos alimentos devidos, enquanto pais que mantinham um contacto regular com os seus/suas filhos/as pagavam 85%. JUDITH WALLERSTEIN[810], ao avaliar os níveis de pagamento da obrigação de alimentos em 60 famílias após o divórcio, durante 5 anos, chega também à conclusão de que há uma relação entre a frequência, regularidade e flexibilidade da visita e o nível de pagamento da obrigação de alimentos.

A explicação desta atitude dos pais pode assentar no compromisso que estes tinham com a educação dos/as filhos/as antes do divórcio. Neste sentido, é natural que pais fortemente empenhados com a educação dos/as filhos/as antes do divórcio estejam decididos a manter os laços emocionais e financeiros depois do divórcio e que pais menos ligados ao/às filhos/as vejam o divórcio como o fim de todas as responsabilidades em relação a estes.

Também o modo de relacionamento dos pais com os/as filhos/as após o divórcio poderá ter alguma influência no pagamento dos alimentos. Pais que se sintam privados dos seus/suas filhos/as e para quem a relação de visita é insatisfatória e artificial, acabam por ver os/as filhos/as menos vezes e por não terem consciência das suas necessidades económicas.

Consequentemente, seria de esperar que formas de guarda e de visita que promovessem o aumento de tempo na relação pais-filhos e uma maior participação de ambos os pais na educação destes, aumentassem os níveis de pagamento da obrigação de alimentos. Os estudos de THOENNES/PEARSON[811] parecem apontar neste sentido, demonstrando que os pais que vivem num sistema de guarda conjunta física são aqueles que cumprem mais a obrigação de alimentos quando comparados com os pais num sistema de guarda única maternal[812]. Mas estes pais também eram aqueles que não tinham problemas

---

[809] Cfr. CHAMBERS, *Making Fathers Pay*, The Enforcement of Child Support, Chicago/London, The University of Chicago Press, 1979.

[810] Cfr. WALLERSTEIN/HUNTINGTON, *Bread and Roses: Nonfinancial Issues Related to Fathers Economic Support of their Children following Divorce*, apud PEARSON/THOENNES, *Child Custody, Child Support Arrangements and Child Support Payment Patterns, in Special Issue: Child Support Enforcement*, Juvenile & Family Court Journal, 1985, vol. 36 n.º 3, p. 49.

[811] Cfr. PEARSON/THOENNES, *ob. cit.*, p. 49 e ss.

[812] 75% destes pais, em sistemas de guarda conjunta física, recebem integralmente o montante de alimentos ordenado, embora só 50% tenham referido que o pagamento era pontual. 64% das mães em sistema de guarda conjunta legal recebiam o montante integral de alimentos, embora estes pagamentos fossem feitos frequentemente com atrasos. Nos casos de guarda única, só 46% dos pais recebiam as prestações de alimentos nos 12 meses do ano. Só 27% recebiam os pagamentos pontualmente. A guarda única maternal era o grupo que produzia mais punições por falta de pagamento da obrigação de alimentos. 20% das mães com guarda única, 10% dos pais com guarda única e 10% das mães com guarda conjunta legal (residência maternal) revelaram ter proposto processos por incumprimento. Demonstrou-se também que os pais que vivem num sistema de

recentes de emprego, em que os níveis iniciais de raiva não eram suficientes para levar o pai a criticar a mãe diante do/a filho/a, em que a cooperação entre os pais após a decisão definitiva de divórcio e de guarda dos/as filhos/as era maior, em que o estatuto profissional dos pais era mais elevado, em que os pais não tinham outros/as filhos/as para sustentar e em que a decisão de divórcio era mútua ou desejada pelo pai. Fica assim demonstrado que a forma de guarda e de visita não são os únicos factores que explicam o pagamento pontual e integral por parte destes pais. Os autores consideraram também na explicação deste fenómeno os problemas de desemprego dos pais obrigados a pagar alimentos, a sua ocupação, a existência de outras crianças para sustentar e a relação de cooperação ou animosidade com o ex-cônjuge e concluíram que estes factores económicos e relacionais contribuíram mais para o nível de pagamento dos alimentos do que a forma de guarda ou de visita adoptada.

É, assim, difícil, ligar a guarda conjunta ao cumprimento da obrigação de alimentos porque as famílias com mais possibilidades económicas são as que mais optam pela guarda conjunta. Neste sentido, a investigação tem demonstrado que nem a obrigação de alimentos nem a relação pai-filho são significativamente alteradas pela forma de guarda decretada[813]. A obrigação de alimentos varia muito mais com a capacidade do pai para pagar e as formas de execução por incumprimento[814].

11.7. Medidas de execução e sanções para o não cumprimento da obrigação de alimentos

O principal factor que explica o índice de pagamentos da obrigação de alimentos está relacionado com a visibilidade e a agressividade das medidas de execução da obrigação de alimentos e com as sanções aplicadas ao não cumprimento. A agressividade do sistema de execução da obrigação de alimentos é um factor ainda mais importante do que a qualidade de vida dos pais para aumentar os níveis de pagamento da obrigação de alimentos[815].

---

guarda conjunta física são aqueles que contribuem mais para luxos, despesas extra e custos com infantários, *baby-sitters* etc. para além do pagamento da obrigação de alimentos. *Idem* p. 52-53.

[813] Cfr. WALLERSTEIN/LEWIS/BLAKESLEE, *The Unexpected Legacy...*, ob. cit., p. 170.

[814] ALBISTON/MACCOBY/MNOOKIN, *Does Joint Legal Custody Matter*, ob. cit., p. 167-179.

[815] Esta afirmação resulta de um estudo de DAVID CHAMBERS, *Making Fathers Pay*, ob. cit., p. 76-78, realizado nos E.U.A., em que se demonstra que os níveis de pagamento são mais elevados em Estados que usam processos de execução, cujo início se dá sem esperar pela queixa da mãe juntamente com penas de prisão (as agências públicas de execução de obrigações de alimentos enviam ao pai faltoso, após algumas semanas de não pagamento ou de acumulação de atrasos até um certo montante, um aviso com a ameaça de prisão, caso os atrasos não sejam pagos).

Entre nós, o sistema de execução, após atrasos no cumprimento da obrigação de alimentos, é composto, para além do processo de execução especial por alimentos previsto no art. 933º e ss. do C.P.C., por uma dedução do montante de alimentos nos rendimentos da pessoa judicialmente obrigada a pagá-los (art. 189º da O.T.M.) e por uma sanção penal prevista no art. 250º do C.P.. À dívida de alimentos paga com atraso deve acrescer uma indemnização dos danos causados ao credor com o atraso (art. 804º) e uma quantia pecuniária por cada dia de atraso no cumprimento (aplicação analógica do art. 829º-A).

A dedução de rendimentos aplica-se apenas às pessoas relativamente às quais existe uma decisão judicial a fixar o montante e a periodicidade da obrigação de alimentos e que não pagaram a prestação alimentar dentro dos 10 dias após o seu vencimento. A norma penal destina-se a todos os que estão legalmente obrigados a prestar alimentos, independentemente de haver ou não uma condenação prévia por decisão judicial.

A obrigação de alimentos também surge, com frequência, ligada ao cumprimento do regime de visitas, na medida em que a interferência de um dos pais no exercício do direito de visita do outro conduz à recusa de pagamento da obrigação de alimentos. Levanta-se a questão, neste contexto, de saber se será legítimo aos pais, proibidos de visitar o/a filho/a pelo progenitor guarda, suspender a obrigação de alimentos durante este período, como uma forma de pressionar o outro a cumprir o regime de visitas estipulado.

11.7.1. Dedução de rendimentos

De acordo com o art. 189º da O.T.M., se o obrigado a pagar alimentos for funcionário público e não satisfizer as quantias em dívida dentro de 10 dias após o vencimento, ser-lhe-ão deduzidas as respectivas quantias no vencimento, sob requisição do tribunal dirigida à entidade competente; se for empregado ou assalariado, ser-lhe-ão deduzidas as respectivas quantias no ordenado ou salário, sendo para o efeito notificada a respectiva entidade patronal, que ficará na situação de fiel depositária; se for pessoa que receba rendas, pensões, subsídios, comissões, percentagens, emolumentos, gratificações, comparticipações ou rendimentos semelhantes, a dedução será feita nessas prestações quando tiverem de ser pagas ou creditadas, fazendo-se para tal as requisições necessárias e ficando os notificados na situação de fiéis depositários (art. 189º, nº 1 al. c). Note-se ainda que esta medida não se aplica só para as quantias em atraso mas também relativamente às prestações de alimentos que se vencerem posteriormente. Por outro lado, tratando-se da prestação de alimentos a que está obrigado o progenitor sem a guarda dos/ /as filhos/as, fixada em acção de regulação do exercício das responsabilidades parentais, a adopção dos meios previstos neste artigo deve ter lugar em incidente suscitado ao abrigo do art. 181º da O.T.M, pois todos os aspectos da regulação das responsabilidades parentais, porque relacionados entre si, devem ter um tratamento global e unitário[816]. Entendemos, contudo, que o procedimento previsto no art. 181º, porque exige determinadas diligências (conferência dos pais ou audição do requerido, a realização de um inquérito e outras diligências) implicará um atraso processual incompatível com a urgência das necessidades das crianças, daí que entendemos como mais razoável o recurso directo ao art. 189º, independentemente do procedimento exigido pelo art. 181º[817]. Se o progenitor devedor dos alimentos quiser discutir o seu montante, porque, por exemplo, se alterou a sua capacidade de pagar, deverá propor uma acção de alteração de regulação das responsabilidades parentais (art. 182º da O.T.M.).

As quantias descontadas deverão ser directamente entregues a quem deva recebê-las (art. 189º, nº 2), o que parece significar que a lei não permite deduções no respectivo montante de alimentos dos encargos causados pela efectuação do desconto e pela entrega a quem deva recebê-las[818].

Os descontos ordenados abrangem o montante dos atrasos e as prestações de alimentos a vencer no futuro, não havendo limites para o valor da dedução a efectuar mensalmente, podendo mesmo ser atingida a parte impenhorável dos rendimentos do devedor[819-820]. No entanto, se o juiz o entender, poderá fixar tais limites caso a caso, tendo em conta a capacidade económica do obrigado, admitindo-se, p. ex., que os atrasos sejam divididos por um certo

---

[816] Cfr. EPIFÂNIO/FARINHA, *ob. cit.*, p. 433.

[817] Neste sentido, *vide* o ac. de 9-2-1988, CJ, 1988, Tomo I, p. 127 e ss., onde se diz o seguinte: "O procedimento previsto na al. a) do art. 189º da O.T.M. não tem que ser precedido por notificação ao requerido para dizer o que tiver por conveniente, nem de inquérito sumário, pois não lhe é aplicável o estabelecido no art. 181º do citado diploma. O requerido só tem que ser notificado do despacho que haja ordenado os descontos no seu vencimento, após estes se terem iniciado".

[818] Cfr. EPIFÂNIO/RARINHA, *ob. cit.*, p. 434.

[819] Em execução especial de alimentos, é sempre possível ao credor de alimentos pedir a adjudicação da parte impenhorável das quantias, vencimentos ou pensões que o executado esteja percebendo ou a consignação de rendimentos pertencentes a este, para pagamento das prestações vencidas e vincendas, fazendo-se a adjudicação ou a consignação independentemente da penhora (art. 933º, nº 1 do C.P.C.). O mesmo regime deve estender-se à dedução dos alimentos nos rendimentos do devedor. No mesmo sentido, EPIFÂNIO/FARINHA, *ob. cit.*, p. 434-435.

[820] Neste sentido se tem também pronunciado a jurisprudência. Cfr. ac. da Relação de Lisboa, de 18-6-1965, J.R., 11º-421; ac. da Relação de Coimbra, de 7-2-1968, J.R., 14º-177; ac. da Relação de Lisboa, de 26-10-1973, B.M.J., 230, 170; ac. do S.T.J., de 7-5-1974, BMJ, 237, 253; ac. da Relação de Lisboa, de 5-3-1976, CJ, Ano I, Tomo 2, 442; ac. da Relação de Coimbra, de 26-5-1981, CJ, Ano VI-1981, Tomo 3, 211.

número de meses, sendo deduzidos ao ordenado, a prestação mensal mais um montante determinado correspondente a uma parte das quantias em atraso, deixando esta última dedução de se fazer quando os atrasos estiverem completamente pagos. Note-se ainda, que, mesmo que o devedor durante o processo de incumprimento pague voluntariamente a quantia em dívida, já não fica isento, relativamente às prestações futuras, da aplicação do sistema de dedução automática nos rendimentos. O atraso passado, apesar de pago, faz prever uma tendência para o esquecimento ou para o retardamento nos pagamentos, portanto, o interesse da criança exige que este sistema seja aplicado relativamente às prestações vincendas.

Este sistema é o ideal para obter pagamentos regulares dos pais que trabalham por conta de outrem ou têm rendimentos certos, mas não resolve o problema relativamente àqueles que trabalhem por conta própria e não tenham os rendimentos referidos na al. c) do art. 189º da O.T.M., estejam desempregados ou que se despeçam quando esta medida seja decretada. Neste último caso, a dedução deverá incidir sobre os subsídios, rendimentos de trabalho ou compensações que o trabalhador tenha direito a receber, cujo pagamento será congelado até se fazer a respectiva dedução[821], sendo a entidade patronal obrigada a informar o tribunal da última morada do trabalhador e do novo emprego deste, caso o conheça.

A aplicação desta medida permite um aumento das taxas de pagamento relativamente aos devedores que têm empregos estáveis ou rendimentos certos[822] e, se a impossibilidade de obter o pagamento por via da dedução dos rendimentos for utilizada como um pressuposto processual relativamente ao crime de violação de obrigação de alimentos, no caso de o montante destes estar fixado judicialmente[823], uma diminuição do número de processos crime. Apresenta, ainda, a vantagem de, uma vez que os alimentos são ordenados como uma percentagem dos salários ou rendimentos, implicar automaticamente uma subida dos alimentos com o aumento dos ordenados.

No entanto, este sistema só pode ser utilizado após a verificação de um incumprimento ou atraso no cumprimento da obrigação de alimentos. Numa decisão inicial de regulação das responsabilidades parentais ou de alimentos,

---

[821] Cfr. EPIFÂNIO/FARINHA, *ob. cit.*, p. 435.
[822] Cfr. os estudos de DAVID CHAMBERS, *ob. cit.*, p. 152, que apuraram que três em cada quatro casos em que foi decretada a dedução dos alimentos nos salários foram seguidos de pagamentos estáveis.
[823] Era esta a posição da jurisprudência relativamente ao crime do art. 190º da O.T.M., expressamente revogado pelo art. 2º do DL nº 48/95, de 15 de Março. Cfr. Ac. da Relação de Lisboa, de 4 de Março de 1987, BMJ nº 366, p. 552. Quanto à distinção entre o art. 190º da O.T.M. e o art. 197º do C.P. de 1982 (omissão de assistência material à família), semelhante ao actual art. 250º, *vide* ac. da Relação do Porto, de 25-5-94, CJ, 1994, Tomo III, p. 253 e ss.

o juiz não pode estipular, desde logo, um sistema de desconto nos rendimentos do devedor[824]. Tal seria considerado uma intromissão do Estado em assuntos pessoais, pois a liberdade na utilização do dinheiro e o valor do acto afirmativo de pagamento como um símbolo de preocupação e de afecto dos pais pelos/as filhos/as, são importantes para muitos pais. No entanto, nada impede que a decisão inicial contenha uma ordem de desconto dos vencimentos condicional, para o caso de sucederem as hipóteses de atraso, nos termos do art. 189º da O.T.M.

a) *Âmbito de aplicação do incidente previsto no art. 189º da O.T.M.*

O incidente previsto no art. 189º da O.T.M. não é específico da acção de alimentos, aplicando-se não só quando os alimentos são fixados em processo de alimentos, nos termos dos arts 186º e seguintes da O.T.M., mas também quando fixados em processo de regulação das responsabilidades parentais, segundo os artigos 174º e seguintes da O.T.M., ou, ainda, em qualquer acção em que tenham sido fixados alimentos[825].

Os Tribunais têm entendido que o procedimento previsto no art. 189º da O.T.M. consiste num meio de cobrança coerciva e pré-executiva de prestações de alimentos, cuja utilização é preferível à acção executiva, por ser mais célere e garantir de forma mais eficaz o interesse da criança, devendo ser intentado, antes ou independentemente da acção executiva[826]. Apesar de o art. 189º da O.T.M. não excluir a possibilidade de utilização de outros meios para obtenção de alimentos, designadamente, o processo especial de execução de alimentos previsto no art. 1118º e seguintes do C.P.C. de 2007[827] (agora 933º e seguintes do C.P.C. de 2013), quando seja possível a cobrança de alimentos através do

---

[824] Reconhecemos, contudo, que a aplicação inicial desta medida, evitaria desde logo muitos casos de incumprimento, pois a tendência de alguns pais para não cumprirem a obrigação de alimentos relativamente aos/às filhos/as menores após o divórcio, faz-se sentir, sobretudo, nos primeiros tempos a seguir ao divórcio. Estando o pagamento dependente de um acto afirmativo destes, o esquecimento ou o atraso no pagamento são utilizados como forma de comunicar sentimentos ao ex. cônjuge, no período de perturbação emocional que normalmente acompanha o divórcio. Cfr. DAVID CHAMBERS, *Making Fathers Pay*, ob. cit., p. 154.

[825] Cf. RL 30-04-2009 (Relatora: ONDINA ALVES), RL 05-02-2004 (Relator: FERREIRA DE ALMEIDA) e RL 08-07-2004 (Relatora: ANA GRÁCIO), in *Base Jurídico-Documental do MJ*, www.dgsi.pt

[826] Cf. RL 18-06-2009 (Relatora: FÁTIMA GALANTE) e RL 25-11-2008 (Relator: JOÃO AVEIRO PEREIRA), in *Base Jurídico-Documental do MJ*, www.dgsi.pt, que negou provimento ao recurso do progenitor devedor, em que este pediu a revogação da sentença de 1.ª instância que ordenava o desconto das pensões em dívida no seu vencimento, alegando o vexame pelo qual teria de passar no departamento dos recursos humanos onde trabalha. Aplicando o método da ponderação de interesses, o Tribunal da Relação de Lisboa decidiu que "Entre o alegado vexame do pai na empresa, provocado pelo desconto no seu vencimento, e a privação dos seus filhos de dinheiro para adquirirem alimentação, vestuário, calçado, saúde e educação, não é difícil concluir que o interesse dos menores é mais digno de protecção."

[827] RL 02-03-2004 (PEREIRA DA SILVA), in *Base Jurídico-Documental do MJ*, www.dgsi.pt

desconto no vencimento ou nos rendimentos referidos nas diversas alíneas do nº 1 do art. 189º da O.T.M., deve ser utilizado este procedimento especial, afastando-se o uso da acção executiva especial de alimentos[828].

b) Reserva de impenhorabilidade para assegurar a sobrevivência do devedor
As regras do nº 3 do art. 738º do C.P.C., que fixam a impenhorabilidade dos rendimentos do devedor num valor equivalente ao salário mínimo nacional, não são aplicáveis quando está em causa a realização coactiva da prestação alimentar, ou seja, a dedução das pensões de alimentos, ao abrigo do procedimento pré-executivo previsto no ar. 189º da O.T.M., pode deixar ao executado um remanescente inferior ao salário mínimo nacional. Mas tal não significa que o devedor não beneficie de qualquer reserva de impenhorabilidade, quando o credor exequente reclama a reparação efectiva dum crédito de alimentos. A jurisprudência tem entendido que o princípio da dignidade da pessoa humana impede que, em consequência da penhora ou da adjudicação, o devedor passe a dispor de um rendimento disponível insuficiente para assegurar a sua auto-subsistência, atendendo para este efeito, ao valor do rendimento social de inserção, o qual no subsistema de solidariedade social se assume como o mínimo compatível com a dignidade da pessoa humana[829]. A este propósito, o TC, no acórdão nº 306/2005, de 08-06-2005[830], julgou inconstitucional, por violação do princípio da dignidade humana e do direito à segurança social e solidariedade (art. 63º, nºs 1 e 3 da CRP), a norma da al. c) do art. 189º da O.T.M. interpretada no sentido de permitir a dedução, para pagamento da prestação de alimentos a filho menor, de uma parcela da pensão social de invalidez do progenitor.

11.7.2. A pena de prisão

A pena de prisão não deve ser considerada uma forma de prisão por dívidas pois o que está em causa não é apenas uma obrigação civil pecuniária mas um dever moral e social em relação ao/às filhos/as menores (e a outros mem-

---

[828] Cf. RL 30-04-2009 (Relatora: ONDINA CARMO ALVES), in *Base Jurídico-Documental do MJ*, www.dgsi.pt e RAMIÃO, Tomé d'Almeida, *Organização Tutelar de Menores, Anotada e Comentada*, 6ª edição, Lisboa, 2007, p. 140.
[829] Cf. RP 10-02-2008 (Relator: BARATEIRO MARTINS), in *Base Jurídico-Documental do MJ*, www.dgsi.pt; RP 16-07-2007 (Relator: JORGE VILAÇA); RL 25-09-2008 (Relator: GRANJA DA FONSECA) e STJ 06-05-2010 (Relator: LOPES DO REGO), in *Base Jurídico-Documental do MJ*, www.dgsi.pt. Na doutrina, vide REMÉDIO MARQUES, *Algumas Notas sobre Alimentos...ob. cit.*, pp. 439-440, indicando como limite mínimo de impenhorabilidade nas execuções por alimentos, o valor do montante da pensão social do regime não contributivo da segurança social decorrente das fórmulas fixadas administrativamente para o apuramento do rendimento social de inserção.
[830] Cf. DR nº 150, Série II, pp. 11186 a 11190.

bros da família ou ex. cônjuge), vítimas da falta de assistência dos pais[831]. Contudo, na prática, a aplicação de uma pena de prisão raramente é decretada[832].

O âmbito de criminalização do art. 250º do CP (Violação da obrigação de alimentos) foi alargado pela Lei 61/2008 ao incumprimento da obrigação legal de alimentos no prazo de dois meses seguintes ao vencimento, desde que o agente esteja em condições de o fazer, comportamento punido com pena de multa até 120 dias (art. 250º, nº 1 do CP). Se a prática deste crime for reiterada será punida com pena de prisão até um ano ou pena de multa até 120 dias (art. 250º, nº 2 do CP). Mantém-se a punição em pena de prisão até dois anos ou de multa até 240 dias para o agente que não cumpre uma obrigação legal de alimentos, estando em condições de o fazer, desde que o não cumprimento seja susceptível de pôr em perigo, sem auxílio de terceiro, as necessidades fundamentais da pessoa que a eles tem direito (art. 250º, nº 3 CP, correspondente ao antigo nº 1 do art. 250 CP). Será também punido com pena de prisão até dois anos ou de multa até 240 dias o agente que se coloca dolosamente em situação de desemprego ou sub-emprego e viole a obrigação a que está sujeito criando perigo, sem auxílio de terceiro, para as necessidades fundamentais da criança (art. 250º, nº 4 CP)[833].

Quanto aos sujeitos abrangidos pela sanção penal, note-se que a lei exige que estes estejam em condições de cumprir a obrigação de alimentos, o que significa que não poderão ser penalmente condenados aqueles que não têm capacidade de pagar alimentos, por se encontrarem desempregados, sem culpa sua. A análise deste requisito depende sempre de uma avaliação do juiz relativamente ao mercado do trabalho, aos esforços que o obrigado tenha feito para arranjar emprego etc., o que poderá gerar alguma arbitrariedade no processo de selecção de quem é condenado ou não a uma pena de prisão[834].

---

[831] Neste sentido, *vide* o ac. da relação de Évora de 21.4.1977, CJ, 1977, p. 357 e ss., onde se diz que "A prisão por falta de pagamento de obrigações alimentares, (...), é a sanção de uma violação de deveres para com a família, e não uma sanção por falta de cumprimento de obrigações contratuais. Não é, assim, uma prisão por dívidas, e não se acha, como tal, proíbida pela Constituição; antes pelo contrário, corresponde a uma forma de defesa de valores sociais inteiramente em harmonia com a mesma constituição."

[832] Segundo *Estatísticas da Justiça, Justiça Penal*, em 2006 foram condenados por crime de violação de obrigação de alimentos 95 indivíduos, constituídos 281 arguidos, 36 decisões de absolvição//carência de prova e 146 desistências.

[833] Para um comentário ao art. 250º do C.P. na redacção anterior à Lei nº 61/2008, *vide* CUNHA, José Manuel, *in* Comentário Conimbricense do Código Penal, ob. cit., p. 621-636. *Vide* também o acórdão da Relação de Évora, de 23/09/97, *in* C.J., 1997, Tomo IV, p. 288 e ss., o acórdão da Relação de Coimbra de 26/06/98 *in* C.J., 1998, Tomo III, p. 64 e ss e o acórdão da Relação do Porto, de 30 de Maio de 2001, *in* C.J., 2001, Tomo III, p. 240-241.

[834] Este fenómeno foi detectado por CHAMBERS, *Making Fathers Pay*, ob. cit., p. 249-250, onde o autor afirma que, nos E.U.A., a maioria dos homens condenados a penas de prisão são aqueles que têm

Relativamente ao segundo requisito – colocar em perigo as necessidades fundamentais de quem tem direito aos alimentos – tem-se entendido que basta a perspectiva do perigo, não se exigindo a carência efectiva, mesmo que a pessoa que tem direito a alimentos esteja a receber auxílio de terceiros[835]. Para este efeito, a jurisprudência tem considerado auxílio de terceiros aquele que for prestado pela mãe da criança[836]. Trata-se, portanto, conforme o tem classificado a doutrina, de um crime de perigo[837].

A pena de prisão, para além de uma finalidade punitiva (sanção para a violação de bens jurídicos com dignidade penal, tais como a protecção da família e dos interesses dos/as filhos/as menores), tem uma finalidade preventiva (função inibidora do incumprimento da obrigação de alimentos por parte da generalidade dos obrigados, potenciais violadores desta obrigação), tanto mais eficaz quanto se trate de uma ameaça que o potencial transgressor saiba que vai ser efectivamente aplicada, funcionando simultaneamente como uma medida de coacção destinada a induzir o devedor a pagar. Por isso é que, se a obrigação vier a ser cumprida, o tribunal pode dispensar de pena ou declarar extinta, no todo ou em parte, a pena ainda não cumprida (art. 250º, nº 5).

A condenação em pena de prisão permite obter uma quantia paga de uma só vez de devedores que não pagavam a obrigação de alimentos ou que só a pagavam irregularmente e parcialmente, e assegura, também, durante um certo período de tempo, o pagamento regular desta obrigação[838]. No entanto, este efeito incentivador da pena de prisão ao cumprimento da obrigação de alimentos, só se verifica a curto prazo, não garantindo o pagamento durante toda a menoridade da criança[839] e só se produz relativamente a alguns pais, havendo grupos de homens que continuam a não pagar alimentos[840]. O número

---

mais dificuldade em comunicar com a autoridade, os pais cujos filhos/as recebem prestações da segurança social, os homens que já têm cadastro pela prática de outros crimes, havendo também uma sobre-representação de alcoólicos.

[835] Cfr. SIMAS SANTOS/LEAL-HENRIQUES, *Código Penal* Anotado, *ob. cit.*, anotação ao art. 250º do C.P.
[836] Cfr. ac. da Relação do Porto, de 15-12-1987, BMJ, nº 372, p. 463.
[837] Cfr. SIMAS SANTOS/LEAL-HENRIQUES, *ob. cit.*, anotação ao art. 250º.
[838] Nos estudos de CHAMBERS, *Making Fathers Pay, ob. cit.*, p. 216 e ss, cerca de metade dos homens condenados a penas de prisão pagavam quantias substanciais de uma só vez, como o preço da libertação. Um terço ou metade dos homens presos, conforme os Estados, paga metade da totalidade do montante devido, no período desde a sua libertação até ao fim do ano seguinte, mas mais tarde volta a não pagar.
[839] Para garantir o pagamento regular da obrigação de alimentos a longo prazo, mostra-se mais eficaz, como vimos *supra*, a dedução da prestação nos rendimentos do devedor.
[840] Metade ou um quarto dos homens, conforme os Estados, pagavam 10% ou menos do devido, no período após a saída da prisão até ao fim do ano seguinte. Cfr. CHAMBERS, *Making Fathers Pay, ob. cit.*, p. 223. Muitos homens não pagam nada e um terço deixa o Estado. *Idem* p. 216. Os homens que continuam sem pagar alimentos são os que estiveram mais de 90 dias na prisão, os homens condenados anteriormente por não cumprimento da obrigação de alimentos, os homens com

destes cresce com o aumento da duração das penas[841]. A pena de prisão, apesar de induzir a taxas de pagamentos mais altas, deve ser uma sanção aplicada com cautela, pois há grupos de indivíduos relativamente aos quais ela não tem qualquer sucesso. Por outro lado, devem aplicar-se, sempre que tal seja possível, medidas menos gravosas, como a dedução nos rendimentos prevista no art. 189º da O.T.M., o que permite obter um índice de pagamentos mais elevado e mais prolongado no tempo.

O facto de a violação da obrigação de alimentos constituir uma ofensa criminal entre membros da mesma família, *maxime* entre pais e filhos/as, pode provocar alguns custos psicológicos na relação pai/filho/a. A relação entre o progenitor sem a guarda e o/a filho/a menor pode transformar-se numa relação baseada no medo e não na afeição, em que o primeiro vê o/a filho/a como a causa da prisão e o segundo aceita este ponto de vista e sente-se culpado/a[842]. No entanto, este factor – a preservação da relação entre pais e filhos/as – não servirá como um factor desincentivador da aplicação da pena de prisão, nos casos em que a relação entre pais e filhos/as já esteja previamente comprometida pelo afastamento do pai e pela recusa sistemática deste em pagar alimentos, quando está em condições de o fazer.

11.7.3. Jurisprudência relativa ao crime de violação de obrigação de alimentos

O Tribunal da Relação de Lisboa, no acórdão de 07-10-2008 (Relator: SIMÕES DE CARVALHO)[843], anulou a decisão de absolvição do arguido, por contradição

---

doenças físicas e aqueles que já tinham sido condenados pela prática de outros crimes. Para estes grupos a prisão foi um insucesso. *Idem* p.224. Os factores mais ligados ao índice de pagamentos após a prisão são a condenação por outros crimes e o emprego. Os homens que têm dificuldades de emprego antes da prisão pagam substancialmente pior depois da saída da prisão do que os que não tinham problemas de emprego no momento da condenação. Relacionados com problemas de emprego estão problemas de doenças físicas e alcoolismo. *Idem* p. 225-227. Quanto à prisão de homens com emprego, o índice de pagamentos após a saída da prisão é mais elevado (sobretudo relativamente a gerentes comerciais e a profissões intelectuais, *idem* p. 223-224). No entanto, alguns abandonam o Estado (o que limita os laços sociais com os filhos) para evitar os pagamentos e fugir à pena de prisão e outros perdem o emprego devido à pena de prisão, o que diminui a sua capacidade de pagar. *Idem* p. 228. Relativamente a este grupo de homens, mais eficaz do que a pena de prisão para combater a fuga ao cumprimento da obrigação de alimentos, seria, como vimos, a dedução da prestação de alimentos nos salários do devedor.

[841] Quanto maior é a duração da pena de prisão menor é o nível de pagamentos após a saída da prisão. A duração das penas diminui a capacidade e a vontade de pagar a obrigação de alimentos, pois diminui as hipóteses de os pais arranjarem emprego, aumenta a revolta destes e, consequentemente, a sua resistência em pagar. *Idem* p. 238-239.

[842] *Idem* p. 252.

[843] Cf. *Base Jurídico-Documental do M.J.*, www.dgsi.pt

insanável entre fundamentação e decisão e por erro notório na apreciação da prova, vícios previstos, respectivamente, no art. 410º, nº 2, al. b) e al. c) do CPP, tendo ordenado o reenvio do processo para novo julgamento do arguido. A decisão de absolvição baseou-se na falta de verificação de um elemento objectivo do tipo legal do art. 250º do CP (condições para cumprir a obrigação) e no desconhecimento do arguido de que a sua conduta era proibida e punida por lei. A Relação de Lisboa, fundando-se no princípio da investigação oficiosa, ao qual está subordinado o processo penal, entendeu que o tribunal recorrido tinha à sua disposição meios para averiguar os rendimentos do arguido, afastando assim situações de insuficiência de prova quanto às condições do arguido para cumprir a obrigação de alimentos, bastando-lhe solicitar as declarações entregues, pelo arguido, para efeitos de IRS, ou imputar-lhe rendimentos, por força da sua eventual não utilização plena da sua capacidade de trabalho, na medida em que o arguido é um indivíduo do sexo masculino, saudável e com apenas 43 anos de idade. Quanto à falta de consciência deste de que o seu comportamento constituía um crime, o Tribunal da Relação de Lisboa considerou que "Qualquer progenitor normalmente instruído e diligente sempre terá conhecimento de que ao não cumprir com a sua obrigação legal de prestar alimentos, quando a isso é obrigado e estando em condições de o fazer, pratica o crime *sub iudice*."

O tribunal invocou, também, para fundamentar a decisão, uma interpretação actualista do art. 2004º, à luz da Convenção dos Direitos da Criança e dos princípios do Estado de Direito Social, consagrados no art. 69º da CRP, tendo aplicado importantes critérios de determinação da capacidade económica do devedor:

> "As possibilidades dos pais para alimentarem os seus filhos, por modestas que sejam, partirão sempre de um patamar acima de zero, competindo-lhes a natural obrigação de tudo fazerem para garantir aos mesmos o máximo que estiver ao seu alcance, ainda que isso se possa vir a traduzir na partilha da sua modesta condição socio-económica."

> "Sempre se tornará possível entender que se revela capaz de prestar alimentos quem não puser em perigo as suas próprias necessidades."

> "Em qualquer caso, progenitor algum pode ser desonerado do dever de contribuir para a alimentação do filho pelo simples facto de a sua fonte de rendimentos ser temporariamente reduzida, uma vez que tem de partilhar os ganhos auferidos, ainda que parcos, com a satisfação das necessidades do menor"

A lei 61/2008 alterou o art. 250º do CP, de forma a alargar o âmbito da incriminação a quem, estando legalmente obrigado a prestar alimentos e em condições de o fazer, não cumprir a obrigação no prazo de dois meses seguintes ao vencimento, sendo o agente punido com pena de multa até 120 dias. No caso de esta prática ser reiterada, o julgador pode escolher entre pena de multa e pena de prisão até um ano. Este tipo legal de crime, previsto no nº 1 e nº 2 do art. 250º do CP, deixa de estar dependente da exigência de que o incumprimento ponha em perigo a satisfação, sem auxílio de terceiros, das necessidades fundamentais da criança. O art. 250º, nº 4 estipula, também, um novo tipo legal de crime, para quem, com a intenção de não prestar alimentos, se colocar na impossibilidade de o fazer e violar a obrigação a que está sujeito criando perigo para a satisfação das necessidades fundamentais da criança, sendo, neste caso, o agente punido com pena de prisão até dois anos ou com pena de multa até 240 dias. A nova redacção do Código Penal visa combater o fenómeno do incumprimento de alimentos, independentemente das consequências que o incumprimento tenha para a criança, ou seja, mesmo que o progenitor guarda possa, a expensas suas ou de terceiros, satisfazer as necessidades dos filhos. A lei penal é aqui utilizada com uma finalidade preventiva e compulsiva, destinando-se a actuar sobre o infractor, de forma a constrangê-lo a adoptar o comportamento devido. Mas reflecte, também, um maior juízo de censura da sociedade em relação ao progenitor que não paga a pensão, estando em condições de o fazer, ou àquele que dolosamente se coloca em situações de desemprego ou sub-emprego. Trata-se, não só de uma norma pragmática e eficaz mas também de uma norma que está de acordo com os valores axiológicos da ordem jurídica, numa linha evolutiva da consciência social no sentido da valorização crescente dos direitos da crianças e dos deveres dos progenitores para com estas. Em consequência, para respeitar a finalidade compulsiva e preventiva da lei consubstanciada na recente alteração legislativa introduzida pela Lei 61/2008, entendemos que o Tribunal deve aplicar, de preferência, a pena de prisão suspensa na sua execução, na condição de o obrigado pagar as prestações alimentares em dívida. Discordamos, assim, da decisão do Tribunal da Relação de Lisboa, de 18-05-2010 (Relatora: MARIA JOSÉ NOGUEIRA)[844], em que foi indeferido um recurso da assistente contra a decisão do Tribunal *a quo* de aplicar a pena de multa ao arguido pela prática do crime de violação da obrigação de alimentos durante 4 anos, que pôs em perigo a satisfação das necessidades da criança, nos termos do art. 250º, nº 1 do CP, na redacção anterior a 2008. Argumentou a assistente, com razão, que a pena de multa produz um resultado contrário ao pretendido pela lei na

---

[844] Cf. *Base Jurídico-Documental do MJ*, www.dgsi.pt

medida em que o valor da multa entra nos cofres do Estado e não repara o dano causado à criança nem promove os seus interesses, finalidade principal da lei. Defendemos, com efeito, que estes valores devem influir na escolha da espécie de pena, sobretudo nos casos em que o devedor, conforme ficou provado, vive com desafogo económico, sendo, neste contexto, pouco relevantes os argumentos em que fundou o Tribunal a sua decisão, nomeadamente, o facto de o arguido não ter antecedentes criminais e o art. 70º do CP, segundo o qual, se a lei prevê, em alternativa, pena privativa e pena não privativa da liberdade, o Tribunal deve dar preferência à segunda sempre que esta realize de forma adequada a finalidade da punição. Ora, afigura-se-nos claro que a finalidade da punição não é, apenas, nem a título principal, um juízo de censura ou de reprovação sobre o incumprimento ou a estigmatização do arguido, mas sobretudo, a prevenção geral e especial, assim como a "pressão" para que o devedor cumpra (finalidade compulsiva). Neste contexto, o Tribunal está legitimado para dar preferência à pena privativa da liberdade suspensa na sua execução, na condição de o arguido pagar as prestações em dívida. Neste sentido se orientou o acórdão da Relação de Coimbra, de 29-09-2010 (Relator: EDUARDO MARTINS)[845], em que o Tribunal decidiu pela aplicação da pena de prisão de onze meses suspensa na sua execução, por três anos, subordinada à condição de o devedor pagar ao lesado (seu filho) a quantia de dois mil e quinhentos euros (parte das prestações mensais em dívida)[846], no período de um ano, devendo tal pagamento ser comprovado nos autos:

> "Dispõe o artigo 70º do CP, que se ao crime forem aplicáveis em alternativa, pena privativa e pena não privativa da liberdade, o Tribunal dá preferência à segunda sempre que esta realizar de forma adequada e suficiente as finalidades da punição. Ora, considerando a natureza do crime em questão e as

---

[845] Cf. *Base Jurídico-Documental do MJ*, www.dgsi.pt. No mesmo sentido, entendendo que a finalidade da punição exige pena de prisão em vez de pena de multa, a qual não acautelaria a confiança da comunidade na validade do direito e seria sentida como uma injustificada indulgência, *vide* RP 25-06-2008, Relatora: ISABEL PAIS MARTINS, in *Base Jurídico-Documental do MJ*, www.dgsi.pt. O mesmo acórdão entendeu que o tipo legal de crime previsto no art. 250º do CP visa a protecção de bens eminentemente pessoais, o que tem como consequência a não aplicação do crime continuado, mas das regras do concurso efectivo, determinando-se o número de crimes pelo número de alimentandos afectados pela violação da obrigação de alimentos.

[846] Neste ponto, o Tribunal da Relação de Coimbra deu provimento parcial ao recurso do arguido, considerando que a suspensão da pena não devia estar condicionada ao pagamento de indemnização cível por danos patrimoniais e não patrimoniais causados pela prática do crime, porque a indemnização foi pedida em nome próprio e não em representação do filho. O Tribunal entendeu que, dado o valor elevado das prestações em dívida, superior a 4000 euros, e os rendimentos do arguido, devia a suspensão da execução da pena estar condicionada, apenas, ao pagamento de uma parte e não da totalidade das prestações em dívida.

suas consequências em concreto serem muito gravosas, sendo a vítima quem é, filho do arguido e sopesando a inexistência de antecedentes criminais quanto ao arguido, a frieza de sentimentos demonstrada e a desfaçatez da atitude do arguido que apresentando ter meios económicos para pagar os alimentos, todavia não o faz porque não quer, bem como o desrespeito demonstrado por várias decisões judiciais, julgo que *in casu* só uma pena de detenção serve para salvaguardar as exigências de prevenção especial e geral que ao caso cabem e para punir o arguido, pelo que decido aplicar-lhe 11 meses de prisão". (...) Estamos em presença de um crime contra a família (um dos pilares da nossa sociedade) (...); <u>Os factos em análise respeitam ao crime de violação da obrigação de alimentos, sendo que o arguido não se consciencializou do mal do crime, ou seja, não interiorizou o desvalor da sua conduta, não manifestando qualquer arrependimento.</u> (...) Estamos perante uma conduta prolongada no tempo, o que revela grande indiferença por parte do arguido no cumprimento da obrigação em causa. Qual o sentido de aplicar uma pena de multa, tendo em linha de conta a sua natureza pecuniária, a um cidadão que está a ser julgado, precisamente, por violar, durante anos, uma obrigação de alimentos e que não revela a mínima intenção de a regularizar?... Nenhum. Assim, atento ao exposto, temos que a gravidade da culpa e necessidade de prevenção especial se tornam prementes, de molde a justificarem a não aplicação de uma pena não detentiva, nos termos constantes da sentença recorrida."

11.7.4. **A suspensão do direito de visita**

Os pontos mais conflituosos dos processos de regulação das responsabilidades parentais são, normalmente, o direito de visita e a obrigação de alimentos. Em Portugal, o estudo de SIMÕES/ATAÍDE[847] demonstra que nos 78 pedidos de alteração da regulação das responsabilidades parentais analisados, que correspondem a 43,6 % dos casos estudados, as principais razões para solicitar a alteração estão relacionadas com a modificação ou incumprimento da

---

[847] Cfr. SIMÕES, Maria da Conceição Taborda/ATAÍDE, Maria do Rosário Sousa, *Conflito parental e regulação do exercício das responsabilidades parentais: ob. cit.*, p. 233-259, em particular, relativamente aos objectivos do estudo e à metodologia, *vide* p. 240, 242-243 e p. 245. O estudo tem por objecto analisar as mudanças que as rupturas conjugais geram na família (residência, escola, situação económica, necessidade de apoio da família alargada, separação entre irmãos, agregação ao lar de um elemento novo) e as razões invocadas para recorrer ao tribunal. A amostra incidiu sobre o conteúdo de 160 relatórios apresentados ao Tribunal de Família e de Menores de Coimbra, em acções de regulação das responsabilidades parentais, e que se refere a 248 progenitores, 125 do sexo masculino e 123 do sexo feminino (55,8% destes pais têm um/a filho/a, 27,9% dois filhos, 14%, três filhos/as e 2,3 %, quatro filhos, situando-se a média das idades do primeiro filho/a nos 9.6 anos) e sobre informações recolhidas através de um Questionário a que responderam 43 pais, 17 do sexo masculino e 26 do sexo feminino.

prestação de alimentos estabelecida em decisão anterior e com o regime de visitas antes acordado, que em conjunto atingem uma percentagem de 86% contra os "problemas com os/as filhos/as", motivo invocado apenas em 2,5% dos casos, e a guarda, razão do conflito, em 11,5% dos casos[848]. Estes estudos demonstram a estreita ligação entre o regime de visitas e a prestação de alimentos como forma de os pais em conflito exprimirem os seus sentimentos negativos em relação um ao outro[849], e que o principal ponto de discórdia entre os progenitores consiste na determinação e na alteração do montante da prestação de alimentos, circunstância que coincide com as dificuldades financeiras do progenitor guarda e com a insuficiência dos alimentos decretados[850] assim como com a baixa taxa de cumprimento da obrigação por parte do progenitor sem a guarda.

A obrigação de alimentos anda normalmente ligada ao direito de visita, quer nos acordos dos pais relativos à regulação das responsabilidades parentais, onde limitações ao direito de visita são usadas como contrapartida de uma redução do montante da obrigação de alimentos[851], quer nos meios de defesa dos pais para o seu comportamento ilícito. Uma defesa normalmente usada pelos pais para o não pagamento da obrigação de alimentos é o não cumprimento, por parte do progenitor guarda, do regime de visitas consagrado na decisão relativa à regulação das responsabilidades parentais. Por outro lado, o não pagamento da obrigação de alimentos também pode ser a causa da recusa do progenitor guarda em permitir ao outro o exercício do direito de visita. Quer o direito de visita quer a obrigação de alimentos, porque são factos controlados, respectivamente, pelo progenitor guarda e pelo progenitor sem a guarda, são armas facilmente usadas por estes, um contra o outro, gerando-se um efeito de espiral em que o comportamento negativo de um dos pais reforça o comportamento negativo do outro.

Nos casos em que a recusa do pagamento de alimentos está ligada a uma forma de lutar pelo exercício regular do direito de visita tem-se revelado um

---

[848] *Idem* p. 253.
[849] CHAMBERS, David, *Making fathers pay. ob. cit.*.
[850] Cfr. SIMÕES/ATAÍDE, *ob.cit.*, p. 251.
[851] Sobre o estudo deste problema da chantagem no processo de negociação dos acordos *vide* MNOOKIN/KORNHAUSER, *Bargainning in the Shadow of Law: The Case of Divorce*, The Yale Law Journal, vol. 88, 1978-1979, p. 949-997. Também, entre nós, a doutrina e a jurisprudência têm denunciado este problema. Vide EPIFÂNIO/FARINHA, *ob. cit.*, p. 311. Entre nós a jurisprudência considera estas cláusulas nulas. *Vide*, p. ex., o Ac. da Relação do Porto de 9-2-1978, C.J., Ano IV-1978, Tomo 2, 593, onde se diz o seguinte: "Não são válidas as cláusulas de transacção em que a mãe das crianças prescinda das prestações alimentares vincendas em favor dos/as filhos/as, em que o requerido foi condenado, e este prescinda do direito de os visitar, ficando o exercício das responsabilidades parentais entregue totalmente à mãe."

fenómeno remediável a curto prazo, pois os homens que querem exercer o direito de visita são aqueles que estão mais ligados ao/às filhos/as, o que é, em princípio, um bom índice de pagamentos altos. No entanto, apesar de se verificar no comportamento dos pais esta ligação entre direito de visita e obrigação de alimentos, entendemos que os tribunais não devem usar a suspensão da obrigação de alimentos como uma forma de pressionar o progenitor guarda a permitir as visitas[852], pois trata-se de uma medida que pune o comportamento ilícito de um dos pais à custa do bem-estar material da criança. Com efeito, a recusa em pagar alimentos, como um protesto relativamente à negação do direito de visita, acaba por prejudicar principalmente a criança, cujas necessidades materiais podem ser gravemente afectadas. Neste sentido se tem orientado a jurisprudência, não aceitando que o incumprimento do regime de visitas constitua justificação para o não pagamento da pensão de alimentos e entendendo que um pai que não paga alimentos não tem idoneidade para assumir a guarda[853]. A obrigação de alimentos e a obrigação de permitir as visitas, ambas essenciais para o desenvolvimento da personalidade da criança, não são sinalagmáticas nem uma é condição da outra. O fundamento da obrigação de alimentos é a responsabilidade dos pais pela concepção e nascimento de um/a filho/a e não a relação afectiva ou o convívio realmente existente entre o progenitor sem a guarda e os/as filhos/as[854]. Admitir-se a solução de suspender judicialmente o pagamento dos alimentos incentivaria comportamentos estratégicos dos pais em que a criança é usada como um instrumento de luta.

---

[852] Já a situação inversa, a recusa da visita como uma forma de pressionar o progenitor sem a guarda dos/as filhos/as a pagar alimentos, seria uma medida sem eficácia prática, pois, os pais que não pagam alimentos aos/às filhos/as são normalmente aqueles que se afastam e desinteressam destes e em relação a quem a recusa da visita não funcionaria como uma forma eficaz de os compelir a pagar os alimentos devidos. De qualquer forma, entendemos, que tal medida não poderia ser ordenada pelo tribunal pois causaria danos psíquicos à criança, privando-a da relação com um dos seus pais.
[853] Cf. RL 02-12-2010 (Relatora: MARIA AMÉLIA AMEIXOEIRA), in *Base Jurídico-Documental do MJ*, www.dgsi.pt: "O incumprimento do regime de visitas, por parte da mãe, não constitui justificação para o incumprimento da prestação de alimentos. A obrigação de alimentos é devida à criança e não à mãe, não podendo aquela ser onerada ou prejudicada pelas querelas existentes entre os pais e não merecendo um progenitor que não paga alimentos ao filho assumir a sua guarda".
[854] Defendendo esta doutrina, *vide* o acórdão do Tribunal da Relação do Porto de 23/11/99, *in* Base de Dados do M.J. onde se afirma o seguinte: "I – Na regulação das responsabilidades parentais, o valor principal em jogo não é a vontade dos pais, mas o bem do/a filho/a. II – A regra contida no artigo 2006º do Código Civil de que os alimentos são devidos desde a propositura da acção destina-se a assegurar as prestações alimentares aos/às filhos/as, não estando dependente da concretização das visitas estabelecidas na regulação das responsabilidades parentais".

12. A obrigação de alimentos devida a filhos/as maiores

O fundamento da obrigação de alimentos dos pais em relação ao/às filhos/as é não apenas a menoridade – uma situação de incapacidade jurídica – mas também a carência económica dos/as filhos/as depois de atingirem a maioridade e enquanto prosseguem os seus cursos universitários ou a sua formação técnico-profissional. Os pais devem, dentro dos limites das suas possibilidades económicas, assegurar ao/às filhos/as esta formação profissional, que exige, normalmente, um esforço e uma concentração dificilmente compatíveis com um emprego que permita aos/às filhos/as sustentarem-se a si próprios/as[855]. Esta obrigação, no caso de filhos/as física ou mentalmente deficientes, deve até prolongar-se durante toda a vida destes/as[856].

Segundo o art. 1880º, a obrigação de alimentos não cessa com a maioridade[857], mantendo-se, enquanto o/a filho/a não houver completado a sua formação profissional[858] e na medida em que seja razoável exigir aos pais o seu cumprimento[859] e pelo tempo normalmente requerido para que aquela formação se complete[860] (art. 1880º). Esta solução é a que está mais de acordo com a realidade da sociedade portuguesa, em que os/as filhos/as maiores, até casarem, vivem com os pais e geralmente não trabalham enquanto prosseguem os seus estudos, e com o direito à educação, ao ensino e à cultura (arts. 73º a

---

[855] Neste sentido, se lê no sumário do acórdão do Tribunal da Relação do Porto de 15/04/99, *in* Base de Dados do M.J. que "Com a maioridade aos 18 anos e formações profissionais cada vez mais longas, é manifesto que o regime de continuação da obrigação alimentar previsto no artigo 1880º do Código Civil, deve ser encarado em termos de grande amplitude".

[856] Cfr. HORAN, Kathleen Conrey, *Postminority Support for College Education – A Legally Enforceable Obligation in Divorce Proceedings?*, FamLQ, volume XX, nº 4, 1987, p. 589.

[857] "O facto de em acção de regulação das responsabilidades parentais a criança em causa passar a maior já depois da decisão da 1ª instância e durante o recurso, não torna este inútil. Atingida a maioridade mantém-se a obrigação de assistência ao/à filho/a, na medida do razoável, se este não houver completado a sua formação profissional", *in* acórdão do Tribunal da Relação do Porto de 15/04/97, *in* Base de Dados do M.J.

[858] Este direito a alimentos pressupõe que o/a filho/a maior ainda não esteja totalmente profissionalizado, sem culpa grave sua.

[859] Entendemos que esta cláusula de razoabilidade deve interpretar-se no sentido económico, de proporção entre os meios do alimentante e as necessidades do alimentado. Discordamos, portanto, da orientação seguida no ac. da Relação do Porto de 17 de Fevereiro de 1994, CJ, 1994, Tomo I, p. 240, o qual entendeu que "A cláusula de razoabilidade inserta no art. 1880º do Código Civil permite que não se exija que um pai continue a prover ao sustento, saúde e educação de uma filha de maioridade quando esta não cumpra, em relação a ele, com os deveres de respeito, auxílio e assistência a que alude o art. 1874º do mesmo Código."

[860] O ac. da Relação de Lisboa de 27 de Abril de 1995, CJ, 1995, Tomo II, p. 125, decidiu que é irrelevante que, num ano, o/a filho/a não tenha obtido pleno aproveitamento não tendo conseguido ingressar em universidade estadual. O direito do/a filho/a só teria cessado se a não ultimação da respectiva formação profissional se devesse a culpa grave sua.

79º da C.R.P.), cujos custos deverão ser suportados pelos pais, desde que tenham condições económicas para tal, com a cooperação do Estado. O conceito de formação profissional deve ser alargado para além da licenciatura, de forma a abranger o grau de mestrado pós-reforma de Bolonha e estágios profissionais não remunerados, dada a insuficiência da licenciatura para adquirir formação que permita a entrada no mercado de trabalho.

A fim de não reduzir as oportunidades dos/as filhos/as adquirirem uma educação e formação profissional adequadas, os acordos ou decisões judiciais relativos a alimentos, após o divórcio ou a separação dos pais, devem também incluir uma cláusula relativa ao pagamento de alimentos depois de a criança atingir a maioridade. Se o/a filho/a já for maior no momento do divórcio, pensamos que o progenitor que convive com aquele/a está legitimado para pedir, no processo de divórcio, ao abrigo do arts. 931º, 2 e 931º, 7 do C.P.C. (por remissão do art. 989º, 1 do C.P.C.) a prestação de alimentos e é este progenitor o destinatário da dita prestação, pois é ele/ela que faz face às despesas com a educação e sustento, no dia-a-dia, dos/as filhos/as maiores que vivem consigo numa unidade familiar[861]. O cumprimento da obrigação de alimentos dos/as filhos/as maiores é, assim, entendido como uma consequência do divórcio. Evita-se, deste modo, o aumento de litígios, as lutas judiciais entre pais e filhos//as e períodos de tempo em que o/a filho/a não recebe nada, pois, na acção de divórcio são fixados, logo, os alimentos provisórios. Apesar de o/a filho/a ter capacidade judiciária para propor uma acção de alimentos (186º O.T.M.), está mais de acordo com a economia processual e com o interesse do/a filho/a que esta questão fique logo decidida no processo de divórcio. No caso de os/

---

[861] Esta solução está expressamente consagrada no art. 295º do Código Civil francês e tem sido defendida pela jurisprudência espanhola. Vide MARÍN GARCIA, Mª Teresa, *Crisis matrimoniales: quien solicita los alimentos de los hijos mayores de edad?*, Tecnos, Madrid, 1999. Sobre a obrigação de alimentos devidos a filhos/as maiores no direito espanhol vide GARCÍA DE LEONARDO, T. M. – *Régimen Jurídico de Alimentos de Hijos Mayores De Edad (Estudio del art. 93.2 del Cc.)*, Tirant lo Blanch, Valencia, 1999. No sentido de que os pais gozam de legitimidade para a acção de alteração da obrigação de alimentos dos/as filhos/as menores, ainda que algum deles tenha atingido a maioridade, vide o acórdão do Tribunal da Relação de Lisboa de 30/05/96 in Base de Dados do M.J. Em sentido contrário vide o acórdão do Tribunal da Relação de Lisboa de 29/09/94 in Base de Dados do M.J. Relativamente à legitimidade para instaurar processo executivo dirigido ao pagamento coercivo da obrigação de alimentos, entendemos também que o progenitor que vive com o/a filho/a maior carecido de alimentos tem tal legitimidade. Note-se que é este progenitor que suporta a maior parte das despesas com o sustento do/a filho/a e que, por outro lado, este, por temor reverencial em relação ao pai, poderá não querer intentar o processo executivo. Em sentido diferente, vide o acórdão do Tribunal da Relação do Porto de 13/06/2000, in Base Jurídico-Documental do MJ onde se afirma o seguinte: "Fixada a prestação alimentícia a pagar pelo pai a filho/a menor cujas responsabilidades parentais foi atribuído à mãe, atingida a maioridade daquela carece a mãe de legitimidade para instaurar execução com vista ao seu pagamento coercivo".

/as filhos/as atingirem a maioridade depois de findo o processo de divórcio e de regulação das responsabilidades parentais, defendemos, de acordo com a posição proposta por RITA LOBO XAVIER, que o progenitor que coabita com o/a filho/a maior, normalmente a mãe, pode recorrer à figura da sub-rogação (art. 589º do Código Civil) nos direitos do/a filho/a credor/a de alimentos, para obter do devedor o reembolso das despesas com o sustento e educação do/a filho/a maior que cabiam ao outro progenitor.[862] É precisamente, após a maioridade, que o jovem inicia os seus estudos universitários e que aumentam consideravelmente as despesas dos pais com estes, devendo a obrigação de alimentos do progenitor não convivente ser aumentada de forma a fazer face a estas despesas[863]. Os estudos de Judith Wallerstein sobre os efeitos do divórcio[864] demonstram que, nos E.U.A., os progenitores não residentes (normalmente os homens) deixam de pagar alimentos ou pagam apenas montantes mínimos, quando os/as filhos/as atingem os 18 anos de idade, significando uma falta de investimento emocional na educação dos/as filhos/as, em contradição com a posição social e económica do pai e os seus valores. Esta atitude reduz as oportunidades de os/as filhos/as adquirirem uma formação compatível com a sua capacidade intelectual e capaz de lhes assegurar, no futuro, segurança económica.

Em Portugal, a nossa jurisprudência parece ser conivente com situações de incumprimento do pai obrigado a alimentos, decretando a cessação automática dos alimentos após a maioridade do/a filho/a, obrigando este a propor uma nova acção de alimentos ou permitindo que o obrigado cesse os descontos feitos ao seu vencimento para pagamento de pensão de alimentos, sem notificar o/a filho/a[865]. Entendemos, diferentemente que o facto de as responsabilidades parentais se extinguir com a maioridade não significa que

---

[862] XAVIER, Rita Lobo, *Falta de autonomia de vida e dependência económica dos jovens: uma carga para as mães separadas ou divorciadas*, Lex Familiae, Ano 6 – nº 12 – Julho/Dezembro 2009, p. 20.
[863] *Vide* o acórdão do Tribunal da Relação de Lisboa de 11/07/96, onde se afirma que "As despesas feitas pelo filho/a com as deslocações de e para os Estados Unidos, onde se encontra a estudar por acordo dos pais em acção de regulação das responsabilidades parentais, são "despesas escolares" (...) Esta obrigação mantém-se apesar de o seu credor ter atingido a maioridade".
[864] Cfr. WALLERSTEIN/CORBIN, *Father-Child Relationships After Divorce, ob. cit.*, p. 109 e ss.
[865] Neste sentido, o acórdão do STJ de 24 de Outubro de 2000, CJ, Ano VIII, Tomo III – 2000, p. 90-93, onde se afirma que os processos de regulação do exercício das responsabilidades parentais findam, por impossibilidade superveniente da lide, com a maioridade ou a emancipação e que, sendo diferentes as partes e as causas de pedir na regulação do exercício das responsabilidades parentais e na acção de alimentos a filhos/as maiores, o progenitor obrigado a alimentos pode cessar o pagamento da obrigação, devendo o/a filho/a maior propor uma nova acção de alimentos. Já quando a maioridade ocorre na pendência da acção em que foram pedidos os alimentos, a jurisprudência tem entendido que tal não impede que o processo se conclua nem faz cessar a obrigação alimentar, que subsiste durante o tempo necessário ao termo da formação profissional do/a filho/a. Cfr. acórdão

cesse a obrigação de alimentos. A maioridade não vem referida na lei como uma causa de cessação da obrigação de alimentos. As causas de cessação desta obrigação estão referidas no art. 2013º, em que não está incluída a maioridade. O conceito de poder paternal a que o art. 1877º se refere quando afirma que os/as filhos/as estão sujeitos às responsabilidades parentais até à maioridade ou emancipação, consiste, como já vimos, numa situação jurídica complexa, que engloba um conjunto de direitos e de obrigações dos pais. O art. 1880º constitui precisamente uma excepção ao art. 1877º, em relação a um dos aspectos do conteúdo das responsabilidades parentais, a obrigação de alimentos, enquanto obrigação de os pais sustentarem os/as filhos/as, durante a formação profissional destes. Por outro lado, por razões de economia processual e por força do princípio da protecção da parte mais fraca na relação familiar – o/a filho/a necessitado/a de alimentos – deve presumir-se que se mantém, para depois da maioridade do/a filho/a, a obrigação de alimentos devida durante a menoridade[866]. A letra e o espírito do art. 1880º permitem estabelecer esta presunção. Esta só cessará se o obrigado propuser uma acção em que demonstra que não se verificam os pressupostos do art. 1880º[867], por exemplo, o/a filho/a já completou a sua formação profissional e está inserido/a no mercado de trabalho ou, por culpa grave, não a completou, ou ainda a falta de razoabilidade da obrigação, em virtude da desproporção entre os meios de que dispõe o obrigado e as necessidades do/a filho/a, sendo esta desproporção analisada nos termos gerais do art. 2004º e provada pelo obrigado. Nesta cláusula de razoabilidade incluem-se elementos objectivos como as capacidades intelectuais do/da filho/a, o custo do curso pretendido e as saídas profissionais, devendo entender-se que um curso muito dispendioso e sem saídas profissionais não será abrangido pela obrigação de um progenitor

---

do Tribunal da Relação do Porto, de 12/02/2001, in Base Jurídico-Documental do MJ (www.dgsi) e acórdão do Tribunal da Relação de Lisboa, de 11/11/1982, CJ, Ano VII, 1982, Tomo V, p. 90.

[866] Neste sentido, se o/a filho/a não quiser requerer um aumento da prestação alimentícia devida durante a menoridade, pode utilizar a decisão de alimentos respectiva como título executivo para pedir alimentos após a maioridade, apenas tendo que demonstrar que se encontra a completar a sua formação profissional. Discordamos, portanto, da decisão do acórdão do Tribunal da Relação de Coimbra, de 04/12/2001, *in* Base Jurídico-Documental do MJ (www.dgsi), onde se afirma que o/a filho/a maior não pode tomar como título executivo o termo de prestação de alimentos, firmado para valer no período da menoridade. Deve, ainda, ter-se em conta que o/a filho/a pode ter sofrido prejuízos devidos ao não cumprimento, tendo, portanto, direito, não só a pedir a execução do montante em dívida, como também uma indemnização pelos danos patrimoniais e não patrimoniais sofridos.

[867] No mesmo sentido, defendendo que a maioridade não determina a cessação automática do dever de alimentos, carecendo esta de ser judicialmente ordenada *vide* REMÉDIO MARQUES, J. P., *Algumas Notas Sobre Alimentos...ob.cit.*, p. 370.

com poucos recursos económicos[868]. Mas entendemos que a ideia de razoabilidade não abrange a possibilidade de o devedor invocar, para se desonerar da obrigação, desentendimentos e conflitos com os/as filhos/as normais entre gerações diferentes ou um corte de relações da iniciativa dos/as filhos/as, em virtude de maus tratos ou negligências de que foram vítimas na infância. Pelo contrário, nestes casos, ainda mais se justificará responsabilizar o progenitor pelo pagamento dos estudos dos/as filhos/as.

12.1. Evolução da jurisprudência quanto ao conceito de razoabilidade

A propósito do conceito de razoabilidade, o STJ, no acórdão de 03-10-2006 (Relator: MOREIRA CAMILO)[869], considerou que as depressões e outros problemas do foro psicológico, por que tem passado a filha maior, constituem causa justificativa de reprovação na licenciatura, para efeitos de recusa da cessação da obrigação alimentar do pai, devida ao abrigo do art. 1880º. Veja-se, também, quanto aos conceitos de razoabilidade e de culpa grave, o acórdão da Relação do Porto, de 04-04-2005 (FONSECA RAMOS)[870], em que foi decidido que, não tendo a autora da acção feito prova de que os atrasos na formação profissional não lhe eram imputáveis, nomeadamente, por depressão ou por ter estado a cuidar da mãe, foi recusada a pensão, pelo facto de aos 18 anos ter abandonado os estudos e de, tendo retomado o curso aos 22 anos, ter frequentado o 1º ano durante três anos, sem sucesso. O Tribunal considerou que havia culpa grave da filha no insucesso escolar, entendendo por culpa grave não tanto um comportamento gravemente censurável do credor de alimentos, seja a título de dolo, seja a título de mera culpa, mas apreciando o conceito dentro duma perspectiva de razoabilidade da exigência de alimentos e aplicando o critério da cláusula geral do abuso de direito[871]. Em consequência, dada a natureza excepcional e temporária da obrigação prevista no art. 1880º, balizada pelo "tempo necessário" ao completar da formação profissional do/a filho/a e obedecendo a um critério de razoabilidade, seria necessário que, nas concretas circunstâncias do caso, fosse justo e sensato exigir dos pais o custeio das despesas com o sustento e educação da filha maior, requisito que o Tribunal não considerou verificado:

---

[868] Neste sentido, REMÉDIO MARQUES, *Algumas Notas sobre Alimentos...ob. cit.*, p. 300.
[869] Cf. *Base Jurídico-Documental do M.J., www.dgsi.pt*
[870] Cf. *Base Jurídico-Documental do M.J., www.dgsi.pt*
[871] Na fundamentação da sentença foi adoptada a posição de REMÉDIO MARQUES, *Algumas Notas sobre Alimentos...ob. cit.*, pp. 295-296. No mesmo sentido, recorrendo a elementos objectivos e subjectivos para a densificação dos conceitos de razoabilidade e (in)exigibilidade e não ao conceito de culpa grave, *vide* RP 26-02-2009 (Relator: PINTO DE ALMEIDA) e RL 20-01-2011 (Relatora: MARIA DA LUZ FIGUEIREDO) in *Base Jurídico-Documental do MJ, www.dgsi.pt*

"Daí que, para aferir dessa razoabilidade, importa saber se o filho carece, com justificação séria, do auxílio paternal, em função do seu comportamento, "in casu", como estudante; não seria razoável exigir dos pais o contributo para completar a formação profissional se, por exemplo, num curso que durasse cinco anos, o filho cursasse há oito, sem qualquer êxito, por circunstâncias só a si imputáveis."

(...)

"Não é razoável exigir do seu pai, alimentos para completar a sua formação profissional, a filha maior, que revela injustificado mau aproveitamento escolar – aos 26 anos e casada ainda não completou um curso de 4 anos que iniciou aos 22 anos – sem que se provasse que o pai, de algum modo, contribuísse para esse facto, e também para que, aos 18 anos, tivesse abandonado os estudos."(...) "A Autora levou quatro anos para completar o 1º ano do curso, fez o 2º ano, num ano lectivo, mas já para completar o 3º ano careceu de dois anos lectivos, sendo certo que ainda não o concluiu. (...) Concluímos, assim, que a Autora não tem direito a exigir do seu pai alimentos para completar a sua formação profissional, não só devido ao seu injustificado mau aproveitamento escolar – aos 26 anos e casada ainda não completou um curso de 4 anos que iniciou aos 22 anos – tendo, só para fazer o primeiro ano, necessitado de quatro matrículas, sem que se provasse que o pai, de algum modo contribuísse para esse facto, e também para que, aos 18 anos, abandonasse os estudos."

O STJ, a propósito da aplicação do art. 1880º, exemplifica como causa de cessação da prestação de alimentos devida a filho maior, por falta de razoabilidade, a hipótese de este frequentar há oito anos, sem sucesso, um curso que dura cinco anos, afirmando que o ónus da prova cabe ao devedor embargante, não implicando a perda de aproveitamento automaticamente a cessação da obrigação:

"Daí que, para aferir dessa razoabilidade, importa saber se o filho carece, com *justificação séria*, do auxílio paternal, em função do seu comportamento, "in casu", como estudante; não seria razoável exigir dos pais o contributo para completar a formação profissional se, por exemplo, num curso que durasse cinco anos, o filho cursasse há oito, sem qualquer êxito, por circunstâncias só a si imputáveis. Compete ao embargante, devedor de alimentos, fazer a prova de que a falta de aproveitamento escolar da filha se deveu a seu comportamento censurável, em termos de cumprimento das obrigações escolares universitárias; porque, a entender-se a sentença como estabelecendo, peremptoriamente, que a perda de aproveitamento implicaria a cessação da prestação de alimentos, isso seria um facto extintivo da obrigação do devedor e, por tal, do seu ónus de prova – art. 342º, nº 2, do Código Civil." (acórdão do STJ, de 08-04-2008 (Relator: FONSECA RAMOS)[872].

12.2. Recusa da maioridade como causa automática de cessação da obrigação de alimentos

A jurisprudência não tem aceitado a regra, segundo a qual a maioridade do/a filho/a não faz cessar automaticamente a obrigação de alimentos, continuando o progenitor devedor obrigado a pagar os alimentos devidos durante a menoridade, a não ser que intente uma acção dirigida a obter a cessação da respectiva obrigação, por falta dos pressupostos do art. 2004º e/ou do art. 1880º[873]. Pelo contrário, os Tribunais têm entendido que se deduz do art. 1880º a cessação automática da obrigação de alimentos com a maioridade, cabendo ao/à filho/a maior interpor uma acção destinada a provar os pressupostos do art. 1880º, os quais não se presumem[874]. Neste sentido, afirma o acórdão do STJ, de 22-04-2008 (Relator: PEREIRA DA SILVA):

---

[872] Cf. *Base Jurídico-Documental do MJ, www.dgsi.pt*
[873] Destacamos os acórdãos da Relação do Porto, de 16-12-2003 (Relator: ARMINDO COSTA) e de 09-03-2006 (Relator: FERNANDO BAPTISTA) e da Relação de Coimbra, de 16-01-2007 (COELHO DE MATOS), in *Base Jurídico-Documental do MJ, www.dgsi.pt*, que defenderam a tese que subscrevemos, entendendo, também, que a sentença que fixou os alimentos devidos a menores vale como título executivo após a sua maioridade, competindo ao obrigado requerer a cessação da obrigação através do incidente previsto no art. 1412º, nº 2 do C.P.C.. Defendendo, *de iure constituendo*, uma alteração legislativa que clarifique a norma do art. 1880º de forma a que a pensão de alimentos devida a filhos menores não cesse com a maioridade, *vide* XAVIER, Rita Lobo, *Responsabilidades parentais no séc. XXI, ob. cit.,* p. 23, e IDEM, *Falta de autonomia de vida... ob. cit.,* p. 20.
[874] Cf. STJ 02-10-2008 (Relatora: MARIA DOS PRAZERES BELEZA): "Diferentemente do que o artigo 1879º dispõe quanto a filhos menores, o artigo 1880º do Código Civil apenas obriga os pais a suportar tais despesas *"na medida em que seja razoável"* e *"pelo tempo normalmente requerido para que aquela formação se complete"*, não contendo a lei nenhuma presunção de verificação de tais requisitos. Assim, na falta de acordo, é necessário o reconhecimento judicial do preenchimento dos requisitos enunciados no artigo 1880º do Código Civil e a subsequente fixação dos termos em que a obrigação deve ser cumprida." No mesmo sentido, *vide* RL 10-09-2009 (Relatora: TERESA ALBUQUERQUE), RL 06-05-2008 (Relatora: ANA GRÁCIO) e STJ 23-01-2003 (Relator: DIONÍSIO CORREIA). Este último acórdão pronuncia-se, também, sobre o valor da sentença de alimentos relativos a menor como título executivo depois da maioridade, entendendo que "A sentença que, em acção de regulação do poder paternal, fixou os alimentos da B na situação de menor, não constituía, portanto, título executivo por alimentos após a sua maioridade"; "(...) o título executivo por alimentos a maiores ou emancipados será, então, constituído pela sentença proferida na acção regulada no art. 1412º do C.P.C., verificado o condicionalismo previsto no citado art. 1880º.". No mesmo sentido, *vide* STJ 3-05--2007 (Relator: SALVADOR DA COSTA), in *Base Jurídico-Documental do M.J., www.dgsi.pt:* "A obrigação alimentar dos pais em relação aos filhos menores cessa, em regra quando eles atingem a maioridade ou a emancipação. A referida obrigação só se mantém a partir da maioridade dos interessados se o requerem judicialmente e aleguem e provem, a título de causa de pedir, os factos relativos ao não completamento da respectiva formação profissional e à razoabilidade dessa manutenção. O disposto no artigo 1412º, nº 2, do Código de Processo Civil não permite a conclusão jurídica da

"Mas para tanto importa que o peça em juízo, articulando e provando os factos integrantes da causa de pedir concernente ao direito substantivo previsto no artigo 1880º do Código Civil, isto é, demonstrando que o seu direito a alimentos se mantém (artigos 3º, 264º, nº 1 e 467º, nº 1, alínea a), do Código de Processo Civil). Da letra e do escopo finalístico do nº 2 do art. 1412º do C.P.C., "não resulta, porém, que enquanto os progenitores não requerem a cessação da obrigação alimentar fixada judicialmente aos/as filhos/as ela se mantém. A expressão da lei no que concerne à manutenção da pensão alimentar não significa que o interessado não deva provar os respectivos pressupostos e antes deva ser o obrigado a requerer a sua cessação. O que resulta da lei é que a obrigação alimentar dos pais em relação aos/as filhos/as menores cessa quando eles atinjam a maioridade legal, salvo se eles requererem a sua manutenção. A circunstância da multiplicação dos casos em que os/as filhos/as não completaram a formação profissional aquando da maioridade legal não justifica, como é, natural, presunção dos pressupostos de facto integrantes da causa de pedir relativa ao direito a que se reporta o artigo 1880º do Código Civil".

Destacamos aqui um acórdão (RL 12-10-2010, Relatora: ANABELA CALAFATE), em que esta solução se revelou particularmente injusta para uma jovem de 19 anos que tinha sido sexualmente abusada na infância pelo pai, médico, que tinha sido condenado pelos crimes. O Tribunal não considerou provados os requisitos do art. 1880º, pois a jovem ainda se encontrava matriculada no 11º ano, no ano lectivo 2009/2010, e não frequentava as aulas desde Fevereiro de 2010, não tendo o Tribunal aceitado como provados, por falta de nexo de causalidade, que as faltas se justificavam em problemas de saúde e na sua deficitária situação financeira, nem que o "manifesto atraso no seu percurso escolar" resultasse da vitimação por crimes de abuso sexual praticados pelo pai. O Tribunal da Relação de Lisboa revelou, neste ponto, a sua insensibilidade e desconhecimento. É que, de acordo com todos os estudos sobre o impacto do abuso sexual, os danos psicológicos sofridos pela vítima projectam-se na idade adulta, alterando, para sempre, o seu equilíbrio biopsicossocial. Estas conclusões fornecem a base para uma presunção de experiência quanto ao nexo causal entre o abuso sexual sofrido pela filha e o insucesso escolar[875].

---

presunção da verificação dos pressupostos a que se reporta o artigo 1880º do Código Civil nem de que, enquanto os pais não requererem a cessação da obrigação alimentar fixada por sentença, ela se mantém. A sentença que condenou o recorrente a prestar alimentos aos filhos enquanto menores é insusceptível de servir de título executivo para além da quantia exequenda devida até aqueles atingirem a maioridade." No mesmo sentido, *vide* RP 21-02-2008 (Relator: COELHO DA ROCHA), RP 26-01-2004 (Relator: FONSECA RAMOS) in *Base Jurídico-Documental do MJ, www.dgsi.pt*
[875] Julgamos aplicáveis a este caso, por maioria de razão, dada a gravidade da vitimação por crime sexual cometido pelo progenitor contra a filha, as considerações de REMÉDIO MARQUES, *Algumas*

Continuamos, portanto, a defender a tese inversa da jurisprudência dominante, não só por razões de justiça e de humanidade, mas porque a posição dos Tribunais acrescenta às causas de cessação previstas no art. 2013º uma outra que não está abrangida pela norma, não havendo qualquer razão lógica ou substancial para alargar as causas de cessação da obrigação de alimentos. Num contexto em que a maior parte dos jovens prosseguem os seus estudos depois da maioridade e em que o ensino obrigatório foi recentemente alargado para 12 anos[876], completando a maior parte dos jovens a idade de 18 anos, durante o 12º ano, não se justifica que a obrigação do progenitor cesse durante este ano lectivo, quando o/a filho/a completar 18 anos, nem depois de este/a terminar o ensino obrigatório. De resto, será esta a tendência de qualquer sociedade que pretenda evoluir económica e culturalmente, não devendo ser o julgador a legitimar cessações automáticas da obrigação, no momento em que o/a jovem adquire a maioridade ou completa o ensino obrigatório. A solução da jurisprudência obriga o/a jovem a intentar uma acção autónoma, ao abrigo do art. 989º, nº 2 C.P.C., ou a pedir a manutenção da obrigação de alimentos, no processo de regulação do poder paternal, em incidente de alteração que corre por apenso, conforme o nº 1 do art. 989º. Esta solução tem por inconveniente colocar o/a filho/a numa situação de carência económica, nada recebendo em alimentos, durante a pendência do processo ou do incidente, que pode ser longa, numa altura em que as necessidades do/a jovem são, em princípio, mais elevadas, envolvendo inscrições no ensino superior e propinas, se se tratar de ensino privado, ou despesas de alojamento, na hipótese de se tratar de um/a estudante deslocado/a, como tantas vezes sucede.

Esta posição dos Tribunais foi, contudo, atenuada, no acórdão do STJ, de 06-07-2005, em que o Tribunal adoptou uma posição próxima da solução por nós defendida, num caso em que o progenitor, quando o/a filho/a atingiu a maioridade, pediu ao Tribunal a cessação dos descontos feitos ao abrigo do art. 189º da O.T.M.. Os Tribunais decidiram pela manutenção da obrigação a cargo do progenitor, sem que o/a filho/a tenha intentado qualquer acção ao abrigo do art. 989º do C.P.C. e sem que tenha contestado o pedido do pai ou feito qualquer alegação ou prova no âmbito do art. 1880º, fundando-se o STJ na prova oficiosamente obtida pelo Tribunal de 1ª instância, segundo a qual o/a filho/a se encontra a frequentar o curso superior de Engenharia Electrotécnica: "C ainda não completou a sua formação académica, revelando-se um aluno com

---

Notas...ob. cit., p. 307, a propósito do nexo causal entre o mau aproveitamento escolar anterior ou o recomeço tardio dos estudos e o divórcio dos pais como factor que teria provocado a perturbação e a frustração do jovem adolescente.
[876] Cf. Lei 85/2009, de 27 de Agosto.

aproveitamento, pois aos 18 anos frequenta já o ensino superior, pelo que se mantém nos termos do artigo 1880º do Código Civil a obrigação do requerente prestar alimentos ao seu filho" (STJ 06-07-2005, Relator: LUCAS COELHO)[877].

O STJ, apesar de entender que a forma processual mais correcta seria uma acção autónoma para pedir os alimentos, aceitou que se possa decidir a manutenção da obrigação de alimentos, depois da maioridade, (mas não já o seu montante *ex novo* a atribuir ao/à filho/a na qualidade de maior), em processo de alteração da regulação do poder paternal, em que o pai pede a cessação da obrigação de alimentos devidos a menor. O STJ não aceitou o argumento do recorrente, segundo o qual, a decisão do Tribunal de 1ª instância que o condenava a pagar alimentos ao/à filho/a maior, padeceria de nulidade por excesso de pronúncia, nos termos da segunda parte da alínea d) do nº 1 do artigo 668º do C.P.C., na redacção vigente à data da decisão.

12.3. A delimitação entre a competência da Conservatória e a do Tribunal

A providência sobre alimentos a filhos maiores ou emancipados, nos termos do art. 1880º, desde 2001, pertence à competência da Conservatória do Registo Civil, nos termos do art. 5º, nº 1 do DL nº 272/2001, de 13/10, de acordo com um esforço do legislador de desjudicializar as questões que podem ser resolvidas por acordo das partes[878]. Contudo, a jurisprudência tem permitido o recurso

---

[877] Cf. *Base Jurídico-Documental do MJ*, www.dgsi.pt.
[878] Mas não já a competência para decidir a alteração ou cessação de obrigação alimentar fixada judicialmente, ainda que por sentença homologatória, no processo de divórcio, tendo que ser o respectivo pedido, quando sobrevém a maioridade, deduzido no Tribunal e não na Conservatória do Registo Civil, por se tratar de dependência de acção principal, devendo o pedido correr por apenso ao divórcio no qual foi regulado o poder paternal. Cf. RG 01-02-2007 (Relator: ANTERO VEIGA), *in* CJ, 2007, Tomo I, pp.280-281. Tendo havido decisão de alimentos relativos a menores, sobrevinda a maioridade, o pedido de alimentos, nos termos do art. 1880º, deve ser formulado com o incidente de alteração de alimentos por apenso àqueles, dispondo o/ filho/a de legitimidade processual exclusiva. Trata-se, na opinião do Tribunal, de uma solução imposta por razões de economia processual, baseada no art. 292º, nº 1 do C.P.C., que não distingue a situação de menoridade da de maioridade, e assente, ainda, na ideia, segundo a qual as Conservatórias não podem alterar decisões judiciais. O próprio art. 1880º, nas palavras do Tribunal, não refere que tenham de ser fixados alimentos novos, mas sim que se mantém a obrigação já fixada, durante a menoridade, podendo embora ser alterada nos seus termos e montante. Na prática, a intervenção da Conservatória fica restringida às situações em que tenha ocorrido decisão judicial, decretando a cessação da obrigação alimentar do menor, antes de intentado o pedido de alimentos com base no art. 1880º, o que de um ponto de vista substancial, nos parece correcto, dadas as histórias normalmente dramáticas dos/as filhos/as que pedem alimentos ao progenitor depois da maioridade e a dificuldade de obter acordo. Neste sentido, defendendo, em anotação ao art. 5º do DL 272/2001, que o processo regulado no art. 1412º do C.P.C. continua a ser aplicável à situação prevista no nº 2 do art. 5º, constituindo o pedido de alimentos do filho maior incidente do processo de fixação de alimentos ao menor, *vide* LOPES DO REGO, *Comentário ao C.P.C.*, vol. II, 2ª edição, 2004, p. 543. No mesmo sentido, *vide* REMÉDIO MARQUES, *Algumas Notas*

à providência cautelar de alimentos provisórios prevista no art. 399º C.P.C. de 2007, para evitar que o/a filho/a maior fique sem alimentos para prover às suas necessidades, enquanto corre o procedimento específico regulado no DL 271/2001, o qual não prevê a possibilidade de decisões provisórias para situações de urgência, podendo decorrer vários meses desde a apresentação do requerimento até à remessa do processo para tribunal, pelo Conservador, na impossibilidade de acordo[879]. Os Tribunais permitem que, na sequência de uma decisão de alimentos provisórios, a acção principal seja intentada, desde logo, no tribunal judicial, significando o decretamento de alimentos provisórios, por via de procedimento cautelar, uma situação de conflitualidade tão grande que se dispensa o recurso prévio à tentativa de conciliação entre as partes junto da Conservatória do Registo Civil para obtenção de acordo, uma vez que são claras, neste contexto, a oposição de uma das partes e a impossibilidade de acordo[880]. Esta solução é a mais lógica e a mais justa, por razões de celeridade e de economia processual, bem como de protecção da parte mais fraca (o/a filho/a carecido/a de alimentos)[881]. A exigir-se a tentativa de acordo mediante processo administrativo, na Conservatória do Registo Civil, estaria a praticar-se acto inútil, com perda de tempo e do trabalho já desenvolvido pelo Tribunal, quando decretou os alimentos provisórios. A jurisprudência tem, também, entendido que o montante desta prestação de alimentos provisórios deve abarcar "tudo quanto se revelar imprescindível a uma vida condigna, dentro do padrão normal de vida e *status* social da pessoa credora", não devendo a expressão da lei "estritamente necessário" (art. 399º, nº 2 do C.P.C. de 2007) ser interpretada literalmente[882]

---

sobre *Alimentos...ob. cit.*, nota 530, p. 400, entendendo que se mantém a competência do tribunal onde ficou regulado o poder paternal para conhecer o pedido de alimentos fundado no art. 1880º processualmente tramitado como incidente (art. 292º, nº 1 do C.P.C.). O mesmo autor (*ibidem*, pp. 394-400), defende a exclusão da competência das Conservatórias nos casos de dependência da pretensão de alimentos de outras pretensões analisadas em Tribunal ou de cumulação objectiva da pretensão alimentar com outras pretensões, competindo ao tribunal que tenha conhecido da questão sobre o estado das pessoas (divórcio litigioso, investigação da paternidade, regulação do exercício do poder paternal) decidir os pedidos de alimentos ao abrigo do art. 1880º.

[879] RP 26-10-2009 (Relator: MENDES COELHO), in *Base Jurídico-Documental do MJ*, www.dgsi.pt
[880] RL 10-07-2008 (Relatora: FÁTIMA GALANTE) e RP 07-01-2010 (Relatora: JOANA SALINAS), in *Base Jurídico-Documental do MJ, www.dgsi.pt*; RG 01-02-2007 (Relatora: MARIA ROSA TCHING), CJ, 2007, Tomo I, pp. 275-277.
[881] Neste sentido, recusando competência às conservatórias, quando o filho maior deduz providência cautelar de alimentos provisórios, *vide* REMÉDIO MARQUES, *Algumas Notas sobre Alimentos... ob. cit.*, pp. 412 e ss. No mesmo sentido, RL 04-03-2010 (Relatora: ANA LUÍSA GERALDES), RL 09-12-2008 (Relator: JOSÉ AUGUSTO RAMOS) e RL 20-04-2010 (Relator: ABRANTES GERALDES), RL 10-09-2009 (Relatora: TERESA ALBUQUERQUE), todos disponíveis in *Base Jurídico-Documental do MJ, www.dgsi.pts*
[882] RP 26-10-2009 (Relator: MENDES COELHO), in *Base Jurídico-Documental do MJ, www.dgsi.pt*

12.4. O pagamento das prestações alimentares vencidas e não pagas durante a menoridade e legitimidade para a acção depois da maioridade dos/as filhos/as

Esta questão tem gerado divergência jurisprudencial, tendo, contudo, o STJ admitido, no acórdão de 25-03-2010 (Relator: ALVES VELHO)[883], a posição mais justa e pragmática, defendendo que a mãe que exerceu as responsabilidades parentais tem legitimidade, em nome próprio, para exigir do outro progenitor, em incidente de incumprimento, após a maioridade do/a filho/a, o pagamento das prestações alimentares vencidas e não pagas durante a menoridade[884]. O STJ entende que o beneficiário da pensão de alimentos é o menor mas é o progenitor guarda, como detentor exclusivo do exercício do poder paternal, que goza da respectiva titularidade, e aquele a quem o outro progenitor deve entregar a prestação para satisfação das despesas com o/a filho/a. O fundamento do acórdão assenta na realidade social e económica verificada nas situações de incumprimento, a qual onera o progenitor guarda com as despesas que cabiam ao outro, despesas, que, no exercício de um direito próprio ou por via sub-rogatória (art. 592º, nº 1 do C.C.), aquele poderá exigir do devedor[885]. Este mecanismo constitui um efeito da não coincidência entre o sujeito que detém a titularidade e disponibilidade do direito, quanto às prestações vencidas durante a menoridade – a progenitora que exerce as responsabilidades parentais – e a beneficiária dessas prestações – a criança. As prestações vencidas durante a menoridade não se convertem, portanto, em crédito próprio do/a filho/a após a maioridade deste/a, mantendo a mãe, que exerceu o poder paternal, legitimidade, em nome próprio ou em representação do/a filho/a, para as exigir do devedor.

Em consequência, discordamos da posição assumida no acórdão da Relação do Porto, de 07-03-2008 (Relator: FREITAS VIEIRA)[886], segundo a qual atingida a maioridade dos/as filhos/as cessa a impenhorabilidade das importâncias recebidas a título de alimentos pelo progenitor guarda (mãe), na qualidade de sub-rogada legal, podendo os/as filhos/as maiores, agora exequentes, executar

---

[883] Cf. *Base Jurídico-Documental do MJ*, www.dgsi.pt.
[884] No mesmo sentido, RL 04-03-2010 (Relatora: ANA LUÍSA GERALDES), RL 09-12-2008 (Relator: JOSÉ AUGUSTO RAMOS) e RL 20-04-2010 (Relator: ABRANTES GERALDES), RL 10-09-2009 (Relatora: TERESA ALBUQUERQUE), todos disponíveis in *Base Jurídico-Documental do MJ*, www.dgsi.pt
[885] Sobre esta questão, *vide* MARQUES, J. P. Remédio, *Algumas Notas sobre Alimentos*, ob. cit., pp. 347--348. Defendendo a mesma solução, quando o incidente de incumprimento é intentado durante a menoridade, mas sobrevém a maioridade durante a pendência do processo, actuando a mãe enquanto substituta processual e em representação legal do filho menor, *vide* RL 18-06-2009 (Relatora: FÁTIMA GALANTE), in *Base Jurídico-Documental do MJ*, www.dgsi.pt
[886] Cf. *Base Jurídico-Documental do MJ*, www.dgsi.pt

o crédito da mãe sobre o outro progenitor. Esta solução prejudica o progenitor que se sacrificou financeiramente pelos/as filhos/as, suprindo, durante a menoridade dos/as filhos/as, a omissão do outro progenitor, devendo, portanto, o crédito da mãe em relação ao progenitor devedor, destinado a compensá-la pelo sustento dos/as filhos/as para além do que lhe competia, ser equiparado a um crédito de alimentos e beneficiar do regime da impenhorabilidade (arts 739º e 736º al. a) do C.P.C.), mesmo que os/as filhos/as já tenham atingido a maioridade. O direito de crédito, apesar de direito próprio da mãe ou resultante de uma sub-rogação legal, que opera a transmissão do direito da esfera jurídica dos/as filhos/as para a do progenitor guarda, tem como causa o sustento que esta proporcionou aos/as filhos/as durante a menoridade, sendo justo que este crédito mantenha uma natureza alimentar e beneficie do regime da impenhorabilidade. Concedemos, contudo, que, se o exequente provar que os prejuízos sofridos pelo progenitor guarda com o incumprimento da pensão de alimentos devidos aos/as filhos/as menores foram inferiores ao montante dos alimentos em dívida, esta impenhorabilidade possa ser apenas parcial.

13. A pobreza das famílias monoparentais

As famílias monoparentais são, na sua maioria, constituídas por mulheres e crianças[887]. O perfil sociológico das mulheres, autoras das acções de alimentos, caracteriza-se pelo desemprego de longa duração. Mesmo quando exercem uma actividade laboral, as mulheres têm um fraco peso nas profissões dirigentes e uma presença maciça nos serviços pessoais e domésticos, verificando-se sempre desvios significativos entre as remunerações das mulheres e dos homens. As mulheres recebem apenas cerca de 86% da remuneração média de base auferida pelos homens[888]. Este desvio é ainda mais elevado quando se incluem outras componentes do salário, geralmente, de cariz discricionário.

As mulheres autoras da acção de alimentos e que têm a guarda dos/as filhos/as precisam da pensão de alimentos para não caírem na pobreza ou não transporem a fronteira da exclusão social[889]. Esta situação terá sido agravada com o regime jurídico do divórcio introduzido pela lei nº 61/2008,

---

[887] Cfr. CANÇO, Dina, *As Mulheres no Censo de 1991*, ob.cit., p. 18-20: As mulheres com um ou mais filhos/as com menos de 6 anos representam 91,1% do total de famílias monoparentais, os homens representam apenas 8,9%. Nas famílias monoparentais com filhos/as menores de 15 anos, as mulheres representam 89% e os homens 11%. As famílias monoparentais são quase todas constituídas por mulheres com filhos/as e quanto mais novos são os/as filhos/as maior é a taxa de feminização.
[888] Cfr. INE, Anuário Estatístico da Região Norte – 2009, Indicadores do Mercado de Trabalho por Município – 2008, in www.ine.pt.
[889] Cfr. BRAGA DA CRUZ, Ana Maria, *Cobrança da pensão de alimentos*, ob. cit.

de 31 de Outubro, que se mostrou pouco sensível à repercussão do divórcio na condição económica das partes[890]. Com efeito, o legislador, presumindo a auto-suficiência dos ex-cônjuges e a sua igualdade económica, reduziu substancialmente o sucesso dos pedidos de alimentos das mulheres, o grupo mais vulnerável à pobreza por não ter trabalhado fora de casa ou por trabalhar em profissões menos remuneradas do que os ex-maridos.

As famílias monoparentais são o grupo familiar com menores níveis de rendimento e as mulheres com crianças a cargo estão entre os grupos com maior vulnerabilidade à pobreza, fenómeno legado à discriminação das mulheres no mercado de trabalho[891].

Para além destes dados, a obrigação de alimentos devida a crianças não é voluntariamente paga, há dificuldade na sua cobrança coerciva devido a ausência para parte incerta do devedor, detenção deste, desemprego sem subsídio, doença prolongada ou trabalho clandestino.

Em Portugal, as famílias monoparentais estão associadas, nos estudos sobre maus tratos infantis, a "trabalho abusivo" e a "ausência de guarda"[892]. Não se afirma, contudo, neste estudo, qual a percentagem de famílias monoparentais que apresentam estes problemas. Deve, também, ter-se em conta que a monoparentalidade não é um fenómeno homogéneo. Para além de a monoparentalidade apresentar causas diferentes, os níveis de instrução dos pais, os rendimentos, a inserção no mercado de trabalho e os apoios familiares à função parental também variam. A monoparentalidade, sempre foi, no nosso país, um fenómeno com valores numéricos importantes, assentando em três causas: o falecimento de um dos cônjuges, o celibato associado à procriação de filhos/as e a ausência ou emigração do cônjuge[893]. Entre 1970 e 1981, verifica-se, todavia, uma diminuição acentuada do número absoluto e relativo de famílias monoparentais, devido à redução das situações causadas por falecimento e pela emigração. Contudo, este número aumenta significativamente de 189 000 para 254 000, entre 1981 e 1991, devido ao aumento gradual do divórcio, representando 9% do total de núcleos familiares e 13% de todos os núcleos familiares com filhos/as, sem atingir, no entanto, valores tão altos como

---

[890] Cf. JORGE DUARTE PINHEIRO, *Ideologias e ilusões no regime jurídico do divórcio e das responsabilidades parentais*, Separata, Estudos em Homenagem ao Professor Doutor Carlos Ferreira de Almeida, Almedina – 2011, p. 481.

[891] Sobre o fenómeno da pobreza infantil, vide BASTOS, Amélia et al., *Um olhar sobre a pobreza infantil, Análise das condições de vida das crianças*, Almedina, Coimbra, 2008.

[892] Cfr. ALMEIDA, A. N./ANDRÉ, I. M./ALMEIDA, H. N., *Sombras e marcas: os maus tratos às crianças na família*, Análise Social, 1999, p. 108-109.

[893] Cfr. WALL, K./LOBO, C., *Famílias Monoparentais em Portugal*, Análise Social, vol. XXXIV, nº 150, 1999, p. 128.

os de 1970[894]. Note-se que, estes valores referem-se a um conceito amplo de família monoparental utilizado pelo Instituto Nacional de Estatística – núcleo familiar de pais e mães (que não vivem em casal) com filhos/as solteiros de qualquer idade – e que em Portugal, diferentemente dos países da Europa do Norte, é comum o modelo em que um dos progenitores, viúvo/a, vive com os//as filhos/as maiores, ou para lhes prestar apoio, enquanto completam os seus estudos, ou porque os/as filhos/as prestam apoio a pais idosos[895]. Se considerarmos apenas as famílias monoparentais com crianças, verificamos que estas representam 5% de todas as famílias com filhos. A monoparentalidade caracteriza-se, em Portugal, por proporções baixas de pais sós com filhos menores e proporções elevadas de pais sós com filhos/as adultos[896]. Quanto ao estado civil, a monoparentalidade tradicional, por viuvez e celibato, mantém valores estáveis, entre 1981 e 1991, sendo o grupo maioritário o das viúvas ou viúvos, com mais de 45 anos, com filhos/as solteiros adultos e com baixo nível de escolaridade[897]. A monoparentalidade de solteiros representa cerca de 10% do total das mães sozinhas[898]. Durante este período de 1981 a 1991, foi a taxa de monoparentalidade por ruptura conjugal que maior mudança sofreu, aumentando o número de mães divorciadas de 13,6% em 1981 para 37, 9% em 1991, e os homens divorciados de 11,7% para 30, 9%[899], tratando-se de mães e pais divorciados, entre os 25 e os 44 anos, com um nível de instrução relativamente mais elevado e fortemente inseridos no mercado de trabalho[900].

Note-se ainda que, em Portugal, quase um terço das famílias monoparentais vive com outras pessoas em agregados domésticos de famílias alargadas[901]. Já relativamente às famílias monoparentais por sexo, constata-se que a monoparentalidade é um fenómeno essencialmente feminino[902]. As mães com filhos//as solteiros de qualquer idade são 86,2% do total de núcleos monoparentais

---

[894] *Idem* p. 128-129.
[895] *Idem* p. 140.
[896] *Idem* p. 139.
[897] *Idem* p. 132: 50,9% das mães sós são viúvas e 60,6% dos pais sós são viúvos.
[898] *Idem* p. 131.
[899] *Idem* p. 133.
[900] *Idem* p. 135-136.
[901] *Idem* p. 141.
[902] No Brasil, nove milhões de mulheres vivem sós com os filhos, o que se reflecte no empobrecimento das camadas mais baixas da população, fazendo com que a monoparentalidade feminina esteja em situação de desvantagem em relação à masculina, devido à discriminação da mulher no mercado de trabalho. Cfr. FACHIN, R.A.G., *Em Busca da Família do Novo Milênio, Uma reflexão crítica sobre as origens históricas e as perspectivas do Direito de Família brasileiro contemporâneo*, Biblioteca de Teses, Renovar, 2001, p. 136-137.

enquanto que os homens não atingem os 14%[903]. As mães monoparentais representam em 1991, 11,3% do total dos núcleos familiares com filhos/as e os pais somente 1,8%[904]. Se tivermos em conta a idade dos/as filhos/as, a desproporção ainda é maior no que diz respeito à guarda de crianças com idade inferior a seis anos. Quanto à relação entre estado civil e famílias monoparentais com crianças, verifica-se que predominam em Portugal, as mães separadas ou divorciadas, 61%, sendo a percentagem de mães solteiras com filhos menores de 18 anos igual a 18% e a de viúvas, 21%[905]. Verificou-se, ainda, nestes estudos, que 73% de mães sós com filhos/as até aos 18 anos participam, na sua maioria, a tempo inteiro no mercado de trabalho[906].

Nunca houve, em Portugal, uma política social global dirigida às famílias monoparentais[907] e falta a estas uma rede social de apoio, formal ou informal[908]. Nesta fase de mudança da família e de crise do casamento, pensamos que o conceito de família, para efeitos de segurança social e de direito fiscal, devia ser não a família de estrutura horizontal, constituída por dois adultos que coabitam, mas a família de estrutura vertical, em que um adulto cuida de uma ou mais crianças, de pessoas deficientes ou idosos dependentes. Pensamos que em vez de se equiparar todas as relações ou uniões ao casamento, se deve eleger a relação entre os pais e os/as filhos/as ou a relação entre a pessoa de referência e a criança, que se inspira no modelo tradicional da maternidade, como a relação familiar fundamental, concentrando-se os recursos do Estado no apoio às pessoas que cuidam e educam filhos/as ou outros dependentes.

As famílias monoparentais são objecto de preconceitos por parte de uma sociedade que continua a viver num patriarcado implícito, em que o conceito de mãe é definido pela relação da mãe com o pai da criança, sendo a mãe solteira

---

[903] Cfr. WALL, K./LOBO, C., *Famílias monoparentais... ob. cit.*, p. 130.
[904] *Idem* p. 131.
[905] Cfr. WALL/LOBO, *Famílias monoparentais... ob. cit.*, p. 141-142.
[906] *Idem* p. 143.
[907] *Idem* p. 125.
[908] Cfr. ALMEIDA, A. N./ANDRÉ, I. M./ALMEIDA, H.N., *Sombras e marcas...* p. 113. *Vide*, a este propósito, a Recomendação nº R (97) 4 do Comité de Ministros aos Estados Membros do Conselho da Europa sobre os meios de assegurar e de promover a saúde da família monoparental e a Resolução do Parlamento Europeu sobre a protecção da família e da criança, Jornal Oficial nº C 128 de 07/05/1999, p. 0079, onde se manifesta o desejo de que a situação das famílias monoparentais, cujo número vem aumentando, seja objecto de medidas específicas, essencialmente com vista a garantir um rendimento digno, a protecção social e o acolhimento das crianças. Recentemente, a lei criou o Conselho Nacional de Família (DL nº 150/2000, de 20 de Julho) ao qual é atribuída a competência de emitir pareceres e propor medidas com o objectivo de apoio às famílias monoparentais.

considerada um modelo desviante[909], em consequência da tradicional distinção entre filhos/as legítimos e ilegítimos. A relação entre um homem e uma mulher tem sido o que define as relações familiares, dependendo do facto de os pais serem ou não casados. Pensa-se, também, que a estrutura monoparental da família é, por inerência, prejudicial às crianças e está necessariamente associada a pobreza, patologia, droga ou crime. Contudo, a ideia de que a monoparentalidade é intrinsecamente prejudicial às crianças não está empiricamente provada. Em Portugal, a experiência com a viuvez e com a emigração, permitiu observar que estas situações não lesam o bem-estar dos/as filhos/as e que o estigma da família monoparental dirige-se, sobretudo, às famílias assentes no celibato ou no divórcio. Mesmo os estudos que demonstram uma menor adaptação das crianças em famílias monoparentais não retiram deste resultado a conclusão simplista de que a causa dos danos é a estrutura monoparental da família[910]. Note-se que, a este respeito, não está provado que a criança bem-estar das mulheres e das crianças que vivem numa família monoparental seja causado pela estrutura da família e pela ausência do pai, pois há uma multiplicidade de factores que distinguem estas famílias das famílias fundadas no casamento, e que são exteriores à estrutura da família e à qualidade da função parental exercida: dificuldades económicas, pobreza, stress emocional, baixo nível educacional e apoio social inadequado[911]. As famílias monoparentais não representam uma amostra casual de todas as famílias, e, portanto, o facto de as crianças que vivem em famílias monoparentais estarem, nalguns aspectos, numa situação pior do que as crianças que vivem numa família fundada no casamento, não prova que a causa dos problemas destas crianças seja o de serem membros de uma família monoparental[912]. O factor mais importante para justificar o bem-estar mais baixo das crianças em famílias monoparentais é a diminuição do rendimento sofrido pelo progenitor guarda, o que é muito diferente de dizer que as famílias monoparentais são piores para as crianças[913]. Com efeito, os casais com problemas económicos divorciam-se mais e as famílias monoparentais enfrentam, pelo baixo montante dos alimentos decretados e pela alta taxa de não cumprimento, um declínio considerável de rendimento[914]. Por outro lado, existe um maior conflito entre casais que se divorciam do que entre aqueles

---

[909] Cfr. FINEMAN, M. A., *The Neutered Mother...ob.cit.*, p. 148.
[910] Cfr. FINEMAN, M. A., *The Neutered Mother...ob.cit.*, p. 104-105.
[911] Cfr. ANGEL, Ronald/ANGEL, Jacqueline, *Painful Inheritance: Health and the New Generation of Fatherless Families* , Madison, University of Wisconsin Press, 1993, 104-105, p. 183.
[912] Cfr. SUGARMAN, Stephen D., *Single-Parent Families*, in *All Our Families*, Edited by MASON, M. A./ /SKOLNICK, A./SUGARMAN, S. D., Oxford University Press, p. 24.
[913] *Idem* p. 25.
[914] *Idem* p. 24-25.

que continuam casados, e nada demonstra que, se os pais que se divorciam continuassem casados, o bem-estar das crianças aumentaria[915].

14. Garantia de alimentos devidos a menores: Uma nova prestação social

Reconhecendo que os alimentos devidos a menor são essenciais para garantir a dignidade da criança como pessoa em formação e até o seu direito à vida, a lei (Lei nº 75/98, de 19 de Novembro e DL nº 164/99, de 13 de Maio) veio instituir uma nova prestação do Estado a favor de crianças carecidas de alimentos[916]. Preenche-se, finalmente, uma lacuna do direito português relativo às crianças e às famílias monoparentais, concretizando-se a norma programática do art. 69º da CRP, que consagra o direito das crianças à protecção da sociedade e do Estado, e as Recomendações do Conselho da Europa R(82)2, de 4 de Fevereiro de 1982 e R(89)1, de 18 de Janeiro de 1989, relativas, respectivamente, à antecipação pelo Estado de prestações de alimentos devidos a menores e à obrigações do Estado em matéria de prestações de alimentos a menores em caso de divórcio dos pais. Requisitos desta atribuição são, segundo o art. 3º, nº 1, alíneas a) e b), do DL nº 164/99, que a pessoa judicialmente obrigada a prestar alimentos não satisfaça as quantias em dívida pelas formas previstas no art. 189º da O.T.M., e que o alimentando não tenha rendimento ilíquido superior ao valor do indexante dos apoios sociais (IAS) nem beneficie nessa medida de rendimentos de outrem a cuja guarda se encontre[917].

Devido à pobreza das famílias monoparentais, ao aumento das acções de regulação das responsabilidades parentais e dos processos de incumprimento das decisões judiciais, especialmente, das que fixam a prestação de alimentos devidos a menores, o Estado substitui-se ao devedor a fim de garantir à criança as condições de subsistência mínimas para o seu desenvolvimento e para uma vida digna[918]. No entanto, o Estado não se substitui completamente ao devedor, o qual continua obrigado perante o Estado no montante por este pago ao alimentando ou à pessoa a cuja guarda se encontre (art. 5º e seguintes do DL nº 164/99) e perante o alimentando, no caso de a prestação social

---

[915] Idem p. 24-25.
[916] Sobre a obrigação de alimentos e a segurança social, vide REMÉDIO MARQUES, *Algumas Notas sobre Alimentos... ob. cit.*, p. 203-248.
[917] Nos termos dos nºs 2 e 3 do artigo 3º, entende-se que o alimentado não beneficia de rendimentos de outrem a cuja guarda se encontre, superiores ao valor do IAS, quando a capitação do rendimento do respectivo agregado familiar não seja superior àquele valor. O agregado familiar, os rendimentos a considerar e a capitação dos rendimentos são aferidos nos termos do disposto no Decreto-Lei nº 70/2010, de 16 de Junho, alterado pela Lei nº 15/2011, de 3 de Maio, e pelos Decretos-Leis nºs 113/2011, de 29 de Novembro, e 133/2012, de 27 de Junho.
[918] Cfr. Preâmbulo do Decreto-Lei nº 164/99.

não ser suficiente para satisfazer as necessidades deste, mantendo-se, assim, a responsabilidade familiar do devedor.

As prestações são fixadas pelo tribunal de acordo com a capacidade económica do agregado familiar, com o montante da prestação de alimentos fixada e com as necessidades específicas da criança (art. 2º, nº 2 da lei nº 75/98 e art. 3º, nº 3 do DL nº 164/99). Tem legitimidade para requerer a prestação a ser paga pelo Estado, nos autos de incumprimento, o Ministério Público ou a pessoa a quem a prestação de alimentos deveria ser entregue (art. 3º da Lei nº 75/98).

É constituído um Fundo de Garantia dos Alimentos Devidos a Menores, gerido pelo Instituto de Gestão Financeira da Segurança Social, que assegurará, através dos centros regionais de segurança social da área de residência do alimentando, o pagamento das prestações e que fica sub-rogado em todos os direitos das crianças a quem sejam atribuídas prestações, com vista à garantia do respectivo reembolso (art. 6º, nº 3 da Lei nº 75/98, art. 2º e art. 5º do DL nº 164/99).

A jurisprudência entende que o montante da prestação a pagar pelo Fundo de Garantia pode ser superior ao que foi fixado por sentença proferida em acção de alimentos ou regulação das responsabilidades parentais[919].

Os diplomas que consagram a garantia de alimentos devidos a menores não são aplicáveis a maiores, nas condições do art. 1880º, no entender da jurisprudência, que justifica esta posição com o argumento gramatical de interpretação (os diplomas referem-se exclusivamente a menores) e porque existem outros meios para proporcionar aos jovens o completar da sua formação profissional, como bolsas de estudo, residências universitárias, cursos de formação subsidiados, etc.[920].

14.1. Limite quantitativo da prestação a cargo do FGDAM

Sobre a questão de saber se a prestação a pagar pelo Fundo de Garantia pode ter um valor superior àquela que foi fixada em relação ao progenitor

---

[919] Cfr. o acórdão do Tribunal da Relação de Coimbra, de 02/10/2001, in Base Jurídico-Documental do M.J. onde se afirma o seguinte: "A prestação de alimentos a efectuar pelo Fundo de Garantia dos Alimentos devidos a Menores criado pelo art. 2º do DL nº 164/99 não tem que limitar-se ao montante que foi fixado por sentença proferida em acção de alimentos ou regulação das responsabilidades parentais. A aludida prestação tem para o Fundo e como limite máximo 4 Ucs sofrendo redução até àquele montante, caso a pensão do obrigado a alimentos seja superior. Satisfeita pelo Instituto de Gestão Financeira da Segurança Social a prestação devida à criança, pode aquela entidade requerer a execução judicial para reembolso da importância paga. Contudo, em caso de eventual divergência entre o montante da prestação do obrigado e a do Fundo, o reembolso só poderá efectuar-se até ao montante da prestação do primitivo obrigado."

[920] Cfr. acórdão do Tribunal da Relação do Porto de 03/05/2001, in Base Jurídico-Documental do M.J.

judicialmente obrigado ou se, pelo contrário, o incidente de intervenção do FGADM não pode destinar-se a fixar uma nova pensão superior à devida pelo progenitor incumpridor, têm surgido na jurisprudência duas orientações distintas.

Numa primeira orientação, o Supremo Tribunal de Justiça, ao debruçar-se sobre a questão de saber a partir de que momento nasce a obrigação do FGDAM, aceitou no acórdão de 30-09-2008 (Relator: SEBASTIÃO PÓVOAS), o princípio segundo o qual «A prestação a suportar pelo Fundo pode, ou não, coincidir com a inicialmente fixada no processo de alimentos, surgindo em procedimento incidental de incumprimento, devidamente instruído destinado a apurar os pressupostos e eventual novo "quantum"».

Mais tarde, o acórdão do STJ de 04-06-2010 (Relatora: MARIA DOS PRAZERES PIZARRO BELEZA) decidiu que o montante das prestações cujo pagamento incumbe ao Fundo de Garantia de Alimentos Devidos a Menores pode ser superior, igual ou inferior ao da prestação judicialmente fixada e não satisfeita pelo obrigado, e que o limite máximo de 4 UC, por devedor, previsto pelo n.º 1 do artigo 2.º da Lei n.º 75/78, deve ser entendido como relativo a cada criança beneficiária, sob pena de ficar frustrado o objectivo do regime legal de assegurar às crianças a prestação adequada às suas necessidades específicas no caso das famílias com mais do que um filho[921].

No sumário do acórdão estipulou-se o seguinte:

> «1. O montante das prestações cujo pagamento incumbe ao Fundo de Garantia dos Alimentos Devidos a Menores é determinado em função da capacidade económica do agregado familiar, do montante da prestação de alimentos que foi fixado e das necessidades específicas do menor, mas não da capacidade do obrigado, como em regra sucede.
> 2. Pode, assim, ser superior, igual ou inferior ao da prestação judicialmente fixada e não satisfeita pelo obrigado.
> 3. Esse critério e a imposição da diligências prévias destinadas a apurar as necessidades do menor revela que o objectivo da lei é o de assegurar ao menor a prestação adequada às suas necessidades específicas».

A Lei n.º 66-B/2012, de 31 de Dezembro, contudo, alterou a redacção do art. 2.º, n.º 1 da Lei n.º 75/98, onde passou a constar o seguinte: «As prestações atribuídas nos termos da presente lei são fixadas pelo tribunal e não podem exceder, mensalmente, por cada devedor, o montante de 1 IAS,

---

[921] Em sentido diferente, defendendo que o tecto a tal responsabilidade financeira pública é alcançado por referência, não a cada um dos menores/credores de alimentos, mas a cada progenitor/devedor incumpridor, vide acórdão STJ 07-04-2011 (Relator: LOPES DO REGO), disponível in Base Jurídico-Documental do MJ, www.dgsi.pt

independentemente do número de filhos menores». Clarificou-se, assim, que o limite máximo da prestação a cargo do Fundo de Garantia tem por referência não cada uma das crianças, mas apenas o devedor.

Uma parte da jurisprudência do Supremo Tribunal de Justiça adere à tese da natureza autónoma da prestação a cargo do Fundo em relação à obrigação de alimentos do progenitor devedor, com a possibilidade de aumento do seu *quantum*.

É o caso do acórdão da 1ª Secção Cível (Relator: MÁRIO MENDES; Revista nº 252/08.8TBSRP-B-A.E1), onde se conclui que «(...) a prestação social a suportar subsidiariamente pelo Fundo em procedimento incidental de incumprimento devidamente instruído especialmente destinado a apurar a verificação dos pressupostos e eventual novo "quantum" pode ou não coincidir com a inicialmente fixada no processo de alimentos», condenando o Fundo de Garantia ao pagamento de uma pensão de alimentos de montante superior àquela que tinha sido fixada para o devedor originário.

Esta tese não foi, contudo, adoptada no acórdão de 29 de Maio de 2014 (Relator: BETTENCOURT FARIA), onde se entendeu que «Na hipótese de ser determinada a obrigação do FGADM de prestar ao menor alimentos, por ter deixado de ser cumprida essa obrigação, pelo respectivo devedor, a obrigação do Fundo não pode ser fixada em montante superior àquele que constituía a prestação incumprida».

Na jurisprudência dos Tribunais da Relação tem-se verificado idêntica divergência de decisões, parecendo registar-se uma dominância da tese que admite a possibilidade de fixação de um novo quantum superior ao originário[922].

14.1.1. Argumentos em confronto

A corrente jurisprudencial que defende a impossibilidade de a pensão a cargo do FGDAM ser de montante superior à do devedor originário deduz esta solução do conceito jurídico de sub-rogação legal e assenta no entendi-

---

[922] Defendendo a tese da autonomia da prestação a cargo do FGADM, *vide* os seguintes acórdãos: *RC 10-12-2013* (CARLOS MOREIRA); RC 11-02-2014 (Luís Cravo); RC 11-02-2014 (CATARINA GONÇALVES); RC 11-03-2014 (CATARINA GONÇALVES); RP 15-10-2013 (RUI MOREIRA); RP 15-10-2013 (VIEIRA E CUNHA); RP 11-03-2014 (RODRIGUES PIRES); RE 05-12-2013 (ACÁCIO NEVES); RE 05-06-2014 (EDUARDO TENAZINHA); RE 13-02-2014 (ASSUNÇÃO RAIMUNDO); RL 20-03-2014 (RUI DA PONTE GOMES); RL 20-04-2014 (MARIA ADELAIDE DOMINGOS); RL 13-05-2014 (JOÃO RAMOS DE SOUSA); RG 10-04-2014 (FILIPE CAROÇO); RG 23-01-2014 (CONCEIÇÃO BUCHO); RG 24-04-2014 (ISABEL ROCHA); RG 30-06-2014 (HENRIQUE ANDRADE). Em sentido diferente, aderindo à tese de que a prestação do Fundo não pode exceder a fixada para o obrigado, *vide RP 18-02-2014* (MÁRCIA PORTELA); RC 11-02-2014 (MARIA DOMINGAS SIMÕES); RC 19-02-2013 (ALBERTO RUÇO); RE 27-02-2014 (JOSÉ LÚCIO); RL 13-03-2014 (FÁTIMA GALANTE); RL 10-04-2014 (CARLOS MARINHO).

mento de que a prestação a cargo do Fundo tem a natureza de garantia de cumprimento, não sendo possível caracterizá-la como prestação nova, actual e autónoma relativamente à originária.

Esta tese baseia-se em três argumentos:

1) A possibilidade legal de determinação de um montante distinto daquele a que o obrigado originário estava vinculado refere-se apenas aos casos em que o montante devido pelo progenitor incumpridor excede o limite máximo de um IAS, conforme art. 3º, nº 5 do Decreto-Lei nº 164/1999, na redacção da Lei nº 64/2012, de 20/12, sendo necessário, nesta hipótese, calcular um novo valor para a pensão a fim de respeitar os limites máximos legais, mas tal possibilidade abrangeria apenas a alteração da pensão para um valor inferior.

2) A lei, prevendo, no art. 5º, nº 1 do Decreto-Lei nº 164/99, que o Fundo fique sub-rogado em todos os direitos do menor a quem sejam atribuídas prestações, com vista à garantia do respectivo reembolso, traduz a intenção do legislador de que o Fundo venha a ser ressarcido de tudo aquilo que pagou em substituição do devedor, o que só ocorrerá se não for obrigado a pagar para além do que já se encontrava fixado. Por outro lado, se a prestação a pagar pelo FGADM pudesse ser superior à prestação do devedor, a lei devia prever a hipótese, mas não prevê, que, tendo o devedor retomado o pagamento da prestação de alimentos, o Fundo continuaria vinculado a pagar alimentos ao menor, agora no montante equivalente à diferença entre a prestação fixada para o FGADM e aquela que o devedor recomeçou a pagar, ao invés de prever simplesmente, nesta hipótese, a cessação da obrigação a cargo do FGADM.

3) O processo de accionamento do Fundo está inserido num incidente de incumprimento e a alteração do montante da pensão só seria possível, em termos processuais, num processo de alteração da pensão nos termos do art. 182º da O.T.M..

Já a corrente que defende a tese oposta baseia-se nos seguintes argumentos:

1) A prestação a pagar pelo Fundo de Garantia consiste numa obrigação própria, que não assume uma natureza meramente substitutiva de uma obrigação alheia, mas constitui uma prestação social autónoma relativamente à prestação do devedor originário. Esta prestação destina-se, assim, a proporcionar às crianças, de forma subsidiária, a satisfação duma necessidade actual, desde que cumpridos determinados requisitos fixados na lei.

2) A letra da lei admite expressamente a fixação de uma nova pensão, estipulando critérios para a determinação do seu montante (art. 3º, nº 5 do DL nº 164/99) e conferindo aos tribunais o poder de proceder a diligências especiais para o efeito (art. 4º, nºs 1 e 2 do citado Decreto-Lei).
3) O legislador concebeu a prestação a cargo do Fundo como um meio de combate à pobreza enquadrado no sistema não contributivo.
4) A interpretação conforme à Constituição exige, dentro de um quadro limitado pela letra da lei, a solução que maximiza os direitos fundamentais das crianças: o direito ao desenvolvimento integral (art. 69º, nº 1 da CRP) e a uma vida digna (art. 1º da CRP).

14.2. Juízo de ponderação e posição adoptada

Entendemos que a resposta a esta questão não pode ser dada, usando apenas argumentos técnico-jurídicos ou dogmáticos, desligados do valor dos interesses sociais em causa, pois, em última análise, o direito visa a tutela de interesses de uma forma justa e a protecção dos mais fracos.

Os diplomas que instituíram e regulam o Fundo de Garantia são precisamente instrumentos legislativos elaborados para proteger os interesses das crianças e os seus direitos fundamentais à vida (art. 24º da CRP), ao livre desenvolvimento da personalidade e à integridade pessoal (arts 25º e 26º da CRP), ao desenvolvimento integral e à protecção da sociedade e do Estado (art. 69º da CRP).

Conforme se afirma no preâmbulo do Decreto-Lei 164/99, estamos perante uma questão que deve ser analisada à luz dos direitos fundamentais das crianças:

> «A Constituição da República Portuguesa consagra expressamente o direito das crianças à protecção, como função da sociedade e do Estado, tendo em vista o seu desenvolvimento integral (artigo 69º). Ainda que assumindo uma dimensão programática, este direito impõe ao Estado os deveres de assegurar a garantia da dignidade da criança como pessoa em formação a quem deve ser concedida a necessária protecção. Desta concepção resultam direitos individuais, desde logo o direito a alimentos, pressuposto necessário dos demais e decorrência, ele mesmo, do direito à vida (artigo 24º). Este direito traduz-se no acesso a condições de subsistência mínimas, o que, em especial no caso das crianças, não pode deixar de comportar a faculdade de requerer à sociedade e, em última instância, ao próprio Estado as prestações existenciais que proporcionem as condições essenciais ao seu desenvolvimento e a uma vida digna».

(...)

«Ao regulamentar a Lei nº 75/98, de 19 de Novembro, que consagrou a garantia de alimentos devidos a menores, cria-se uma nova prestação social, que traduz um avanço qualitativo inovador na política social desenvolvida pelo Estado, ao mesmo tempo que se dá cumprimento ao objectivo de reforço da protecção social devida a menores».

As prestações asseguradas pelo FGADM revestem uma natureza fortemente distributiva e inserem-se, juntamente com o rendimento social de inserção, nos regimes não contributivos cuja finalidade é a redistribuição de rendimentos, ou seja, fornecer às pessoas mais carenciadas rendimentos que permitam prevenir e erradicar situações de pobreza[923]. O acesso aos benefícios não depende da inscrição no sistema nem envolve o pagamento de contribuições, sendo determinado pelos recursos do agregado familiar. Esta forma de intervenção do Estado está prevista na Constituição (arts 63º e 81º, al. a) e b) da CRP) e traduz-se na atribuição de prestações de carácter redistributivo, conferidas pelo subsistema de solidariedade e financiadas através do recurso a receitas provenientes de impostos[924].

A interpretação da lei deve partir do texto, para reconstituir o pensamento legislativo, de acordo com a unidade do sistema jurídico, as circunstâncias em que a lei foi elaborada e aquelas em que é aplicada, sendo os argumentos teleológico e sistemático de interpretação os critérios hermenêuticos decisivos.

Neste sentido, consultando o preâmbulo do diploma legislativo em causa, o Decreto-Lei nº 164/99, de 13 de Maio, temos acesso ao pensamento legislativo e à finalidade da lei: a obrigação a cargo do Fundo é uma nova prestação social que visa a promoção dos direitos das crianças à vida e ao desenvolvimento.

É certo que não é a mera situação de pobreza que permite o accionamento do Fundo, mas o incumprimento de um dos pais. O Estado não definiu uma política social de apoio às crianças baseada unicamente no rendimento *per capita* das famílias monoparentais. Sujeitou antes esta prestação social ao requisito do incumprimento do progenitor obrigado, por entender que nestas situações as crianças sofrem uma vulnerabilidade acrescida e porque se tem reconhecido à intervenção do Estado, no domínio do social, uma natureza supletiva e excepcional

A obrigação do Fundo tem assim, com efeito, tal como foi desenhada pela lei, num primeiro momento, uma natureza substitutiva da obrigação do devedor originário porque surge na sequência do incumprimento deste. Mas

---

[923] Cf. LILIANA PALHINHA/MATILDE LAVOURAS, «Fundo de Garantia dos Alimentos Devidos a Menores», *RMP*, Ano 26, Nº 102, 2005, p. 153 e nota (20) da mesma página.
[924] *Ibidem*, p. 154.

esta característica não esgota a sua natureza jurídica. O legislador sabe – e refere-o também no preâmbulo do diploma[925] – que o aumento das separações e dos divórcios quebra muitas vezes os vínculos de solidariedade familiar e que as famílias monoparentais com filhos a cargo, as mães adolescentes ou os pais toxicodependentes são as mais afectadas por situações de pobreza e por elevadas taxa de incumprimento da pensão, circunstâncias que colocam as crianças a viver abaixo do limiar da pobreza, como consta das estatísticas nacionais e dos estudos empíricos[926]. Por falta de informação acerca dos seus direitos, estas famílias ficam muito tempo a viver em situações de extrema pobreza, intentando os processos de incumprimento após períodos longos de carência, durante os quais as necessidades das crianças aumentam, devendo ser supridas por pensões de montante superior à fixada para o progenitor obrigado. A pensão de alimentos originária é, com frequência, de valor muito reduzido, estabelecida judicialmente sem contraditório, com base na imputação de rendimentos, em casos de abandono e desaparecimento sem paradeiro do devedor.

O legislador decidiu, portanto, prever para estas crianças – filhas de pais ausentes ou incapazes de cumprir a sua obrigação de alimentos – uma prestação especial e autónoma, que surgindo a propósito do incumprimento de um dos pais, visa mais do que a mera substituição da obrigação deste: prover à satisfação das necessidades básicas das crianças para que não vivam abaixo do limiar de sobrevivência, garantindo-lhes um nível mínimo de vida para realização dos seus direitos fundamentais à vida e ao desenvolvimento.

Note-se que a fixação de uma pensão em montante superior será uma possibilidade excepcional para os casos de extrema pobreza. Em regra, será de manter o montante da pensão a que está obrigado o devedor originário, pensão que aliás está elencada pela lei como um dos critérios para determinar a nova prestação a cargo do Fundo.

---

[925] Afirma o preâmbulo do Decreto-Lei nº 164/99 que: «De entre os factores que relevam para o não cumprimento da obrigação de alimentos assumem frequência significativa a ausência do devedor e a sua situação sócio-económica, seja por motivo de desemprego ou de situação laboral menos estável, doença ou incapacidade, decorrentes, em muitos casos, da toxicodependência, e o crescimento de situações de maternidade ou paternidade na adolescência que inviabilizam, por vezes, a assunção das respectivas responsabilidades parentais».
[926] Cf. *Famílias nos Censos 2011: Diversidade e Mudança*, Instituto Nacional de Estatística, 20 de Novembro de 2013, disponível para consulta in file:///D:/Contas/Bioplant/Downloads/20FamiliasCensos2011%20(1).pdf; *Rendimentos e Condições de Vida 2013*, Instituto Nacional de Estatística, 24 de Março de 2014, disponível para consulta in file:///D:/Contas/Bioplant/Downloads/24RendCondVida2013%20(1).pdf; AAVV, *Um Olhar Sobre a Pobreza Infantil, Análise das Condições de Vida das Crianças*, Almedina, 2008.

Foi esta também a posição do Tribunal Constitucional, no acórdão nº 309/99 (Relator: Carlos Cadilha), que expressamente admitiu a possibilidade de os tribunais condenarem o Fundo ao pagamento de uma pensão de montante superior ou inferior, em relação à prestação de alimentos a cargo do progenitor obrigado:

> «Para a determinação do montante da prestação social, como determina o transcrito artigo 2º, nº 2, da Lei nº 75/98, o tribunal deve atender, não só à capacidade económica do agregado familiar e às necessidades específicas do menor, mas também ao montante da prestação de alimentos que fora anteriormente fixada e que está em dívida. (...) O tribunal, por efeito da actividade jurisdicional que é levado a realizar na sequência do pedido formulado nos termos desse diploma, não está impedido de fixar um montante superior ou inferior à prestação de alimentos que impendia sobre o devedor (...); isso deve-se apenas ao facto de o legislador ter considerado ser exigível, nessa circunstância, uma reponderação pelo juiz da situação do menor à luz da qual foi fixada a pensão de alimentos».

Trata-se, no fundo, de uma possibilidade de actualização da pensão de alimentos, para que esta tenha aptidão para satisfazer as necessidades actuais das crianças. O legislador admitiu a fixação de uma nova pensão no incidente de incumprimento, sem necessidade de intentar uma acção de modificação do valor da pensão, ao abrigo do art. 182º da O.T.M., evitando-se, assim, um «círculo interminável de decisões sem qualquer efeito útil»[927].

Estas duas obrigações, a do Fundo de Garantia e a do progenitor, são, na concepção do legislador, obrigações de natureza distinta e cujo cálculo obedece a critérios também distintos. Tal como se defendeu no acórdão uniformizador de jurisprudência, de 7 de Julho de 2009 (Relator: Azevedo Ramos), «Não há paridade entre o dever paternal e o dever do Estado quanto a alimentos, pois não há semelhança entre a razão de ser da prestação de alimentos fixada ao abrigo das disposições do Código Civil e a fixada no âmbito do Fundo».

Com efeito, resulta da lei que enquanto o direito a alimentos a prestar pelos pais, por efeito da filiação (artigo 1874º C.C.), é um direito subjectivo da criança, «as prestações sociais a cargo do Fundo não constituem um direito subjectivo dos menores a quem se dirigem, representando antes um recurso subsidiário, fundado na noção de solidariedade subjacente ao Estado Social e destinado a dar resposta imediata à satisfação de necessidades de menores que

---

[927] Cf. acórdão do Tribunal da Relação de Lisboa, de 29-04-2014, processo nº 23668/10.5T2SNT.L1-1, Relatora: MARIA ADELAIDE DOMINGOS.

se encontrem numa situação de carência. Por outro lado, entre a obrigação de alimentos que recai sobre o progenitor por natural efeito da filiação (vínculo específico de natureza familiar) e a prestação social substitutiva do Fundo existe uma manifesta diferenciação jurídico-substantiva, sendo claro que as prestações a satisfazer pelo Fundo não vêm, como já dissemos, substituir as prestações que tinham por fonte uma relação jurídica familiar (artigo 1576º C.C.); assim (...), no caso de atribuição da prestação social do FGADM trata-se, com efeito, não de garantir de forma substitutiva o pagamento da prestação de alimentos que a pessoa naturalmente obrigada não satisfez, mas sim, por recurso à subsidiariedade e após a verificação dos vários pressupostos cumulativos, fixar por decisão judicial uma pensão social num "quantum" que pode ser diferente do quantum da prestação originária, sendo esse novo montante que o Fundo garante, agora já, insistimos, com natureza de prestação social do regime não contributivo»[928].

Neste sentido, «a prestação atribuída (ex novo) no quadro da actividade assistencial desenvolvida subsidiariamente pelo Fundo não se apresenta como uma actividade que deva considerar-se substitutiva da obrigação originária do progenitor incumpridor, mas antes como uma prestação social (integrada no designado regime não contributivo) de natureza provisória criada no âmbito das obrigações do Estado na protecção devida a menores, necessariamente aferida, quer nos critérios de atribuição quer nos critérios de fixação do quantum, pelas necessidades actuais do menor, obviamente agravadas pelo estado de carência que pode ter sido determinado, ou pelo menos ampliado, pelo prévio incumprimento do devedor originário»[929].

A tese que permite a fixação da pensão em valor superior ao do obrigado tem apoio na letra da lei e no seu espírito ou *ratio*, bem como no elemento sistemático de interpretação, que exige uma coerência axiológica do ordenamento jurídico e que impõe uma interpretação conforme à Constituição.

Na letra da lei, o art. 2º, nº 1 da lei nº 75/98 (de acordo com a redacção da Lei nº 66-B/2012, de 31-12) afirma que «As prestações atribuídas nos termos da presente lei são fixadas pelo tribunal e não podem exceder, mensalmente, por cada devedor, o montante de 1 IAS, independentemente do número de filhos menores» e, por sua vez, o nº 2 da mesma disposição fixa os critérios para o cálculo do montante da prestação, estipulando o seguinte: «Para a determinação do montante referido no número anterior, o tribunal atenderá à capacidade económica do agregado familiar, ao montante da prestação de alimentos fixada e às necessidades específicas do menor».

---

[928] Cf. acórdão STJ, Revista nº 252/08.8TBSRP-B-A.E1, Relator: MÁRIO MENDES.
[929] Cf. acórdão STJ, Revista nº 252/08.8TBSRP-B-A.E1, Relator: MÁRIO MENDES.

O diploma que veio regulamentar a Lei nº 75/98, de 19 de Novembro, o Decreto-Lei nº 164/99, no seu art. 4º, nº 1 e nº 2, atribui ao tribunal poderes para fixar a prestação a pagar pelo Fundo, pressupondo que, no incidente de incumprimento, há lugar a uma nova e autónoma prestação em relação àquela que foi incumprida pelo obrigado:

> «1 – A decisão de fixação das prestações a pagar pelo Fundo é precedida da realização das diligências de prova que o tribunal considere indispensáveis e de inquérito sobre as necessidades do menor, oficiosamente ou a requerimento do Ministério Público.
> 2 – Para os efeitos do disposto no número anterior, o tribunal pode solicitar a colaboração e informações de outros serviços e de entidades públicas ou privadas que conheçam as necessidades e a situação socioeconómica do alimentado e do seu agregado familiar».

A tratar-se de uma mera substituição do obrigado originário, pelo mesmo montante a que estava vinculado, não se percebe porque a lei atribui poderes aos tribunais para praticar diligências, estipula critérios para a determinação da prestação e os valores máximos desta. Bastaria, com menos diligências e dispêndio de tempo para os tribunais, prever um processo mais simples de mera substituição do obrigado pelo Fundo, pelo mesmo valor da pensão alimentar a que aquele estava condenado, com a única excepção da prestação ser reduzida para 1 IAS quando o valor inicial da mesma ultrapassasse este limite, sendo certo que tal redução não necessitaria de qualquer diligência do tribunal, pois poderia operar automaticamente. Note-se, ainda, que, da mera leitura do art. 2º, nº 2 da Lei 75/98 se conclui que o montante da prestação de alimentos originariamente fixado aparece como um elemento de ponderação do novo *quantum* a par dos dois outros referenciais de ponderação – a capacidade económica do agregado familiar e as necessidades específicas da criança – e não como limite da pensão social a arbitrar.

A *ratio* da lei ou o elemento teleológico de interpretação reforçam também esta tese, dada a finalidade da lei de instituir uma prestação social, conforme resulta dos excertos do preâmbulo acima citados.

Por outro lado, a interpretação da lei deve ser orientada por critérios hermenêuticos de coerência substancial e pela unidade da ordem jurídica. O princípio da interpretação conforme à Constituição constitui um princípio de prevalência normativo-vertical ou de integração hierárquico-normativa, que impõe o recurso às normas constitucionais para determinar e precisar o conteúdo intrínseco da lei.

Mais importante do que a coerência interna e conceitual de uma solução ou teoria, é decisiva a sua coerência axiológica com o ordenamento jurídico como um todo. E, resulta do princípio da interpretação conforme à Constituição, que a tese que permite o cálculo da pensão num montante superior ao do progenitor obrigado é a que promove os direitos fundamentais das crianças a uma vida digna e a condições mínimas de sobrevivência.

Relativamente ao argumento segundo o qual o disposto no art. 3º, nº 5 do Decreto-Lei 164/99 se refere apenas à possibilidade de fixar a pensão a cargo do Fundo em montante inferior, quando a pensão originária for superior a um IAS, dir-se-á que esta restrição do âmbito de aplicação da norma não está fundamentada na lei, porque esquece os chamados lugares paralelos que integram o elemento sistemático de interpretação. Com efeito, a pensão de alimentos a cargo do progenitor, enquanto prestação que tem por fundamento os laços jurídicos de filiação (art. 1874º do C.C.), determina-se de acordo com critérios baseados no binómio capacidade do devedor/necessidade do alimentando (art. 2004, nº 1 do C.C. e 188º, nº 2 da O.T.M.). Já a prestação social a cargo do Fundo segue outros critérios, atendendo, sobretudo, ao critério da necessidade da criança e funcionando o montante da pensão anteriormente fixado como um elemento a atender na decisão, indicando, assim, o legislador, que a prestação social é autónoma da obrigação de alimentos originária. Por outro lado, a redução da prestação para um IAS não exige, como prevê a lei, diligências judiciais ou critérios legais a adoptar no seu cálculo, podendo ser feita automaticamente.

Tendo o legislador formulado o seu pensamento em termos gerais, referindo-se ao cálculo de uma nova pensão sem restringir esta possibilidade aos casos em que ela tenha de ser inferior a 1 IAS para respeitar o limite legal máximo, deve entender-se que, onde o legislador não distingue também não deve distinguir o intérprete.

A interpretação segundo a qual o cálculo de um novo valor para a prestação se refere apenas aos casos em que, havendo vários filhos menores, se torne necessário reduzir o montante global da prestação para 1 IAS e fixar a parte que cabe a cada um dos menores, não tem o mínimo de correspondência na letra da lei, que, no art. 3º, nº 5 do Decreto-Lei 164/99, se refere genericamente aos critérios de fixação da prestação social, sem restringir a aplicação dos mesmos aos casos de vários filhos. Nem seria crível que o legislador abrisse um processo judicial com a realização de diligências unicamente para distribuir a pensão por cada menor, quando o devedor é o mesmo, bastando, para o efeito, a redução automática da prestação alimentar global para 1 IAS ou da prestação por cada filho, de forma proporcional, assim se respeitando, sem necessidade de diligências acrescidas, o limite máximo legal.

Importa, contudo, para aferir da pertinência desta solução, analisar os argumentos decorrentes do regime jurídico da sub-rogação legal.

A este propósito, existe uma divergência entre os defensores da tese da possibilidade de aumento do montante da prestação a pagar pelo Fundo.

Alguma jurisprudência, partindo do conceito civilístico de sub-rogação legal, exige que um sujeito que cumpre uma obrigação de outrem fique por esse facto investido nos direitos do credor em relação ao devedor e seja reembolsado por tudo o que pagou. Em consequência, relativamente ao direito de reembolso do Fundo contra o progenitor obrigado a alimentos, defendem que, mesmo que a prestação do Fundo seja de montante superior à do obrigado originário, nada impede, de um ponto de vista jurídico, que o Estado fique sub-rogado na totalidade do que pagou ao credor, respeitando-se assim, quer o conceito civilístico de sub-rogação, quer a solução legal, que, nos termos dos artigos 6º, nº 3 da Lei 75/98 e 5º, nº 1 do Decreto-Lei 164/99, estipula que o FGADM fica legalmente sub-rogado em todos os direitos dos menores a quem tenham sido atribuídas prestações.

Foi esta a posição adoptada por alguns acórdãos dos Tribunais da Relação[930] e pelo acórdão do Supremo Tribunal, proferido na Revista nº 252/08.8TBSRP-B-A.E1, Relator: Mário Mendes:

> «De toda a estrutura dos diplomas legais referidos resulta que o Estado não se substitui ao devedor de alimentos no cumprimento da obrigação alimentar anteriormente fixada, e que não estamos perante uma qualquer assunção de dívidas do obrigado alimentar pelo Estado, mas antes sobre uma intervenção social destinada a atender as necessidades básicas de subsistência e desenvolvimento do menor. A sub-rogação do Fundo, como substituto dos menores no exercício dos seus direitos contra o incumpridor, tem como medida as quantias efectivamente prestadas na sequência do procedimento incidental, sendo certo que, nos termos do artigo 7º do DL 164/99 o reembolso previsto nos artigos 5º e 6º não prejudica a obrigação principal e originária de prestação de alimentos.
> Na lógica dos diplomas em análise e dentro da disciplina inerente à sub-rogação, o menor credor sub-roga o Fundo na medida do montante total deste recebido, montante esse que é determinado pelas suas necessidades aferidas no momento em que se verifica a intervenção supletiva do Fundo. Não se retira, neste quadro, qualquer argumento no sentido de a sub-rogação, tal como consagrada, impedir a fixação de uma prestação do Fundo superior à prestação originária».

Outro sector da jurisprudência entende que se deve admitir a chamada sub-rogação atípica ou parcial, aceitando-se que o direito de reembolso do

---

[930] Cf. acórdão do Tribunal da Relação de Guimarães, de 17-12-2013, Processo nº 987/03.1TBFLG-B.G1, Relator: MOISÉS SILVA.

Fundo seja exercido apenas até ao montante da dívida originária a cargo do progenitor obrigado, constituindo a diferença entre a dívida originária e a prestação paga pelo Fundo uma medida de natureza assistencialista a suportar com as receitas provenientes de impostos, destinada a combater a pobreza. Note-se que, em muitos destes casos, a situação socioeconómica do progenitor obrigado a alimentos não é uma dificuldade meramente transitória, mas corresponde a uma grande debilidade económica de natureza estrutural.

Defendendo esta posição, veja-se, a título de exemplo, o acórdão do Tribunal da Relação de Lisboa, de 29 de Abril de 2014 (Processo nº 23668/10.5T2SNT.L1-1) Relatora: Maria Adelaide Domingos)[931]:

> «[o] que a lei prevê é uma situação de sub-rogação legal (artigo 592º do Código Civil), que pode ser total ou parcial, consoante haja ou não total coincidência entre o quantum da prestação incumprida e a fixada a cargo do FGADM.
> Conforme se refere num acórdão da Relação do Porto[932], apelando aos ensinamentos do Prof. Antunes Varela, "[a] sub-rogação, sendo uma forma de transmissão das obrigações, coloca o sub-rogado na titularidade do mesmo direito de crédito (conquanto limitado pelos termos do cumprimento) que pertencia ao credor primitivo (...); o principal efeito da sub-rogação é a transmissão do crédito, que pertence ao credor satisfeito, para o terceiro (sub-rogado) que cumpriu em lugar do devedor ou à custa de quem a obrigação foi cumprida. Como a aquisição do sub-rogado se funda substancialmente no acto do cumprimento, só lhe será lícito porém exigir do devedor uma prestação igual ou equivalente àquela com que tiver sido satisfeito o interesse do credor".
> Concluindo-se no supra citado acórdão que "[a] sub-rogação legal convive assim com dois potenciais limites, entre a prestação efectuada pelo sub-rogado, e aquela que poderia ser exigida do devedor principal, apenas ficando o sub-rogado investido naquele dos direitos que for quantitativamente menor – a dívida do originário solvens ou a prestação efectuada pelo terceiro, agora sub-rogado.
> Esta diversidade de prestações não é estranha ao instituto da sub-rogação, que com elas convive, nos limites apontados."

---

[931] No mesmo sentido, vide acórdão do Tribunal da Relação do Porto, de 15-10-2013, processo nº 151/2.9TBARC.P1, Relator: VIEIRA E CUNHA, onde se afirma que «A sub-rogação legal convive assim com dois potenciais limites, entre a prestação efectuada pelo sub-rogado, e aquela que poderia ser exigida do devedor principal, apenas ficando o sub-rogado investido naquele dos direitos que for quantitativamente menor – a dívida do originário *solvens* ou a prestação efectuada pelo terceiro, agora sub-rogado. Esta diversidade de prestações não é estranha ao instituto da sub-rogação, que com elas convive, nos limites apontados».

[932] Cf. Ac. R.P., de 15-10-2013, proc. 151/12.9TBARC.P1, *in* www.dgsi.pt. ANTUNES VARELA, *Das Obrigações em Geral*, Almedina, 10ª ed., pp. 346 e 348.

Por outro lado, a natureza subsidiária da intervenção do FGADM em nada colide com o entendimento defendido, porquanto é necessário não olvidar que estamos no domínio de uma intervenção de cariz social, assistencialista.

O obrigado principal, como se refere na epígrafe do artigo 7º do Decreto-Lei nº 164/99, mantém a sua obrigação, daí que esteja acautelado o direito ao reembolso e os mecanismos coercivos para cobrança da dívida do obrigado (artigo 5º do Decreto-Lei nº 164/99).

Porém, tal consagração não obstaculiza que haja uma parte da prestação que não se encontra coberta pela sub-rogação, na justa medida em que a prestação foi fixada em valor superior ao valor da obrigação em incumprimento.

O não reembolso de prestações de natureza social carateriza, em regra, este tipo de prestações. Não vemos, pois, que um regime assumidamente de cariz social e assistencialista no âmbito da proteção dos direitos das crianças, não se coadune com esse tipo de resultado, transferindo para toda a sociedade o inerente encargo contributivo (cfr. artigo 8º do Decreto-Lei nº 164/99, de 13/05, no tocante às receitas do FGADM, donde resulta que a principal fonte provém das dotações inscritas no Orçamento do Estado). Repare-se que a prestação a cargo do FGADM é tudo menos definitiva, quer quanto à sua duração (desde logo fica limitada à menoridade do alimentando, mas não só, na medida em que só existe enquanto subsistir o incumprimento – conforme estipula o artigo 1º, nºs 1e 2, da Lei nº 75/98,), quer quanto ao seu montante (já que pode ser alterado em função da prova anual que é preciso apresentar perante o Tribunal competente, da manutenção dos pressupostos subjacentes à sua atribuição – cfr. artigo 9º, nºs 2 e 4, do Decreto-Lei nº 164/99), o que, mais uma vez, indicia que se trata de uma prestação autónoma sujeita a requisitos e pressupostos próprios, podendo variar no seu quantum relativamente à prestação do obrigado a alimentos que se encontra em incumprimento, conforme as circunstâncias concretas, que caso a caso e em cada momento, concorreram para a sua fixação».

Julgamos que a segunda tese, que admite a sub-rogação parcial, é a mais adequada à *ratio legis* e ao contexto sócio-normativo dos diplomas que criaram o FGAD. A intenção do legislador, como tem salientado a jurisprudência, foi proceder a uma política de redistribuição de rendimentos através da receita proveniente dos impostos dos cidadãos e não consagrar uma mera substituição em relação ao devedor originário[933]. Por outro lado, a sub-rogação parcial ou atípica sempre foi uma figura admitida pela doutrina e pela jurisprudência

---

[933] Neste sentido, LILIANA PALHINHAS/MATILDE LAVOURAS, *ob. cit.*, pp. 150-151

para adaptar o direito às necessidades da vida, sendo, nestes casos, a mais consentânea com a natureza não contributiva da medida em causa (que não assenta em quotas pagas pelos beneficiários como no caso das pensões ou subsídios da segurança social) e com os critérios de determinação da pensão de alimentos do obrigado, que se baseiam, não só nas necessidades da criança, mas também na sua capacidade de pagar, a qual funciona como limite da prestação, havendo que deixar assegurado o «mínimo de sobrevivência» do progenitor obrigado.

Resta, ainda, responder a outro argumento relacionado com a sub-rogação, segundo o qual uma vez recuperada a capacidade económica do devedor e de este retomar o pagamento da pensão a que estava obrigado, cessa a obrigação do Fundo, segundo o artigo 4º, nº 1 da Lei nº 75/98 e artigo 3º, nº 1 do DL nº 164/99, não ficando o Estado obrigado a pagar o remanescente em relação à pensão originária – solução que indicia que o diploma legal que criou o Fundo não visou consagrar uma política social de assistência às crianças, de natureza redistributiva, pois a ser assim, o Estado teria de manter o pagamento do excedente em relação à pensão originária do progenitor obrigado.

Em primeiro lugar, recuperando o devedor a sua capacidade económica, situação que nas situações de pobreza extrema a que nos referimos será muito rara, haverá lugar, de acordo com as regras gerais, à fixação de uma nova pensão, nos termos do artigo 2004º do Código Civil, e não automaticamente ao pagamento da prestação originária. É certo que a lei não prevê que o Fundo, nesta hipótese, como seria coerente com a ideia de uma prestação social autónoma, continue a pagar o remanescente, para manter o nível de vida da criança. Contudo, trata-se de uma falha ou lacuna legislativa (o legislador nem sempre é coerente e pensa em todas as hipóteses possíveis), que não deve ser usada para inviabilizar que o valor da prestação social possa ser superior ao montante a cargo do devedor originário, sob pena de se trair aquilo que foi o pensamento legislativo.

Este argumento resulta da utilização de um método lógico-dedutivo a partir de conceitos para encontrar a solução de um caso. Ora, a jurisprudência de conceitos é um método que tem sido muito criticado pela moderna teoria da argumentação jurídica, por não permitir encontrar soluções justas e adequadas à situação de interesses de cada caso e por ignorar os elementos teleológico, sistemático e histórico de interpretação da lei, que abrangem, respectivamente, a *ratio legis* ou a finalidade da lei, a unidade do sistema jurídico e a conjuntura económico-social que presidiu à elaboração da lei, bem como as circunstâncias em que ela é aplicada.

O método lógico-dedutivo tenta extrair a vontade do legislador da coerência conceitual e formal, através de raciocínios hipotéticos, esquecendo que os argumentos decisivos no debate, e que foram expressamente consagrados no Preâmbulo do diploma legal que criou o Fundo de Garantia, são o interesse das crianças e o seu direito fundamental a uma vida digna.

A interpretação dada ao funcionamento da figura da sub-rogação, tal como está regulada no Decreto-Lei nº 164/99, obedece a especialidades decorrentes do facto de estarmos perante uma dívida de alimentos a pessoas menores de idade, particularmente vulneráveis porque vivem em situação de pobreza. Trata-se de uma sub-rogação atípica, que tem sido já admitida pela jurisprudência noutros contextos para adaptar o Direito às realidades práticas da vida.

Estamos perante uma questão jurídica, como muitas, para a qual não existe uma resposta única, sendo possível seguir caminhos argumentativos distintos, todos eles racional e juridicamente fundamentados. Mas a ciência jurídica reconhece que "os pensamentos jurídicos verdadeiramente decisivos ocorrem fora do âmbito da lógica formal", assim sucedendo com as decisões de valor[934]. O «pensamento decisivo», que nos conduz perante várias soluções alternativas ao momento da opção-decisão, é o reconhecimento de dignidade humana às crianças, como pessoas titulares de direitos fundamentais a uma vida digna, ao desenvolvimento integral e à protecção do Estado e da sociedade.

Entendemos, em conclusão, que a prestação de alimentos a cargo do Fundo é uma prestação social nova e autónoma em relação à prestação do progenitor judicialmente obrigado a pagar uma pensão de alimentos, a qual pode assumir um montante igual, superior ou inferior em relação à obrigação fixada pelo tribunal para o devedor originário.

14.3. Momento a partir do qual nasce a obrigação do FGDAM[935]

14.3.1. Teses jurisprudenciais

a) A *tese restritiva*, segundo a qual a obrigação do FGADM apenas nasce com a decisão judicial que a reconheça, sendo exigível no mês seguinte à notifica-

---

[934] Cf. CANARIS, *Pensamento sistemático e conceito de sistema na ciência do direito*, tradução portuguesa do original alemão intitulado *"Systemdenken und Systembegriff in der Jurisprudenz"* 2. Auflage, 1983, de A. Menezes Cordeiro, 3ª edição, Lisboa, 2002, p. 32.

[935] Esta questão reveste apenas interesse histórico e dogmático, pois o legislador (Lei nº 64/2012, de 20/12) alterou o art. 4º do DL 164/99, de forma a constar, no seu nº 4 e no nº 5, respectivamente, o seguinte: «4 – O IGFSS, I. P., inicia o pagamento das prestações, por conta do Fundo, no mês seguinte ao da notificação da decisão do tribunal, não havendo lugar ao pagamento de prestações vencidas»; «5 – A prestação de alimentos é devida a partir do 1º dia do mês seguinte ao da decisão do tribunal».

ção dessa decisão ao Instituto de Gestão Financeira da Segurança Social[936]. Esta questão foi já objecto de um acórdão uniformizador de jurisprudência que defendeu a posição mais restritiva, embora com oito votos de vencido:

"A obrigação de prestação de alimentos a menor, assegurada pelo Fundo de Garantia de Alimentos Devidos a Menores, em substituição do devedor, nos termos previstos nos artigos 1º da Lei nº 75/98, de 19 de Novembro, e 2º e 4º, nº5, do Decreto-Lei nº 164/99, de 13 de Maio, só nasce com a decisão que julgue o incidente de incumprimento do devedor originário e a respectiva exigibilidade só ocorre no mês seguinte ao da notificação da decisão do tribunal, não abrangendo quaisquer prestações anteriores." (STJ 07-07-2009, Relator: AZEVEDO RAMOS).

Aderindo a esta tese, por entender que não foram invocadas razões ponderosas que justificassem a desconsideração da doutrina uniformizada, veja-se o acórdão da Relação de Guimarães, de 25-02-2010 (Relatora: CONCEIÇÃO SAAVEDRA).

Esta tese confere um relevo decisivo ao elemento gramatical de interpretação, na medida em que se apoia na letra do art. 4º, nº 5 da Lei nº 164/99, de acordo com o qual o Centro Regional de Segurança Social inicia o pagamento das prestações, por conta do Fundo, no mês seguinte ao da notificação da decisão do tribunal, e rejeita a aplicação analógica do art. 2006º, que dispõe que os alimentos são devidos desde a data da proposição da acção. Esta jurisprudência entende que as razões justificativas da retroacção dos alimentos não procedem quando o devedor é o Fundo, dado que o obrigado originário, uma vez demandado, podia e devia voluntariamente reconhecer a obrigação e cumpri-la, enquanto no caso do Fundo, este só é demandado depois de estar provado o incumprimento do devedor originário e os demais pressupostos legais definidos nos artigos 1º e 3º da lei 75/98 e 2º e 9º do DL nº 164/99. Esta orientação assenta, ainda, na diferente natureza jurídica da obrigação do Fundo e do progenitor. A obrigação do Fundo seria uma obrigação nova e

---

[936] Como jurisprudência representativa desta posição, temos, entre outros: i) o acórdão do STJ, de 06-07-2006 (Relator: PEREIRA DA SILVA); ii) os acórdãos da Relação de Lisboa, de 31-01-2008 (Relator: EZAGUY MARTINS), de 07-10-2008 (Relatora: ROSA RIBEIRO COELHO), de 16-09-2009 (Relatora: ROSA RIBEIRO COELHO), de 27-11-2008 (Relator: JOSÉ EDUARDO SAPATEIRO) e 12-03-2009 (Relator: JOSÉ EDUARDO SAPATEIRO); iii) os acórdãos da Relação do Porto, de 27-06-2006 (Relator: ALZIRO CARDOSO) e de 16-12-2009 (Relator: M. PINTO DOS SANTOS), todos da *Base Jurídico-Documental do MJ, www.dgsi.pt*. No mesmo sentido já se tinham pronunciado outros acórdãos da Relação do Porto: de 04.04.2002 (Relator: PINTO DE ALMEIDA), de 30-04-2002 (Relator: CÂNDIDO LEMOS), de 28-11-2002 (Relator: GONÇALO SILVANO) e de 23-04-2002 (Relator: TERESA MONTENEGRO), da Relação de Lisboa, de 09-06-2005 (Relatora: FERNANDA ISABEL PEREIRA), 22-03-2007 (Relatora: MARIA JOSÉ MOURO) e da Relação de Coimbra, de 17-04-2007 (Relator: ROQUE NOGUEIRA).

diversa da obrigação de alimentos a cargo do progenitor, quanto aos sujeitos, valor e génese. Não haveria, portanto, dever jurídico a cargo do Fundo antes da sentença judicial, enquanto a obrigação do progenitor resulta da lei (arts 1874º, 2004º e 2009º, al. a). A obrigação do Fundo é uma prestação social e propõe-se assegurar às crianças condições de subsistência mínimas. Em consequência, o seu montante está sujeito a um limite quantitativo (4 UC) por cada criança e é calculado, de acordo com critérios distintos da pensão de alimentos a cargo do progenitor, podendo até nem ser fixada qualquer pensão a cargo do Fundo, na hipótese de a criança beneficiar de uma capitação equivalente ao salário mínimo nacional. A obrigação do progenitor assenta na responsabilidade parental, como efeito da filiação biológica, e numa lógica de partilha de despesas com o progenitor guarda, visando não só satisfazer as necessidades básicas da criança mas manter o nível de vida anterior à separação dos pais, sendo o seu montante definido nos termos do art. 2004º, de acordo com o binómio possibilidades do obrigado/necessidades da criança. De acordo com esta tese, o incumprimento do progenitor seria apenas um pressuposto da intervenção do Fundo, não definindo o momento material do nascimento da obrigação desta entidade pública. Se a obrigação do Fundo abrangesse as prestações vencidas desde a data do incumprimento, como defende a tese maximalista, a lei estaria a fomentar fraudes, a premiar o desleixo do representante legal da criança que não acciona oportunamente o incidente de incumprimento e a permitir a desresponsabilização do devedor, uma vez que o direito do Fundo ao reembolso é, na prática, pouco eficaz. Entende, ainda, esta tese, que os direitos das crianças não ficam dependentes da celeridade processual, na medida em que a lei confere ao juiz a possibilidade de ordenar uma prestação provisória a cargo do Fundo, se considerar justificada e urgente a pretensão do requerente (art. 3º, nº 2 da Lei nº 75/98).

b) A *tese maximalista* entende que a obrigação do Fundo surge na data em que se verificou o incumprimento do devedor originário, e abrange, portanto, todas as prestações já vencidas e não pagas pela pessoa judicialmente obrigada a prestar alimentos[937]. Segundo esta tese, a lei não distingue entre prestações vencidas e prestações vincendas, não cabendo ao intérprete distinguir onde o legislador não distingue, assumindo o art. 4º, nº 5 uma natureza meramente administrativa e burocrática, quanto ao processo de pagamento, não

---

[937] Defendendo esta tese, vejam-se, entre outros: i) o acórdão do STJ, de 31-01-2002 (Relator: DUARTE SOARES); ii) os acórdãos da Relação de Lisboa, de 24-11-2005 (Relator: ILÍDIO SACARRÃO MARTINS), de 16-12-2008 (Relator: RUI VOUGA), de 13-01-2009 (Relatora: ANA GRÁCIO) e de 31-03-2009 (Relatora: ANA RESENDE); iii) o acórdão da Relação do Porto, de 07-07-2008 (Relator: PAULO BRANDÃO); iiii) o acórdão da Relação de Coimbra, de 15-11-2005 (Relator: RUI BARREIROS).

visando definir o momento material em que nasce a obrigação do Fundo. A intervenção do Fundo tem um carácter subsidiário e substitutivo em relação à obrigação do devedor originário, verificando-se, assim, uma conexão entre incumprimento do devedor principal e obrigação a cargo do Fundo, a qual só subsiste enquanto subsistir o incumprimento, surgindo o Fundo como garante do devedor principal. Neste sentido, o Fundo devia efectuar o pagamento das prestações alimentares, a partir do momento em que o progenitor entra em incumprimento, ficando sub-rogado em todos os direitos dos menores contra o devedor originário, com vista à obtenção do reembolso. Esta tese assenta, também, na secundarização do argumento gramatical, defendendo que se deve proceder a uma interpretação teleológica, segundo o art. 9º, nº 3 do C.C., o qual manda atender aos fins que a norma prossegue. A legislação, que prevê a intervenção do FGADM, visa combater a pobreza das famílias monoparentais e das crianças, funcionando como uma garantia às crianças da pensão de alimentos a que o progenitor estava obrigado e que não foi, por si, cumprida. O valor superior que preside à decisão legislativa é a protecção das crianças, as quais não podem ver a sua sobrevivência dependente das delongas e vicissitudes processuais, por exemplo, das tentativas frustradas de notificar a entidade patronal para desconto na fonte, segundo o art.189º da O.T.M., da penhora de bens ou apreensão de rendimentos em processo executivo. A ideia de socialização do risco do incumprimento, com base no princípio da solidariedade social, e os direitos das crianças à vida e ao desenvolvimento integral consagrados nos arts 24º e 69º, nº 1 da CRP, constituem, portanto, os vectores-chave, que devem presidir à interpretação das normas que consagram a obrigação substitutiva do Fundo, em relação ao faltoso, não podendo estes direitos fundamentais das crianças ficar dependentes de diligências e incidentes que protelem a decisão final ou da decisão do juiz decretar uma pensão provisória a cargo do Fundo, nos casos de urgência. O princípio da igualdade entre os cidadãos (art. 13º, nº 2 da CRP) seria violado pela tese restritiva, a qual, fazendo depender os direitos da criança a uma sobrevivência mínima da maior ou menor duração do processo, criaria desigualdades de direitos entre crianças a viver em situações semelhantes consoante a duração dos processos.

c) A *tese intermédia* defende que a obrigação do Fundo abrange não só as prestações que se vencerem a partir da notificação da decisão judicial ao Instituto de Gestão Financeira da Segurança Social, mas as prestações vencidas a partir da data de entrada em juízo do incidente de incumprimento[938] ou

---

[938] Cf. RL 17-06-2008 (Relator: LUÍS ESPÍRITO SANTO) in *Base Jurídico-Documental do M. J., www.dgsi.pt.*

do pedido formulado contra o Fundo[939]. Esta tese funda-se na aplicação analógica do art. 2006º, nº 1, norma que estipula que a obrigação de alimentos é devida desde o momento da proposição da acção. Devido à semelhança entre as situações em que o devedor é o familiar obrigado e aquelas em que o devedor é o Fundo, em substituição do obrigado, a norma do art. 2006º seria aplicável, por analogia, à situação em que o Fundo vem suprir a impossibilidade ou incapacidade do devedor originário, em ordem a evitar que a criança seja penalizada pelas delongas do processo e fique dependente do momento, variável de caso para caso, em que se efective a notificação ao Fundo. Esta solução baseia-se no espírito da lei, o qual assenta no interesse da criança, na ideia de garantia de alimentos ao menor como prestação social, no princípio da igualdade (art. 13º, nº 2 da CRP) e no direito das crianças à vida (art. 24º da CRP) e ao desenvolvimento integral (art. 69º, nº 1 da CRP).

O Tribunal Constitucional, no acórdão nº 54/2011[940], decretou a inconstitucionalidade material da interpretação nº 5 do art. 4º do Decreto-Lei nº 164/99, de 13 de Maio, segundo a qual a obrigação do FGADM assegurar a pensão de alimentos a menor, em substituição do devedor, só se constitui com a decisão do Tribunal que determine o montante a pagar por este Fundo, não sendo exigível o pagamento de prestações respeitantes a períodos anteriores. A declaração de inconstitucionalidade baseou-se no direito fundamental das crianças à protecção do Estado com vista ao seu desenvolvimento integral (art. 69º, nº 1 da CRP) e no direito à segurança social (art. 63º, nºs 1 e 3 da CRP). Passa, agora, a vigorar, a tese, segundo a qual a obrigação do Fundo remonta à data em que o progenitor guarda ou o MP apresentam o requerimento para a intervenção do Fundo, mas não à data em que é intentado o processo de incumprimento. O Tribunal Constitucional entendeu que a tese mais restritiva, baseada na interpretação literal do nº 5 do art. 4º do DL 164/99, privava as crianças carenciadas de alimentos de protecção social, durante a pendência do processo destinado a averiguar as capacidades económicas do progenitor guarda e as necessidades das crianças para efeitos de cálculo da pensão a cargo do Fundo. A criança continua, contudo, a suportar o atraso inerente ao processo de incumprimento e de execução do património ou do salário do devedor.

---

[939] Sustentando esta posição, vejam-se, entre outros: i) o acórdão do STJ, de 10-07-2008 (Relator: FONSECA RAMOS); ii) os acórdãos da Relação de Lisboa, de 13-12-2007 (Relator: SALAZAR CASANOVA), de 16-09-2008 (Relator: JOÃO AVEIRO PEREIRA) e de 04-11-2008 (Relator: JOÃO AVEIRO PEREIRA); iii) o acórdão da Relação de Coimbra, de 23-09-2008 (JORGE ARCANJO); iiii) o acórdão da Relação do Porto, de 30-09-2008 (Relator: MARQUES DE CASTILHO).

[940] Cf. Diário da República, 2ª Série – Nº 38 – 23 de Fevereiro de 2011, pp. 9404-9407.

O legislador, através da Lei nº 64/2012, de 20 de Dezembro, que alterou o Decreto-Lei nº 164/99, veio pronunciar-se sobre esta questão em moldes idênticos à redacção originária, mas especificando que não há lugar ao pagamento de prestações vencidas: «O IGFSS, I. P., inicia o pagamento das prestações, por conta do Fundo, no mês seguinte ao da notificação da decisão do tribunal, não havendo lugar ao pagamento de prestações vencidas» (art. 5º, nº 4) e que «A prestação de alimentos é devida a partir do 1º dia do mês seguinte ao da decisão do tribunal» (art. 5º, nº 5). Assim ficou reforçada a tese restritiva, mantendo-se o problema da inconstitucionalidade da norma.

14.3.2. Ponderação de argumentos e solução

A tese maximalista é, em nossa opinião, aquela que protege mais os direitos das crianças à sobrevivência, ao desenvolvimento, à qualidade de vida e à igualdade (arts. 24º e 25º, 13º e 69º da CRP) e aquela que está mais de acordo com as finalidades da lei. A lei pretendeu evitar que as crianças vivam abaixo do limiar da sobrevivência, não só a partir da data em que é intentada a acção de incumprimento ou requerida a intervenção do Fundo, mas a partir do momento do incumprimento.

Fazer remontar a obrigação do Fundo apenas à data da decisão final do incidente de incumprimento ou à data do requerimento para a intervenção do Fundo sujeita as crianças mais pobres e mais vulneráveis a longos períodos de privação de necessidades fundamentais decisivas para o seu desenvolvimento, saúde e bem-estar. E não colhe o argumento do facto consumado, segundo o qual depois de a criança passar as privações, já não poderá o pagamento das prestações vencidas resolver o problema, pois, ainda assim, o dinheiro correspondente às prestações vencidas e não pagas será necessário para a criança recuperar e para ter acesso a bens adicionais que promovam o seu desenvolvimento, de molde a superar os efeitos negativos das privações sofridas.

É importante, para a análise desta questão, ter em mente o grupo social a que a lei se dirige: as famílias monoparentais formadas por mulheres sós com crianças a cargo, as quais constituem o grupo social mais afectado pela pobreza ou por uma vida abaixo do limiar da pobreza. Neste contexto, os progenitores que reclamam alimentos do outro e subsidiariamente do Estado são, nas situações socialmente típicas, mulheres desempregadas e vítimas de violência doméstica, muitas vezes mães adolescentes sem acesso à informação e à justiça para fazer valer os seus direitos e os dos seus filhos.

A interpretação da lei deve partir do texto, para reconstituir o pensamento legislativo, de acordo com a unidade do sistema jurídico, as circunstâncias em que a lei foi elaborada e aquelas em que é aplicada, sendo os argumentos teleológico e sistemático de interpretação os critérios hermenêuticos decisivos, quando o texto da lei não dá uma resposta clara e unívoca. Neste sentido, consultando o preâmbulo do diploma legislativo em causa, o DL nº 164/99, de 13 de Maio, temos acesso ao pensamento legislativo e às finalidades da lei.

O pensamento legislativo assenta na posição constitucional dos direitos das crianças à protecção do Estado e da sociedade e ao desenvolvimento integral, direitos consagrados no art. 69º, nº 1 da CRP, que impõe ao Estado, nas palavras do preâmbulo do diploma, "os deveres de assegurar a garantia da dignidade da criança como pessoa em formação", resultando desta concepção direitos individuais da criança como "o direito a alimentos, pressuposto necessário dos demais e decorrência, ele mesmo, do direito à vida (art. 24º)". Continua o preâmbulo do diploma, afirmando que este direito se traduz no "acesso a condições de subsistência mínimas, o que, em especial no caso das crianças não pode deixar de comportar a faculdade de requerer à sociedade e, em última instância, ao próprio Estado, as prestações existenciais que proporcionem as condições essenciais ao seu desenvolvimento e a uma vida digna." Como causa desta necessidade de substituição do devedor pelo Estado, o preâmbulo do Decreto-Lei aponta o enfraquecimento no cumprimento dos deveres inerentes ao poder paternal, o aumento de acções de incumprimento de decisões judiciais, a ausência do devedor, o desemprego e vínculos laborais precários, doença ou incapacidade, a toxicodependência e a maternidade ou paternidade na adolescência. "Estas situações justificam que o Estado crie mecanismos que assegurem, na falta de cumprimento daquela obrigação, a satisfação do direito a alimentos." "Institui-se o Fundo de Garantia dos Alimentos Devidos a Menores (...), a quem cabe assegurar o pagamento das prestações de alimentos em caso de incumprimento da obrigação pelo respectivo devedor".

Do princípio da interpretação conforme à Constituição resulta que são as teses maximalista ou a intermédia as únicas que respeitam o direito da criança a uma vida digna e a condições mínimas de sobrevivência contido no art. 69º, nº1 da CRP, norma, que, apesar de classificada pelo preâmbulo do diploma como programática, na verdade, contém, de acordo com a doutrina, um autêntico direito, liberdade e garantia de natureza análoga (art. 17º da CRP), vinculando directa e imediatamente todas as entidades públicas e privadas, nos termos do regime do art. 18º da CRP[941].

Os fundamentos avançados, no acórdão uniformizados, para recusar a aplicação analógica do art. 2006, não colhem, na medida em que conten-

---

[941] Cf. JORGE MIRANDA, *Manual de Direito Constitucional*, IV, Coimbra, 2000, p. 151.

dem com um princípio fundamental de direito processual civil, de que o art. 2006º constitui uma concretização, de acordo com o qual a demora do processo judicial e a necessidade de recorrer ao mesmo, para fazer valer um direito, não podem prejudicar a parte que tem razão, e secundarizam a obrigação de alimentos devida a menores em face dos alimentos devidos a pessoas maiores. A razão alegada pelo STJ, como fundamento da retroacção da pensão de alimentos consagrada no art. 2006º, e que o Supremo Tribunal não considera aplicável à obrigação do Fundo, residiria no facto de o devedor conhecer, a partir do momento da interposição da acção, o seu dever, enquanto o Fundo não teria esse conhecimento, senão a partir do momento em que é notificado da decisão final. Esta *ratio legis* atribuída, pelo STJ, ao art. 2006º, é incompleta, pois tal norma não pode deixar, também, de ter como objectivo proteger a pessoa carenciada de alimentos, a qual não pode ficar prejudicada pela demora do processo.

Por outro lado, não só não colhe a recusa da analogia, como também um argumento de maioria de razão milita contra a posição do acórdão uniformizador. Com efeito, se o artigo 2006º, que se refere a todos os credores de alimentos, maiores e menores de idade, impõe uma retroacção da pensão de alimentos à data da proposição da acção, por maioria de razão, no caso de alimentos devidos a menores, sujeitos mais vulneráveis, a legislação que prevê a substituição do devedor pelo Fundo deve ser interpretada, no sentido de fazer retroagir a pensão a cargo do Fundo à data da interposição do incidente de incumprimento. O Fundo, pelo facto de não ter sido parte no processo nem ter podido intervir na produção da prova, não terá interesses dignos de tutela, que justifiquem o protelamento do início da sua obrigação, uma vez que constitui uma entidade pública criada pelo legislador especificamente para pagar alimentos a menores quando os obrigados não possam cumprir. O facto de a intervenção substitutiva do Fundo não operar automaticamente perante o incumprimento do obrigado, mas exigir um processo judicial para comprovação de determinados pressupostos, só visa evitar o papel substitutivo do Estado em relação a famílias que não são carenciadas e promover a utilização dos meios executivos previstos na lei contra o obrigado (art. 189º O.T.M.), mas não apaga nem atenua a função do Fundo como garante legal das pensões devidas a crianças que vivem em agregados com capitação igual ou inferior ao salário mínimo nacional, pelo menos a partir da data da denúncia do incumprimento.

O argumento usado pelo STJ, segundo o qual a regra da retroacção não seria necessária para fazer face à demora do processo, devido à possibilidade legal do Tribunal decretar uma prestação de alimentos provisória a cargo do Fundo (art. 3º, nº 2 da lei nº 75/98), não colhe, pois trata-se de uma mera faculdade do juiz e não de um dever, pelo que o seu exercício, em concreto, está dependente de um juízo de valor subjectivo, variável consoante a perspectiva pessoal de cada julgador. Por outro lado, a admissão de uma pensão provisória, que inclusivamente não tem de ser restituída, na hipótese de não ficarem provados, durante o processo, os pressupostos de intervenção do Fundo, contradiz a restante argumentação do STJ baseada na natureza autónoma e independente da prestação do Fundo, em relação à pensão do obrigado originário.

14.4. A questão do paradeiro desconhecido e da incapacidade económica do obrigado a alimentos

A jurisprudência tem divergido a propósito da questão de saber se os Tribunais, perante a incapacidade económica ou paradeiro desconhecido do progenitor obrigado, devem ou não fixar uma pensão de alimentos a seu cargo nas decisões de regulação das responsabilidades parentais.

A este propósito têm surgido na jurisprudência três correntes: uma, que designamos por tese garantista[942], que entende como não obrigatória a fixação da pensão de alimentos quando se desconhece a situação do progenitor devedor ou quando este não tem meios para cumprir o dever de prestar alimentos, por tal representar uma violação do art. 2004º, o qual manda atender, na fixação dos alimentos, às possibilidades do obrigado a alimentos. Para esta tese, a fixação de uma pensão nestas circunstâncias significaria uma violação da garantia do contraditório, quer em relação ao obrigado quer em relação ao Fundo de Garantia.

Esta tese recusa, também, a interpretação extensiva ou a aplicação analógica das normas do art. 1º da Lei 75/98 e do art. 3º, nº 1, al. a) DL 164/99 às situações em que não se verifica a fixação judicial de uma pensão de alimentos, impossibilitando que o credor accione o Fundo de Garantia e propondo, em alternativa à intervenção do Fundo, que o credor de alimentos accione os demais obrigados nos termos do art. 2009º[943] ou recorra a

---

[942] A favor da primeira tese, pronunciaram-se os acórdãos da Relação de Lisboa, de 17-09-2009 (ONDINA CARMO ALVES), de 18-01-2007 (Relator: ANA PAULA BOULAROT), de 04-12-2008 (Relatora: MÁRCIA PORTELA), o acórdão da Relação de Coimbra, de 10-07-2007 (Relator: HELDER ROQUE), in *Base Jurídico-Documental do MJ*, www.dgsi.pt

[943] Defendendo esta tese, na doutrina, *vide* RAMIÃO, Tomé d'Almeida, *Organização Tutelar de Menores... ob. cit.*, p. 143 e REMÉDIO MARQUES, J. P., *Algumas Notas...ob. cit.*, pp. 236-237, que rejeita a interpretação extensiva do art. 1º, nº1 da Lei 75/98 às situações de impossibilidade de cumprimento (por causa não imputável ao devedor), mas aceita que, nos casos em que seja possível quantificar a capacidade laboral do devedor, que passiva ou activamente se colocou injustificadamente numa situação de desemprego, os Tribunais apurem, pelo baixo, uma quantia e condenem nela o obrigado, para permitir o recurso ao Fundo, em caso de incumprimento.

outros mecanismos de protecção de menores, no âmbito do rendimento social de inserção.

A segunda tese, que designamos como tese da protecção da criança ou tese pragmática[944], entende que, nestas situações, dada a prevalência do interesse da criança, cabe ao devedor o ónus da prova da impossibilidade total ou parcial de cumprir o dever de prestação de alimentos (art. 342º, nº 2), devendo, portanto, o Tribunal fixar uma pensão de alimentos adequada a um rendimento equivalente ao salário mínimo nacional, permitindo assim à mãe, progenitor guarda, em caso de incumprimento, o recurso ao Fundo de Garantia de Alimentos devidos a Menores. De outra forma, premeia-se a irresponsabilidade dos progenitores que não colaboram com a justiça e que não assumem as suas obrigações. A fixação de um montante, ainda que simbólico, tem um valor pedagógico, na medida em que, como se afirma no acórdão do Tribunal da Relação de Lisboa, de 10-05-2007 (Relator: PEREIRA RODRIGUES), constitui um incentivo a que o obrigado lute para melhorar as suas condições de vida[945].

O Tribunal da Relação do Porto, no acórdão de 23-02-2006 (Relatora: ANA PAULA LOBO)[946], defendeu uma terceira tese que também assenta no princípio do superior interesse da criança, segundo a qual o Fundo de Garantia de Alimentos é responsável, nas situações em que não se fixou pensão por impossibilidade do obrigado, caso contrário, a aplicação da lei redundaria num resultado injusto e não pretendido pelo legislador, ficando sem protecção as crianças mais carecidas dessa prestação social, cujos pais são tão pobres que não podem, nem num momento inicial, ser condenados a pagar uma prestação de alimentos. No mesmo sentido, se pronunciou a Relação do Porto, no acórdão de 02-10-2006 (Relator: ABÍLIO COSTA)[947] entendendo que a intervenção do Fundo se verifica não só nos casos de impossibilidade superveniente, como também, por força do princípio da igualdade de tratamento,

---

[944] A favor da segunda tese, pronunciaram-se os acórdãos da Relação de Lisboa, de 11-09-2010 (Relatora: MARIA DO ROSÁRIO BARBOSA), de 10-05-2007 (Relator: PEREIRA RODRIGUES), 26-06-2007 (Relator: ABRANTES GERALDES), de 28-06-2007 (Relator: ILÍDIO SACARRÃO MARTINS), de 05-07-2007 (Relator: MANUEL GONÇALVES), de 20-12-2007 (Relator: GRANJA DA FONSECA), de 13-10-2005 (Relator: FERREIRA LOPES) e de 23-10-2003 (Relator: PEREIRA RODRIGUES). No mesmo sentido, *vide*, entre outros, o acórdão da Relação do Porto, de 22-04-2004 (Relator: OLIVEIRA VASCONCELOS) e o acórdão da Relação de Coimbra, de 17-06-2008 (Relator: JAIME FERREIRA), todos disponíveis in *Base Jurídico--Documental do MJ*, www.dgsi.pt.

[945] "Por outro lado, sendo a obrigação de alimentos para vigorar para o futuro é sempre de admitir que a situação financeira do progenitor se venha alterar em sentido favorável a este melhor cumprir a sua obrigação, sendo até de conjecturar que a obrigação imposta incentive o obrigado a lutar pela melhoria das suas condições económicas" (RL 10-05-2007, Relator: PEREIRA RODRIGUES).

[946] Cf. *Base Jurídico-Documental*,www.dgsi.pt

[947] Cf. *Base Jurídico-Documental*,www.dgsi.pt

nos casos em que não foi fixada pensão de alimentos, no momento inicial, por impossibilidade do obrigado. Esta situação está abrangida na letra e no espírito do art. 1º da Lei nº 75/98 ou seria o resultado de uma interpretação extensiva, sob pena de violação do princípio da igualdade (art. 13º da CRP). A Relação de Coimbra, no acórdão de 12-02-2008 (Relator: ISAÍAS PÁDUA)[948], defendeu que o Tribunal deve fixar o montante da pensão de alimentos a cargo do progenitor, em casos de impossibilidade do obrigado, por se tratar de uma das questões essenciais nas decisões de regulação do poder paternal e para não inviabilizar a intervenção do Fundo de Garantia de Alimentos, não sendo necessário recorrer ao incidente do art. 189º da O.T.M., por tal representar uma violação dos princípios da celeridade e da economia processual. Afirma então o relator que, reconhecida a impossibilidade manifesta do progenitor cumprir a obrigação alimentar, se deve impor logo ao Fundo a obrigação de prestar alimentos à criança em substituição do progenitor.

Em sentido diferente, se tem orientado recentemente, o Tribunal da Relação do Porto[949], que adopta a primeira tese, defendendo que, não estando o progenitor condenado judicialmente ao pagamento de uma pensão de alimentos por incapacidade económica, não será possível accionar o Fundo de Garantia de Alimentos por falta dos pressupostos legais de intervenção do mesmo, dada a diferente natureza entre as situações de incumprimento de prestação fixada previamente e as situações de falta de fixação da prestação alimentar (obrigação originária). A fixação de uma pensão em casos de incapacidade económica do progenitor, como uma forma de permitir a intervenção do Fundo, é considerada uma violação do critério da proporcionalidade fixado no art. 2004º e constitui um argumento pragmático que representa "uma subversão das regras do direito e pretensão de realização de política social que não cabe ao poder judicial."[950]

Na análise destas duas posições e na ponderação dos respectivos argumentos, temos que partir dos avanços recentes da ciência jurídica acerca do processo de interpretação e de aplicação da lei, centrado no pressuposto de que, para um problema jurídico não há uma única resposta possível mas várias respostas alternativas, cabendo ao intérprete uma actividade criativa e valorativa que está para além da subsunção de um facto na norma. Neste contexto metodológico, a actividade do intérprete contém sempre uma dimensão de

---

[948] Cf. Base Jurídico-Documental,www.dgsi.pt
[949] Vide, neste sentido, RP 30-09-2008 (ANABELA DIAS DA SILVA), 04-06-2009 (Relatora: JOANA SALINAS), 25-03-2010 (Relator: MADEIRA PINTO), 01-02-2010 (Relator: MENDES COELHO), 23-02-2010 (Relator: PINTO DOS SANTOS) e 22-04-2010 (FILIPE CAROÇO) in Base Jurídico-Documental do M.J., www.dgsi.pt.
[950] RP 25-03-2010 (Relator: MADEIRA PINTO), in Base Jurídico-Documental do MJ, www.dgsi.pt

escolha ou de opção, que tem subjacente, como dizia CANARIS, «um pensamento decisivo». E os juristas dividem-se, normalmente, em dois grupos: os que fazem a defesa positivista da resposta única para um problema jurídico com uma solução que decorre da letra da lei e que o intérprete apenas "descobre" ou "revela" e aqueles que adoptam a jurisprudência de interesses e de valores, atendendo, na fixação do sentido da lei, aos valores sociais dominantes, à finalidade ou à razão de ser da lei e à justeza da solução ou coerência substancial do sistema jurídico. Esta duplicidade de posições está relacionada, também, com o temperamento das pessoas[951] – umas valoram mais o binómio obediência/autoridade e sentem-se mais vinculadas à lei, preferindo pensar que se limitam a obedecer ao legislador, e outras são mais sensíveis às particularidades do caso concreto e à obtenção de justiça social, e por isso adoptam uma interpretação mais flexível da lei.

A teoria do direito tem demonstrado que o texto da norma não é sagrado nem tem um significado imutável, antes resulta de um contexto que entretanto pode ter sido alterado, sendo legítima e até exigível, de acordo com os cânones hermenêuticos, a aplicação da norma a casos que não estão previstos na letra da lei, através da interpretação extensiva ou do recurso à analogia.

Como ensinava BAPTISTA MACHADO, o legislador pode pecar por defeito ou por excesso, dizendo menos ou mais do que aquilo que queria dizer, cabendo ao intérprete alargar ou restringir o texto da lei para o fazer coincidir com o seu espírito[952]. Para proceder à interpretação extensiva, a modalidade de interpretação pertinente no problema jurídico que estamos a tratar, o jurista utiliza argumentos de identidade ou de maioria de razão, assumindo esta operação a forma de extensão teleológica, no sentido em que é a própria razão de ser da lei que postula a aplicação a casos que não são directamente abrangidos pela letra da lei, mas são abrangidos pela finalidade da mesma[953].

O facto de as normas jurídicas que definem os pressupostos da intervenção do Fundo (art. 1º da Lei 75/98 e art. 3º do DL 164/99) terem assumido, na sua letra, um teor restritivo, não estabelece balizas intransponíveis pelo intérprete, no processo de interpretação e de aplicação. O julgador está vinculado à lei mas redefine o seu sentido sempre que a aplica, em diálogo com o caso, para obter um resultado conforme ao espírito ou *ratio* da norma, que não pode deixar de ser, conforme aliás de forma inequívoca esclarece o preâmbulo da

---

[951] Cf. POSNER, Richard, *The Problems of Jurisprudence*, Cambridge, London, 1990, pp. 48-49.
[952] Cf. BAPTISTA MACHADO, *Introdução ao Direito e ao Discurso Legitimador*, Coimbra, 1983, p. 185.
[953] *Ibidem*, pp. 185-186.

lei, a protecção das crianças desfavorecidas. O Preâmbulo do DL 164/99[954] indica que a finalidade da legislação é a de combater situações de impossibilidade do devedor para satisfazer as carências da criança, sem que o legislador proceda a qualquer distinção entre situações de impossibilidade originária ou superveniente, abrangendo indiferentemente os casos em que os pais, por ausência e deficiente situação socioeconómica, por desemprego, doença ou incapacidade, toxicodependência e situações de maternidade ou paternidade na adolescência, não podem assumir as suas responsabilidades parentais. O intérprete não está cingido ao elemento gramatical da interpretação. Interpretar uma norma ou fixar o sentido com que ela deve valer não é uma mera operação linguística de determinação do significado natural das palavras do qual se deduziria a regra de decisão para o caso concreto. O intérprete tem ao seu dispor elementos racionais ou teleológicos de interpretação com os quais deve confrontar o significado do texto para aferir da sua conformidade ao espírito da lei. O método jurídico centra-se, hoje, na ponderação de interesses e na análise das consequências económico-sociais das decisões. Não que caiba à função judicial a realização de políticas sociais ou a redistribuição dos recursos do Estado sem o apoio da lei, mas, no processo de interpretação extensiva ou de aplicação analógica de uma norma jurídica, o julgador está ainda no domínio da vinculação ao poder legislativo, não se verificando qualquer violação do princípio da separação de poderes.

O intérprete deve, a partir do texto da lei, descobrir o pensamento legislativo (art. 9º, nº 1), tendo a faculdade de alargar o texto de forma a abranger casos não previstos na letra mas abrangidos pelo espírito ou razão de ser da lei. Nesta hipótese, estamos ainda no domínio da interpretação da lei. Contudo, mesmo que se entenda que a situação a regular não está abrangida no espírito da lei ou não é susceptível de ser abrangida por qualquer interpretação da norma com um mínimo de correspondência na fórmula verbal, o intérprete tem ao seu dispor o recurso à analogia, aplicando ao caso omisso uma norma que

---

[954] "De entre os factores que relevam para o não cumprimento da obrigação de alimentos assumem frequência significativa a ausência do devedor e a sua situação sócio-económica, seja por motivo de desemprego ou de situação laboral menos estável, doença ou incapacidade, decorrentes, em muitos casos, da toxicodependência, e o crescimento de situações de maternidade ou paternidade na adolescência que inviabilizam, por vezes, a assunção das respectivas responsabilidades parentais. Estas situações justificariam que o Estado crie mecanismos que assegurem, na falta de cumprimento daquela obrigação, a satisfação do direito a alimentos. Ao regulamentar a Lei nº 75/98, de 19 de Novembro, que consagrou a garantia de alimentos devidos a menores, cria-se uma nova prestação social, que traduz um avanço qualitativo inovador na política social desenvolvida pelo Estado, ao mesmo tempo que se dá cumprimento ao objectivo de reforço da protecção social devida a menores." Cf. Preâmbulo do DL 164/99, de 13 de Maio.

regule um caso análogo[955]. E não se diga que as normas jurídicas que regulam os pressupostos da intervenção do Fundo são normas excepcionais, não comportando, portanto, aplicação analógica, nos termos do art. 11º[956]. Sendo as normas excepcionais aquelas que consagram um regime oposto ao regime regra, num contexto jurídico em que o Estado tem o dever de protecção das crianças (art. 69º da CRP), as normas que prevêem a intervenção substitutiva do Fundo são excepcionais em relação a que regime jurídico? Os acórdãos que utilizam este argumento não esclarecem esta questão. Mesmo que se considere que as normas relativas à prestação social a cargo do Fundo de Garantia são excepcionais em relação às normas que prevêem o regime-regra da responsabilidade dos pais biológicos pelo sustento dos filhos menores, nos termos do art. 2009º, nº 1, al. c) e art. 1878º, nº 1, significará tal classificação uma impossibilidade conceitual de aplicação analógica da norma excepcional? O argumento da proibição da aplicação analógica das normas excepcionais já foi ultrapassado pela moderna teoria do direito e está relacionado com uma menorização da função judicial[957] e com uma visão do Direito que exclui o papel complementar e criativo do julgador em relação à lei.

A aplicação analógica das normas excepcionais deve ser admitida, desde que o critério que presidiu à decisão legislativa de prever um regime excepcional para um determinado sector de relações jurídicas seja aplicável, por identidade de razão, a um outro sector de relações jurídicas não abrangido pela norma, mas que, por força da sua semelhança ao sector de relações jurídicas regulado pela norma excepcional, exige o mesmo tratamento ou a mesma solução. Neste sentido, o princípio do tratamento igual de situações iguais impõe que, casos que apresentam mais afinidades com a excepção do que com a regra geral sejam abrangidos pela norma excepcional . Ora, do ponto de vista da criança carenciada, que precisa de alimentos para a sua sobrevivência e bem-estar, a impossibilidade originária de cumprir é idêntica à impossibilidade superveniente, e ambas devem dar lugar à prestação social a cargo do Fundo de Garantia. A jurisprudência que afirma a diferença das

---

[955] Sobre a linha que separa a interpretação extensiva da aplicação analógica, *vide* BAPTISTA MACHADO, *Introdução ao Direito, ob. cit.*, p. 193.
[956] Neste sentido, *vide* RL 18-01-2007 (Relatora: ANA PAULA BOULAROT), *Base Jurídico-Documental do MJ, www.dgsi.pt*
[957] Para maiores desenvolvimentos, afirmando a aplicação analógica de normas excepcionais, por força do princípio da igualdade de tratamento, e considerando que o disposição do art. 11º tem um valor muito relativo, pois trata-se de um problema que cabe ao pensamento jurídico resolver e não ao legislador, tendo sido esta norma determinada, na sua origem histórica, por uma menorização da judicatura, *vide* NEVES, Castanheira, *Metodologia Jurídica, Problemas Fundamentais*, Coimbra, 1993, pp. 274-276.

duas situações limita-se apenas a uma declaração de significado implícito, sem justificação expressa, ou justifica a diferença em razões conceituais, sem proceder a uma ponderação dos interesses da criança nas duas situações. A unidade do sistema jurídico, assente no primado do interesse da criança, e o princípio da interpretação conforme à Constituição exigem do intérprete uma operação mais complexa de interpretação extensiva ou de aplicação analógica, em vez de uma mera interpretação literal baseada exclusivamente no elemento gramatical. A interpretação muito cingida ao texto cria uma aparência de objectividade, mas esconde apenas o papel do subjectivo e do político na aplicação do direito. No processo de aplicação de uma norma, nunca se trata de definir somente em termos linguísticos ou conceituais as palavras do legislador e o sentido que elas naturalmente comportam, mas devem utilizar-se outros elementos de interpretação ligados à história e finalidade do preceito. O objectivo da interpretação não é o texto, mas a compreensão de uma decisão do legislador[958].

O processo de interpretação não é independente do processo de aplicação, verificando-se uma inter-relação entre interpretação e aplicação, as quais não podem ser vistas como compartimentos estanques. De facto, há problemas jurídicos que só surgem no momento da aplicação, tornando ambígua ou incompleta uma norma aparentemente clara. A aplicação da norma ao caso influencia a interpretação, fazendo com que a norma assuma um sentido diferente daquele que resultou da actividade interpretativa feita antes da aplicação. Com ensina CASTANHEIRA NEVES, a superação do positivismo normativo fez com que a aplicação do direito se tornasse o problema nuclear em função do qual todo o pensamento jurídico deve ser repensado[959], reconhecendo-se que a interpretação jurídica muda de perspectiva, quando se centra no caso jurídico como o *prius* metodológico[960], e na analogia entre casos, como analogia da experiência e analogia prática[961]. Trata-se de uma relação de semelhança ou de correspondência entre dois casos, a qual não é susceptível de se reduzir a uma relação de identidade ou de igualdade lógica. Os casos semelhantes apre-

---

[958] Neste sentido, *vide* NEVES, A. Castanheira, *Digesta, Escritos acerca do direito, do pensamento jurídico, da sua metodologia e outros*, Volume 1º, Coimbra, 1995, pp. 428 e ss, que questiona o pensamento jurídico dominante, segundo o qual o teor literal da lei é o ponto de partida e o critério dos limites da interpretação, salientando que o objecto da interpretação não é o texto mas a norma jurídica ou a compreensão de uma decisão do legislador e a importância do contexto e do uso jurídicos, assim como de elementos extra-textuais.

[959] Cf. NEVES, A. Castanheira, *O sentido actual da Metodologia Jurídica*, in *Ciclo de Conferências em Homenagem Póstuma ao Professor Doutor Manuel de Andrade*, Coimbra, 2002, p. 21.

[960] IDEM, *Metodologia Jurídica*, ob. cit., p. 142.

[961] *Ibidem*, p. 248.

sentam diferenças entre si, sendo então necessário um fundamento ou critério específico que justifique a prevalência do semelhante sobre as diferenças ou que torne estas irrelevantes[962]. Para justificar a analogia são, assim, necessários fundamentos e critérios especificamente jurídicos, teleológico-valorativos[963]. A analogia jurídica não tem o seu fundamento na lógica nem os seus critérios são critérios lógicos [964], mas assume uma componente axiológica traduzida na referência do juízo analógico a um princípio jurídico ou *telos*[965]. A analogia consiste numa operação axiológica, a qual exige que se tate de certa maneira o "círculo de semelhança"[966]. O fundamento normativo da analogia reside nos princípios da universalidade da razão prática e da igualdade, enquanto expressão imediata de justiça[967]. Neste sentido, o caso-foro previsto na lei e o caso-tema não regulado são semelhantes nos seus momentos normativo--jurídicos relevantes, em termos tais que têm de ser considerados casos do mesmo tipo e de admitir igual valoração normativo-jurídica, devendo a solução do caso-tema ser igual à do caso foro, para o qual a lei tem regulamentação.

A moderna metodologia rejeita o estrito positivismo legalista-voluntarista, que exclui o recurso à analogia, quando o caso que se pretende decidir não está previsto e regulado pelo legislador. As correntes positivistas, fundamentando--se na vontade do legislador, recusam a analogia, impondo ao caso omisso uma solução negativa ou *a contrario*, tal como sucede com a tese garantística, segundo a qual as normas que prevêem o accionamento do Fundo de Garantia, em substituição do devedor, só são aplicáveis aos casos em que a pensão de alimentos a cargo deste foi fixada judicialmente, não comportando aplicação analógica, devido à diferença conceitual ou dogmática entre as categorias jurídicas do incumprimento superveniente e da impossibilidade originária de cumprir. Já a tese, que faz assentar o juízo analógico, não em categorias lógico-conceituais mas na semelhança dos conflitos de interesses inerentes ao caso análogo e ao caso omisso ou em categorias axiológicas ou princípios ou normas superiores, admite a aplicação analógica da norma a casos não previstos pelo legislador, mas que exigem o mesmo tratamento jurídico porque são semelhantes com base num critério material. Este critério material reside nas razões justificativas do caso previsto na lei, tal como propõe o art. 10º, nº 2 do C.C., inspirado na jurisprudência de interesses, ou na intenção fundamental de juridicidade que caracteriza o caso-tema e o caso-foro na sua

---

[962] *Ibidem*, p. 248.
[963] *Ibidem*, p. 249.
[964] *Ibidem*, p. 250.
[965] *Ibidem*, p. 251.
[966] *Ibidem*, p. 251.
[967] *Ibidem*, p. 253.

especificidade jurídica, a qual, no problema jurídico concreto que estamos a tratar, consiste na protecção dos direitos da criança cujos pais não podem cumprir as suas obrigações financeiras.

Defendemos, portanto, que os Tribunais, em respeito pelas normas constitucionais que consagram o direito da criança ao desenvolvimento (art. 69º CP), à vida, ao livre desenvolvimento e à integridade pessoal (arts 24º, 25º e 26º da CRP), bem como em respeito pelo critério normativo axiológico do interesse da criança (art. 3º da Convenção dos Direitos da Criança e art. 4º, al. a) da LPCJP), devem aplicar analogicamente as normas que prevêem a intervenção substitutiva do FGADM, nos casos em a pensão de alimentos não foi fixada, no acordo ou sentença de regulação das responsabilidades parentais, por efectiva impossibilidade de cumprimento do progenitor obrigado, devido a pobreza extrema, toxicodependência, etc., e independentemente da instauração de processos executivos contra o devedor.

A aplicação analógica (ou interpretação extensiva) do art. 1º da lei 75/98 e do art. 3º do DL 164/99, que regulam as situações de incumprimento superveniente, às situações de impossibilidade originária, por falta completa de meios e de capacidade de trabalhar do progenitor, não viola o princípio do contraditório, em relação ao Fundo, pois este, como entidade pública responsável por prestações sociais, está obrigado a substituir-se ao devedor para satisfazer as necessidades das crianças e a cumprir as decisões judiciais, em nome dos interesses das crianças, não podendo ser tratado como um devedor de uma relação jurídico-privada.

Já nas hipóteses de desconhecimento do paradeiro do progenitor devedor, os Tribunais devem fixar uma pensão, nos termos do art. 2004º, para que o progenitor, cujo paradeiro se ignora, não seja premiado pelo facto de não colaborar com a justiça, devendo presumir-se um rendimento equivalente ao ordenado mínimo nacional para efeito de fixação judicial de pensão de alimentos, uma vez que cabe ao devedor o ónus da prova, que não observou, de demonstrar a sua incapacidade económica, nos termos do art. 342º, nº 2 do C.C. O tribunal deve colocar-se no ponto de vista da criança que precisa de alimentos e não na perspectiva de quem não cumpre a sua obrigação de colaborar com a justiça, fazendo recair sobre o progenitor ausente as consequências do seu comportamento omissivo e não sobre a criança e o progenitor sem a guarda. Por maioria de razão, nos casos de colocação dolosa do devedor em situações de impossibilidade, por exemplo, recorrendo ao desemprego ou revogando contratos de trabalho, deve aplicar-se o instituto do abuso de direito (art. 334º), estando também o julgador legitimado a presumir rendimentos de acordo com a capacidade de trabalho e nível de vida efectivo do devedor.

O argumento da violação dos critérios de proporcionalidade consagrados no nº 1 do art. 2004º, quando é fixada uma pensão de acordo com o salário mínimo ou de acordo com rendimentos presumidos ou capacidade de trabalho, não colhe, pois o instituto do abuso de direito (art. 334º) pode paralisar a aplicação de uma norma jurídica ou o exercício de um direito, quando tal aplicação ou exercício exceda manifestamente os limites impostos pela boa fé, pelos bons costumes ou pelo fim social ou económico desse direito.

14.4.1. A jurisprudência do Supremo Tribunal de Justiça

Tem entendido o Supremo Tribunal de Justiça, de modo uniforme e reiterado, que os tribunais devem proceder à fixação de alimentos a favor do menor, ainda que se desconheça no processo a concreta situação de vida de um dos progenitores obrigado a alimentos, pois o interesse das crianças prevalece sobre a indeterminação factual dos meios de subsistência do obrigado a alimentos, cabendo aos tribunais, através do recurso a presunções naturais e a juízos de equidade, estabelecer um patamar mínimo de rendimento presumível, com base no qual fixarão a contribuição a cargo do progenitor ausente (acórdão STJ de 08-05-2013, Relator: Lopes do Rego)[968].

No mesmo sentido, veja-se o acórdão de 22-05-2013 (Relator: Gabriel Catarino), em cujo sumário se consagraram os princípios fundamentais que devem reger esta questão:

> «I – A lei estabelece uma obrigação legal, a cargo dos pais, de contribuírem para o sustento dos filhos, a qual decorre do estabelecimento de uma relação natural ou biológica constituída e tutelada pelo direito, a relação paternal.
> II – Independentemente do interesse do menor e para além dele, a lei constitui uma obrigação de prestação de alimentos que não se compadece com a situação económica ou familiar de cada um dos progenitores, não colhendo a tese de que não tendo o progenitor condições económicas para prover ou materializar o conteúdo do direito definido, se deva alienar o direito e aguardar pela superveniência de um estado económico pessoal que lhe permita substanciar, no plano fáctico-material, a exigência normativa que decorre da sua condição de progenitor.
> III – A essencialidade de que se reveste para o interesse do menor a prestação alimentar impõe ao tribunal que lhe confira o necessário conteúdo, não se podendo dar, e ter, por satisfeita pela constatação da falta de elementos

---

[968] STJ 12-07-11 (HELDER ROQUE); STJ 27-09-2011 (GREGÓRIO DA SILVA JESUS); STJ 15-05-2012 (ALVES VELHO); STJ 22-05-2012 (JOÃO CAMILO).

das condições económicas do progenitor requerido, particularmente se por ausência deste em parte incerta ou de colaboração sua.

IV – É pressuposto necessário, etapa prévia indispensável da intervenção subsidiária do FGADM, que a pessoa visada, para além de estar vinculada por lei, à obrigação de alimentos, tenha ainda sido, judicialmente, condenada a prestá-los ao menor, em consequência de uma antecedente decisão, mesmo que não transitada em julgado.

V – A abstenção ou demissão do tribunal da obrigação/dever de definir o direito a alimentos, que é medida e equacionada em função das necessidades do menor e das condições do obrigado à prestação, conduzirá a uma flagrante e insustentável desigualdade do menor perante qualquer outro, que tenha obtido uma condenação do tribunal ao pagamento de uma prestação alimentar e que o obrigado, inicialmente capaz de suportar a prestação, deixou momentaneamente de a poder prestar.»

LEGISLAÇÃO

Lei nº 61/2008, de 31 de Outubro

Altera o regime jurídico do divórcio

A Assembleia da República decreta, nos termos da alínea c) do artigo 161º da Constituição, o seguinte:

ARTIGO 1º
Alteração ao Código Civil

Os artigos 1585º, 1676º, 1773º, 1774º, 1775º, 1776º, 1778º, 1778º-A, 1779º, 1781º, 1785º, 1789º, 1790º, 1791º, 1792º, 1793º, 1795º-D, 1901º, 1902º, 1903º, 1904º, 1905º, 1906º, 1907º, 1908º, 1910º, 1911º, 1912º e 2016º do Código Civil, aprovado pelo Decreto-Lei nº 47 344, de 25 de Novembro de 1966, com as alterações introduzidas pelos Decretos-Leis nºs 67/75, de 19 de Fevereiro, 261/75, de 27 de Maio, 561/76, de 17 de Julho, 605/76, de 24 de Julho, 293/77, de 20 de Julho, 496/77, de 25 de Novembro, 200-C/80, de 24 de Junho, 236/80, de 18 de Julho, 328/81, de 4 de Dezembro, 262/83, de 16 de Junho, 225/84, de 6 de Julho, e 190/85, de 24 de Junho, pela Lei nº 46/85, de 20 de Setembro, pelos Decretos-Leis nºs 381-B/85, de 28 de Setembro, e 379/86, de 11 de Novembro, pela Lei nº 24/89, de 1 de Agosto, pelos Decretos-Leis nºs 321-B/90, de 15 de Outubro, 257/91, de 18 de Julho, 423/91, de 30 de Outubro, 185/93, de 22 de Maio, 227/94, de 8 de Setembro, 267/94, de 25 de Outubro, e 163/95, de 13 de Julho, pela Lei nº 84/95, de 31 de Agosto, pelos Decretos-Leis nºs 329-A/95, de 12 de Dezembro, 14/96, de 6 de Março, 68/96, de 31 de Maio, 35/97, de 31 de Janeiro, e 120/98, de 8 de Maio, pelas Leis nºs 21/98, de 12 de Maio, e 47/98, de 10 de Agosto, pelo Decreto-Lei nº 343/98, de 6 de Novembro, pela Lei nº 16/2001, de 22 de Junho, pelos Decretos-Leis nºs 272/2001, de 13 de Outubro, 273/2001, de 13 de Outubro, 323/2001, de 17 de Dezembro, e 38/2003, de 8 de Março, pela Lei nº 31/2003, de 22 de Agosto, pelo Decreto-Lei nº 199/2003, de 10 de Setembro, pela Lei nº 6/2006, de 27 de Fevereiro, e pelos Decretos-Leis nºs 263-A/2007, de 23 de Julho, 324/2007, de 28 de Setembro, e 116/2008, de 4 de Julho, passam a ter a seguinte redacção:

"ARTIGO 1585º
[...]
A afinidade determina-se pelos mesmos graus e linhas que definem o parentesco e não cessa pela dissolução do casamento por morte.

ARTIGO 1676º
[...]
1 – ...
2 – Se a contribuição de um dos cônjuges para os encargos da vida familiar for consideravelmente superior ao previsto no número anterior, porque renunciou de forma excessiva à satisfação dos seus interesses em favor da vida em comum, designadamente à sua vida profissional, com prejuízos patrimoniais importantes, esse cônjuge tem direito de exigir do outro a correspondente compensação.
3 – O crédito referido no número anterior só é exigível no momento da partilha dos bens do casal, a não ser que vigore o regime da separação.
4 – (Anterior nº 3.)

ARTIGO 1773º
[...]
1 – O divórcio pode ser por mútuo consentimento ou sem consentimento de um dos cônjuges.
2 – O divórcio por mútuo consentimento pode ser requerido por ambos os cônjuges, de comum acordo, na conservatória do registo civil, ou no tribunal se, neste caso, o casal não tiver conseguido acordo sobre algum dos assuntos referidos no nº 1 do artigo 1775º
3 – O divórcio sem consentimento de um dos cônjuges é requerido no tribunal por um dos cônjuges contra o outro, com algum dos fundamentos previstos no artigo 1781º

ARTIGO 1774º
Mediação familiar
Antes do início do processo de divórcio, a conservatória do registo civil ou o tribunal devem informar os cônjuges sobre a existência e os objectivos dos serviços de mediação familiar.

ARTIGO 1775º
Requerimento e instrução do processo na conservatória do registo civil
1 – O divórcio por mútuo consentimento pode ser instaurado a todo o tempo na conservatória do registo civil, mediante requerimento assinado pelos cônjuges ou seus procuradores, acompanhado pelos documentos seguintes:
a) Relação especificada dos bens comuns, com indicação dos respectivos valores, ou, caso os cônjuges optem por proceder à partilha daqueles bens nos termos dos

artigos 272º-A a 272º-C do Decreto-Lei nº 324/2007, de 28 de Setembro, acordo sobre a partilha ou pedido de elaboração do mesmo;
 b) Certidão da sentença judicial que tiver regulado o exercício das responsabilidades parentais ou acordo sobre o exercício das responsabilidades parentais quando existam filhos menores e não tenha previamente havido regulação judicial;
 c) Acordo sobre a prestação de alimentos ao cônjuge que deles careça;
 d) Acordo sobre o destino da casa de morada de família;
 e) Certidão da escritura da convenção antenupcial, caso tenha sido celebrada.

2 – Caso outra coisa não resulte dos documentos apresentados, entende-se que os acordos se destinam tanto ao período da pendência do processo como ao período posterior.

ARTIGO 1776º
Procedimento e decisão na conservatória do registo civil

1 – Recebido o requerimento, o conservador convoca os cônjuges para uma conferência em que verifica o preenchimento dos pressupostos legais e aprecia os acordos referidos nas alíneas a), c) e d) do nº 1 do artigo anterior, convidando os cônjuges a alterá-los se esses acordos não acautelarem os interesses de algum deles ou dos filhos, podendo determinar para esse efeito a prática de actos e a produção da prova eventualmente necessária, e decreta, em seguida, o divórcio, procedendo-se ao correspondente registo, salvo o disposto no artigo 1776º-A.

2 – É aplicável o disposto no artigo 1420º, no nº 2 do artigo 1422º e no artigo 1424º do Código de Processo Civil, com as necessárias adaptações.

3 – As decisões proferidas pelo conservador do registo civil no divórcio por mútuo consentimento produzem os mesmos efeitos das sentenças judiciais sobre idêntica matéria.

ARTIGO 1778º
Remessa para o tribunal

Se os acordos apresentados não acautelarem suficientemente os interesses de um dos cônjuges, e ainda no caso previsto no nº 4 do artigo 1776º-A, a homologação deve ser recusada e o processo de divórcio integralmente remetido ao tribunal da comarca a que pertença a conservatória, seguindo-se os termos previstos no artigo 1778º-A, com as necessárias adaptações.

ARTIGO 1778º-A
Requerimento, instrução e decisão do processo no tribunal

1 – O requerimento de divórcio é apresentado no tribunal, se os cônjuges não o acompanharem de algum dos acordos previstos no nº 1 do artigo 1775º

2 – Recebido o requerimento, o juiz aprecia os acordos que os cônjuges tiverem apresentado, convidando-os a alterá-los se esses acordos não acautelarem os interesses de algum deles ou dos filhos.

3 - O juiz fixa as consequências do divórcio nas questões referidas no nº 1 do artigo 1775º sobre que os cônjuges não tenham apresentado acordo, como se se tratasse de um divórcio sem consentimento de um dos cônjuges.

4 - Tanto para a apreciação referida no nº 2 como para fixar as consequências do divórcio, o juiz pode determinar a prática de actos e a produção da prova eventualmente necessária.

5 - O divórcio é decretado em seguida, procedendo-se ao correspondente registo.

6 - Na determinação das consequências do divórcio, o juiz deve sempre não só promover mas também tomar em conta o acordo dos cônjuges.

ARTIGO 1779º
Tentativa de conciliação; conversão do divórcio sem consentimento de um dos cônjuges em divórcio por mútuo consentimento

1 - No processo de divórcio sem consentimento de um dos cônjuges haverá sempre uma tentativa de conciliação dos cônjuges.

2 - Se a tentativa de conciliação não resultar, o juiz procurará obter o acordo dos cônjuges para o divórcio por mútuo consentimento; obtido o acordo ou tendo os cônjuges, em qualquer altura do processo, optado por essa modalidade do divórcio, seguir-se-ão os termos do processo de divórcio por mútuo consentimento, com as necessárias adaptações.

ARTIGO 1781º
Ruptura do casamento

São fundamento do divórcio sem consentimento de um dos cônjuges:

a) A separação de facto por um ano consecutivo;

b) A alteração das faculdades mentais do outro cônjuge, quando dure há mais de um ano e, pela sua gravidade, comprometa a possibilidade de vida em comum;

c) A ausência, sem que do ausente haja notícias, por tempo não inferior a um ano;

d) Quaisquer outros factos que, independentemente da culpa dos cônjuges, mostrem a ruptura definitiva do casamento.

ARTIGO 1785º
[...]

1 - O divórcio pode ser requerido por qualquer dos cônjuges com o fundamento das alíneas a) e d) do artigo 1781º; com os fundamentos das alíneas b) e c) do mesmo artigo, só pode ser requerido pelo cônjuge que invoca a alteração das faculdades mentais ou a ausência do outro.

2 - Quando o cônjuge que pode pedir o divórcio estiver interdito, a acção pode ser intentada pelo seu representante legal, com autorização do conselho de família; quando o representante legal seja o outro cônjuge, a acção pode ser intentada, em nome do titular do direito de agir, por qualquer parente deste na linha recta ou até ao 3º grau da linha colateral, se for igualmente autorizado pelo conselho de família.

3 – O direito ao divórcio não se transmite por morte, mas a acção pode ser continuada pelos herdeiros do autor para efeitos patrimoniais, se o autor falecer na pendência da causa; para os mesmos efeitos, pode a acção prosseguir contra os herdeiros do réu.

ARTIGO 1789º
[...]

1 – ...
2 – Se a separação de facto entre os cônjuges estiver provada no processo, qualquer deles pode requerer que os efeitos do divórcio retroajam à data, que a sentença fixará, em que a separação tenha começado.
3 – ...

ARTIGO 1790º
[...]

Em caso de divórcio, nenhum dos cônjuges pode na partilha receber mais do que receberia se o casamento tivesse sido celebrado segundo o regime da comunhão de adquiridos.

ARTIGO 1791º
[...]

1 – Cada cônjuge perde todos os benefícios recebidos ou que haja de receber do outro cônjuge ou de terceiro, em vista do casamento ou em consideração do estado de casado, quer a estipulação seja anterior quer posterior à celebração do casamento.
2 – O autor da liberalidade pode determinar que o benefício reverta para os filhos do casamento.

ARTIGO 1792º
Reparação de danos

1 – O cônjuge lesado tem o direito de pedir a reparação dos danos causados pelo outro cônjuge, nos termos gerais da responsabilidade civil e nos tribunais comuns.
2 – O cônjuge que pediu o divórcio com o fundamento da alínea b) do artigo 1781º deve reparar os danos não patrimoniais causados ao outro cônjuge pela dissolução do casamento; este pedido deve ser deduzido na própria acção de divórcio.

ARTIGO 1793º
[...]

1 – ...
2 – ...
3 – O regime fixado, quer por homologação do acordo dos cônjuges, quer por decisão do tribunal, pode ser alterado nos termos gerais da jurisdição voluntária.

ARTIGO 1795º-D
[...]
1 – Decorrido um ano sobre o trânsito em julgado da sentença que tiver decretado a separação judicial de pessoas e bens sem consentimento do outro cônjuge ou por mútuo consentimento, sem que os cônjuges se tenham reconciliado, qualquer deles pode requerer que a separação seja convertida em divórcio.
2 – ...
3 – (Revogado.)
4 – (Revogado.)

ARTIGO 1901º
Responsabilidades parentais na constância do matrimónio
1 – Na constância do matrimónio, o exercício das responsabilidades parentais pertence a ambos os pais.
2 – Os pais exercem as responsabilidades parentais de comum acordo e, se este faltar em questões de particular importância, qualquer deles pode recorrer ao tribunal, que tentará a conciliação.
3 – Se a conciliação referida no número anterior não for possível, o tribunal ouvirá o filho, antes de decidir, salvo quando circunstâncias ponderosas o desaconselhem.

ARTIGO 1902º
[...]
1 – Se um dos pais praticar acto que integre o exercício das responsabilidades parentais, presume-se que age de acordo com o outro, salvo quando a lei expressamente exija o consentimento de ambos os progenitores ou se trate de acto de particular importância; a falta de acordo não é oponível a terceiro de boa fé.
2 – O terceiro deve recusar-se a intervir no acto praticado por um dos progenitores quando, nos termos do número anterior, não se presuma o acordo do outro ou quando conheça a oposição deste.

ARTIGO 1903º
[...]
Quando um dos pais não puder exercer as responsabilidades parentais por ausência, incapacidade ou outro impedimento decretado pelo tribunal, caberá esse exercício unicamente ao outro progenitor ou, no impedimento deste, a alguém da família de qualquer deles, desde que haja um acordo prévio e com validação legal.

ARTIGO 1904º
Morte de um dos progenitores
Por morte de um dos progenitores, o exercício das responsabilidades parentais pertence ao sobrevivo.

ARTIGO 1905º
Alimentos devidos ao filho em caso de divórcio, separação judicial de pessoas e bens, declaração de nulidade ou anulação do casamento

Nos casos de divórcio, separação judicial de pessoas e bens, declaração de nulidade ou anulação do casamento, os alimentos devidos ao filho e forma de os prestar serão regulados por acordo dos pais, sujeito a homologação; a homologação será recusada se o acordo não corresponder ao interesse do menor.

ARTIGO 1906º
Exercício das responsabilidades parentais em caso de divórcio, separação judicial de pessoas e bens, declaração de nulidade ou anulação do casamento

1 – As responsabilidades parentais relativas às questões de particular importância para a vida do filho são exercidas em comum por ambos os progenitores nos termos que vigoravam na constância do matrimónio, salvo nos casos de urgência manifesta, em que qualquer dos progenitores pode agir sozinho, devendo prestar informações ao outro logo que possível.

2 – Quando o exercício em comum das responsabilidades parentais relativas às questões de particular importância para a vida do filho for julgado contrário aos interesses deste, deve o tribunal, através de decisão fundamentada, determinar que essas responsabilidades sejam exercidas por um dos progenitores.

3 – O exercício das responsabilidades parentais relativas aos actos da vida corrente do filho cabe ao progenitor com quem ele reside habitualmente, ou ao progenitor com quem ele se encontra temporariamente; porém, este último, ao exercer as suas responsabilidades, não deve contrariar as orientações educativas mais relevantes, tal como elas são definidas pelo progenitor com quem o filho reside habitualmente.

4 – O progenitor a quem cabe o exercício das responsabilidades parentais relativas aos actos da vida corrente pode exercê-las por si ou delegar o seu exercício.

5 – O tribunal determinará a residência do filho e os direitos de visita de acordo com o interesse deste, tendo em atenção todas as circunstâncias relevantes, designadamente o eventual acordo dos pais e a disponibilidade manifestada por cada um deles para promover relações habituais do filho com o outro.

6 – Ao progenitor que não exerça, no todo ou em parte, as responsabilidades parentais assiste o direito de ser informado sobre o modo do seu exercício, designadamente sobre a educação e as condições de vida do filho.

7 – O tribunal decidirá sempre de harmonia com o interesse do menor, incluindo o de manter uma relação de grande proximidade com os dois progenitores, promovendo e aceitando acordos ou tomando decisões que favoreçam amplas oportunidades de contacto com ambos e de partilha de responsabilidades entre eles.

ARTIGO 1907º
Exercício das responsabilidades parentais quando o filho é confiado a terceira pessoa

1 – Por acordo ou decisão judicial, ou quando se verifique alguma das circunstâncias previstas no artigo 1918º, o filho pode ser confiado à guarda de terceira pessoa.

2 – Quando o filho seja confiado a terceira pessoa, cabem a esta os poderes e deveres dos pais que forem exigidos pelo adequado desempenho das suas funções.

3 – O tribunal decide em que termos são exercidas as responsabilidades parentais na parte não prejudicada pelo disposto no número anterior.

ARTIGO 1908º
[...]

Quando se verifique alguma das circunstâncias previstas no artigo 1918º, pode o tribunal, ao regular o exercício das responsabilidades parentais, decidir que, se falecer o progenitor a quem o menor for entregue, a guarda não passe para o sobrevivo; o tribunal designará nesse caso a pessoa a quem, provisoriamente, o menor será confiado.

ARTIGO 1910º
[...]

Se a filiação de menor nascido fora do casamento se encontrar estabelecida apenas quanto a um dos progenitores, a este pertence o exercício das responsabilidades parentais.

ARTIGO 1911º
Filiação estabelecida quanto a ambos os progenitores
que vivem em condições análogas às dos cônjuges

1 – Quando a filiação se encontre estabelecida relativamente a ambos os progenitores e estes vivam em condições análogas às dos cônjuges, aplica-se ao exercício das responsabilidades parentais o disposto nos artigos 1901º a 1904º

2 – No caso de cessação da convivência entre os progenitores, são aplicáveis as disposições dos artigos 1905º a 1908º

ARTIGO 1912º
Filiação estabelecida quanto a ambos os progenitores
que não vivem em condições análogas às dos cônjuges

1 – Quando a filiação se encontre estabelecida relativamente a ambos os progenitores e estes não vivam em condições análogas às dos cônjuges, aplica-se ao exercício das responsabilidades parentais o disposto nos artigos 1904º a 1908º

2 – No âmbito do exercício em comum das responsabilidades parentais, aplicam-se as disposições dos artigos 1901º e 1903º

ARTIGO 2016º
[...]

1 – Cada cônjuge deve prover à sua subsistência, depois do divórcio.

2 – Qualquer dos cônjuges tem direito a alimentos, independentemente do tipo de divórcio.
3 – Por razões manifestas de equidade, o direito a alimentos pode ser negado.
4 – ...»

ARTIGO 2º
Aditamento ao Código Civil

São aditados ao Código Civil os artigos 1776º-A e 2016º-A, com a seguinte redacção:

«ARTIGO 1776º-A
Acordo sobre o exercício das responsabilidades parentais

1 – Quando for apresentado acordo sobre o exercício das responsabilidades parentais relativo a filhos menores, o processo é enviado ao Ministério Público junto do tribunal judicial de 1.ª instância competente em razão da matéria no âmbito da circunscrição a que pertença a conservatória, para que este se pronuncie sobre o acordo no prazo de 30 dias.
2 – Caso o Ministério Público considere que o acordo não acautela devidamente os interesses dos menores, podem os requerentes alterar o acordo em conformidade ou apresentar novo acordo, sendo neste último caso dada nova vista ao Ministério Público.
3 – Se o Ministério Público considerar que o acordo acautela devidamente os interesses dos menores ou tendo os cônjuges alterado o acordo nos termos indicados pelo Ministério Público, segue-se o disposto na parte final do nº 1 do artigo anterior.
4 – Nas situações em que os requerentes não se conformem com as alterações indicadas pelo Ministério Público e mantenham o propósito de se divorciar, aplica-se o disposto no artigo 1778º

ARTIGO 2016º-A
Montante dos alimentos

1 – Na fixação do montante dos alimentos deve o tribunal tomar em conta a duração do casamento, a colaboração prestada à economia do casal, a idade e estado de saúde dos cônjuges, as suas qualificações profissionais e possibilidades de emprego, o tempo que terão de dedicar, eventualmente, à criação de filhos comuns, os seus rendimentos e proventos, um novo casamento ou união de facto e, de modo geral, todas as circunstâncias que influam sobre as necessidades do cônjuge que recebe os alimentos e as possibilidades do que os presta.
2 – O tribunal deve dar prevalência a qualquer obrigação de alimentos relativamente a um filho do cônjuge devedor sobre a obrigação emergente do divórcio em favor do ex-cônjuge.
3 – O cônjuge credor não tem o direito de exigir a manutenção do padrão de vida de que beneficiou na constância do matrimónio.
4 – O disposto nos números anteriores é aplicável ao caso de ter sido decretada a separação judicial de pessoas e bens.»

ARTIGO 3º
Alteração de epígrafes e designação

1 – São alteradas respectivamente para «Responsabilidades parentais» e «Exercício das responsabilidades parentais» as epígrafes da secção II e da sua subsecção IV do capítulo II do título III do livro IV do Código Civil.

2 – A expressão «poder paternal» deve ser substituída por «responsabilidades parentais» em todas as disposições da secção II do capítulo II do título III do livro IV do Código Civil.

ARTIGO 4º
Alteração ao Código de Processo Civil

1 – A epígrafe do capítulo XVII do título IV do livro III é alterada, passando a ter a seguinte redacção: «Do divórcio e separação sem consentimento do outro cônjuge».

2 – A epígrafe do artigo 1421º do Código de Processo Civil passa a ter a seguinte redacção: «Conferência».

ARTIGO 5º
Alteração ao Código do Registo Civil

O artigo 272º do Código do Registo Civil, aprovado pelo Decreto-Lei nº 131/95, de 6 de Junho, com as alterações introduzidas pelos Decretos-Leis nºs 224-A/96, de 26 de Novembro, 36/97, de 31 de Janeiro, 120/98, de 8 de Maio, 375-A/99, de 20 de Setembro, 228/2001, de 20 de Agosto, 273/2001, de 13 de Outubro, 323/2001, de 17 de Dezembro, 113/2002, de 20 de Abril, 194/2003, de 23 de Agosto, e 53/2004, de 18 de Março, pela Lei nº 29/2007, de 2 de Agosto, e pelo Decreto-Lei nº 324/2007, de 28 de Setembro, passa a ter a seguinte redacção:

«ARTIGO 272º
[...]

1 – ...
a) ...
b) ...
c) Certidão da sentença judicial que tiver regulado o exercício das responsabilidades parentais ou acordo sobre o exercício das responsabilidades parentais quando existam filhos menores e não tenha previamente havido regulação judicial;
d) ...
e) ...
f) ...

2 – A pedido dos interessados, os documentos referidos na alínea b), na segunda parte da alínea c) e nas alíneas d) e f) do número anterior podem ser elaborados pelo conservador ou pelos oficiais de registo.

3 – ...
4 – ...
5 – ...
6 – ...»

ARTIGO 6º
Alteração ao Decreto-Lei nº 272/2001, de 13 de Outubro

Os artigos 12º e 14º do Decreto-Lei nº 272/2001, de 13 de Outubro, alterado pelo Decreto-Lei nº 324/2007, de 28 de Setembro, passam a ter a seguinte redacção:

«ARTIGO 12º
[...]

1 – ...
a) ...
b) A separação e divórcio por mútuo consentimento, excepto nos casos em que os cônjuges não apresentam algum dos acordos a que se refere o nº 1 do artigo 1775º do Código Civil, em que algum dos acordos apresentados não é homologado ou nos casos resultantes de acordo obtido no âmbito de processo de separação ou divórcio sem consentimento do outro cônjuge;
c) ...
2 – ...
3 – ...
4 – ...
5 – ...

ARTIGO 14º
[...]

1 – ...
2 – ...
3 – Recebido o requerimento, o conservador informa os cônjuges da existência dos serviços de mediação familiar; mantendo os cônjuges o propósito de se divorciar, e observado o disposto no nº 5 do artigo 12º, é o divórcio decretado, procedendo-se ao correspondente registo.
4 – ...
5 – ...
6 – ...
7 – ...
8 – ...»

ARTIGO 7º
Alteração ao Código Penal

Os artigos 249º e 250º do Código Penal, aprovado pelo Decreto-Lei nº 400/82, de 23 de Setembro, e alterado pela Lei nº 6/84, de 11 de Maio, pelos Decretos-Leis nºs 101-A/88, de 26 de Março, 132/93, de 23 de Abril, e 48/95, de 15 de Março, pelas Leis nºs 90/97, de 30 de Julho, 65/98, de 2 de Setembro, 7/2000, de 27 de Maio, 77/2001, de 13 de Julho, 97/2001, 98/2001, 99/2001 e 100/2001, de 25 de Agosto, e 108/2001, de 28 de Novembro, pelos Decretos-Leis nºs 323/2001, de 17 de Dezembro, e 38/2003, de 8 de Março, pelas Leis nºs 52/2003, de 22 de Agosto, e 100/2003, de 15 de Novembro, pelo Decreto-Lei nº 53/2004, de 18 de Março, e pelas Leis nºs 11/2004, de 27 de Março, 31/2004, de 22 de Julho, 5/2006, de 23 de Fevereiro, 16/2007, de 17 de Abril, e 59/2007, de 4 de Setembro, passam a ter a seguinte redacção:

«ARTIGO 249º
[...]

1 – ...

a) ...

b) ...

c) De um modo repetido e injustificado, não cumprir o regime estabelecido para a convivência do menor na regulação do exercício das responsabilidades parentais, ao recusar, atrasar ou dificultar significativamente a sua entrega ou acolhimento; é punido com pena de prisão até dois anos ou com pena de multa até 240 dias.

2 – Nos casos previstos na alínea c) do nº 1, a pena é especialmente atenuada quando a conduta do agente tiver sido condicionada pelo respeito pela vontade do menor com idade superior a 12 anos.

3 – ...

ARTIGO 250º
[...]

1 – Quem, estando legalmente obrigado a prestar alimentos e em condições de o fazer, não cumprir a obrigação no prazo de dois meses seguintes ao vencimento, é punido com pena de multa até 120 dias.

2 – A prática reiterada do crime referido no número anterior é punível com pena de prisão até um ano ou com pena de multa até 120 dias.

3 – (Anterior nº 1.)

4 – Quem, com a intenção de não prestar alimentos, se colocar na impossibilidade de o fazer e violar a obrigação a que está sujeito criando o perigo previsto no número anterior, é punido com pena de prisão até dois anos ou com pena de multa até 240 dias.

5 – (Anterior nº 3.)

6 – (Anterior nº 4.)»

ARTIGO 8º
Norma revogatória

São revogados o artigo 1780º, o nº 2 do artigo 1782º, os artigos 1783º, 1786º e 1787º e os nºs 3 e 4 do artigo 1795º-D do Código Civil e o artigo 1417º-A e o nº 1 do artigo 1422º do Código de Processo Civil.

ARTIGO 9º
Norma transitória

O presente regime não se aplica aos processos pendentes em tribunal.

ARTIGO 10º
Entrada em vigor

A presente lei entra em vigor 30 dias após a sua publicação.

Aprovada em 17 de Setembro de 2008.

O Presidente da Assembleia da República, *Jaime Gama*.

Promulgada em 21 de Outubro de 2008.

Publique-se.

O Presidente da República, ANÍBAL CAVACO SILVA.

Referendada em 22 de Outubro de 2008.

O Primeiro-Ministro, *José Sócrates Carvalho Pinto de Sousa*.

Lei nº 75/98, de 19 de Novembro

Garantia dos alimentos devidos a menores

A Assembleia da República decreta, nos termos dos artigos 161º, alínea c), e 166º, nº 3, e do artigo 112º, nº 5, da Constituição, para valer como lei geral da República, o seguinte:

ARTIGO 1º
Garantia de alimentos devidos a menores

1 – Quando a pessoa judicialmente obrigada a prestar alimentos a menor residente em território nacional não satisfizer as quantias em dívida pelas formas previstas no artigo 189º do Decreto-Lei nº 314/78, de 27 de outubro, e o alimentado não tenha rendimento ilíquido superior ao valor do indexante dos apoios sociais (IAS) nem beneficie nessa medida de rendimentos de outrem a cuja guarda se encontre, o Estado assegura as prestações previstas na presente lei até ao início do efetivo cumprimento da obrigação.

2 – O pagamento das prestações a que o Estado se encontra obrigado, nos termos da presente lei, cessa no dia em que o menor atinja a idade de 18 anos.

Contém as alterações dos seguintes diplomas:
– Lei nº 64/2012, de 20/1

ARTIGO 2º
Fixação e montante das prestações

1 – As prestações atribuídas nos termos da presente lei são fixadas pelo tribunal e não podem exceder, mensalmente, por cada devedor, o montante de 1 IAS, independentemente do número de filhos menores.

2 – Para a determinação do montante referido no número anterior, o tribunal atenderá à capacidade económica do agregado familiar, ao montante da prestação de alimentos fixada e às necessidades específicas do menor.

Contém as alterações dos seguintes diplomas:
– Lei nº 64/2012, de 20/1

ARTIGO 3º
Disposições processuais

1 – Compete ao Ministério Público ou àqueles a quem a prestação de alimentos deveria ser entregue requerer nos respectivos autos de incumprimento que o tribunal fixe o montante que o Estado, em substituição do devedor, deve prestar.

2 – Se for considerada justificada e urgente a pretensão do requerente, o juiz, após diligências de prova, proferirá decisão provisória.

3 – Seguidamente, o juiz mandará proceder às restantes diligências que entenda indispensáveis e a inquérito sobre as necessidades do menor, posto o que decidirá.

4 – O montante fixado pelo tribunal perdura enquanto se verificarem as circunstâncias subjacentes à sua concessão e até que cesse a obrigação a que o devedor está obrigado.

5 – Da decisão cabe recurso de agravo com efeito devolutivo para o tribunal da relação.

6 – Compete a quem receber a prestação a renovação anual da prova de que se mantêm os pressupostos subjacentes à sua atribuição, sem o que a mesma cessa.

ARTIGO 4º
Cessação ou alteração das prestações

1 – O representante legal do menor ou a pessoa à guarda de quem se encontre deve comunicar ao tribunal ou à entidade responsável pelo pagamento das prestações previstas na presente lei a cessação ou qualquer alteração da situação de incumprimento ou da situação do menor.

2 – A necessidade de cessação ou alteração das prestações pode ser comunicada ao curador por qualquer pessoa.

ARTIGO 5º
Responsabilidade civil e criminal

1 – Dos quantitativos indevidamente recebidos cabe restituição e, em caso de incumprimento doloso do dever de informação previsto no artigo anterior, o pagamento de juros de mora.

2 – Aqueles que omitirem factos relevantes para a concessão da prestação de alimentos pelo Estado em substituição do devedor ficam sujeitos a procedimento criminal por crime de burla.

ARTIGO 6º
Fundo de Garantia dos Alimentos Devidos a Menores

1 – É constituído o Fundo de Garantia dos Alimentos Devidos a Menores, adiante designado por Fundo, cuja inserção orgânica será definida por diploma regulamentar do Governo.

2 – O Fundo é gerido em conta especial e assegurará o pagamento das prestações fixadas nos termos da presente lei.

3 – O Fundo de Garantia dos Alimentos Devidos a Menores fica sub-rogado em todos os direitos dos menores a quem sejam atribuídas prestações, com vista à garantia do respectivo reembolso.

4 – As dotações do Fundo são inscritas anualmente no Orçamento do Estado, em rubrica própria.

ARTIGO 7º
Regulamentação e execução

O Governo regulamentará no prazo de 90 dias, mediante decreto-lei, o disposto no presente diploma e tomará as providências orçamentais necessárias à sua execução.

ARTIGO 8º
Entrada em vigor

O presente diploma entra em vigor na data da sua publicação e produz efeitos na data da entrada em vigor da lei do orçamento posterior à regulamentação prevista no artigo anterior.

Aprovada em 15 de Outubro de 1998.

O Presidente da Assembleia da República, *António de Almeida Santos.*

Promulgada em 5 de Novembro de 1998.

Publique-se.

O Presidente da República, JORGE SAMPAIO.

Referendada em 9 de Novembro de 1998.

O Primeiro-Ministro, *António Manuel de Oliveira Guterres.*

Decreto-Lei nº 164/99, de 13 de Maio

A Constituição da República Portuguesa consagra expressamente o direito das crianças à protecção, como função da sociedade e do Estado, tendo em vista o seu desenvolvimento integral (artigo 69º). Ainda que assumindo uma dimensão programática, este direito impõe ao Estado os deveres de assegurar a garantia da dignidade da criança como pessoa em formação a quem deve ser concedida a necessária protecção. Desta concepção resultam direitos individuais, desde logo o direito a alimentos, pressuposto necessário dos demais e decorrência, ele mesmo, do direito à vida (artigo 24º). Este direito traduz-se no acesso a condições de subsistência mínimas, o que, em especial no caso das crianças, não pode deixar de comportar a faculdade de requerer à sociedade e, em última instância, ao próprio Estado as prestações existenciais que proporcionem as condições essenciais ao seu desenvolvimento e a uma vida digna.

A protecção à criança, em particular no que toca ao direito a alimentos, tem merecido também especial atenção no âmbito das organizações internacionais especializadas nesta matéria e de normas vinculativas de direito internacional elaboradas no seio daquelas. Destacam-se, nomeadamente, as Recomendações do Conselho da Europa R(82)2, de 4 de Fevereiro de 1982, relativa à antecipação pelo Estado de prestações de alimentos devidos a menores, e R(89)l, de 18 de Janeiro de 1989, relativa às obrigações do Estado, designadamente em matéria de prestações de alimentos a menores em caso de divórcio dos pais, bem como o estabelecido na Convenção sobre os Direitos da Criança, adoptada pela ONU em 1989 e assinada em 26 de Janeiro de 1990, em que se atribui especial relevância à consecução da prestação de alimentos a crianças e jovens até aos 18 anos de idade.

A evolução das condições sócio-económicas, as mudanças de índole cultural e a alteração dos padrões de comportamento têm determinado mutações profundas a nível das estruturas familiares e um enfraquecimento no cumprimento dos deveres inerentes ao poder paternal, nomeadamente no que se refere à prestação de alimentos, circunstância que tem determinado um aumento significativo de acções tendo por objecto a regulação do exercício do poder paternal, a fixação de prestação de alimentos e situações de incumprimento das decisões judiciais, com riscos significativos para os menores.

De entre os factores que relevam para o não cumprimento da obrigação de alimentos assumem frequência significativa a ausência do devedor e a sua situação sócio-económica, seja por motivo de desemprego ou de situação laboral menos estável, doença ou incapacidade, decorrentes, em muitos casos, da toxicodependência, e o crescimento de situações de maternidade ou paternidade na adolescência que inviabilizam, por vezes, a assunção das respectivas responsabilidades parentais.

Estas situações justificam que o Estado crie mecanismos que assegurem, na falta de cumprimento daquela obrigação, a satisfação do direito a alimentos.

Ao regulamentar a Lei nº 75/98, de 19 de Novembro, que consagrou a garantia de alimentos devidos a menores, cria-se uma nova prestação social, que traduz um avanço qualitativo inovador na política social desenvolvida pelo Estado, ao mesmo tempo que se dá cumprimento ao objectivo de reforço da protecção social devida a menores.

Institui-se o Fundo de Garantia dos Alimentos Devidos a Menores, gerido pelo Instituto de Gestão Financeira da Segurança Social, a quem cabe assegurar o pagamento das prestações de alimentos em caso de incumprimento da obrigação pelo respectivo devedor, através dos centros regionais de segurança social da área de residência do alimentado, após ordem do tribunal competente e subsequente comunicação da entidade gestora. A intervenção destas entidades no processo em causa resulta justificada, no que concerne ao Instituto de Gestão Financeira da Segurança Social, pela própria natureza da prestação e, no que respeita aos centros regionais de segurança social, pela proximidade territorial do alimentado, podendo estes assegurar, melhor que outro serviço, a rápida e eficaz satisfação da garantia de alimentos devidos ao menor.

Através da articulação de diversas entidades intervenientes, em colaboração com o tribunal, visa-se assegurar a plena eficácia e rapidez do procedimento ora criado, bem como, em obediência ao princípio da segurança, a efectivação regular da prova da subsistência dos pressupostos e requisitos que determinaram a intervenção do Fundo de Garantia e a prestação de alimentos a cargo do Estado.

Assim:

Nos termos da alínea *a)* do nº 1 do artigo 198º da Constituição, o Governo decreta, para valer como lei geral da República, o seguinte:

CAPÍTULO I
Objecto

ARTIGO 1º
Objecto

O presente diploma regula a garantia de alimentos devidos a menores prevista na Lei nº 75/98, de 19 de Novembro.

CAPÍTULO II
Da competência e da atribuição de prestações de alimentos

ARTIGO 2º
Entidades competentes

1 – É constituído, no âmbito do ministério responsável pela área da solidariedade e da segurança social, o Fundo de Garantia dos Alimentos Devidos a Menores, adiante designado por Fundo, gerido em conta especial pelo Instituto de Gestão Financeira da Segurança Social, I. P. (IGFSS, I. P.).

2 – Compete ao Fundo assegurar o pagamento das prestações de alimentos atribuídas a menores residentes em território nacional, nos termos dos artigos 1º e 2º da Lei nº 75/98, de 19 de Novembro.

3 – O pagamento das prestações referidas no número anterior é efetuado pelo IGFSS, I. P., na qualidade de gestor do Fundo, por ordem do tribunal competente.

Contém as alterações dos seguintes diplomas:
– Lei nº 64/2012, de 20/1

ARTIGO 3º
Pressupostos e requisitos de atribuição

1 – O Fundo assegura o pagamento das prestações de alimentos referidas no artigo anterior até ao início do efectivo cumprimento da obrigação quando:

a) A pessoa judicialmente obrigada a prestar alimentos não satisfizer as quantias em dívida pelas formas previstas no artigo 189º do Decreto-Lei nº 314/78, de 27 de Outubro; e

b) O menor não tenha rendimento ilíquido superior ao valor do indexante dos apoios sociais (IAS) nem beneficie nessa medida de rendimentos de outrem a cuja guarda se encontre.

2 – Entende-se que o alimentado não beneficia de rendimentos de outrem a cuja guarda se encontre, superiores ao valor do IAS, quando a capitação do rendimento do respetivo agregado familiar não seja superior àquele valor.

3 – O agregado familiar, os rendimentos a considerar e a capitação dos rendimentos, referidos no número anterior, são aferidos nos termos do disposto no Decreto--Lei nº 70/2010, de 16 de junho, alterado pela Lei nº 15/2011, de 3 de maio, e pelos Decretos-Leis n.os 113/2011, de 29 de novembro, e 133/2012, de 27 de junho.

4 – Para efeitos da capitação do rendimento do agregado familiar do menor, considera-se como requerente o representante legal do menor ou a pessoa a cuja guarda este se encontre.

5 – As prestações a que se refere o nº 1 são fixadas pelo tribunal e não podem exceder, mensalmente, por cada devedor, o montante de 1 IAS, devendo aquele atender, na fixação deste montante, à capacidade económica do agregado familiar, ao montante da prestação de alimentos fixada e às necessidades específicas do menor.

6 – Os menores que estejam em situação de internamento em estabelecimentos de apoio social, públicos ou privados sem fins lucrativos, cujo funcionamento seja financiado pelo Estado ou por pessoas coletivas de direito público ou de direito privado e utilidade pública, bem como os internados em centros de acolhimento, centros tutelares educativos ou de detenção, não têm direito à prestação de alimentos atribuída pelo Fundo.

Contém as alterações dos seguintes diplomas:
– Lei nº 64/2012, de 20/1

ARTIGO 4º
Atribuição das prestações de alimentos

1 – A decisão de fixação das prestações a pagar pelo Fundo é precedida da realização das diligências de prova que o tribunal considere indispensáveis e de inquérito sobre as necessidades do menor, oficiosamente ou a requerimento do Ministério Público.

2 – Para os efeitos do disposto no número anterior, o tribunal pode solicitar a colaboração e informações de outros serviços e de entidades públicas ou privadas que conheçam as necessidades e a situação socioeconómica do alimentado e do seu agregado familiar.

3 – A decisão a que se refere o nº 1 é notificada ao Ministério Público, ao representante legal do menor ou à pessoa a cuja guarda este se encontre, e ao IGFSS, I. P.

4 – O IGFSS, I. P., inicia o pagamento das prestações, por conta do Fundo, no mês seguinte ao da notificação da decisão do tribunal, não havendo lugar ao pagamento de prestações vencidas.

5 – A prestação de alimentos é devida a partir do 1º dia do mês seguinte ao da decisão do tribunal.

Contém as alterações dos seguintes diplomas:
– Lei nº 64/2012, de 20/1

CAPÍTULO III
Do reembolso

ARTIGO 5º
Garantias de reembolso

1 – O Fundo fica sub-rogado em todos os direitos do menor a quem sejam atribuídas prestações, com vista à garantia do respectivo reembolso.

2 – O IGFSS, I. P., após o pagamento da primeira prestação a cargo do Fundo, notifica o devedor para, no prazo máximo de 30 dias úteis a contar da data da notificação, efetuar o reembolso.

3 – Decorrido o prazo previsto no número anterior sem que o reembolso tenha sido efetuado, o IGFSS, I. P., aciona o sistema de cobrança coerciva das dívidas à segurança social, mediante a emissão da certidão de dívida respetiva.

4 – (Revogado.)
5 – (Revogado.)
6 – (Revogado.)

Contém as alterações dos seguintes diplomas:
– Lei nº 64/2012, de 20/1

ARTIGO 6º
Formas e modalidades de reembolso

O devedor pode efetuar o reembolso ao IGFSS, I. P., em numerário, cheque, vale postal, transferência bancária, ou qualquer outro meio legal de pagamento.

Contém as alterações dos seguintes diplomas:
– Lei nº 64/2012, de 20/1

ARTIGO 7º
Manutenção da obrigação principal

O reembolso não prejudica a obrigação de prestar alimentos previamente fixada pelo tribunal competente.

ARTIGO 8º
Receitas e despesas do Fundo

1 – Constituem receitas próprias do Fundo:

a) As dotações inscritas no Orçamento do Estado;
b) As importâncias provenientes do reembolso das prestações;
c) As importâncias provenientes da restituição das prestações indevidamente pagas e os correspondentes juros de mora;
d) Outras importâncias que lhe sejam atribuídas.

2 – Constituem despesas do Fundo as prestações pagas.

Contém as alterações dos seguintes diplomas:
– Lei nº 64/2012, de 20/1

CAPÍTULO IV
Da manutenção e da cessação das prestações

ARTIGO 9º
Articulação entre as entidades competentes

1 – O montante fixado pelo tribunal mantém-se enquanto se verificarem as circunstâncias subjacentes à sua concessão e até que cesse a obrigação a que o devedor está obrigado.

2 – O IGFSS, I. P., o ISS, I. P., o representante legal do menor ou a pessoa à guarda de quem este se encontre devem comunicar ao tribunal qualquer facto que possa determinar a alteração ou a cessação das prestações a cargo do Fundo.

3 – Para efeitos dos números anteriores, deve o IGFSS, I. P., comunicar ao tribunal competente os reembolsos efetuados pelo devedor.

4 – A pessoa que recebe a prestação fica obrigada a renovar anualmente a prova, perante o tribunal competente, de que se mantêm os pressupostos subjacentes à sua atribuição.

5 – Caso a renovação da prova não seja realizada, o tribunal notifica a pessoa que receber a prestação para a fazer no prazo de 10 dias, sob pena da cessação desta.

6 – O tribunal notifica o IGFSS, I. P., da decisão que determine a cessação do pagamento das prestações a cargo do Fundo.

Contém as alterações dos seguintes diplomas:
– Lei nº 64/2012, de 20/1

ARTIGO 10º
Restituição das prestações

1 – As prestações pagas indevidamente são objeto de restituição por parte de quem as tenha recebido, no prazo de 30 dias após a notificação para o efeito, efetuada pelo IGFSS, I. P.

2 – Findo o prazo previsto no número anterior sem que as prestações indevidamente pagas tenham sido restituídas, o IGFSS, I. P., emite certidão de dívida para efeitos de cobrança coerciva em processo executivo de dívidas à segurança social.

Contém as alterações dos seguintes diplomas:
– Lei nº 64/2012, de 20/1

CAPÍTULO V
Disposição final

ARTIGO 11º
Entrada em vigor

O presente diploma entra em vigor no dia imediato ao da sua publicação e produz efeitos na data de entrada em vigor da Lei do Orçamento do Estado para o ano 2000.

Visto e aprovado em Conselho de Ministros de 25 de Março de 1999. – António Manuel de Oliveira Guterres – António Luciano Pacheco de Sousa Franco – Jorge Paulo Sacadura Almeida Coelho – José Eduardo Vera Cruz Jardim - Eduardo Luís Barreto Ferro Rodrigues.

Promulgado em 29 de Abril de 1999.

Publique-se.

O Presidente da República, JORGE SAMPAIO.

Referendado em 4 de Maio de 1999.

O Primeiro-Ministro, *António Manuel de Oliveira Guterres.*

Despacho nº 18 778/2007

MINISTÉRIO DA JUSTIÇA
Gabinete do Secretário de Estado da Justiça

A promoção dos meios de resolução alternativa de litígios encontra-se inscrita no Programa do XVII Governo Constitucional para a área da justiça, visando-se o desenvolvimento de estruturas de justiça de proximidade aptas a fornecer aos cidadãos e empresas meios de resolução de litígios mais céleres e próximos das pessoas.

Um desses meios de resolução alternativa de litígios é a mediação, na qual um terceiro imparcial – o mediador –, promove a aproximação entre as partes com vista à obtenção de um acordo. Tem sido prioridade do Ministério da Justiça alargar a utilização da mediação como forma de ajudar a descongestionar os tribunais e proporcionar às partes meios mais próximos, rápidos e baratos de resolver conflitos. Assim, foi aprovada uma proposta de lei que viabiliza a introdução da mediação penal em Portugal, foi criado um sistema de mediação laborai através de um acordo promovido pelo Ministério da Justiça e celebrado com os parceiros sociais e foram criados novos julgados de paz, o que tem permitido a extensão da mediação que nestes tribunais é prestada a novas áreas do País. Igualmente, a proposta de lei, já apresentada na Assembleia da República, em matéria de custas judiciais incentiva a utilização de estruturas de resolução alternativa de litígios – como a mediação –, através do sistema das custas judiciais.

O presente despacho visa agora regulamentar e desenvolver um outro tipo de mediação – a mediação familiar –, através de três aspectos essenciais: o alargamento da mediação familiar a novas zonas do País; o alargamento das matérias de conflitos familiares susceptíveis de ser resolvidas através da mediação familiar, e a reconfiguração do serviço público de mediação familiar através do sistema de mediação familiar, que permite a prestação desta via de resolução de conflitos de forma mais flexível.

Por um lado, constata-se que o serviço público de mediação f amiliar se encontra circunscrito à comarca de Lisboa e a nove comarcas limí-trofes. Assim, em primeiro lugar, o presente despacho visa dispo-mbiUzar a mediação familiar a novas áreas do território nacional, sem prejuízo de novos alargamentos a outros municípios.

Por outro lado, verifica-se que apenas é possível mediar conflitos em matéria familiar quando os mesmos respeitem à regulação do poder paternal. Ora, para que o serviço público de mediação familiar possa ser prestado na generalidade dos conflitos familiares, é necessário conferir-lhe maior abrangência, passando a poder resolver-se através da mediação familiar outros tipos de conflitos como, por exemplo, casos de divórcio e separação, atribuição e alteração de alimentos, autorização para utilização da casa de morada de família e autorização para utilização do apelido do ex-cônjuge.

Finalmente, em terceiro lugar, são adoptados os princípios do funcionamento do sistema de mediação familiar, que passa a assentar numa estrutura flexível de mediadores familiares organizados em sistema de lista, aptos a intervir em diversos pontos do País independentemente da existência de uma infra-estrutura física nesses locais, com suporte e coordenação global dos serviços do Gabinete para a Resolução Alternativa de Litígios (GRAL).

Entende-se igualmente adequado abranger a fiscalização da actividade dos mediadores familiares nas competências de fiscalização da comissão prevista no n.º 6 do artigo 33º da Lei n.º 78/2001, de 13 de Julho.

Assim:

Ao abrigo do disposto na alínea *d)* do n.º 1 do despacho n.º 11 999/2007, de 18 de Junho, determino o seguinte:

ARTIGO 1º
Objecto

O presente despacho regula a actividade do sistema de mediação familiar (SMF).

ARTIGO 2º
Princípios da mediação familiar

1 – O SMF desenvolve a sua actividade com garantia de voluntariedade, celeridade, proximidade, flexibilidade e confidencialidade.

2 – A mediação familiar pode realizar-se em qualquer local que se revele adequado para o efeito e que tenha sido disponibilizado por entidades públicas ou privadas ou pelas partes no conflito.

ARTIGO 3º
Caracterização do sistema

1 – O SMF funciona com base em listas de mediadores familiares inscritos por circunscrição territorial.

2 – O funcionamento do SMF é assegurado pelo Gabinete para a Resolução Alternativa de Litígios (GRAL), ao qual incumbe:

a) O registo e a triagem dos pedidos;
b) A designação do mediador responsável por cada caso; e
c) A indicação dos locais onde se realizam as sessões de mediação.

ARTIGO 4º
Competência material

O SMF tem competência para mediar conflitos no âmbito de relações familiares, nomeadamente nas seguintes matérias:

a) Regulação, alteração e incumprimento do regime de exercício do poder paternal;
b) Divórcio e separação de pessoas e bens;
c) Conversão da separação de pessoas e bens em divórcio;
d) Reconciliação dos cônjuges separados;
e) Atribuição e alteração de alimentos, provisórios ou definitivos;
f) Privação do direito ao uso dos apelidos do outro cônjuge;
g) Autorização do uso dos apelidos do ex-cônjuge ou da casa de morada da família.

ARTIGO 5º
Competência territorial

1 – Podem ser realizadas mediações através do SMF nos muni cípios definidos em despacho do director do GRAL, sem prejuízo da disponibilização imediata deste serviço nos seguintes municípios:

a) Almada;
b) Amadora;
c) Barreiro;
d) Braga;
e) Cascais;
f) Coimbra;
g) Leiria;
h) Lisboa;
i) Loures;
j) Mafra;
l) Oeiras;
m) Porto;
n) Seixal;
o) Setúbal;
p) Sintra.

2 – Nos municípios referidos nos números anteriores realizam-se mediações através do SMF independentemente da residência das partes.

ARTIGO 6º
Intervenção do SMF

1 – A intervenção do SMF pode ter lugar em fase extrajudicial, a pedido das partes, ou durante a suspensão do processo, mediante determinação da autoridade judiciaria competente, obtido o consen timento daquelas.

2 – Pela utilização do SMF há lugar ao pagamento, no acto de assinatura do termo de consentimento, de uma taxa no valor de € 50 por cada parte, salvo nos casos em que seja concedido apoio judiciário ou quando o processo seja remetido para mediação mediante decisão da autoridade judiciária, ao abrigo do disposto no artigo 147º-D da organização tutelar de menores.

ARTIGO 7º
Mediadores familiares

1 – O mediador familiar é um profissional especializado, que actua desprovido de poderes de imposição, de modo neutro e imparcial, esclarecendo as partes dos seus direitos e deveres face à mediação e, uma vez obtido o respectivo consentimento, desenvolve a mediação no sentido de apoiar as partes na obtenção de um acordo justo e equitativo que ponha termo ao conflito que as opõe.

2 – No desempenho das suas funções, o mediador familiar observa os deveres de imparcialidade, independência, confidencialidade e diligência, devendo, em qualquer fase do processo de mediação, logo que verifique que, por razões legais, éticas ou deontológicas, a sua independência, imparcialidade ou isenção possam ser afectadas, soli citar a sua substituição.

3 – Não é permitido ao mediador familiar intervir, por qualquer forma, nomeadamente como testemunha, perito ou mandatário, em quaisquer procedimentos subsequentes à mediação familiar, indepen dentemente da forma como haja terminado o processo de mediação, e mesmo que a referida intervenção só indirectamente esteja rela cionada com a mediação realizada.

ARTIGO 8º
Selecção dos mediadores

1 – Os candidatos à inscrição nas listas referidas no nº 1 do artigo 2º são submetidos a um procedimento de selecção, devendo satisfazer os seguintes requisitos:

a) Ter mais de 25 anos de idade;
b) Estar no pleno gozo dos direitos civis e políticos;
c) Ser detentor de licenciatura adequada;
d) Estar habilitado com um curso de mediação f amiliar reconhecido pelo Ministério da Justiça;
e) Ser pessoa idónea;
f) Ter o domínio da língua portuguesa.

2 – A inscrição nas listas de mediadores familiares referidas no nº 1 do artigo 2° não investe os mediadores na qualidade de agentes, nem lhes garante o pagamento de qualquer remuneração fixa por parte do Estado.

ARTIGO 9º
Fiscalização

A actividade dos mediadores é fiscalizada pela comissão referida no nº 6 do artigo 33º da Lei nº 78/2001, de 13 de Julho.

ARTIGO 10º
Honorários dos mediadores familiares

1 – A remuneração a auferir pelo mediador familiar por cada pro cesso de mediação familiar, independentemente do número de sessões realizadas, é fixada nos seguintes termos:

a) € 120, quando o processo for concluído por acordo das partes alcançado através da mediação;

b) € 100, quando as partes não chegarem a acordo na mediação;

c) € 25, quando, apesar das diligências comprovadamente efec tuadas pelo mediador familiar, não se obtenha consentimento, se veri fique que não existem condições para a realização da mediação fami liar ou venha a verificar-se algum tipo de impedimento por parte do mediador familiar.

2 – Se no processo de mediação intervierem, em co-mediação, dois ou mais mediadores familiares, o montante referido no número ante rior é apenas devido ao mediador designado para o processo.

ARTIGO 11º
Coordenação e supervisão

Sem prejuízo do disposto nos protocolos celebrados pelo Ministério da Justiça com a Ordem dos Advogados e o município de Coimbra, respectivamente, em 16 de Maio de 1997 e 21 de Maio de 2006, compete ao GRAL coordenar e supervisionar o SMF, devendo elaborar relatórios, com a periodicidade anual, sobre o funcionamento do sistema.

ARTIGO 12º
Disposição final

O disposto no presente despacho não prejudica a existência de gabinetes de mediação familiar existentes ou objecto de protocolo com outras entidades públicas ou privadas.

ARTIGO 13º
Revogação

São revogados:

a) O despacho nº 12 368/97, publicado no *Diário da República*, Zª série, de 9 de Dezembro de 1997;

b) O despacho nº 1091/2002, publicado no *Diário da República*, Zª série, de 16 de Janeiro de 2002; e

c) O despacho nº 5524/2005, publicado no *Diário da República*, Zª série, de 15 de Março de 2005.

ARTIGO 14º
Produção de efeitos

O presente despacho produz efeitos a partir de 16 de Julho de 2007.

13 de Julho de 2007. – O Secretário de Estado da Justiça, *João Tiago Valente Almeida da Silveira*.

Lei nº 112/2009, de 16 de Setembro

Estabelece o regime jurídico aplicável à prevenção da violência doméstica, à protecção e à assistência das suas vítimas e revoga a Lei nº 107/99, de 3 de Agosto, e o Decreto-Lei nº 323/2000, de 19 de Dezembro.

A Assembleia da República decreta, nos termos da alínea c) do artigo 161º da Constituição, o seguinte:

CAPÍTULO I
Disposições gerais

ARTIGO 1º
Objecto

A presente lei estabelece o regime jurídico aplicável à prevenção da violência doméstica e à protecção e assistência das suas vítimas.

ARTIGO 2º
Definições

Para efeitos de aplicação da presente lei, considera-se:

a) Vítima» a pessoa singular que sofreu um dano, nomeadamente um atentado à sua integridade física ou mental, um dano moral, ou uma perda material, directamente causada por acção ou omissão, no âmbito do crime de violência doméstica previsto no artigo 152º do Código Penal;

b) Vítima especialmente vulnerável» a vítima cuja especial fragilidade resulte, nomeadamente, da sua diminuta ou avançada idade, do seu estado de saúde ou do facto de o tipo, o grau e a duração da vitimização haver resultado em lesões com consequências graves no seu equilíbrio psicológico ou nas condições da sua integração social;

c) Técnico de apoio à vítima» a pessoa devidamente habilitada que, no âmbito das suas funções, presta assistência directa às vítimas;

d) Rede nacional de apoio às vítimas da violência doméstica» o conjunto dos organismos vocacionados para o apoio às vítimas de violência doméstica, nele se incluindo o organismo da Administração Pública responsável pela área da cidadania e da igualdade de género, as casas de abrigo, os centros de atendimento, os centros de atendimento especializado, bem como os núcleos de atendimento e os grupos de ajuda mútua devidamente reconhecidos;

e) Organizações de apoio à vítima» as organizações da sociedade civil, não governamentais (organizações não governamentais, organizações não governamentais de mulheres, instituições particulares de solidariedade social, fundações ou outras associações sem fins lucrativos), legalmente estabelecidas, cuja actividade se processa em cooperação com a acção do Estado e demais organismos públicos;

f) Programa para autores de crimes no contexto da violência doméstica» a intervenção estruturada junto dos autores de crimes no contexto da violência doméstica, que promova a mudança do seu comportamento criminal, contribuindo para a prevenção da reincidência, proposta e executada pelos serviços de reinserção social, ou por outras entidades competentes em razão da matéria.

CAPÍTULO II
Finalidades

ARTIGO 3º
Finalidades

A presente lei estabelece um conjunto de medidas que têm por fim:

a) Desenvolver políticas de sensibilização nas áreas da educação, da informação, da saúde e do apoio social, dotando os poderes públicos de instrumentos adequados para atingir esses fins;

b) Consagrar os direitos das vítimas, assegurando a sua protecção célere e eficaz;

c) Criar medidas de protecção com a finalidade de prevenir, evitar e punir a violência doméstica;

d) Consagrar uma resposta integrada dos serviços sociais de emergência e de apoio à vítima, assegurando um acesso rápido e eficaz a esses serviços;

e) Tutelar os direitos dos trabalhadores vítimas de violência doméstica;

f) Garantir os direitos económicos da vítima de violência doméstica, para facilitar a sua autonomia;

g) Criar políticas públicas destinadas a garantir a tutela dos direitos da vítima de violência doméstica;

h) Assegurar uma protecção policial e jurisdicional célere e eficaz às vítimas de violência doméstica;

i) Assegurar a aplicação de medidas de coacção e reacções penais adequadas aos autores do crime de violência doméstica, promovendo a aplicação de medidas complementares de prevenção e tratamento;

j) Incentivar a criação e o desenvolvimento de associações e organizações da sociedade civil que tenham por objectivo actuar contra a violência doméstica, promovendo a sua colaboração com as autoridades públicas;

l) Garantir a prestação de cuidados de saúde adequados às vítimas de violência doméstica.

ARTIGO 4º
Plano Nacional Contra a Violência Doméstica

1 – Ao Governo compete elaborar e aprovar um Plano Nacional Contra a Violência Doméstica (PNCVD), cuja aplicação deve ser prosseguida em coordenação com as demais políticas sectoriais e com a sociedade civil.

2 – A dinamização, o acompanhamento e a execução das medidas constantes do PNCVD competem ao organismo da Administração Pública responsável pela área da cidadania e da igualdade de género.

CAPÍTULO III
Princípios

ARTIGO 5º
Princípio da igualdade

Toda a vítima, independentemente da ascendência, nacionalidade, condição social, sexo, etnia, língua, idade, religião, deficiência, convicções políticas ou ideológicas, orientação sexual, cultura e nível educacional goza dos direitos fundamentais inerentes à dignidade da pessoa humana, sendo-lhe assegurada a igualdade de oportunidades para viver sem violência e preservar a sua saúde física e mental.

ARTIGO 6º
Princípio do respeito e reconhecimento

1 – À vítima é assegurado, em todas as fases e instâncias de intervenção, tratamento com respeito pela sua dignidade pessoal.

2 – O Estado assegura às vítimas especialmente vulneráveis a possibilidade de beneficiar de um tratamento específico, o mais adaptado possível à sua situação.

ARTIGO 7º
Princípio da autonomia da vontade

A intervenção junto da vítima está limitada ao respeito integral da sua vontade, sem prejuízo das demais disposições aplicáveis no âmbito da legislação penal e processual penal.

ARTIGO 8º
Princípio da confidencialidade

Sem prejuízo do disposto no Código de Processo Penal, os serviços de apoio técnico à vítima asseguram o adequado respeito pela sua vida privada, garantindo o sigilo das informações que esta prestar.

ARTIGO 9º
Princípio do consentimento

1 – Sem prejuízo do disposto no Código de Processo Penal, qualquer intervenção de apoio à vítima deve ser efectuada após esta prestar o seu consentimento livre e esclarecido.

2 – A intervenção de apoio específico, nos termos da presente lei, ao jovem vítima de violência doméstica, com idade igual ou superior a 16 anos, depende somente do seu consentimento.

3 – A intervenção de apoio específico, nos termos da presente lei, à criança ou jovem vítima de violência doméstica, com idade inferior a 16 anos, depende do consentimento de representante legal, ou na sua ausência ou se este for o agente do crime, da entidade designada pela lei e do consentimento da criança ou jovem com idade igual ou superior a 12 anos.

4 – O consentimento da criança ou jovem com idades compreendidas entre os 12 e os 16 anos é bastante para legitimar a intervenção de apoio específico nos termos da presente lei, caso as circunstâncias impeçam a recepção, em tempo útil, de declaração sobre o consentimento de representante legal, ou na sua ausência ou se este for o agente do crime, da entidade designada pela lei.

5 – A criança ou jovem vítima de violência doméstica, com idade inferior a 12 anos, tem o direito a pronunciar-se, em função da sua idade e grau de maturidade, sobre o apoio específico nos termos da presente lei.

6 – A vítima pode, em qualquer momento, revogar livremente o seu consentimento.

7 – O disposto no presente artigo não prejudica os procedimentos de urgência previstos nos artigos 91º e 92º da Lei de Protecção das Crianças e Jovens em Perigo, aprovada pela Lei nº 147/99, de 1 de Setembro.

ARTIGO 10º
Protecção da vítima que careça de capacidade para prestar o seu consentimento

1 – Fora do âmbito do processo penal, qualquer intervenção de apoio a vítima que careça de capacidade para prestar o seu consentimento apenas poderá ser efectuada em seu benefício directo.

2 – Sempre que, nos termos da lei, um maior careça, em virtude de perturbação mental, de doença ou por motivo similar, de capacidade para consentir numa intervenção, esta não poderá ser efectuada sem a autorização do seu representante, ou na sua ausência ou se este for o agente do crime, de uma autoridade ou de uma pessoa ou instância designada nos termos da lei.

3 – A vítima em causa deve, na medida do possível, participar no processo de autorização.

ARTIGO 11º
Princípio da informação

O Estado assegura à vítima a prestação de informação adequada à tutela dos seus direitos.

ARTIGO 12º
Princípio do acesso equitativo aos cuidados de saúde

O Estado, tendo em conta as necessidades de saúde, assegura as medidas adequadas com vista a garantir o acesso equitativo da vítima aos cuidados de saúde de qualidade apropriada.

ARTIGO 13º
Obrigações profissionais e regras de conduta

Qualquer intervenção de apoio técnico à vítima deve ser efectuada na observância das normas e obrigações profissionais, bem como das regras de conduta aplicáveis ao caso concreto.

CAPÍTULO IV
Estatuto de vítima

SECÇÃO I
Atribuição, direitos e cessação do estatuto de vítima

ARTIGO 14º
Atribuição do estatuto de vítima

1 – Apresentada a denúncia da prática do crime de violência doméstica, não existindo fortes indícios de que a mesma é infundada, as autoridades judiciárias ou os órgãos de polícia criminal competentes atribuem à vítima, para todos os efeitos legais, o estatuto de vítima.

2 – No mesmo acto é entregue à vítima documento comprovativo do referido estatuto, que compreende os direitos e deveres estabelecidos na presente lei, além da cópia do respectivo auto de notícia, ou da apresentação de queixa.

3 – Em situações excepcionais e devidamente fundamentadas pode ser atribuído o estatuto de vítima pelo organismo da Administração Pública responsável pela área da cidadania e da igualdade de género, valendo este para os efeitos previstos na presente lei, com excepção dos relativos aos procedimentos policiais e judiciários.

4 – A vítima e as autoridades competentes estão obrigadas a um dever especial de cooperação, devendo agir sob os ditames da boa fé.

ARTIGO 15º
Direito à informação

1 – É garantida à vítima, desde o seu primeiro contacto com as autoridades competentes para a aplicação da lei, o acesso às seguintes informações:

a) O tipo de serviços ou de organizações a que pode dirigir-se para obter apoio;
b) O tipo de apoio que pode receber;
c) Onde e como pode apresentar denúncia;
d) Quais os procedimentos sequentes à denúncia e qual o seu papel no âmbito dos mesmos;
e) Como e em que termos pode receber protecção;
f) Em que medida e em que condições tem acesso a:
  i) Aconselhamento jurídico; ou
  ii) Apoio judiciário; ou
  iii) Outras formas de aconselhamento;
g) Quais os requisitos que regem o seu direito a indemnização;
h) Quais os mecanismos especiais de defesa que pode utilizar, sendo residente em outro Estado.

2 – Sempre que a vítima o solicite junto da entidade competente para o efeito, e sem prejuízo do regime do segredo de justiça, deve ainda ser-lhe assegurada informação sobre:

a) O seguimento dado à denúncia;
b) Os elementos pertinentes que lhe permitam, após a acusação ou a decisão instrutória, ser inteirada do estado do processo e da situação processual do arguido, por factos que lhe digam respeito, salvo em casos excepcionais que possam prejudicar o bom andamento dos autos;
c) A sentença do tribunal.

3 – Devem ser promovidos os mecanismos adequados para fornecer à vítima a informação sobre a libertação de agente detido ou condenado pela prática do crime de violência doméstica, no âmbito do processo penal.

4 – A vítima deve ainda ser informada, sempre que tal não perturbe o normal desenvolvimento do processo penal, sobre o nome do agente responsável pela investigação, bem como da possibilidade de entrar em contacto com o mesmo para obter informações sobre o estado do processo penal.

5 – Deve ser assegurado à vítima o direito de optar por não receber as informações referidas nos números anteriores, salvo quando a comunicação das mesmas for obrigatória nos termos do processo penal aplicável.

ARTIGO 16º
Direito à audição e à apresentação de provas

1 – A vítima que se constitua assistente colabora com o Ministério Público de acordo com o estatuto do assistente em processo penal.

2 – As autoridades apenas devem inquirir a vítima na medida do necessário para os fins do processo penal.

ARTIGO 17º
Garantias de comunicação

1 – Devem ser tomadas as medidas necessárias, em condições comparáveis às aplicáveis ao agente do crime, para minimizar tanto quanto possível os problemas de comunicação, quer em relação à compreensão, quer em relação à intervenção da vítima na qualidade de sujeito processual nos diversos actos processuais do processo penal em causa.

2 – São aplicáveis nas situações referidas no número anterior, as disposições legais em vigor relativas à nomeação de intérprete.

ARTIGO 18º
Assistência específica à vítima

O Estado assegura, gratuitamente nos casos estabelecidos na lei, que a vítima tenha acesso a consulta jurídica e a aconselhamento sobre o seu papel durante o processo e, se necessário, o subsequente apoio judiciário quando esta seja sujeito em processo penal.

ARTIGO 19º
Despesas da vítima resultantes da sua participação no processo penal

À vítima que intervenha na qualidade de sujeito no processo penal, deve ser proporcionada a possibilidade de ser reembolsada das despesas efectuadas em resultado da sua legítima participação no processo penal, nos termos estabelecidos na lei.

ARTIGO 20º
Direito à protecção

1 – É assegurado um nível adequado de protecção à vítima e, sendo caso disso, à sua família ou a pessoas em situação equiparada, nomeadamente no que respeita à segurança e salvaguarda da vida privada, sempre que as autoridades competentes considerem que existe uma ameaça séria de actos de vingança ou fortes indícios de que essa privacidade pode ser grave e intencionalmente perturbada.

2 – O contacto entre vítimas e arguidos em todos os locais que impliquem a presença em diligências conjuntas, nomeadamente nos edifícios dos tribunais, deve ser evitado, sem prejuízo da aplicação das regras processuais estabelecidas no Código de Processo Penal.

3 – Às vítimas especialmente vulneráveis deve ser assegurado o direito a beneficiarem, por decisão judicial, de condições de depoimento, por qualquer meio compatível, que as protejam dos efeitos do depoimento prestado em audiência pública.

4 – O juiz ou, durante a fase de inquérito, o Ministério Público, podem determinar, sempre que tal se mostre imprescindível à protecção da vítima e obtido o seu consentimento, que lhe seja assegurado apoio psicossocial e protecção por teleassistência, por período não superior a seis meses, salvo se circunstâncias excepcionais impuserem a sua prorrogação.

5 – O organismo da Administração Pública responsável pela área da cidadania e da igualdade de género pode recorrer a regimes de parceria para instalar, assegurar e manter em funcionamento sistemas técnicos de teleassistência.

6 – O disposto nos números anteriores não prejudica a aplicação das demais soluções constantes do regime especial de protecção de testemunhas, nomeadamente no que se refere à protecção dos familiares da vítima.

ARTIGO 21º
Direito a indemnização e a restituição de bens

1 – À vítima é reconhecido, no âmbito do processo penal, o direito a obter uma decisão de indemnização por parte do agente do crime, dentro de um prazo razoável.

2 – Para efeito da presente lei, há sempre lugar à aplicação do disposto no artigo 82º-A do Código de Processo Penal, excepto nos casos em que a vítima a tal expressamente se opuser.

3 – Salvo necessidade imposta pelo processo penal, os objectos restituíveis pertencentes à vítima e apreendidos no processo penal são imediatamente examinados e devolvidos.

4 – Independentemente do andamento do processo, à vítima é reconhecido o direito a retirar da residência todos os seus bens de uso pessoal e exclusivo e ainda, sempre que possível, os seus bens móveis próprios, bem como os dos filhos ou adoptados menores de idade, os quais devem constar de lista disponibilizada no âmbito do processo sendo a vítima acompanhada, quando necessário, por autoridade policial.

ARTIGO 22º
Condições de prevenção da vitimização secundária

1 – A vítima tem direito a ser ouvida em ambiente informal e reservado, devendo ser criadas as adequadas condições para prevenir a vitimização secundária e para evitar que sofra pressões desnecessárias.

2 – A vítima tem ainda direito, sempre que possível, e de forma imediata, a dispor de adequado atendimento psicológico e psiquiátrico por parte de equipas multidisciplinares de profissionais habilitadas à despistagem e terapia dos efeitos associados ao crime de violência doméstica.

ARTIGO 23º
Vítima residente noutro Estado

1 – A vítima não residente em Portugal beneficia das medidas adequadas ao afastamento das dificuldades que surjam em razão da sua residência, especialmente no que se refere ao andamento do processo penal.

2 – A vítima não residente em Portugal beneficia ainda da possibilidade de prestar declarações para memória futura imediatamente após ter sido cometida a infracção, bem como da audição através de videoconferência e de teleconferência.

3 – É ainda assegurado à vítima de crime praticado fora de Portugal a possibilidade de apresentar denúncia junto das autoridades nacionais, sempre que não tenha tido a possibilidade de o fazer no Estado onde foi cometido o crime, caso em que as autoridades nacionais devem transmiti-la prontamente às autoridades competentes do território onde foi cometido o crime.

ARTIGO 24º
Cessação do estatuto de vítima

1 – O estatuto de vítima cessa por vontade expressa da vítima ou por verificação da existência de fortes indícios de denúncia infundada.

2 – O estatuto de vítima cessa igualmente com o arquivamento do inquérito, do despacho de não pronúncia ou após o trânsito em julgado da decisão que ponha termo à causa, salvo se, a requerimento da vítima junto do Ministério Público ou do tribunal competente, consoante os casos, a necessidade da sua protecção o justificar.

3 – A cessação do estatuto da vítima não prejudica, sempre que as circunstâncias do caso forem consideradas justificadas pelos correspondentes serviços, a continuação das modalidades de apoio social que tenham sido estabelecidas.

4 – A cessação do estatuto da vítima, quando ocorra, em nenhum caso prejudica as regras aplicáveis do processo penal.

SECÇÃO II
Protecção policial e tutela judicial

ARTIGO 25º
Acesso ao direito

1 – É garantida à vítima, com prontidão, consulta jurídica a efectuar por advogado, bem como a célere e sequente concessão de apoio judiciário, com natureza urgente, ponderada a insuficiência económica, nos termos legais.

2 – Quando o mesmo facto der causa a diversos processos, deve ser assegurada, sempre que possível, a nomeação do mesmo mandatário ou defensor oficioso à vítima.

ARTIGO 26º
Assessoria e consultadoria técnicas

Os gabinetes de apoio aos magistrados judiciais e do Ministério Público previstos na Lei de Organização e Funcionamento dos Tribunais Judiciais devem, sempre que possível, incluir assessoria e consultadoria técnicas na área da violência doméstica.

ARTIGO 27º
Gabinetes de atendimento e informação à vítima nos órgãos de polícia criminal

1 – Os gabinetes de atendimento a vítimas a funcionar junto dos órgãos de polícia criminal asseguram a prevenção, o atendimento e o acompanhamento das situações de violência doméstica.

2 – Cada força e serviço de segurança constituem a sua rede de gabinetes de atendimento, dotados de condições adequadas, nomeadamente de privacidade, ao atendimento de vítimas.

3 – O disposto nos números anteriores deve igualmente ser concretizado, sempre que possível, nas instalações dos departamentos de investigação e acção penal (DIAP).

ARTIGO 28º
Celeridade processual

1 – Os processos por crime de violência doméstica têm natureza urgente, ainda que não haja arguidos presos.

2 – A natureza urgente dos processos por crime de violência doméstica implica a aplicação do regime previsto no nº 2 do artigo 103º do Código de Processo Penal.

ARTIGO 29º
Denúncia do crime

1 – A denúncia de natureza criminal é feita nos termos gerais, sempre que possível, através de formulários próprios, nomeadamente autos de notícia padrão, criados no âmbito da prevenção, da investigação criminal e do apoio às vítimas.

2 – É ainda assegurada a existência de formulários próprios no âmbito do sistema de queixa electrónica, que garante a conexão com um sítio da Internet de acesso público com informações específicas sobre violência doméstica.

ARTIGO 30º
Detenção

1 – Em caso de flagrante delito por crime de violência doméstica, a detenção efectuada mantém-se até o detido ser apresentado a audiência de julgamento sob a forma sumária ou a primeiro interrogatório judicial para eventual aplicação de medida de coacção ou de garantia patrimonial, sem prejuízo do disposto no nº 3 do artigo 143º, no nº 1 do artigo 261º, no nº 3 do artigo 382º e no nº 2 do artigo 385º do Código de Processo Penal.

2 – Para além do previsto no nº 1 do artigo 257º do Código de Processo Penal, a detenção fora de flagrante delito pelo crime previsto no número anterior pode ser efectuada por mandado do juiz ou do Ministério Público, se houver perigo de continuação da actividade criminosa ou se tal se mostrar imprescindível à protecção da vítima.

3 – Para além das situações previstas no nº 2 do artigo 257º do Código de Processo Penal, as autoridades policiais podem também ordenar a detenção fora de flagrante delito pelo crime previsto no nº 1, por iniciativa própria, quando:

a) Se encontre verificado qualquer dos requisitos previstos no número anterior; e

b) Não for possível, dada a situação de urgência e de perigo na demora, esperar pela intervenção da autoridade judiciária.

ARTIGO 31º
Medidas de coacção urgentes

1 – Após a constituição de arguido pela prática do crime de violência doméstica, o tribunal pondera, no prazo máximo de 48 horas, a aplicação, sem prejuízo das demais medidas de coacção previstas no Código de Processo Penal e com respeito pelos pressupostos gerais e específicos de aplicação nele referidos, de medida ou medidas de entre as seguintes:

a) Não adquirir, não usar ou entregar, de forma imediata, armas ou outros objectos e utensílios que detiver, capazes de facilitar a continuação da actividade criminosa;

b) Sujeitar, mediante consentimento prévio, a frequência de programa para arguidos em crimes no contexto da violência doméstica;

c) Não permanecer na residência onde o crime tenha sido cometido ou onde habite a vítima;

d) Não contactar com a vítima, com determinadas pessoas ou frequentar certos lugares ou certos meios.

2 – O disposto nas alíneas c) e d) do número anterior mantém a sua relevância mesmo nos casos em que a vítima tenha abandonado a residência em razão da prática ou de ameaça séria do cometimento do crime de violência doméstica.

ARTIGO 32º
Recurso à videoconferência ou à teleconferência

1 – Os depoimentos e declarações das vítimas, quando impliquem a presença do arguido, são prestados através de videoconferência ou de teleconferência, se o tribunal, designadamente a requerimento da vítima, o entender como necessário para garantir a prestação de declarações ou de depoimento sem constrangimentos, podendo, para o efeito, solicitar parecer aos profissionais de saúde que acompanhem a evolução da situação da vítima.

2 – A vítima é acompanhada na prestação das declarações ou do depoimento, por profissional de saúde que lhe tenha vindo a dispensar apoio psicológico ou psiquiátrico.

ARTIGO 33º
Declarações para memória futura

1 – O juiz, a requerimento da vítima ou do Ministério Público, pode proceder à inquirição daquela no decurso do inquérito, a fim de que o depoimento possa, se necessário, ser tomado em conta no julgamento.

2 – O Ministério Público, o arguido, o defensor e os advogados constituídos no processo são notificados da hora e do local da prestação do depoimento para que possam estar presentes, sendo obrigatória a comparência do Ministério Público e do defensor.

3 – A tomada de declarações é realizada em ambiente informal e reservado, com vista a garantir, nomeadamente, a espontaneidade e a sinceridade das respostas, devendo a vítima ser assistida no decurso do acto processual por um técnico especialmente habilitado para o seu acompanhamento, previamente designado pelo tribunal.

4 – A inquirição é feita pelo juiz, podendo em seguida o Ministério Público, os advogados constituídos e o defensor, por esta ordem, formular perguntas adicionais.

5 – É correspondentemente aplicável o disposto nos artigos 352º, 356º, 363º e 364º do Código de Processo Penal.

6 – O disposto nos números anteriores é correspondentemente aplicável a declarações do assistente e das partes civis, de peritos e de consultores técnicos e acareações.

7 – A tomada de declarações nos termos dos números anteriores não prejudica a prestação de depoimento em audiência de julgamento, sempre que ela for possível e não puser em causa a saúde física ou psíquica de pessoa que o deva prestar.

ARTIGO 34º
Tomada de declarações

Se, por fundadas razões, a vítima se encontrar impossibilitada de comparecer na audiência, pode o tribunal ordenar, oficiosamente ou a requerimento, que lhe sejam tomadas declarações no lugar em que se encontre, em dia e hora que lhe comunicará.

ARTIGO 35º
Meios técnicos de controlo à distância

1 – O tribunal, com vista à aplicação das medidas e penas previstas nos artigos 52º e 152º do Código Penal, no artigo 281º do Código de Processo Penal e no artigo 31º da presente lei, pode, sempre que tal se mostre imprescindível para a protecção da vítima, determinar que o cumprimento daquelas medidas seja fiscalizado por meios técnicos de controlo à distância.

2 – O controlo à distância é efectuado, no respeito pela dignidade pessoal do arguido, por monitorização telemática posicional, ou outra tecnologia idónea, de acordo com os sistemas tecnológicos adequados.

3 – O controlo à distância cabe aos serviços de reinserção social e é executado em estreita articulação com os serviços de apoio à vítima, sem prejuízo do uso dos sistemas complementares de teleassistência referidos no nº 5 do artigo 20º

4 – Para efeitos do disposto no nº 1, o juiz solicita prévia informação aos serviços encarregados do controlo à distância sobre a situação pessoal, familiar, laboral e social do arguido ou do agente.

5 – À revogação, alteração e extinção das medidas de afastamento fiscalizadas por meios técnicos de controlo à distância aplicam-se as regras previstas nos artigos 55º a 57º do Código Penal e nos artigos 212º e 282º do Código de Processo Penal.

ARTIGO 36º
Consentimento

1 – A utilização dos meios técnicos de controlo à distância depende do consentimento do arguido ou do agente e, nos casos em que a sua utilização abranja a participação da vítima, depende igualmente do consentimento desta.

2 – A utilização dos meios técnicos de controlo à distância depende ainda do consentimento das pessoas que o devam prestar, nomeadamente das pessoas que vivam com o arguido ou o agente e das que possam ser afectadas pela permanência obrigatória do arguido ou do agente em determinado local.

3 – O consentimento do arguido ou do agente é prestado pessoalmente perante o juiz, na presença do defensor, e reduzido a auto.

4 – Sempre que a utilização dos meios técnicos de controlo à distância for requerida pelo arguido ou pelo agente, o consentimento considera-se prestado por simples declaração deste no requerimento.

5 – As vítimas e as pessoas referidas no nº 2 prestam o seu consentimento aos serviços encarregados da execução dos meios técnicos de controlo à distância por simples declaração escrita, que o enviam posteriormente ao juiz.

6 – Os consentimentos previstos neste artigo são revogáveis a todo o tempo.

ARTIGO 37º
Comunicação obrigatória e tratamento de dados

1 – As decisões de atribuição do estatuto de vítima e as decisões finais em processos por prática do crime de violência doméstica são comunicadas, sem dados nominativos, ao organismo da Administração Pública responsável pela área da cidadania e da igualdade de género, bem como à Direcção-Geral da Administração Interna, para efeitos de registo e tratamento de dados.

2 – O disposto no número anterior não prejudica as regras de tratamento de dados para efeitos estatísticos, na área da justiça, em matéria de violência doméstica, de acordo com a legislação aplicável.

ARTIGO 38º
Medidas de apoio à reinserção do agente

1 – O Estado deve promover a criação das condições necessárias ao apoio psicológico e psiquiátrico aos agentes condenados pela prática de crimes de violência doméstica, bem como àqueles em relação aos quais tenha recaído decisão de suspensão provisória do processo, obtido o respectivo consentimento.

2 – São definidos e implementados programas para autores de crimes no contexto da violência doméstica, designadamente com vista à suspensão da execução da pena de prisão.

ARTIGO 39º
Encontro restaurativo

Durante a suspensão provisória do processo ou durante o cumprimento da pena pode ser promovido, nos termos a regulamentar, um encontro entre o agente do crime e a vítima, obtido o consentimento expresso de ambos, com vista a restaurar a paz social, tendo em conta os legítimos interesses da vítima, garantidas que estejam as condições de segurança necessárias e a presença de um mediador penal credenciado para o efeito.

ARTIGO 40º
Apoio financeiro

A vítima de violência doméstica beneficia de apoio financeiro do Estado, nos termos da legislação aplicável.

SECÇÃO III
Tutela social

ARTIGO 41º
Cooperação das entidades empregadoras

Sempre que possível, e quando a dimensão e a natureza da entidade empregadora o permitam, esta deve tomar em consideração de forma prioritária:

a) O pedido de mudança do trabalhador a tempo completo que seja vítima de violência doméstica para um trabalho a tempo parcial que se torne disponível no órgão ou serviço;

b) O pedido de mudança do trabalhador a tempo parcial que seja vítima de violência doméstica para um trabalho a tempo completo ou de aumento do seu tempo de trabalho.

ARTIGO 42º
Transferência a pedido do trabalhador

1 – Nos termos do Código do Trabalho, o trabalhador vítima de violência doméstica tem direito a ser transferido, temporária ou definitivamente, a seu pedido, para outro estabelecimento da empresa, verificadas as seguintes condições:

a) Apresentação de denúncia;

b) Saída da casa de morada de família no momento em que se efective a transferência.

2 – Em situação prevista no número anterior, o empregador apenas pode adiar a transferência com fundamento em exigências imperiosas ligadas ao funcionamento da empresa ou serviço ou até que exista posto de trabalho compatível disponível.

3 – No caso previsto no número anterior, o trabalhador tem direito a suspender o contrato de imediato até que ocorra a transferência.

4 – É garantida a confidencialidade da situação que motiva as alterações contratuais do número anterior, se solicitado pelo interessado.

5 – O disposto nos números anteriores é aplicável, com as devidas adaptações, aos trabalhadores que exercem funções públicas, independentemente da modalidade de constituição da relação jurídica de emprego público ao abrigo da qual exercem as respectivas funções.

6 – Na situação de suspensão a que se refere o nº 3 são aplicáveis aos trabalhadores que exercem funções públicas na modalidade de nomeação, com as necessárias adaptações, os efeitos previstos no artigo 231º do Regime do Contrato de Trabalho em Funções Públicas, aprovado pela Lei nº 59/2008, de 11 de Setembro.

ARTIGO 43º
Faltas

As faltas dadas pela vítima que sejam motivadas por impossibilidade de prestar trabalho em razão da prática do crime de violência doméstica são, de acordo com o regime legal aplicável, consideradas justificadas.

ARTIGO 44º
Instrumentos de regulamentação colectiva de trabalho

Os instrumentos de regulamentação colectiva de trabalho, sempre que possível, devem estabelecer, para a admissão em regime de tempo parcial e para a mobilidade geográfica, preferências em favor dos trabalhadores que beneficiem do estatuto de vítima.

ARTIGO 45º
Apoio ao arrendamento

Quando as necessidades de afastamento da vítima do autor do crime de violência doméstica o justifiquem, a vítima tem direito a apoio ao arrendamento, à atribuição de fogo social ou a modalidade específica equiparável, nos termos e condições a definir em diploma próprio.

ARTIGO 46º
Rendimento social de inserção

A vítima de violência doméstica pode ser titular do direito ao rendimento social de inserção nos termos e com os efeitos previstos no nº 2 do artigo 4º da Lei nº 13/2003, de 21 de Maio, com as alterações introduzidas pela Lei nº 45/2005, de 29 de Agosto, sendo o respectivo pedido tramitado com carácter de urgência.

ARTIGO 47º
Abono de família

A requerimento da vítima, opera-se a transferência da percepção do abono de família relativamente aos filhos menores que consigo se encontrem.

ARTIGO 48º
Formação profissional

À vítima de violência doméstica é reconhecido o acesso preferencial aos programas de formação profissional existentes.

ARTIGO 49º
Tratamento clínico

O Serviço Nacional de Saúde assegura a prestação de assistência directa à vítima por parte de técnicos especializados e promove a existência de gabinetes de atendimento e tratamento clínico com vista à prevenção do fenómeno da violência doméstica.

ARTIGO 50º
Isenção de taxas moderadoras

A vítima está isenta do pagamento das taxas moderadoras no âmbito do Serviço Nacional de Saúde.

ARTIGO 51º
Restituição das prestações

1 – As prestações económicas e sociais inerentes ao estatuto de vítima que tenham sido pagas indevidamente devem ser restituídas.
2 – Consideram-se como indevidamente pagas as prestações económicas e sociais cuja atribuição tenha sido baseada em falsas declarações de quem haja beneficiado do estatuto de vítima ou na omissão de informações legalmente exigidas.

ARTIGO 52º
Falsas declarações

Sem prejuízo da responsabilidade penal, a prestação de falsas declarações no âmbito do estatuto de vítima determina a cessação das prestações económicas e sociais previstas na lei.

CAPÍTULO V
Rede institucional

ARTIGO 53º
Rede nacional de apoio às vítimas de violência doméstica

1 – A rede nacional de apoio às vítimas de violência doméstica compreende o organismo da Administração Pública responsável pela área da cidadania e da igualdade de género, as casas de abrigo, os centros de atendimento e os centros de atendimento especializado.

2 – Integram ainda a rede referida no número anterior os núcleos de atendimento e os grupos de ajuda mútua, devidamente certificados pelo organismo da Administração Pública responsável pela área da cidadania e da igualdade de género.

3 – Os gabinetes de atendimento às vítimas, constituídas no âmbito dos órgãos de polícia criminal actuam em estreita cooperação com a rede nacional de apoio às vítimas de violência doméstica.

4 – É assegurada a existência de um serviço telefónico, gratuito e com cobertura nacional, de informação a vítimas de violência doméstica.

5 – Quaisquer modalidades de apoio público à constituição ou funcionamento das casas de abrigo, dos centros de atendimento, dos centros de atendimento especializado ou dos núcleos de atendimento carecem de supervisão técnica do organismo da Administração Pública responsável pela área da cidadania e da igualdade de género, nos termos da respectiva lei orgânica, sendo da responsabilidade do Instituto da Segurança Social, I. P. (ISS, I. P.), o apoio técnico e o acompanhamento das respostas.

6 – Nos casos em que as vítimas de violência doméstica sejam crianças ou jovens de menor idade, incumbe à Comissão Nacional de Protecção das Crianças e Jovens em Risco e às comissões de protecção das crianças e jovens estabelecer os procedimentos de protecção nos termos das suas atribuições legais, sem prejuízo das modalidades de cooperação possíveis com os organismos e entidades da rede nacional de apoio às vítimas de violência doméstica.

7 – Nas situações em que as vítimas são pessoas idosas ou em situação dependente, sem retaguarda familiar, deve o ISS, I. P., ou outro organismo competente, desenvolver um encaminhamento prioritário para o acolhimento no âmbito da rede de serviços e equipamentos sociais, sem prejuízo da articulação devida com a rede nacional de apoio a vítimas de violência doméstica.

8 – No quadro da rede nacional de apoio às vítimas de violência doméstica, a relevância das organizações de apoio à vítima é reconhecida pelo Estado e o seu papel é estimulado por este, nomeadamente na concretização das políticas de apoio.

ARTIGO 54º
Gratuitidade

1 – Os serviços prestados através da rede nacional de apoio às vítimas de violência doméstica são gratuitos.

2 – Por comprovada insuficiência de meios económicos, o apoio jurídico prestado às vítimas é gratuito.

ARTIGO 55º
Participação das autarquias locais

1 – No âmbito das suas competências e atribuições, as autarquias locais podem integrar, em parceria, a rede nacional de apoio às vítimas de violência doméstica, colaborando, nomeadamente, na divulgação da existência dos centros de atendimento em funcionamento nas respectivas áreas territoriais.

2 – Nos casos em que a propriedade dos equipamentos seja das autarquias locais, a manutenção das instalações é assegurada por esta, podendo nos restantes casos, e sempre que possível, contribuir para o bom estado de conservação das mesmas.

ARTIGO 56º
Financiamento

1 – Em matéria de investimento para construção e equipamento de respostas na área da violência doméstica, o apoio público da administração central enquadra-se em programas específicos de investimento para equipamentos sociais.

2 – O apoio financeiro referido no número anterior pode ser assegurado por verbas oriundas dos fundos comunitários, nos termos dos regulamentos aplicáveis.

3 – O apoio financeiro para funcionamento das respostas sociais na área da violência doméstica rege-se pelo regime de cooperação, nos termos da legislação em vigor.

ARTIGO 57º
Colaboração com entidades estrangeiras

No âmbito da rede nacional de apoio às vítimas de violência doméstica podem estabelecer-se acordos de cooperação com entidades similares estrangeiras para segurança dos respectivos utentes.

ARTIGO 58º
Comissão para a Cidadania e a Igualdade de Género

A Comissão para a Cidadania e a Igualdade de Género é responsável pelo desenvolvimento das políticas de protecção e promoção dos direitos das vítimas de violência doméstica, cabendo-lhe, nomeadamente:

a) Participar nas alterações legislativas que respeitem ao âmbito do seu mandato;

b) Promover os protocolos com os organismos e serviços com intervenção nesta área e as organizações não governamentais ou outras entidades privadas;

c) Dinamizar a criação de equipas multidisciplinares e a sua formação especializada;

d) Colaborar na inserção de conteúdos específicos nos planos curriculares e de formação de todos os profissionais que, directa ou indirectamente, contactam com o fenómeno da violência doméstica;

e) Solicitar e coordenar as auditorias e os estudos de diagnóstico e avaliação das carências, medidas e respostas sociais;

f) Dinamizar, coordenar e acompanhar a elaboração do diagnóstico da situação das vítimas;

g) Concertar a acção de todas as entidades públicas e privadas, estruturas e programas de intervenção na área das vítimas, de modo a reforçar estratégias de cooperação e de racionalização de recursos;

h) Cooperar com a Comissão Nacional de Protecção das Crianças e Jovens em Risco no desenvolvimento das políticas, estratégias e acções relativas à promoção e protecção das crianças e jovens vítimas de violência doméstica;

i) Certificar, para o efeito, as entidades cuja actividade na área da violência doméstica implique, pela sua relevância, integração na rede nacional de apoio às vítimas de violência doméstica e que dependam dessa forma de reconhecimento;

j) Organizar e coordenar o registo de dados de violência doméstica, desagregados por idade, nacionalidade e sexo, com a finalidade de recolha e análise de elementos de informação relativos às ocorrências reportadas às forças de segurança e das decisões judiciárias que, nos termos da lei, devam ser comunicadas;

l) Emitir os pareceres previstos na lei.

ARTIGO 59º
Rede de casas de apoio a vítimas de violência doméstica

1 – Cabe ao Governo promover a criação, a instalação, a expansão e o apoio ao funcionamento da rede de casas de apoio a vítimas de violência doméstica, que integra as casas de abrigo, os centros de atendimento e os centros de atendimento especializado.

2 – A rede de casas de apoio deve ser estabelecida por forma a assegurar a cobertura equilibrada do território nacional e da população, devendo estar necessariamente presente em todos os distritos.

3 – Nas áreas metropolitanas de Lisboa e do Porto, a rede referida nos números anteriores deve contemplar, pelo menos, duas casas de abrigo.

ARTIGO 60º
Casas de abrigo

1 – As casas de abrigo são as unidades residenciais destinadas a acolhimento temporário a vítimas, acompanhadas ou não de filhos menores.

2 – Ao Estado incumbe conceder apoio, com carácter de prioridade, às casas de abrigo de mulheres vítimas de violência doméstica e assegurar o anonimato das mesmas.

ARTIGO 61º
Centros de atendimento

1 – Os centros de atendimento são as unidades constituídas por uma ou mais equipas técnicas, pluridisciplinares, de entidades públicas dependentes da administração central ou local, bem como de outras entidades que com aquelas tenham celebrado protocolos de cooperação e que assegurem, de forma integrada, o atendimento, o apoio e o reencaminhamento personalizados de vítimas, tendo em vista a sua protecção.

2 – Os protocolos de cooperação a que se refere o número anterior devem merecer acordo entre os organismos da Administração Pública responsáveis pelas áreas da cidadania e da igualdade de género e da segurança social, assegurando a sua conformidade com os parâmetros da presente lei e do PNCVD.

ARTIGO 62º
Centros de atendimento especializado

Os centros de atendimento especializado são serviços de atendimento especializado a vítimas, nomeadamente os constituídos no âmbito dos organismos do Serviço Nacional de Saúde ou dos serviços de emprego, de formação profissional e de segurança social.

ARTIGO 63º
Objectivos das casas de abrigo

São objectivos das casas de abrigo:

a) Acolher temporariamente vítimas, acompanhadas ou não de filhos menores;

b) Nos casos em que tal se justifique, promover, durante a permanência na casa de abrigo, aptidões pessoais, profissionais e sociais das vítimas, susceptíveis de evitarem eventuais situações de exclusão social e tendo em vista a sua efectiva reinserção social.

ARTIGO 64º
Funcionamento das casas de abrigo

1 – As casas de abrigo são organizadas em unidades que favoreçam uma relação afectiva do tipo familiar, uma vida diária personalizada e a integração na comunidade.

2 – Para efeitos do número anterior, as casas de abrigo regem-se nos termos descritos na presente lei, no seu regulamento interno e pelas normas aplicáveis às entidades que revistam a mesma natureza jurídica com acordos de cooperação celebrados, desde que não contrariem as normas constantes na presente lei.

3 – O regulamento interno de funcionamento, a aprovar conjuntamente pelos membros do Governo responsáveis pelas áreas da cidadania e da igualdade de género e do trabalho e solidariedade social, ou por quem estes designarem, é obrigatoriamente dado a conhecer às vítimas aquando da sua admissão, devendo ser subscrito por estas o correspondente termo de aceitação.

4 – As casas de abrigo dispõem, para efeitos de orientação técnica, de, pelo menos, um licenciado nas áreas comportamentais, preferencialmente psicólogo e ou técnico de serviço social, que actuam em articulação com a equipa técnica.

5 – Atendendo à natureza e fins prosseguidos pelas casas de abrigo, as autoridades policiais territorialmente competentes prestam todo o apoio necessário com vista à protecção dos trabalhadores e das vítimas, assegurando uma vigilância adequada junto das mesmas.

ARTIGO 65º
Organização e gestão das casas de abrigo

1 – As casas de abrigo podem funcionar em equipamentos pertencentes a entidades públicas ou particulares sem fins lucrativos.

2 – As casas de abrigo, os centros de atendimento e os centros de atendimento especializado coordenam entre si as respectivas actividades.

3 – Tratando-se de entidades particulares sem fins lucrativos, o Estado apoia a sua acção mediante a celebração de acordos de cooperação.

ARTIGO 66º
Equipa técnica

1 – As casas de abrigo dispõem da assistência de uma equipa técnica a quem cabe o diagnóstico da situação das vítimas acolhidas na instituição e o apoio na definição e execução dos seus projectos de promoção e protecção.

2 – A equipa deve ter uma constituição pluridisciplinar, integrando as valências de direito, psicologia e serviço social.

ARTIGO 67º
Formação da equipa técnica

O organismo da Administração Pública responsável pela área da cidadania e da igualdade de género assegura, sem prejuízo da participação de outras entidades, a formação específica ao pessoal técnico das casas de abrigo e dos centros de atendimento.

ARTIGO 68º
Acolhimento

1 – A admissão das vítimas nas casas de abrigo processa-se, quer por indicação da equipa técnica dos centros de atendimento, quer através dos técnicos que asseguram o serviço de atendimento telefónico da linha verde, na sequência de pedido da vítima.

2 – O acolhimento é assegurado pela instituição que melhor possa garantir as necessidades de apoio efectivo à vítima de acordo com a análise da competente equipa técnica.

3 – O acolhimento nas casas de abrigo é de curta duração, pressupondo o retorno da vítima à vida na comunidade de origem, ou outra por que tenha optado, em prazo não superior a seis meses.

4 – A permanência por mais de seis meses pode ser autorizada, a título excepcional, mediante parecer fundamentado da equipa técnica acompanhado do relatório de avaliação da situação da vítima.

5 – O disposto no presente artigo não prejudica a existência de acolhimento de crianças e jovens, decidido pelo tribunal competente, nos termos dos artigos 49º a 54º da Lei de Protecção das Crianças e Jovens em Perigo.

ARTIGO 69º
Causas imediatas de cessação do acolhimento

Constituem causas imediatas de cessação de acolhimento, entre outras:
a) O termo do prazo previsto nos nºs 3 e 4 do artigo anterior;
b) A manifestação de vontade da vítima;
c) O incumprimento das regras de funcionamento da casa de abrigo.

ARTIGO 70º
Direitos e deveres da vítima e dos filhos menores em acolhimento

1 – A vítima e os filhos menores acolhidos em casas de abrigo têm os seguintes direitos:

a) Alojamento e alimentação em condições de dignidade;

b) Usufruir de um espaço de privacidade e de um grau de autonomia na condução da sua vida pessoal adequados à sua idade e situação.

2 – Constitui dever especial da vítima e dos filhos menores acolhidos em casas de abrigo cumprir as respectivas regras de funcionamento.

ARTIGO 71º
Denúncia

1 – Os responsáveis das casas de abrigo devem denunciar aos serviços do Ministério Público competentes as situações de vítimas de que tenham conhecimento, para efeitos de instauração do respectivo procedimento criminal.

2 – Quando os responsáveis das casas de abrigo encontrem motivos de fundada suspeita de terem os filhos menores acolhidos sido também vítimas de violência doméstica, devem denunciar imediatamente tal circunstância ao Ministério Público, por meio e forma que salvaguardem a confidencialidade da informação.

ARTIGO 72º
Domicílio da vítima acolhida em casa de abrigo

A vítima acolhida em casa de abrigo considera-se domiciliada no centro de atendimento que processou a respectiva admissão.

ARTIGO 73º
Assistência médica e medicamentosa

Mediante declaração emitida pelo centro de atendimento que providenciou a admissão, os serviços de saúde integrados no Serviço Nacional de Saúde situados na área da casa de abrigo designada providenciam toda a assistência necessária à vítima e seus filhos.

ARTIGO 74º
Acesso aos estabelecimentos de ensino

1 – Aos filhos menores das vítimas acolhidas nas casas de abrigo é garantida a transferência escolar, sem observância do numerus clausus, para estabelecimento escolar mais próximo da respectiva casa de abrigo.

2 – A referida transferência opera-se com base em declaração emitida pelo centro de atendimento que providenciou a admissão da vítima.

ARTIGO 75º
Núcleos de atendimento

Os núcleos de atendimento são serviços reconhecidos de atendimento a vítimas, funcionando com carácter de continuidade, assegurados pelas organizações de apoio à vítima e envolvendo técnicos de apoio devidamente habilitados.

ARTIGO 76º
Grupos de ajuda mútua

Tendo em vista a autonomização das vítimas, os grupos de ajuda mútua de cariz comunitário que visem promover a auto-ajuda e o empoderamento das vítimas são certificados pelo organismo da Administração Pública responsável pela área da cidadania e da igualdade de género, sempre que o requeiram, para efeitos de integração na rede nacional de apoio às vítimas de violência doméstica.

CAPÍTULO VI
Educação para a cidadania

ARTIGO 77º
Educação

Incumbe ao Estado definir, nos objectivos e linhas de orientação curricular da educação pré-escolar, dos ciclos do ensino básico e secundário, os princípios orientadores de um programa de prevenção do crime de violência doméstica, de acordo com o desenvolvimento físico, emocional, psicológico e social das crianças que frequentem aqueles estabelecimentos de educação, tendo em vista, nomeadamente, proporcionar-lhes noções básicas sobre:

a) O fenómeno da violência e a sua diversidade de manifestações, origens e consequências;
b) O respeito a que têm direito, da sua intimidade e da reserva da sua vida privada;
c) Os comportamentos parentais e o inter-relacionamento na vida familiar;
d) A violência simbólica e o seu carácter estrutural e institucional;
e) Relações de poder que marcam as interacções pessoais, grupais e sociais;
f) O relacionamento entre crianças, adolescentes, jovens e pessoas em idade adulta.

ARTIGO 78º
Sensibilização e informação

O Estado assegura a promoção de políticas de prevenção de violência doméstica através da:

a) Elaboração de guiões e produtos educativos para acções de sensibilização e informação nas escolas que incluam as temáticas da educação para a igualdade de género, para a não-violência e para a paz, para os afectos, bem como da relação entre género e multiculturalismo e da resolução de conflitos através da comunicação;

b) Criação e divulgação de materiais informativos e pedagógicos dirigidos à população estudantil;

c) Realização de concursos nas escolas para seleccionar os melhores materiais pedagógicos produzidos a fim de integrarem exposições temporárias;

d) Dinamização de acções de sensibilização junto das escolas, em parceria com os restantes actores da comunidade educativa, por parte de militares e agentes das forças de segurança envolvidos em programas de proximidade, comunitários e de apoio à vítima;

e) Elaboração de guiões e produtos para sensibilização das famílias sobre a necessidade de adoptarem estratégias educativas alternativas à violência;

f) Sensibilização para a eliminação de todas as referências sexistas e discriminatórias dos materiais escolares;

g) Dinamização de acções de sensibilização junto dos organismos da Administração Pública e empresas públicas de forma a modificar as condutas que favorecem, estimulam e perpetuam a violência doméstica;

h) Promoção de campanhas nacionais e locais nos meios de comunicação social;

i) Divulgação de material informativo acerca dos indícios reveladores da violência junto dos profissionais de saúde, destinado a sensibilizá-los para a detecção desses casos;

j) Promoção da expansão da base de conhecimentos e o intercâmbio, com entidades nacionais e estrangeiras, da informação, da identificação e da difusão de boas práticas para a prevenção da violência doméstica.

ARTIGO 79º
Formação

1 – Na medida das necessidades, deve ser promovida formação específica na área da violência doméstica a docentes da educação pré-escolar, dos ensinos básico e secundário, para que adquiram conhecimentos e técnicas que os habilitem a educar as crianças no respeito pelos direitos e liberdades fundamentais, pela igualdade entre homens e mulheres, pelo princípio da tolerância e na prevenção e resolução pacífica dos conflitos, no âmbito da vida familiar e social, bem como na detecção das formas de violência.

2 – Aos profissionais da área da saúde cuja actuação se revele relevante na matéria deve ser ministrada formação sobre violência doméstica, que inclui a preparação para a detecção precoce dos casos de violência e, sempre que existam indícios reveladores da prática do crime, a sensibilização para a sua denúncia.

3 – As actividades de formação do Centro de Estudos Judiciários contemplam conteúdos sobre o crime de violência doméstica, as suas causas e consequências.

4 – Os órgãos de polícia criminal e os técnicos de medicina legal recebem componente formativa específica na área da violência doméstica com vista à prevenção de formas de vitimização secundária, nomeadamente no âmbito da recolha dos meios de prova.

ARTIGO 80º
Protocolos

1 – Os estabelecimentos de ensino e de educação e entidades especialmente vocacionadas para o acompanhamento de situações resultantes do crime de violência doméstica podem celebrar protocolos de cooperação.

2 – As autarquias que tenham, ou desejem ter, projectos contra a violência, nomeadamente espaços de informação sobre a problemática da violência doméstica, são apoiadas mediante a celebração de protocolos, tendo em vista a realização de campanhas e acções de sensibilização nas comunidades locais e o alargamento da cobertura nacional da rede de apoio às vítimas.

3 – O Estado promove, com as ordens profissionais da área da saúde, a celebração dos protocolos necessários à divulgação regular de material informativo sobre violência doméstica nos consultórios e nas farmácias.

4 – Podem ser celebrados protocolos entre o organismo da Administração Pública responsável pela área da cidadania e da igualdade de género e os vários organismos da Administração Pública envolvidos na protecção e na assistência à vítima com vista à definição dos procedimentos administrativos de comunicação de dados e ao desenvolvimento integrado das políticas de rede de tutela da vítima e de sensibilização contra a violência doméstica.

5 – O organismo da Administração Pública responsável pela área da cidadania e da igualdade de género pode ainda celebrar protocolos com as organizações não governamentais com vista à articulação dos procedimentos relativos à protecção e à assistência à vítima.

CAPÍTULO VII
Disposições finais

ARTIGO 81º
Disposições transitórias

1 – Até à sua revisão, mantém-se em vigor, com as necessárias adaptações, o Decreto Regulamentar nº 1/2006, de 25 de Janeiro.

2 – As condições de utilização inicial dos meios técnicos de teleassistência e de controlo à distância previstos na presente lei ocorrem durante um período experimental de três anos e podem ser limitadas às comarcas onde existam os meios técnicos necessários.

ARTIGO 82º
Disposição revogatória

São revogados a Lei nº 107/99, de 3 de Agosto, e o Decreto-Lei nº 323/2000, de 19 de Dezembro.

ARTIGO 83º
Regulamentação

1 – Os actos regulamentares necessários à execução da presente lei são aprovados pelo Governo no prazo de 180 dias.

2 – O modelo de documento comprovativo da atribuição do estatuto de vítima, previsto no nº 1 do artigo 14º, é aprovado por portaria conjunta dos membros do Governo responsáveis pelas áreas da cidadania e da igualdade de género, da administração interna e da justiça.

3 – As características dos sistemas tecnológicos de controlo à distância previstos no artigo 35º são aprovadas por portaria do membro do Governo responsável pela área da justiça.

4 – As condições de utilização inicial dos meios técnicos de teleassistência, previstos nos nºs 4 e 5 do artigo 20º, e dos meios de controlo à distância previstos no artigo 35º da presente lei, são fixados por portaria conjunta dos membros do Governo responsáveis pelas áreas da cidadania e da igualdade de género e da justiça.

5 – Os requisitos e qualificações necessários à habilitação dos técnicos de apoio à vítima, prevista na alínea c) do artigo 2º são definidos por despacho dos membros do Governo responsáveis pelas áreas da cidadania e da igualdade de género, da justiça e da formação profissional.

ARTIGO 84º
Entrada em vigor

A presente lei entra em vigor 30 dias após a sua publicação.

Aprovada em 23 de Julho de 2009.

O Presidente da Assembleia da República, *Jaime Gama*.

Promulgada em 28 de Agosto de 2009.

Publique-se.

O Presidente da República, ANÍBAL CAVACO SILVA.

Referendada em 28 de Agosto de 2009.

O Primeiro-Ministro, *José Sócrates Carvalho Pinto de Sousa*.

Lei nº 113/2009, de 17 de Setembro

Estabelece medidas de protecção de menores, em cumprimento do artigo 5º da Convenção do Conselho da Europa contra a Exploração Sexual e o Abuso Sexual de Crianças, e procede à segunda alteração à Lei nº 57/98, de 18 de Agosto.

A Assembleia da República decreta, nos termos da alínea c) do artigo 161º da Constituição, o seguinte:

ARTIGO 1º
Objecto

A presente lei estabelece medidas de protecção de menores em cumprimento do artigo 5º da Convenção do Conselho da Europa contra a Exploração Sexual e o Abuso Sexual de Crianças.

ARTIGO 2º
Aferição de idoneidade no acesso a funções que envolvam contacto regular com menores

1 – No recrutamento para profissões, empregos, funções ou actividades, públicas ou privadas, ainda que não remuneradas, cujo exercício envolva contacto regular com menores, a entidade recrutadora está obrigada a pedir ao candidato a apresentação de certificado de registo criminal e a ponderar a informação constante do certificado na aferição da idoneidade do candidato para o exercício das funções.

2 – No requerimento do certificado, o requerente especifica obrigatoriamente o fim a que aquele se destina, indicando a profissão, emprego, função ou actividade a exercer e indicando ainda que o seu exercício envolve contacto regular com menores.

3 – O certificado requerido por particulares para o fim previsto no nº 1 tem a menção de que se destina a situação de exercício de funções que envolvam contacto regular com menores e deve conter, para além da informação prevista no artigo 11º da Lei nº 57/98, de 18 de Agosto:

a) As condenações por crime previsto no artigo 152º, no artigo 152º-A ou no capítulo V do título I do livro II do Código Penal;

b) As decisões que apliquem penas acessórias nos termos dos artigos 152º e 179º do Código Penal ou medidas de segurança que interditem a actividade;

c) As decisões que sejam consequência, complemento ou execução das indicadas nas alíneas anteriores e não tenham como efeito o cancelamento do registo.

4 – Ao certificado requerido por particulares para o fim previsto no nº 1 não é aplicável o disposto na alínea e) do nº 2 do artigo 12º da Lei nº 57/98, de 18 de Agosto.

5 – No certificado requerido por particulares para o fim previsto no nº 1 constam também as decisões proferidas por tribunais estrangeiros, equivalentes às previstas nas alíneas do nº 3.

6 – O disposto no nº 1 não prejudica a obrigatoriedade do cumprimento de proibições ou inibições decorrentes da aplicação de uma pena acessória ou de uma medida de segurança, cuja violação é punida nos termos do artigo 353º do Código Penal.

7 – O não cumprimento do disposto no nº 1 por parte da entidade recrutadora constitui contra-ordenação, punida com coima cujos limites mínimo e máximo são os previstos no artigo 17º do regime que institui o ilícito de mera ordenação social e respectivo processo, aprovado pelo Decreto-Lei nº 433/82, de 27 de Outubro, podendo também ser aplicadas as sanções acessórias previstas nas alíneas b), c), e), f) e g) do nº 1 do artigo 21º, verificados os pressupostos previstos no artigo 21º-A do mesmo diploma.

8 – A negligência é punível.

9 – A instrução dos processos de contra-ordenação e a aplicação das coimas e sanções acessórias competem às entidades administrativas competentes para a fiscalização das correspondentes actividades, aplicando-se subsidiariamente o artigo 34º do regime que institui o ilícito de mera ordenação social e respectivo processo.

10 – O produto das coimas reverte para o serviço que as tiver aplicado e para o Estado, nas percentagens de 40 % e 60 %, respectivamente.

11 – A entidade recrutadora deve assegurar a confidencialidade da informação de que tenha conhecimento através da consulta do certificado do registo criminal.

ARTIGO 3º
Aferição de idoneidade na tomada de decisões de confiança de menores

1 – As autoridades judiciárias que, nos termos da lei, devam decidir sobre a adopção, tutela, curatela, acolhimento familiar, apadrinhamento civil, entrega, guarda ou confiança de menores ou regulação do exercício das responsabilidades parentais acedem à informação sobre identificação criminal das pessoas a quem o menor possa ser confiado, como elemento da tomada da decisão, nomeadamente para aferição da sua idoneidade.

2 – As autoridades judiciárias podem ainda aceder à informação sobre identificação criminal das pessoas que coabitem com as referidas no número anterior.

3 – A informação referida nos números anteriores abrange o teor integral do registo criminal, salvo a informação definitivamente cancelada, e pode ser obtida por acesso directo, nos termos do artigo 14º da Lei nº 57/98, de 18 de Agosto.

4 – Tratando-se de procedimento não judicial, a Comissão de Protecção de Crianças e Jovens, ou a entidade que for competente, solicita informação ao Ministério Público, que pode proceder de acordo com o nº 1.

5 – As entidades que acedam a informação constante do registo criminal nos termos do presente artigo asseguram a sua reserva, salvo no que seja indispensável à tramitação e decisão dos respectivos procedimentos.

ARTIGO 4º
Identificação criminal

1 – Tratando-se de condenação por crime previsto no capítulo V do título I do livro II do Código Penal, o cancelamento definitivo previsto na alínea a) do nº 1 do artigo 15º da Lei nº 57/98, de 18 de Agosto, ocorre decorridos 23 anos sobre a extinção da pena, principal ou de substituição, ou da medida de segurança, e desde que, entretanto, não tenha ocorrido nova condenação por crime.

2 – Sem prejuízo do disposto no número anterior, mantêm-se os critérios e prazos estabelecidos na alínea a) do nº 1 do artigo 15º da Lei nº 57/98, de 18 de Agosto, exclusivamente para efeito da interrupção prevista na parte final dessa alínea.

3 – Sem prejuízo do disposto no nº 2 do artigo 11º da Lei nº 57/98, de 18 de Agosto, o Tribunal de Execução das Penas pode determinar, a pedido do titular, a não transcrição, em certificado de registo criminal requerido para os fins previstos no artigo 1º da presente lei, de condenações previstas no número anterior, desde que já tenha sido extinta a pena principal e a pena acessória eventualmente aplicada, quando seja fundadamente de esperar que o titular conduzirá a sua vida sem voltar a cometer crimes da mesma espécie, sendo sensivelmente diminuto o perigo para a segurança e bem estar de menores que poderia decorrer do exercício da profissão, emprego, função ou actividade a exercer.

4 – A decisão referida no número anterior é sempre precedida de realização de perícia de carácter psiquiátrico, com intervenção de três especialistas, com vista a aferir a reabilitação do requerente.

ARTIGO 5º
Alteração à Lei nº 57/98, de 18 de Agosto

O artigo 7º da Lei nº 57/98, de 18 de Agosto, passa a ter a seguinte redacção:

«ARTIGO 7º
[...]

Podem ainda aceder à informação sobre identificação criminal:

a) Os magistrados judiciais e do Ministério Público para fins de investigação criminal, de instrução de processos criminais, de execução de penas e de decisão sobre adopção, tutela, curatela, acolhimento familiar, apadrinhamento civil, entrega, guarda ou confiança de menores ou regulação do exercício das responsabilidades parentais;

b) ...
c) ...
d) ...
e) ...
f) ...

g) ...
h) ...
i) ...»

Aprovada em 23 de Julho de 2009.

O Presidente da Assembleia da República, *Jaime Gama.*

Promulgada em 28 de Agosto de 2009.

Publique-se.

O Presidente da República, ANÍBAL CAVACO SILVA.

Referendada em 31 de Agosto de 2009.

O Primeiro-Ministro, *José Sócrates Carvalho Pinto de Sousa.*

BIBLIOGRAFIA

AA.VV. – *La violencia sobre la mujer en el grupo familiar. Tratamiento Jurídico y Psicosocial*, Colex, Madrid, 1999.

AAVV – *3ª Bienal de Jurisprudência, Direito da Família*, Faculdade de Direito da Universidade de Coimbra, Centro de Direito da Família, Coimbra Editora, 2008.

AAVV – *La Protezione dei Minori Nelle Convenzioni Internazionali*, SSI, Roma, 1982.

AAVV – *Violência Contra as Mulheres:Tolerância Zero*, Actas da Conferência europeia, Cadernos da Condição Feminina, CIDM, Lisboa, 2000.

ALBISTON, Catherine R./MACCOBY, Eleanor E./MNOOKIN, Robert – *Does Legal Joint Custody Matter?*, Law & Policy, vol. 2, nº 1, 1990, p. 167.

ALLEN, Michael L. – *Notes, Visitation rights of a grandparent over the objection of a parent: The best interests of the child*, Journal of Family Law, vol. XV, 1976-77, nº 1, p. 51.

ALMEIDA, A.N./ANDRÉ, I.M./ALMEIDA, H.N. – *Sombras e marcas: os maus tratos às crianças na família*, Análise Social, 1999.

ALMEIDA, Ana Catarina Pires de – *Crenças sociais e discursos da psicologia*, Dissertação de Mestrado em Psicologia da Justiça, Orientadora Carla Machado, Universidade do Minho, 2003 (disponível para consulta in *https://repositorium.sdum.uminho.pt/handle/1822/3197*).

ALMEIDA, Susana – *O respeito pela vida (privada) e familiar na jurisprudência do Tribunal Europeu dos Direitos do Homem: A tutela das novas formas de família*, Coimbra, 2008.

ANDRADE, Manuel de – *Noções Elementares de Processo Civil*, Coimbra Editora, 1979.

ANGEL, Ronald/ANGEL, Jacqueline – *Painful Inheritance: Health and the New Generation of Fatherless Families*, Madison, University of Wis-consin Press, 1993.

ARAÚJO, Sandra Maria Baccara – *Alienação Parental*, Revista Associação dos Defensores Públicos do Distrito Federal, Ano 3, Nº 3, 2008, pp. 127-134.

AREEN, *The Need for Caring*, Michigan Law Review, vol. 86, 1988, p. 1067.

ATTKINSON, Jeff – *Criteria for Deciding Custody in the Trial and Appelate Courts*, FamLQ, vol. XVIII, nº 1, 1984, p. 1.

BALLOF, Rainer – *Gemeinsame Elterliche Sorge als Regelfall?*, FamRZ, 1990, p. 445.

BAPTISTA LOPES, M.M./DUARTE FONSECA, A.C. – *Aspectos da relação jurídica entre pais e filhos*, Infância e Juventude, Justiça – Os caminhos de mudança, 1991, Número especial.

BAPTISTA MACHADO – *Introdução ao Direito e ao Discurso Legitimador*, Almedina, Coimbra, 1983.

BARBOSA, Madalena – *Invisibilidade e Tectos de Vidro*, Comissão para a Igualdade dos Direitos das Mulheres, 1998.

BAREA, Consuelo/VACCARO, Sonia – *El pretendido Síndrome de Alienación Parental*, Editorial Desclée de Brouwer, 2009.

BAREA, Consuelo – *Backlash: resistência a la igualdad*, Aequalitas, Revista Jurídica de Igualdad de Oportunidades Entre Mujeres y Hombres, nº 25, Julio-Diciembre 2009, p. 68.

BARTHELET, Bernardette – *Les conséquences du divorce à l'égard de l'enfants*, Thése dactyl., Lyon, 1986.

BARTLETT, Katharine/STACK, Carol B. – *Joint custody, Feminism and the De-pendency Dilemma*, Berkeley Women's Law Journal, vol. 2, 1986, p. 28.

BASS, Ellen and THORTON, Louise – *I Never Told Anyone, Writings by Women Survivors of Child Sexual Abuse*, 1983.

BASTOS, Amélia et al., – *Um olhar sobre a pobreza infantil, Análise das condições de vida das crianças*, Almedina, Coimbra, 2008.

BELEZA, José Manuel Pizarro – *O princípio da igualdade e a lei penal. O crime de estupro voluntário simples e a discriminação em razão do sexo*, in Estudos em Homenagem ao Prof. Teixeira Ribeiro, Coimbra, 1983, p. 437-608.

BELEZA, Teresa Pizarro – *Sem sombra de pecado. O Repensar dos Crimes Sexuais na Revisão do Código Penal*, in Jornadas de Direito Criminal, Revisão do Código Penal, Volume I, CEJ, Lisboa, 1996.

BELEZA, Tereza Pizarro – *Género e Direito: Da Igualdade ao Direito das Mulheres*, Themis, ano I, nº 2, 2000.

BELEZA, Tereza Pizarro – *Mulheres, Direito e Crime ou a Perplexidade de Cassandra*, Lisboa, Faculdade de Direito, AAFDL, 1990.

BÉNABENT, Alain – *Droit du Divorce (effets)*, I.R.D. Sirey, 1983, p. 449.

BERGER, Maurice – *A criança e o sofrimento da separação*, Lisboa, 2003.

BODENHEIMER, Brigitte M. – *Progress Under the Uniform Child Custody Jurisdiction Act and Remaining Problems: Punitive Decrees, Joint Custody, and Excessive Modifications*, California Law Review, Volume LXV, 1977.

BORGES, Beatriz Marques – *Protecção de Crianças e Jovens em Perigo*, Coimbra, 2007.

BORN, Winfried – *Gemeinsames Sorgerecht: Ende der "modernen Zeiten", Besprechung von BGH, Urteil v. 29.9.1999 – XII ZB 3/99 –*, FamRZ 1999, 1646, p. 396-399.

BRAGA DA CRUZ, Ana Maria – *Cobrança da Pensão de Alimentos*, in SOTTOMAYOR, Maria Clara/TOMÉ, Maria João, *Direito da Família e Política Social*, Universidade Católica, Porto, 2001.

BROSKY, J. G./ALFORD, J. G. – *Sharpening Solomon's Sword: Current Considerations in Child Custody Cases*, Dickinson Law Review, 1976-77, vol. 81.

BRUCH, Carol – *Casos de rapto internacional de crianças: experiência ao abrigo da Convenção de Haia de 1980*, Infância e Juventude, 1993, nº 3, 35-63.

BRUCH, Carol – *Conference on the Law and Public Policy of Family Disso-lution*, 1990, University of Wisconsin Law School.

BRUCH, Carol – *O rapto civil de crianças e os tribunais ingleses*, Infância e Juventude, 1993, nº 4, 63-81.

BRUCH, Carol – *Parental Alienation Syndrome and Alienated Children: Getting It Wrong in Child Custody Cases*, Child and Family Law Quarterly, vol. 14, 2002.

BRUCH, Carol – *Parental Alienation Syndrome and Parental Alienation: Getting it Wrong in Child Custody Cases*, Family Law Quarterly, 2001, pp. 527-552.

BRUCH, Carol – *Sound research or Wishful Thinking in Child Custody Cases? Lessons from Relocation Law*, Family Law Quarterly, Volume 40, nº 2, 2006, pp. 281-314.

BRUCH, Carol S. – *And How Are the Children? The Effects of Ideology and Mediation on Child Custody and Children's Well Being in the United States*, International Journal of Law and the Family, 4, 1988, p. 106 e p. 119.

BRUCH, Carol S. – *Making Visitation Work: Dual Parenting Orders*, Family Advocate, 1978, p. 22 e ss.

BRUCH, Carol S. – *Parental Alienation Syndrome: Junk Science in Child Custody Determinations*, European Journal of Law Reform, 2001, Volume 3, nº 3, p. 383-404.

BRUCH, Carol S. – *Public Policy and the Relocation of Custodial Households in the United States*, in SOTTOMAYOR, M. C./TOMÉ, M. J., *Direito da Família e Política Social*, Universidade Católica Portuguesa, Porto, 2001.

BRUCH, Carol S./BOWERMASTER, Janet M. – *The Relocation of Children and Custodial Parents: Public Policy, Past and Present*,

Family Law Quarterly, Volume 30, Nº 2, 1996, p. 245.
BRUCH, Carol S./WIKLER, Norma J. – *The Economic Consequences*, in Special Issue: Child Support Enforcement, Juvenile and Family Court Journal, 1985, vol. 36, nº 3, p. 5.
BURNS, Edward M. – *Grandparent visitation rights: Is it time for the pendullum to fall?*, vol. XXV, nº 1, 1991, p. 78.
CALVÃO DA SILVA, João – *Cumprimento e Sanção Pecuniária Compulsória*, Universidade de Coimbra, Boletim da Faculdade de Direito, Suplemento XXX, 1987.
CANACAKOS, Ellen – *Joint Custody as a Fundamental Right*, in Jay Folberg editor, Joint Custody and Shared Parenting, 1984, p. 223.
CANALI, Olindo – *L' affidamento congiunto o custodia associata: una possible alternativa*, in V. CIGOLI/G. GULLOTA/G. SANTI – *Separazione, Divorzio e Affidamento dei Figli*, Giuffrè Editore, Milano, 1983, p. 277.
CANÇO, Dina – *As Mulheres no Censo de 1991*, Comissão para a Igualdade de Direitos das Mulheres, 1996.
CANOVA, Linuccia/GRASSO, Luciano – *Ancora sull' Affidamento Congiunto od Alternato: Interesse del Minore o Finzione Giuridica?*, DFP, ano XX-1991, p. 725.
CARBONNIER, Jean – *Droit Civil 2 – La famille, les incapacités*, 13ª ed., Paris, P.U.F., 1989.
CARBONNIER, Jean – *Essais sur les Lois*, éd. Defrénois, 1979.
CARBONNIER, Jean – *Les Notions a Contenu Variable dans le Droit Français de la Famille*, in Les Notions a Contenu Variable en Droit, Études publiées par Chaîn Perelman et Raymond Vander Elst, Bruxelles, 1984, p. 99.
CARVALHO FERNANDES, Luís A. – *Teoria Geral do Direito Civil*, I, Introdução, Pressupostos da Relação Jurídica, 5ª edição, Lisboa, 2009.
CARVALHO, Américo Taipa de – *Sucessão de Leis Penais*, 3ª edição revista e actualizada, Coimbra, 2008.

CASSIDY, Judy/SHAVER, Phillip (eds.) – *Handbook of Attachment: Theory, Research and Clinical Applications*, 1999.
CASTRO MENDES – *Teoria Geral do Direito Civil*, vol. II, AAFDL, 1983.
CASTRO MENDES/TEIXEIRA DE SOUSA – *Direito da Família*, AAFDL, 1990/1991.
CHAMBERS, David – *Making Fathers Pay, The Enforcement of Child Support*, The University of Chicago Press, Chicago and London, 1979.
CHAMBERS, David L. – *Rethinking the Substantive Rules for Custody Disputes in Divorce*, Michigan Law Review, vol. 83, nº 3, 1984, p. 477.
CHAPELLE, A. – *Les pactes de famille en matiére extra-patrimoniale*, RTDC, 1984, p. 411.
CHARLOW, Andrea – *Awarding Custody: The Best Interest of the Child and Other Fictions*, Yale Law & Policy Review, vol. 45, nº 2, 1987, p. 267.
CHESLER, Phyllis – *Mothers on Trial*, The Seal Press, 1986.
CHIMENTI, Bianca Alessia – *Interesse del minore di etá e profili di rile-vanza del consenso*, Giustizia Civile, vol. XLVII, 1998, I, p. 1285- 1293.
CHODOROW, Nancy J. – *The Reproduction of Mothering, Psychoanalysis and the Sociology of Gender*, California, 1978.
CID, Nuno de Salter – *A Protecção da Casa de Morada de Família no Direito Português*, Almedina, Coimbra, 1996.
CINTRA, Pedro et al. – *Síndrome de alienação parental: realidade médico-psicológica ou jurídica?*, Julgar, Janeiro-Abril 2009, pp. 197--205.
COELHO, Alberto Baltazar – *Delimitação dos campos de aplicação dos processos tutelares de regulação do exercício do poder paternal e de alimentos devidos a menores*, RDES, Ano XXVIII – 1986.
COELHO, F.M. Pereira/OLIVEIRA, Guilherme de – *Curso de Direito da Família*, Vol. I, Coimbra, 2008.
COLAÇO, Amadeu, *Novo Regime do Divórcio*, 3ª edição, Livraria Almedina, Coimbra, 2009.

COMMAILLE, Jacques – *Familles sans Justice?*, Le Centurion, 1982.

CORNU, Gérard – *Du Sentiment en Droit Civil*, Annales de la Faculté de Droit de Liège, 1963, p. 189.

CORNU, Gérard – *La bonté du législateur*, RTDC, nº 2 avril-juin, ano 90º, 1991, p. 283.

CORTE-REAL, Carlos Pamplona/PEREIRA, José Silva – *Direito da Família. Tópicos para uma Reflexão Crítica*, Lisboa, 2008.

COSTANZA, M., *Quale interesse nell'affidamento congiunto della prole?*, NGCC, 1997, Parte I, p. 584-596.

CUNHA, Maria da Conceição Ferreira da, «A tutela penal da família e do interesse da criança – Reflexão acerca do crime de subtração de menor e sua distinção face aos crimes de sequestro e rapto de menores», in *Direito Penal, Fundamentos Dogmáticos e Político-Criminais, Homenagem ao Prof. Peter Hünerfeld*, Coimbra Editora, Coimbra, pp. 919-974.

CRISHOLM, Richard/MCINTOSH, Jenniffer – «Cautionary notes on the shared care of children in conflicted parental separations», *Family Relationships Quarterly Issue*, nº 8, 2008, p. 1.

CROUCH, Richard – *The Search for Guidance in Determining the Best Interests of the Child at Divorce: Reconciling the Primary Caretaker and Joint custody Preferences*, University of Richmond Law Review, vol. 20, 1985, p. 1.

CUNHA GONÇALVES – *Tratado de Direito Civil*, vol. II, Coimbra, 1930.

CUNHA GONÇALVES – *Tratado de Direito Civil*, vol. VI, Coimbra, 1932.

CUNHA GONÇALVES – *Tratado de Direito Civil*, vol. VII, Coimbra, 1932.

CUNHA, J. M. Damião – Comentário aos artigos 249º e 250º do Código Penal, in Comentário Conimbricense do Código Penal, Parte Especial, Tomo II, dirigido por Jorge de Figueiredo Dias, Coimbra Editora, 1999, p. 613-636.

CUNHA, Maria da Conceição Ferreira da – "Constituição e Crime", Uma perspectiva da criminalização e da descriminalização, Estudos e Monografias, Universidade Católica Portuguesa – editora, Porto, 1995.

DAHL, Tove Stang – *O Direito das Mulheres, Uma Introdução à Teoria do Direito Feminista*, Universitetsforlaget AS, 1987, Tradução Portuguesa, Fundação Calouste Gulbenkian, 1993.

DARLINGTON, Yvonne – *Moving On, Women's Experiences of Childhood Sexual Abuse And Beyond*, The Federation Press, 1996.

DEKEUWER, A. – *Divorce-séparation de corps*, J.C.P. 1984, II, Jurisprudence, 20163.

DELL'ANTONIO, Annamaria – *Ascoltare il minore, L'audizione dei minore nei procedimenti civili*, Giuffrè Editore – Milano, 1990.

DELL'ANTONIO, Annamaria – *Il bambino conteso*, Milano, 1983.

DELOREY, Ann Marie – *Joint Legal Custody: A Reversal to Patriarchal Power*, Canadian Journal of Women and the Law, vol. 3, nº 1, 1989, p. 33.

DESLANCES, C./VALORY, S. – *Enlèvement international d'enfants: la Cour de cassation maintient le cap*, Personnes & Famille, nº 7, 1999. p. 20-21.

DIAS FERREIRA – *Código Civil Portuguez Anotado*, vol. I, Imprensa Nacional, Lisboa, 1870.

DIAS FERREIRA – *Código Civil Portuguez Anotado*, vol. III, Imprensa Nacional, Lisboa, 1872.

DIAS, Cristina – *A criança como sujeito de direitos e o poder de correcção*, Revista Julgar, nº 4, pp. 87-103.

DIAS, Maria Berenice – *Incesto e Alienação Parental, Realidades que a Justiça insiste em não ver*, Editora Revista dos Tribunais, São Paulo, 2007.

DIAS, Maria Berenice – *Incesto e o mito da família feliz*, in Incesto e Alienação Parental, Realidades que a Justiça insiste em não ver, Editora Revista dos Tribunais, São Paulo, 2007, pp. 17-50.

DICKMEIS, Franz – *Die gemeinsame Sorge – ein engagiertes Plädoyer – Die Bewältigung der Scheidungskrise, Hilfe durch Gerichte und Jugen-dämter?*, ZfJ, nº 2, 1989, p. 57.

DORSNER-DOLIVET – *Les nouvelles dispositions relatives à l'exercice de l'autorité parentale*, A.L.D.1988, p. 103.

DUARTE, Maria de Fátima Abrantes – *O Poder Paternal. Contributos para o Actual Regime*, AAFDL, 1989.

EEKELAAR, John – *Beyond the welfare principle*, Child and Family Law Quarterly, 2002, p. 237

EEKELAAR, John – *Regulating Divorce*, Oxford, 1991

ELSTER, Jon – *Solomonic Judgements, Against the best interests of the child*, The University of Chicago Law Review, vol. 54, nº 1, 1987.

ENGISH, Karl – *Introdução ao Pensamento Jurídico*, Fundação Calouste Gulbenkian, 5ª edição, Lisboa.

EPIFÂNIO, Rui/FARINHA, António – *Organização Tutelar de Menores (Decreto-Lei nº 314/78, de 27 de Outubro), Contributo para uma visão interdisciplinar do direito de menores e família*, Almedina, Coimbra, 1997.

ESPINOSA CALABUIG, Rosario – *Custodia y visita de menores en el espacio judicial europeo*, Madrid, 2007.

ESTER, John W. – *Maryland Custody Law – Fully Commited to the Child's Best Interest?* – Maryland Law Review, vol. 41, nº 2, 1982, p. 225.

ESTEVES, João Gomes – *A Liga Republicana das Mulheres Portuguesas, uma Organização política e feminista (1909-1919)*, CIDM, 1991.

FACHIN, R. A. G. – *Em Busca da Família do Novo Milênio, Uma reflexão crítica sobre as origens históricas e as perspectivas do Direito de Família brasileiro contemporâneo*, Biblioteca de Teses, Renovar, 2001.

FAIN, Harry M. – *Family Law – "Whither Now?"*, Journal of Divorce, vol.1, 1977, p. 31.

FARIA, Maria Paula Ribeiro de – *A Lesão da Integridade Física e o Direito de Educar – Uma questão «também» Jurídica, Juris et de jure*. Nos 20 anos da Faculdade de Direito da U.C.P. – Porto, Porto, 1998, p. 901-929.

FARIA, Maria Paula Ribeiro de – *Acerca da fronteira entre o castigo legítimo de um menor e o crime de maus-tratos do art. 152º do CP*, Revista Portuguesa de Ciências Criminais, Ano 16, nº 2, 2006, pp. 317-343.

FARINHA, António – *Relação entre a Mediação Familiar e os Processos Judiciais*, in SOTTO-MAYOR, Maria Clara/TOMÉ, Maria João, *Direito da Família e Política Social*, Universidade Católica, Outubro de 1998, em vias de publicação.

FAVRE, Xavier/BETTSCHART, Walter – *Direitos de guarda e de visita de filhos de pais separados ou divorciados:a peritagem pelo psiquiatra infantil*, Infância e Juventude, 1991, nº 1, p. 9-29, em especial, p. 20-21.

FEHMEL – *Kindschaftrecht und Gleichberechtigung – Zu einem Gutachten von Gisela Zenz und Ludwig Salgo*, FamRZ, 1983, p. 971.

FEHMEL, Hans-Werner – *Ist das Verbot des Gemeinsamen Elterlichen Sorgerechts nach der Scheidung ($ 1671 Abs.IV S.1 B.G.B.) Verfassungswidrig?* FamRZ, 1980, p. 758.

FILHO, Waldyr Grisard – *Guarda Compartilhada, Um novo modelo de responsabilidade parental*, 4ª edição revista, actualizada e ampliada, Editora Revista dos Tribunais, 2009.

FINEMAN, M. A. – *The Illusion of Equality, The Rhetoric and Reality of Divorce Reform*, The University of Chicago Press, 1991.

FINEMAN, M.A./MYKITIUK, R. – *The Public Nature of Private Violence, The Discovery of Domestic Abuse*, Routledge. New York, London, 1994.

FINEMAN, Martha Albertson – *The Neutered Mother, The Sexual Family and other Twentieth Century Tragedies*, New York, 1995.

FINEMAN, Martha L. – *Dominant Discourse. Professional Language and Legal Change in Child Custody Decisionmaking*, Harvard Law Review, vol. 101, nº 4, 1988, p. 727.

FINEMAN, Martha L./OPIE, Annie – *The Uses of Social Science Data in Legal Policymaking: Custody Determinations at Divorce*, Wisconsin Law Review, 1987, p. 107.

FOLBERG, Jay/GRAHAM, Marva – *Joint Custody Following Divorce*, U.C.D. Law Review, 1979, p. 523.

FORDER, Caroline/WARD, Roger – *Child Custody Appeals: The search for prin-ci-ples*, The Cambridge Law Journal, vol. 46, November 1987, part 3, p. 489.

FOSTER, Henry H./FREED, Doris Jonas – *Child Custody and the Adversary Process: Forum Conveniens?* FamLQ, vol. XVIII, nº 1, 1983, p. 133.

FOSTER, Henry H./FREED, Doris Jonas – *Life with Father*, FamLQ., vol. XI, nº 4, 1978.

FREED, Doris Jonas/WALKER, Timothy B. – *Family Law in the Fifty States: An Overview*, FamLQ, nº 4, vol. XXI, 1988, p. 417.

FREEMAN, M. – *The End of the Century of the Child?*, Current Legal Problems, 2000.

FREEMAN, Michael – *The moral status of children, Essays on the Rights of the Child*, Kluwer Law International, 1997.

FTHENAKIS, Wassilios E. – *Gemeinsame Elterliche Sorge nach der Scheidung*, Kinderpsychitrie und Familienrecht, Stuttgart, 1984, p. 36.

FULCHIRON, Hughes – *Autorité Parentale et Parents Désunis*, CNRS Paris, 1985.

FULCHIRON, Hughes – *Les relations enfants-parents dans le nouveau droit français de l'autorité parentale (loi nº 887-570 du 22 Juillet 1987)*, Revue Trimestrielle de Droit Familial, 3/1988, p. 403.

FULCHIRON, Hughes – *Une nouvelle réforme de l'autorité parentale*, Dalloz 1993, p. 117.

GARCÍA DE LEONARDO, T. M. – *Régimen Jurídico de Alimentos de Hijos Mayores De Edad (Estudio del art. 93.2 del Cc.)*, Tirant lo Blanch, Valencia, 1999.

GAREIL, Laurence – *L'éxercice de l'autorité parentale*, Paris, 2004.

GAROLA GIUGLARIS – *Le Fondement du Droit de Visiter et d' Héberger l'Enfant*, Dalloz, chr. I, 1965, p. 1.

GAUDEMET-TALLON, Helène – *De Quelques Paradoxes en Matière de Droit de la Famille*, R.T.D.C., 1981, p. 719.

GERMANE, Charlotte/JONHSON, Margaret/LEMON, Nancy – *Mandatory Custody Mediation and Joint Custody Orders in California: The Danger for Victims of Domestic Violence*, Berkeley Women's Law Journal, vol. 1, nº 1, 1985.

GERNHUBER, Joachim – *Kindeswohl und Elternwille*, FamRZ, 1973, p. 229.

GERNHUBER/COESTER-WAHLJEN – *Lehrbuch das Familienrecht*, München, 1994.

GILLIGAN, Carol – *In a different voice*, Harvard University Press, 1982, 1993.

GIUSEPPE LA GRECA – *Interesse del Minore Nella Legislazione* in *Il Bam-bino L'Adolescente e La Legge*, a cura di Annamaria Dell'Antonio e Caetano De Leo, Giuffrè Editore, 1986.

GOLDSTEIN, Joseph/FREUD, Anna/SOLNIT, Albert J. – *No interesse da Criança?* (tradução brasileira de Beyond the Best Interests of Child, Free Press, 1979), São Paulo, 1987.

GOLEMAN, Daniel – *Inteligência Emocional*, tradução portuguesa, 1996.

GOMES, Júlio – *A Mediação e o Divórcio. A Experiência Norte-Americana*, Scientia Juridica, Tomo XXXVIII, 1989.

GOUBAU, Dominique, *Le droit des grands--parents aux relations perso-nelles avec leurs petits-enfants: une étude comparative des systèmes québécois, français et belge*, Les Cahiers de Droit, vol. 32, nº 3, 1991, p. 557-642.

GREIF, Judith – *Fathers, Children and Joint Custody*, in *Joint Custody, A Handbook for Judges, Lawyers and Counselours*, The Association of Family and Conciliation Courts, 1979, p. C 2.

GRENDENE, Igino – *Diritto di visita e consenso del minore*, Il Diritto di Famiglia e delle Persone, vol. XXVII – 1998, nº 3, p. 900--904.

GRILLO, Tina – *The Mediation Alternative: Process Dangers for Women*, The Yale Law Journal, volume 100, nº 6, 1991.

GRIMALDI, Maria Rosa – *Affidamento Congiunto e Alternato della Prole tra Psicologia e Diritto*, DFP, vol. XVIII, 1989, p. 30.

GROVE, Patricia L. – *Joint Custody: A Concept That Has Come Of Age But Needs Refinement*, American Journal of Family Law, volume 1, nº 1, Spring 1987, p. 23.

GROVE, Patricia L. – *Wisconsins's Joint Custody Statute: Does it pass constitucional muster?* The Milwaukee Lawyer, vol. 9, nº 4, 1986, p. 2.

GUERRA, Paulo/BOLIEIRO, Helena – *A Criança e a Família – Uma Questão de Direito(s)*, Coimbra Editora, 2009.

GUICHARD, Raúl – *Sobre a incapacidade dos menores no direito civil e a sua justificação*, Revista de Ciências Empresariais, nº 6, 2005, pp. 103-148.

GUIMARÃES, Eliana – *O Poder Maternal*, Livraria Morais, Lisboa, 1930.

GUIMARÃES, Elina – *A mulher portuguesa na legislação civil*, Análise Social, volume XXII, números 92-93, 1986.

GUIMARÃES, Maria de Nazareth Lobato – *Alimentos*, in *Reforma do Código Civil*, Ordem dos Advogados, 1981, p. 198.

GUIMARÃES, Maria Nazareth Lobato – *Ainda Sobre Menores e Consultas de Planeamento Familiar*, Revista do Ministério Público, 1982, p. 193-201.

HARDCASTLE, Gerald W. – *Joint Custody: A Family Court Judge's Pers-pective*, Family Law Quarterly, 1998, p. 201.

HAUSER, Jean – *Dissolution de la famille, autorité parentale, droit de visite et exercice religieux des parents*, RTDC, nº 4, 2000, pp. 822-823.

HAUSER, Jean – *Droit de visite, autorité parentale et personne de l'enfant*, RTDC, nº 1, 2001, p. 126.

HECK, P. – *Begriffsbildung und Interessenjurisprudenz*, Tübingen, 1932.

HEINZE, Eric, *The Universal Child?*, in *Of Innocence and Autonomy, Children, Sex and Human Rights*, 2000.

HETHERINGTON, E. Mavis/KELLY, John. – *For Better or for Worse: Divorce Reconsidered*, 2002.

HETHERINGTON/COX/COX – *Divorced Fathers*, Family Coordinator, 1978, p. 417.

HORAN, Kathleen Conrey – *Postminority Support for College Education – A Legally Enforceable Obligation in Divorce Proceedings?*, FamLQ, volume XX, nº 4, 1987, p. 589--612.

HÖRSTER, H.E., *A Parte Geral do Código Civil Português, Teoria Geral do Direito Civil*, Livraria Almedina, Coimbra, Reimpressão, 2000.

HÖRSTER, H.E., *A Respeito da Responsabilidade dos Cônjuges entre Si (ou: A Doutrina da "Fragilidade da Garantia" Será Válida?)*, Scientia Juridica, 1995, nºs 253/255, p. 113-124.

INFANTE, Fernanda – *Alguns dados sobre o quotidiano das famílias portuguesas*, Resultados de um inquérito, Seminário Tempo para o Trabalho, Tempo para a Família, Direcção-Geral da Família, Fundação Calouste Gulben-kian, 10 e 11 de Novembro de 1988.

JAFFE, P. G. & AUSTIN, G. – *The Impact of Witnessing Violence on Children in Custody and Visitation Disputes*, 1995.

JOHNSTON – *Children of Divorce Who Refuse Visitation*, in *Non Residential Parenting: New Vistas in Family Living*, Depner and Bray eds, 1993, p. 109-135.

JOHNSTON/KLINE/TSCHANN – *Ongoing Post--Divorce Conflict: Effects on Children of Joint Custody and Frequent Access*, Am. J. Ortho--psy-chiatry, vol. 59, nº 4, 1989, p. 576.

KASPIEW et al – *Evaluation of the family law reforms*, Australian Government, Australian Institute of Family Studies, December 2009 disponível para consulta in http://www.aifs.gov.au/institute/pubs/fle/evaluationreport.pdf.

KING, Michael – *Playing the Symbols – Custody and the Law Comission*, Family Law, vol. 117, 1987, p. 189.

KING, Valarie/HEARD, Holly E., *Nonresident Father Visitation, Parental Conflict, and Mother's Satisfaction: What's Best for Chilldren Well-Being*, Journal of Marriage & Family, vol. 61, 1999, p. 385.

KLINE, Marsha/TSCHANN, Jeanne M./ JOHNSTON, Janet/WALLERSTEIN, Judith – *Children's Adjustement in Joint and Sole Physical Custody Families*, Developmental Psycology, vol. 25, nº 3, 1989, p. 430.

KNÖPFEL, G. – *Zum gemeinsame Sorgerecht der Eltern nach Scheidung*, NJW, nº 17, 1983, p. 905.

L'HEUREX-DUBÉ, Claire – *L'Égalité en Droit de la Famille: Une Perspective Canadienne*,

LIBER AMICORUM Marie-Thèrese MEULDERS-KLEIN, Bruylant – Bruxelles, 2000, p. 399-416.

LABRUSSE-RIOU, Catherine – *Droit de la famille, 1. Les personnes*, Masson, 1984.

LACRUZ BERDEJO, J. L./SANCHEZ REBULLIDA, F. de A./RIVERO HERNANDEZ, F. – *Elementos de derecho Civile, IV, Derecho de Familia*, vol. 2, Barcelona, Bosch, 1989.

LARENZ, Karl – *Metodologia da Ciência do Direito*, 2ª edição, Fundação Calouste Gulbenkian.

LAWRENCE, William – *Notes, Divided Custody of Children after their Parents' Divorce*, Journal of Family Law, vol. 8, 1968, p. 58 e ss.

LEAL-HENRIQUES/SIMAS SANTOS – *Código Penal Anotado*, vol. 3, Editora Rei dos Livros, 1996.

LEANDRO, Armando – *Poder Paternal. Natureza. Conteúdo. Exercício e Limitações. Algumas Reflexões de Prática Judiciária*, in Temas de Direito da Família, Livraria Almedina, 1986, p. 113.

LEANDRO, Armando – *Direito e Direitos dos Menores, Síntese da Situação em Portugal no domínio civil, para-penal e penal*, Infância e Juventude, nº especial, 1991, p. 263.

LEGEAIS, Raymond – *L'Autorite Parentale, Étude de la loi nº 70-459 du 4 juin 1979 et des textes qui l'ont complétée*, Repertoire du Notariat Defrénois, 1973.

LEGEAIS, Raymond – *Les Ajustements Égalitaires de l'autorité parentale (Commentaire de la loi nº 87-570 du 22 juill. sur l'exercice de l'autorité parentale et du decret nº 87-578 du 22 juill. 1987 pris pour son application)* A.L.D. 1988, p. 1.

LEITE DE CAMPOS, Diogo – *Lições de Direito da Família e das Sucessões*, Almedina Coimbra, 1997.

LEMOULAND, Jean-Jacques – *L'assistance du mineur, une voie possible entre l'autonomie et la représentation*, RTDC, 1997, pp. 1-24.

LOCKTON, Deborah/WARD, Richard – *Domestic Violence*, Cavendish Publishing Limited, London. Sydney.

LOPES DO REGO – *Comentário ao CPC*, vol. II, 2ª edição, 2004.

LOURENÇO, Nelson/CARVALHO, M. J. L. – *Violência Doméstica: Conceito e Âmbito. Tipos e Espaços de Violência*, Themis, II. 3 (2001), Faculdade de Direito da Universidade Nova de Lisboa, p. 95-121.

LOURENÇO, Nelson/LISBOA, Manuel/PAIS, Elza – *Violência contra as Mulheres*, Cadernos da Condição Feminina nº 48, Comissão para a Igualdade e para os Direitos das Mulheres, 1997.

MACCOBY, E. E./MNOOKIN, R.H. – *Dividing the Child: Social and Legal Dilemmas of Custody*, Cambridge, MA/London, Harvard University Press, 1992.

MACCOBY, Eleanor E./DEPNER, Charlene/MNOOKIN, Robert – *Coparenting im second Year After Divorce*, Journal of Marriage & The Family, vol. 52, nº 1, February 1990, p. 141.

MACKINNON, C.A., *Toward a Feminist Theory of the State*, Harvard University Press, 1991.

MACKINNON, Catharine A. – *Sex Equality*, New York, 2001.

MACLEAN, Mavis & EEKLAAR, John – *The Parental Obligation, A study of parenthood across households*, Hart Publishing, Oxford 1997.

MAGALHÃES, Teresa et al. – *Abuso sexual em meio familiar*, in Congresso Internacional, os Mundos Sociais e Culturais da Infância, Actas, III Volume, 19-22. Janeiro 2000, Universidade do Minho, pp. 218-223.

MAIORCA, Carlo – *Diritto Soggetivo*, Enciclopedia giuridica Treccani, Roma, 1989, p. 11-17.

MANERA, Giovanni – *Osservazioni sull'esclusione del diritto di visita del genitore non affidatario qualora il figlio adolescente nutra sentimenti di profonda avversione o ripulsa nei suoi confronti*, Giustizia Civile, volume XLVII, I, 1998, p. 1293-1303.

MARCELINO, Catarina et al. – *Relatório sobre o progresso da igualdade de oportunidades entre mulheres e homens no trabalho, no emprego e na formação profissional – 2006/2008*, Lisboa, CITE, 2009.

MARÍN GARCIA, M.ª Teresa – *Crisis matrimoniales: quien solicita los alimentos de los hijos mayores de edad?*, Tecnos, Madrid, 1999.

MARNEFFE, Catherine – *Les Conséquences du Passage à L'Acte Pédophile Sur L'Enfant*, in AAVV, *La Pédophilie, Approche pluridisciplinaire*, Bruxelles, 1998.

MARTINS, Rosa – *Deciding on Sole or Joint Custody Rights in the Child's Best Interest*, in K. BOELE-WOELKI (ed), Common Core and Better Law in European Family Law, European Family Law Series nº 10, Intersentia-Antwerp, 2005, p. 235.

MARTINS, Rosa – *Poder Paternal vs autonomia da criança e do adolescente?*, Lex Familiae, Revista Portuguesa de Direito da Família, Ano 1, nº 1, 2004, pp. 71-73.

MARTINS, Rosa – *Responsabilidades parentais no século XXI: A tensão entre o direito de participação da criança e a função educativa dos pais*, Lex Familiae, Ano 5º, nº 10, 2008, pp. 25-40.

MARTINS, Rosa Cândido – *Menoridade, (In) Capacidade e Cuidado Parental*, Coimbra, 2008.

MARTINS, Rosa/VÍTOR, Paula Távora, *O direito dos avós às relações com os netos*, Revista Julgar, nº 10, Janeiro-Abril 2010, pp. 59-75.

MASON, Mary Ann – *From Father's Property to Children's Rights, The History of Child Custody in the United States*, Columbia University Press/New York, 1994.

MASON, Mary Ann – *The Custody Wars, Why Children are Losing the Legal Battle and What We Can Do About it*, Basic Books, 1999.

MAYRAND, A. – *La Garde Conjointe, Reéquilibrage de L'Autorité Parentale*, The Canadian Bar Review, vol. LXVII, nº 2, 1988, p. 193.

MAZEAUD, Pierre – Journal Officiel de la République Française, Débats Parlementaires, Assemblée nationale, 8 mai 1987.

MAZEL, Annie – *Conflit Parental et Pères Gardiens*, J.C.P. – Doctrine, 1985, p. 3214.

MCDONALD, M. – *The Myth of Epidemic False Allegations of Sexual Abuse in Divorce Cases*, Court Review, 1998.

MCINTOSH, Jenniffer/CRISHOLM, Richard – «Shared Care and Children's Best Interests in Conflicted Separation. A Cautionary Tale from Current Research», *Australian Family Lawyer*, Vol. 20, nº 1, pp. 1-11.

MCINTOSH, Jenniffer/LONG, Caroline – *Children Beyond Dispute: A prospective study of outcomes from child focused and child inclusive post-separation family dispute resolution*, Australian Government Attorney-General's Department, 2006, disponível in http://www.ag.gov.au/FamiliesAndMarriage/Families/FamilyLawSystem/Documents/Archived%20family%20law%20publications/Report1.pdf.

MCINTOSH, Jenniffer/ LONG, Caroline – *The Child Responsive Program, operating within the Less Adversarial Trial: A follow up study of parents and child outcomes*, Report to the Family Court of Australia, Family Transitions, Julho 2007, disponível para consulta in http://www.familycourt.gov.au/wps/wcm/resources/file/ebc70245b4d525f/CRP_Follow_up_Report_2007.pdf

MCKINNON, Rosemary/WALLERSTEIN, Judith – *Joint Custody and the Prescholer Child*, Behavioral Sciences and the Law, vol. 4, nº 2 1986, p. 168.

MENEZES CORDEIRO – *Tratado de Direito Civil Português*, I, Parte Geral, Tomo I, 2005, Coimbra.

MEULDERS-KLEIN, M.T., *Droits Des Enfants Et Responsabilités Parentales: Quel Juste Équilibre?*, in MEULDERS-KLEIN, *La Personne, La Famille et le Droit, 1968-1998, Trois Décennies de Mutations en Occident*, Bruylant, Bruxelles, LGDJ, Paris, 1999, p. 345-363.

MEULDERS-KLEIN, M.T., *Le Printemps des Grands-Parents et le Droit*, in MEULDERS-KLEIN, *La Personne, La Famille et le Droit, 1968-1998, Trois Décennies de Mutations en Occident*, Bruylant, Bruxelles, LGDJ, Paris, 1999, p. 367-384.

MICHALSKI – *Gemeinsame Sorgerecht geschiedener Eltern*, FamRZ, 1993, p. 137.

MILLER, David – *Joint Custody*, FamLQ, vol. XIII, nº 3, 1979, p. 345.

MIRANDA, Jorge – *Sobre o poder paternal*, R.D.E.S., Janeiro-Dezembro, Ano XXXII, 1990, p. 23.

MNOOKIN, H./KORNHAUSER, Lewis – *Bargaining in the Shadow of Law: The Case of Divorce*, The Yale Law Journal, vol. 88, 1978-79, p.949.

MNOOKIN, Robert H. – *Child Custody Adjudication: Judicial Functions in the Face of Indeterminacy*, Law and Contemporary Problems, Vol. 39, 1975, p. 226.

MNOOKIN, Robert H./WEISBERG, D. Kelly – *Child, Family and State, Problems and Materials on Children and the Law*, 2.ª ed., Little, Brown and Company, Boston, 1989.

MOITINHO DE ALMEIDA, José Carlos – *As medidas executivas dos regimes reguladores do poder paternal*, Scientia Juridica, Tomo XV, 1966, p. 129.

MOITINHO DE ALMEIDA, José Carlos – *Efeitos da Filiação*, in Reforma do Código Civil, R.O.A., Lisboa, 1981, p. 139.

MOITINHO DE ALMEIDA, José Carlos – *La filiation dans la réforme du côde civil portugais du 25 Novembre 1977*, B.M.J. nº 285, p. 5.

MOITINHO DE ALMEIDA, *O poder paternal no direito moderno*, Scientia Juridica, nº 107, Out.-Dez., p. 89.

MOITINHO DE ALMEIDA, *Os Alimentos no Código Civil de 1966*, Revista da Ordem dos Advogados, 1968, p. 92.

MONTEIRO, Fátima Jorge – *Mulheres Agredidas pelo Maridos: De Vítimas a Sobreviventes*, Organizações Não Governamentais do Conselho Consul-tivo da Comissão para a Igualdade e para os Direitos das Mulheres, Lisboa, 2000.

MONTESANO, Luigi – *Esecuzione specifica*, Enciclopedia Del Diritto, XV, 1966.

MORETÓN SANZ, María Fernánda/DONADO VARA, Araceli/YĀNEZ VIVERO, María Fátima – *As Recentes Reformas de Direito de Família em Espanha*, Lex Familiae, Revista de Direito da Família, Ano 4 – nº 7 –2007, pp. 27-36.

MORLEY, Rebecca – *Is Law Reform a Solution to Domestic Violence? A look at recent family law reform on protection from domestic violence*, in SOTTOMAYOR, M.C./TOMÉ, M.J., *Direito da Família e Política Social*, Universidade Católica, Porto, 2001.

MOTA PINTO, *Teoria Geral do Direito Civil*, 5ª edição (por António Pinto Monteiro e Paulo Mota Pinto), Coimbra Editora, 2005.

MOURA RAMOS, Rui, *A protecção de crianças no plano internacional, As novas normas convencionais de Haia aplicáveis à protecção das crianças em situações da vida jurídico-privada internacional*, Infância e Juventude, Abril-Junho, nº 2, 1998, p. 9-38.

MUMMERY, Daniel R. – *Whose Child is it anyway? Awarding joint custody over the objection of one parent*, Fordham Urban Law Journal, vol. XV, 1987, p. 625. nº 3, p. 236.

NEALE/FLOWERDEW/SMART, «Drifting Towards Shared Residence?», *Family Law*, 2003, vol. 33, pp. 904-908.

NEVES, A. Castanheira – *Digesta, Escritos acerca do direito, do pensamento jurídico, da sua metodologia e outros*, Volume 1º, Coimbra, 1995.

NEVES, A. Castanheira – *Metodologia Jurídica, Problemas fundamentais*, Coimbra, 1993.

NEVES, A. Castanheira – *O sentido actual da Metodologia Jurídica*, in Ciclo de Conferências em Homenagem Póstuma ao Professor Doutor Manuel de Andrade, Coimbra, 2002, p. 21

NICOLAS-MAGUIN, Marie-France – *A Propos de la Garde Conjointe des Enfants de Parents Divorcés*, Chronique – XX D., 1983, p. 111.

OELKERS/KASTEN – *Zehn Jahre gemeinsame elterliche Sorge nach der Scheidund*, FamRZ, 1993, p. 21.

OELKERS/KASTEN/OELKERS – *Das gemeinssorgerecht nach Scheidung in der Praxis des Amtsgerichts Hamburg – Familiengericht*, FamRZ, 17/94, p. 1080.

OLIVEIRA, Elsa Dias – *Convenções Internacionais e Direito Comunitário no domínio do Direito dos Menores*, Revista do CEJ, 2º semestre 2004, Nº 1, pp. 53-75.

OLIVEIRA, Eva Dias – *Convenções Internacionais e direito comunitário no domínio do direito de menores*, Revista do CEJ, 2º semestre 2004, Nº 1, pp. 53-76.

OLIVEIRA, Guilherme de – *Anotação ao acórdão da Relação de Lisboa, de 22 de Março* de 2000, RLJ, nº 133, 2000, nºs 3911 e 3912, pp. 94-96.

OLIVEIRA, Guilherme de – *O regime do divórcio em Portugal. A propósito do novo projecto espanhol – Um caso de "paralelismo espontâneo?"*, Lex Familae, Revista Portuguesa de Direito da Família, Ano 2 – nº 4 – 2005, pp. 7-20.

OLIVEIRA, Guilherme de – *O sangue, os afectos e a imitação da natureza*, Lex Familiae, Ano 5º – nº10, 2008, pp. 5-16.

OLIVEIRA, Guilherme de, *O acesso dos menores aos cuidados de saúde*, RLJ, Ano 132º, 1999, nº 3898, p. 16.

OLLMANN – *Das gemeinsame Sorgerecht nach der Scheidung und das KJHG*, FamRZ, 1993, p. 869.

ORLANDO DE CARVALHO, *Para uma Teoria da Relação Jurídica Civil, I, A Teoria Geral da Relação Jurídica, Seu Sentido e Limites*, Centelha, 1981, 2ª edição actualizada.

PAIS, Marta Santos – *Violência contra as Mulheres*, Documentação e Direito Comparado, Lisboa, 1998, p. 60.

PALMA, Fernanda – *O Princípio da Desculpa em Direito Penal*, 2005, Coimbra

PARKINSON, Patrick/HUMPHREYS, Catherine – *Children who witness domestic violence – the implications for child protection*, Child and Family Law Quarterly, Volume 10, nº 2, 1998, p. 147-159.

PEARSON, Jessica/THOENNES, Nancy – *Supporting Children After Divorce: The Influence of Custody on Support Levels and Payment*, FamLQ, vol. XXII, nº 3, 1988, p. 329-330.

PEARSON/THOENNES – *Child Custody, Child Support Arrangements and Child Support Payment Patterns, in Special Issue: Child Support Enforce-ment*, Juvenile & Family Court Journal, 1985, vol. 36, nº 3, p. 49.

PEREIRA COELHO – *Casamento e Família no Direito Português* in *Temas de Direito da Família*, Livraria Almedina, Coimbra, 1986, p. 3.

PEREIRA COELHO/GUILHERME DE OLIVEIRA, *Curso Direito da Família*, Volume I, Introdução. Direito matrimonial, 4ª edição, Coimbra Editora, 2008.

PINHEIRO, Jorge Duarte – *O Direito da Família Contemporâneo*, 3ª edição, Lisboa, 2010.

PINHEIRO, Jorge Duarte, *A relação entre avós e netos*, Separata de Estudos em Homenagem ao Prof. Doutor Sérvulo Correia, Faculdade de Direito da Universidade de Lisboa, 2010, Coimbra Editora, pp. 73-92.

PINHEIRO, Jorge Duarte, *Ideologias e ilusões no regime jurídico do divórcio e das responsabilidades parentais*, Separata, Estudos em Homenagem ao Professor Doutor Carlos Ferreira de Almeida, Almedina – 2011, pp. 475-488.

PINTO, Madeira – *Fixação de pensão de alimentos a menores*, in www.trp.pt

PIRES DE LIMA/ANTUNES VARELA – *Código Civil Anotado*, vol. V, Coimbra Editora, 1995.

POLIKOFF, Nancy – *Why Mothers Are Losing: A Brief Analysis of Criteria Used in Child Custody Determinations*, Women's Law Reporter, 1982, vol. 7.

PORTUGAL, Sílvia – *As redes informais de apoio à maternidade*, Revista Crítica de Ciências Sociais, 42, Maio de 1995, Sociedade Providência, p. 155-178.

PRATTE, Marie – *La Garde Conjointe des Enfants de Familles Désunies, Doctrine*, Révue Générale de Droit, vol. 19, nº 3, 1988, p. 525.

RAMIÃO, Tomé d'Almeida – *O Divórcio e Questões Conexas, Regime Jurídico Actual*, 2ª edição, Lisboa, 2010.

RAMIÃO, Tomé d'Almeida – *Organização Tutelar de Menores tratada e comentada*, 6ª edição, Lisboa, 2007.

RAMIREZ, Maria Eduarda/PENHA, Maria Teresa/LOFF, Pedro – *Criança portuguesa – Que acolhimento?*, Rede europeia de acolhimento de crianças, Comissão das Comunidades Europeias, Novembro de 1988.

RAYMOND, Guy – *De la Realité du Couple Conjugal a la Fiction de L'Unité du Couple Parentale, Commentaire de la loi nº 87-570 du 22 Juillet 1987*, J.C.P., I, 3299.

REGO, Carlos Francisco Lopes do – *Comentários ao Código de Processo Civil*, Almedina, Coimbra, 2ª edição, 2004.

REIDY, Thomas J./SILVER, Richard M./CARLSON, Alan – *Child Custody Decisions: A Survey of Judges*, Family Law Quarterly, vol. 23, 1989, p. 75.

REIS, Alberto dos – *Processos Especiais II*, Coimbra, Coimbra Editora.

REMÉDIO MARQUES, J. P. – *Algumas Notas Sobre Alimentos (Devidos a Menores) "Versus" O Dever de Assistência dos Pais Para Com os Filhos (Em Especial Filhos Menores)*, Coimbra Editora, 2000.

RENCHON – *Le recours à astreinte dans les relations familiales*, RTDF, nº 4, 1986.

RIBEIRO, Catarina – A Criança na Justiça, Trajectórias e Significados do processo Judicial de Crianças Vítimas de Abuso Sexual Intrafamiliar, Coimbra, 2009.

RIBEIRO, Catarina – *A Criança na Justiça, Trajectórias e Significados do Processo Judicial de Crianças Vítimas de abuso sexual intrafamiliar*, Coimbra, 2009.

RIBEIRO, Maria Saldanha Pinto – *O Divórcio e a Guarda Conjunta*, Lisboa, Centro Pai-Mãe-Criança, Associação Portuguesa de Mulheres Juristas, 1994.

RIVERO HERNANDEZ – *El derecho de visita*, Bosch, Barcelona, 1996.

RIVERO HERNANDEZ – *El interés del menor*, 2ª edición, Dykinson, Madrid, 2007.

RIVERO HERNANDEZ, Francisco – *El Derecho de Visita. Ensayo de Construcion Unitaria*, in *El Derecho de Visita de los Menores en las Crisis Matrimoniales, Teoria y Praxis*, (edición dirigida por Pedro-Juan Viladrich) Ediciones Universidad de Navarra, Pamplona, 1982, p. 31.

RIVERO HERNANDEZ, Francisco – *Les Relaciones Paterno-Filiales (Titulo, Ejercicio y Contenido de la Patria Potestad, Guarda y Cuidados y Regimen de Visitas) como Contenido del Convenio Regulador* in *Los Convenios Reguladores de las Relaciones Conyugales, Paterno Filia-les y Patrimo-niales en las Crisis del Matrimonio*, Ed. Universidad de Navarra, Pamplona, 1984, p. 69.

ROBINSON, Holly L. – *Joint Custody: Constitucional Imperatives*, University of Cincinnati Law Review, vol. 54, nº 1, 1985, p.27.

ROCHA, Maria Dulce – *Adopção – Consentimento – Conceito de abandono*, Revista do Ministério Público, Ano 23º, Outubro-Dezembro, 2002, nº 92, p. 98.

ROCHA, Maria Dulce – *O Superior Interesse da Criança na perspectiva do respeito pelos seus direitos*, IAC, 2008.

ROCHE, Jeremy – *The Children act 1989: Once a Parent Always a Parent?*, The Journal of Social Welfare & Family Law, 1991, nº 5, p. 348.

RUBELLIN DÉVICHI, Jacqueline – *Jurisprudence Française en Matière de Droit Civil, Autorité Parentale*, RTDC , nº 4, oct.- déc., ano 86º, 1987, p. 730.

RUELLAN, F. – *A propos de l'exercice en commun de l'autorité parentale en cas de divorce ou de séparation de corps (loi du 22 juillet 1987)*, A.L.D. 1990, p. 32.

SALVATORE PATTI – *Famiglia e Responsabilità Civile*, Milano – Giuffré – 1984.

SALZANO, Alberto – *La sottrazione internazionale di minori, Accordi internazionali a tutela dell'affidamento e del diritto di visita*, Giuffré, 1995.

SANI, ANA – *As crianças e a violência*, Quarteto, Braga, 2002.

SANI, Ana – *Mulher e mãe no contexto de violência doméstica*, Ex aequo, nº 18, 2008.

SANI, Ana – *Vitimação indirecta de crianças em contexto familiar*, Análise Social, vol. XLI (180), 2006, pp. 849-864.

SCHOONMAKER III/NARWOLD, William H./HATCH, Roberta – *Third-party access to children: Update on constitutional issues*, Fam.LQ, vol. XXV, nº 1, 1991, p. 118 e ss.

SCHULMANN, Joane/PITT, Valerie – *Second Thoughts on Joint Child Custody: Analysis of Legislation and Its Implications for Women and Children*, in Jay Folberg Editor, *Joint Custody and Shared Parenting*, The Association of Family and Conciliation Courts, 1984, p. 219.

SCHÜTZ, Harald – *Wohl des Kindes – ein Schwierig zu Handhabender Einbestimmter Rechtsbegriff (§§1634 II, III, 1666, 1671 II, 1672, 1696 II B.G.B.)*, FamRZ, 1986, p. 947.

SCHWAB, Dieter – *Handbuch des Scheidung Recht*, Verlag Franz Vahlen München, 1987.

SCOTT, E./DERDEYN, A. – *Rethinking Joint Custody*, Ohio State Law Journal, vol. 45, 1984, p. 455.

SEISDEDOS MUIÑO, Ana – *La Patria Potestad Dual*, Universidad del País Vasco, 1988.

SIEGEL, Reva B., *"The Rule of Love": Wife Beating as Prerogative and Privacy*, The Yale Law Journal, volume 105, nº 8, 1996, p. 2117-2207.

SILVA, Luísa Ferreira, *"O direito de bater na mulher" – violência inter-conjugal na sociedade portuguesa*, Análise Social, vol. XXVI, nº 111, 1991, p. 385-397.

SILVA, Nuno Gonçalo da Ascensão – *A Convenção de Haia de 25 de Outubro de 1980 sobre os Aspectos Civis do Rapto Internacional de Crianças – Alguns Aspectos*, in Estudos em Memória do professor Doutor António Marques dos Santos, Volume I – 2005, pp. 443-556.

SIMÕES, M. C. Taborda/MARTINS, Rosa C./FORMOSINHO, M. D. – *Regulação do exercício do poder paternal: aspectos jurídicos e avaliação psicológica*, in ANTÓNIO CASTRO FONSECA et al. (Eds), *Psicologia Forense*, Coimbra, 2006, pp. 497-518.

SIMÕES, Maria da Conceição Taborda/ATAÍDE, Maria do Rosário Sousa, *Conflito parental e regulação do exercício do poder paternal: Da pers-pectiva jurídica à intervenção psicológica*, Psychologica, 2001, 26, p. 233-259.

SINGER, Jana B. – *Dispute Resolution and the Postdivorce Family: Implications of a Paradigm Shift*, Family Court Review, vol. 47, 2009, p. 363.

SKJORTEN, Kristin/BARDINGHAUG, Rolf – «The involvement of children in decisions about shared residence», International Journal of Law, Policy and the Family, 2007, vol. 21 p. 373.

SMART, Carol – «From Children's Shoes to Children's Voices», Family Court Review, 2002, vol. 40, nº 3, pp. 307-319.

SOARES, Isabel (coordenação) – *Relações de vinculação ao longo do desenvolvimento: Teoria e avaliação*, Braga, 2007.

SOLOMON/GEORGE – *The Effects of Attachment of Overnight Visitation in Divorced and Separated Families: A Longitudinal Follow Up*, in Attachment Disorganization, 1999.

SOMERS, Paule/VANDERMEERSCH, Damien – *O registo das audições dos menores vítimas de abusos sexuais: primeiros indicadores de avaliação da experiência de Bruxelas*, Tradução de Pedro Miguel Duarte, Infância e Juventude, nº 1, 1998.

SOTTOMAYOR, M. C./TOMÉ, M. J. – *Direito da Família e Política Social*, Universidade Católica Portuguesa Editora, Porto, 2001.

SOTTOMAYOR, M. C., *Quem são os "verdadeiros" pais? Adopção plena de menor e oposição dos pais biológicos*, Direito e Justiça, 2002.

SOTTOMAYOR, Maria Clara – *A preferência maternal para crianças de tenra idade e os critérios judiciais de atribuição da guarda dos filhos após o divórcio*, Direito e Justiça, vol. IX, 1995, tomo 2, p. 169.

SOTTOMAYOR, Maria Clara – *A representação da infância nos tribunais e a ideologia patriarcal*, in MARIA BERENICE DIAS/JORGE DUARTE PINHEIRO (Coordenação), *Estudos de Direito das Famílias: uma perspectiva luso-brasileira*, Porto Alegre, 2008, pp. 285-306

SOTTOMAYOR, Maria Clara – *A situação das mulheres e das crianças 25 anos após a Reforma de 1977* – Comemorações dos 35 anos do Código Civil e dos 25 anos da Reforma de 1977, Volume I, Direito da Família e das Sucessões, Faculdade de Direito da Universidade de Coimbra, Coimbra, 2004, pp.75-174.

SOTTOMAYOR, Maria Clara – *Autonomia do Direito das Crianças*, in Estudos em Homenagem a Rui Epifânio, Coimbra – 2010, pp. 79-88.

SOTTOMAYOR, Maria Clara – *Divórcio, poder paternal e a realidade social*, Direito e Justiça, vol. XI, tomo 2, 1997, p. 161-172.

SOTTOMAYOR, Maria Clara – *Exercício do Poder Paternal relativamente à pessoa do filho após o divórcio ou a separação judicial de pessoas e bens*. Estudos e Monografias. Universidade Católica Portuguesa – Editora, Porto. 1995.

SOTTOMAYOR, Maria Clara – *Exercício do poder paternal*, Publicações Universidade Católica, Porto, 2003.

SOTTOMAYOR, Maria Clara – *Existe um poder de correcção? A propósito do acórdão do STJ de 05-04-2006*, Lex Familiae, Revista Portuguesa de Direito da Família, Ano 4 – nº 7 – 2007, pp. 111-129.

SOTTOMAYOR, Maria Clara – *Feminismo e Método Jurídico*, in *Direito Natural, Justiça e Política*, II Colóquio Internacional do Instituto Jurídico Interdisciplinar Faculdade de Direito da Universidade do Porto, Volume I, Coimbra, 2005, pp. 323-343.

SOTTOMAYOR, Maria Clara – *Liberdade de opção da criança ou poder do progenitor? – Comentário ao acórdão do Tribunal da Relação de Coimbra, de 31 de Outubro de 2007*, Lex Familiae, Revista de Direito da Família, Centro de Direito da Família, Faculdade de Direito da Universidade de Coimbra, pp. 53-64.

SOTTOMAYOR, Maria Clara – *O método da narrativa e a voz das vítimas de crimes sexuais*, Revista Electrónica de Direito Constitucional & Filosofia Jurídica, Vol.I, 2007, in http://constitutio.tripod.com/id7.html

SOTTOMAYOR, Maria Clara – *O poder paternal como cuidado parental e os direitos da criança*, in *Cuidar da Justiça de Crianças e Jovens*, Actas do Encontro – A Função dos Juízes Sociais, Câmara Municipal do Porto/Universidade Católica Portuguesa, Coimbra, 2003, pp. 9-63.

SOTTOMAYOR, Maria Clara – *Qual é o interesse da criança? Identidade biológica versus relação afectiva*, in Volume Comemorativo dos 10 Anos do Curso de Pós-Graduação "Protecção de Menores – Prof. Doutor F. M. Pereira Coelho", nº 12, Faculdade de Direito da Universidade de Coimbra, Centro de Direito da Família, Coimbra, 2009, pp. 23-60.

SOTTOMAYOR, Maria Clara – «Entre idealismo e realidade: a dupla residência das crianças após o divórcio», in *Temas de Direito das Crianças*, Livraria Almedina, Coimbra, 2014.

SOTTOMAYOR, Maria Clara – *Temas de Direito das Crianças*, Livraria Almedina, Coimbra, 2014

SPAHT, Katherine Shaw – *Louisiana's Covenant Marriage: Social Analysis and Legal Implications*, Louisiana Law Review, vol. 59, nº 1, 1998, p. 63.

STEINMAN, Susan – *Joint Custody: What we Know, What we Have yet to Learn and the Judicial and Legislative Implications*, in Joint Custody and Shared Parenting, Jay Folberg Editor, 1984, p. 111.

STRATZ – *Elterliche Personensorge und Kindeswohl, vornehmlich in der zerbrochenen Familie*, FamRZ 1975, p. 544.

SUGARMAN, Stephen D., *Single-Parent Families*, in All Our Families, Edited by MASON, M.A./SKOLNICK, A./SUGARMAN, S. D., Oxford University Press, 1998.

TAKAS, Marianne – *Improving Child Support Guidelines: Can Simple Formulas Address Complex Families?*, FamLQ, vol. 26, nº 3, 1992.

TEDESCO VILARDO, Maria Aglaé, FERREIRA, Nuno – *A guarda conjunta: notas comparativas sobre as soluções legais em vigor na União Europeia e no Brasil*, Lex Familiae, Revista Portuguesa de Direito da Família, Ano 4 – nº 7 – 2007, pp. 75-97.

TEIXEIRA, Ana Carolina Brochado – *Família, Guarda e Autoridade Parental*, Renovar, São Paulo, 2005.

THERY, I. – *La réference à l'intérêt de l'enfant, Du Divorce et des Enfants*, Travaux et Documents, Chaier nº 111, Presses Universitaires de France, 1985.

THOENNES, Nancy/ TJADEN, Patricia G. – *The Extent, Nature, and Validity of Sexual Abuse Allegations in Custody/Visitation Dis-

putes, Child Abuse and Neglect, Vol. 14, 1990.
THOENNES, Nancy/TJADEN, Patricia/PEARSON, Jessica – *The Impact of Child Support Guidelines on Award Adequacy, Award Variability, and Case Processing Efficiency*, Familiy Law Quarterly, volume XXV, nº 3, 1991, p. 325.
THOMPSON, Robert D./PAIKIN, Susan F. – *Formulas and Guidelines for Support*, in Special Issue: Child Support Enforcement, Juvenile and Family Court Journal, 1985, vol. 36, nº 3, p. 33.
TOMÉ, Maria João Romão Carreiro Vaz – *Child Support as an Effect of Divorce in Portugal and Europe*, in Handbook of Global Legal Policy, edited by Stuart S. Nagel, University of Illinois, 2000.
TOMÉ, Maria João Romão Carreiro Vaz – *O Direito à Pensão de Reforma Enquanto Bem Comum do Casal*, Universidade de Coimbra, 1997, Coimbra Editora.
TORRES, Anália – *Divórcio em Portugal, Ditos e Interditos*, Celta Editora, 1996.
TORRES, Anália et al. – *Homens e Mulheres. Entre Família e Trabalho*, CITE, Lisboa, 2004.
TRABUCO, Cláudia – *O regime das incapacidades e do respectivo suprimento: perspectivas de reforma*, Themis, 2008, pp. 313--330.
VAZ SERRA – Anotação ao acórdão de 21 de Junho de 1968, RLJ, 102º ano – 1969--1970, nº 3398, p. 262.
VAZ SERRA – *Obrigação de Alimentos*, B.M.J., nº 108, 1961.
VERUCCI, Lucia, *La sottrazione internazionale di minori da parte di uno dei genitori: la convenzione europea e la convenzione dell'Aja a Confronto*, Giustizia civile, 1995, II, p. 531.
VICTOR, Richard S./ROBBINS, Michael A./BASSET, Scott – *Statutory review of third party rights regarding custody, visitation, and support*, FamLQ, vol. XXV, nº 1, 1991, p. 18.
VINEY, Geneviève – *Du droit de visite*, RTDC, 1965, p. 225.
WALKER, Lenore – *The Battered Woman*, New York, Harper and Row, 1979.

WALKER, Lenore – *Handbook on Sexual Abuse of Children*, Springer Publishing Company, New York, 1988
WALKER, Lenore – *A Critical Analysis of Parental Alienation Syndrome and Its Admissibility in the Family Court*, Journal of Child Custody, 2004.
WALL, K./LOBO, C., *Famílias Monoparentais em Portugal*, Análise Social, vol. XXXIV, nº 150, 1999.
WALLERSTEIN J. S./TANKE, T. J. – *To Move or Not to Move: Psychological and Legal Considerations in the Relocation of Children Following Divorce*, Family Law Quarterly, Volume 30, Nº 2, 1996, p. 315.
WALLERSTEIN, J./BLAKELEE, S. – *Second Chances, Men Women and Children a Decade after Divorce*, Ticknor & Fields, New York, 1989.
WALLERSTEIN, J./KELLY, JOAN – *Surviving the breakup, How children and parents cope with divorce*, Basic Books, 1980.
WALLERSTEIN, J./LEWIS, J./BLAKELEE S. – *The Unexpected Legacy of Divorce, A 25 year Landmark Study*, U.K., 2002.
WALLERSTEIN, Judith – *Children of Divorce: Report of a Ten-Year follow – Up of Early Latency-Age Children*, American Journal of Orthopsy-chiatry, 1987, vol. 57, p. 208.
WALLERSTEIN, Judith/CORBIN, Shauna – *Father-Child Relationship After Divorce: Child Support and Educational Opportunitty*, FamLQ, 1986, vol. 20, nº 2, p. 109.
WALLERSTEIN, Judith/KELLY, Joan – *Effects of Divorce on the Visiting Fa-ther-Child Relationship*, Am. J. Psychiatry, December, 1980, p. 1534.
WEITZMAN, Lenore – *The Divorce Revolution*, 1985, New York Free Press.
WEST, Robin – *Caring for Justice*, New York, 1999.
WILLIAMS, Robert – *Child Support and the Costs of Raising Children: Using Formulas to Set Adequate Awards*, in Special Issue: Child Support Enforcement, Juvenile and Family Court Journal, 1985, vol. 36, nº 3, p. 41.
WOLFANG HAASE/DORIS KLOSTER-HARZ, *Gemeinsame elterliche Sorge – Ein Schritt*

vorwärts und zwei Schritte züruck?, FamRZ 2000, 1003-1006.

XAVIER, M. Rita da Gama Lobo – *Limites à Autonomia Privada na Disciplina das Relações Patrimoniais entre os Cônjuges*, colecção teses, Coimbra, 2000.

XAVIER, Rita Lobo – *Recentes Alterações ao Regime Jurídico do Divórcio e das Responsabilidades Parentais, Lei nº 61/2008, de 31 de Outubro*, Coimbra, 2009.

XAVIER, Rita Lobo – *Responsabilidades parentais no século XXI*, Lex Familiae, Ano 5º, nº 10, 2008, pp. 17-23.

XAVIER, Rita Lobo – *Mediação Familiar e Contencioso Familiar: Articulação da Actividade de Mediação com um Processo de Divórcio*, Boletim da Faculdade de Direito, Estudos em Homenagem ao Prof. Doutor Jorge de Figueiredo Dias, Volume IV, Coimbra, 2010, pp. 1125-1145.

XAVIER, Rita Lobo – *Falta de Autonomia de Vida e Dependência Económica dos Jovens: Uma Carga para as Mães Separadas ou Divorciadas?*, Lex Familiae, Revista Portuguesa de Direito da Família, Ano 6 – nº 12, 2009, pp. 15-21.

ÍNDICE

Prefácio à sexta edição	7
Prefácio à quinta edição	9
Prefácio à quarta edição	11
Prefácio à terceira edição	13
Abreviaturas	17

Introdução. Noção e natureza jurídica das "responsabilidades parentais": as responsabilidades parentais como cuidado parental 19

1. O processo de regulação do exercício das responsabilidades parentais 26
   1.1. A substituição da noção de guarda pela de residência 26
   1.2. Critério legal de decisão 27
   1.3. Forma de processo 28
   1.4. Modos de atribuição da guarda/residência 29
   1.5. A quem pode ser atribuída a guarda/residência da criança 31
   1.6. Acordos de regulação das responsabilidades parentais e controlo judicial 32
      1.6.1. Âmbito do controlo judicial 32
      1.6.2. A mediação familiar 35
      1.6.3. A desjurisdicionalização das questões relativas às responsabilidades parentais 40
   1.7. O critério legal nos casos litigiosos: o interesse da criança 41
   1.8. Factores relevantes para determinar o interesse da criança 46
      1.8.1. A preferência maternal para crianças de tenra idade 50
      1.8.2. A regra da figura primária de referência 59
      1.8.3. Evolução da jurisprudência quanto aos critérios da preferência maternal e da pessoa de referência 63
      1.8.4. A regra da não separação de irmãos 71
      1.8.5. O interesse da criança em manter uma relação de grande proximidade com o progenitor a quem não seja confiada e a disponibilidade manifestada para promover a relação da criança com o outro progenitor 74

1.8.6. A aplicação do critério da pessoa de referência a terceiras pessoas e a noção de perigo psicológico — 77
    a) A relevância jurídica da guarda de facto — 77
    b) As responsabilidades parentais e o direito da criança à continuidade das vinculações afectivas precoces — 78
    c) A noção de criança em perigo — 80
    d) A noção de vida familiar segundo a jurisprudência do TEDH — 84
    e) A jurisprudência nacional da afectividade — 89
1.9. Alteração da regulação das responsabilidades parentais – a mudança de cidade ou de país do progenitor guarda — 92
  1.9.1. Impacto da mudança de país na estabilidade da vida da criança — 94
  1.9.2. A vontade da criança — 95
  1.9.3. A relação da criança com o progenitor sem a guarda — 96
  1.9.4. A relação afectiva da criança com o progenitor-guarda//pessoa de referência — 97
  1.9.5. Contexto do litígio judicial — 98
  1.9.6. A jurisprudência portuguesa em relação à mudança de país da pessoa de referência da criança — 100
  1.9.7. Outros factores de alteração da guarda na jurisprudência — 101
  1.9.8. A investigação científica norte-americana sobre as necessidades das crianças — 104
  1.9.9. A necessidade de regras para evitar conflitos e promover a segurança jurídica — 105

2. A posição jurídica do progenitor a quem a criança não foi confiada — 106
  2.1. O direito de visita — 108
    2.1.1. Noção de direito de visita — 108
    2.1.2. A natureza jurídica do direito de visita e o direito da criança a ser ouvida — 109
    2.1.3. Modalidades e organização prática do direito de visita — 119
    2.1.4. Negação do direito de visita — 123
    2.1.5. Modificação, suspensão ou supressão do direito de visita — 126
    2.1.6. A tutela do direito de visita — 130
      a) O processo de incumprimento (art. 181º da O.T.M.) — 130
      b) O recurso à força pública — 135
      c) Medidas compulsórias e de reparação — 137
      d) A tutela penal do direito de visita: o crime de subtracção de menores (art. 249º, nº 1, al. c) do CP) — 138
      e) A posição da jurisprudência — 142
    2.1.7. O rapto internacional da criança e a Convenção de Haia — 144
      a) Pressupostos do accionamento da Convenção de Haia para a obtenção do regresso da criança ao paísde origem — 148
      b) Direito de oposição ao regresso — 149

2.1.8. A jurisprudência portuguesa relativa aos processos de regresso imediato ao país de origem de crianças deslocadas ou retidas ilicitamente no território português 151

3. Uma análise crítica da síndrome de alienação parental e os riscos da sua utilização nos Tribunais de Família 160
   3.1. A recusa das crianças ao convívio com um dos pais 160
   3.2. A Síndrome de Alienação Parental e o perfil profissional do seu criador, RICHARD GARDNER 162
   3.3. A noção de Síndrome de Alienação Parental 163
   3.4. Uma análise crítica da Síndrome de Alienação Parental 165
      a) A SAP é um conceito rejeitado pela Associação de Psiquiatria Americana e pela OMS 165
      b) A SAP não preenche os critérios de admissibilidade científica exigidos pelos Tribunais norte-americanos 166
      c) O carácter indeterminado e circular dos critérios diagnósticos de SAP 169
      d) A origem sexista e pro-pedófila das teses de GARDNER 172
      e) Os relatórios de avaliação psicológica e a discriminação das mulheres 174
      f) A desvalorização das alegações de abuso sexual e de violência de género 175
      g) A SAP coloca em risco mulheres e crianças vítimas de violência 178
   3.5. Alegações e ónus da prova de abuso sexual e violência doméstica nos processos de regulação das responsabilidades parentais 179
   3.6. A audição das crianças nos casos de abuso sexual 183
   3.7. A terapia da ameaça e a transferência da guarda para o outro progenitor 185
   3.8. Uma análise crítica da SAP na jurisprudência portuguesa 186
   3.9. Afloramentos da SAP na lei civil e na lei penal portuguesas 199
      a) A cláusula do progenitor amistoso (art. 1906.º, n.º 5 do C.C.) 199
      b) O crime de subtracção de menores (art. 249.º, n.º 1, al. c) e n.º 2 do CP) 200
   3.10. Alienação parental: uma terminologia contaminada 201
   3.11. Conclusão: Soluções para os casos de recusa da criança 202

4. O direito da criança ao convívio com os ascendestes e com os irmãos 203
   4.1. Conteúdo e finalidade do art. 1887º-A 203
   4.2. Critério de decisão 212
   4.3. Constitucionalidade da proibição aos pais de impedirem a relação da criança com os ascendentes e irmãos 213
   4.4. A evolução da jurisprudência 216

5. O Exercício conjunto das responsabilidades parentais — 222
   5.1. Origem e razões do aparecimento do exercício conjunto das responsabilidades parentais — 222
   5.2. Modelos legislativos — 226
   5.3. O exercício das responsabilidades parentais na lei civil: evolução histórica — 233
   5.4. Pressupostos do exercício conjunto das responsabilidades parentais — 243
   5.5. Formas de organização prática — 247
   5.6. Inconvenientes do exercício conjunto das responsabilidades parentais e da guarda conjunta ou partilhada — 251
      5.6.1. Violência doméstica — 257
      5.6.2. Obrigação de alimentos — 261
      5.6.3. Estudos sobre o efeito da alternância de residência nas crianças — 262
      5.6.4. A perspectiva da criança sobre a dupla residência e os seus direitos de participação — 269
      5.6.5. A posição da jurisprudência portuguesa em relação à alternância de residência — 274

6. A passagem do poder paternal para as responsabilidades parentais na Lei 61/2008, de 31 de Outubro — 280

7. O princípio de exercício conjunto das responsabilidades parentais na Lei 61/2008 — 281
   7.1. *Ratio legis* ou razão de ser da lei — 281
   7.2. O princípio-regra do exercício conjunto das responsabilidades parentais e a homologação dos acordos de exercício das responsabilidades por um dos pais — 284
   7.3. Falta de acordo dos pais quanto ao exercício conjunto das responsabilidades parentais e o interesse da criança (art. 1906º, nº 2) — 285
   7.4. As implicações legislativas da Convenção de Istambul — 290
   7.5. A aplicação jurisprudencial do princípio do exercício conjunto das responsabilidades parentais (art. 1906º, nº 1) e o alcance do direito de informação (art. 1906º, nº 6) — 294

8. O exercício das responsabilidades parentais relativamente às crianças nascidas fora do casamento — 299

9. A questão de género nos processos de regulação das responsabilidades parentais — 303

10. O exercício conjunto das responsabilidades parentais enquanto duplo consentimento para questões de particular importância … 304
10.1. Modelos de exercício conjunto das responsabilidades parentais … 306
10.2. Comparação entre a solução do art. 1906º, nº 1 na lei 59/99 e na lei 61/2008 … 309
10.3. Noções de acto de particular importância, acto da vida corrente e orientações educativas relevantes … 310
10.4. O desacordo dos pais quanto às questões de particular importância … 325
    10.4.1. Requisitos da intervenção judicial … 326
    10.4.2. A resolução dos conflitos entre os pais após o divórcio … 328

11. Obrigação de alimentos devida aos/às filhos/as após o divórcio … 329
11.1. Noção de alimentos … 329
11.2. Imprescritibilidade da dívida de alimentos a filho/a menor … 334
11.3. A determinação do montante da obrigação de alimentos … 334
    11.3.1. Critérios legais para determinar a obrigação de alimentos … 334
    11.3.2. Tendências da jurisprudência quanto à medida dos alimentos … 341
        a) Avaliação da capacidade económica do devedor … 341
        b) Desemprego do devedor … 343
        c) O valor económico das prestações de cuidado pelo progenitor guarda … 344
    11.3.3. Fórmulas para determinar o montante de alimentos … 344
11.4. Alimentos provisórios … 350
11.5. Modificação da obrigação de alimentos … 353
11.6. A obrigação de alimentos e a forma de guarda … 355
    11.6.1. Cálculo da obrigação de alimentos … 355
    11.6.2. A relação dos pais com os/as filhos/as e os níveis de pagamento de alimentos … 356
11.7. Medidas de execução e sanções para o não cumprimento da obrigação de alimentos … 358
    11.7.1. Dedução de rendimentos … 359
        a) Âmbito de aplicação do incidente previsto no art. 189º da OTM … 362
        b) Reserva de impenhorabilidade para assegurar a sobrevivência do devedor … 363
    11.7.2. A pena de prisão … 363
    11.7.3. Jurisprudência relativa ao crime de violação de obrigação de alimentos … 366
    11.7.4. A suspensão do direito de visita … 370

12. A obrigação de alimentos devida a filhos/as maiores 373
   12.1. Evolução da jurisprudência quanto ao conceito de razoabilidade 377
   12.2. Recusa da maioridade como causa automática de cessação da obrigação de alimentos 379
   12.3. A delimitação entre a competência da Conservatória e a do Tribunal 382
   12.4. O pagamento das prestações alimentares vencidas e não pagas durante a menoridade e legitimidade para a acção depois da maioridade dos/as filhos/as 384

13. A pobreza das famílias monoparentais 385

14. Garantia de alimentos devidos a menores: Uma nova prestação social 390
   14.1. Limite quantitativo da prestação a cargo do FGDAM 391
      14.1.1. Argumentos em confronto 393
   14.2. Juízo de ponderação e posição adoptada 395
   14.3. Momento a partir do qual nasce a obrigação do FGDAM 406
      14.3.1. Teses jurisprudenciais 406
      14.3.2. Ponderação de argumentos e solução 411
   14.4. A questão do paradeiro desconhecido e da incapacidade económica do obrigado a alimentos 414
      14.4.1. A jurisprudência do Supremo Tribunal de Justiça 423

LEGISLAÇÃO 425

   Lei nº 61/2008, de 31 de Outubro 425
   Lei nº 75/98, de 19 de Novembro 439
   Decreto-Lei nº 164/99, de 13 de Maio 443
   Despacho nº 18 778/2007 451
   Lei nº 112/2009, de 16 de Setembro 457
   Lei nº 113/2009, de 17 de Setembro 483

Bibliografia 487

Índice 503